테러리스트의 수기

일러두기

- 본 역서는 1986년 미국 버몬트의 찰리즈 출판사Chalidze Publications에서 출간된 『테러리스트의 수기 *Воспоминания террориста*』와 1990년 모스크바 정치출판국의 『보리스 사빈코프 선집*Избранное: Воспоминания террориста, Конь бледный, Конь вороной*』을 저본으로 삼았으며, 그 외에도 1917-1918년 잡지 『브일로에*Былое*』 연재본을 바탕으로 한 2002년판 전자책, 1986년판(1926년 하리코프판 스캔본), 1990년 러시아판 등 다양한 판본을 함께 참고했습니다. 지명 표기나 인물 처리 방식 등에서 판본 간 차이가 있으며, 이는 원고 필사 유통, 검열 회피 관행, 출간 시기의 편집 원칙 차이 등에 기인한 것으로 추정됩니다.
- 주석 중 옮긴이의 주석에는 별도의 표기를 하지 않고, 저자의 주석에는 "— 원주"라고 표기했습니다.
- 원문에서 저자가 강조한 부분은 고딕 볼드체로 처리했습니다.
- 단행본 및 정기간행물은 『 』, 그림, 영화, 희곡, 음악의 제목은 〈 〉로 구분했습니다.

테러리스트의 수기

Воспоминания террориста

보리스 빅토로비치 사빈코프 지음

정보라 옮김

B:

목차

테러리스트의 수기

1부
1장 플레베 암살 9

2장 세르게이 대공 암살 96

3장 투쟁조직 171

2부
1장 두바소프와 두르노보 암살 267

2장 체포와 도주 377

3장 배신의 폭로 479

역자 해설: 테러리스트의 시대 563
작가 연보 580

테러리스트의 수기

1부

1장 플레베 암살

I

1902년 초 나는 상트페테르부르크의 사회민주 조직인 '사회주의자'와 '노동자의 깃발'[1]에 관한 일로 행정처분을 받아 볼로그다로 유배당했다. 사회민주 활동이 내게는 이미 오래전부터 만족스럽지 않았다. 내가 보기에 그 활동은 러시아인의 생활 조건에 적합하지 못했다. 즉 농업 문제에 해답을 내놓지 못했던 것이다. 게다가, 테러를 통한 투쟁이라는 문제에 있어 나는 '인민의 의지'[2]의 전통 쪽으로 기울고 있었다.

볼로그다에 두 번, 1902년 가을과 1903년 봄에 브레슈콥스카야가 찾아왔다. 그녀와 회견한 후 나는 사회혁명당에 가입했고, 게르슈니가 체포된 후(1903년 5월) 테러에 합류하기로 결정했다. 동시에 나의 두 동지가 같은 결정을 내리고 찾아왔고, 또한 어린 시절부터 절친했던 이반 플라토노비치 칼랴예프도 이때 합류했는데, 그는 야로슬라블에서 경찰의 감시를 막 벗어난 몸이었다.

1903년 6월 나는 외국으로 도주 중이었다. 아르한겔스크에 도착하여 짐 가방을 기차역에 맡기고 볼로그다에서 받아둔 주소로 갔다. 노르웨이로 떠나려면 어느 증기선을 어떻게 타야 하는

---

1 1890년대 말~1900년대 초에 활동했던 러시아 내 소규모 사회주의 혁명 그룹.
2 19세기 후반 러시아 제국에서 활동했던 혁명적 비밀조직으로, 무정부주의적·사회주의적 경향을 띤 급진 좌파 혁명 단체였다.

지 자세한 지시를 받기를 바라고 있었다. 이야기를 하면서, 아르한겔스크에서 노르웨이의 바르되 항으로 가는 무르만스크발 증기선 '황제 니콜라이 1세' 호가 바로 그날 한 시간 후에 출발한다는 것을 알게 되었다. 짐을 가지러 역으로 돌아갈 시간이 없어서 나는 그대로 여권도 짐도 없이 2등 선실에 들키지 않고 숨어들었다.

5일째 되던 날 증기선은 바랑게르 피오르로 들어섰다. 나는 신참 조타수에게 접근했다.

"나는 페첸가[1]에 가는 길인데, 바르되에도 잠시 가봤으면 합니다. 주선해 주실 수 있겠습니까?"

조타수는 주의 깊게 나를 바라보았다.

"무슨 일이십니까, 어업 부서 쪽입니까?"[2]

"예, 어업부입니다."

"그렇다면 물론 해드려야죠. 왜 안 되겠습니까?"

"국외용 여권이 없습니다만."

"여권이 뭣 하러 필요합니까? 잠깐 뭍에 내려서 밤엔 저희와 함께 묵으시고 새벽에 반대편 배로 페첸가로 가시면 되지요. 그 표만 사시면 됩니다."

다음 날 바르되 항의 등대들이 나타났다. 증기선에 노르웨이 세관 관리들이 올라왔다. 나는 보트로 내려갔고 15분 후에는 벌써 노르웨이 영토에 있었다. 바르되에서 트론하임, 크리스티아니아와 안트베르펜을 거쳐 나는 제네바에 도착했다.

제네바에서 나는 미하일 라파일로비치 고츠[3]를 알게 되었다.

---

1 노르웨이 국경 전의 마지막 러시아령 체류지.
2 사빈코프를 수산부 공무원으로 착각한 것이다.
3 러시아 혁명가로 '인민의 의지' 일원이자 사회주의혁명당의 창립자 중 하나(1866-1906).

크지 않은 키에 여위고, 검고 곱슬곱슬한 턱수염에 창백한 얼굴을 한 그는 젊고 타오르는 듯 생기에 넘치는 눈이 인상적이었다. 나를 보고 그는 말했다.

"테러에 참여하고 싶으십니까?"

"예."

"테러에만요?"

"예."

"왜 일반적인 활동은 원치 않으십니까?"

나는 개인적으로 테러 쪽에 중점적인 의미를 두고 있지만, 중앙위원회의 지시에 완전히 순응할 것이며 당의 어떤 계획에라도 참여해 일할 준비가 되어 있다고 말했다.

고츠는 주의 깊게 들었다. 마침내 그가 말했다.

"아직은 대답을 드릴 수 없습니다. 좀 기다리시면서 제네바에서 지내보시지요."

같은 시기에 나는 니콜라이 이바노비치 블리노프(1905년 쥐토미르에서 일어난 유대인 학살을 막으려다 살해당했다)와 알렉세이 드미트리예비치 포코틸로프를 알게 되었다. 나는 이 두 사람 모두 전에는 키예프 대학 학생이었으며 발마셰프[4]의 절친한 동료들이었다는 것을 알고 있었으나, 이들이 투쟁 단체의 조직원이라는 것은 몰랐다. 포코틸로프를 나는 이미 페테르부르크에서 1901년 1월에 만난 적이 있었다. 그는 카르포비치[5]와는 무관하게 페테르부르크에 왔고 심지어 카르포비치가 그곳에 왔으리라

---

[4] 스테판 발마셰프(1881-1902)는 러시아 사회주의혁명당 소속의 혁명가였으며, 1902년 4월 러시아제국 내무장관 드미트리 시퍄긴을 권총으로 암살했다.

[5] 표트르 뱌체슬라보비치 카르포비치(1874-1938). 러시아제국 말기 사회혁명당 테러조직에서 활동했다. 당시 교육부장관 보골레포프를 권총으로 암살했다.

고 의심조차 하지 않았으나, 목적은 같았다—보골레포프를 죽이는 것이었다. 페테르부르크에서 그는 '사회주의자'와 '노동자의 깃발' 조직의 위원회에 지원을 요청했다. 우리는 그의 부탁에 불신을 표명했고 지원 요청을 거부했다. 교육부 장관 암살은 그때 우리에게는 불필요하고 거의 가능하지도 않은 일로 여겨졌다. 포코틸로프는 거절당한 뒤에도 페테르부르크를 떠나지 않았다. 그는 혼자 힘으로, 그리고 혼자 책임지고 암살을 완수하기로 결정했다. 우연히 카르포비치가 그를 앞질렀다.

8월에 제네바로 동지 한 명이 찾아왔다. 그는 내게, 칼랴예프가 야로슬라블에서 형기(1개월간 투옥)를 마칠 예정이며 그 때문에 늦가을이나 돼야 외국으로 나올 것이라 알려주었다. 동지는 나와 함께 자리를 잡았다. 경찰의 주의를 끌지 않기 위해 우리는 러시아인들의 정착지에서 먼 변두리에 외따로 떨어져 지냈다. 가끔 브레슈콥스카야가 우리를 찾아왔다.

어느 날 낮에, 동지가 집에 없을 때, 우리 방에 나이가 서른셋쯤 되고 몸집이 아주 좋으며, 넓적하고 무심하고 꼭 돌을 채운 듯한 얼굴에 눈이 크고 갈색인 사람이 들어섰다. 그가 바로 예브게니 필리포비치 아제프였다.

그는 내게 악수를 청하고 앉더니 느긋하게 단어를 흘리며 말했다.

"듣자 하니, 테러에 참여해 일하고 싶으시다고요? 어째서 하필 테러입니까?"

나는 전에 고츠에게 한 말을 그에게 되풀이했다. 또한, 플레베[1]의 암살을 현재 가장 중요한 과업이라 여긴다고 말했다. 상대

---

1 뱌체슬라프 콘스탄티노비치 폰 플레베(1846-1904). 1881-1884년 경찰총장을 역임했고 1902년부터 『테러리스트의 수기』 집필 당시까지 내무장관으로 재직하

방은 계속 한결같이 느긋하게 들으며 대답하지 않았다. 마침내 그가 물었다.

"동지가 있습니까?"

나는 칼랴예프와 다른 두 명의 이름을 댔다. 그들의 상세한 약력을 알리고 각자의 특징을 말했다. 아제프는 말없이 다 듣고 일어서서 작별 인사를 했다.

그는 우리를 몇 번 더 찾아왔고, 말은 적게 하고 주의 깊게 들었다. 어느 날 그가 말했다.

"러시아로 갈 때가 됐습니다. 동지들과 함께 제네바를 떠나 어디로든 가서 아무 데나 작은 마을에서 지내면서 미행당하지 않는지 확인하십시오."

다음 날 우리는 바덴의 프라이부르크로 떠났다. 2주 뒤에 아제프가 우리를 찾아와 이번에는 자기가 먼저 암살 계획을 알려주었으나, 그러면서 개개 조직원에 대해서는 한마디도 언급하지 않았다. 계획의 내용은 다음과 같았다. 이제까지 알려진 사실은, 플레베가 경찰청 내의 건물(폰탄카 16번지)에서 지내며 매주 황제에게 보고하기 위해 그때그때 계절과 황제의 거처에 따라 겨울 궁전이나 차르스코예 셀로 혹은 페테르고프[2]에 간다는 것이었다. 플레베를 그의 거처에서 살해하는 것은 분명 거리에서 살해하는 것보다 훨씬 어려울 것이므로, 그에게 상시 감시를 붙이기로 결정했다. 감시의 목적은 플레베가 외출하는 요일과 시간, 경로와 외관을 정확히 파악하는 것이었다. 이러한 정보에 근거하여 거리에서 폭탄을 사용해 그의 마차를 폭발시키자는 제안

고 있었다. 1904년 폭탄 테러로 사망했다.
2 양쪽 모두 러시아제국 시대, 페테르부르크가 수도였던 18세기부터 1918년 공산혁명 이전까지 황제의 별궁이 있던 곳이다.

1장 플레베 암살

이 나왔다. 엄격하게 보호받고 있는 장관을 감시하기 위해서는 직업의 특성상 하루 종일 거리에 있는 사람들, 예를 들어 신문팔이, 마부, 행상인 등이 반드시 필요했다. 이 때문에 동지 한 명이 마차와 말을 사서 페테르부르크에서 승용 마차의 마부로 일하고, 다른 동지가 담배 상품의 행상 면허를 따서 길에서 담배를 팔면서 플레베를 미행하기로 결정했다. 나는 나와 이 두 사람이 모두 함께 모일 수 있도록 주선하고, 가능한 대로 나도 직접 감시하면서 감시 작업을 지휘하는 임무를 맡았다.

이 계획은 전부 아제프의 것이었고 대단히 단순했다. 그러나 바로 이렇게 계획이 단순했기 때문에 우리는 경찰보다 유리한 입장에 설 수 있었다. 길거리 감시란 혁명가들이 한 번도 해본 적이 없는 방식으로, 이것은 게르슈니[1] 때는 물론 1881년 3월 1일[2]을 위한 준비 작업을 제외하면 '인민의 의지' 시절에도 마찬가지였다. 투쟁 단체의 조직원들이 마부 혹은 행상인이 되어 페테르부르크의 거리를 오가는 것을 경찰은 거의 상상도 할 수 없었다. 그러는 동안 체계적인 감시는 반드시 거리에서 플레베의 암살로 이끌어줄 것이었다. 나와의 대화를 마치며 아제프는 확신을 가지고 말했다.

"방해 공작이 없다면 플레베는 살해될 겁니다."

프라이부르크에서 동지 한 명이 뇌산수은을 가지고 알렉산드로보를 거쳐 러시아로 떠났다. 나는 여권이 없었고, 크라쿠프[3]에

---

[1] 사회혁명당 무장조직의 초대 책임자로 활동했던 그리고리 안드레예비치 게르슈니(1870-1908). 1902년 러시아 내무관 시퍄긴 암살 작전의 총책이었으며 이후 체포되어 종신형을 선고받았으나 극적으로 탈출해 해외로 망명했다.
[2] 러시아 황제 알렉산드르 2세가 마차를 타고 궁전으로 돌아가던 중 상트페테르부르크에서 암살당한 날.
[3] 폴란드 남부의 도시. 수기가 집필될 당시에는 오스트리아-헝가리제국 식민지였다.

서 받기로 되어 있었다. 나는 베를린을 거쳐 크라쿠프로 향했고 베를린에서 다시 아제프, 그리고 그때 막 러시아를 떠나온 칼랴예프와 만났다.

우리 셋은 라이프치히 거리의 어느 커다란 베를린식 카페에 앉아 있었다. 칼랴예프는 테러에 대해, 플레베 건에 참여하고자 하는 자신의 불변의 의지에 대해, 평화로운 일에 종사할 수 없는 자신의 정신적 불가능성에 대해 열띠게 말했다. 아제프는 느긋하게 듣고 있었다. 칼랴예프가 입을 다물자 그는 무심하게 말했다.

"우리는 지금 사람이 필요하지 않습니다. 제네바로 가십시오. 어쩌면 우리가 나중에 당신을 호출할지도 모르니까요."

칼랴예프는 슬퍼하며 자리를 떴다. 나는 아제프에게 물었다.

"그가 마음에 안 드십니까?"

아제프는 1분쯤 생각했다.

"아니요. 하지만 어딘가 이상한 데가 있어서……. 그를 잘 아십니까?"

칼랴예프는 흥분한 채 화를 내며 거리에서 나를 기다리고 있었다. 나는 그의 팔을 잡았다.

"왜 그래, 야넥?[4] 그 사람이 네 마음에 안 들었어? 응?"

아제프처럼, 칼랴예프도 곧장 대답하지 못했다.

"아니……. 그렇지만 그게…… 그 사람을 이해할 수가 없었고, 아마 앞으로도 절대로 이해 못 할 것 같아."

11월 초에 나는 조직의 구성원도, 당의 암호도, 접선 장소도 알지 못한 채 페테르부르크에 와 있었다. 나는 아제프를 기다렸

---

4 칼랴예프의 애칭.

다. 그는 곧장 나를 따라오겠다고 약속했던 것이다.

II

페테르부르크에서 나는 '북부 호텔'에 여장을 풀었다. 같은 날 저녁 나는 나보다 전에 떠난 동지와 접선하기 위해 나갔다. 동지는 사도바야 거리가 넵스키 대로와 그로호바야 거리 사이를 지나는 곳에서 매일 나를 기다리기로 되어 있었다. 나는 사도바야 거리를 걸으며, 다양한 노점상인들의 무리 속에서 친숙한 얼굴을 찾으려 애썼다. 걸으면 걸을수록 만날 희망은 점점 줄어들었다. 이미 나는 동지가 페테르부르크에 없으며 국경에서 붙잡혔거나 아니면 행상인 자리를 얻을 수가 없었던 모양이라고 생각하고 있었다. 갑자기 누군가의 외치는 목소리가 내게 들렸다.

"나리, '비둘기' 담배 사세요, 열 개비에 5코페이카입니다."

나는 돌아보았다. 흰 앞치마를 두르고, 털가죽 반외투를 입고 챙 없는 모자를 쓰고, 면도는 하지 않고 말라빠지고 창백한 얼굴, 내가 찾던 사람이 내 앞에 서 있었다. 어깨에는 담배, 성냥, 지갑과 여러 가지 잡동사니를 넣은 궤짝을 메고 있었다. 나는 그에게 다가가 물건을 고르며 재빨리 속삭여 선술집에서 만나기로 약속할 수 있었다.

두 시간쯤 뒤에 우리는 센나야 거리에서 멀지 않은 지저분한 선술집에 함께 앉아 있었다. 그는 궤짝은 집에 놓고 왔지만, 아까 같은 털가죽 반외투와 챙 없는 모자 차림이었다. 이야기하면서 나는 내게는 새로운 그의 옷차림에 좀처럼 익숙해질 수가 없었다.

동지는 내게, 이미 다른 동지가 마부로 일하고 있고, 둘 다 장관의 거처를 염탐하고 있으며 어느 날 장관의 마차를 보는 데 성공했다고 이야기해 주었다. 동지는 그 자리에서 내게 플레베의 자가용 마차 외관을 묘사했다. 말들은 검고, 마부는 목에 메달을 걸었고, 제복을 입은 하인이 마부 옆자리와 마차 뒤에 타고 있으며, 경호원은 검은 준마를 탄 형사 두 명이다. 동지는 성공에 만족해했으나, 자신의 어려운 사정에 대해 불평했다.

"난 체프노이 다리에 서 있었네." 그가 내게 말했다. "기다리는 거지. 순경이 눈을 훤히 뜨고 있는 게 보여. 그래서 모자를 벗고, 깊숙이 허리를 굽혀 절하고 말했지. '순사 나리, 한마디만 여쭙겠습니다, 이런 대저택에 사는 분이 누구신가요, 혹시 바로 황제 폐하가 아니실는지요, 문 앞에 여러 높으신 양반들이 엄청나게 많이 서 계시는데요.' 그랬지. 순경이 날 이렇게 내려다보고는 웃더군. '멍청아, 시골뜨기야.' 그러는 거야……. 그러고는 이래. '네가 뭘 알겠어? 여기 사시는 분은 장관님이시다.' 내가 그랬지. '장관님요? 그럼 그러니까 무슨 특별한 장군님이신가요?' '멍청아, 장관님이 장관님이지……. 알겠어?' 내가 대답했지. '예, 그렇습니다, 알겠습니다. 그럼, 그러니까, 엄청난 부자 장관님이군요? 아마 1년에 봉급을 100루블, 1천 루블씩 받으시겠죠?' 순경이 다시 웃더니 이러더군. '멍청아……. 1만 루블이겠지. 아니면 더 올려봐, 백만 정도…….' 그리고 여기서 보니까 경호원들이 수군거리더니 현관에 마차를 대는 거야, 그러니까 플레베가 나간단 뜻이지. 순경이 말하더군. '자, 자, 꺼져라, 이 자식아, 여기서 더 떠들 일 없다…….' 난 다시 다리 뒤로 건너간 뒤 거기 서서는 궤짝을 고쳐 메는 척하면서 관찰했지. 플레베가 나간다……. 그런데 여기서 또 사건이 있었어. 기마 경관이 어떻게 된 건지 날 본 거야. '거 이 자식, 여기서 뭘 하는 거냐? 어서 가버려!' 이러더군. 내가 그랬지. '용서하십쇼, 순사 나리, 여기가 장사가 아주 잘 되는 목이라서…….' 순경이 얼마나 소리를 치던지……. '어디서 말대답이야! 문지기! 경찰서로 이놈 끌고 가!' 여기서 문지기가 자리에서 뛰쳐나왔어. '가자.' 그러더라고……. 갔지. 모퉁이를 돌았을 때 내가 1루블짜리를 꺼내 말했지. '받으십시오, 선처해 주십시오, 문지기 나리, 존경의 표시로 아시고 절 좀 놔주십시오, 제발 부탁입니다, 전 별것 아닌 놈입니다, 오래 두고 괴롭힐 필요가 뭐 있겠습니까?' 문지기는 1루블 지폐를 들여다보더니 또 날 보더군. 지폐를 받아 쥐고 말하더라고. '그래, 가라, 자식아, 하지만 조심해라, 언젠가 경찰서 가게 될 거다…….'"

동지는 또 내게, 담배 상인이라는 입장은 경찰의 박해뿐만 아니라 다른 상인들과의 경쟁 때문에도 힘들다고 이야기했다. 길거리의 자리는 모두 팔려나갔고, 그래서 어쩔 수 없이 오래전부터 그 자리를 선점한 사람들과 다퉈야만 한다. 게다가 행상인은 포장도로 위에 머물러 있을 권리가 없다. 경찰의 규정에 따르면 행상인은 끊임없이 이동 상태에 있어야만 한다. 동지는 감시하기에는 마부 쪽이 더 쉽고 편하다고 말했다. 그는 도시를 돌아다니면서도 거의 방해를 받은 적이 없는 다른 동지의 말을 예로 들어 증거로 삼았다. 나는 그 다른 동지와도 만나보았고, 마부에게는 그 대신 다른 현실적인 문제가 있음을 확인했다. 즉, 말이 아파서 사흘 중 이틀은 일을 나가지 못한다는 것이다. 게다가 마부는 항시 승객을 태우고 다녀야 했다. 그의 감시 작업은 이 때문에 거의 아무런 성과도 내지 못했다.

12월이 찾아왔지만, 아제프에게서는 아무런 소식도 없었다. 나중에서야 그가 외국에서 다이너마이트 기술에 관한 일 때문에 늦어졌으며, 그가 쓴 편지는 부정확한 주소 때문에 내게 도착하지 못했다는 것을 알게 되었다. 동지 한 명이 계속해서 담배 상인 노릇을 하며 감시했고, 다른 동지는 마부로 일했다. 나는 우연히 플레베와 마주치기를 바라며 폰탄카 거리와 네바 강가를 방황했다.

전반적인 감시 작업의 결과는 그의 마차 외관을 알아낸 것과 어느 날 통행 경로를 보았다는 것뿐이었다. 플레베는 폰탄카 거리를 따라 네바 강가를 지나 왕궁 다리 쪽으로 갔으나, 겨울 궁전으로 갔는지 마린스키 궁으로 갔는지는 밝혀내지 못했다.

아제프의 부재와 침묵의 이유를 우리는 알지 못했다. 그래서 나는 조사해 보기로 결정했다. 나는 아제프가 페테르부르크의 유명한 신문기자 마체예프스키를 내게 지목했던 것을 기억했다. 극단적인 상황이 닥치면 나는 마체예프스키에게 도움을 청하기로 되어 있었다. 마체예프스키는 놀라워하며 내 말을 다 들었다.

"전 아제프에 대해서는 오래전부터 아무것도 모릅니다." 그가 말했다. "그러니 도와드릴 방법이 없군요."

나는 마음을 정하지 못한 채 집으로 돌아왔다. 분명 작업에 불충분한 능력을 가진 두 동지들의 도움을 받아 감시를 계속해야 하는지, 아니면 외국으로 나가서 고츠에게 작업 상황에 대해 조언을 구해야 하는지 망설였다. 나는 아제프가 맡긴 당의 전반적인 업무 때문에 빌뉴스에 들렀다가 12월 초순에 페테르부르크에 돌아와서 모이카 거리 '러시아 호텔'의 가구 딸린 방에 묵었다. 아제프에게서는 여전히 전혀 아무런 소식도 없었지만, 나는 어쨌든 페테르부르크에서 그를 기다리기로 결정했다. 예상치 못한 사건이 나의 이런 결정을 바꾸어 놓았다.

어느 날 아침 내 호텔 방 문이 살짝 열렸고, 그 틈으로 누군가 머리를 내밀어 안쪽을 들여다보았다. 그 뒤로 머리는 사라지고 곧 문 두드리는 소리가 들렸다.

"들어오십시오."

 들어온 것은 나이 사십 정도 되는 유대인으로, 더럽고 닳아빠진 프록코트를 입고서 눈을 이리저리 두리번거렸다. 그는 내게 악수를 청했다.

"안녕하십니까, 세마슈코 씨."

 나는 놀라서 그를 쳐다보았다. 잠시 침묵한 뒤에 그가 말했다.

"저도 빌뉴스 사람입니다. 지금도 빌뉴스에서 왔지요."

 내가 다름 아닌 빌뉴스에서 이곳으로 왔다는 사실을 이 남자가 아는 것은 오는 길에 나를 감시했거나 아니면 바로 얼마 전에 빌뉴스에서 접선하여 받은 내 여권을 봤기 때문이라는 것을 나는 알았다. 그러나 내 여권은 호텔 접수처에 있었고, 경비는 그것을 경찰에게만 보여줄 수 있었다. 그래서 나는 내 앞에 있는 사람이 밀정이라고 확신했다.

"앉으십시오. 무슨 일이십니까?"

 그는 등을 창 쪽으로 돌리고 탁자 반대편에 앉았다. 나는 빛이 드는 쪽으로 얼굴을 향하고 앉을 수밖에 없었다. 남자는 손으로 머리를 받치고 웃음을 지으며 집중한 채 나를 자세히 눈여겨보았다. 나는 질문을 되풀이했다.

"무슨 일이십니까?"

 이에 대하여 남자는 자기 이름이 가슈케스이며, 무역과 산업, 금융 분야 신문의 편집 발행인이고, 내가 자기 신문에서 함께 일해주기를 부탁한다고 말했다.

 나는 날카롭게 대답했다.

"전 작가가 아닙니다. 무역 회사 대표입니다."

"작가가 아니라니 무슨 뜻입니까? 무역 회사 대표는 또 무슨 뜻이지요? 그래, 어떤 회사의 대표이십니까?"

나는 일어섰다.

"죄송합니다만, 가슈케스 씨, 아무런 도움도 못 드리겠군요."

그가 나갔다. 그리고 그를 따라 나도 나갔다.

길거리의 보석상 진열창 앞에 가슈케스가 서서 상품을 주의 깊게 들여다보고 있었다. 한참 떨어진 곳에 긴 장화를 신고 고급 양털 모자를 쓴 젊은이 두 명이 진열창 안의 여성 의류를 똑같이 주의 깊게 들여다보고 있었다.

나는 오른쪽으로 가슈케스를 향해 돌아섰다. 상점에서 물러선 그는 미소를 지으며 나를 따라 걷기 시작했다. 나는 마차를 잡았다. 가슈케스도 즉시 다른 마차에 탔다. 나는 체포되리라는 것을 알았다.

세 시간이 넘도록 나는 승용 마차와 철도마차를 이리저리 바꿔 타며 페테르부르크를 헤맸다.

저녁 무렵 정신이 들고 보니 넵스키 관문을 한참 넘어 채소밭과 황무지 사이에 있었다. 주위에는 사람의 그림자조차 없었다. 나는 동지들에게 이 사건을 알리고 더 이상 호텔 방으로 돌아가지 말아야겠다고 결정했다. 또한 아제프도 더 이상 기다리지 않기로 결정했다. 세마슈코 명의의 여권은 분명 경찰에 알려졌고, 내게 다른 여권은 없으며, 여권 없이 무한정 지내기란 어려웠다. 나는 사도바야 거리로 가서 동지에게 미행당하고 있다고 말했다. 저녁 기차를 타고 나는 키예프로 떠났다.

내가 키예프로 간 이유는, 오직 키예프에서만 당 사람들을 찾아내어 외국으로 나갈 기회를 얻기를 바랄 수 있었기 때문이다. 개인적인 친구 한 명을 통해 나는 키예프에서 중앙위원회 대표를 찾아냈다. 그는 자기 자신도 당시 머물고 있던 비밀 아파트를 알선해 주었다. 그곳에서의 첫날 저녁에 어떤 불법 노동자가 찾아왔다. 며칠씩이나 그는 입을 꾹 다물고 그 어떤 대화에도 전혀 참여하지 않았다. 나중에, 그리고 다른 사람을 통해, 나는 그가 지방에서 어떤 대대적인 테러 활동에 참여했다가 부상당하여 피투성이가 된 채 간신히 빠져나와 자기 아파트로 돌아올 수 있었다는 사실을 알게 되었다. 지금은 그 또한 외국으로 나갈 예정이었다. 나와 그는 함께 나가기로 결정했다.

 1월 초에 우리는 키예프를 떠나 수바우키[1]로 갔다. 수바우키에는 내 새로운 동지가 아는 유대인 여자가 살았고, 그녀의 도움으로 여권 없이 국경을 건널 수 있을 것이었다. 우리를 보고 그녀는 즉시 중개인을 데려왔고, 우리는 그 중개인에게 1인당 13루블씩 주었다. 그날 저녁 흔들리는 유대식 마차를 타고 독일 국경으로 떠났다. 중개인이 지정해 준 제분소에서 밤을 지내고 다음 날 밤, 우리는 국경 수비대 군인과 동행하여 이미 독일로 넘어가고 있었다. 이민단은 우리 두 명 외에도, 아내와 아이들을 데리고 끊임없이 미국으로 떠나려는 유대인들로 구성되어 있었다. 몹시 추운 달밤이었고, 발밑에서 눈이 사각사각 소리를 냈다. 안내자인 군인은 약속한 휘파람 소리를 기다리라고 우리에게 명령하고 먼저 갔다. 우리는 15분쯤 눈 속에 앉아 있었다. 오른쪽 왼쪽에서 국경 경비대의 불빛이 반짝이고 있었다. 마침내 멀리서 길고 약한 휘파람 소리가 울렸다. 유대인들이 뛰어 일어났다— 그리고 마치 겁먹은 동물의 무리처럼, 서로서로 떠밀고 눈 속에 넘어지면서 달빛이 가득 비춘 길을 뛰어가기 시작했다. 다음 날 아침 우리는 독일 썰매를 타고 독일 땅을 달리고 있었으며, 며칠 후에는 제네바에 있었다.

---

[1] 현재 폴란드 북동부의 도시. 이 수기가 집필될 당시에는 러시아 식민지로, 상트페테르부르크-바르샤바 철도가 지나는 교통의 요지였다.

제네바에서 나는 체르노프를 찾아갔다.

나는 페테르부르크에서 아제프의 부재 때문에 놀랐으며, 우리 힘에만 맡겨둔다면 분명 플레베 암살을 준비할 수 없고, 더 소규모의 일, 예를 들어 키예프 총독인 클레이겔스[2] 건이라도 좋으니 독립적으로 일했으면 좋겠다고 그에게 말했다. 체르노프는 내게, 아제프는 이미 러시아로 떠났고 자신은 내게 대답을 해줄 수 없지만, 지금 니스에 있는 고츠에게 가보기를 충고한다고 말했다. 그날 저녁 나는 니스로 떠났다. 고츠는 심하게 앓고 있었으나, 그래도 서서 걸을 기운은 있었다. 그는 내 말을 주의 깊게 들었고, 내가 말을 맺자 이렇게 말했다.

"발렌틴 쿠즈미치(당에서 아제프의 가명)는 다이너마이트 기술에 관한 일로 늦어져서 더 일찍 떠날 수가 없었습니다. 편지는 일부 당신의 탓으로 제대로 배달되지 못한 겁니다, 부정확한 주소를 주셨으니까요. 저로서는 지금 당장 돌아가서 그를 찾으라고 충고드리겠습니다."

나는 이전에 러시아로 갈 때와 같은 상황에서 또 갈 수는 없다, 페테르부르크에서 일하는 두 명의 동지가 나와 연관돼 있는데 그중 한 명은 나를 제외하면 아무것도 못 하고 당에 아는 사람도 없으며, 나는 또다시 아제프를 못 만날지도 모르고, 그러면 돈도 없고 암호도 접선 장소도 모르는 내 입장은 페테르부르크에서의 내 이전 상황보다 나아질 것이 없다고 말했다.

고츠는 내 말을 끊지 않고 끝까지 들었다. 그리고 말했다.

"주소, 암호, 접선지를 드리겠습니다. 아제프를 만나지 못해도 어쨌든 시작한 일을 계속하실 수 있을 겁니다. 하지만 지금 당

---

[2] 러시아의 장군, 정치가, 부관이자 상트페테르부르크 경찰서장이었던 니콜라이 바실리예비치 클레이겔스(1850-1916).

장, 오늘 바로 러시아로 돌아가십시오."

이때 나는 고츠를 통해, 블리노프는 러시아로 떠나지 않았고 나와 두 동지들 외에 투쟁 단체의 조직원으로는 포코틸로프, 전직 모스크바 대학교 학생이었던 막시밀리안 일리치 슈베이체르, 그리고 예고르 세르게예비치 사조노프가 있다는 것을 알게 되었다. 당의 별칭으로 파벨, 뒤에는 레오폴드라고 불린 슈베이체르와 포코틸로프(알렉세이)는 다이너마이트와 뇌산수은을 가지고 전자는 리가에서, 후자는 모스크바에서 아제프의 도착을 기다렸다. 사조노프(아벨)는 운송업을 공부하며 트베리에서 지냈다. 그는 페테르부르크에서 마부로 일하게 되어 있었다. 슈베이체르도 사조노프도 나는 개인적으로 알지 못했으나 이때 이미 이런 크지 않은 인력으로 플레베를 미행하여 살해하는 것은 불가능하다는 것이 명백했고, 더구나 슈베이체르와 포코틸로프는 감시 작업을 할 예정도 아니었다. 나는 고츠에게 이에 대해 말하고는 칼랴예프, 그리고 나와 함께 떠나온 노동자를 러시아로 함께 데려가겠다고 제안했다. 고츠는 잠시 생각했다.

"칼랴예프는 제가 압니다." 그가 말했다. "훌륭한 일꾼이 될 겁니다. 데려가셔도 좋겠지요……. 다른 한 명은 우리가 모르는 인물이니 좀 기다리도록 하지요. 우리가 제네바에서 그를 주시하고 있다가, 필요해지면 당신이 그를 부르십시오."

제네바로 돌아와서, 나는 칼랴예프에게 나와 함께 가게 됐다고 말했다. 칼랴예프는 대단히 기뻐했다. 그는 즉시 길 떠날 채비를 하기 시작하여 바로 그날 우리는 베를린으로 떠났다. 칼랴예프는 러시아 여권(유대인)을, 나는 영국 여권을 갖고 있었다. 베를린에서 러시아 영사관을 찾아가 내 여권에 사증을 받아야 했다.

베를린까지 가는 동안 내내 칼랴예프는 즐겁고 생기에 넘쳤다. 작업 상황에 대해 자세히 묻지 않은 채, 그는 어떻게 하면 더 편하고 쉽게 플레베를 죽일 수 있을지에 관한 자기 계획을 상세하게 말했다. 나는 그가 십중팔구 길에서 행상 노릇을 해야 할 것이라고 말해주었다. 그는 소리 내어 웃었다.

"무슨 생각을 하는 거야, 내가 담배 상인 노릇을 잘 못할 것 같아?"

나는 그의 창백한 지식인의 얼굴과 섬세한 윤곽, 애처로운 커다란 눈, 노동자의 것이 아닌 야윈 손을 보고 침묵했다. 그때 나는, 길거리 행상인이라는 어려운 역할에서 그를 따를 자가 없게 되리라는 것을 알 도리가 없었다.

베를린에서 나는 그와 헤어졌다. 그는 아이드쿠넨을 거쳐 떠났고, 나는 알렉산드로보로 떠났다. 우리는 모스크바에서 다시 만났다.

III

모스크바에서 아제프를 기다리며 며칠이 지났다. 칼랴예프와 난 여러 다른 호텔에서 묵으며 드물게, 그리고 저녁때만 만났다.

1월 말에 모스크바에 아제프가 도착했다. 나를 보고 그는 말했다.

"어떻게 감히 페테르부르크를 떠났단 말입니까?"

나는 그에게서 소식이 없었기 때문에, 그리고 또 내 여권을 경찰이 확인했기 때문에 떠났다고 대답했다.

그는 얼굴을 찌푸리고 말했다.

"어쨌든 떠날 권리는 없었습니다."

"그럼 당신은 사흘 안에 도착한다고 말해놓고 한 달 이상이나 외국에 머무를 권리가 있었습니까?"

그는 침묵했다.

"나는 외국에서 일 때문에 바빴소."

"뭣 때문이었든 나로선 아무래도 좋지만, 당신은 페테르부르크에서 우릴 버린 겁니다."

그는 다시 침묵했다.

"당신의 임무는 나를 기다리면서 플레베를 미행하는 것이었소. 미행했습니까?"

나는 우리가 플레베에 관해 알아낸 것을 이야기했다.

"그건 너무 적습니다. 페테르부르크로 돌아가시오."

나는 오직 그 한 가지를 위해 마침 외국에서 돌아온 참이라고 대답했다. 또한 나는 나와 함께 칼랴예프도 왔으며, 노동자인 또 다른 한 동지가 제네바에서 대기 중이라고 말했다.

그리하여 칼랴예프는 이전에 나와 페테르부르크에서 일했던 두 동지를 찾아내고, 그 두 사람 모두 그곳에서 마부로 일하기로 결정되었다. 아제프는 내게 그때 또한 모스크바에서 지내고 있던 포코틸로프와 리가에서 지령을 기다리고 있던 슈베이체르를 만나라고 지시했다. 또한 약정에 따라 새로운 동지를 제네바에서 니즈니 노브고로드[1]로 불러내기로 결정되었다. 회견 후 아제프는 전반적인 당 업무 때문에 떠났고, 나는 모스크바에 남았다.

포코틸로프는 트베르스카야 거리의 호텔 '파리'에서 묵고 있었다. 나는 편지로 그를 불러내어 저녁에 교외 음식점 '야르'로 나와 달라고 부탁했다. 야르에서 나는 그를 간신히 알아보았다. 전형적인 제네바의 이민자 대신 내가 본 것은 얼굴이 창백하고,

---

1 러시아제국 중서부의 대도시로서 물류와 교통의 중심지였다.

길고 곱슬거리는 금빛 턱수염을 기른 부유한 러시아 나리였다. 심지어 그가 앓던 수포진조차 보이지 않았다. 그날 저녁 그는 자신의 경력을 내게 이야기해 주었다.

"그게 말입니다, 보골레포프를 죽이고 싶었는데, 카르포비치가 날 앞질렀지요……. 그 뒤엔 발마셰프……. 그래서 말했습니다, 더 이상은 기다릴 수 없다고, 첫 암살 시도는 내 것이라고 말입니다. 폴타바[2]에 게르슈니가 왔지요. 그리고 오볼렌스키[3]는 내가 죽인다고 결정이 났습니다. 그래서 나도 준비를 했어요……. 그런데 갑자기, 내가 아니고 카추라라는 걸 알게 된 겁니다……. 카추라는 노동자니까, 우선권을 그에게 준 거죠. 그가 쐈어요, 내가 아니고……. 그리고 이제 플레베입니다. 아무에게도 양보하지 않겠어요. 첫 폭탄은 내가 던집니다. 난 너무 오래 기다렸어요. 그럴 권리가 있습니다."

그는 흥분했고, 그러자 이마에서 그 흥분으로 인해 조그만 핏방울들이 배어나왔다. 수포진이었다. 그는 포도주를 마셨으나 취하지 않았고 더더욱 흥분했다.

"전 성공을 굳게 믿습니다. 당신은 발렌틴 쿠즈미치(아제프)를 아시지 않습니까? 플레베는 살해당할 겁니다. 단지 기다리기 힘들 뿐입니다. 벌써 모스크바에 얼마나 오래 있었는지 모릅니다, 다이너마이트를 간직한 채 말입니다. 이렇게 계속 대기 상태로 살 수는 없어요. 난 못 합니다."

이에 대한 대답으로 나는 그에게 다이너마이트를 가지고 발트 연안의 요양지 제게볼드로 가서 그곳에서 후속 지령을 기다리라

---

2 현재 우크라이나 동부의 도시.
3 러시아제국의 고위 관리이자 총독이었던 이반 미하일로비치 오볼렌스키(1853-1910).

는 아제프의 명령을 전달했다.

다음 날 그는 떠났다. 나도 떠났다—리가로, 슈베이체르를 찾기 위해서였다. 칼랴예프도 그곳으로 오기로 되어 있었다—출장의 결과를 보고하기 위해서였다. 슈베이체르는 이미 리가에 없었다. 한편 칼랴예프는, 두 동지를 모두 찾아냈고 둘 다 동의했으나 자기 생각에는 이오시프 마체예프스키 하나만 진심으로 일하고 싶어 하는 것 같다고 이야기했다. 이그나치 마체예프스키는 망설였고 단지 이오시프의 영향 때문에 동의했다. 칼랴예프의 관찰은 정확했다. 이그나치 마체예프스키는 플레베 건에 참여하지 않았고, 한편 이오시프 마체예프스키는 칼랴예프와 만난 후 즉시 페테르부르크에 가서 마부 자리를 얻었다.

2월 초에 나는 페테르부르크에 돌아왔다. 아제프가 말하길, 슈베이체르와 사조노프도 페테르부르크에 와 있고, 마체예프스키 동지는 이미 사조노프를 만났으며 며칠 내로 나도 동지들을 만나게 될 것이었다.

그는 이러한 목적을 위해 내게 밤에 상인 클럽의 가장무도회에 가보라고 제안했다.

아제프가 내게 특별히 가장무도회에서 접선을 지정한 것은 그 자신도 말했듯이 비밀 조직원다운 판단에서였다. 그는 언제나 비밀 투쟁의 모든 원칙을 정확하게 지킬 것을 요구했다. 접선은 가능한 한 드물게 하고 개인의 아파트가 아니라 길거리에서, 혹은 선술집, 대중목욕탕, 극장 등의 공공장소를 이용하며 접선에 있어 모든 경계 조치를 취해야 하고, 조직원들 사이에 서신 왕래를 하지 않고 가족과 친구와도 교류하지 않아야 하며, 조직원의 생활 방식이나 옷차림이 그 누구의 의심도 일으키지 않아야 한다고 그는 요구했다. 계획에 있어서는 매우 대담했으나, 실천에 있어 그는 유달리 조심스러웠다.

지정된 날에 나는 가장무도회에 있었다. 나는 아제프가 무도회장으로 들어와서는 키가 크지 않고 몸집이 단단하며 말쑥한 옷차림의, 나이 스물다섯 정도 된 젊은 사람과 인사하는 것을 보았다. 젊은 사람은 잘 다듬은 콧수염을 길렀고, 겉모습으로 보아서는 외국인 같았다. 이것이 영국 여권으로 지낼 때의 슈베이체르였다.

슈베이체르는 곧장, 첫마디를 뗐을 때부터 평온하고 균형 잡힌 힘을 가졌다는 인상을 불러일으켰다. 그에게서는 포코틸로프와 칼랴예프에게서 그토록 강렬하게 나타났던 열광적인 격정은 느껴지지 않았으나 말하고 침묵하는 그만의 방식, 그리고 서두르지 않는 생각과 느릿한 평온함으로 상대방이 자기도 모르게 신뢰감을 갖게 했다. 나와의 이 첫 만남에서 그는 말을 아주 적게 하고 오직 일에 대해서만 이야기했다.

며칠 후 나는 사조노프(아벨)를 처음으로 보았다. 이오시프 마체예프스키와 사조노프가 둘 다 마부로 일하면서 볼쇼이 대로와 바실레오스트롭스키 섬 6번로 모퉁이에서 나를 기다리고, 또한 내가 사조노프를 알아볼 수 있도록 그가 이오시프 마체예프스키의 마차 바로 뒤에 서 있기로 약속했다. 이미 멀리서 나는 마부석에 앉은 이오시프를 알아보았다. 마차는 세련되었고, 말은 잘 먹였고, 마구는 새 것이었다. 그 자신도 돌돌 말린 콧수염에 모자를 비뚜름하게 써서 페테르부르크 고급 삯마차의 멋쟁이 마부와 아주 비슷했다.

그 뒤에는 보통의 영락한 가두마차가 서 있었다. 그 마차꾼은 볼이 붉고 명랑한 얼굴에 갈색 눈은 생기 있고 대담했다. 그가 마부석에 앉은 자세나 더러운 푸른 외투, 찢어진 모자가 너무나 일반적이라서, 나는 혹시 우연한 착오가 있었던 것은 아닌지, 정말로 저 촌부가 아제프에게 들었던 그 아벨인지 망설였다. 그러나 이오시프가 거의 눈에 띄지 않게 내게 미소 지어 보이며 고개를 끄덕였다. 볼이 붉은 마부가 눈을 크게 뜨고 나를 쳐다보며 또한 가볍게 미소 지었다. 나는 그에게 다가가 약속된 암호를 말했다.

"마부, 즈나멘카로 가세."

"나리, 그런 거리는 없습니다. 그 거리는요, 나리, 모스크바에 있어요."

사조노프가 눈으로만 웃으며 대답했다. 우리는 갈레르나야 항구로 출발했다. 작은 말은 간신히 느릿느릿 걸었고, 사조노프는 계속 마부석에서 내 쪽을 돌아보며 명랑하고 가볍게 마부로서의 생활에 대해 이야기했다. 그의 젊은 얼굴과 명랑하고 평온한 말 덕분에 마음이 평온하고 즐거워졌다. 우리가 헤어지고 그의 마차가 모퉁이 뒤로 사라졌을 때, 나는 다시 그 웃음 띤 눈을 보고 그 확신에 찬 명랑한 목소리를 듣고 싶어졌다.

얼마 안 있어 아제프는 그가 말한 대로 전반적인 당 업무 때문에 떠났다. 포코틸로프는 제게볼드에서 지냈고, 칼라예프는 제네바에서 오기로 되어 있던 동지 다비드 보리샨스키(아브람)를 기다리며 니즈니 노브고로드에 머물렀다. 슈베이체르는 리바바[1]에서 다이너마이트를 보관해 두고 있었다. 페테르부르크에는 사조노프, 마체예프스키, 그리고 내가 남았다.

이 인원으로는 감시 활동을 하기엔 부족했고, 이는 우리가 11월에 페테르부르크에서 아제프를 기다릴 때와 마찬가지였다. 그

---

[1] 라트비아 서부 발트해 연안의 도시. '리바바'는 1795년 러시아제국 식민지가 된 후의 러시아식 이름이며 라트비아식 명칭은 '리에파야Liepaja'이다.

렇지만 2월과 3월 초에 마체예프스키와 사조노프는 몇 번 더 플레베를 보는 데 성공했고, 게다가 중요한 것은 플레베가 정말로 일주일에 한 번 낮 12시경에, 당시 겨울 궁전에서 지내던 황제에게 보고하러 다닌다는 사실을 확인하는 데 성공했다는 것이다. 내가 보기에 이렇게 적은 인력으로 하는 감시 작업은 앞으로는 얼마간이라도 의미 있는 결과를 낼 수 없었다.

그래서 아제프가 페테르부르크에 왔을 때, 나는 그에게 즉시 암살 기도에 돌입하자고 완고하게 제안하기 시작했다. 아제프는 수집된 정보가 너무 적고 플레베의 이동 경로가 정확히 알려지지 않았기에 실수하기 쉽다고 반박했다. 나는 폰탄카 거리의 플레베 거처에서 직접 암살을 계획할 수 있는 가능성을 지적하며, 그렇게 하면 실수의 위험과 이동 경로를 파악해야 할 필요성을 모두 제거할 수 있다고 주장했다. 그러나 아제프는 내게 동의하지 않았다. 그는 그런 시도가 위험하다고 여겼다. 플레베의 거처에는 가장 많은 경호원이 있었다. 그리고 실패한다면 거사는 가장 최선의 경우라도 오랫동안 지연될 것이었다.

그래서 나는 아제프에게 사조노프와 마체예프스키의 의향을 알아볼 것을 제안했다. 마차 두 대에 나눠 타고—나는 마체예프스키의 마차에, 아제프는 사조노프의 마차에—우리는 교외로 멀리 나가 벌판에서 협의를 진행했다. 마체예프스키는 즉시 시도하자고 주장했다. 그는, 일단 외출 일정이 알려졌으니 더 이상 기다릴 이유가 없다고, 왜냐하면 우리가 지금 아는 것보다 더 많이 알아내지는 못할 것이기 때문이라고 말했다. 플레베의 거처 바로 정문 앞에서 암살을 계획할 수 있는 이상 이동 경로를 꼭 파악해야 할 필요는 없었다.

사조노프는 훨씬 더 조심스럽게 자기 생각을 진술했다. 그는 자신이 플레베의 얼굴을 모르니 마차를 잘못 알 수 있다고 말했다. 마체예프스키가 신호수를 맡아 플레베의 마차를 지목해 주겠다고 제안했을 때에야 사조노프는 동의했다.

아제프는 습관대로 말없이 듣고 있었다. 우리가 말을 마치자 그는 느리게, 그리고 언제나 그렇듯 마치 내키지 않는 것처럼 반박하기 시작했다. 그는 참을성과 조심성을 권유하며 실패하면 거사를 돌이킬 수 없이 망치게 된다고 다시 한번 지적했다. 그의 말에 대한 대답으로 나는 더 날카롭게 주장했다. 이번에는 마체예프스키 외에 사조노프도 나를 지지했다. 마침내 아제프가 잠시 생각한 뒤 말했다.

"좋습니다. 모두 그렇게 원하신다면, 운을 시험해 보죠."

아제프는 다시 페테르부르크를 떠났다. 난 리바바의 슈베이체르와 니즈니 노브고로드의 칼랴예프에게 들렀다. 3월 18일을 앞두고 제네바에서 온 다비드 보리샨스키까지 포함해 전원이 페테르부르크에 모였다. 아제프만 당의 업무 때문에 지방에 남았다.

IV

암살 계획은 다음과 같았다. 매주 목요일 낮 12시경 플레베는 거처를 나와서 강변도로를 따라 폰탄카에서 네바 강으로, 그리고 네바 강변도로에서 겨울 궁전으로 갔다. 돌아올 때 그는 같은 길로 오거나 아니면 판텔레이모노프스카야 거리를 따라 경찰청 중앙 출입구 쪽으로 난 두 번째 정문을 통해 폰탄카로 나왔다.

길에서 그를 기다리자는 제안이 나왔다. 포코틸로프가 폭탄 두 개로 첫 공격을 개시하기로 했다. 그는 폰탄카 강변도로의 슈티글리츠 남작 저택 근처에서 플레베와 마주치기로 했다. 보리샨스키도 폭탄 두 개를 가지고 네바 강 가까이의 리브니 골목에 자리를 잡았다. 사조노프는 앞치마 아래 폭탄을 숨기고, 경찰청 출입구 앞에 네바 강을 향하고 서 있었다.

똑같이 네바 강 쪽을 향한 채 출입구 반대편, 판텔레이모노프스카야 거리 가까이에 마체예프스키가 서 있었다. 그는 플레베의 마차가 접근하면 모자를 벗어 사조노프에게 신호하기로 했다. 마지막으로 체프노이 다리 위, 판텔레이모노프스카야 거리가 전부 시야에 들어오는 곳에 포코틸로프나 사조노프와 같은 모습으로 칼랴예프가 자리 잡고 있었다. 그의 임무는 플레베가 리체이니 대로를 통해 돌아올 경우 다른 동지들에게 신호하는 것이었다.

작전 명령은 실패했다. 작전이 실행된 곳이 플레베의 거처 정문 바로 앞, 즉 기마와 도보 경관들뿐 아니라 도처—거리, 골목, 체프노이 다리—에 많은 보안 요원들이 있는 장소였다는 점 외에도, 포코틸로프는 기다리던 플레베의 마차와 칼랴예프 양쪽으로 주의가 분산되었고, 사조노프는 플레베와 칼랴예프와 마체예프스키 사이에서 주의가 분산되었다.

게다가 암살에 직접적으로 필요가 없고 무기도 없는 두 사람, 칼랴예프와 마체예프스키가 작전에 투입되어 결과적으로 위험 부담을 안겨 주었다. 작전 계획이 불완전했던 것은 충분치 못한 감시 작업으로 인한 불가피한 결과였다. 이동 경로를 알지 못했으므로—플레베가 리체이니 대로와 판텔레이모노프스카야 거리를 통과할 가능성 때문에—부득이하게 체프노이 다리에 칼랴예프를 세워야 했고, 사조노프가 장관의 마차를 충분히 익혀두지 않았기 때문에 어쩔 수 없이 마체예프스키가 작업에 개입해야 했다.

바로 이러한 불편함들을 아제프는 예견했고, 그래서 그는 때 이른 암살 계획에 반대했던 것이다.

    16일에 나는 마지막 교섭을 위해 포코틸로프와 슈베이체르와 회견을 가졌다. 회견은 알렉산드르 넵스키 대수도원[1] 묘지의 차이콥스키 무덤가에서 이루어졌다. 슈베이체르는 냉정하고 평온하게 우리 계획의 가장 세세한 사항까지 논의했다. 그는 어려운 과업에 직면해 있었다. 밤사이에 폭탄 다섯 개를 준비해 다음 날 아침에 투척자들에게 나눠주어야 했다. 포코틸로프는 언제나 그랬듯 흥분했다. 그는 성공을 확신하며, 또한 보리샨스키와 사조노프가 아닌 바로 자신에게 플레베를 죽이는 영광이 주어져야 한다고 확신에 차 열띠게 말했다. 그는 또한 보리샨스키가 만약 첫 번째 폭탄을 던지게 될 경우 골목 안이 아니라 바로 자신, 포코틸로프에게 달려와야 한다고 주장했다. 자신이 가진 폭탄으로 그와 자기 자신을 모두 보호할 수 있다고 그는 말했다. 우리가 이야기하는 동안 묘지의 이웃한 오솔길에서 돌연히 경관 한 조를 대동한 경찰서장이 나타났다. 무덤의 십자가 사이로 견장과 군도가 번쩍였다. 그 순간 포코틸로프가 권총을 꺼내 재빨리 성큼성큼 걸어 정면의 경찰 쪽으로 나아갔다. 슈베이체르는 권총이 든 주머니에 손을 찔러 넣고 무덤 옆에서 조용히 기다렸다. 나는 어렵게 포코틸로프를 따라잡았다. 그는 내 쪽을 돌아보고 속삭였다.

    "파벨과 함께 나가십시오, 제가 몇 분 동안 놈들을 붙잡아 놓겠습니다."

    경관들은 측면 가로수 길을 통해 다가오고 있었다. 나는 포코틸로프의 팔을 잡았다.

---

[1] 상트페테르부르크 중심가 넵스키 대로에 있는 남성 수도원. 1713년 건설된 상트페테르부르크 최초의 수도원이다.

"무슨 짓입니까? 권총을 숨기시오."

그는 내게 뭐라고 대답하려 했으나, 그 순간 경찰은 다른 오솔길로 돌아서서 시야에서 사라지기 시작했다. 분명, 경보는 우리 때문이 아니었다.

3월 17일에서 18일로 넘어가는 밤을 나는 포코틸로프와 함께 보냈다. 우리는 바리에테 극장에 새벽까지 앉아 있다가 새벽녘에 바실레오스트롭스키 섬의 공원으로 산책하러 갔다. 흥분한 포코틸로프의 이마에 핏방울이 맺혀 있었고, 얼굴은 창백하고 동공은 열병에 걸린 듯 커져 있었다. 그가 말했다.

"전 테러를 믿습니다. 제게 혁명은 전부 테러에 있습니다. 우리는 지금 수가 적습니다. 하지만 앞으로 많아지는 걸 보시게 될 겁니다. 당장 내일 저는 이 세상에 없게 될지도 모릅니다. 전 그래서 행복하고 자랑스럽습니다. 내일 플레베는 살해될 테니까요."

아침 8시, 나는 두 시간 후에 다시 만나기 위해 그와 작별했다. 10시, 바실레오스트롭스키 섬 16번로에서 슈베이체르가 투척자들에게 폭발물을 넘겨주기로 되어 있었다. 그는 사조노프의 마차를 타고 미리 약속한 집으로 오기로 했다. 포코틸로프는 마차를 타고 투치코프 다리까지 가서 그곳에서 자기 폭탄을 받은 뒤, 마차에서 내려 투치코프 다리에서 대기 중인 보리샨스키에게 자리를 넘겨주기로 되어 있었다. 보리샨스키는 자기 폭탄을 받은 후 슈베이체르가 마차에 마지막 폭발물—사조노프를 위한 것—을 남겨놓으면 슈베이체르와 함께 내리기로 했다. 보리샨스키는 언제나처럼 침착하게, 우리의 계획에 승인도 비난도 표현하지 않았다. 그는 말없이 작전 명령의 세부 사항을 전부 다 들었고 정확히 정해진 시각에 투치코프 다리에 나타났다. 나는 슈베이체르가 마차를 타고 포코틸로프에게 다가가는 것과 포코틸로프가 사조노프의 마차에 올라타는 것을 보았다. 나는 칼랴예프를 찾으러 갔다. 칼랴예프는 비탄에 잠겨 있었다.

"나한텐 폭탄을 주지 않았어. 어째서 보리샨스키야, 내가 아니고?"

나는 그를 달래며, 투척자는 세 명으로 충분하고 보리샨스키도 자신이 아닌 칼랴예프의 손에 폭탄이 있었다면 똑같은 권리를 가지고 똑같은 말을 할 수 있었을 거라고 말했다.

"난 다른 사람들보다 더 적은 위험을 무릅쓰는 건 싫어." 칼랴예프가 말했다.

나는 그에게, 위험은 언제나 똑같으며 체포될 경우 그도 다른 모두와 똑같이 같은 법률 조항에 의거하여 재판받게 될 거라고 대답했다. 그는 입을 다물었다.

12시에 난 약속된 대로 여름 정원으로 가서, 폰탄카와 평행한 오솔길의 벤치에 앉아 기다리기 시작했다. 사조노프, 포코틸로프, 보리샨스키, 이오시프 마체예프스키와 칼랴예프는 각각 자기 위치에 가 있었다. 그렇게 대기 상태로 30분 정도가 지나갔다.

갑자기 뭔가 폭발하는 듯한 굉음이 울렸다. 나도 모르게 일어섰다. 폰탄카 거리 건너편에서는 이전처럼 모든 것이 고요했다. 페트로파블롭스크 요새에서 정오의 대포를 쏜 것이다. 바로 그 순간 정원 정문에서 포코틸로프를 보았다. 창백해진 그가 빠르게 내 쪽으로 오고 있었다. 털외투 주머니에 폭탄의 윤곽이 선명하게 드러났다. 그는 내가 앉은 벤치로 다가와 털썩 주저앉았다.

"아무 성과도 없습니다. 보리샨스키가 달아났어요."
"누가 달아났다고요?"
"보리샨스키요."

"그럴 리가 없습니다."

"내가 직접 봤어요. 달아났습니다."

나와 포코틸로프는 여름 정원을 나왔다. 체프노이 다리 위 난간에 한껏 기대어 고개를 높이 들고 판텔레이모노프스카야 거리에서 눈을 떼지 않은 채 칼랴예프가 서 있었다. 그는 놀란 표정으로 포코틸로프와 나를 쳐다보았으나, 자리에서 움직이지 않았다.

나는 지금까지도 우리의 이 첫 번째 암살 기도의 순조로운 결말을 우연한 행운이라고밖에 달리 설명할 수가 없다. 칼랴예프는 너무나 눈에 띄었고, 그의 자세는 너무나 긴장되어 있었으며 온몸에서 배어나오는 완강한 집중력은 군중과 너무나 동떨어져서, 다리와 폰탄카 강변도로에 가득 흩어져 있던 경호 요원들이 어째서 그에게 주의를 기울이지 않았는지 이해할 수 없었다. 후에 칼랴예프 자신도 스스로 체포될 거라고, 한 시간 동안이나 플레베의 거처 맞은편에 서서 출입구를 관찰하는 사람을 체포하지 않을 수 없을 거라고 굳게 확신하며 서 있었다고 말했다. 그러나 그렇게 생각하면서도 그는 사조노프와 보리샨스키가 모두 출입구를 떠난 뒤에 마지막으로 자기 위치를 떴다.

나와 포코틸로프가 다리 옆을 지나가자마자 순경과 형사 들이 분주하게 뛰어다니기 시작했고, 검은 말을 앞세우고 제복을 입은 하인을 마부석에 태운 마차가 네바에서 폰탄카를 따라 빠른 속보로 우리 옆을 질주해 갔다. 마차 창문으로 플레베의 평온한 얼굴이 언뜻 보였다. 포코틸로프가 폭탄을 움켜쥐었으나, 마차는 이미 멀리 떨어져 사조노프 쪽으로 접근해 가고 있었다. 우리는 폭발을 기다리며 숨을 죽였다. 그러나 우리 눈앞에서 마차는 사조노프를 앞지르고는 열린 정문 안으로 꺾어져 사라졌다.

칼랴예프에게 돌아간 나는 미리 정해둔 접선 장소로 가라고 말했다. 포코틸로프가 사조노프에게 다가가 마차에 타려 했다. 나는 사조노프가 거부의 뜻으로 고개를 젓는 모습을 보았다. 그래서 내가 사조노프에게 다가갔다.

"마부!"

"손님 있습니다."

"마부!"

"손님 있어요."

나는 멈춰 서서 사조노프의 얼굴을 들여다보았다. 그는 아주 창백했다. 나는 속삭였다.

"빨리 떠나시오."

그러나 그는 다시 거부하며 고개를 흔들었다. 나는 그의 곁을 지나 마체예프스키를 불렀고 또 같은 대답을 들었다.

"손님 있습니다."

나는 체프노이 다리 쪽을 돌아보았다. 칼랴예프는 여전히 다리 위에 서 있었다.

그렇게 그들은, 이미 모든 희망을 버린 채 반 시간쯤 더 대기했다.

사조노프의 실패는, 미리 예견하거나 제거할 수 없는 우연한 변수 중 하나 때문이었다. 정해둔 대로 사조노프는 12시에 네바 강 쪽을 향하여, 마체예프스키와 폰탄카 강변도로를 볼 수 있고 미리 폭탄 투척을 준비할 수 있도록 자기 위치에 서 있었다. 무거운 7푼트짜리[1] 폭발물이 앞치마 아래 무릎 위에 놓여 있었다.

폭발물을 던지기 위해서는 앞치마를 벗고 폭탄을 들어 올려야

---

1 1푼트는 0.41킬로그램으로, 7푼트는 약 2.87킬로그램이다.

했다. 여기에 몇 초의 시간이 필요했다. 그러나 플레베의 거처 출입구 앞에 서서 마차에 타려는 승객들을 거부하는 사조노프의 행동은 다른 마부들의 비웃음을 샀다.

길게 줄지어 선 마차들 중에서 그의 마차만 네바 강을 향해 있다는 점이 달랐고, 한편 다른 마차들은 모두 반대편 서커스 흥행장 쪽을 향해 있었다. 그 비웃음, 즉 남들의 이목을 끌 수 있다는 두려움 때문에 그는 어쩔 수 없이 말을 돌려 네바 강 반대편으로, 다시 말해 마체예프스키에게 등을 돌리고 서야 했다.

그렇게 되자 돌아오는 플레베가 그에게는 보이지 않았고, 또 그의 옆을 예상외로 빠르게 지나갔던 것이다. 사조노프는 폭탄을 움켜쥐었으나 때는 이미 늦었다.

이 첫 번째 실패에서 우리는 많은 것을 배웠다. 우리는 한 번 자르기 전에 일곱 번 재야 한다는 것을 깨달았다.

V

우리는 암살 후에 사도바야 거리의 음식점 '북극'에서 모이기로 정해놓았다. 그리고 거리에서 보리샨스키와 마주쳤다. 나는 그에게 물었다.

"이보십시오, 아브람, 도망쳤습니까?"

그는 그 크고 빛나는 눈동자를 들어 나를 보며 침묵했다. 나는 질문을 되풀이했다. 그러자 그가 대답했다.

"예, 도망쳤습니다."

"무슨 권리로 도망쳤습니까?"

보리샨스키는 대답 대신 아무 말도 하지 않았다. 나는 그의 평온한, 마치 돌과 같은 얼굴을 오랫동안 바라보았다. 마침내 내가 물었다.

"어째서 도망쳤습니까?"

"이해할 수 없군요……. 만약 미행당했다면, 당신은 어떻게 하셨겠습니까?"

"미행당했습니까?"

"미행당하지 않았으면 안 도망쳤을 겁니다."

"이보십시오." 내가 말했다. "동지들이 당신을 겁쟁이라고 생각할 수도 있습니다."

그는 오랫동안 대답을 지체했다.

"나는 겁쟁이가 아닙니다. 도망쳐야만 했습니다. 내 입장이었으면 누구나 도망쳤을 겁니다……. 그럼 내가 무익하게 체포됐어야 했단 말입니까?"

이때 음식점 안으로 칼랴예프가 들어왔다. 그의 얼굴을 보니 몹시 흥분했다는 것을 알 수 있었다. 그는 잠깐씩 보리샨스키를 쳐다보았다. 마침내 그는 더 참지 못했다.

"어째서 도망쳤습니까, 보리샨스키?"

보리샨스키는 그를 쳐다보았다.

"밀정들한테 둘러싸였다면 당신은 어떻게 했겠습니까?"

칼랴예프는 아무 대답도 하지 않았다. 보리샨스키가 진실을 말하고 있다는 것은 의심할 수 없었다. 형사들의 눈앞에 폭탄을 가지고 서 있다는 것은 자기 자신도, 동지들도, 거사까지도 모두 망친다는 뜻이었다.

암살 기도는 성공하지 못했다. 조직원이 전부 페테르부르크에서 지낼 이유가 없었다. 슈베이체르는 같은 날 다이너마이트를 가지고 도로 리바바로 떠났고, 보리샨스키는 베르지체프[1]로, 칼

---

1 현재 우크라이나 중서부 도시 베르디치우.

라예프는 키예프로, 포코틸로프는 아제프가 우리에게서 소식을 기다리기로 했던 드빈스크[2]로 떠났다. 나는 페테르부르크에 하루 더 남아 있다가 저녁에 사조노프와 만났다.

우리는 함께 섬으로 떠났다. 해안에서 나는 마침내 말을 꺼내기로 결정했다.

"이봐요, 어째서 플레베의 거처를 떠나지 않으려고 했습니까?"

사조노프는 마부석에서 내 쪽을 돌아보았다.

"어째서냐고요? ……그가 혹시 다시 나가지 않을까 바라고 있었습니다."

"하지만 그러지 않으리라는 걸 알고 있지 않았습니까?"

"후우…… 그거야, 물론……."

그는 고개를 떨어뜨렸다. 몇 분 후에 그가 다시 입을 열었다.

"거기 마차를 세우고, 무릎에 폭탄을 놓고 있었어요……. 기다렸어요……. 아시겠어요, 아무 일도 없었어요……. 그저 다리가 차가워졌을 뿐……."

그는 손을 흔들었다. 그러더니 갑자기 빠르게 내 쪽을 돌아보았다.

"그건 제 잘못입니다."

"뭐가요?"

"아시잖습니까……. 실패 말입니다."

물론 사조노프는 그 누구보다도 잘못이 없었고, 나는 사조노프보다 훨씬 더 정당한 이유로 3월 18일의 실패를 나 자신의 탓으로 돌릴 수 있다.

드빈스크에 아제프는 없었다. 우체국에도, 유치해 두기로 약정

---

[2] 현재 라트비아 동남부의 도시 다우가프필스 Daugavpils.

된 그로부터의 전보도 없었다. 역에서 포코틸로프가 나를 맞이했다. 그의 첫마디는 이것이었다.

"발렌틴이 체포됐습니다."

"체포되다니 무슨 소리입니까?"

"여기 없습니다. 전보도 없습니다. 어쩌면 좋습니까?"

아제프는 나중에야 드빈스크에서 자신이 감시당하고 있음을 눈치채고, 흔적을 감추기 위해 3주간 러시아 전역을 배회했다고 설명했다. 당시 그렇게 중요한 시기의 그의 부재는 우리로선 체포된 것으로밖에 이해할 수 없었다.

흥분한 포코틸로프의 이마에 조그만 핏방울들이 맺혀 있었다. 그가 말했다.

"발렌틴이 체포됐습니다. 암살 기도는 실패했습니다. 하지만 플레베는 살해될 겁니다……. 플레베는 반드시 살해될 겁니다……. 그렇지 않습니까, 벤야민?"

나는 침묵했다. 결정적인 순간에 아제프를 잃음으로써 조직은 유일하게 경험 많은 테러리스트를, 무엇보다도 조직의 지도자를 빼앗겼다는 생각이 들었다. 지도권은 내게 넘어왔으나 나는 그에 대한 준비가 되어 있지 않다고 느꼈다. 나는 포코틸로프에게, 슈베이체르에게 들러 키예프로 그를 데려오라고 부탁했다. 그곳으로 보리샨스키도 오기로 되어 있었다. 나는 동지들에게 조언을 구하고 싶었다.

아제프를 잃은 뒤, 나는 조직의 힘이 플레베를 살해하기에 부족하다고 여겼다. 그 때문에 내게는 우선 클레이겔스를 살해하는 쪽을 시도해 보고, 그를 살해한 후에 플레베 암살로 넘어가는 것이 합리적이라고 생각되었다. 클레이겔스 살해를 준비하면서 우리는 우리에게 부족한 경험과 거의 알지 못하는 투쟁 활동의 기술을 제대로 배우기 위한 도움을 얻게 될 것이었다. 나는 내 생각을 동지들에게 알렸다.

칼랴예프와 슈베이체르는 내 생각에 동의했다. 포코틸로프는 반박하기 시작했다.

"플레베 건을 착수했으니 중간에 그만둘 수는 없습니다. 우리는 플레베를 죽일 의무가 있습니다. 인력은 충분합니다. 극단적인 경우 경찰청 전체를 폭발시킵시다. 내가 전부 책임지겠습니다."

보리샨스키는 침묵했다.

"당신 생각은요?" 내가 그에게 물었다.

"포코틸로프와 함께 가겠소." 그가 대답했다.

최악의 결정이 내려졌다. 타협안이 받아들여진 것이다. 슈베이체르, 칼랴예프, 그리고 나는 클레이겔스 암살을 위해 키예프에 남고, 보리샨스키와 포코틸로프는 사조노프와 이오시프 마체예프스키와 함께 플레베 살해를 시도하기 위해 페테르부르크로 떠났다.

그들의 계획은 다음과 같았다. 3월 25일 목요일과 4월 1일 목요일, 플레베가 황제에게 가는 날에 그들은 아침 11시 30분에 겨울 궁전에서 네바 강변도로와 폰탄카를 따라 경찰청 건물 쪽으로 폭탄을 들고 장관을 만나러 나가기로 했다. 플레베의 이동 경로와 외출 시간은 그저 대략적으로만 알고 있었으므로 암살이 성공하리라는 희망은 작았다. 폭탄은 포코틸로프가 준비하기로 했다. 사조노프와 마체예프스키는 암살 기도에 간접적으로만 참여했다.

우리의 계획은 단순했다. 클레이겔스는 숨지 않고 당당하게 도시를 돌아다녔다. 칼랴예프와 나는 그의 얼굴을 알고 있었다.

1장   플레베 암살

총독 관저는 대학 거리에 있었고, 클레이겔스가 어디로 가든 십자로를 피할 수는 없었다. 폭탄은 슈베이체르가 준비하기로 했고, 첫 공격의 영예는 칼랴예프의 것이 되었다.

이 같은 분할은 조직을 약화시켰고, 이 때문에 전자의 암살만큼이나 후자의 암살 계획이 성공하리라는 희망도 줄어들었다. 나는 내 계획을 고집할 정도의 권위가 없었으나, 포코틸로프의 계획이 합리적이라고는 인정할 수 없었다. 조직은 거의 동등한 두 부분으로 나뉘게 되었다.

3월 24일 포코틸로프는 폭탄 두 개를 준비했고, 25일에 그와 보리샨스키는 겨울 궁전에서 플레베 쪽으로 나왔으나 그를 만나지 못했다. 포코틸로프는 폭탄에서 도화선을 빼내고 페테르부르크를 떠나 드빈스크로 갔다. 3월 29일에 그는 다시 한번 페테르부르크를 향해 출발했고 가는 길에 기차에서 또 우연히 아제프를 만났다. 아제프는 조직의 상태에 대한 그의 보고를 다 듣고 불만족했다. 그는 포코틸로프를 설득하여 계획을 포기하게 하려 했으나, 포코틸로프는 자기 의견을 지켰다. 그러자 아제프는 그와 헤어진 후 우리를 찾으러 키예프로 떠났다.

3월 31일 밤 '북부 호텔'에서 두 번째로 폭발물을 준비하던 중에, 포코틸로프는 폭발로 인해 사망했다. 우리 폭탄에는 화학적 도화선을 사용했다. 즉 폭탄에 점화용구와 폭발용구가 든, 십자 모양으로 부착된 두 개의 관이 장착되어 있었다. 점화용구는 유산을 채운 유리관과 유리구(球), 그리고 그 구에 부착된 납추로 이루어져 있었다. 이 추가 어떤 상황에서든 폭발물을 떨어뜨릴 경우, 유리관을 부수었다. 유산이 흘러나오면서 염소산칼륨과 설탕의 혼합물을 발화시켰다.

이런 성분의 발화는 우선 뇌산수은의 폭발, 그리고 다음에는 폭발물을 채운 다이너마이트의 폭발로 이어진다. 폭발물을 충전할 때 피할 수 없는 위험은, 유리관이 쉽게 손안에서 깨질 수 있다는 점이었다.

VI

포코틸로프의 죽음을 우리는 키예프의 신문을 통해 알았다. 우리에게 그의 죽음은 3월 18일의 실패보다 더욱더 충격적인 돌발 상황으로 여겨졌다.

포코틸로프의 죽음 후, 우리가 보유하고 있던 다이너마이트 중 남은 분량은 겨우 4분의 1에 불과했다. 그것을 슈베이체르가 보관해 두었는데, 전부 사용해도 폭탄 하나밖에는 만들 수 없었다. 우리의 판단으로는, 폭탄 하나로 클레이겔스를 암살하는 데에는 충분했지만, 플레베를 단 한 명의 투척자로 암살한다는 것은 불가능하다고 여겨졌다. 나는 슈베이체르와 칼랴예프에게 조언을 구했고, 우리는 플레베 건을 청산하고 마체예프스키, 보리샨스키, 사조노프에게 외국으로 떠나라고 제안하기로 결정했다. 우리 셋은 클레이겔스 암살을 위해 키예프에 남기로 했다.

슈베이체르는 남은 다이너마이트를 칼랴예프에게 넘겨주고, 마체예프스키와 사조노프에게 우리 결정을 알리기 위해 페테르부르크로 떠났다. 보리샨스키는 3월 31일 이후 스스로 자원해서 키예프로 왔다. 그와 거의 같은 때에 아제프도 뜻밖에 키예프로 왔다. ○○의[1] 아파트에서 나를 만난 그가 말했다.

"무슨 일을 벌이는 겁니까? 무엇 때문에 클레이겔스를 암살하겠다는 거요? 그리고 어째서 페테르부르크에 가 있지 않은 겁니

---

1 본문에 거리 이름이 삭제되어 있다.

까? 무슨 권리로 중앙위원회의 결정을 당신 마음대로 바꾸는 거요?"

나는 아제프에게, 3월 18일의 실패 이후 드빈스크에서 그의 부재는 체포라고밖에 설명할 수 없었기에 그가 체포됐다고 확신했었으며, 그의 지휘 없이 플레베를 살해하는 것은 내게는 불가능하게 여겨졌고, 그래서 그런 불가능성을 염두에 두고 클레이겔스를 살해하기로 결정했다고, 그리고 나는 포코틸로프가 페테르부르크로 나가는 것에 반대했으며 플레베를 암살하려는 그의 계획은 근거가 불충분하다고 여겼고, 마지막으로—그리고 가장 중요한 점인데—다이너마이트가 폭탄 하나를 제조할 분량밖에 남지 않았다고 대답했다.

나는 또한 3월 18일의 실패와 포코틸로프의 죽음은 우리가 자신의 힘에 확신을 갖지 못해서 초래되었으며, 이렇게 자신감이 없는 상태에서는 러시아제국 전반에 걸친 사업을 끝까지 마무리 짓는 게 가능하지 않을지도 모른다고 덧붙이고 싶었다. 그러나, 아제프의 얼굴을 보고 나서 이 말은 하지 않았다.

아제프는 언제나 하던 대로 말없이 들었다. 그의 표정에서 나는 그가 우리의 결정과 나의 설명을 몹시 못마땅해하고 있음을 보았다. 마침내 그가 말했다.

"나는 미행당했소. 밀정들을 떼어버려야만 했소. 당신은 그 점을 이해하고 내가 체포됐을 거라고 성급히 추측하지 않을 수도 있었소. 게다가 설령 내가 체포됐다 하더라도, 당신이 플레베 암살을 청산할 권리는 없소."

나는 이에 대하여, 우리 중 아무도 테러 활동 경험이 없으며 앞으로는 우리도 확실히 냉정을 유지하고 실패에 결정적인 의미를 부여하지 않을 수 있겠지만, 그래도 3월 18일 암살 기도와 체포된 것으로 추정된 그의 상태와 포코틸로프의 죽음으로 인해 우리가 부득이하게 처음에 받아들였던 계획을 바꿨다고 해서 이상할 것은 전혀 없다고 대답했다.

아제프는 더욱 얼굴을 찌푸리고 말했다.

"사람들은 일하면서 배우게 마련이오. 필요한 경험을 한 번에 얻는 사람은 없소. 하지만 그렇다고 해서 쉬운 일만 해야 한다는 뜻은 아니오. 클레이겔스 암살이 무슨 의미가 있소?"

나는, 투쟁조직은 우파[1] 사건 이후, 즉 거의 1년간 침묵하고 있으며 게르슈니가 체포된 이후 정부에서는 조직이 분쇄되었다고 여기므로, 당에 중앙 테러 활동을 할 힘이 없다면 최소한 게르슈니가 하리코프[2]와 우파에서 했듯이 지역적인 테러라도 하는 것이 필수적이라고 말했다.

"무슨 말을 하는 겁니까? 플레베를 살해할 힘이 없다니? 포코틸로프의 죽음이라고요? 그래도 모든 불운에 대비가 되어 있어야 합니다. 조직 전체가 마지막 한 사람까지 파멸하는 데 대한 준비가 되어 있어야 한단 말이오. 무엇 때문에 당황하는 겁니까? 사람이 없으면 찾아내야 합니다. 다이너마이트가 없으면 만들어야만 합니다. 하지만 거사를 포기하는 건 절대로 안 됩니다. 플레베는 무슨 일이 있어도 살해될 겁니다. 우리가 그를 죽이지 않으면 아무도 그를 못 죽입니다. 시인(칼라예프)에게 페테르부르크로 가서 마체예프스키와 아벨(사조노프)에게 있던 곳에 남아 있으라고 전하라 하십시오. 파벨(슈베이체르)은 다이너마이트를 준비하고, 당신은 보리샨스키와 함께 페테르부르크로 가서 일하십시오. 그 외에도 우리가 사람을 더 찾아내겠소."

---

[1] 러시아 서남부의 도시.
[2] 현재 우크라이나 동부 도시로 우크라이나 이름은 하르키우Kharkiv이다.

같은 날 페테르부르크에서 슈베이체르가 돌아왔다. 그는 마체예프스키와 사조노프가 이미 말과 마차를 팔았고 마체예프스키는 고향으로 떠났으며 사조노프는 수바우키를 거쳐 외국으로 향했다고 보고했다. 칼랴예프가 사조노프를 중도에 붙잡기 위해 즉시 수바우키로 떠났는데, 외국으로 나가지 말고 거의 모든 조직원이 협의를 위해 모이기로 한 하리코프로 가라고 제안하기 위해서였다.

슈베이체르는 아제프에게서 당 기술자의 주소를 받았다. 그 기술자의 도움을 얻어 그는 지방의 실험실에서 다이너마이트를 1푸드[1] 제조하기로 했다. 그는 어려운 과업에 당면해 있었다. 필요한 재료를 눈에 띄지 않게 입수해야만 했고, 가장 철저하게 비밀을 지켜야만 했으며, 끝으로 다이너마이트 제조에 부적합한 실험실의 피할 수 없는 결함들에 순응해야 했다.

슈베이체르는 모든 난점을 극복했다. 전권을 위임받은 지역 자치회의 이름으로 된 공개 문서를 위조하여 재료를 구입했고, 위에 언급한 기술자의 도움이라기보다는 허가를 얻어서 혼자 힘으로 우리에게 꼭 필요한 분량의 다이너마이트를 준비했다.

이 작업을 하면서 그는 거의 죽을 뻔했고, 오직 냉정을 유지한 덕분에 목숨을 구했다. 화학적으로 순수하지 않은 러시아산 재료로 만든 젤라틴을 휘젓는 도중에 그는 재료가 분리되는 전조, 즉 순간적이고 불가피한 폭발의 전조를 눈치챘다. 그는 옆에 있던 물주전자를 집어 들고는 젤라틴 바로 위 몇 센티미터 높이에서 그대로 곧장 물을 붓기 시작했다. 물줄기가 폭약 원료 위로 흩뿌려졌고, 젤라틴 파편이 그의 오른쪽 반신에 온통 튀어 몸에

---

[1] 16.38킬로그램에 해당한다.

서 폭발했다.

그는 몇 군데 심한 화상을 입었으나 작업을 중단하지 않았고, 필요한 분량의 다이너마이트를 제조하자마자 모스크바로 떠났다. 그곳에서 그는 병원에 며칠간 입원했다. 다이너마이트는 6월에 페테르부르크로 가져왔다.

같은 때에 키예프에서 나는 도라 브릴리안트를 알게 되었다. 도라 블라디미로브나 브릴리안트는 아직 폴타바에 있을 때부터 그녀와 친하게 지냈던 포코틸로프가 투쟁 사업에 추천했었다.

도라 브릴리안트를 나는 질랸스카야 거리의 학생 하숙방에서 찾아냈다. 그녀는 지역위원회 일에 깊숙이 관여해 있었고, 그녀의 방은 비밀 조직의 일 때문에 1분마다 드나드는 동지들로 가득했다. 키가 작고 머리가 검고, 역시 검은색의 커다란 눈을 한 도라 브릴리안트는 처음 만났을 때부터 환상적으로 혁명에 헌신한 사람으로 보였다.

그녀는 오래전부터 활동의 성격을 바꾸어 위원회 일에서 투쟁 쪽으로 넘어가기를 꿈꾸고 있었다. 말 한 마디 한 마디에서 테러 일을 하고 싶다는 의지가 비쳐 나오는 그녀의 모든 행동을 보고 나는 그녀로 인해 조직이 소중하고 헌신적인 일꾼을 얻겠다고 확신했다.

브릴리안트와 이야기한 후 나는 하리코프로 떠났다. 그곳으로 아제프, 사조노프, 그리고 칼랴예프도 찾아왔다. 하리코프에서 나는 마부석에 앉지 않고 마부의 외투도 입지 않은 사조노프를 처음 보았다. 그는 보통보다 키가 크고 볼은 붉었으며 솔직하고 명랑했다. 슈베이체르로부터 거사는 청산하기로 결정되었고 자신은 외국으로 나가라는 제안을 받았음을 알고 사조노프는 대단히 괴로워했다. 그런 제안은 그가 보기에 전장을 떠나라는 명령

1장   플레베 암살

이나 다름없었던 것이다. 그래도 어찌 됐든 조직의 규율에 복종하여, 그는 말과 마차를 팔고 수바우키로 떠났다. 수바우키와 빌뉴스 사이의 기차에서 그는 칼랴예프를 만났다. 사조노프로서는 기쁘게도, 그는 칼랴예프로부터 제네바 대신 하리코프로 가라는 제안이 들어왔음을 알게 되었다. 여기, 하리코프에서 그는 칼랴예프가 첫눈에 이상해 보였음에도 불구하고 칼랴예프와 친밀한 사이가 되었다.

칼랴예프는 혁명을 위해 생애를 바친 사람만이 할 수 있는 방식으로 깊고 다정하게 혁명을 사랑했다. 그러나 천성적으로 시인인 그는 예술을 사랑했다. 혁명에 관한 협의가 없고 실제적인 활동이 결정되지 않았을 때면 그는 오랫동안 열정적으로 문학에 대해 말했다. 폴란드 억양을 가볍게 섞어 말했으나 표현은 생생하고 강렬했다. 당시 혁명가에게는 낯설었던 브류소프, 발몬트, 블로크[1]의 이름들이 그에게는 가족처럼 친밀했다. 그는 이런 시인들을 문학적으로 탐구하지 않는 무관심도, 심지어 그런 탐구를 부정하는 태도도 이해하지 못했다. 그에게 이들은 예술의 혁명가였기 때문이다. 그는 '새로운' 시를 열띠게 변호했고, 그것의 다분히 반동적인 특성을 눈앞에서 지적당했을 때는 더 열띠게 반론했다. 그를 아주 친하게 알고 지낸 사람들에게, 예술과 혁명에 대한 그의 사랑은 양쪽 모두 몰아적이고 수줍지만 깊고 강한 종교적 감정의 불길로 밝혀져 있었다. 테러에 그는 자신만의 고유하고 독창적인 경로로 참여했으며, 그 안에서 **정치적 투쟁의 가장 효율적인 형태뿐 아니라 도덕적인, 어쩌면 종교적인 희생을 발견했다.**

---

[1] 발레리 브류소프, 콘스탄틴 발몬트, 알렉산드르 블로크 세 사람은 모두 러시아의 상징주의 시인이다.

사조노프는 사회주의 혁명가로, 미하일롭스키와 라브로프 학파를 거친 사람이었으며 '인민의 의지'의 진정한 아들, 혁명 외에는 아무것도 보지 않고 인정하지도 않는 혁명의 광신도였다. 민중에 대한 이 정열적인 믿음과 깊은 사랑에서 그의 힘이 나왔다. 그러므로 칼랴예프의 예술에 관한 고양된 말들, 언어에 대한 사랑, 테러를 대하는 종교적인 태도는 처음 마주쳤을 때부터 사조노프에게는 이상하고 낯선 것, 테러리스트와 혁명가의 이미지와는 조화를 이루지 못하는 것으로 보였다. 그러나 사조노프는 민감했다. 그는 칼랴예프의 폭넓은 관심사 뒤에 숨은 힘을, 고양된 말 뒤에서 뜨거운 믿음을, 생에 대한 사랑 뒤에서는 어느 순간이라도 그 생을 희생할 각오를, 그리고 무엇보다도 그런 희생에의 정열적인 의지를 느꼈다. 그리고 어찌 됐든 하리코프에서 우리가 처음 모인 날 사조노프는 대학 정원에서 나를 만나 다음과 같은 말로 대화를 시작했다.

"시인을 잘 아십니까? 이상한 사람입니다."

"뭐가 이상합니까?"

"그게, 혁명가라기보다는 정말로 시인이더라고요."

사조노프는 당황했다. 어쩌면 자신의 이런 말에서 칼랴예프에 대한 간접적인 비난이 드러났다고 생각했는지도 모른다. 나는 그때까지, 그리고 그 후에도 그가 누군가를 비난하는 것을 한 번도 듣지 못했다.

"아시다시피, 나도 전에는 테러가 필요하지만 가장 중요한 일은 아니라고 생각했습니다……. 그런데 지금은 알겠습니다. 필요한 건 '인민의 의지'이고, 모든 힘을 테러에 집중시켜야만 하는 겁니다. 그래야 우리가 승리할 겁니다. 이건 시인도 같은 생각입니다."

칼랴예프는 정말로 그렇게 생각했다. 그는 물론 **평화로운 일의 의미를 부정하지 않았으며** 관심을 가지고 그 발전 과정을 지켜보았으나, 테러를 혁명에 있어 가장 중요시했다. 심리적으로 그는 자신을 망가뜨리지 않는 한 선전과 선동 작업에는 종사할 수 없었으나, 그래도 **노동 대중을 이해하고 사랑했다.** 그는 미래의 테러와 그것이 혁명에 끼칠 결정적인 영향을 꿈꾸었다.

"있잖아." 그가 하리코프에서 내게 말했다. "난 끝까지 살아서 내 눈으로 봤으면 좋겠어. 저기, 마케도니아를 봐. 거기 테러는 대중적이고, 거기 혁명가는 모두 테러리스트야. 그런데 우리는? 다섯 명, 여섯 명, 그리고 끝이야……. 나머지는 평화로운 일을 하고. 하지만 사회혁명가가 평화롭게 일할 수가 있어? **폭탄이 없는 사회혁명가는 이미 사회혁명가가 아니잖아.** 그리고 참여하지도 않으면서 테러에 대해 이야기할 수 있어……? 아, 나도 알아. 러시아 전역이 불타오르고 있지. 우리에게도 우리 식의 마케도니아가 생길 거야. 농부가 폭탄을 잡을 거라고. 그리고 그때가 되면, 혁명이다……."

대학 정원에서 우리의 모든 협의가 이루어졌다. 아제프가 다음과 같은 계획을 제안했다. 마체예프스키, 칼랴예프 그리고 그때 우리는 아직 만난 적이 없던, 1903년 우파 시장 보그다노비치를 살해한 예고르 올림피예비치 둘레보프가 거리에서 플레베를 감시하기로 한다. 칼랴예프와 새로 채택된 다른 동지가 담배 상인이 되고, 둘레보프와 이오시프 마체예프스키가 마부 역할을 맡는다. 나는 페테르부르크에 비싼 아파트를 빌려 아내 도라 브릴리안트, 시중드는 사람으로는 하인 사조노프, 요리사로는 오래된 혁명가 이바노브스카야와 함께 입주한다. 이 아파트의 용도는 두 가지였다. 첫 번째로 하인 사조노프와 요리사 이바노브스카야가 감시 작업에 유용할 수 있다고 예상했고, 두 번째로 나는 아제프가 플레베를 공격하는 데 필수적이라고 여기는 자동차를 입수해야만 했다. 운전 기술은 보리샨스키가 배우기로 했다.

나는 자동차 구입에 대해 아제프에게 강렬히 반대했다. 감시 작업과 폭발물 보관을 위한 비밀 아파트의 중요성은 인정했으나, 자동차를 입수하는 이유는 수긍할 수 없었다. 내 생각에는 투척자를 여럿 두어 도보로 플레베를 공격하는 쪽이 완전한 성공을 보장하는 데 반해 자동차는 쉽게 경찰의 주의를 끌 수 있었다. 아제프는 자기 계획을 아주 강하게 고집하지는 않았으나, 그래도 어쨌든 내게 아파트를 빌려 페테르부르크에 자리 잡을 것을 제안했다.

조직의 인력은 그 어느 때보다도 많았다. 포코틸로프를 잃었으나 그 자리는 새 조직원으로 보충했다. 게다가 이전의 실패는, 물론 새로운 실패의 가능성을 제거하지는 않았으나 큰 실수의 반복을 막아주었다. 아제프의 집요함, 평온함, 확신은 조직의 사기를 드높였고, 나는 내가 어떻게 플레베 건을 청산하고 지역적이며 정치적으로 의미가 없는 클레이겔스 암살에 착수할 결심을 했는지 스스로 이상하게 여겼다. 아제프가 조직을 부활시켰다 해도 과장이 아니었다. 우리는 어떤 일이 있어도 플레베를 죽인다는 신념과 결단력을 가지고 거사에 돌입했다.

계획을 논의하여 채택하고 인력이 배분되자 아제프는 둘레보프를 데리러, 그리고 당시 그의 지휘하에 구성되었던 중앙위원회 일 때문에 떠났다. 사조노프와 칼랴예프는 페테르부르크로 떠났다. 나는 브릴리안트를 기다리며 하리코프에 남았다.

하리코프에서 나는 도라 브릴리안트와 함께 모스크바를 향해 떠났다. 모스크바에서 나는 아제프와 둘레보프를 만나기로 되어 있었다.

나를 만나 아제프는 말했다.

"표트르(둘레보프)가 벌써 여기 왔소. 크지 않은 마케도니아제 폭탄을 여섯 개 가지고 있소. 그걸 그에게서 받아 어딘가 은행의 방화 금고에 보관을 위탁해 두시오. 표트르는 마로세이카의 호텔에서 지내고 있으니 내일 그에게 들르시오."

나는 둘레보프에게 들렀고, 크지 않은 키에 솔직한 얼굴과 생각에 잠긴 눈을 지닌 강건한 노동자를 눈앞에서 보았다. 그가 내게 폭탄을 담은 상자를 넘겨주고 충전하는 법을 보여주었다.

바로 그날 나는 아돌프 토마셰비치라는 이름으로 잠가로프 수도회 은행의 방화 금고를 빌리고 폭탄을 그곳으로 실어 날랐다. 후에 이 금고 보관증이 타티야나 레온티예바[1]의 체포 당시 발견되었고, 경찰은 헛되이 위탁인을 찾아다녔다. 이 폭탄은 1905년 5월에 압수당했다.

며칠 사이에 우리는 전원 모스크바를 떠났다. 아제프는 전반적인 당 업무 때문에 볼가로, 브릴리안트와 둘레보프 그리고 나는 페테르부르크로 떠났다.

둘레보프는 마차와 말을 사서 마부가 되었고, 나는 브릴리안트와 함께 모르스카야 거리의 호텔 '프랑스'에 여장을 풀고 무엇보다도 먼저 이바노브스카야를 찾으러 나갔다.

이바노브스카야는 오브보드니 운하 근처의 거대한 건물 5층에 살았다. 내 기억이 맞다면, 그녀는 다리야 키릴로바라는 이름으로 노동자 가족에게 얹혀살고 있었다. 그녀를 만나러 계단을 오르다가 나는 머릿수건을 쓴 어떤 노파와 마주쳤다. 노파는 머

---

[1] 2장 II 부분부터 등장하는 인물.

릿수건부터 장화까지 모든 것이 너무나 전형적으로 남의 집에 얹혀사는 사람[2]다워서, 이 사람이 바로 그 이바노브스카야일 것이라는 생각은 머릿속에 떠올리지 못했다. 나는 노파를 불러 세워 물었다.

"저기, 아주머니, 여기 다리야 키릴로바가 어디 삽니까?"

"그게 바로 나요만, 젊은 양반." 그녀가 대답했다.

나는 그래도 믿지 않았다. 발음이나 단어가 완벽하게 서민적이었다. 나는 우연히 동명인을 만났거나 내가 이름을 잘못 알았다고 생각했다. 이바노브스카야는 내가 곤혹스러워하는 것을 보고 미소 지었다.

"그게 나요……. 내가 그 사람이에요……. 우선 얘기부터 합시다……."

우리는 계단의 그 자리에서 나중에 어떻게 서로를 찾아낼 것인지 논의했다. 같은 날 나는 『새 시대』[3]의 광고를 보고 가구 딸린 아파트를 찾아냈다.

VII

나는 주콥스키 거리 31번지 1호 아파트를 독일인 여주인에게 빌렸다. 나는 부유한 영국인, 도라 브릴리안트는 전직 '부프 극장'의 여가수를 연기했다. 직업을 묻는 질문에 큰 영국 자전거 회사의 대표라고 말했다. 후에 우리를 완전히 믿은 여주인은 몇 번이나 내가 없는 동안 도라를 찾아와, 나를 떠나서 집주인이 미리 찾아둔 다른 곳으로 가라고 종용하기 시작했다. 그녀는 도라

---

2 집세를 낼 돈이 없어 남의 집 한구석에 얹혀 지내며 살림을 도와주거나 잔심부름을 해주고 밥을 얻어먹는 사람.
3 1868-1917년까지 페테르부르크에서 발행된 보수 성향의 신문.

를 동정했고, 내가 은행에 도라의 이름으로 돈을 얼마나 넣어놓았는지 물었으며, 그녀가 귀금속을 걸치지 않은 것을 놀라워했다. 도라는 돈 때문이 아니라 사랑 때문에 나와 산다고 대답했다. 이런 방문이 꽤 잦았다.

이 아파트에서 살면서 나는 브릴리안트, 이바노브스카야, 사조노프와 매우 친해졌고 그들을 잘 알게 되었다. 말이 없고 겸손하며 내성적인 도라는 오직 한 가지—테러에 대한 신념으로 살았다. 혁명을 사랑하면서, 실패 끝에 고통스러워하면서, 플레베 살해의 필요성을 인정하면서도 동시에 그녀는 그 살인을 두려워했다. 그녀는 피와 화해할 수 없었고, 죽이기보다는 죽는 쪽이 그녀에게는 쉬웠다. 그러나 어쨌든 그녀의 변치 않는 소원은, 자신에게도 폭탄을 주어 투척자 중 하나가 되도록 허락해 달라는 것이었다. 이러한 수수께끼의 열쇠는 내 생각에 다음과 같았다. 첫 번째는 그녀가 동지들과 떨어져서 그녀가 보기에 가장 쉬운 몫을 택하고 다른 사람들에게 가장 어려운 쪽을 남길 수 없기 때문이었고, 두 번째는 과업에 직접적으로 참여하기 시작하는 그 문턱을 넘는 것을 그녀가 자신의 의무로 여겼기 때문이었다. **그녀에게 테러는, 칼랴예프에게 그랬듯이 그 무엇보다도 테러리스트의 자기희생을 의미했다.** 이러한 의식, 그리고 근본적으로 여성적인 성격의 감정 사이의 부조화가 그녀의 가장 큰 특성이었다. **당의 강령 같은 문제에 그녀는 관심이 없었다. 어쩌면, 위원회 활동으로 인해 그녀는 어느 정도 환멸을 느꼈는지도 모른다.** 그녀의 하루하루는 침묵 속에서, 그리고 내면의 고통을 조용히 집중해 곱씹는 시간으로 채워져 있었다. 소리 내어 웃는 일이 드물었고, 웃고 있을 때라도 눈은 엄숙하고 슬픈 채로 남아 있었다. **테러는 그녀에게 혁명의 형상화였고, 온 세상이 투쟁조직 속에 담겨 있었다.** 어쩌면 동지이고 친구였던 포코틸로프의 죽음은, 그렇지 않아도 슬픔에 찬 그녀의 영혼에 그 나름대로의 흔적을 남겼는지도 모른다.

사조노프는 젊고 건강하고 강했다. 그의 불꽃 튀는 눈동자와 홍조 띤 볼에서 젊은 생명의 힘이 솟아 나왔다. 성질이 급하고 진실하며, 마음이 온유하고 애정이 넘치는 그는 그 낙천성으로 인해 도라 브릴리안트의 조용한 비애에 단지 더 짙은 그늘을 드리울 뿐이었다. 사조노프는 성공을 믿고 기다렸다. **그에게도 역시 테러는 무엇보다도 개인적인 희생이고 헌신이었다.** 그러나 그는 그 헌신의 길을 기쁨에 차서 평온하게 걸었고, 플레베에 대해 생각하지 않는 것처럼 그런 헌신에 대해서도 생각하지 않는 것만 같았다. 구식으로, '인민의 의지' 식의 엄격한 단련을 받은 혁명가로서 그에게는 의심도 망설임도 없었다. 플레베의 죽음은 러시아를 위해, 혁명을 위해, 사회주의의 승리를 위해 필수적이었다. 그런 필수성 앞에서 '살인하지 말라'는 주제에 관한 모든 윤리적 질문들은 빛이 바랬다.

이바노브스카야는 힘겨운 인생을 감옥과 유배지에서 보냈다. 그녀의 창백하고 노쇠하며 주름진 얼굴에는 맑고 선하며 모성적인 눈이 빛났다. 조직의 모든 구성원들은 그녀에게 마치 친자식 같았다. 그녀는 모두를 똑같이, 평등하고 조용하며 따뜻하게 사랑했다. 상냥한 말도 하지 않았고, 위로하지도 않았으며, 격려하지도 않았고, 성공이나 실패를 점치지도 않았으나, 그녀 곁에 있으면 누구나 크고 다정한 사랑의 무한한 빛을 느꼈다. 조용히 눈에 띄지 않게 그녀는 비밀 조직에서 자기 일을 했고, 노년에 접어든 나이와 질병에도 불구하고 그 일을 예술적으로 해냈다. 사조노프와 도라 브릴리안트는 똑같이 친자식처럼 그녀와 가까웠다.

우리 생활에서 조직에 관련된 면은, 아제프의 고집을 따라 가장 사소한 세부 사항까지 전부 검토되었다. 이바노브스카야는 요리사로서 문지기의 아내와 친분을 쌓았고, 아침마다 고참 문지기가 우리 부엌에서 커피를 마셨다. 사조노프가 수위실 심부름을 담당했다. 그는 원치 않아도 건물에 도는 모든 소문과 이야기 들을 알게 되었다. 나는 사업가, 도라는 여가수의 겉모습을 유지했다.

매일 아침 수위에게서 우편물을 받았다. 대부분 내가 '무역 회사 대표'로서 구독하는, 영국·프랑스·독일에서 온 여러 가지 기계류 카탈로그였다. 그런 후에 나는 '근무하러' 나갔다—플레베를 만나지 않을까 하는 희망을 품고 시내를 돌아다녔으며 정말로 종종 그와 마주쳤다. 낮에 귀부인 도라는 거대한 깃털을 꽂은 모자를 쓰고 하인 사조노프를 대동하고 시내로 쇼핑을 다녔다. 저녁이면 나와 도라는 자주 집을 비우고 외출했고, 해방된 하인들도 또한 놀러—플레베를 미행하러 나갔다.

규칙적인 생활 방식과 후한 '찻값', 즉 팁을 뿌리는 습관 덕분에 우리는 건물에서 '1급 세입자' 평판을 얻었다. 우리는 사조노프를 통해 모든 풍문을 보고받았다. 술을 마시지 않고 글을 알며 봉급도 후하게 받는 그는 모든 아파트 하녀들이 선망하는 약혼자감이자 수위의 친구였으며, 고참 문지기에게도 대단히 호감을 얻고 있었다. 그렇게 우리는 마체예프스키, 칼랴예프, 둘레보프와 자주 만나면서도 그 누구의 의심도 불러일으키지 않고 지냈다.

5월 말에 페테르부르크에 아제프가 찾아왔다. 나는 '아쿠아리움' 극장에서 그를 만났다. 그의 첫 질문은 이것이었다.

"자동차 샀습니까?"

"아니요."

"어째서요?"

그에게 내 판단을 반복해 말했다. 나는 구입하지 않아도 쉽게 해결할 수 있는 물건에 몇천 루블을 버릴 가치가 없다는 점을 증명했다. 그는 잠시 침묵했다.

"어쨌든 당신은 사야 했소."

알고 보니, 운전 기술을 배울 목적으로 ○○에서[1] 지내고 있던 보리샨스키는 아무것도 배우지 못했다. 그렇게 해서 자동차 이야기는 저절로 흐지부지 되었다.

아제프는 저녁에 문지기와 수위에게 들키지 않고 우리 아파트로 숨어 들어와, 밖에 나가지 않고 열흘쯤이나 우리와 지냈다.

그가 우리와 지내는 동안 다음과 같은 일화가 있었다.

벌써 며칠간이나 우리는 주콥스키 거리에 있는 우리 건물 근처에 밀정들이 오가는 것을 보았다. 우리는 아제프가 그들을 달고 왔다고 판단했다. 만일 그렇게 된 것이라면, 우리 아파트는 체포 들어오기 직전에 있었다. 그런 와중에도 문지기와 수위의 행동에는 전혀 수상한 점이 보이지 않았다. 우리는 이리저리 추측하며 당황했고, 게다가 거리의 감시가 노골적이어서 더욱 그러했다. 창문으로 몇 번이나 건물 대문 안을 엿보는 밀정들을 보았던 것이다. 결국 이 감시 작업은 저절로 해명되었다.

어느 날 저녁 사조노프는 문지기와 수위와 함께 정문 앞에 서서, 평소대로 세입자들에 관한 그들의 수다를 듣고 있었다. 대화 중에 문지기가 그에게 물었다.

"그런데 자네 주인은 무슨 일을 하시나?"

---

[1] 원본에 지명이 삭제되었다.

"그걸 누가 알아요. 책상 위에 기계 그림 그려진 책들이 잔뜩 있는걸요. 기술자나 그런 거겠죠?"

"카탈로그겠지, 그러니까. 그래, 무슨 회사에서 보냈을 거야."

이때 정문으로 승합마차가 다가왔다. 마차에서 내린 것은 변호사 베렌슈탐이었다. 그는 마당으로 들어섰고, 그의 뒤를 따라 정문 안으로 밀정이 재빨리 몸을 감추었다. 수위와 문지기가 변호사에게 달려갔다. 사조노프도 다가가고 싶었으나 수위가 그에게 손을 흔들었다.

베렌슈탐이 밀정들을 데려왔다는 데는 의심의 여지가 없었다. 그러나 그렇다고 해서 이전의 감시 작업이 우리 아파트를 향한 게 아니라는 뜻은 아니었다. 그러나 곧 그 이유가 밝혀졌다. 우리와 같은 층에 뒷문을 마주보고 변호사 트란다필로프가 살았던 것이다. 베렌슈탐은 그를 찾아온 것이었다. 트란다필로프의 하녀가 사조노프에게 말하길, 주인 나리가 '책'을 가지고 있으며 '학생들'이 찾아온다고 했다. 명백히 우리가 아니라 트란다필로프가 감시당했던 것이다. 이에 관해 우리는 페테르부르크위원회에 알렸으나, 트란다필로프가 경고를 받았는지는 알지 못한다.

그런 중에 우리의 감시 작업도 그 나름대로 진행되었다. 마체예프스키, 둘레보프 그리고 칼랴예프는 길에서 끊임없이 플레베와 마주쳤다. 그들은 플레베 마차의 외관을 세세한 곳까지 관찰하여 백 걸음 밖에서도 분별해 낼 수 있게 되었다. 칼랴예프가 특히 많은 정보를 모았다. 그는 도시 변두리, 그 외에도 다섯 사람이나 더 기숙하고 있는 방에 얹혀 지내면서 그와 같은 행상인에게 완전히 부합하는 생활 방식을 유지하고 있었다. 그는 자신이 아주 조금이라도 그런 생활 방식에서 벗어나는 것을 용납하지 않았다—아침 6시에 일어나 8시부터 늦은 밤까지 거리에 있었다. 방 주인들에게 그는 곧 신심 깊고 술을 마시지 않으며 수완 좋은 사람이라는 평판을 얻었다. 그들은 물론 그가 혁명가이리라는 의심은 꿈에도 하지 않았다. 플레베는 그때 압테카르스키 섬의 별장에서 지내면서 목요일마다 아침 기차로 차르스코예 셀로의 황제에게 갔다. 감시 작업에서 중점을 둔 것도 이런 종류의 출장, 또 마린스키 궁에서의 장관 위원회 회의에 가기 위한 외출이었는데, 플레베는 화요일마다 이 회의에 나갔다. 이런 날마다 모든 조직원들, 즉 마체예프스키, 칼랴예프, 둘레보프, 다시 돌아온 보리샨스키를 비롯해 거의 매일 우리—도라, 이바노브스카야, 사조노프, 혹은 나—중 누군가가 함께 감시 작업을 했다. 그러나 칼랴예프는 이렇게 계획에 부합하는 협동 감시에만 국한하지 않았다. 그는 플레베 외출에 대한 자기 이론이 있었고, 매일 장사하러 거리로 나오면서 장관의 마차를 목격한다는 과제를 스스로에게 부과했다. 거리에서 가장 사소한 전조, 즉 경호원의 숫자, 외부에 나와 있는 경찰서장과 지서장의 외관, 장관의 마차가 접근할 때 느껴지는 그 긴장된 기대감에 근거하여, 칼랴예프는 플레베가 이 거리로 지나갔는지 혹은 앞으로 또 지나갈 것인지를 실수 없이 추측했다. 궤짝을 등에 지고 자주 물건을 갈아 넣으며—담배, 사과, 엽서, 연필—칼랴예프는 그가 생각하기에 플레베가 다닐 수 있는 거리는 전부 돌아다녔다. 그가 장관의 마차를 보지 않고 지나가는 날은 드물었다. 마차를 묘사하면서 그는 말의 털 색깔과 특징, 마부의 외관과 경호원의 계급뿐 아니라 마차 자체의 세부까지 가장 정확하게 기술했다. 그의 입을 통해 이런 세부 사항은 뚜렷한 전조의 특성을 띠었다. 그는 마차의 높이와 너비뿐 아니라 차체와 바퀴의 색깔도 알고 있었고, 발판, 문손잡이, 고삐, 등불, 마부석, 차축, 창유리까지 자세히 묘사했다. 황제가 페테르고프로 거처를 옮기고 플레베가 차르스코예 셀로 역 대신 발트 역으로 다니기 시작했을 때, 칼랴예프가 처음으로 그의 이동 경로와 경로를 벗어나는 지점을 추정했다. 게다가 그는 장관의 밀정들 얼굴을 알고 있었고 거리의 군중 속에서 실수 없이 그들을 분별해 냈다.

둘레보프와 마체예프스키는 마부로 일하면서 그렇게 자세한 정보는 얻을 수 없었다. 언제나 승객들을 거부할 수는 없었고, 경찰의 요구나 승객의 요청 때문에 종종 감시 위치를 떠나야 했다. 그러나 두 명 다 칼랴예프의 감시 작업을 보충하고 확인하고 발전시켰는데, 왜냐하면 나머지 조직원들, 즉 사조노프, 이바노브스카야, 브릴리안트, 보리산스키와 내가 우연히 보탤 수 있었던 정보는 고작해야 부차적인 의미밖에 지니지 못했기 때문이었다. 전반적으로 체계적인 감시 끝에 우리는 플레베를 목요일에 압테카르스키 섬에서 차르스코예 셀로 역으로 가는 길에 살해하는 것이 무엇보다 쉽겠다고 확신하게 되었다.

6월 하순이었다. 아제프는 우리 일이 잘 진행됨을 확인하고 페테르부르크를 떠났다. 황제는 페테르고프로 옮겨갔고, 플레베는 목요일마다 이미 차르스코예 셀로 역이 아닌 발트 역으로 다니기 시작했다. 감시 작업은 최종적으로 무르익었고, 곧 암살 기도에 돌입해야 한다는 사실이 분명해졌다. 사조노프는 고향에 내려가야만 했고, 우리는 그를 '해고'했다. 해고하기 위해 다음과 같은 방법을 고안했다.

나는 우연히 내 방의 거울을 깨뜨렸다. 사조노프는 수위실로 가서 큰 소리로 자기 신세를 한탄하기 시작했다.

"봐요, 겨우 자리 잡았는데…… 끝이야……. 쫓아낸대요……. 일자리 뺏겼어요."

"무슨 일로?"

"거울을 깼거든요."

수위는 놀랐다.

"정말로 거울 때문이야? 응?"

사조노프는 손으로 얼굴을 가렸다.

"그래, 뭐겠어요……. 내가 그 거울을 깼다고요, 방 정리하다가……. 사모님이 들었어요, 얼마나 소리를 치던지. 이러더라고요, 이 자식아, 거울을 깨다니, 쓰레기야……."

"그래, 자넨 어떻게 했어?"

"나요? 나야, 그런 말 하는 사모님도 마찬가지예요, 라고 했죠."

수위는 양손을 꼭 쥐었다.

"아, 이 사람……! 사모님한테 그렇게 말하다니. 그런 말 하는 사모님도 마찬가지라고 했단 말야……. 잘했군……. 어떻게 감히 그런 소릴……. 그래, 그다음엔 어떻게 됐어?"

"그래서 그다음엔 사모님이 쇳소리를 지르고……. 주인 나리가 달려와서 한마디 말도 없이 날 붙잡아 문밖으로 쫓아냈어요……."

"한마디도 안 했다고?"

"한마디도 안 했어요……."

수위는 생각에 잠겼다.

"그래, 자네 사정이 안 좋게 됐군……. 그래도 어찌 됐든 가서 용서를 빌어봐. 운 좋으면 용서해 주실 거야."

"용서 안 해요, 사모님이 얼마나 못됐는데."

"그래도 자네 가봐, 한번 해봐."

우리는 물론 사조노프를 용서하지 않았고, 그는 당일로 짐을

1장 플레베 암살

싸서 나갔다. 그를 따라 나도 모스크바로 떠났다. 아파트에는 도라 브릴리안트와 이바노브스카야가 남았다. 모스크바로 칼랴예프와 슈베이체르도 오기로 되어 있었다. 거기서 암살 계획을 구체적으로 논의할 생각이었다.

이 무렵까지 모든 조직원들이 서로를 아주 잘 알게 되었을 뿐 아니라, 그중 여럿이 개인적으로 친한 사이가 되었다. 과거로부터의 굳은 결속, 즉 3월 18일의 실패와 포코틸로프의 죽음이 있었다. 그 결속이 새로운 조직원들을 묶어주었고, 연배가 높은 사람과 낮은 사람, 노동자와 지식인 사이의 경계를 지워 없앴다. 남은 것은 같은 생각과 같은 의지로 살아가는 형제들로 구성된 하나의 단체뿐이었다. 사조노프가 후일 옥중에서 내게 보낸 편지들 중에 우리 조직을 이런 말로 정의한 것은 옳은 표현이었다. "우리의 카자크[1] 본영지, 우리의 기사단에는 그토록 강한 기운이 스며 있어서, '형제'라는 말조차 우리 관계의 본질을 충분히 강렬하게 표현해 주지 못합니다."

이 형제간의 결속을 우리 모두 느꼈고, 반드시 승리할 것이라는 확신을 우리에게 심어주었다.

VIII

슈베이체르는 모스크바에 늦게 왔고, 따라서 모스크바에서의 협의는 그 없이 진행되었다. 진행된 곳은 평소대로 소콜니키 공원이었고, 참석자는 결정권을 가진 아제프, 그리고 그 외에도 칼랴예프, 사조노프, 나였다. 자세한 암살 계획이 논의되었다.

---

[1] 카자크Cossack는 주로 우크라이나 출신으로 황제 직속의 기병이었던 자유민을 말한다. 용맹하고 사납고 자부심이 높기로 유명하며 본문에서도 그런 의미로 사용되었다.

3월 18일의 경험에서 배웠기에 우리는 플레베 암살에서 가장 어려운 상황을 생각하려 했다. 우리는 어느 날 그가 우리의 올가미에 걸리면 절대로 빠져나갈 수 없도록 모든 조치를 취하기로 했다. 투척자는 모두 네 명이었다. 첫 번째는 장관을 마주치면 별장으로 도로 돌아가는 길만 막은 후 그냥 지나쳐 보내기로 했다. 두 번째가 가장 눈에 띄는 역할을 맡기로 했다—첫 공격의 영예가 주어진 것이다. 세 번째는 두 번째가 실패할 경우, 즉 플레베가 부상당했거나 두 번째의 폭탄이 터지지 않았을 때만 자기 폭탄을 던지기로 했다. 네 번째인 예비 투척자는 극단적인 경우에만 행동하게 되어 있었다. 즉 만일 플레베가 두 번째와 세 번째의 폭탄을 통과하고도 어쨌든 계속 앞으로, 기차역을 향해 마차를 달리는 경우다. 폭탄을 투척하는 방식 자체도 자세한 논의의 대상이었다. 투척자가 표적을 빗맞히거나 폭발물을 너무 멀리 던지거나 표적에 못 미치게 던진다는, 예측할 수 없는 위험도 물론 있었다. 이런 논의가 진행되는 동안 칼랴예프는 그때까지 침묵한 채 아제프에게 귀를 기울이고 있다가 갑자기 말했다.

"빗맞히지 않을 방법이 있습니다."

"어떤?"

"말의 다리 밑으로 뛰어드는 겁니다."

아제프는 주의 깊게 그를 쳐다보았다.

"어떻게 말의 다리 밑으로 뛰어든다는 거요?"

"마차가 갑니다. 내가 폭탄을 들고 말 밑으로 몸을 던집니다. 폭탄이 폭발하면 마차가 멈추겠죠, 폭탄이 안 폭발하더라도 말들이 놀랍니다. 그러니까, 어쨌든 마차가 멈추겠죠. 그러면 이미 두 번째 투척자의 차례입니다."

모두 침묵했다. 마침내 아제프가 말했다.

"하지만 그러면 분명 당신도 폭발할 거 아니오."

"물론입니다."

칼랴예프의 계획은 대담하고 헌신적이었다. 그것은 실제로도 성공을 보장했다. 그러나 아제프는 잠시 생각한 후 말했다.

"계획은 좋지만 내 생각에는 필요치 않소. 뛰어서 말에게 닿을 수 있다면 그건 마차까지도 뛰어가서 닿을 수 있단 얘기고, 그러면 폭탄을 마차 밑이나 창문 안으로 던질 수 있소. 그렇게 하면 아마 한 명이 처리할 수 있을 거요."

그리고 아제프는 이러한 결정을 바꾸지 않았다. 또한 칼랴예프와 사조노프가 투척자 자격으로 암살 기도에 참여하기로 결정되었다.

이런 일련의 협의 중 하나가 끝나고 나는 사조노프와 모스크바 시내를 산책하러 나갔다. 우리는 오랫동안 시내를 돌아다니다 마침내 '구세주 그리스도' 대성당[1] 정문 앞 소공원의 벤치에 앉았다. 청명한 날이었고, 햇살에 성당이 반짝였다. 우리는 오랫동안 침묵했다. 마침내 내가 말했다.

"그럼, 이번에 나가면, 분명히 돌아오지 않으시겠죠······."

사조노프는 대답하지 않았고, 그의 얼굴은 평소와 똑같이 그대로였다—젊고 대담하고 솔직했다.

"보십시오." 내가 말을 이었다. "어떻게 생각하십니까. 끝난 후······ 살해 후에 우리는 어떤 느낌일까요?"

그는 궁리하지 않고 대답했다.

"자랑스럽고 기쁘겠죠."

"그뿐입니까?"

---

[1] 모스크바 크렘린 궁 맞은편에 위치한 대성당. 러시아정교 수장인 총주교의 집무실이 있다.

"물론 그뿐입니다."

그리고 또한 사조노프는 후일 옥중에서 내게 이렇게 썼다. '**죄의식은 한 번도 나를 떠나지 않았습니다.**' 자랑스러움과 기쁨에 또 다른, 그때는 우리가 알지 못했던 감정이 섞여들었다.

모스크바에서 아제프와 사조노프는 볼가로 떠났고 나와 칼랴예프는 페테르부르크로 돌아왔다. 역에서 기차가 떠나기 바로 직전 니콜라옙스키 역 승강장에서 나는 슈베이체르의 널찍한 근육질 윤곽을 알아보았다. 나는 그에게 소리쳤다. 1분 후에 그는 내가 있는 객실로 들어와 여행 가방을 시렁에 얹었고, 우리는 함께 복도로 나갔다.

"어떻게 됐습니까?"

나는 감시 작업이 끝났다고 이야기하고, 모스크바 협의의 결정 사항을 전달했다. 그는 절제된 미소를 지었다.

"아, 저도 전부 준비됐습니다."

"다이너마이트 가져왔습니까?"

"1푸드가 넘습니다."

"어디 있죠?"

그는 객실 쪽으로 고갯짓했다.

"시렁 위에요?"

"예, 시렁 위에요. 지금 폭발하면 우린 들을 새도 없을 겁니다. 우리 둘이 가장 먼저 폭발할 테니까요."

그는 언제나 그렇듯이 대단히 절제되어 있었고 말을 적게 했다. 그러나 그가 이렇게 빨리 그리고 훌륭하게 자신의 어려운 과업을 완수했다는 사실, 감시 작업이 끝났다는 사실, 우리가 마침내 암살 기도에 돌입하게 된 사실을 기뻐하는 것이 보였다.

페테르부르크에 도착 후 나는 우리 아파트로 돌아가지 않고 세스트로레츠크에 콘스탄틴 체르놉스키의 여권으로 숙소를 잡았다. 7월 8일에 암살 계획이 잡혔다. 플레베가 황제에게 가는 여정을 다시 한번 확인하고 조직원끼리 수많은 세부 사항을 약정해야만 했다.

세스트로레츠크로 도라 브릴리안트가 나를 찾아왔다. 우리는 함께 공원 깊숙이, 군중과 악단에게서 멀리 떨어진 곳으로 들어갔다. 그녀는 당혹한 듯 보였고, 그 검고 슬픔에 잠긴 눈으로 곧장 앞을 쳐다보면서 오랫동안 침묵했다.

"벤야민!"

"예?"

"전 이 얘기를 하고 싶어서……."

그녀는 마치 문장을 끝맺지 않기로 결정한 것처럼 말을 멈추었다.

"한 번 더……. 한 번 더 부탁하고 싶었어요. 저에게도 폭탄을 달라고."

"당신에게? 폭탄을?"

"저도 암살에 참여하고 싶어요."

"제 말씀 들으십시오, 도라……."

"아니요, 말하지 마세요……. 제가 그걸 원해요……. 전 **죽어야만 해요**……."

나는 그녀를 달래려 애썼고, 그녀의 참여가 필요치 않다는 것을, 폭탄 투척이라는 임무는 그녀보다 남자가 더 잘 수행할 수 있음을, 그리고 끝으로, 그녀의 참여가 꼭 필요했다면 동지들은—내가 확신하건대—그녀에게 부탁했을 것이라는 점을 증명하려 애썼다. 그러나 그녀는 완고하게 자기 부탁을 아제프에게 전달해 달라고 부탁했고, 나는 동의할 수밖에 없었다.

곧 사조노프와 아제프가 도착했고, 우리는 다시 넷이서 협의하기 위해 모였다.

이번에는 칼랴예프가 없었고 대신 슈베이체르가 참석했다. 나는 동지들에게 브릴리안트의 부탁을 전달했다.

모두 침묵했다. 마침내 아제프가 천천히, 그리고 평소대로 외관상 무심하게 말했다.

"예고르, 당신 생각은 어떻습니까?"

사조노프는 얼굴을 붉히고 당황하며 양손을 벌려 보이고는 잠시 생각한 후 주저하며 말했다.

"도라는 만일 나간다면 잘 해낼 사람입니다……. 제가 왜 반대하겠어요? 하지만……."

여기서 그의 목소리가 끊어졌다.

"마저 말하시오." 아제프가 말했다.

"아니, 아닙니다……. 제가 왜 반대하겠습니까?"

그러자 슈베이체르가 입을 열었다. 평온하고 명석하며 확신에 차서 그는, 도라는 그의 생각에 암살 기도에 걸맞은 인물이며 그녀가 참여하는 데 전혀 반대하지 않을 뿐 아니라 주저 없이 그녀에게 폭탄을 줄 것이라고 말했다.

아제프는 나를 쳐다보았다.

"당신은요, 벤야민?"

나는 나도 그녀를 완전히 신뢰하지만, 암살에 직접 참여하는 데는 결사반대라고 말했다.

반대의 이유로서, 내 생각에 **여성을 테러 활동에 참여시키는 것은 조직이 그러지 않고는 달리 방법이 없을 때뿐이어야 한다**고 말했다. 남자가 충분하므로, 나는 그녀의 부탁을 거절하기를 강력하게 부탁했다.

아제프는 생각에 잠겨 침묵했다. 마침내 그가 고개를 들었다.

"난 당신 생각에는 동의하지 않습니다……. 내 생각엔 도라를 거부할 근거가 없소……. 하지만, 당신이 그렇게 원한다면……. 그렇게 하도록 합시다."

또한 이때 첫 투척자는 보리샨스키, 두 번째는 사조노프, 세 번째는 칼랴예프, 네 번째는 벨로스토크[1]에서 온 젊은 노동자이자 피혁공인 시코르스키가 맡기로 했는데, 시코르스키는 아직 우리 조직의 일원은 아니었으나 보리샨스키가 잘 아는 인물이었다. 시코르스키는 오래전부터 플레베 암살에 참여하도록 허락해 주는 것을 특별한 영광으로 알겠다고 부탁해 왔다.

아제프는 암살 시도 이후 빌뉴스에서 만날 것을 약속하고 다시 떠났다. 주콥스키 거리의 아파트는 최종적으로 청산되었다. 이바노브스카야는 아제프에게로 떠났고, 브릴리안트는 항의하면서도 하리코프로 떠났다. 페테르부르크에는 마부 두 명, 즉 마체예프스키와 둘레보프, 슈베이체르, 나와 투척자 둘—사조노프와 칼랴예프—만 남았다. 마지막 두 명은 또한 페테르부르크를 떠났다가 7월 8일이 되어야만 돌아오기로 되어 있었다. 그들의 출발을 며칠 앞두고 나는 칼랴예프에게 스몰렌스크 묘지[2]에서 접선을 지정했다. 그는 여전히 담배 행상 차림을 하고 그곳으로 왔다—길고 흰 셔츠에 테 없는 모자를 쓰고 장화를 신고 있었다. 우리는 둘 다 이번이 마지막으로 만나서 이야기하는 것이라 확신하고 있었다. 칼랴예프는 그도 사조노프처럼 폭탄을 던져야만 할 것이라고 믿어 의심치 않았다.

우리는 누군가의 이끼 낀 무덤에 앉아 있었다. 그는 폴란드 억

---

1 현재 폴란드 동북부의 도시 비아위스토크Bialystok.
2 상트페테르부르크 바실리 섬에 있는 정교 공동묘지. 1756년에 완공되었다.

양이 섞인 그 낭랑한 목소리로 말했다.

"그래, 정말 다행이지, 이제 끝이야……. 난 한 가지가 괴로워, 왜 내가 아니고 예고르가 가장 중요한 자리를 맡았는지……. 발렌틴은 정말 내가 혼자서 처리할 수 없다고 생각하는 걸까?"

나는 그에게, 두 번째 자리도 가장 중요한 자리보다 결코 적지 않은 책임이 따르고, 폭발 후에 상황을 판단하고 자기 폭탄을 던져야 하는지 아닌지 결정하려면 대단한 과감성과 냉정함이 요구된다고 말했다.

"그래, 물론이지……. 하지만 그래도……. 넌 어떻게 생각해, 성공할 것 같아?" 갑자기 그가 몸 전체를 내 쪽으로 돌렸다.

"물론, 성공하지."

"나도 성공할 거라고 확신해."

그는 잠시 침묵했다.

"하지만 담배 행상 일은 쉽지 않아……. 그 아무개[3]도 못 견뎠잖아. 그것도 놀랄 일이 아냐……. 그러니까 말야, 우리 조직엔 뭐든지 다 할 수 있는 사람들을 받아들여야 해……. 그, 예고르처럼."

그는 애정을 담아 사조노프에 대해 얘기했다.

"그러니까 말이야, 난 그와 같은 사람은 아직 본 적이 없어……. 마음에 그런 사랑이, 영혼에 그런 대담성이, 그런 힘이……. 그런데 포코틸로프, 그 알렉세이……."

그는 다시 잠깐 침묵했다.

"알렉세이는 끝까지 살아남지 못했지……. 이봐, 얼마나 큰 행운이야, 만일 성공한다면……. 그들의 통치도 다 된 거야……. 다

---

3 우리 조직에 오래 몸담지 않았던 동지에 관한 이야기였다. — 원주

됐어……. 내가 얼마나 그들을 증오하는지 네가 안다면……. 플레베가 뭐야! 황제를 죽여야 해……."

7월 8일을 사흘 앞두고 페테르부르크에 레이바 불포비치 시코르스키, 혹은 우리가 부르던 대로 레온이 도착했다. 시코르스키는 갓 스무 살이었고 러시아어가 서툴렀으며, 분명 페테르부르크를 잘 몰랐다. 보리샨스키가 보모처럼 그를 돌보며 안에 편리하게 폭탄을 감출 수 있는 해군 외투를 사주고, 조언하고, 지시를 내렸다. 그러나 시코르스키는 어쨌든 수줍어했고, 나를 처음 만나서 마치 선홍색 직물처럼 얼굴을 붉혔다.

"이건 제게 대단히 큰 영광입니다." 그가 말했다. "제가 투쟁조직에 참여하고 게다가 플레베……. 전 아주 오래전부터 이걸 원했어요."

그는 입을 다물었다. 보리샨스키 또한, 마치 자기 제자를 자랑스러워하듯 미소를 띠고 그를 바라보며 침묵했다. 시코르스키는 외투와 의상을 구입하기 위해 돈이 필요했다. 나는 그에게 백 루블을 주었다.

"자, 정장을 사시오."

그는 더욱 심하게 얼굴을 붉혔다.

"백 루블! 이렇게 많은 돈을 손에 가져본 적은 한 번도 없어요……."

내게 그는 확고하고 남자다운 젊은이로 보였다. 나는 한 가지만 경계했다—도시를 잘 모르고 러시아어가 서툰 것 때문에 그는 어려운 상황에 처할 수 있었다.

실패할 경우, 살아 있는 투척자들은 모두 폭탄을 슈베이체르에게 돌려주고, 그러면 그가 그것을 분해해서 보관하기로 결정했다. 성공하는 경우 각자 자기 폭탄을 물에 빠뜨리기로 했다.

이러한 결정이 받아들여진 이유는, 분배만큼이나 폭탄의 재수집 또한 슈베이체르에게는 위험과 결부되어 있었고, 폭발물을 분해하는 데에는 더욱 큰 위험이 따랐기 때문이다. 각각의 투척자는 어디에 폭탄을 가라앉힐지 세밀한 지시를 받았다. 칼랴예프는 페테르고프 도로변의 연못에 버리기로 했고, 보리샨스키도 내 기억이 맞다면 볼린키노 마을 연못에, 시코르스키는 네바 강에, 페트롭스키 공원에서 사공 없이 나룻배를 빌려 타고 강가로 나가서 버리기로 했다. 나는 그에게 특별히 페트롭스키 공원을 보여주라고 보리샨스키에게 부탁했고, 그는 보여주었다.

IX

7월 8일 아침에 칼랴예프와 사조노프가 도착했다. 사조노프는 철도 직원의 모자와 짧은 외투 차림이었다. 아침 이 시간에는 언제나 바르샤바 역과 발트 역에서 이즈마일롭스키 대로를 따라 열차 차장과 철도 공무원 들이 많이 돌아갔다. 그래서 철도 제복은 우연한 체포의 위험성을 제거했다. 밀정들은 분명 군중 속에 섞여 든 사조노프에게 주의를 기울일 수 없었다. 칼랴예프는 금띠를 두른 수위 모자를 쓰고 있었다. 보리샨스키와 시코르스키는 폭탄을 외투 속에 감추고 있었다.

밤새 슈베이체르는 대영제국 국민의 여권으로 그랜드 호텔에서 묵으면서 폭탄을 준비했다. 아침 일찍 그의 호텔로 둘레보프가 접근했고, 슈베이체르는 손에 크지 않은 여행 가방을 들고 나와 그의 마차에 탔다. 그들은 노보페테르고프스키 대로로 나갔다—사조노프와의 접선 장소였다. 나도 거기서 사조노프를 기다렸다. 그러나 늦은 것인지 정확한 접선 지점을 잊은 것인지, 약속된 장소에 그는 없었다. 칼랴예프는 리주스키 대로에서 기다렸고, 좀 더 멀리 쿠를랸드스카야 거리에서 시코르스키와 보리샨스키 두 명이 대기하고 있었다. 기차가 아침 정각 10시에 출발하고 플레베는 절대로 황제에게 늦는 법이 없었으므로 폭탄의 전달은 분分 단위로 계산되어 있었고, 투척자 한 명이 늦으면 전체적인 전달 과정이 어려워지고 심지어 암살의 가능성을 완전히 말살할 수도 있었다. 나는 초조하게 노보페테르고프스키 대로를 오락가락했으나 사조노프는 보이지 않았다. 나는 시계를 보았다ㅡ1분도 낭비할 수 없었다. 그때, 정확히 약정된 시간에 슈베이체르가 둘레보프의 마차를 타고 나타났다. 나는 그에게 사조노프를 기다릴 시간이 없다고 말하고, 우선 칼랴예프를 찾아내 그에게 예정된 폭탄을 주고 곧장 노보페테르고프스키 대로로 돌아올 것을 제안했다. 나는 사조노프가 어떻게든 자기 폭탄을 받게 되기를 바라고 있었다.

슈베이체르는 정확히 내가 말한 대로 행한 뒤 칼랴예프에게서 돌아왔지만, 사조노프는 여전히 없었다. 그러자 슈베이체르는 보리샨스키와 시코르스키에게 갔으나, 가서 보니 그들은 그를 기다리지 않고 떠나버린 뒤였다. 그렇게 해서, 폭탄을 받은 것은 칼랴예프 하나뿐이었다.

마침내 사조노프를 만나서 슈베이체르가 이미 떠났고 따라서 암살이 실패로 돌아갔다는 사실을 알렸을 때, 나는 그의 얼굴이 너무나 변해서 깜짝 놀랐다. 그는 창백해져서 말없이 고개를 숙인 채 내게서 돌아서서 걷기 시작했다. 나는 이즈마일롭스키 대로로 나가는 입구에서 그를 따라잡았고, 바로 그 순간 플레베를 태운 마차가 우리 곁을 전속력으로 지나갔다. 익숙하게 아는 검은 말들, 마부석의 하인과 뒷바퀴 사이에 매달린 형사가 언뜻 보였다. 그렇게 우리는 말없이 걷다가 도중에 칼랴예프와 마주쳤다. 수위 모자를 쓰고, 역시 창백하고 흥분한 얼굴로 그는 자기 폭탄을 가지고 있었다. 그 혼자만 제 시간에 폭탄을 손에 들고 자기 위치에 있었고 혼자 플레베를 만난 것이다. 그러나 그는 차마 폭탄을 마차 안으로 던져 넣지 못했다—혼자서 폭탄을 던지는 것은 조직의 결정에 어긋나는 행동이며, 그 시도가 실패한다면 플레베 살해는 오랫동안 지체될 것이었다. 전 조직이 폭탄을 던지지 않은 그의 행동을 승인했다.

나는 사조노프에게 저녁 동물원에서의 접선을 지정하고 보리샨스키와 시코르스키를 찾으러 갔다. 이 새로운 실패는 3월 18일에 실패한 암살 기도만큼 우리에게 충격을 주지는 않았다. 나는 우리가 때와 장소를 제대로 골랐음을 알았다. 플레베는 지정된 시각에 이즈마일롭스키 대로를 지나갔던 것이다. 나는 또한 그를 마주치면 죽이기 어렵지 않다는 것도 알았는데, 왜냐하면 나와 사조노프가 폭탄을 들고 있다면, 쉽게 마차까지 뛰어갈 수 있을 것이기 때문이었다. 또한 이 정도 수의 투척자들을 단기간에 동원하면 필연적으로 혼선이 일어나게 된다는 것도 알았다. 나는 실패의 원인이 단지 그뿐이란 사실을 알고 있었다. 일주일 후 우리가 같은 실수를 되풀이하지 않을 것임이 분명했다. 즉, 플레베는 살해될 것이라는 의미였다.

나는 시코르스키와 보리샨스키를 찾아냈다. 칼랴예프는 자기 폭탄을 슈베이체르에게 돌려주었고, 슈베이체르는 전달하지 못한 다른 폭탄 세 개와 함께 그것도 분해했다. 저녁에 우리는, 마부들과 슈베이체르를 제외하고 전원이 동물원에 모였다.

사조노프는 낙담해 있었다. 그는 자신을 실패의 주된 원인 제공자라 여기고 침묵했다. 나머지 사람들도 침묵했다. 아침에 일어난 일을 건드리는 것은 모두에게 고통스러웠고, 그 누구도 감히 소리 내어 그 일에 대해 말하지 못했다. 마침내 보리샨스키가 침묵을 깼다.

"우리 중엔 턱수염 기른 사람이 아무도 없소. 계속 실패만 하는 것도 놀랄 일이 아니지."

"무슨 말을 하고 싶은 거요?"

보리샨스키는 태연하게 대답했다.

"모두 젊은 사람들이란 말이오. 일을 할 줄 몰라."

사조노프가 벌떡 일어났으나 침묵을 지켰다. 그의 표정에서, 그가 자기 자신의 죄책감과 보리샨스키의 말 양쪽 때문에 심하게 고통받고 있음을 볼 수 있었다. 시코르스키는 얼굴을 붉히고 또한 침묵했다. 그러나 칼랴예프는 참지 않았다.

"그럼 누구 잘못입니까?"

"누구 잘못? 내가 누구 잘못인지 어떻게 알겠소?"

"당신이오. 당신도 잘못이 있습니다. 당신과 레온이 자리를 뜨지 않고 파벨을 기다렸으면 나 혼자만 폭탄을 받지는 않았을 거고, 그랬으면 우린 셋이서 야코프(사조노프) 없이도 플레베를 죽일 수 있었을 거요."

보리샨스키는 어깨를 으쓱했다.

"난 더 이상 기다릴 수 없었소. 기다리라고 들은 시간만큼 기다린 거요. 파벨은 왜 늦었소?"

칼랴예프는 열을 띠기 시작했다. 보리샨스키의 태연자약한 태도는 명백히 그를 자극했다. 모두에게 힘든 상황이었고, 그런 상황에서 벗어날 방법이 없었다.

우리는 사조노프, 칼랴예프, 보리샨스키와 시코르스키가 빌뉴스로 아제프를 찾아가 정황을 이야기하고, 또한 우리가 다음 주 목요일인 7월 15일에 암살 시도를 되풀이한다고 보고하기로 그

자리에서 정했다. 나와 슈베이체르는 페테르부르크에 남기로 했다.

우리는 7월 15일을 대비해 모든 세부 사항을 상의했고, 동지들은 빌뉴스로 떠났다. 아제프도 사조노프를 격려했으나 사조노프는, 설령 그에게 책임이 있다 해도 다른 동지들보다 결코 크지는 않았는데도, 마지막 순간까지 계속해서 자신을 실패의 원인이라고 여겼다. 후에 밝혀진바 그는 정확히 지정된 시각에 정해진 장소에 있었고, 나를 만나지 못한 것은 단지 우리가 노보페테르고프 대로[1]로 나가는 이즈마일로프스키 제9중대 거리와 제12중대 거리 사이에서 대기하면서 둘 다 거리 끝까지 가지 않았기 때문이었다. 게다가 칼랴예프가 옳았다. 그가 조직의 허가 없이 혼자서 플레베에게 맞서지 않은 것은 옳은 일이었다. 만약 그가 보리샨스키, 시코르스키와 셋이 함께 있었더라면 행동에 나설 수 있었을 것이다. 즉, 책임의 일부는 또한 슈베이체르를 기다리지 않은 보리샨스키와 시코르스키에게 있는 것이다.

7월 8일과 15일 사이의 한 주를 나는 세스트로레츠크에서 지내며 가끔 마체예프스키와 둘레보프를 만났다. 둘 다 역시 실패에 낙담했으나, 모두 7월 15일의 성공을 굳게 믿고 있었다. 이미 우파에서부터 사조노프의 친구이자 동지인 둘레보프는 젊은 나이에도 불구하고—그는 갓 스무 살이었다—대단히 강건한 영혼의 소유자라는 인상을 불러일으켰다. 과묵한 면은 보리샨스키를, 확신에 찬 평온한 목소리는 슈베이체르를, 솔직하고 대담한

---

1 현재는 레르몬토프 대로에 포함되었다. 이 대로와 연결되는 작은 거리는 러시아 제국 시기 1730년부터 1740년까지 재위했던 안나 이바노브나 여제가 창립한 이즈마일로프스키 부대의 이름을 딴 '이즈마일로프스키 제9중대 거리', '이즈마일로프스키 제12중대 거리' 등의 이름이 붙어 있었다. 혁명 이후 '붉은군대 제9중대', '붉은군대 제11중대' 등으로 거리 이름이 바뀌어 현재에 이르고 있다.

눈길은 사조노프를 연상시켰다. 그러나 그의 미소에는 뭔가 그의 고유한 것이, 매력적이고 다정한 면이 있었다. 음울한 겉모습 뒤에 애정이 넘치는 넓은 마음이 느껴졌다.

7월 14일 저녁 나는 슈베이체르와 부프 극장에서 만났다. 그날 밤 그는 다시 작업을 앞두고 있었다―또다시 폭탄 네 개를 모두 충전하는 작업으로, 세 개는 6푼트였고 하나는 12푼트였다.

그렇게 커다란 폭탄을 만들기로 결정한 것은, 슈베이체르가 러시아산 재료로 제조한 다이너마이트가 외제에 비해 화력이 현저하게 떨어졌기 때문이다. 슈베이체르는 언제나 그렇듯이 아주 침착했으나, 평소 습관에 어긋나게 포도주 한 병을 주문했다.

"시코르스키가 걱정됩니다." 그가 무대를 바라보며 말했다.

"어떤 점이 걱정됩니까?"

"그가 자기 폭탄을 물에 버리지 못할까 봐 걱정됩니다."

"어째서요?"

슈베이체르는 어깨를 으쓱했다.

"내 생각엔 못할 것 같습니다."

"그가 체포되면요?"

"어떻게 하겠습니까……? 우리가 그 한 명 때문에 많은 사람을 위험에 처하게 할 수는 없지 않습니까! 폭탄을 분해하는 게 나로선 어렵지 않지만, 그건 즉 남은 폭탄을 전달받기 위해 또다시 마부들을 불러 모아야 한다는 뜻이고, 그 외에도 전반적으로 말해서, 만일 성공하면 내 생각에는 남은 투척자들은 즉시 페테르부르크를 떠나야 합니다, 전달을 기다리지 말고요."

슈베이체르는 평온하고 확고하게 말했고, 그가 한 말은 정당했다. 시코르스키 때문에 조직 전체를 또다시 위험에 처하게 할 수는 없었다.

작별하면서 그가 물었다.

"그런데 시코르스키는 어디다 버리는지 압니까?"

나는 그가 알 뿐만 아니라, 그에게 장소를 보여주라고 내가 보리샨스키에게 부탁까지 했다고 말했다.

그러자 슈베이체르가 확고하게 말했다.

"그래요, 그럼, 버리겠죠."

정문 앞에서 그는 갑자기 나를 돌아보았다.

"그럼 성공을 믿으십니까?"

"물론입니다."

"저도 압니다. 내일 플레베는 살해당할 겁니다."

"그걸 아십니까?"

"압니다."

그리고 그는 소리 내어 웃으며 내게 손을 내밀었다.

"안녕히 가십시오. 내일 아침 10시입니다."

X

7월 15일, 아침 8시에서 9시 사이에 나는 니콜라옙스키 역에서 사조노프를, 그리고 바르샤바 역에서 칼랴예프를 만났다. 그들은 일주일 전과 같은 옷차림을 하고 있었다—사조노프는 철도 직원 복장이었고, 칼랴예프는 수위였다. 그다음 기차를 타고 바르샤바 역으로 보리샨스키와 시코르스키 또한 왔는데, 그들은 지난 며칠간 드빈스크에서 지냈었다. 내가 동지들을 만나는 동안 둘레보프는 자기 숙소 마당에서 말을 마차에 매고 '북부 호텔'로 나갔다. 그곳엔 슈베이체르가 묵고 있었다. 슈베이체르는 둘레보프의 마차에 타고 10시 전에 정해진 장소—마린스키 극장 뒤의 오피체르스카야 거리와 토르고바야 거리—에서 폭탄을 나눠주었다. 가장 큰 12푼트짜리 폭탄은 사조노프 몫으로 예정되어 있었다. 그것은 원통형이었고, 신문지에 싸서 노끈으로 묶어 두었다. 칼랴예프의 폭탄은 스카프로 싸두었다. 칼랴예프와 사조노프는 자기 폭발물을 감추지 않았다. 그들은 그것을 공개적으로 손에 들고 다녔다. 보리샨스키와 시코르스키는 자기 폭탄을 외투 아래 숨겼다.

이번에는 전달이 모범적으로 진행되었다. 슈베이체르는 집으로 갔고 둘레보프는 자고로드니 대로의 기술전문학교 앞에 서 있었다. 그곳에서 그는 암살 기도 결과를 듣기 위해 나를 기다리기로 되어 있었다. 마체예프스키는 자기 마차와 함께 오브보드니 운하에 서 있었다. 나머지, 즉 사조노프, 칼랴예프, 보리샨스키, 시코르스키와 나는 사도바야 거리의 성모승천제 성당 앞에 모였다. 그곳에서 투척자들은 한 명씩, 약정된 순서대로―첫 번째는 보리샨스키, 두 번째는 사조노프, 세 번째는 칼랴예프, 그리고 네 번째는 시코르스키―앵글리스키 대로와 드로뱌나야 거리를 따라 오브보드니 운하 쪽으로 가서, 발트 역과 바르샤바 역을 끼고 오브보드니 운하를 따라 꺾어져서 곧장 플레베를 향해 이즈마일롭스키 대로로 나가기로 되어 있었다. 보통 속도로 걸었을 때, 오브보드니 운하에서 1번 출구까지 이즈마일롭스키 대로에서 플레베와 마주치도록 시간이 정확히 계산되어 있었다. 투척자들은 서로 40보 정도를 사이에 두고 걸었다. 그렇게 함으로써 다른 폭탄의 폭발로 인해 기폭제가 터질 위험을 제거할 수 있었다. 보리샨스키는 플레베가 옆으로 지나가게 놓아두고, 그런 뒤 그가 별장으로 되돌아가는 길을 막기로 했다. 사조노프가 첫 폭탄을 던지기로 되어 있었다.

맑고 햇볕이 밝은 날이었다. 성모승천제 성당의 소공원에 다가갔을 때 나는 이런 광경을 보았다. 사조노프가 벤치에 앉아서 시코르스키에게 어디에 어떻게 폭탄을 빠뜨리면 되는지 자세히 활기차게 이야기하고 있었다. 사조노프는 침착했고, 겉보기에 주위를 전혀 의식하지 않는 것 같았다. 시코르스키는 주의 깊게 그에게 귀를 기울였다. 멀리 떨어진 곳의 벤치에 평소처럼 태연한 얼굴로 보리샨스키가 앉아 있었고, 그보다 좀 더 멀리 성당 정문 앞에 칼랴예프가 서서 모자를 벗고 성화를 향해 성호를 그었다.

나는 그에게 다가갔다.

"야넥!"

그는 성호를 그으며 돌아섰다.

"때가 됐나?"

나는 시계를 보았다. 9시 20분이었다.

"물론, 때가 됐지. 가자."

멀리 벤치에서 느긋하게 보리샨스키가 일어섰다. 그는 서두르지 않고 페테르고프스키 대로 쪽으로 향했다. 그를 따라 사조노프와 시코르스키가 일어섰다. 사조노프는 미소를 지으며 시코르스키의 손을 힘 있게 잡고, 머리를 높이 치켜들고 빠른 걸음으로 보리샨스키의 뒤를 따라갔다. 칼랴예프는 여전히 자리에서 움직이지 않았다.

"야넥."

"뭐, 왜?"

"가."

그는 내게 입 맞추고 서둘러서, 그 가볍고 아름다운 걸음으로 사조노프를 따라가기 시작했다. 그의 뒤로 천천히 시코르스키가 따라갔다. 나는 눈으로 그들을 좇았다. 햇살에 사조노프의 제복

1장 플레베 암살   **81**

단추가 빛났다. 그는 자기 폭탄을 오른팔 어깨와 팔꿈치 사이에 들고 있었다. 들고 있기 힘들다는 것을 알 수 있었다.

나는 뒤로 돌아 사도바야 거리를 따라 되돌아와서, 투척자들을 그들과 똑같이 제1중대 거리와 오브보드니 운하 사이 지점에서 만날 계산으로 보즈네센스키 거리를 통해 이즈마일롭스키 대로로 나왔다. 거리의 외관으로 나는 이미 플레베가 지금 지나가리라는 것을 추측했다. 경찰서장과 순경들이 집결하여 긴장된 모습을 하고 있었다. 여기저기 모퉁이에 밀정들이 서 있었다.

이즈마일롭스키 제7중대 거리에 다가갔을 때, 나는 모퉁이의 순경이 전방을 향해 몸을 쭉 펴는 것을 보았다. 바로 그 순간, 오브보드니 운하에 가로놓인 다리 위에 있는 사조노프를 보았다. 그는 이전처럼 고개를 높이 들고 어깨에 폭발물을 지고 걷고 있었다. 그리고 즉시 내 뒤에서 전속력으로 달리는 말발굽 소리가 울렸고, 검은 말이 끄는 마차가 옆으로 질주해 갔다. 하인은 마부석에 없었으나 왼쪽 뒷바퀴 위에 형사가, 후일 밝혀진 바 경호부 요원인 프리드리히 하르트만이 타고 있었다. 그 뒤로 또 형사 두 명이 검은 말을 맨 마차를 따로 타고 갔다. 나는 플레베의 마차를 알아보았다.

몇 초가 지났다. 사조노프는 군중 속으로 사라졌으나, 나는 그가 지금 바르샤바 역 호텔과 평행하게 이즈마일롭스키 대로를 걷고 있다는 것을 알고 있었다. 이 몇 초는 내게 끝없이 길게 느껴졌다. 갑자기 거리의 단조로운 소음 속에서 강하고 둔중하며 이상한 소리가 터져 나왔다. 마치 누군가 무쇠 망치로 무쇠 원반을 때린 것 같았다. 바로 그 순간 창문의 깨진 유리가 애처롭게 쨍그랑 소리를 냈다. 나는 지면에서 좁은 깔때기 모양으로 가장자리는 거의 검으며 회색빛을 띠는 누르스름한 연기 기둥이 솟

구치는 것을 보았다. 그 기둥은 점점 굵어지며 5층 높이까지 거리 전체를 뒤덮었다. 그것은 피어오를 때만큼 빠르게 흩어졌다. 나는 연기 속에서 뭔가 검은 파편을 본 것 같았다.

첫 순간에 나는 숨이 막혔다. 그러나 나는 폭발을 예견하고 있었고 그래서 다른 사람들보다 빨리 정신을 차렸다. 나는 거리를 비스듬히 가로질러 바르샤바 역 호텔 쪽으로 뛰어갔다. 이미 뛰어가면서 나는 누군가의 겁먹은 목소리를 들었다. "뛰지 마시오, 또 폭발이 있을 거요……!"

내가 폭발이 일어난 자리로 뛰어갔을 때 연기는 이미 흩어져 있었다. 탄내가 났다. 내 바로 앞, 보도에서 네 걸음쯤 떨어진 곳의 먼지투성이 포장도로 위에서 나는 사조노프를 보았다. 그는 왼팔을 돌 위에 기대고 고개를 오른쪽 옆으로 숙인 채 반쯤 누워 있었다. 제복 모자가 머리에서 날아가 짙은 갈색 고수머리가 이마로 흘러내렸다. 얼굴은 창백했고, 여기저기 이마와 뺨으로 가느다란 핏줄기가 흘러내렸다. 눈은 흐릿하고 반쯤 감겨 있었다. 아래쪽 배 근처에서 짙은 핏빛 얼룩이 생겨났고, 그것은 점점 커지면서 그의 다리 쪽에 커다란 선홍색 웅덩이를 이루고 있었다.

나는 그의 위로 몸을 숙이고 오랫동안 얼굴을 들여다보았다. 갑자기 머릿속에 그가 죽었다는 생각이 번쩍 떠올랐고, 동시에 뒤에서 누군가의 목소리를 들었다.

"그럼 장관은? 사람들 말이, 장관은 지나갔다던데."

그때 나는, 플레베는 살았고 사조노프는 죽었다고 생각했다.

나는 여전히 사조노프 위로 몸을 숙이고 서 있었다. 내 쪽으로 창백하고 아래턱을 덜덜 떠는 경찰관(나중에 알게 되었지만, 개인적으로 친분이 있는 경찰서장 페레펠리친)이 다가왔다. 흰 장갑을 낀 손을 약하게 저으며 그는 제정신을 잃은 듯 빠르게 말했다.

"저리로 가십시오……. 저리로 가십시오……."

나는 돌아서서 곧장 바르샤바 역 쪽을 향해 포장도로를 걷기 시작했다. 걸으면서 나는, 사조노프로부터 몇 걸음 떨어진 곳에 플레베의 처참하게 훼손된 시신과 마차의 파편들이 흩어져 있다는 사실을 알아차리지 못했다. 내 맞은편 오브보드니 운하에서부터 군중이 몰려오고 있었다—벽돌 먼지가 앉은 지저분한 모자를 쓴 석공 무리였다. 그들이 뭔가 소리쳤다. 보도 위에도 사람들의 무리가 뛰어다니고 있었다. 나는 이 군중을 가로질러 걸어가면서 한 가지만 기억했다.

플레베는 살았다. 사조노프는 죽었다.

나는 오랫동안 시내를 헤매다가 기계적으로 기술전문학교로 나갔다. 그곳에서 여전히 둘레보프가 나를 기다리고 있었다. 나는 그의 마차에 앉았다.

"그래, 어떻게 됐소?" 그가 내 쪽을 돌아보았다.

"플레베가 살았소……."

"예고르는?"

"죽었소."

둘레보프의 눈이 이상하게 일그러졌고, 갑자기 양 뺨이 경련했다. 그러나 그는 아무 말도 하지 않았다. 5분쯤 후에 그는 다시 나를 돌아보았다.

"이젠 어떡합니까?"

"4시에 돌아오는 길을 막습니다."

그는 고개를 끄덕였다. 그때 내가 말했다.

"3시에 내가 폭발물을 전달하겠소. 다시 기술전문학교 앞에 서 계십시오."

그와 헤어지고 나는 암살 기도가 실패할 경우 남은 투척자들이 모이기로 했던 유수포프 정원으로 갔다. 나는 그들이 전부 체포되지 않았기를, 그들의 폭탄이 무사하기를 바라고 있었다. 나는 플레베가 페테르고프에서 별장으로 돌아오는 길에 두 번째 암살을 감행하고 싶었다. 우리는 그가 보통 3시에서 4시 사이에 황제에게서 돌아온다는 것을 알고 있었다. 투척자는 돌레노프와 나, 그리고 나머지 생존자들이 될 예정이었다.

유수포프 정원에서 나는 아무도 발견하지 못했다.

암살 전 칼랴예프는 계속 40보 거리를 유지하며 사조노프를 따라 걸었다. 사조노프가 오브보드니 운하에 가로놓인 다리에 올라섰을 때, 칼랴예프는 그가 갑자기 걸음을 빨리하는 것을 보았다. 칼랴예프는 그가 마차를 보았음을 알았다. 플레베가 사조노프 옆으로 다가섰을 때 칼랴예프는 이미 다리 위에 있었고 지척에서 폭발을, 마차가 산산이 흩어지는 광경을 보았다. 그는 망설이며 멈춰 섰다. 플레베가 죽었는지 아닌지, 두 번째 폭탄을 던져야 하는지 아니면 이미 그럴 필요가 없는지 알 수 없었다. 그가 그렇게 다리 위에 서 있을 때, 그의 곁으로 바퀴 파편을 끌며 피투성이 말이 질주해 갔다. 사람들의 무리가 뛰어다니기 시작했다. 마차가 바퀴만 남은 것을 보고 그는 플레베가 죽었음을 깨달았다. 그는 바르샤바 역 쪽으로 돌아서서 천천히 시코르스키 쪽을 향해 걷기 시작했다. 도중에 어떤 문지기가 그를 불러 세웠다.

"저쪽에 무슨 일이오?"

"몰라요."

문지기는 의심에 찬 눈으로 바라보았다.

"이봐, 저쪽에서 오는 길이오?"

"예, 그래요, 저쪽에서 왔소."

"그런데 왜 모른단 말이오?"

"무슨 수로 알겠소? 사람들 말이, 대포를 싣고 가다 터졌다던데……."

칼랴예프는 연못에 자기 폭탄을 빠뜨리고, 약정된 대로 12시 기차를 타고 페테르부르크를 떠나 키예프로 갔다.

보리샨스키는 등 뒤에서 폭발 소리를 들었고, 깨진 유리 조각이 그의 머리 위로 흩뿌려졌다. 플레베가 반대편 경로로 다시 돌아오지 않을 것이라 확신하고, 보리샨스키는 칼랴예프가 했듯이 자기 폭발물을 연못에 빠뜨리고 페테르부르크로 떠났다.

시코르스키는, 우리가 예견할 수 있었듯이 자기 과업을 완수하지 못했다. 페트롭스키 공원으로 가서 사공 없이 나룻배를 빌려 강가로 나가는 대신, 그는 광산기술학교에서 네바 강 도하용으로 쓰는 보트를 빌려서는 사공의 눈앞에서, 구축 중인 장갑함 '영광' 호에서 얼마 떨어지지 않은 곳에 자기 폭탄을 물속에 던져 넣었다. 그걸 본 사공이 뭘 던졌느냐고 물었다. 시코르스키는 대답하지 않고 사공에게 10루블을 제시했다. 그러자 사공이 그를 경찰에 끌고 갔다.

시코르스키의 폭탄은 오랫동안 발견되지 못했고, 플레베 암살에 그가 참여했다는 혐의는 결국 가을이 돼서 어업 경영자 콜로틸린의 일꾼들이 우연히 그 폭탄을 어망으로 건져내어 발트 공장 사무실에 제출할 때까지 증명되지 못한 채 남아 있었다.

유수포프 정원에서 아무도 발견하지 못하고 나는 카자치 골목의 대중탕[1]에 가서 번호표를 받고 들어가 소파에 누웠다. 그렇게

---

1 현재 한국의 찜질방과 비슷한, 사우나 형식의 러시아식 전통 목욕탕.

2시까지 누워 있다가, 내 계산에 따르면 슈베이체르를 찾아내 플레베의 두 번째 암살 기도를 준비할 때가 되었다. 넵스키 대로로 나와서 기계적으로 신문팔이에게서 가장 최근의 전신을 사면서, 아마 군사 작전 지역에 관한 보도일 것이라 생각했다. 눈에 띄는 자리에 검은 테를 두른 플레베의 초상화와 그의 부고가 인쇄되어 있었다.

부상당한 사조노프는 11시경에 잡역부들을 위한 알렉산드롭스키 병원으로 이송되어 그곳에서 법무장관 무라비요프가 참관하는 가운데 수술을 받았다. 취조받으면서 그는 투쟁조직의 규율에 따라 자기 이름을 대는 것도, 그 어떤 증언도 거부했다.

감옥에서 그는 우리에게 다음과 같은 편지를 보냈다.

체포되었을 때 얼굴에는 수없이 멍이 들어 있었고, 눈은 안와에서 튀어나오고, 오른쪽 옆구리에 거의 치명상을 입었고, 왼발은 발가락 두 개가 찢겨나가고 발이 으깨져 있었습니다. 요원들이 의사 차림을 하고 나를 깨워 흥분 상태로 몰고 가며 폭발에 관해 무시무시한 이야기들을 했습니다. '유대인' 시코르스키에 대해 갖가지 비방을 했습니다……. 내게는 이런 일들이 고문이었소!
적은 무한히 비열하고, 부상당한 채로 적의 손에 넘겨지는 것은 위험합니다. 바깥에 이 사실을 전해주기 바랍니다. 작별을 고합니다, 친애하는 동지들. 떠오르는 태양—자유를 맞이합니다!
형제이자 동지들이여! 나의 드라마는 끝났습니다. 내 역할을 끝까지 충실하게 완수했는지는 알지 못하지만, 그 역할을 내게 믿고 맡겨준 데에 깊이 감사드립니다. 여러분은 내게 윤리적 만족감을 경험할 기회를 주었고, 세상에 그것과 비견할 만한 것은 없습니다. 그 만족감이 내가 폭발 뒤에 견뎌야 했던 고통을 지워주었습니다. 수술 후에 정신을 차리자마자 나는 안도의 한숨을 쉬었습니다. 물론, 마침내, 라고 말입니다. 나는 환희에 차서 노래하고 소리칠 태세였습니다. 폭발이 일어났을 때 나는 의식을 잃었습니다. 정신이 들어서 나는 얼마나 심각하게 부상당했는지 모르는 채로 자살로써 포로 상태에서 해방되고자 했지만, 내 손은 권총을 꺼낼 힘이 없었습니다. 나는 포로로 잡혔습니다. 며칠 동안 나는 헛소리를 했고, 3주간 눈가리개를 벗겨주지 않았고, 두 달간 침대 위에서 움직일 수 없었으며, 마치 아기처럼 남의 손이 밥을 먹여 주었습니다……. 나의 무기력한 상태를 경찰이 이용한 것은 물론입니다. 요원들이 내 헛소리를 엿들었습니다. 그들은 의사와 간호사 차림을 하고 내가 잠들자마자 돌연히 나를 깨우곤 했습니다. 이즈 대로[1]에서의 사건에 대해 무시무시한 이야기들을 내게 들려주기 시작했고, 나를 흥분 상태로 몰아갔습니다……. 갖은 방법으로 S^2가 자백한 것이라고 나를 확신시키려 했습니다. 그들 말로는, 그가 누군가(어떤 할머니)와 빌뉴스에서 7월 15일이 되기 며칠 전에 만났다고 했고, S가 벨로스토크에서 알게 된 동지라고 지목한, 영국 외투를 입은 또 다른 유대인이 잡혔다고도 했습니다. 다행히도 요원들은 내 병세를 이용하는 데 성공하지 못했습니다. 헛소리를 하면서 내가 무슨 말을 했는지 전부 기억날 듯도 하지만, 그런 건 조치를 취한다면 별로 중요하지 않습니다. 그러나 한 가지 어리

---

1 이즈마일롭스키 대로. — 원주
2 시코르스키. — 원주

석은 짓을, 한 가지 범죄를 저질렀습니다. 3주나 침묵을 지켜 놓고는 도대체 어떻게 내 성을 말할 수 있었는지 이해할 수 없습니다……. 동지들! 나를 관대하게 생각해 주십시오, 그렇지 않고서는 비탄에서 헤어날 수 없습니다. 내가 헛소리를 해버렸다는 걸 알고 얼마나 치명적인 고통에 시달렸으며 또 지금도 시달리는지 여러분이 안다면 말입니다. 그리고 나는 자신을 억제할 수 있는 상태가 아니었습니다. 어떻게? 혀를 깨문다고 해도, 그러려면 기운이 있어야 하는데, 나는 병약해졌습니다……. 이미 내 소원은 빨리 죽거나 빨리 회복하는 것입니다. 또, 형제이자 동지들이여, 당의 과업을 내 방식대로 해석하면서 어떤 식으로든 잘못을 저지르지 않았는지 걱정됩니다. 여러분도 알다시피, 테러에 대한 관점에서 나는 '인민의 의지' 계통이고 당의 강령과는 의견이 다릅니다. 그래서 법정에서 해명할 때가 되자 나는 이율배반적인 상황에 처했다고 느꼈습니다. 개인적인 관점은 미루어두고, 강령에 관해 이야기해야 했습니다. 내가 당에 잘못한 것은 아닐까요? 만일 그렇다면, 당에 용서를 빌겠습니다. 내가 실수했으며, 당은 개개의 조직원, 더구나 나처럼 병든 조직원의 발언에는 책임이 없다고 당에서 공식 발표하도록 해주십시오. 나는 아직도 폭발 후유증에서 완전히 벗어나지 못했습니다. 머리를 너무 세게 부딪쳐서……. 이것이 내 양심을 짓누르던 전부이고, 친애하는 동지들, 줄곧 여러분 앞에 고백하고 싶었던 일입니다. 만일 나라는 개인이 전체의 활동에 어떠한 과실을 범했다면, 사실은 사실로 남을 것이고, 그 사실이 스스로 말하게 해주십시오. 나는 의식적으로는 사실을 축소하지 않았습니다.

테러에 관하여 활로를 개척하고 있는 새로운 기류를 환영합니다. 우리는 끝까지 '인민의 의지'파로 남도록 합시다. 나는 이 계파가 나로써 끝나지 않으리라는 걸 전혀 예견하지 못했습니다. 그리고 내가 받은 선고에 기뻐하지 않습니다. 러시아 정부의 포로로 잡혀 있는 데에 무슨 기쁨이 있겠습니까? 오래 가지 않으리라고 믿읍시다. 내가 받은 선고를 나는 스테판이나 그리고리 안드레예비치, 그리고 또 다른 이들에게 사형을 선고한 판사들에 대한 선고인 것으로 간주합니다……. 친애하는 형제이자 동지들이여! 여러분 모두를 굳게 포옹하고 굳게 입 맞춥니다. 이 쪽지는 여러분만을, 내 가장 가까운 동지들만을 위한 것이니, 공개하지 말아주시기를 부탁합니다. 여러분에게 보내는 마지막 작별의 인사는 우리가 쓰러뜨린 적을 내가 처음 보았을 때 외친, 그리고 나 자신이 죽어가면서 생각했던 이 말입니다. '투쟁조직 만세, 독재 타도.' 작별을 고합니다. 살아남으십시오. 일하십시오. 여러분을 사랑하며, 형제 동지들, 여러분의 예고르.

XI
후에 사조노프는 우리에게 다음과 같이 썼다.

나의 혁명 동지들에게…….
친애하는 형제 동지들이여! 내가 여러분 사이를 떠난 지도 1년 반이 흘렀습니다. 그러나, 물리적으로 여러분과 떨어져서도, 나는 한순간도 생각 속에서 여러분과 함께 지내기를 멈춘 적이 없습니다. 러시아에 울려 퍼지는 혁명적 폭풍의 천둥소리 속에서, 나는 특별히 관심을 가지고 투쟁조직의 목소리에 귀를 기울였고, 그 목소리는 혁명의 수천 목소리가 합창하는 가운데에도 사라지지 않았습니다. 투쟁조직은 언제나 삶의 요구에 응당한 답변을 줄 수 있었습니다. 조직의 성공을 나는 환희의 감정으로, 실패는 마음의 고통으로 동고동락했고, 이것은 사실 모든 폭넓고 현실적인 일에 있어 자연스러운 것이었습니다. 많은 투쟁원들이 조직을 떠났고, 또 다른 이들은 다시는 돌아오지 못했습니다. 깊은 슬픔과 사랑과 경건한 감정을 담아, 목숨을 마친 분들의 무덤에 고개를 숙입니다……. 그러나 아직은 끝이 아닙니다. 모든 정황으로 판단하건대, 투쟁조직은 앞으로도 역사의 무대에 나서야만 할 것입니다. 완수할 가치가 있는, 여러분 앞에 당면한 과업과 희생을 염두에 두고, 나는 지난 일을 회상할 필요를 느낍니다.

형제이자 동지인 여러분, 여러분을 회상하며 얼마나 행복한지요. 여러분의 애정에 넘친, 순수하게 형제다운 태도, 그리고 7월 15일 건처럼 책임 있는 과업의 수행을 내게 지시함으로써 경의를 표해준 여러분의 신뢰를 떠올리는 것이 내게 어떠한 행복이었는지 여러분께 말로 다 표현할 수 없습니다. 여러분의 사랑을 능욕하거나, 여러분의 신뢰에 미치지 못하는 모습을 보이거나, 대체로 어떤 식으로든 투쟁조직의 빛나는 과업, 나 자신이 먼저 인정하고 그 앞에 몸 바친 그 모든 위대한 사명에 그림자를 드리웠다면 내게는 그 어떤 죽음보다 천 배는 더 괴로운 일일 것입니다. 그리고 운명은 내게 악의에 찬 장난을 친 듯합니다. 나는 부상당했으나 죽지 않았습니다. 몸을 움직일 힘을 잃고 헛소리를 하면서, 나는 하마터면 원치 않게 배신자가 될 뻔했습니다. 혁명가만이 경험할 수 있는 가장, 가장 혐오스러운 일을 겪어야만 했습니다. 바로 요원들이 시도하는 유다의 입맞춤과 포옹이었고, 그들은 나의 무기력함과 눈가리개가 시력을 앗아갔다는 사실을 이용하여 의술의 중립적인 깃발 아래 내게 다가와 굶주린 늑대처럼 주위를 돌아다녔습니다. 재판까지 넉 달 동안 나는 내 헛소리의 결과를 비교적 알지 못했고, 사람들과 과업을 걱정하며 두려움 속에, 그리고 내가 배신자가 아닌가 하는 의심 속에서 가장 무시무시한 상황에 있었습니다. 오직 과업의 성공과 승리에 도취된 데서 병을 이겨내고 초인간적인 영혼의 고통을 겪어낼 힘을 얻었습니다. 다행히 헛소리도 무사히 지나갔습니다. 그러나 병과 영혼의 고통을 겪은 후 나는 완전히 쇠약해져서, 폭발과 첩자들의 주먹질과 발길질에 머리가 깨지고 생각과 언어를 거의 통제할 수 없는 상태로 법정에 나갔습니다. 그런 상태에서 나는 당 강령의 진정한 빛에 반反하는 죄를 저지르지 않기 위해 법정에서 말을 하지 말아야만 했습니다. 부득이하게 해명해야만 했던 어떤 일이 남아 있지만 않았다면 그렇게 했을 것입니다. 구체적으로, 수술에서 깨어난 직후 수사관에게 했던 7월 15일의 진술 말입니다. 살아남을지 알지 못하는 상황에서, 나는 자신이 사회혁명당 투쟁조직의 일원이며, '북부 호텔'에서 폭발 사고로 사망한 사람은 나의 혁명 동지라고 가능한 한 빨리 진술할 의무가 있다고 여겼습니다—P(포코틸로프)가 투쟁조직에 속해 있었다고 증언해주기로 약속했기 때문입니다……. 그뿐입니다. 그러나 수사관이 투쟁조직의 과업에 대해 물었고, 나는 당의 규율인 '진술하지 않는다'를 어긴다는 사실을 깨닫지 못한 채 다분히 서투른 형태로, 그러나 뚜렷한 '인민의 의지'파 관점을 담아 설명을 했던 것입니다. (기소장에 명시된 바로 그 설명입니다.) 내가 왜 그런 짓을 했을까요? 어째서 규율을 어기고 강령의 해석에 불협화음을 불러왔겠습니까? 그것은 바로, 취조받는 동안 나는 몇 번이나 거의 의식을 잃을 뻔했고, 중단할 것을 애원했으며, 기운을 유지하기 위해 물을 청했기 때문입니다. 재판의 순간까지 나는 위의 진술에 대해서는 거의 걱정하지 않았습니다. 그러나 후에, 법정에서 말을 해야만 한다면 뭐라고 할지 생각해야 할 때가 닥치자 내 말과 당의 강령 사이의 불일치를 생생하게 느꼈습니다. 그 의식 때문에 또한 나는 무엇보다도 공식적으로 의견을 진술하지 않을 수 없었습니다. 재판을 며칠 앞두고 나는 무슨 말을 할지 기록했고, 그러면서 계속 '인민의 의지파 과오'에 빠지는 걸 피했습니다……. 그리고 결과적으로, 반대쪽으로 끌려갔습니다. 법정에서는, 다른 무엇보다도 진술하기에 너무나 불가능한 조건이라 최대한 효율적으로 말을 골라야 했습니다. 우선 도무지 내가 끝까지 말을 마치도록 놓아두려 하지 않았고, 카라브체프스키가 고집을 부려야만 말을 할 수 있었습니다. 한 마디 할 때마다 말을 막고 논점을 흐렸고, 나는 말의 맥락을 잃고 기진맥진하여 많은 말을 속으로 삼켰고, 가끔 본의 아니게 지금이라도 기꺼이 도로 주워 담고 싶은 말을 내뱉었습니다. 재판 후에 완전히 녹초가 되었고, 추악한 법정 희극에 계속 참여하고 있다는 사실 자체를 무섭게 자책했습니다. 그래서 훗날 밖에 있는 사람들이 내가 한 말에 무척 만족한다고 알려왔을 때, 그 말이 반어처럼 들려 고통스러웠습니다. 재판이 끝나고 나서 같은 일에 관하여, 나 자신도 원치 않았으나 저지르고 만 그 실언을 해명하기 위해 여러분, 친애하는 동지들에게 한 번 편지를 쓴 적이 있습니다. 여러분 중에서 헌신의 길로 나가야만 하는 동지들과 나 사이에 설명되지 않은 채로 남아 있는 것이 없도록 하기 위해 나는 이 모든 일을 다시 한번 진술할 필요성을 느꼈습니다. 내게 있어 행복의 필수 조건은 인생과 강령의 모든 문제에 있어 여러분과 완전히 단결한다는 의식을 영원히 간직하는 것입니다. 위험한 헌신의 길이 운명 지워진 모두에게, 위에 말한 외에도 특히 전달하고 싶은 것은…… 육체와 영혼의 완전한 힘을 유지한 상태에서 응답하건대, 끝까지 영광스럽게 조직의 깃발을 들고 가라는 것입니다. 인사를 전합니다, 친애하는 동지들! 활기와 성공을 빕니다! 이제 곧 테러를 통해 싸워야만 하는 슬픈 필연성이 사라지고, 인간의 힘에 좀 더 적절한 조건에서 우리의 사회주의 이상을 위해 일할 가능성을 획득하리라고 믿읍시다.

여러분의 예고르.

추신―부디 이 편지를 적합한 수신자, 즉 투쟁조직에 전달하시고 내 첫 편지에 한 것으로 밝혀졌듯이 관련 없는 사람들에게 멋대로 넘기지 말아주십시오.

사조노프와 함께 재판받은 시멜레이바 불포비치 시코르스키는 본래 크니신 출신으로 직업은 피혁공이었고 열네 살 때부터 이미 공장에서 일했는데, 처음에는 크니신, 후에는 크리니키[1] 마을, 그리고 그 뒤에는 벨로스토크 시에서 일했다. 크리니키에서 그는 처음으로 혁명당원들과 알게 되었으나, 벨로스토크에서야 최종적으로 사회혁명당에 가입했다. 또한 그곳에서 그는 보리샨스키와 친분을 나누었으며, 보리샨스키는 내가 위에서도 언급했

---

1 모두 현재 폴란드 북동부 비아위스토크(작중에서는 러시아식으로 벨로스토크) 인근 마을이다.

듯이 1904년 6월에 그를 투쟁조직에 데려왔다.

사조노프와 시코르스키는 1904년 11월 30일 페테르부르크 법원에서 사회계급 대표들이 동석한 가운데 재판받았다. 사조노프를 변호한 것은 변호사 카라브체프스키, 시코르스키를 변호한 것은 카자리노프였다. 법원의 판결에 의해 두 피고인은 모든 기본권을 박탈당했고, 또한 사조노프는 무기한 강제 노동에 처해졌으며 시코르스키는 20년형을 받았다. 이처럼 비교적 가벼운 판결(사조노프 본인을 포함해 모두가 둘 다 지방 군사재판소에 넘겨져 교수형당할 것을 예상했다)은 정부가 내무장관으로 스뱌토폴크-미르스키 공을 임명하고 정책을 조금 바꾸어 사형 언도로 사회를 동요시키지 않기로 결정한 것으로 해명되었다.

사조노프는 시코르스키와 마찬가지로 판결 후 슐리셀부르크[2] 요새 감옥에 투옥되었다. 1905년 10월 17일 선언[3]에 의해 양쪽 다 강제 노역 기한이 단축되었다. 1906년에 그들은 슐리셀부르크에서 아카투이 감옥으로 이송되었다.

---

2 러시아 서부, 페테르부르크 남쪽의 도시.
3 1905년 러시아 혁명 중 황제 니콜라이 2세가 시민의 자유 보장과 입법권을 가진 국가두마(의회) 설치를 약속하며 발표한 개혁 선언. 절대군주제에서 입헌군주제로의 전환을 약속한 문서였지만, 실제로는 약속이 지켜지지 않아 민중의 불신을 키웠다.

2장   세르게이 대공 암살

I

7월 15일 저녁에 나는 페테르부르크를 떠나 바르샤바로 갔다. 바르샤바에서 아제프와 이바노브스카야가 나를 기다리고 있었다. 그러나 나는 아제프를 그곳에서 발견하지 못했다. 그는 신문에서 플레베 살해에 관해 읽고 나 없이 외국으로 나가 버렸다. 이바노브스카야는 오데사[1]로, 나는 키예프로 떠났고, 그곳에서 나는 칼랴예프와 접선이 예정되어 있었다. 그에게서 나는, 페테르부르크에서 당시 아직 신원이 밝혀지지 않았던 시코르스키의 체포에 대한 소문이 떠돌고 있다는 것을 알게 되었다.

나는 칼랴예프와 함께 시코르스키의 고향인 벨로스토크에 들르기로 결정했다. 개인적으로 그 소문의 진위를 확인하고 싶었기 때문이다. 벨로스토크에서 우리는 아무것도 알아내지 못했고, 그래서 네하 네예르만의 도움을 받아 독일로 건너가기 위해 수바우키로 떠났다.

네하 네예르만은 마치 오래된 친구처럼 나를 맞아주었다. 그날 밤 우리는 국경 경비대 군인과 동행하여 국경을 건넜고, 다음 날 아침에는 이미 독일 철도 소속 기차를 타고 있었다. 아이드쿠넨에서 백 킬로미터쯤 떨어진 인스테르부르크 역에서 독일 헌병

---

[1] 현재 우크라이나 남서부 흑해 연안의 도시. 러시아제국 시기에 흑해 함대의 본거지이며 휴양도시이자 무역도시로 유명했다.

이 우리에게 다가왔다.

"어디로 가십니까?"

"베를린에요."

"베를린?"

"예, 베를린입니다."

"직업이 어떻게 되십니까?"

"우리는 학생입니다."

"러시아에서 오셨습니까?"

"물론 러시아에서 왔죠."

"여권은요?"

우리에겐 외국용 여권이 없었다. 내가 가진 것은 러시아제국 내 거주용으로 발급받은 녹색 시민여권뿐이었다. 나는 우리가 체포될 것이라 확신했고, 독일 관습을 알고 있었으므로 의심의 여지 없이 우리를 러시아 헌병에게 넘겨줄 것이라 믿었다. 나는 어쨌든 녹색 여권을 꺼냈다.

"여권요? 여기 있습니다."

여권을 본 헌병은 그것을 펼쳐보지도 않았다. 그는 갑자기 태도를 바꿨다. 거수경례를 한 후 그는 말했다.

"죄송합니다. 제가 실수했습니다. 여러분도 아시다시피, 기차에는 가지각색 사람들이 타니까요."

사흘 후 우리는 제네바에 있었다.

제네바로 슈베이체르, 보리샨스키, 도라 브릴리안트와 둘레보프도 왔다. 마체예프스키는 러시아에 남았다.

이번 체재 중에 나는 고츠를 깊이 알게 되었다. 그는 심하게 병들어 이미 침대에서 일어나지 못했다. 베개 속에 파묻혀 그 검고 젊은 눈동자를 반짝이며, 그는 열정적으로 내게 플레베 건의 모든 세부 사항을 캐물었다. 그가 단지 병 때문에 테러에 참여하지 못하고 있음이 명백했다. 그 때문에 그는 그저 투쟁조직의 외국 대표라는 역할에 만족할 수밖에 없었다. 고츠를 통해 나는 봄에 오데사에서 중앙위원회 회의가 열렸다는 사실을 알게 되었다. 이 회의에서 투쟁조직의 활동에 관한 의문이 제기되었다. 많은 사람들이 우리가 플레베를 죽이지 못하리라는 확신을 진술했다. 긴 논쟁 끝에 중앙위원회는 투쟁조직을 감독하는 통제 기관을 설립하기로 결의했고, 그 결의는 외국의 고츠에게 보내져 왔다. 후일 알게 된 일이지만, 고츠는 격렬히 반대했다. 바로 그의 개입 덕분에, 우리에게 중앙위원회에 일의 세부 사항을 보고하라는 요구는 내려지지 않았다. 그런 요구를 받았더라면 의심할 바 없이 가장 슬픈 사태가 벌어졌을 것이다. 그런 경우에 규율에 복종할 조직원은 거의 한 명도 없었을 것이다. 분명히 조직원 전원이 당의 상부 조직과 갈등하는 방향으로 나갔을 것이다. 그 갈등이 어떻게 끝나게 되었을지는 말하기 힘들지만, 어찌 되었든 간에 그것은 당의 모든 과업에 부정적으로 반영되었을 것이다. 고츠의 공적은 그가 이처럼 거의 필연적인 충돌을 예견했다는 것이었다.

위에서 언급했듯 공식적으로 테러에서 고츠의 역할은 투쟁조직의 외국 대표에 한정되었다. 실제로 그의 역할은 훨씬 더 중요했다. 게르슈니도 아제프도 계획에 관해 그의 조언을 구한다는 점은 말할 필요도 없고, 러시아에서 일하는 우리도 끊임없이 그의 영향을 느꼈다. 아제프는 테러의 실제적인 지도자였고, 고츠는 사상적 지도자였다. 바로 그라는 인물이 현재의 투쟁조직과 조직의 과거를 연결 지었다. 고츠는 과거의 투쟁 전통을 온전히 보존했고, 그것을 훼손되지 않은 형태로 우리에게 전수할 수 있었다. 고츠 덕분에, 개인적으로 알지 못하는 게르슈니의 이름이 후일 칼랴예프나 사조노프의 이름만큼 우리에게 소중해졌다. 외국에서 고츠를 알게 된 투쟁조직의 조직원들에게 그는 동지일 뿐 아니라 도움과 지원을 절대로 거부하지 않는 친구이자 형제였다. 투쟁조직에서 그의 중요성은 한마디로 말하기 어렵다. 그는 러시아로 들어온 적도 없고, 우리와 직접 손잡고 일하지 않았기 때문이다. 그러나 후일 그의 죽음이 칼랴예프의 죽음만큼이나 우리에게 충격적인 상실이었다고 해도 과언이 아니라고 생각한다.

제네바에는, 플레베 살해로 인해 기쁨에 찬 활기가 넘쳤다. 정부의 눈앞에서 당은 갑자기 성장했고 자기 힘을 자각하기 시작했다. 투쟁조직으로 수없이 금전적 기부가 들어왔고, 참여 의사를 밝히는 사람들이 나타났다. 이렇게 고양된 분위기와 동시에 러시아에서 소식이 왔다―스뱌토폴크-미르스키 공의 내무장관 임명과 함께 자유방임주의 연설과 만찬의 시대가 시작되었다. 신임 장관에 대해 당은 물론 회의적으로 반응했고, 자유주의 연설에 대해서도 큰 결과는 기대하지 않았다. 그리고 어쨌든 플레베 살해가 이미 대대적인 역할을 수행했다는 것이 명백했다. 정부는 주저하기 시작했고, 여론은 더 대담하게 발언하기 시작한 것이다. 이러한 성공으로 우리 투쟁조직의 구성원들은 자신의 힘에 확신을 갖게 되었다.

제네바에서 나는 보리스 바실리예비치 모이세옌코를 만났는데, 그는 전직 광산기술학교 학생이었고 내게는 '노동자의 깃발' 단과 볼로그다 유배 시절의 동지였다. 전에 볼로그다에서 나와 칼랴예프와 이야기하면서 그는 플레베 암살의 필수성에 관해 자기 생각을 말했고, 지금은 테러에 동참해 일할 목적으로 외국으로 도주해 와 있었다. 나는 그를 아제프에게 소개했다. 아제프는 그를 우리 조직에 받아들였다.

또한 그때 제네바에서는 투쟁조직의 규정에 관한 의문 때문에 일련의 협의가 진행되고 있었다. 이 협의에 참여한 것은 아제프, 슈베이체르, 칼랴예프, 그리고 나였다. 게르슈니 시절에 작성된, 당시 우리는 알지 못했던 구舊 의안 대신 새로운 규정이 제정되었다. 후일 조직은 구 의안도 새 규정도 채택하지 않았으며, 조직 내부에서 조직원들 사이에, 특히 아제프의 권위에 의해 암묵적인 동의가 이루어졌다. 그러나 어쨌든 이 협의를 통해 우리 조직원 모두가 공유하는 의견들이 중앙위원회에도 전달되었다. 협의회가 소집된 의도는 투쟁조직을 중앙위원회와 뚜렷이 구분하고 미래에 어떤 식으로든 우리 작업에 개입할 가능성을 예견하기 위한 것이었다. 동지들 사이에는, 테러의 성공을 위해서 기술적인 문제뿐만 아니라 내부의 조직 구성에 있어서도 투쟁조직의 완전한 독립이 필수적이라는 확신이 우세했다. 이런 관점은 첫째로, 테러를 인정하면서도 최상부 조직인 중앙위원회의 압도적 다수가 투쟁 활동의 방법을 알지 못하는 사람들[1]로 구성되어 있다는 당의 비정상적인 상황에 대한 자각과, 두 번째로는 테러의 성공을 위해 비밀 조직다운 엄격한 폐쇄성이 필수적이라는 자각에서 자연스럽게 비롯된 것이었다. 게다가 많은 우리 조직원들 사이에서 앞으로 테러 활동이 성공할지에 대한 우려가 생겨났다. 투쟁조직을 해산할 수 있는 중앙위원회의 권리가 조직의 활동에 해로운 영향을 끼칠 것을 경계했던 것이다.

그리하여, 우리의 내부 조직 구성뿐만 아니라 중앙위원회와

---

[1] 내 기억이 옳다면, 당시 중앙위원회 구성원은 고츠, 아제프, 체르노프, 포타포프, 슬레토프, 파키트니코프, 셀류크, 브레슈콥스카야였다. — 원주

우리의 관계를 정리하기 위해서도 우리는 규정이 필요했다. 위에 언급한 관점을 조직원 대다수가 지지했고, 아제프와 슈베이체르만이 중앙위원회가 투쟁조직을 기술적으로 통제할 권리를 원칙적으로 인정했다. 제네바의 협의회에서 칼랴예프와 나는 이 문제 때문에 아제프와 슈베이체르와 여러 번 논쟁해야만 했다. 오랫동안 절충한 끝에 조직원 대다수의 의견을 반영하여 제정된, 정치적인 권한에 있어 중앙위원회 측 영향력의 영역을 노골적으로 뚜렷하게 한정한 규정이 채택되었다. 또한 같은 시기에 우리가 채택한 규정은 중앙위원회의 승인 없이, 비밀 접선의 형식을 따라 투쟁조직 외국 대표의 승인만을 거쳐 법적인 효력이 발효된다고 결의했다.

게르슈니 시절에 작성된 투쟁조직 규정안은 다음과 같이 명시되어 있었다.

투쟁조직의 목적은 가장 범죄적이고 위험한 자유의 적으로 인정된 대표 인사들을 제거하는 방법으로 기존의 제도와 투쟁하는 것이다. 이러한 인사들을 제거함에 있어 투쟁조직은 자기 방어 행위를 수행할 뿐 아니라 공격적으로 활동하여 통치권의 영역에 공포와 제도의 와해를 불러오며, 계속된 전제정권 유지의 불가능성을 정부가 자각하는 데 이르게 함을 지향한다.

민중과 자유의 적을 처단함 외에도 투쟁조직의 의무에는 정권에 대항한 무장 저항군과 무장 시위대의 양성 및 기타 전투적 성격의 활동이 포함되며, 이러한 활동으로 정부 전제정치의 세력은 자유의 기치 아래 저항 혹은 공격의 세력과 충돌할 것이며, 언어는 과업으로 구현되고 그리하여 혁명의 이상이 실현될 것이다.

①
(1) 투쟁조직은 중앙부와 지역부의 두 분과로 구분된다. 전자는 운영위원회와 그 요원들로 구성되며, 후자는 각 지방에 할당된 지역 단체로 구성된다.
(2) 상위 지도층이 운영위원회에 참여하며, 정부 전반에 중요성을 갖는 인물을 제거하는 테러 활동을 수행할 경우 운영위원회가 결정권을 갖는다. 그 외에도 운영위원회는 지역 투쟁 분과의 활동을 통제할 권한을 가지며, 지역 분과는 계획하는 모든 사실을 운영위원회에 보고할 의무가 있으며, 이때 운영위원회는 지역 투쟁 분과의 결정에 거부권을 행사할 권한을 가진다.
(3) 운영위원회는 완전히 독립적으로 활동하며, 당의 강령에 지정된 한계 내에서만 사회혁명당 중앙위원회에 복종한다.
(4) 운영위원회는 투쟁조직과 여권 분과를 관리한다. 예산은 투쟁조직 활동을 위한 기부금으로 충당하며, 금전의 출납은 운영위원회의 허가가 있을 때에만 이루어질 수 있다. 투쟁조직은 금전 자원을 완전히 독립적으로 운용하며, 예산의 통제권은 오직 운영위원회에만 귀속된다.
(5) 운영위원회 위원의 수는 10명을 넘지 않는다.
(6) 모든 사안은 규정의 변경과 새로운 조직원의 입당을 제외하고 단순 다수결로 결정한다. 규정의 변경과 새 조직원의 입당은 만장일치로 결정되어야 한다.
(7) 운영위원회 위원은 전원 동등한 권리를 가지며 각자의 활동에 있어 오로지 운영위원회 전체 회의의 통제권하에만 놓인다.
(8) 투쟁조직은 그 특수한 활동으로 인해 다음과 같은 특별히 엄격한 요구 사항을 조직원들에게 필수적으로 제시한다.

a) 투쟁조직의 조직원은 조직의 과업에 무한히 헌신적이며 매 순간 언제라도 자신의 생명을 희생할 준비가 된 인물이어야 한다.
b) 조직원은 절제되고 기강이 잡혀 있으며 비밀을 지키는 인물이어야 한다.
c) 조직원은 운영위원회의 위원 혹은 요원일 경우 운영위원회 전체 회의의 결정에, 그리고 지역 투쟁 분과의 일원일 경우 위원회의 지시와 또한 위원회의 지역 대표의 지시에 무조건적으로 복종함을 서약해야만 한다.
d) 투쟁조직의 어떠한 분과라도 조직원의 입당은 해당 분과의 전 조직원이 동의한 경우에만 허용한다. 이 외에도 새 조직원이 지역 투쟁 분과에 가입할 경우 해당 지역을 관리하는 운영위원회 요원으로부터의 인가가 필요하다.

(9) 운영위원회 요원은 위원회의 절대적인 지시에 헌신하며, 위원회의 모든 명령에 복종하고 오직 자문 위원으로서의 권리만을 행사한다.

(10) 투쟁조직의 활동은 전당대회에서 전술적 목적으로 중단할 필요가 있다고 결정할 때에만 중단될 수 있다.

②

지역 투쟁 분과는 당의 활동 영역으로 확장된 모든 지역에서 운영위원회의 인가를 거쳐 형성된다. 지역 투쟁 분과의 형성에 따라 운영위원회는 각 지역에 지역 대표, 즉 운영위원회 위원 혹은 요원을 임명하고, 모든 지역 투쟁 분과는 이 대표의 지시에 복종한다.

(1) 지역 투쟁 분과는 완전한 자치권을 가지나, 해당 지역의 한

계 내에서만 활동한다. 지역 분과는 운영위원회에 대하여 자신의 활동에 책임을 지고 계획된 모든 사실에 관하여 운영회에 미리 보고해야 한다.

(2) 운영위원회의 지시 혹은 승인에 따른 계획 집행의 경비는 투쟁조직 중앙 예산에 청구한다.

(3) 지역 분과 조직원은 운영위원회가 요구할 시 위원회의 지시에 완전히 복종하여 모든 종류의 투쟁 계획에 전적으로 참여할 의무를 진다.

(4) 해당 지역의 모든 투쟁 분과는 투쟁조직 지역 대표의 직접적인 지휘하에 놓인다.

이 의안은 이대로 의안으로만 남았다. 생명을 얻지 못하고 실천에 옮겨지지 않았다. '운영위원회'는 한 번도, 의안 작성 전에도 후에도 존재하지 않았고, 지역 투쟁 분과는 당시 아직 없었으며, 끝으로 테러 조직의 인력은 수적으로 너무 보잘것없어서 운영위원회를 결성하는 데만도 모자랐을 것이다. 그러나 이 의안은 우리의 규정과 똑같은 중요한 특색을 지녔는데, 즉 이 의안 혹은 규정에 따르면 테러 조직은 중앙위원회로부터 뚜렷이 분리되었고 완전한 내부적 독립을 누렸다는 것이다. 투쟁조직을 해산할 권한은 중앙위원회가 아니라 전당대회, 즉 당의 더 상급 체제에 귀속되었다.

1904년 8월에 채택된 우리의 규정은 다음과 같았다.

1. 투쟁조직은 테러 행위를 통해 전제정치와 투쟁하는 것을 그 과업으로 삼는다.

2. 투쟁조직은 완전한 기술적·조직적 독립권을 누리며, 독립된 고

유의 자금을 보유하고 중앙위원회의 중재를 통해 당에 연결된다.

3. 투쟁조직은 다음과 같은 사안에 관련하여 중앙위원회의 전반적인 지시에 순응할 의무를 지닌다.

    a) 투쟁조직의 활동 대상이 되는 인물들의 범위

    b) 정치적 판단으로 인해 테러적 투쟁을 전면 혹은 일시 중단할 때

    비고) 정치적 판단으로 인해 테러적 투쟁을 전면 혹은 일시 중단하라는 중앙위원회의 공고가 있을 경우, 투쟁조직은 중앙위원회의 상기한 공고 이전에 조직이 착수한 계획을 끝까지 완료할 권리를 보유하며, 이러한 투쟁조직의 권리는 전당대회의 특별 결의에 의해서만 소멸될 수 있다.

4. 중앙위원회와 투쟁조직 간의 모든 교섭은 투쟁조직 위원회가 중앙위원회 구성원 중에서 선정한, 전권을 위임받은 특별 대표를 통한다.

5. 투쟁조직의 상부 기구는 조직원 중에서 보결선거하여 충원한 위원회로 한다.

6. 위원회의 모든 권한은 아래에 열거된 경우를 제외하고 위원장에게 귀속된다. 위원장은 위원회에 의해 위원 중에서 선출되며, 위원회 전원의 만장일치로 교체된다.

7. 투쟁조직 위원회는 다음과 같은 권한을 보유한다.

    a) 위원회와 조직에 새 조직원을 수용하거나 기존 구성원을 제명할 권한(모든 경우 위원회 전원의 만장일치가 있어야 함).

    b) 활동 계획의 작성에 참여할 권한. 이에 대하여 개개 위원 간에 의견 불일치가 있을 경우 결정권은 위원장에게 귀속된다.

c) 투쟁조직의 이름으로 출간되는 문헌의 저술에 참여할 권한.

8. 위원장 선거와 동시에 투쟁조직 위원회는 위원장 대리 선거를 행하며, 위원장 대리는 위원장이 체포될 경우 모든 권한과 대리권을 위임받는다.

9. 투쟁조직 위원회 위원 숫자는 제한되지 않으며, 그중 한 명이 체포될 경우 그의 전권은 사전에 위원회가 지명한 후보자에게 위임된다.

10. 투쟁조직의 조직원은 모든 활동에 있어 투쟁조직 위원회에 종속된다.

11. 투쟁조직 위원회 위원 전원, 혹은 한 명(사전에 위원회에서 지명한 후보) 외에 전원이 체포될 경우, 투쟁조직의 상설 위원회를 선출 및 구성할 권한은 조직의 재외국 대표에게 위임되며, 후자의 경우 재외국 대표와 투쟁조직 위원회의 위원 후보에게 위임된다.

12. 본 규정은 투쟁조직 위원회 전원의 만장일치와 조직의 재외 대표의 동의가 있을 시에만 변경될 수 있다.

투쟁조직 위원회 위원장으로는 아제프가, 대리로는 내가 선출되었고, 위원회에는 나와 아제프 외에도 슈베이체르가 위원으로 참여했다.

이 규정과 『혁명 러시아』 7호에 게재된 당의 동의서로 인해 중앙위원회와 투쟁조직 사이의 상호관계가 정의되었다. 『혁명 러시아』 7호에는 다음과 같이 실렸다.

당의 결정에 따라 엄격한 비밀주의와 작업 분담의 원칙에 근거하여, 조직 와해와 테러 활동만을 배타적으로 전담하는 특수한 투쟁조직이 당에서 분리·신설된다. 이 투쟁조직은 당 중앙의 중개를 통하여 투쟁 활동의 착수와 중단 시기의 선택, 또한 이러한 활동의 대상이 되는 인물의 범위 선정과 관련한 지령을 받는다. 이외의 모든 경우에 있어 투쟁조직은 광범위한 자율권과 완전한 독립성을 부여받는다. 투쟁조직은 오직 중앙의 중개를 통해서만 당과 연결되며 지역위원회와는 완전히 분리된다. 조직은 전적으로 특화된 조직 체계와 특화된 개별 조직원(과업 자체의 조건으로 인해 물론 그 숫자는 지극히 제한된다), 분리된 예산, 분리된 재원을 보유한다.

투쟁조직을 중앙위원회로부터 전적으로 특화시키는 당의 이러한 결정은 후일 1차 전당대회에서도, 2차 집회에서도 변경되지 않았다.

II

규정의 논의를 마치고 고츠와 체르노프와 함께 『혁명 러시아』의 네 번째 「특보」를 발행한 후 나는 파리로 떠났다. 파리에서는 다이너마이트 작업장이 설립되고 있었다. 슈베이체르가 크림 상인인 그리스 국민 다부조그로라는 이름으로 그레넬 구역 그람 거리의 아파트를 빌렸다. 그는 그 아파트에 도라 브릴리안트, 그리고 아제프의 동생이자 화학자인 블라디미르와 함께 자리를 잡았다. 이 작업장에서 차후의 암살 기도를 위한 다이너마이트가 제조되었고, 또한 이곳에 폭발물 화학과 다이너마이트제 폭탄의 충전법을 가르치는 학교가 있었다. 칼라예프, 둘레보프, 보리샨스키, 모이세옌코와 나는 순서대로 슈베이체르에게서 다이너마이트에 관한 기술을 배웠다. 이 작업장에서 일하면서 슈베이체르는 동시에 새로운 화학과 전기 기술의 발견을 위한 연구도 진행했다. 그는 학문적 고안의 폭넓은 응용만이 테러를 정부와의 투쟁에서 불패의 길로 이끌어주리라 여겼다. 불행히도, 그에게는 이 방면에서 그 어떤 대대적인 성과도 얻을 만한 시간이 남아 있지 않았다.

정치에서 슈베이체르는 온건한 관점을 유지했다. 어느 날 저녁, 그의 작업장에서 수업을 마치고 우리가 함께 거리로 나와 카페에 들렀던 것을 기억한다. 그는 신문을 한 부 청하여 정신없이 읽기 시작했다. 갑자기 그가 말했다.

"그런데 내각은 곧 망하겠군요."

나는 놀라서 그를 돌아보았다.

"어느 내각요?"

"물론 프랑스 내각이죠."

"프랑스……? 그럼 아무래도 상관없지 않습니까?"

이번에는 그가 놀라서 나를 바라보았다.

"상관없다뇨? 급진파가 정권을 잡을 겁니다."

"그래서요?"

"급진파가 정권을 잡을 거라고 하지 않습니까."

나는 여전히 이해하지 못했다. 그래서 말했다.

"무슨 차이가 있습니까, 멜랭이 됐든 콩브가 됐든, 클레망소가 됐든?[1]"

"무슨 차이……? 이해 못 하시겠습니까? 그럼, 전반적으로 의회에 반대하십니까?"

나는, 사실 현재의 의회에서 당의 투쟁에 큰 의미를 두지 않으

---

[1] 펠릭스 쥘 멜랭, 에밀 콩브, 조르주 뱅자맹 클레망소 모두 프랑스 제3공화국 시기의 주요 정치인들이다.

며, 멜랭을 콩브로 혹은 콩브를 클레망소로 교체한다고 노동 대중이 승리하진 않는다고 생각한다고 말했다.

슈베이체르가 물었다.

"그럼, 당신은 무정부주의자입니까?"

"아니요. 방금 말한 대로일 뿐입니다. 저는 의회에 큰 의미를 두지 않습니다."

"당신과 같은 관점으로는 저라면 사회혁명당에 있지 않을 겁니다."

나와 같은 '무정부주의자'로는 칼랴예프, 모이세옌코, 둘레보프, 보리샨스키, 브릴리안트가 있었다. 의회에서의 투쟁은 노동 계급의 상황을 개선하기에 무력하다는 데 우리는 모두 의견이 일치했고, 모두 악시옹 디렉트[2]를 지지했으며, 조레스의 전략만큼이나 발리앙의 전략과도 모두 하나같이 거리가 멀었다.[3] 우리와 슈베이체르 사이에 또 하나, 더 중요한 견해 차이가 있었다. 우리는 테러의 과업을 다르게 보았다. 슈베이체르에게 중앙 테러는 당의 계획적인 투쟁 중 하나의 발현일 뿐이었고, 투쟁조직은 사회혁명당의 한 기구일 뿐이었다. 칼랴예프가 후일 재판정에서 발언하면서 이와 같은 관점을 피력했으나, 사실상 그는 다른 관점을 유지했다. 그는 우리와 마찬가지로, 중앙 테러는 주어진 역사적 순간의 가장 중요한 과업이며, 이 과업 앞에서 다른 모든 당의 목표는 빛을 잃고, 테러의 성공을 위해 다른 모든 계획의 성공을 포기할 수 있고 그렇게 해야 하며, 사회혁명당의 일

---

2 프랑스어로 "직접 행동"이란 뜻으로 무정부주의자, 혁명적 사회주의자들이 주장했던 개념.
3 장 조레스는 점진적 사회주의 전략을 주장한 프랑스 정치인으로 악시옹 디렉트와는 반대되는 입장이었으며, 오귀스트 발리앙은 프랑스 아나키스트로서 악시옹 디렉트의 한 극단을 보여준 인물이다.

부를 구성하는 테러 조직은 그 방향과 목적에서 당과 가깝고, 그와 함께 전당적이며 또한 당의 외부적인 작업을 수행하며, 그 목적에 있어 이런저런 강령이나 당이 아니라 전 러시아 혁명을 위해 일한다고 믿었다. 개인적으로 덧붙이자면, 칼랴예프뿐 아니라 우리 전원이 공개적으로 재판정에서 이러한 견해를 밝힐 권리가 있다고는 생각하지 않았다. 당에 가입하면서 우리는 재판정에서 당의 관점을 굳게 고수할 의무를 받아들였던 것이다. 7월 15일 이후 파리에서 프랑스어로 공표된 중앙위원회의 선언문 「문명세계의 전 시민에게 고함」에 관해 칼랴예프와 나누었던 대화를 기억한다. 이 선언문에는 다음과 같은 성명이 있었다.

우리 투쟁 방식의 불가피한 결단성 때문에 그 누구에게라도 진실이 가려져서는 안 될 것이다. 그 누구보다도 강하게, 우리의 영웅적인 선구자 '인민의 의지'가 언제나 그랬듯, 우리는 자유국가에서 전략적 체제로서의 테러를 소리 높여 비난한다. 그러나 전제정치가 모든 공개적인 정치 투쟁을 불가능하게 하며 오로지 전횡만을 일삼는, 관료제의 모든 단계에 있어서 독재적인 무책임한 권력으로부터 구원받을 길이 없는 러시아에서, 우리는 독재의 폭력에 혁명적 권력의 힘으로 불가피하게 맞설 수밖에 없다.

칼랴예프는 이 성명 때문에 격앙되었다. 그는 말했다.
"내가 프랑스인이나 영국인, 독일인으로 태어났더라면 뭘 하고 있었을지는 모르겠어. 분명한 건 폭탄을 만들지는 않았을 거고, 정치에도 전혀 참여하지 않았을 거야……. 하지만 어째서 다름 아닌 우리가, 사회혁명당, 그러니까 테러 단체가, 이탈리아와 프랑스 테러리스트들에게 돌을 던져야 하는 거야? 왜 다름 아닌 우리가 룬켄[1]과 라바숄[2]을 인정하지 않는 거지? 무얼 위해서 이렇게 성급한 건데? 무엇 때문에 유럽식 생각을 이렇게 두려워하는 거야? 우리가 두려워할 게 아니라 저들이 우리를 존경해야 해. 테러는 힘이야. 그 힘을 경멸한다고 성명하는 건 우리가 할 일이 아니라고……."

나는 이와 같은 그의 말에, 슈베이체르가 내게 했던 말로 대답했다.

"야넥, 넌 무정부주의자구나."

"아냐, 하지만 난 세상의 모든 의회보다도 테러를 더 믿어. 난 카페에 폭탄을 던지진 않지만, 라바숄이 옳다 그르다 판단하는 것도 내 몫은 아냐. 이 선언문을 읽고 동의하는 사람들보다도 라바숄 쪽이 내겐 동지야."

모이세옌코도 칼랴예프와 동의했고, 둘레보프와 보리샨스키는 이보다 더 격하게 의견을 밝혔다. 노동자인 그들은 가장 위험한 적, 즉 부르주아와의 투쟁에 있어 모든 방식을 허용했다. 도라 브릴리안트는 그들의 이러한 의견을 말없이 지지했다. 물론 이런 의견 불일치는 우리들 사이의 관계에는 거의 반영되지 않았다. 대체로 조직 내에는 서로 사랑과 우정으로 대하는 이전의 정신이 계속 이어졌다.

또한 이때 파리에서 차후 활동 계획의 문제에 관해 우리 위원회가 일련의 협의를 진행했다. 조직은 세 건, 즉 페테르부르크에

---

[1] 루이지 루케니(1873-1910). 프랑스 태생의 이탈리아 무정부주의자. 1898년 9월 10일 오스트리아-헝가리제국 왕비 엘리자베스를 암살했다.
[2] 프랑수아 클로디우스 케닉슈테인(1859-1892). 프랑스의 무정부주의자, 혁명가로 어머니 성인 '라바숄'로도 알려졌다.

서는 페테르부르크 총독인 트레포프 장군을, 모스크바에서는 모스크바 총독인 세르게이 알렉산드로비치 대공을, 그리고 키예프에서는 키예프 총독인 클레이겔스 장군을 대상으로 동시에 착수하기로 결정했다. 조직의 실제 인원은 당시 외국에 체재 중이던 조직원에 한정되었다. 마체예프스키는 러시아에 있었으나 그가 투쟁 활동에 즉시 참여할지에 대해서는 알 수 없었다. 마체예프스키는 결국 여기에 참여하지 않았다. 그는 폴란드 사회주의당으로 떠났다. 그와 외국에 남은 아제프를 제외하고, 당시 투쟁조직의 구성원으로 남은 인물은 도라 브릴리안트, 둘레보프, 보리샨스키, 칼랴예프, 슈베이체르, 모이세엔코, 이바노프스카야, 나, 그리고 타티야나 레온티예바였다.

타티야나 알렉산드로브나 레온티예바는 제네바에 거주하면서 보리샨스키를 통해 투쟁조직에 참여 의사를 밝혔다. 나도 칼랴예프도 그녀에게서 도라 브릴리안트를 처음 만났을 때와 비슷한 인상을 받았다. 첫마디부터 혁명을 위한 무한한 충성심과 그것을 위해 희생할 각오가 느껴졌다. 그녀는 특히 칼랴예프의 마음에 들었고, 나는 칼랴예프의 감각을 믿었으므로 망설이지 않고 그녀를 조직의 일원으로 받아들이자는 의견을 밝혔다. 레온티예바는 테러를 위해 목숨을 바치겠다는 그 각오 외에도 다른 면에서 유용할 수 있었다. 야쿠츠크 부시장의 딸이며 어머니 집안이 귀족이고 또한 모계를 통해 페테르부르크의 부유한 고관들과 친척 관계에 있는 그녀는 궁에 추천받아 들어가, 운이 좋을 경우 궁중 여관女官으로 임명받을 희망을 가질 수 있었다. 그녀는 아직 합법적인 신분을 잃지 않았고, 그 어떤 혁명적 과업에도 연루된 적이 없었으며 경찰의 눈에 위험해 보일 수도 없었다. 그녀는 믿을 만한 출처를 통해 장관들과 대공들에 관한 꼭 필요한 정보를 줄 가능성이 있었다. 그 때문에, 당분간 그녀의 역할을 페테르부르크의 인맥을 공고히 하고 그러한 정보를 우리에게 전달하는 데 한정하기로 했다.

페테르부르크에는 슈베이체르가 가서 트레포프 암살의 선두에 서기로 결정했다. 조직의 기존 조직원들 중 둘레보프와 이바노브스카야가 이 암살에 함께 참여하기로 했고, 새 조직원으로는 레온티예바와 일련의 동지들이 참여했는데, 그 동지들 중 일부는 당시 위원회 협의 중에 선정되었고 일부는 러시아에서 슈베이체르가 위원회에서 위임받은 권한으로 선출했다. 투쟁조직 페테르부르크 분과는 후일 이외에도 조직원으로 바소프, 실레로프, 포드비츠키, 트로피모프, 자고로드니, 마르코프, 바리코프, 벨로스토크 출신의 사샤 벨로스토츠키라는 이름으로 알려진 어떤 노동자를 받아들였다. 슈베이체르의 임무는 그 자체로도 대단히 어려웠던 데다 그의 분과 조직원들이 서로 잘 알지 못하고 대다수가 전혀 투쟁 경험이 없다는 사실 때문에 더욱 복잡해졌다. 게다가 사샤 벨로스토츠키는 투쟁조직에 부적합한 인물로 밝혀졌다.

투쟁조직 키예프 분과는 아제프의 주장에 의해 보리샨스키에게 맡겨졌다. 그도 또한 새 조직원을 선출할 권한을 부여받았는데, 그 인원은 고작 두 명이었고 또한 전적으로 그가 개인적으로 잘 아는 벨로스토크 출신의 노동자들로, 그 당시 이미 형성되었던 벨로스토크 무장 노동자 혁명당 일원들이었다. 보리샨스키는 카자크 부부를 선출했다.

끝으로 내게 세르게이 알렉산드로비치 대공 암살이 맡겨졌다. 나와 함께 모스크바로 도라 브릴리안트, 칼랴예프, 그리고 모이세옌코가 가기로 되어 있었다. 나 또한 내 분과를 충원할 권한이 있었으나 고작 한 명뿐이었고, 아제프가 내게 지명한 인물이었다. 아제프는 내게 오래된 '인민의 의지'파인 노동자 X를 추천했고, 그의 말에 따르면 신원 확인도 바쿠[1]에서 할 수 있다고 했다.

세 분과에서 모두 똑같은 계획이 채택되었다—플레베 건에 채택되었던 그 계획이었다. 외부에서 트레포프, 세르게이 대공, 클레이겔스 감시를 진행하여 이후 길에서 살해하기로 한 것이다. 감시 목적을 위해 조직원들은 이전처럼 마부와 거리의 상인으로 일해야 했다. 특히 모스크바에서 마부로 모이세옌코와 칼랴예프가 일하기로 했다.

플레베 건의 성공으로 우리는 새로 착수한 암살 기도의 성공도 의심하지 않았다. 우리는 페테르부르크 분과가 무경험자들로 구성되리라는 사실도, 보리샨스키의 분과에 인원이 너무 적다는 사실도 숙고하지 않았다. 우리는 방해 공작만 없다면 과업을 성공으로 끝맺으리라고 굳게 확신했다.

협의를 마치고 칼랴예프와 모이세옌코는 브뤼셀로 떠났고, 나는 여권과 다이너마이트를 기다리며 파리에 남았다. 나와 슈베이체르가 받은 여권은 영국 여권이었다. 내 것은 제임스 핼리라는 이름이었고, 슈베이체르는 아서 맥쿨런이라는 이름이었다. 나중에 슈베이체르가 죽은 뒤 런던에서 맥쿨런, 그리고 그와 우리 사이의 중개인인 브레즈퍼드가 러시아 혁명가들에게 불법적으로 여권을 양도한 혐의로 재판을 받았다. 두 영국인 모두 각각 백 파운드의 벌금형을 선고받았고, 그 벌금은 투쟁조직에서 납입했다. 당시 투쟁조직은 상당한 자금을 보유하고 있었다. 플레베 살해 후 기부금이 몇만 루블에 달했다. 그 돈의 일부를 당은

---

[1] 현재 아제르바이잔의 수도이자 당시 러시아제국에 속했던 지역.

당 전반의 업무에 사용했다.

11월 초에 투쟁조직의 조직원들은 러시아로 떠났다. 다이너마이트는 이미 준비되었고, 우리는 그것을 외투 밑에 숨긴 채 국경 너머로 들여왔다. 며칠 뒤에 칼랴예프, 모이세옌코, 도라 브릴리안트와 나는 모스크바에서 만났다. 보리샨스키와 슈베이체르는 바르샤바에서 다이너마이트를 서로 나눠 가졌다.

III

세르게이 대공 건에 착수하면서, 우리는 플레베 암살 경험을 이용했다. 모스크바 위원회는 총독에 관한 몇 가지 귀중한 정보를 보유하고 있을 것이었다. 우리는 그 정보를 거절하는 쪽을 택했다. 위원회의 작업과 어떤 식으로든 관계 맺게 되는 것을 원치 않기 때문이다. 위원회 작업의 비밀 엄수와 혁명 투쟁 경험의 수준을 우리는 알지 못했고, 그들과 교류함으로써 자칫 경찰로 하여금 우리 암살 계획의 증거에 눈을 돌리게 할지도 모른다고 우려했다. 그리하여 모스크바 위원회는 오랫동안 투쟁조직의 조직원들이 모스크바에 와서 활동하고 있다는 사실조차 알지 못했다. 한편 우리는 스스로의 힘에 의지하여 독립적으로 감시를 시작했다.

무엇보다도 우선 총독이 어디에 사는지 알아내는 것이 급선무였다. 모스크바 토박이라면 누구나 아는 사항이었지만, 우리 중 모스크바 출신은 아무도 없었다. 우리는 대공의 궁궐들, 즉 트베르스카야 거리의 총독 관저와 니콜라옙스키 혹은 네스쿠치니 궁 중에서 어느 곳을 감시의 출발점으로 삼아야 할지 망설였다. 주소 열람표에서는 색인을 찾아낼 수 없었고, 모스크바 위원회 위원이 아니고서는 물어볼 사람도 없었다.

모이세옌코가 이 문제를 해결했다. 그는 이반 대제 성당의 종탑에 올라가서 동행한 종지기에게 모스크바의 명소에 관해 묻기 시작했다. 대화 중에 그는 총독의 궁궐을 알려달라고 부탁했다. 종지기는 트베르스카야 광장을 가리키며 대공은 바로 저기에 산다고 알려주었다.

이렇게 해서 우리는 필요한 주소를 알아냈다. 이제 대공의 외출 일정을 예측하는 일이 당면 과제였다. 모이세옌코와 칼랴예프가 말과 썰매를 사고 마부로 등록했다. 나는 칼랴예프가 임무를 잘 처리할 것이라 믿어 의심치 않았다. 거리의 행상으로서의 경험은 마차 대기장에서도 반드시 도움이 될 것이었다. 그러나 모이세옌코는 경험이 없었다. 게다가 그는 부유한 가정 출신으로, 육체노동이나 힘든 생활 여건에 익숙하지 않았다. 그럼에도 불구하고 그는 자기 상황에 매우 빨리 적응했다.

모이세옌코와 칼랴예프는 동시에 썰매를 샀고 말을 구입할 때도 같은 액수를 지급했으나, 겉모습부터 둘은 현저하게 구분되었다.

모이세옌코는 너무 타고 다녀 비루먹은 늙은 말을 몰았는데, 이 말은 트베르스코이 초소 앞에서 쓰러지는 것으로 생을 마감했다. 썰매도 그의 것은 하도 타고 다녀서 낡고 더러웠으며 좌석은 찢어지고 닳아빠졌다. 그 자신도 모스크바의 가난뱅이 마차꾼 같은 모습이었다. 칼랴예프는 잘 먹인 건강한 말을 몰았고, 썰매 좌석은 모피로 덮여 있었다. 그는 붉은 비단 허리띠를 둘렀고, 그 모습에서 자기 소유의 마차로 영업하는 자영 마부라는 것을 어렵지 않게 짐작할 수 있었다. 그러나 대기장에서 그들의 역할은 바뀌었다. 모이세옌코는 굳이 가면을 쓰는 수고를 거의 하지 않았다. 다른 마부들이 그의 신상에 관해 캐물으면 무시하고 대답하지 않았다. 일요일이면 하루 종일 집을 비우고 외출했다. 잡일이나 말을 보살피는 데는 부랑자를 고용했다. 마차 대기장 수위와는 독립적인 관계를 유지하고, 자신이 돈이 있다는 것을 알게끔 했다. 이런 행동 방식 때문에 그는 마부들의 존경을 얻었다. 칼랴예프는 완전히 다른 태도를 유지했다. 그는 수줍음을 타고 내성적이었으며, 페테르부르크의 어느 선술집에서 급사로 일했던 자신의 과거 생활에 관해 길게, 가능한 한 모든 세부 사항을 전부 이야기했고, 대단히 신심이 깊고 근검절약했으며, 항시 손해를 본다고 불평하고, 정확하고 조리 있는 대답을 할 수 없을 때는 바보인 척했다. 대기장 사람들은 약간 경멸을 섞어 그를 대했고 훨씬 후에, 그의 각별한 근면성을 확인한 후에야 그를 존경하기 시작했다. 그는 직접 자기 말을 돌보았고, 직접 썰매를 세차하고, 가장 먼저 일을 나가서 대기장에 마지막으로 돌아왔다. 여하간 칼랴예프와 모이세옌코는 서로 다른 경로를 통해 같은 지점에 도달했다. 그들의 동료 마부들은 이 두 사람이 촌부가 아니라 전직 학생들이며 투쟁조직의 조직원이고 세르게이 대공을 감시하고 있다고는 물론 꿈에도 의심할 수 없었다.

 작업에서 두 사람은 서로 막상막하였다. 칼랴예프는 플레베 암살 전에 했던 대로 전체 계획에 따라 예정된 시간 동안 지정된 거리에서 망을 보면서 감시를 중단하지 않았다. 하루의 남은 시간 전부 그는 자신만의 판단에 따라 감시를 계속했다. 그리고 그는 대공을 가장 예상하지 못했던 시각에 예상치 못한 거리에서 몇 번이나 보는 데 성공했다. 모이세옌코도 자기 계획이 있었다. 칼랴예프와는 별도로 그는 자기 계획을 수행했다. 그러나 그가 거리를 배회하는 일은 거의 없었다. 순전히 논리적인 과정을 거쳐 그는 대공이 필연적으로 예정된 시각에 외출하리라는 결론

에 도달하여 정확히 그 시각에 트베르스카야 거리에 있으려고
애썼다. 이런 방식으로 그의 감시 작업은 칼랴예프의 작업을 보
완했고, 또 그 반대의 경우도 마찬가지였다.

나와 체계적으로 회견하는 일, 즉 마부들이 영국인 나리와 만
난다는 어려운 문제도 그들은 서로 다른 방식으로 해결했다. 칼
랴예프는 썰매에 탄 채로 만나는 것을 선호했지만 마부석에서
는 감시에 대해 의논하기가 불편했고, 심한 추위 때문에 오래 회
견하기도 어려웠다. 단지 가끔, 그것도 동료 마부들 사이에 뒷소
문이 돌까 봐 일요일에 술집에 가는 핑계를 미리 생각해 둔 후
에야 칼랴예프는 일요일에 수하레프 성탑 근처의 바카스토프 선
술집으로 나를 만나러 왔다. 이런 회견은 우리에겐 축일이었다.
우리는 함께 두세 시간을 보내며 작업의 모든 세부 사항을 논의
하고 미래에 대해 생각할 수 있었다. 칼랴예프는 자기 일에 관해
많이 이야기했고 여러 번이나 자신은 행복하며 어서 암살을 시
도하기를 기다린다고 되풀이해 말했다. 모이세옌코가 거리에서
나와 만나는 일은 거의 없었다. 굳이 자기 사정을 대기장에 설명
할 필요를 느끼지 않았고, 외출복 반외투를 걸치고 저녁에 나와
회견하기 위해 선술집이나 승마 연습장, 서커스 공연장으로 왔
다. 그는 냉정하고 침착하게 대공에 대해 이야기했으나, 그런 외
견상의 평온함 너머에서 칼랴예프와 마찬가지로 임무에 대한 열
정이 엿보였다. 암살에 관해 그는 절제된 태도로 말했고 언제나
암살의 직접적인 참여자는 자기 혼자가 될 것이라고 예상했다.
모이세옌코와도, 그리고 칼랴예프와도 나는 세세하게 우리의 전
체적인 작업을 한 걸음마다 논의했다.

칼랴예프는 자기 생활에 관해 이렇게 말했다.

"포돌스크 출신 소러시아인[1] 오시프 코발이라는 이름으로 내

가 직접 내 여권을 만들었어. 내 폴란드어 억양을 설명하려고 소러시아인으로 했지. 그리고 역시나 이런 불운이 닥친 거야. 저녁에 대기장 수위가 묻더라고. 자네 어느 지방에서 왔나? 내가 그랬지, 저기 멀리 포돌스크에서 왔다고. 문지기 말이, 그래, 동향 사람이네……. 나도 포돌스크 사람이거든, 이래. 그래, 어느 군 출신인가? 우쉬츠요, 내가 그랬지. 수위가 기뻐하더군. 이런 일이 있나, 나도 우쉬츠 출신이야, 라면서. 그리고 나한테 어느 읍이냐, 어느 부락이냐, 골로다예프 시장이라고 들어봤냐, 네엘로브카 마을 혹시 아냐, 이것저것 묻기 시작했지. 그래, 너도 내가 어떤지 알잖아. 미리, 여권 만들기 전에 루먄체프 도서관에 들러서 우쉬츠 군에 대해서 읽어뒀다고. 내가 웃으면서 그랬지, 모를 리가 있나요, 가봤죠, 그런데 아저씨는 우쉬츠 시내도 가봤어요? 시내에 대사원 있는데, 봤어요? 내가 그랬지. 알고 보니 내가 수위보다 고향을 더 잘 알더라고."

모이세옌코는 다르게 말했다.

"대기장에서 어떤 부랑자가 다가오더군요. 너 어디 지방 출신이냐? 그를 쳐다보면서, 나 포르트 아르투르[2] 출신이다, 했죠. 부랑자가 눈이 커져요. 포르트 아르투르라고? 그래? 하지만 난 그 부랑자 쪽은 안 보고 말에 멍에를 씌웠죠. 부랑자는 서서 뒤통수를 긁적거리더니, 그런데 넌 왜 머리를 밀었어? 하더라고요. 난 머리를, 여기 봐요, 마부들 상태하고는 달리 짧게 깎았잖아요. 밀었다고? 내가 그랬죠. 군대에 있었는데, 장티푸스로 병원에 누워

---

1 현재의 우크라이나인을 경멸하여 이르는 말.
2 1901년부터 러시아 정부는 포르트 아르투르에 대규모 해군기지 건설을 시작했다. 그리고 1904-1905년 러일전쟁 당시 이곳은 핵심 요지가 되었다. 모이세옌코는 부랑인에게 자신이 전쟁영웅이라 은근히 암시한 것이다.

있었지, 그러니 지금은 바보랑 얘기하고 있는 거요……. 다시 보니까, 뒤통수를 긁적이다가 이래요. 그래, 이제 알겠다, 너 새처럼 여기저기 다녔구나, 군대에서 근무도 하고, 포르트 아르투르에도 가보고, 장티푸스로 병원에도 있어보고……. 그때부터 날 보면 모자 벗고 인사해요."

조직원의 숫자가 적음에도 불구하고, 감시 작업은 우리의 이전 경험 덕분에 매우 성공적으로 진행되었다. 곧 대공의 마차가 정확하게 확인되었다. 칼랴예프가 언젠가 플레베의 마차에 대해 그랬듯 자세하게 묘사했다. 대공 마차가 다른 것들과 구분되는 특징은 흰 고삐와 아세틸렌 등의 희고 강렬한 불빛이었다. 그런 불빛은 모스크바에서 다른 누구도 갖지 못했다. 오직 대공과 그의 아내인 대공비 엘리자베타만이 그런 조명을 단 마차를 타고 다녔다. 이 때문에 우리 과업은 조금 복잡해졌다—실수해서 대공비의 마차를 대공의 마차로 잘못 알 수도 있기 때문이었다. 그러나 칼랴예프와 모이세옌코는 대공의 마부들을 관찰하여 마부를 보고 정확히 누가 마차에 타고 있는지 실수 없이 판정할 수 있게 되었다.

그러나 마차의 확인만으로는 불충분했다. 대공이 언제 어디로 외출하는지 확인하는 것이 필수적이었다. 곧 우리는 대공이 총독 관저에 거주하면서 자주, 일주일에 두세 번씩 같은 시각에 크렘린 궁에 간다는 사실을 밝혀내는 데 성공했다. 그렇게 해서, 한 달 뒤인 12월 초에 이미 감시 작업의 대체적인 윤곽은 완성되었다. 나는 니즈니 노브고로드에서 다이너마이트를 보관 중이던 도라 브릴리안트에게 이 사실을 알렸다.

같은 시기인 12월 초에 나는 아제프가 추천한 '인민의 의지' 조직원 X의 신원을 확인하기 위해 바쿠로 떠났다. 바쿠에서 나는 지역위원회 위원을 찾았고, 그중에서 마리아 알렉세예브나 프로코피예바를 만났는데, 그녀는 사조노프의 약혼녀였으며 후에 1907년 니키텐코와 시냐프스키와 함께 황제 암살 음모로 재판을 받았다. 그녀와 레베제바를 통해, 내가 찾는 X는 바쿠에 없으며 설령 있다 해도 테러 계획에 참여할 생각은 없어 보인다는 사실을 알게 되었다. 이와 함께 레베제바는 전직 페테르부르크 사범대학 학생이자 당시 바쿠 위원회의 일원이던 표트르 알렉산드로비치 쿨리코프스키를 내게 소개했다. 그녀는 쿨리코프스키가 오래전부터 투쟁조직에 천거해 달라고 부탁해 왔으며, 그녀뿐 아니라 다른 바쿠 동지들도 그를 개인적으로 잘 안다고 내게 알려주었다. 그곳 바쿠에서 나는 그를 만났다.

쿨리코프스키는 키가 보통 이상으로 크고 안경을 썼으며 퉁방울 눈은 크고 선했다. 나와의 첫 만남에서 바로 그는 테러 일을 하고 싶다고 말했다. 그의 의지가 얼마나 강한지 확인하기 위해 나는 그를 반대로 설득하기 시작했다. 나는 언젠가 디딘스키에게 말했던 것과 같은 이야기를 그에게도 해주었다. 즉 테러에는 평화로운 일에 종사하는 것이 정신적으로 불가능한 사람들만 참여해야 하며 그런 결정은 결코 서둘러서는 안 된다는 말이었다. 쿨리코프스키는 확고하게 자기 의견을 지켰다. 그는 내 눈에 확신에 차고 사심이 없는 인물로 보였다. 몇 번의 회견 끝에 나는 그가 즉시 모스크바로 떠나도록 약정했다.

바쿠에서 돌아온 나는 모이세옌코와 칼랴예프를 통해 다음과 같은 사실을 알게 되었다. 12월 5일과 6일 모스크바에서 유명한 학생 시위가 일어났다. 모스크바 위원회는 이에 관하여 성명서를 발표했는데, 거기에는 대공을 노골적으로 위협하는 내용이 들어 있었다. 앞에서 언급한 대로 위원회는 모스크바에 있는 우리의 존재에 대해 추호도 몰랐고, 또한 그렇게 대공을 위협하면서 자기들이 직접 솔선해서 살해하겠다고 나섰다. 우리는 성명서의 그런 내용에 대해 모르고 있었다.

다음이 그 성명서이다.

> 사회혁명당 모스크바 위원회는 12월 5일, 6일 양일간 예정된 정치적 시위가 페테르부르크에서의 행사 당시와 마찬가지로 권력과 경찰의 야만적인 제재를 수반할 시 그 야만적 행위의 모든 책임은 총독 세르게이와 경찰서장 트레포프에게 귀속됨을 경고할 필요가 있다고 판단한다. 위원회는 이들을 처벌하기를 주저하지 않을 것이다.

이 선언문이 공개된 지 얼마 지나지 않아 대공은 돌연히, 그리고 어디로 갔는지 모르게 총독 관저에서 나가버렸다. 우리는 그의 새 거주지를 찾아내야 하는 과제에 당면했다. 우리는 니콜라옙스키와 네스쿠치니 궁, 그리고 심지어 오래된 바스만니 궁까지 감시하기 시작했다. 칼랴예프가 칼루가 문 근처에서 대공의 마차를 알아보는 데 성공했다. 우리는 이로써 대공이 네스쿠치니 궁에서 지내고 있다는 결론을 내렸고, 틀리지 않았다.

나는 지금까지도 세르게이 대공의 갑작스러운 이전이 무엇 때문이었는지 확신하지 못한다. 단순한 우연이었을 수도 있고, 우리 조직에 관한 정보를 들었을 수도 있으며, 혹은 모스크바 위원회의 성명 때문이었는지도 모른다. 개인적으로는 마지막 의견에 끌린다. 대공은 사회혁명당의 위협에 대응하지 않을 수 없었을 것이고, 네스쿠치니 궁이 트베르스카야 거리의 관저보다 안전하다고 느꼈을 것이다. 그러나 그에게 닥친 위험이 줄어든 것은 아니었다. 우리의 감시 영역은 더 넓어졌다. 즉 트베르스카야 광장에서 크렘린 궁까지의 짧은 거리 대신 대공은 네스쿠치니 궁에서 칼루가 정문까지, 그리고 그 뒤에는 피아트니츠카야, 볼샤야 야키만카, 폴랸카 혹은 오르딘카 거리를 거쳐 모스크바 강까지 몇 킬로미터의 여정을 거쳐야만 하게 되었기 때문이다. 이 긴 통행 경로는 하루 종일 아무런 의심도 사지 않으면서 감시할 수 있었다. 곧 모이세옌코와 칼랴예프는 대공이 여전히 크렘린에 다닌다는 사실을 밝혀냈지만 그는 예전처럼 정해진 시간에 움직이진 않았고, 이유와 시간은 달랐지만 거의 항상 같은 길, 즉 볼샤야 폴랸카 거리로 다닌다는 사실을 확인했다.

이 와중에 외국에서 가져온 돈이 떨어져 가고 있었다. 변호사 즈다노프가 몇 번 우리에게 도움을 주었는데, 그는 예전의 볼로그다 유형 때부터 나와 잘 아는 사이였고 후일 1907년에 사회민주당 사건으로 4년간 강제 노동형을 선고받은 칼랴예프를 변호했다. 나는 파리의 아제프에게 즉시 돈을 보내달라고 부탁하는 편지를 썼다. 그러나 돈은 오지 않았다. 모스크바 위원회에 부탁하는 것은 어떤 경우에도 절대로 원치 않았다. 생각 끝에 나는 다음과 같이 결정했다.

나는 즈다노프가 변호사 말리안토비치와 친구 사이라는 것을 알고 있었으나, 말리안토비치를 개인적으로는 알지 못했다. 나는 그가 직무상 접대하는 시간대에 그의 아파트로 찾아가 지주 크셰신스키가 업무가 있어 찾아왔다고 전해달라고 부탁했다. 다른 고객들과 함께 응접실에서 두 시간쯤 기다린 후 나는 마침내 사무실로 안내되었다. 사무실에서 말리안토비치에게, 나는 즈다노프와 잘 아는 사이이며 그도 즈다노프와 잘 아는 사이임을 알고 있다고, 돈이 필요하므로 즈다노프의 보증하에 나에게 200루블을 일주일간 대출해 줄 것을 부탁한다고 설명했다.

말리안토비치는 놀란 채 내 말을 들었다.

"하지만 즈다노프는 모스크바에 없지 않습니까." 그가 말했다.

나는 그에게, 즈다노프가 모스크바에 있었으면 그를 찾아갔을 것이며 개인적으로 전혀 모르는 사람에게 도움을 청하지는 않았을 것이라고 대답했다. 말리안토비치는 들으면서 점점 더 놀라워했다.

"성함이 크셰신스키 되십니까?" 그가 물었다.

나는 말했다.

"제 이름이 뭔지는 아무래도 상관없습니다."

말리안토비치는 주의 깊게 나를 들여다보았다. 그리고 말했다.

"좋습니다. 지금은 돈이 없지만 이틀 후에 들르십시오."

이틀 후에 나는 정말로 그에게서 200루블을 받았다. 훨씬 후에 세바스토폴에서 나를 변호하면서 말리안토비치는 이 일을 회상했다. 그는 내게 돈을 줄지 말지 오랫동안 망설였다고 말했다. 그는 내가 혁명가라는 것을 추측하지 못했고, 전혀 모르는 사람에게 내가 왜 그런 방식으로 접근했는지를 이해하지 못했다고 회상했다.

12월 말, 모스크바에 토목기사이자 투쟁조직 일을 자주 도와준 우스펜스키가 돈을 가지고 도착했다. 아제프에게서도 수표를 받았다. 나는 말리안토비치에게 진 빚을 갚았다. 같은 때에 중앙위원회 위원인 튜체프도 모스크바에 왔다. 그와 상의한 끝에, 나는 오해를 피하기 위해 앞서 언급했던 선언문 문제를 두고 모스크바 위원회와 입장을 정리해야겠다고 결심했다. 나는 매우 조심스럽게, 모스크바 위원회 구성원 중 한 명이자 후일 한때 투쟁조직에서 일한 블라디미르 미하일로비치 젠지노프와 만났다. 나는 젠지노프에게 모스크바 위원회가 대공 암살을 준비하고 있는지 물었다.

"예, 준비합니다." 젠지노프가 대답했다.

"위원회가 그의 생활 방식에 대해 어떤 정보라도 가지고 있습니까? 그리고 감시 작업을 진행 중입니까?"

젠지노프는 위원회의 모든 준비 작업에 대해 이야기해 주었다. 위원회는 물론 대공을 살해할 능력이 없었고, 오히려 우리에게 방해만 될 수 있는 상황이었다. 나는 젠지노프에게 이 점을 이야기한 뒤 모든 감시 작업을 중단해 달라고 투쟁조직의 이름으로 부탁했다. 하루가 지난 뒤 젠지노프는 체포되었고, 나는 테러 기획의 성공을 위해 단독 작업이 얼마나 중요한지 한 번 더 확인할 기회를 가졌다. 젠지노프는 물론 나와 회견하던 날에도 미행당하고 있었다. 밀정들의 감시망이 좀 더 폭넓었다면 나 역시 미행당할 수 있었으며, 그렇게 되면 나를 통해 몇 명 되지 않는 우리 분이 전체가 미행당할 수도 있었다.

대체로 이때쯤 모스크바에 쿨리코프스키가 도착했다. 디딘스키와의 슬픈 경험을 떠올리고 나는 다시 한번 결정을 번복하라고 그를 종용하기 시작했다. 그러나 쿨리코프스키는 바쿠에서 했듯이 고집스럽게 반박했다. 그는 이번에도 사심 없이 테러를 위해 헌신하려는 사람으로 보였다. 나는 지금까지도 내가 그때 실수하지 않았다고 생각한다.

쿨리코프스키가 행상인 자격으로 감시하기로 결정되었다. 그는 감시를 제대로 해내지 못했다. 무경험과 근시안이 그를 방해했다. 그는 행상인도 되지 못했고, 궤짝과 팔 물건도 없이 반외투와 테 없는 모자 차림으로 칼루가 정문 앞에서 대공의 외출을 감시했다. 그는 몇 번 대공의 마차를 보았고, 이 정도면 암살 작전에 참여하기 위한 최소한의 요건은 충족된 셈이었다.

도라 브릴리안트는 때로 모스크바에서 지내고 때로는 비밀 조직 때문에 니즈니 노브고로드에서 지냈는데, 자신의 비활동 상태에 괴로워했다. 실제로 그녀의 역할은 순전히 수동적이었다. 그녀는 더욱더 자기 안으로 잠겨들어 자신의 작업이 필요해지는 순간만을 집중하여 기다리고 있었다.

IV

1월 10일 모스크바에 페테르부르크 사건에 관한 첫 소식이 전해졌다. 대공은 네스쿠치니 궁에서 니콜라옙스키 궁으로 옮겼다. 그의 이전은 우리의 작업을 방해했다. 네스쿠치니 궁에 대한 감시는 이미 충분히 정리된 성과를 거둔 상태였고, 대공이 주로 수요일과 금요일에 크렘린으로 가며 적어도 일주일에 두 번 이상은 오후 2시에서 5시 사이에 외출한다는 사실을 알아낸 참이었다.

우리는 이미 암살에 돌입할 준비를 하고 있었다. 이제 처음부터 감시를 다시 시작해야 했고, 더 나쁜 것은 다름 아닌 크렘린에서 감시 작업을 해야 한다는 사실이었다. 우리는 대공이 언제 어디로, 즉 크렘린 궁의 어느 성문을 통해 다니는지 알 수 없었다. 우리는 수가 많지 않았고, 그러므로 크렘린 궁의 성벽 밖을 따라 감시하는 일은 할 수 없었다. 원하든 원치 않든 성벽 안, 대공의 비밀경찰 눈앞에서 미행해야 했다. 모이세옌코가 평소와 같이 특유의 대담성을 발휘하여 첫날부터 황제 대포[1] 바로 앞에 마차를 세웠는데, 그곳은 마부들이 거의 절대로 마차를 세우지

---

1 1586년에 제작된 대형 청동 대포. 크렘린 궁에 전시되어 있다.

않는 곳이었다. 황제 대포 앞에서 니콜라옙스키 궁이 보였고, 그러므로 대공의 마차가 눈에 띄지 않고 지나갈 수 없었다. 순경과 밀정 들은 마부에게 주의를 돌리지 않았고, 그때부터 우리는 거의 궁문 바로 앞에서 감시하기 시작했다.

얼마 안 있어 대공이 자주 니콜스키 성문으로 다닌다는 사실이 감시 끝에 확인되었다. 이런 외출은 여러 다른 요일에 일어났지만, 시각은 이전과 같았다. 즉 2시보다 이르지 않고 5시보다 늦지 않았다. 우리는 이베르스카야 거리에서 감시하기 시작했으며, 대공이 어디로 향하는지도 아주 빨리 확인했다. 그는 트베르스카야의 총독 관저 집무실에 다녔던 것이다. 칼랴예프가 어느 날 그가 돌아오는 것을 보는 데 성공했다. 대공은 광장으로 난 본관이 아니라 체르니셰프스키 골목 쪽 통로로 들어왔다. 이런 정확한 제보에도 불구하고, 우리 생각에 암살을 기도하기에는 아직 정보가 불충분했다. 며칠 동안 계속 대공을 기다리며 매복해 있는 것도 불가능했고, 매일 폭탄을 손에 들고 2시부터 3시경에 트베르스카야 거리와 크렘린 궁에서 그를 기다리는 것도 불가능했다. 게다가 그는 더 이상 정기적으로 외출하지 않았고, 우리에게는 한 가지 희망만 남았다—신문을 보고 그가 몇 시에 어디로 가는지 알아내는 것이었다. 대공은 드물지 않게 공식 행사, 즉 극장 공연이나 특별 예배, 병원이나 자선 복지기관 개원식 등에 참석했다. 그러나 신문이 항상 정확한 정보를 주지는 않았다. 믿을 수 있으며 사전에 확인할 수 있는 정보를 제공하는 출처를 어떻게 찾아낼지 궁리해야 했다.

우리가 암살 기도의 세부 사항을 숙고하는 동안 모스크바에 돌연히 기계 및 공예 기술자인 표트르 모이세예비치 루텐베르크가 찾아왔다.

루텐베르크를 나는 오래전, 대학교 시절부터 알고 있었다. 그는 나와 함께 '사회주의자'와 '노동자의 깃발'단의 일원이었고, 나와 함께 이 일에 매료되었으며 같이 미결 구류소에 갇혀 있었다. 그의 경력은 경찰의 감시로 끝났고, 이를 벗어난 후 그는 푸틸로프 공장에 기술자로 부임했다. 공장에서 그는 노동자들의 사랑과 존경을 얻었고, 1월 9일에 게오르기 가폰과 함께 겨울 궁전으로 가는 시위대의 선두에 섰다.[1] 나르브스키 성문에서 그는 보병대의 일제사격을 받았고, 총을 맞고 쓰러진 가폰을 땅에서 일으켜 세워 그를 끌고 나르브스키 대로에서 몸을 피했으며, 가폰을 경찰에게서 숨기기 위해 며칠 뒤에 페테르부르크를 떠나 시골로 내려갔다. 물론 그도 경찰에 쫓기고 있었고 나를 찾아 모스크바에 온 것도 불법이었다. 나와의 접선 방법을 그는 우스펜스키를 통해 알았다.

루텐베르크는 나를 보자마자 이렇게 말했다.

"페테르부르크에서 봉기가 일어났네."

그는 페테르부르크에서 일어난 일을 아주 상세하게 전부 이야기했고, 가폰에 대해서도 이야기했으며, 외국으로 나가고 싶다는 소망을 피력했다. 나는 내 예비용 국내 여권을 제공하고 외국용 여권도 구해주겠다고 약속했다. 루텐베르크는 며칠 뒤에 전자와 후자를 모두 가폰에게 보냈으나 가폰은 이들을 사용하지 못했다. 루텐베르크가 돌아오기를 기다리지 않고, 가폰은 시골을 떠나 여권 없이 국외로 도주했던 것이다.

페테르부르크 사건의 여파는 엄청났다. 성직자를 선두에 세운

---

[1] 1905년 1월 '피의 일요일' 사건을 말한다. 굶주린 농민들이 황제의 초상화와 십자가를 들고 "빵을 주시오"라 외치며 행진했는데 황제의 군대가 실탄을 발포하여 유혈사태가 벌어졌다. 이때 농민들을 이끈 사람이 러시아 정교 사제였던 게오르기 아폴로노비치 가폰(1870-1906)이다.

페테르부르크 노동자들의 돌연한 궐기는 실제로 혁명이 시작되었다는 환상을 주었다. 루텐베르크는 바실리옙스키 섬의 바리케이드와 중단 없는 노동자들의 소요, 고양된 여론의 힘에 대해 이야기했고, 1월 9일은 앞으로 더 의미 있고 폭넓은 사건의 시작일 뿐이라는 굳은 확신을 내비쳤다. 그는 이 때문에 내게 즉시 페테르부르크로 가서 투쟁조직과 노동 대중의 연합을 시도할 것을 촉구했다.

"페테르부르크에도 뭔가 조직이 있을 것 아닌가?" 그가 내게 물었다.

슈베이체르의 계획에 관해 이야기할 권리가 없었으므로 나는 그에게 모호한 대답을 했다.

"하지만 폭탄은 있겠지?"

"폭탄은 있지."

"그래, 그럼 함께 가세……. 폭탄이 있으면 많은 일을 할 수 있어."

나는 칼랴예프와 모이세옌코, 브릴리안트에게 조언을 구하여, 루텐베르크의 말에 따라 페테르부르크에 들러 노동자들의 궐기를 어떻게든 도울 수 있는지 현지에서 확인하기로 결정했다. 루텐베르크는 군대와의 새로운, 그리고 결정적인 충돌을 예상하고 있었다.

1월 12일에 나는 페테르부르크에 가서 즉시 슈베이체르를 찾았다. 그는 루텐베르크가 내게 말해준 것이 전부 사실이라고 확인해 주었으나, 그의 생각에 가까운 미래에는 더 이상 궐기가 일어날 수 없고 노동자들은 사상자로 인해 무력해졌으며, 쇠퇴한 운동을 일으키려는 시도는 필연적으로 실패로 끝날 것이라고 덧붙였다. 그때 또한 슈베이체르는 다음과 같이 이야기했다. 소위

2장 세르게이 대공 암살

상류사회에서 타티야나 레온티예바의 위상이 상당히 높아져서, 황제가 참석하는 궁중 무도회에서 꽃을 판매하라는 제안을 받았다는 것이었다. 이 무도회는 12월 20일에 개최될 예정이었다. 레온티예바는 무도회에서 황제를 죽이겠다고 제안했고, 슈베이체르는 이에 동의했다. 그러나 무도회는 취소되었다. 황제 살해에 대한 문제는 당시 아직 중앙위원회에 제기되지 않았고, 투쟁조직은 이 상황에서 아무런 권한도 없었다. 슈베이체르는 레온티예바에게 동의함으로써 의심의 여지 없이 당의 규율을 어긴 것이었다. 그는 내게 자신의 동의를 어떻게 보는지, 나라면 똑같이 동의했을지 물었다. 나는 그에게, 나로서는 칼랴예프, 모이세옌코, 브릴리안트와 마찬가지로 황제 암살의 문제는 오래전에 결정되었으며, 우리에게 그것은 정치가 아니라 투쟁 기술의 문제이고, 우리는 그가 레온티예바에게 동의함으로써 우리와 완전한 단결을 보였다고 간주하고 그의 결정을 환영할 수밖에 없다고 대답했다. 또한 내 생각에 **중앙위원회의 형식적인 금지령이 있더라도 황제는 반드시 죽여야 한다**고 말했다.

슈베이체르는 내게 또 다음과 같이 말했다. 트레포프를 감시하면서, 투쟁조직 페테르부르크 분과는 우연히 법무장관 무라비요프의 외출 요일, 시각, 그리고 경로를 확인했다. 슈베이체르는 황제 살해의 문제에 있어 독립적으로 행동했으면서, 어째서인지 이번에는 당의 허가를 청할 필요가 있다고 여겼다. 중앙위원회 위원 튜체프 외에 페테르부르크에는 당시 이바노브스카야도 있었는데, 그녀는 아직 트레포프 암살에는 참여하지 않았고 중앙위원회와 가까운 사이였다. 슈베이체르는 무라비요프 감시가 완료되었고 1월 12일 수요일에 암살에 돌입할 수 있다고 위원회에 보고했다. 그는 위원회의 조언을 구했다. 튜체프도 이바노브스카야도 단호하게 법무장관 살해에 반대 의견을 표명했다. 그들은 법무장관의 죽음이 전반적인 정치 행보에 심각한 영향을 끼칠 수 없으며, 투쟁조직은 그런 부차적인 중요성만을 갖는 활동에 힘을 낭비해서는 안 된다고 조언했다. 슈베이체르는 자기 재량으로 무라비요프를 살해하지는 않기로 결정했고, 1월 12일에 장관은 그 누구의 방해도 받지 않고 평소대로 차르스코에 셀로의 황제에게 갔다. 나는 지금까지도 이바노브스카야와 튜체프의 이런 조언이 실수였다고 생각한다. 무라비요프 암살은 그 자체로 크게 의미 있을 수 있었으며, 게다가 1월 9일 직후에 그것은 특별한 중요성을 얻었을 것이라고 생각한다.

슈베이체르의 말을 다 듣고 나는 물었다.

"무라비요프 감시가 이미 완료되었다면 어째서 19일 수요일에 살해할 수 없습니까, 그가 또 황제에게 가지 않겠습니까?"

"그럼 중앙위원회는요?" 슈베이체르가 대답했다.

"우선 첫째로 튜체프가 중앙위원회 전체도 아니고, 둘째로 지금 제네바와 연락하면 안 됩니다."

슈베이체르는 생각에 잠겼다.

"법무장관 살해가 의미가 있을 거라고 생각하십니까?"

나는 무라비요프를 죽일 기회가 있다면 그 기회를 이용하지 않으면 안 된다고, 왜냐하면 트레포프와 세르게이 대공 암살이 성공할지 알 수 없기 때문이라고 말했다. 슈베이체르도 내 말에 동의했다.

1월 19일에 무라비요프 암살 시도가 있었으나, 그것은 실패로 끝났다. 투척자들은 앞서 언급한 사샤 벨로스토츠키와 자고로드니였다. 전자는 미행당하는 듯하다는 구실을 대며 암살 직전에 몸을 숨겼다. 후자는 무라비요프를 마주쳤으나 폭탄을 던질 수 없었는데, 장관의 마차를 짐마차들이 가로막고 있었기 때문이다. 그리고 며칠 후에 무라비요프는 퇴임했고, 그를 암살하는 것은 사실상 의미를 잃었다.

사샤 벨로스토츠키의 경우는 조직원을 신중하게 선정하는 게 얼마나 중요한 일인지 다시 한번 환기시켰다. 사샤 대신 둘레보프나 레온티예바가 있었다면 무라비요프는 물론 살해되었을 것이다.

투쟁조직 페테르부르크 분과는 당시 아직 최종적으로 구성되지 않았다. 선두에는 슈베이체르가 섰고, 레온티예바가 다이너마이트를 보관했고, 포드비츠키와 둘레보프가 마부, 트로피모프가 배달부, 사샤 벨로스토츠키는 담배 상인, 당시 외국에서 도착한 바소프와 튜체프가 막 추천한 마르코프는 아직 정해진 직업이 없었다. 실레로프와 바리코프도 그때 막 트레포프 건에 참여하려는 참이라 역시 직업이 없었다.

1월 11일, 세스트로레츠크에서 돌발적으로 마르코프가 자하렌코라는 이름으로 체포되었다. 그 과정에서 그가 투쟁조직에 속해 있음을 의심의 여지 없이 증명하는 편지가 발견되었다. 역시 세스트로레츠크에서, 슈베이체르의 지시로 마르코프를 찾아왔던 바소프도 도르미돈토프라는 이름으로 체포되었다. 슈베이체르는 이 체포 때문에 1월 19일의 실패보다 더 괴로워했으나, 감정을 속으로 숨기고 겉으로는 드러내지 않았다. 그는 이전의 완고함을 유지하며 트레포프 건을 계속했다.

그는 또 당시에 키예프로 보리샨스키를 찾아갔으며, 키예프 분과는 이미 일에 돌입했으나 그 이상은 아무 정보도 얻지 못했다고 내게 알려주었다.

페테르부르크에 내가 있을 필요가 전혀 없으며 가까운 미래에 새로운 노동자 궐기를 기대할 수 없음을 확인하고 나는 1월 15일에 루텐베르크와 함께 다시 모스크바로 떠났으며, 이바노브스카야도 모스크바로 왔다. 그때까지 당원이 아니었던 루텐베르크는 이제 사회혁명당에 가입할 뜻을 표명했고, 우리에게서 당의 암호와 접선 방법을 받고 외국으로 나갔다. 나는 이바노브스카야에게 모스크바의 작업 상황을 이야기하고, 우리에게 대공에 관한 정보를 제공할 능력을 갖춘 영향력 있는 인물을 누구든 지목해 달라고 부탁했다.

이바노브스카야는 모 공작을 지목했다. 그녀는 내게 작가인 레오니드 안드레예프에게 들르라고 제안했는데, 안드레예프는 공작을 개인적으로 알았고 나를 공작에게 소개시켜 줄 수도 있었다. 빠른 시일 내에 나는 안드레예프를 만나러 그루지니로 갔다. 하지만 이바노브스카야가 그에게 내 방문을 미리 알리지 못했기 때문에, 그는 내 부탁을 받고 무척 놀랐다. 나는 그에게 내 본명을 밝혔고, 그때서야 그는 나를 모 공작에게 소개해 줄 결심을 했다. 우리는 그 공작과 '에르미타주' 레스토랑에서 만나기로 했으며, 그곳에서 공작은 미리 정해둔 특징, 즉 탁자 위에 놓인 『새 시대』 신문과 꽃다발을 보고 나를 알아보기로 했다.

공작은 온실 속의 화초처럼 자란, 강건하고 홍조를 띠고 살색이 흰 러시아의 고관대작 나리였다. 모스크바에서 그는 대공의 생활에 관해 쉽게 알아낼 수 있을 정도의 위상을 점하고 있었다. 그는 자유주의자로 알려져 있었으나 공개적으로 나서는 일은 드물었다. 후일 그는 입헌민주당의 중요한 일원이 되었다. 그가 레스토랑에 들어섰을 때 나는 그의 근심스러운 걸음걸이를 보고 혹시 자신 혹은 내가 미행당하지 않는지 두려워하고 있음을 알았다. 이것은 내게 별로 좋은 징조가 못 되었으나 어쨌든 그와 대화를 시작했다. 나는 그가 얼마나 혁명에 공감하는지에 관해 많이 들었다고 말하고, 그것이 사실인지 물었다.

"예, 사실입니다." 그가 대답했다. "그런데 어떻게 생각하십니까, 여기 안전하겠습니까?"

그는 안절부절못하며, '에르미타주'에는 그를 아는 사람이 많고 여기 출신들과 마주칠 수도 있으며, 비밀 조직의 일은 비밀스럽게 해야 한다고 말하고 결론적으로 내게 자기 아파트로 찾아오라고 제안했다.

나는 그에게 방금 정한 회견 방식이 가장 비밀스럽지 못한 방법이라는 말을 하고 싶었지만, 입을 다물고 그의 집에 가겠다고 동의했다.

그의 집에서도 '에르미타주'에서와 같은 상황이 반복되었다. 그는 분명히 나와의 교류를 두려워했고 오직 내가 가능한 한 빨리 나가주는 것만을 바랐다. 그래도 어쨌든 그는 아주 기꺼이 필요한 정보를 주는 데 동의했다. 그는 그런 정보를 얻는 건 어렵지 않다고, 대공 암살은 일급 정치적 중요성을 지닌 행위이며 자신은 우리에게 온 마음으로 공감하고 있다고, 아주 가까운 시일 내에 가치 있고 정확한 정보를 주겠다고 약속했다. 그의 말을 들으면서 나는 그를 전적으로 믿지는 않았으나, 그가 많은 것을 약속하고 아무 일도 하지 않으리라는 것을 그때는 상상할 수 없었다.

결국 그렇게 되었다. 공작은 약속만 했을 뿐이었다. 이 만남을 통해 나는 테러에 있어서는 가장 대담하고 존경받는 사람들이라도 조직원이 아니라면 기대를 걸어서는 안 된다는 사실을 배웠다. 나는 우리가 우리의 힘에만 의지하고 오직 우리 자신에게만 기대해야 한다고 확신했다. 그 뒤에 이어진 경험이 나의 이런 결론을 뒷받침해 주었다.

1월 말이 다가왔다. 모스크바에 튜체프가 왔다. 그가 말하길, 트레포프 감시 작업은 느리게 움직이고 있으나 대신 슈베이체르가 우연히 블라디미르 대공[1]의 마차를 확인하는 데 성공했다. 슈베이체르는 이 때문에 트레포프 암살을 그만두고, 피의 일요일[2]의 원인 제공자 중 하나인 대공을 암살하는 쪽으로 방향을 바꾸고 싶어 했다.

모스크바에서 우리의 일은 예전과 다름없이 흘러가고 있었다. 이전처럼 칼랴예프, 모이세옌코, 쿨리코프스키가 크렘린 궁을 감시했고, 이전처럼 도라 브릴리안트는 자신의 활동이 필요해지는 때를 기다렸다. 우리의 암살 기도는 무기한 늘어질 위험에 처해 있었다.

플레베 건이 조직의 단결을 공고히 하고, 사조노프가 나중에 '기사단'과 '형제애'의 정신이라고 정의한 그런 정신으로 조직을 묶어주었다면, 모스크바에서 우리의 작업은 그런 단결을 한층 더 강화해 주었다. 모스크바 분과의 모든 조직원이, 쿨리코프스키도 포함하여 하나의 화목하고 아늑한 가족이었다고 해도 결코 과장이 아니다. 성격과 의견의 차이도 이 우정을 약화시키지 못했다. 어쩌면 조직원들의 개인적인 특성은 그들 간의 우정을 더 군건하게 만들어줄 뿐이었는지도 모른다. 모스크바 암살 기도의 예외적인 성공을 나는 바로 이 조직원들 간의 가깝고 친밀한 관계 덕분이었다고 생각하고 싶다.

---

1 러시아 황제 알렉산드르 2세의 아들이자 상트페테르부르크 군관구 총사령관으로, 1905년 '피의 일요일' 학살의 책임자 중 한 사람으로 지목된 블라디미르 알렉산드로비치 대공(1847-1909).
2 128쪽 1번 각주 참조.

모이세옌코는 성격적으로 슈베이체르를 연상시켰다. 그는 슈베이체르처럼 과묵하고 속을 알 수 없으며 냉정했다. 그의 침묵은 때때로 음울함으로까지 보였고, 그를 충분히 가깝게 알지 못하는 사람들은 그 음울함에 가려 모이세옌코의 관대하고 독창적인 천성을 눈치채지 못했다. 그러나 사고방식에 있어 엄격하게 당을 따르는 슈베이체르와 달리, 모이세옌코는 독립적이고 독자적인 관점의 소유자였다. 당의 관점에서 그는 여러 가지로 이단자였다. 그는 평화로운 일에 거의 의미를 두지 않았고, 회의나 협의회, 집회 등에 대한 멸시를 잘 감추지도 못했다. 그는 오직 테러만을 믿었다.

칼랴예프는 모스크바에서도 페테르부르크에 있을 때와 같았다. 그러나 그는 이미 생의 끝이 다가옴을 느끼고 있었고, 이런 예감은 그에게 항상 과민한 격동으로 나타났다. 그의 죽음 바로 직전이던 이 시기만큼 그가 조직에 대해 그토록 뜨거운 애정을 표현한 적은 없었을 것이다.

1월 말, 암살이 이미 정해졌을 때 나는 마부 차림의 그를 마지막으로 보았다. 우리는 자모스크보레치예의 더러운 선술집에 앉아 있었다. 그는 전보다 말랐고 턱수염이 무성하게 자랐으며 맑은 눈은 푹 꺼져 있었다. 그는 푸른 반외투를 입고 목에 붉은 털실 목도리를 두르고 있었다. 그가 말했다.

"난 너무 지쳤어……. 신경이 지쳤어. 그러니까 말이야, 더 이상은 못 할 것 같아……. 하지만 우리가 승리한다면 얼마나 큰 행복이겠어, 페테르부르크에서는 블라디미르가, 여기 모스크바에서는 세르게이가 살해당한다면……. 난 그날을 기다려……. 생각해 봐, 7월 15일, 1월 9일, 그리고 연이어 두 사건. 그건 벌써 혁명이야. 내가 혁명을 못 보리라는 게 안타까워……."

"오파나스(모이세옌코)는 운이 좋아." 그가 1분쯤 후에 말을 이었다. "그는 평온하게 일할 수 있어. 난 못 해. 나는 세르게이가 죽어야만 평온해질 거야. 예고르가 우리와 함께 있었다면······. 넌 어떻게 생각해, 예고르가 소식을 들을까, 게르슈니가 소식을 들을까? 슐리셀부르크에서 소식을 들을까? 너도 알잖아, 내게 과거란 없어, 전부 현재야. 알렉세이가 정말 죽었단 말야? 예고르가 정말 슐리셀부르크에 있어? 그들은 우리와 함께 살고 있어. 넌 그들을 느끼지 못하겠어······? 하지만 실패한다면? 그거 알아? 내 생각엔, 그러면 일본식으로 할 거야······."

"뭘 일본식으로 해?"

"일본인들은 전쟁[1] 때 항복하지 않았어···"

"그럼?"

"할복을 했지."

세르게이 대공 암살을 앞둔 칼랴예프의 마음 상태는 이러했다.

V

1월 말부터 우리는 암살을 준비하기 시작했다. 칼랴예프는 썰매와 말을 팔고, 마부 생활의 흔적을 지우고 여권을 바꾸기 위해 하리코프로 갔다. 다음은 그가 1월 22일 베라 글레보브나 S.[2]에게 보낸 편지이다.

내 주위에, 나와 함께, 내 안에 오늘도 부드럽게 빛나는 태양이 있습니다. 마치 내가 눈과 얼음, 차가운 권태와 모욕, 완수

---

[1] 러일전쟁.
[2] 글렙 우스펜스키의 딸이자 사빈코프의 아내. 본문에서 V. G. S.라는 이니셜로 등장할 때도 있다.

하지 못한 모든 것에 대한 우울과 완료되어 가는 것의 비애 속에서 녹아 떨어져 나온 듯합니다. 오늘 내가 원하는 것은 오직 조용히 빛나는 하늘과 약간의 온기, 그리고 굶주린 영혼을 위안할, 제멋대로라 해도 좋을 기쁨뿐입니다. 그리고 나는 기쁩니다, 나 자신도 이유를 알 수 없이, 목적도 없이 가볍게, 거리를 걷고, 태양을, 사람들을 바라보고, 어떻게 이토록 쉽게 겨울 근심의 그림자에서 벗어나 가장 확신에 차서 봄을 미리 즐기게 되었는지 스스로 놀랍니다. 바로 며칠 전까지도 나는 번민에 잠겨, 당장이라도 다리의 힘이 풀려 쓰러질 것만 같았는데, 오늘 나는 건강하고 씩씩합니다. 웃지 말아주십시오, 영혼과 육신에, 나 자신과 다른 사람들, 여러분 모두, 멀리 그리고 가까이 있는 사람들을 걱정하며 나는 말로 표현할 수 있는 것보다 마음이 훨씬 더 춥고 막막하고 희망이 없었습니다. 그 시간 동안 영혼에 너무나 많은 고통이 쌓여서, 몇 분마다 마구 머리털을 쥐어뜯고 싶을 정도였습니다……. 우리(투쟁조직)는 지나치게 서로 속박되어 있어 독립성이 더 많이 필요합니다. 이것이 내 관점이고, 이 관점을 나는 지금 양보하지 않고 끝까지 변호할 것입니다.

어쩌면, 우리가 겪은 일 중 가장 아픈 곳을 내가 드러내버렸는지도 모릅니다……. 그러나 이 얘기는 그만둡시다. 나는 오늘, 마치 거리에서 부드럽게 상냥한 하늘의 연푸른색 천막 아래 나에게 손짓하는 저 태양처럼 아무 걱정 없이 빛나고, 아무 근심 없이 기쁘고, 즐겁고 싶습니다. 인사를 전합니다, 엄격하고 친절한, 우리를 욕하고 우리와 함께 아파하는 모든 친구들이여. 인사를 전합니다, 녹아내리는 눈 위의 이 하얀 햇살처럼 순진하게 내게 미소 짓는 선하고 소중한 어린이의 눈동자여.

우리는 정확히 어느 날 암살을 시도해야 할지 망설였다. 신문의 관련 기사를 읽다가 나는 2월 2일 볼쇼이 극장에서 대공비 옐리자베타 표도로브나의 후원으로 적십자회를 위한 공연이 열린다는 사실을 알았다. 대공은 그날 극장에 들르지 않을 수 없을 것이었다. 이 때문에 2월 2일로 암살 기도가 확정되었다. 도라 브릴리안트가 이보다 조금 앞서 유리예프로 떠나 그곳에서 다이너마이트를 보관하고 있었다. 나는 그녀에게 들렀고, 2월이 다가옴에 따라 전 조직원이 모스크바에 모였으며, 그중에는 계속 마부로 남아 있던 모이세옌코도 포함되었다.

도라 브릴리안트는 니콜스카야 거리의 '슬라비안스키 바자르' 호텔에 묵었다. 여기서 2월 2일을 위해 그녀는 폭탄을 두 개 준비했다. 하나는 칼랴예프를 위해서였고, 다른 하나는 쿨리코프스키의 것이었다. 대공이 몇 시에 극장으로 출발하는지는 알려지지 않았다. 그래서 우리는 공연 시작, 즉 저녁 8시 무렵에 그를 기다리기로 결정했다. 7시에 나는 니콜스카야 거리의 '슬라비안스키 바자르'에 찾아갔고, 바로 그때 출입구에 도라 브릴리안트가 두꺼운 천으로 감싼 폭탄을 손에 들고 나타났다. 나는 그녀와 함께 보고야블렌스키 골목으로 꺾어들어 나사 천을 푼 뒤 가지고 있던 서류 가방에 폭탄을 집어넣었다. 볼쇼이 체르카스키 골목에서 모이세옌코가 우리를 기다리고 있었다. 나는 그의 썰매를 타고 일린카 거리에서 칼랴예프를 만났다. 나는 그에게 폭탄을 전달하고 바르바르카 거리에서 나를 기다리던 쿨리코프스키에게 갔다. 저녁 7시 30분에 폭탄 두 개가 모두 전달되었고, 저녁 8시경에 칼랴예프는 보스크레센스카야 광장의 시의회 건물 근처에, 쿨리코프스키는 알렉산드롭스키 정원 통로에 서 있었다. 이렇게 해서, 대공에게는 니콜스키 성문에서 볼쇼이 극장까지 두 가지 길밖에 없었다―칼랴예프를 지나가든가 아니면 쿨리코프스키를 지나가야 하는 것이다. 칼랴예프도 쿨리코프스키도 촌부 차림으로 반외투에 챙 없는 모자를 쓰고 장화를 신었으며, 폭탄은 사라사 천 손수건으로 싸두었다. 도라 브릴리안트는 호텔의 자기 방으로 돌아갔다. 나는 실패할 경우를 대비해 그녀와 공연이 끝나는 밤 12시에 접선하기로 지정해 두었다. 모이세엔코는 마차 대기장으로 떠났다. 나는 알렉산드롭스키 정원으로 나가 그곳에서 폭발을 기다렸다.

날씨가 대단히 추웠고 눈보라가 일었다. 칼랴예프는 텅 비고 깜깜한 광장에서 시의회 건물 그림자 속에 서 있었다. 10시경 니콜스키 성문에 대공의 마차가 나타났다. 칼랴예프는 희고 강렬한 등불의 빛 때문에 그것을 즉시 알아보았다. 마차는 보스크레센스카야 광장으로 꺾어졌고, 어둠 속에서 칼랴예프는 언제나 대공만을 위해 마차를 모는 전속 마부 루딘킨을 알아보았다고 생각했다. 그러자 망설이지 않고, 칼랴예프는 마차를 마주보고 거리를 가로질러 달리기 시작했다. 그는 이미 폭발물을 던지기 위해 손을 쳐들었다. 그러나 예상치 못하게도 대공 외에 대공비 엘리자베타와 파벨 대공[1]의 자녀들인 마리야와 드미트리를 보았다. 그는 폭탄을 내리고 물러섰다. 마차는 볼쇼이 극장 출입구에 섰다.

칼랴예프는 알렉산드롭스키 정원으로 갔다. 내게 다가와서 그는 말했다.

---

1 암살 목표인 세르게이의 동생, 알렉산드르 2세 황제의 막내아들.

"난 내가 옳게 행동했다고 생각해. 아이들을 죽일 수는 없잖아……?"

흥분해서 그는 말을 잇지 못했다. 그는 암살을 위해 이토록 다시없는 기회를 흘려보냄으로써 그것을 놓친 자신의 결정이 얼마나 큰 위험을 감수한 것이었는지를 누구보다 잘 알고 있었다. 즉 그는 혼자서 위험을 무릅썼을 뿐 아니라, 조직 전체를 위험에 처하게 한 것이다. 그는 폭탄을 든 채 마차 옆에서 체포됐을 수도 있었고, 그럴 경우 암살은 오랫동안 지연되었을 것이다. 그래도 나는 그에게, 그의 행동을 비난하지 않을 뿐 아니라 높이 산다고 말했다. 그러자 그는, 조직이 대공을 살해하면서 그의 아내와 조카들까지 살해할 권리가 있는가 하는 전반적인 문제를 해결하자고 제안했다. 이런 문제를 우리는 한 번도 논의해 본 적이 없었고, 애초에 제기해 본 적도 없었다. 우리가 가족을 전부 죽이기로 결정한다면, 칼랴예프는 대공이 극장에서 돌아오는 길에, 마차에 누가 탔든 상관하지 않고 폭탄을 던지겠다고 말했다. 나는 그에게 내 의견을 말했다—나는 그런 살인이 가능하다고 여기지 않았다.

대화하는 동안 쿨리코프스키도 합류했다. 그는 자기 위치에서 대공의 마차가 칼랴예프 쪽으로 꺾어지는 것을 보았으나 폭발음을 듣지 못했다. 그는 이 때문에 암살이 실패하고 칼랴예프가 체포되었다고 생각했다.

나는 마차에 대공이 있었는가, 혹은 칼랴예프가 대공비의 마차를 대공의 마차로 잘못 안 것은 아닌가 하는 의심을 피력했다. 우리는 즉시 이 점을 확인하기로 결정했다. 칼랴예프가 볼쇼이 극장 앞에 마차들이 서 있는 곳으로 가서 출입구 앞에 정확히 어느 마차가 대기해 있는지, 혹시 둘 다 대기해 있지는 않은

지 가까이에서 살펴보기로 했다. 나는 극장 안에서 대공이 거기 있는지 확인하기로 했다.

나는 매표소에 다가갔다. 표는 이미 모두 팔렸다. 암표상들이 내게 달려들었다. 나는 극장 안에서 대공을 보지 못할 수도 있으리라고 판단했다. 그래서 나는 표를 사지 않고 암표상들에게 물었다.

"대공비도 극장에 계신가요?"

"예, 그렇습니다. 15분쯤 전부터 와 계시지요."

"그럼 대공은요?"

"대공비 전하와 함께 오셨지요."

거리에서 칼랴예프와 쿨리코프스키가 나를 기다리고 있었다. 칼랴예프는 서 있는 마차들을 훑어보았다. 찾는 마차는 하나뿐이었고, 그것은 바로 대공의 마차였다. 대공은 극장 안에 가족과 함께 있었다.

어쨌든 공연이 끝나기를 기다리기로 결정되었다. 우리는 대공비를 위한 마차가 따로 와서 대공이 혼자 떠나게 되기를 바라고 있었다.

우리 셋은 모스크바 시내를 배회하기 시작하여 사람들 눈에 띄지 않게 모스크바 강의 강변도로로 나갔다. 칼랴예프는 내 옆에서 고개를 숙이고 한 손에 폭탄을 들고 걸었다. 쿨리코프스키는 조금 뒤에서 따라왔다. 갑자기 쿨리코프스키의 발걸음이 멈췄다. 나는 돌아섰다. 그는 대리석 난간에 기대서 있었다. 그가 금방이라도 떨어질 것 같았다. 나는 그에게 다가갔다. 나를 보고 그가 말했다.

"폭탄 가져가십시오. 당장 떨어뜨릴 것 같습니다."

나는 그에게서 폭탄을 받았다. 그는 움직이지 않고 오랫동안

서 있었다. 기운이 없는 게 명백했다.

관객들이 극장에서 나올 무렵 칼랴예프는 손에 폭탄을 들고 멀리서 대공의 마차에 접근했다. 마차에는 또다시 대공비와 파벨 대공의 자녀들이 올라탔다. 칼랴예프는 내게 돌아와서 자기 폭탄을 전해주었다. 12시에 나는 도라를 만나 폭탄 두 개를 그녀에게 돌려주었다. 그녀는 말없이 무슨 일이 일어났는지에 대해 내 이야기를 들었다. 이야기를 마치고, 나는 그녀에게 칼랴예프의 행동과 우리의 결정이 옳다고 여기는지 물었다.

그녀는 눈을 내리깔았다.

"시인은 해야 할 일을 한 거예요."

칼랴예프와 쿨리코프스키는 여권이 없었다. 두 명 다 여권을 기차역에 맡긴 자기 소지품 속에 두었다. 짐표는 내게 있었다. 모스크바를 떠나기는 이미 늦었으므로, 여권을 찾으러 가기도 늦었다. 그들은 길거리에서 밤을 지내야 했다. 나는 영국인 나리 옷차림이었고, 그들은 촌부의 차림새였다. 둘 다 추위에 얼고 지쳐 있었다. 쿨리코프스키는 거의 서 있지도 못할 지경인 것 같았다. 그들의 특이한 행색에도 불구하고, 나는 그들과 함께 음식점에 들르는 위험을 무릅쓰기로 했다. 선술집들은 이미 문을 닫았기 때문이었다.

우리는 소피이카 거리의 레스토랑 '알프스의 장미'로 갔고, 실제로 수위가 우리를 들여보내지 않으려 했다. 나는 지배인을 불렀다. 오랜 협상 끝에 우리는 뒤쪽 홀로 안내되었다. 그곳은 따뜻했고, 앉아서 쉴 수 있는 공간이었다.

칼랴예프는 곧 원기를 찾아 흥분한 목소리로 다시 시의회 건물 앞의 광경에 대해 이야기하기 시작했다. 그는 자신이 조직에 죄를 지은 것이 아닌지 두려웠으나 동지들이 비난하지 않아서 기쁘다고 말했다. 쿨리코프스키는 침묵했다. 그는 어째서인지 순식간에 여위고 약해졌다. 나는 지금까지도 그가 어떻게 남은 밤을 거리에서 보냈는지 납득하지 못한다.

새벽 4시쯤, '알프스의 장미'가 닫을 무렵 나는 그들과 작별했다. 우리는 그 주 안으로 암살에 착수하기로 결정했다. 2월 2일은 수요일이었다. 모이세옌코는 대공을 감시하면서, 지난번에 그가 집무실에 간 것은 월요일이었다고 확언했다. 대공의 습관을 아는 우리는 2월 3일, 4일 아니면 5일에 그가 반드시 트베르스카야 거리의 총독 관저로 갈 것이라는 결론에 이르렀다. 실패한 다음 날인 3일은 암살에 착수하는 것을 생각조차 할 수 없었다. 칼랴예프와 쿨리코프스키가 기운을 완전히 되찾지 못할 것이 명백했기 때문이다. 암살은 4일이나 5일로 연기되었다. 3일 아침에 칼랴예프와 쿨리코프스키는 모스크바를 떠났다가 4일 아침에 돌아오기로 했다. 이렇게 하면 그들은 휴식할 시간을 얻을 수 있었다. 우리는 또 그때, 암살 당일에 시간에 쫓기지 않기 위해 폭발물을 전달할 장소와 시간을 미리 정했다.

도라 브릴리안트는 폭탄에서 도화선을 뽑아두었다. 이제는 그것을 도로 집어넣어야 했다. 4일 금요일 낮 1시에 나는 다시 니콜스카야 거리의 '슬라비안스키 바자르' 출입구로 갔고, 그녀는 내게 전처럼 나사 천으로 싼 폭탄을 전달했다.

나는 모이세옌코의 썰매에 탔으나, 몇 걸음 가기도 전에 그가 내 쪽을 돌아보고 물었다.

"시인을 봤습니까?"

"예."

"그 사람 어떻습니까?"

"뭐가요? 아무렇지도 않습니다."

"전 쿨리코프스키를 봤단 말입니다."

"그래서요?"

"굉장히 안 좋습니다."

그가 마부석에 앉은 채 내게 말하기를, 아침에 모스크바로 온 쿨리코프스키가 자신을 찾아와서는 암살에 참여하지 못하겠다고 알려왔다는 것이었다. 쿨리코프스키는 자기 능력을 과신했다고, 2월 2일이 지난 지금 테러 활동을 할 수 없다는 것을 깨달았다고 말했다. 모이세옌코는 자기 의견을 덧붙이지 않고 내게 이 말을 전달했다.

상황은 어려워 보였다. 둘 중 하나를 선택해야 했다. 쿨리코프스키 대신 나나 모이세옌코가 암살에 참여하거나, 한 명의 투척자, 즉 칼랴예프에게만 의지하여 암살을 진행해야 했다.

모이세옌코는 마부였다. 그가 체포되면 경찰이 우리의 감시 방식을 밝혀낼 수도 있었다. 나는 영국 여권을 갖고 있었다. 내가 체포되면 내게 자기 여권을 준 영국인 기술자 제임스 핼리의 운명에 영향을 미칠 것이었다. 즉 우리는 즉시 참여할 수 없었고, 모이세옌코가 썰매와 마차를 팔 때까지 혹은 내가 여권을 바꿀 때까지 암살을 연기해야만 한다는 뜻이었다. 또한 도라가 또 한 번 폭탄의 도화선을 뺐다가 넣어야 한다는 뜻이었다. 나는 포코틸로프의 죽음을 기억하며, 폭탄의 장전을 자주 되풀이하는 일은 피하고 싶었다.

다른 한편으로 투척자가 칼랴예프 하나뿐인 암살은 내게 위험 부담이 너무 커 보였다. 대공의 이동 경로는 정확히 알려져 있었다. 즉 그는 언제나 니콜스키 성문과 이베르스키 성문을 지나 트베르스카야 거리를 따라 광장의 자기 관저로 갔다. 그러나 내가 우려하는 것은 투척자 한 명으로는 대공에게 부상만 입히는 수준에 그칠 것이란 점이었다. 그렇게 되면 암살은 실패로 간주될 수밖에 없었다.

칼랴예프가 멀지 않은 유시코프 골목에서 나를 기다리고 있었으므로 결정은 썰매에 앉은 채 그 자리에서 내려야만 했다. 쿨리코프스키는 폭탄을 받으러 나타나지 않았다. 같은 날 저녁 그는 떠났고, 몇 달 후에 모스크바에서 체포되었다. 그는 구속되어 있던 프레치스텐스키 경찰서에서 도주하여, 1905년 6월 28일 전국 수배 상태에서 모스크바 시장 슈발로프 백작의 만찬에 공개적으로 나타나 그를 쏘았다. 이 살인으로 인해 그는 모스크바 지방 군사재판에서 사형 선고를 받았다. 선고는 무기징역으로 변경되었다. 따라서 세르게이 대공 건의 우유부단함은, 그가 생각했듯이 그에게 테러 활동을 할 능력이 없다는 것을 증명하지 못했다.

칼랴예프에게 다가가며 나는 첫 번째 결정 쪽으로 마음이 기울고 있었고, 그래서 그가 썰매의 옆자리에 탔을 때 그에게 쿨리코프스키의 거부에 대해 이야기하고는 거사를 연기하자고 제안했다. 칼랴예프는 흥분했다.

"절대로 안 돼……. 도라에게 다시 한번 위험을 무릅쓰게 할 수는 없어……. 내가 혼자 전부 맡겠어."

나는 투척자 한 명으로는 힘이 모자라며 실패나 우연한 폭발, 예상치 못한 체포의 가능성이 있음을 주의시켰으나 그는 내 말을 들으려 하지 않았다.

"투척자 한 사람으로는 모자란다고? 그럼 그저께는 우리 둘이 함께 일했나? 난 내 자리에 있고 쿨리코프스키는 다른 곳에 있었어. 예비가 어디 있었단 말야……? 오늘은 왜 안 된다는 거야?"

나는 그에게, 우리에게는 다이너마이트가 폭탄 두 개를 만들

분량밖에 없고, 2월 2일에는 대공이 극장으로 가는 경로가 알려지지 않았으므로 어쩔 수 없이 투척자들을 두 군데에 나눠 세워야만 했지만 오늘은 그런 상황이 아니며, 위험을 무릅쓰기보다는 며칠 기다려서 투척자 두 명을 두고 암살을 시도하는 쪽이 더 옳다고 대답했다.

그러자 칼랴예프가 이렇게 말했다.

"너 정말로 날 못 믿는 거야? 혼자서 처리하겠다고 하잖아."

나는 칼랴예프를 잘 알았다. 우리 중 그 누구도 그만큼 확신을 가지고 스스로 책임을 맡을 사람은 없다는 것도 알고 있었다. 그가 마차까지 다가가서야 폭탄을 던질 것이며, 너무 일찍 던지지 않고 냉정을 유지하리라는 것도 알고 있었다. 그러나 나는 예상 외의 변수를 우려했다. 나는 말했다.

"내 말 들어, 야넥, 하나보단 어쨌든 둘이 나아······. 실패할 경우를 생각해 봐. 그때는 어떻게 하겠어?"

그가 말했다.

"나한테 실패란 있을 수 없어."

그의 확신 때문에 나는 망설였다. 그가 말을 이었다.

"대공이 피해서 지나간다고 해도, 난 그를 죽일 거야. 안심해."

이때 마부석에서 모이세옌코가 우리를 돌아보았다.

"빨리 결정하십시오. 때가 됐습니다."

나는 결정을 내렸다. 칼랴예프가 혼자 대공에게 간다.

우리는 썰매에서 내려 함께 일린카 거리를 따라 붉은 광장 쪽으로 갔다. 시장 부근에 도달했을 때, 크렘린 성탑에서 2시를 쳤다. 칼랴예프가 멈춰 섰다.

"잘 가, 야넥."

"잘 가."

2장 세르게이 대공 암살

그는 내게 입 맞추고 니콜스키 성문을 향해 오른쪽으로 돌아섰다. 나는 스파스카야 탑을 지나 크렘린 궁으로 들어가서 알렉산드르 2세의 동상 앞에 멈춰 섰다. 이 자리에서는 대공의 궁이 보였다. 정문 앞에 마차가 서 있었다. 나는 마부 루딘킨을 알아보았다. 나는 대공이 곧 자기 집무실로 떠난다는 것을 알고 있었다.

나는 궁과 마차 옆을 지나 니콜스키 정문을 통해 트베르스카야 거리로 나왔다. 나는 쿠즈네츠키 다리 위의 '시우' 과자 가게에서 도라 브릴리안트와 접선이 있었다. 폭발의 순간이 오기 전에 크렘린 궁으로 때맞춰 돌아가기 위해 서둘러 접선하러 갔다. 쿠즈네츠키 다리 위로 나갔을 때, 나는 마치 누군가 골목에서 권총을 쏜 듯 멀고 불분명한 소리를 들었다. 그 소리는 폭발의 굉음과는 너무나 닮지 않아서 나는 거기에 주의를 기울이지 않았다. 과자 가게에서 나는 도라를 만났다. 우리는 트베르스카야로 나와서 크렘린 쪽으로 내려갔다. 아래쪽 이베르스카야 거리에서 우리 쪽을 향해 달려오는 소년과 마주쳤는데, 소년은 모자도 없이 뛰어가며 소리쳤다.

"대공이 죽었어요, 머리가 날아갔대요."

크렘린 쪽으로 사람들이 뛰어갔다. 니콜스키 성문 앞에는 군중이 너무나 몰려 있어서 궁 안으로 뚫고 지나갈 수가 없었다. 나와 도라는 멈춰 섰다. 갑자기 이런 소리가 들렸다.

"타십쇼, 나리. 마차입니다."

나는 돌아보았다. 모이세옌코가 창백한 얼굴로 우리에게 썰매에 타라고 권했다. 우리는 천천히 크렘린에서 떠나왔다. 모이세옌코가 물었다.

"들으셨습니까?"

"아니요."

"난 여기 서서 폭발을 들었습니다. 대공은 죽었어요."

그 순간 도라가 내게 몸을 기대고, 더 이상 눈물을 참지 못하고 울음을 터뜨렸다. 그녀의 온몸이 소리 없는 흐느낌으로 뒤흔들렸다. 나는 그녀를 달래려 했으나, 그녀는 더 크게 울면서 되풀이해 말했다.

"우리가 죽인 거예요……. 내가 그를 죽였어요……. 내가……."

"누구를요?" 그녀가 칼랴예프에 대해 말한다고 생각하며 내가 되물었다.

"대공을요."

VI

칼랴예프는 나와 헤어진 후, 약속대로 이베르스카야의 성문 성화 쪽으로 걸어갔다. 이미 그곳에 이르기 오래전, 훨씬 오래전부터 액자 한쪽에 유리로 된 애국적인 루복 판화[1]가 걸려있다는 것을 알고 있었다. 그 판화의 유리에 마치 거울처럼 니콜스키 성문에서 성화까지의 경로가 반사되었다. 그래서 크렘린 궁을 등지고 그 성화를 쳐다보면, 대공이 지나가는 모습을 관찰할 수가 있었다. 약속대로라면 이곳에 잠시 서 있다가 칼랴예프는 2월 2일처럼 촌부의 옷을 입고 천천히 대공 쪽을 향해 크렘린 궁으로 걸어가기로 되어 있었다. 여기서 그는 분명 내가 본 것, 즉 출입구에 준비된 마차와 마부석에 앉은 전속 마부 루딘킨을 보았을 것이다. 시간상으로 헤아릴 때, 그는 이베르스카야로 도로 돌아가서 역사박물관을 지나 니콜스키 성문을 통해 다시 크렘린 궁

---

[1] 러시아 민속의 나무로 만든 판화 혹은 그 양식.

의 법원 건물 쪽으로 돌아올 수 있었다. 법원 건물 앞에서 그는 대공과 마주쳤다.

그는 동지들에게 보내는 한 편지에 이렇게 썼다.

모든 노력에도 불구하고 2월 4일[1]에 나는 살아남았다. 길어야 네 걸음 정도의 거리에서 달려가 바로 앞에서 폭탄을 던졌고 폭발의 후폭풍에 휩싸여 마차가 산산이 흩어지는 것을 보았다. 구름이 흩어진 후에 나는 남아 있는 뒷바퀴 옆에 있었다. 연기와 나뭇조각 냄새가 내 안으로, 얼굴로 곧장 들어오고 모자가 날아갔던 것을 기억한다. 나는 쓰러지지 않고 그저 얼굴을 돌렸을 뿐이었다. 그 뒤에 다섯 걸음 정도 떨어진 성문 쪽 가까이, 구겨진 대공의 옷과 벌거벗겨진 몸을 보았다……. 마차 뒤에서 열 걸음쯤 떨어진 곳에 내 모자가 놓여 있어서, 나는 걸어가 그것을 주워 다시 썼다. 주위를 둘러보았다. 내 반외투는 온통 나뭇조각에 찢겨 걸레처럼 너덜너덜했고, 군데군데 불에 그을려 있었다. 얼굴에서 피가 뚝뚝 흘렀고 주위에 아무도 없는 긴 순간이 얼마간 있었으나, 나는 자리를 떠나서는 안 된다는 것을 깨달았다. 나는 걷기 시작했다……. 그때 뒤에서 이런 소리가 들렸다. "잡아라, 잡아라." 형사들의 썰매가 거의 나를 칠 뻔했고, 누군가의 손이 나를 붙잡았다. 나는 반항하지 않았다. 주위에서 순경, 경찰 지서장, 불쾌한 형사가 수선을 피웠다……. "권총이 없는지 살펴봐, 아아, 다행이야, 나까지 죽지 않았으니, 우리도 바로 여기 있었잖아." 그

---

[1] 대공은 오늘날 주로 사용되는 그레고리력 기준으로 2월 17일에 사망했으며, 작중 러시아제국에서는 율리우스력을 사용하고 있었으므로 2월 4일(13일 차이)로 기록되었다.

호위병이 몸을 떨며 이렇게 말했다. 나는 이 용감무쌍한 겁쟁이에게 총알을 박아줄 수 없는 것이 안타까웠다. "뭘 붙잡는 거요. 도망가지 않소, 난 할 일을 했을 뿐이오." 내가 말했다. (여기서 나는 귀가 들리지 않게 됐다는 것을 깨달았다.) "마부를 데려와, 마차를 가져와." 우리는 마차를 타고 크렘린 궁을 가로질러 가기 시작했고, 나는 이렇게 소리칠까도 궁리했다. '저주받을 황제 물러가라, 자유 만세, 저주받을 정부 물러가라, 사회혁명당 만세!' 나는 시 경찰지서로 끌려갔다……. 나는 확고한 걸음으로 걸어 들어갔다. 이 불쌍한 겁쟁이들 사이에 있는 것이 엄청나게 불쾌했다……. 나는 과감했고, 그들을 조종했다. 야키만스키 경찰서 유치장으로 이송되었다. 나는 깊이 잠들었다…….

2월 4일 사건은 『혁명 러시아』 60호의 기사에서 다루고 있다. 목격자의 증언에 따른 사건 자체는 다음과 같이 묘사되었다.

폭탄의 폭발은 2시 45분경 일어났다. 모스크바의 멀리 떨어진 구역에서도 이 소리를 들을 수 있었다. 특히 심한 소동이 일어난 곳은 법원 건물이었다. 폭발이 일어났을 때 여러 곳에서 회의가 진행 중이었고, 사무실에서는 모두 근무 중이었다. 대다수가 지진이라고 생각했고, 다른 사람들은 오래된 법원 건물이 무너지고 있다고 여겼다. 정면의 유리창은 모두 깨졌고, 판사와 서기 들은 자기 자리에서 넘어졌다. 10분쯤 후에 정신을 차리고 어찌된 일인지 추측할 수 있었고, 대다수가 법원 건물에서 폭발 장소로 달려갔다. 사형 집행장에 형체를 알아볼 수 없게 된 40-50cm 높이의 덩어리가 쌓여 있었는데,

이것은 마차와 옷, 그리고 훼손된 신체의 작은 파편들로 이루어져 있었다. 군중, 즉 처음 달려온 30명 정도가 붕괴의 흔적을 살펴보았고, 몇몇은 잔해 아래에서 시신을 빼내려 시도하기도 했다. 아연실색할 만한 광경이었다. 시신들의 머리는 발견되지 않았다. 다른 신체 부위 중에서는 팔과 다리 일부만을 식별할 수 있었다. 이때 옐리자베타 표도로브나가 소매 없는 외투 차림으로, 그러나 모자를 쓰지 않고 뛰어나와 형체 없는 덩어리에 달려들었다. 모두 모자를 쓰고 서 있었다. 대공비는 이 광경을 보았다. 그녀는 한 사람 한 사람에게 달려들어 소리쳤다. "여기서 쳐다보고 있는 게 부끄럽지도 않아요? 여기서 떠나요!" 하인이 군중에게 모자를 벗으라고 부탁했으나 사람들 사이에서는 아무 일도 일어나지 않았고, 아무도 모자를 벗지 않고 떠나지도 않았다. 경찰은 이때 약 30분간 활동하지 않았다. 완전한 망연자실의 상태가 느껴졌다. 법정 검사의 동료가 무심하고 망연자실하게, 발소리를 죽여 건물에서 나와 군중 옆을 지나 광장을 가로질러 갔고, 후에 두 번쯤 마차에 탄 채로 나타났다가 다시 사라졌다. 이미 상당히 지체된 뒤에야 군인들이 나타나 군중을 해산하고 사건 현장을 쇠사슬로 둘러쳤다.

공식적인 출처는 대공의 죽음을 이렇게 묘사한다.

1905년 2월 4일 모스크바에서 세르게이 알렉산드로비치 대공이 니콜스키 궁에서 트베르스카야 거리의 상원 광장으로 마차를 타고 지나가던 때에, 니콜스키 성문에서 65걸음 떨어진 거리에서 정체불명의 악한이 전하의 마차에 폭탄을 던졌다. 폭탄의 폭발로 인해 초래된 파열로 대공은 현장에서 즉사했고, 마부석에 앉아 있던 전속 마부 안드레이 루딘킨은 신체에 수없이 많은 중상을 입었다. 대공의 시신은 발견 당시 형체를 알아볼 수 없었는데, 머리, 목, 가슴 상반부, 왼쪽 어깨와 팔이 찢겨 나가 완전히 훼손되었고, 왼쪽 다리가 골절되었으며, 허벅지가 분쇄됨으로 인해 하반부인 종아리와 발이 분리되었다. 악한에 의해 야기된 폭발의 힘으로 대공이 타고 있던 마차의 차체는 작은 조각으로 파열되었고, 그 외에도 법원 소속 건물의 니콜스키 성문에서 가장 가까운 부분과 이 건물 맞은편에 자리한 병기고 외부 창틀의 유리가 깨졌다.

야키만스키 서에서 칼랴예프는 푸가초프 성탑의 부티르스키 감옥으로 이송되었다. 며칠 후, 살해된 세르게이 알렉산드로비치 대공의 아내인 대공비 옐리자베타 표도로브나가 그를 방문했다. 칼랴예프는 이 만남에 대해 이렇게 썼다.

우리는 마치 죽어야 했으나 살아남은 두 사람처럼, 솔직히 말해 약간은 신비한 기분으로 서로를 쳐다보았다. 나는 우연에 의해, 그녀는 조직의 의지, 즉 나의 의지에 의해 살아남았다ㅡ조직도 나도 의도적으로 불필요한 유혈을 피하려고 노력했기 때문이다.
그리고 나는 대공비를 쳐다보면서, 그녀의 얼굴에서 감사의 빛을 읽지 않을 수 없었다. 설령 그것이 나를 향한 것이 아니라 하더라도, 어쨌든 그녀는 살해당하지 않았다는 운명에 대해 감사했으리라.
"부탁이니 기념으로 이 성화를 받으세요. 당신을 위해 기도하겠어요."

그리고 나는 성화를 받았다.

이것은 내게 있어 그녀가 내 승리를 인정했다는 상징이자, 그녀의 목숨을 부지해 준 운명에 대한 감사와 대공의 범죄 행위에 대한 양심적 참회의 상징이었다.

"내 양심은 깨끗합니다." 나는 되풀이해 말했다. "당신에게 불행을 안겨 드려서 나도 무척 고통스럽지만, 나는 의식적으로 행동했습니다. 내게 목숨이 천 개 있었다면, 하나뿐만 아니라 천 개의 목숨을 모두 바쳤을 것입니다."

대공비는 떠나기 위해 일어섰다. 나도 일어섰다.

"안녕히 가십시오." 내가 말했다. "다시 말씀드리건대 당신에게 불행을 안겨 드려서 나도 무척 고통스럽지만, 나는 의무를 이행했고 끝까지 이행할 것이며 앞을 가로막는 모든 것을 견뎌낼 것입니다. 안녕히 가십시오, 당신과 나는 서로 다시는 만나지 못할 테니까요."

이 만남은 후일 사상적 경향을 위해 왜곡되고 편향된 방식으로 보도되었고, 이러한 왜곡은 칼랴예프에게 여러 괴로운 순간들을 야기했다. 이후 3월 24일 자 편지에 그는 대공비에게 이렇게 썼다.

나는 당신을 부르지 않았습니다. 당신이 스스로 내게 온 것입니다. 그러니 면회의 결과에 대한 책임은 전부 당신에게 있습니다. 우리의 만남은, 최소한 외견상으로 비공식적인 정황에서 진행되었습니다. 나와 당신 사이에 있었던 상황은 나와 당신에게만 속하며 일반에 공개할 성질이 아니었습니다. 나와 당신은 중립적인 지점에서, 당신이 규정한 대로 사람 대 사람으로 만났고, 그러므로 동일한 익명의 권리를 누렸습니다. 그렇지 않다면 당신의 사심 없는 그리스도인의 감정을 어떻게 이해한단 말입니까? 나는 당신의 고결함을 믿었고, 당신의 공식적이고 높은 지위와 개인적인 품위가, 원하든 원치 않든 당신도 얽혀 있는 중상모략에 대항하는 충분한 보증이라고 여겼습니다. 그러나 당신은 그 중상모략에 연루되는 것을 두려워하지 않았고, 당신에 대한 나의 신뢰는 정당화되지 못했습니다. 중상모략과 우리 만남에 대한 의도적으로 왜곡된 묘사가 내 눈앞에 있습니다. 여기서 의문은, 당신이 최소한 무저항이라는 형태의 수동적 참여라도 하지 않았다면 전자도 후자도 일어날 수 있었겠느냐는 것입니다. 그리고 이런 무저항적 태도와 반대되는 행동이 당신의 체통에 대한 의무가 아니었겠습니까? 대답은 질문 속에 주어져 있고, 나는 당신의 불행을 두고 내가 선한 의도에서 보인 관대한 태도에 정치적인 잣대를 덧붙이는 데 결연히 항의합니다. 나의 확신과 황실에 대한 태도는 변함이 없으며, '나'라는 개인은 어떤 식으로든 노예들과 그들의 위선적인 군주의 종교적인 미신과 아무런 공통점도 없습니다.

내 실수는 전적으로 인정합니다. 나는 당신을 냉담하게 대하고 대화에 참여하지 않았어야 합니다. 하지만 나는 면회 시간 동안 당연히 당신에 대해 가지고 있던 증오심을 눅이고 당신을 부드럽게 대했습니다. 이제는 내가 어떤 동기에서 행동했는지 아실 겁니다. 그러나 당신은 내 관용을 받을 자격이 없는 것으로 드러났습니다. 나에 대한 모든 보도의 출처는 당신이라는 데 의심의 여지가 없습니다. 왜냐하면 당신의 허락을

2장 세르게이 대공 암살

받지 않고서 나와 당신이 나눈 대화의 내용을 누가 감히 공개한단 말입니까. (신문 보도에서 대화의 내용은 왜곡되었습니다. 나는 신을 믿는다고 밝힌 적도 없고 그 어떤 후회의 감정도 표현하지 않았습니다.)

이 날카로운 편지가 칼랴예프의 운명에 영향을 미치지 않을 수 없었다. 그는 동지들에게 다음의 편지 두 통을 보냈다.

나의 소중한 친구와 잊을 수 없는 동지들, 2월 4일, 승리에 이르도록 하기 위해 내가 할 수 있는 일을 모두 했다는 사실은 여러분도 알 것입니다. 그리고 나는—개인적인 감정의 한계 내에서—피 흘리고 쇠약해진 러시아 전체에 대한 의무를 완수했음을 자각하고 행복합니다.
여러분은 나의 확신과 내 감정의 힘을 알고 있으니, 나의 죽음을 아무도 슬퍼하지 말아주십시오.
나는 나 자신을 온전히 노동 민중의 자유를 위한 투쟁에 바쳤고, 내 쪽에서는 어떤 식으로든 전제정권에 한 치라도 양보한 적이 있을 수 없으며, 그래서 만약 내 평생 모든 노력의 결과로 폭력에 대항한 전 인류적 항거의 영예를 얻을 자격이 있다고 판단된다면, 나의 순수한 사상적 과업을 죽음으로써 영예롭게 끝맺게 해주십시오.
신념을 위해 죽는다는 것은 투쟁에 나선다는 뜻이며, 전제정권의 청산을 위해 그 어떤 희생을 대가로 치르더라도, 그런 희생은 우리 세대에서 영원히 끝나리라고 나는 굳게 확신합니다……. 러시아 민중 앞에, 또한 제정의 폭력과 오랜 압제에 시달린 모든 이들 앞에 광활한 새 인생이 펼쳐질 때, 그것은 사회주의의 위대한 승리가 될 것입니다.

내 마음은 전부 여러분과 함께 있습니다, 내 사랑하는, 소중한, 잊지 못할 친구들. 여러분은 힘들 때 내게 버팀목이 되어주었고, 여러분과 함께 언제나 여러분의, 그리고 우리들의 모든 기쁨과 근심을 나누었으며, 언젠가 전 민중이 환호하는 절정에 서서 여러분이 나를 기억한다면, 혁명가로서 내 모든 노력은 민중에 대한 나의 열광적인 사랑과 여러분에 대한 긍지와 존경의 표현임을 알아주십시오. 나의 수고를 가장 넓은 의미에서 '인민의 의지'의 유훈을 물려받은 보유자인 당에 대한 신실한 애착의 공물로서 받아주십시오.

내 인생은 전부 옛날이야기처럼 느껴지고, 마치 내게 일어났던 모든 일들이 어린 시절부터 나의 예감 속에 살아서 마음 깊은 곳에서 성숙하다가 때가 되자 갑자기 모두를 위한 증오와 복수심의 불꽃이 되어 폭발한 것만 같습니다.

마음속의 친밀하고 무한히 소중한 많은 이들의 이름을 마지막으로 불러보고 싶지만, 나의 마지막 호흡은 그들을 위한 나의 작별의 인사이자 자유를 위한 투쟁을 향한 씩씩한 부름이 되게 해주십시오.

여러분 모두에게 포옹과 입맞춤을 보냅니다.

여러분의 이반 칼랴예프.

안녕히 계십시오, 나의 소중한, 잊지 못할 여러분. 여러분은 내게 서둘러 죽지 말아달라고 부탁했고, 실제로 저들은 서둘러 나를 죽이지 않았습니다. 철창에 들어온 순간부터 나에겐 어떻게든 목숨을 부지하려는 의지가 단 한 순간도 없었습니다. 혁명은 내게 생명보다 고귀한 행복을 주었고, 나의 죽음이 단지 그에 대한 아주 약한 감사의 표시일 뿐임을 여러분은 알 것입니다. 나의 죽음을 나는 피와 눈물의 세상에 대항한 마지막 항거로 여기며, 전제정권에 대한 도전으로 내던질 목숨이 하나뿐임을 안타까워할 뿐입니다. 나는 투쟁조직을 선두에 세운 우리 세대가 전제정치의 종말을 보게 될 것이라 굳게 희망합니다.

다만 나는 그 누구도 나를 나쁘게 생각하지 않기를, 내 감정의 신실함과 신념의 확고함을 끝까지 믿어주기를 바랍니다. 특별사면은 모욕으로 여기겠습니다. 당의 관심사 이외의 내 행동에 무엇이든 불균형한 점이 있었다면 용서해 주시기 바랍니다. 감옥에서 나를 자극하기 위해 들려준 대공비와의 면회에 대한 어리석은 소문으로 인해 나는 상당히 심한 고통을 겪었습니다. 나는 모욕당했다고 생각했습니다……. 편지를 쓸 기회를 얻자마자, 나는 대공비를 유언비어의 원인 제공자로 여기고 그녀에게 편지를 썼습니다. 하지만 나중에 재판이 끝난 뒤에 나는 대공비에 대한 절도 있는 태도를 흩뜨린 것이 스스로 불쾌했습니다……. 법정에서 공격적으로 태도를 바꾼 것은 격정의 결과가 아니라 달리 의미를 찾지 못했기 때문입니다. 판사들, 특히 재판장은 정말로 파렴치한이었고, 나는 증오심 외에 내 마음속의 그 어떤 것이라도 드러내는 것이 순전히 혐오스럽게 느껴졌습니다……. 상고심에서 나는 엄격하게 당의 관점을 따르려 애썼고, 법정에서의 증언으로 당의 이해관계에 전혀 해를 끼치지 않았다고 생각합니다. 대공 암살은 정부와 황실에 대항한 탄핵의 행위라고 나는 진술했습니다. 이 때문에 판결문에 '폐하의 숙부에게'라는 구절이 삽입되었습니다. 나는 상고문에, 대공 암살 건에서 그가 황제의 조카라는 점 때문에 개인적으로 대항해 활동할 필요는 없었다고 밝히며, 그래서 앞으로의 재판 과정을 염두에 두고 항의하는 내용을 진술했습니다…….
여러분을 포옹하고 입 맞춥니다. 마지막 숨을 거둘 때까지 나는 언제나 여러분과 함께임을 믿어주십시오. 다시 한번 작별의 인사를 전합니다…….

여러분의 이반 칼랴예프.

동지 한 명에게 보내는 개인적인 편지에서, 그는 대공비와의 면회에 대해 신문에 난 의도적으로 왜곡된 보도에 불안해하며 감옥에서 이렇게 썼다.

4월 27일. 소중한 친구여, 내가 어떤 식으로든 나쁜 인상을 주었다면 용서해라. 자네가 날 비난할 거라 생각하면 무척 괴롭다. 무덤 앞에 서 있는 지금, 모든 일이 한 가지, 즉 혁명가로서의 명예에 달려 있는 듯하다. 왜냐하면 저 세상에서도 나와 투쟁조직의 결속이 그 명예에 달려 있기 때문이다. 감옥의 네 벽 안에서는 뭐가 중요하고 뭐가 중요치 않은지 방향을 잡기 힘들다. 몇 분마다 나는, 누군가 악한 사람이 내 유해를 풍자하고 모욕할 것 같다는 예감이 든다. 그럴 때면 나의 사상을 위해 복수하려고, 살고 싶어진다. 하지만 자네도 알다시피 나는 지상에서 할 일은 모두 마쳤다. 나는 자네를 사랑했고, 자네와 함께 고생하고 기도했다. 그러니 자네가 또한 내 명예를 보호해 주길 바란다. 어쩌면 나는 사람들에게 지나치게 마음을 터놓았는지도 모르지만, 내가 위선자가 아니라는 건 자네도 알 것이다. 베라 글레보브나와 우리 조직 모두에게 인사를 전해주기 바란다. 작별이다, 나의 소중한, 유일한 친구여. 행복해라! 행복해라!

VII

칼랴예프는 상원에서 특별 참석한 가운데 1905년 4월 5일에 재판받았다. 변호사 즈다노프와 만델슈탐이 그를 변호했다. 즈다노프는 이미 볼로그다에서부터 칼랴예프와 가까운 사이였고, 그를 변호하면서 러시아 정치 재판사에 남을 뛰어난 변론을 했다. 그러나 그보다 더 주목할 만한 변론을 한 것은 칼랴예프 자신이었다.

"무엇보다도, 우선 사실을 정정합니다. 나는 당신들 앞에서 재판을 받는 것이 아니라 당신들의 포로입니다. 우리는 전쟁 중인 두 진영입니다. 당신들은 제정 정치의 대표자들이며, 폭력과 자본에 고용된 하인들입니다. 나는 민중의 복수자 중 하나이며 사회주의자이고 혁명가입니다. 시체의 산, 수십만의 파괴된 인생, 공포와 폭동의 급류를 타고 온 나라를 휩쓴 피와 눈물의 바다가 우리를 갈라놓습니다. 당신들이 민중에게 전쟁을 선포했고, 우리는 선전포고를 받아들였습니다. 나를 포로로 잡았으니 이제 당신들은 나를 완만한 죽음의 고통 속으로 몰아넣거나 당장 죽일 수도 있지만, 나라는 개인을 재판할 수는 없습니다. 얼마나 교묘히 농간을 부려 나를 지배하려 한들, 이곳에 나에 대한 유죄 판결이 있을 수 없듯이 당신들에 대한 무죄 방면도 있을 수 없습니다. 전제정치와 민중 사이에 화해의 지점이 있을 수 없듯이, 우리 사이에도 화해는 있을 수 없습니다. 우리는 계속 전처럼 적이고, 당신들이 내게서 자유와 민중에게 공개적으로 호소할 수단을 빼앗고 내 위에 이토록 장엄한 가짜 재판정을 지었다고 해도, 내가 어떤 식으로든 당신들을 내 재판관으로 인정할 의무가 생기는 것은 아닙니다. 상원의원의 예복에 감싸인 법이 우리를 재판하지 않게, 계급 대표로 임명된 노예들의 증언이, 헌병의 비겁함이 우리를 재판하지 않게 하십시오. 이 역사의 대순교자—민중의 러시아가 우리를 재판하게 하십시오.

나는 대공을, 황실의 일원을 살해했고, 그래서 나를 왕조의 공개적인 적으로서 황실의 가족 법정에 세울 수도 있었다고 알고 있습니다. 이것은 조야하고 20세기치고는 야만적이었을 것입니다. 그러나 최소한 솔직했을 것입니다. 그러나, 손에서 민중의 피를 채 씻어내지도 않고 당신들을 이리로 보내 교수대를 짓게 한 그 빌라도는 대체 어디 있단 말입니까? 아니, 어쩌면 권력을 위임받았다는 자각 속에서, 여러분이 그의 허약한 양심을 대신해 그 위선적인 법의 이름으로 재판할 권리까지 스스로에게 부여한 것입니까? 그렇다면 나는 당신들도, 당신들의 법도 인정하지 않는다는 걸 알아두십시오. 정치적인 위선이 정부의 도덕적 비겁함을 위장하고, 폭력의 승리를 위해 능욕된 인간 양심의 이름으로 잔혹한 강제가 행해지는 중앙 정부 조직을 나는 인정하지 않습니다.

하지만 당신들의 양심은 어디 있습니까? 돈에 팔린 당신들의 열성이 끝나는 곳은 어디이고, 내게는 적대적이라고 해도 당신들의 사심 없는 신념이 시작되는 곳은 어디란 말입니까? 당신들은 내 행동을 심판할 뿐 아니라, 그 행동의 도덕적 가치를 훼손하고 있지 않습니까. 2월 4일 사건을 당신들은 그저 살인이라고 하지 않고, 범죄라느니 악행이라느니 하는 이름을 붙였습니다. 당신들은 뻔뻔스럽게도 나를 재판할 뿐 아니라, 비난하고 있습니다. 도대체 무슨 권리로 그렇게 한단 말입니까? 신을 공경하는 고관들, 당신들이 직접 사람을 죽인 적은 없지요. 여러분은 단지 총검과 법률뿐 아니라 '윤리'라는 논거에 의지하고 있을 뿐이라는 게 사실 아닙니까? 나폴레옹 3세 시대의 어느 고명한 교수와 마찬가지로, 당신들은 두 개의 도덕성이 존재한다고 인정할 태세인 겁니다. 하나는 보통의 인간을 위한 '살인하지 말라', '도둑질하지 말라'라고 고하는 그것이고, 다른 윤리는 정부를 위한, 정부에게 모든 것을 허용하는 정치적인 도덕성입니다. 그리고 당신들은, 당신들에게는 모든 것이 허락되고 당신들을 재판할 법정은 없다고 정말로 믿고 있는 겁니다…….

하지만 잘 보십시오. 사방에 피와 신음뿐입니다. 이 전쟁은 내부적이고 또 이 전쟁은 외부적입니다. 이곳저곳에서 화해할 수 없이 서로 적대적인 두 세계, 즉 샘처럼 솟아오르는 생명과 침체, 문명과 야만, 폭압과 자유, 독재와 민중이 강렬한 충돌에 이르렀습니다. 그리고 이것이 그 결과입니다. 군사 주권의 전례 없는 패배라는 모욕, 정부의 경제적·윤리적 파산, 내부적으로는 군주제의 정치적 기반 해체, 이와 동시에 소위 변경에서는 정치적 독립을 지향하는 움직임이 자연스럽게 발전하고, 사방에 전반적인 불만의 소리, 저항 정당의 성장, 노동 대중의 노골적인 소요, 그들은 사회주의와 자유의 이름으로 장기적인 혁명으로 옮겨갈 준비가 되어 있고, 이 모든 것의 배경에는 테러 활동이 있습니다……. 이런 현상은 무엇을 의미합니까?

이것이 당신들에 대한 역사의 심판입니다. 이것이 오랫동안 축적된 재난으로 말미암아 각성한 새 삶의 파동이고, 이것이 죽어가는 전제정치를 위한 임종 기도입니다……. 그리고 우리 시대의 혁명가는 자신이 꿈꾸는 이상을 하늘에서 땅으로 가져오기 위해 유토피아주의자나 정치가가 될 필요가 없습니다. 그는 총계를 내고 하나의 분모로 통일하여 삶의 흐름 속에 충분히 준비된 것만을 구현하고, 투쟁에의 부름에 대한 대답으로 자신의 증오심을 내던지며, 폭압에 대해 '나는 탄핵한다!'라고 떳떳이 외칠 수 있는 것입니다.

......대공은 러시아를 지배하는 반동 정당의 중요한 대표이며 지도자에 속했습니다. 이 반동 정당은 가장 어두웠던 알렉산드르 3세의 암흑 시절로의 회귀를 꿈꾸며, 그에 대한 개인 숭배를 스스로 밝히고 있습니다. 세르게이 대공의 활동과 영향력은 니콜라이 2세 황제의 재위가 시작될 무렵부터 그 치세와 밀접하게 연관되어 있었습니다. 호딘카 벌판에서의 무시무시한 참사[1]와 그에 있어 세르게이의 역할은 이 불운한 치세의 서곡이었습니다. 당시 이 참사의 원인을 조사했던 팔렌 백작은 결론을 맺으면서, 무책임한 인물들을 책임 있는 자리에 임명해서는 안 된다고 말했습니다. 그리고 바로 사회혁명당 투쟁조직이, 법 앞에서 무책임한 대공이 민중 앞에서 책임을 지도록 만들어야 했습니다.

물론, 혁명적 처벌을 받기 위해 세르게이 대공은 민중 앞에 무한히 많은 범죄를 축적했어야 했고 또 축적했습니다. 그의 활동은 세 개의 구분된 영역에 나타났습니다. 모스크바 총독으로서 그는 심지어 악명 높은 자크레프스키[2]의 회상록도 빛이 바랠 만한 기억을 남겼습니다. 법에 대한 대공의 완전한 무시와 무책임함으로 인해 모스크바는 실제로 일종의 특별한 공국이 되었습니다

---

[1] 1896년 5월 18일 니콜라이 2세 황제의 대관식을 맞아 모스크바 북서부의 호딘카 벌판에서 서민들에게 선물을 나눠주는 행사가 있었다. 그러나 행사 조직자와 시 당국의 행정 미숙으로 인하여 인파가 지나치게 몰려 압사 사고가 일어났다. 공식적 자료에 의하면 1,389명이 사망하고 1,300명이 후유장애를 가지게 되었다고 한다.

[2] 아르세니 자크레프스키(1783-1865)는 1828-1831년 내무장관을 지내며 '콜레라 폭동' 진압 과정에서 잔혹함으로 악명을 떨쳤다.

다. 모든 문화 사업에 대한 박해, 계몽 단체의 폐쇄, 가난한 자와 유대인 박해, 노동자들의 정치적 타락을 위한 시도, 현 체제에 대항하는 모든 항거에 대한 박해―이런 것들은 피살자가 모스크바의 작은 독재자로서 역할했음을 보여주는 행위들입니다. 두 번째로, 정부 조직에서 요직을 차지한 인물로서 그는 반동 정당의 수장이었고 모든 억압적인 시도를 교사했으며, 모든 민중적이고 사회적인 운동을 강제 진압하는 정책의 가장 강력하고 중요한 행위들을 비호했습니다. 바로 플레베가 그 유명한 성삼위일체 대수도원 출장, 그 뒤를 이어 폴타바와 하리코프 농민 진압을 위한 출장에 앞서 세르게이 대공에게 들러 조언을 구했습니다. 그의 대리인은 시퍄긴, 그의 앞잡이는 보골레포프, 그 뒤에는 즈베레프가 있었습니다.[1] 정부의 모든 정치적 경향에 그의 영향이 나타나 있습니다. 그는 철권통치를 완화하려는 스뱌토폴크-미르스키의 미약한 시도에도 대항하면서 '이것이 끝의 시작'이라고 선언했습니다. 그는 스뱌토폴크-미르스키의 자리에 자신의 앞잡이인 불리긴과 트레포프[2]를 대신 보냈고, 1월의 유혈 사태에서 이들의 역할은 너무나 잘 알려져 있습니다. 마지막으로 그의 세 번째 활동 영역은, 그의 역할이 가장 두드러졌으나 가장 알려지지 않은 방면인데, 바로 황제에 대한 개인적인 영향력입니다. '군주의 숙부이자 친구'는 여기서 가장 확고하고 가차 없

1 드미트리 시퍄긴은 러시아제국 내무장관을 지냈으며 강경한 반혁명주의자였다. 니콜라이 보골레포프는 러시아제국 교육부 장관을 지냈으며 학생의 정치활동 금지령 등을 내렸다. 니콜라이 알렉산드로비치 즈베레프는 모스크바 대학교 법학교수로 1898년 모스크바 대학교 총장을 역임했고 이후 보골레포프가 교육부 장관으로 재임할 당시 교육부 차관을 맡았다. 1901년 상원의원을 거쳐 1902-1904년 황실 검열부 수장을 역임했다.
2 알렉산드르 불리긴은 1905년 러시아제국 내무장관을 지낸 반혁명적 인물이다. 드미트리 트레포프는 모스크바 경찰청장, 상트페테르부르크 총독 등 여러 고위직을 지냈다. 1905년 혁명 당시 강경한 진압을 한 것으로 널리 알려져 있다.

는 왕조의 이해관계의 대변자로서의 면모를 드러냈습니다."

칼랴예프는 다음과 같은 말로 변론을 끝맺었다.

"나의 시도는 성공으로 끝났습니다. 그리고 위대하고 역사적인 과업을 짊어진 당의 모든 활동 역시, 그 어떤 장애에도 불구하고 같은 성공으로 끝날 것입니다. 나는 이것을 굳게 믿고, 새 생활을 향해 부활한 노동 민중의 러시아가 미래에 누릴 행복을 봅니다.

그리고 나는 의무를 완수했다는 자각을 가지고 그 자유를 위해 죽을 기회가 주어져서 기쁘고 자랑스럽습니다."

낮 3시에 칼랴예프에게 판결이 언도되었다. 사형이었다.

그는 판관들에게 말했다.

"나는 당신들의 판결 덕분에 행복합니다. 내가 사회혁명당의 판결을 집행했듯이 당신들도 그렇게 전 민중에게 공개적으로 나에 대한 판결을 집행해 주기 바랍니다. 역동하는 혁명의 눈을 똑바로 들여다보는 법을 배우십시오."

칼랴예프는 상고했다. 변호인 베렌슈탐이 그것을 상원에 제출했다.

상고문에 칼랴예프는 이렇게 썼다.

나는 폴란드인 어머니에게서 태어나[3] 바르샤바에서 자랐지만, 언제나 제 자신이 러시아인이라고 느꼈습니다. 아버지는 랴잔 지방의 농노 출신이었고, 아버지에게서 나는 러시아 민중에 대한 사랑을 물려받았습니다. 바르샤바의 유일한 러시아 김나지움에서 나는 러시아에 대한 어떤 낭만적인 사랑과

---

3 1877년. — 원주

인류의 이름으로 러시아에 봉사하고자 하는 갈망을 얻었습니다. 그러나 어린 시절부터 발달한 관찰력과 주변 상황을 분석하려는 경향으로 인해 일찍이 조국의 제도를 비판적으로 평가하는 법을 배웠습니다. 나는 형식적인 애국주의와 국수주의적 적대감의 분위기가 괴로웠고, 바로 이 때문에 바르샤바의 대학에 입학하지 않고 모스크바로 떠났습니다. 나의 정치적인 신념의 발달과 평행하게 사회적인 공감도 발달했습니다. 나의 아버지는 바르샤바 경찰의 지서장으로 근무했고 후일 간트케의 공장 관리소에서 조합 지도원으로 일했습니다. 청렴한 분이었던 아버지는 뇌물을 받지 않았고, 이 때문에 우리는 몹시 가난했습니다. 내 형제들은 노동자로 자라났고, 나 혼자만 대학에 들어가는 행운을 누렸습니다. 어린 시절부터 나는 노동과 가난의 함수관계에 익숙해 있었고 그래서 곧 확신에 찬 사회주의자가 되었습니다. 나는 자신의 힘을 믿고 열광적으로 고등교육을 향해 나아갔으며 고국의 민중을 위해 일하는 떳떳한 사회의 일원이 되려는 순수한 의도를 가지고 있었습니다. 이렇게 해서 나는 1899년 페테르부르크 대학교의 학생운동 당시 처음 공개적으로 신념을 드러냈습니다. 그 결과 나는 복학할 권리 없이 퇴학당했고 2년간 경찰의 감시하에 예카테리노슬라프로 보내졌습니다. 이것은 내게 영원히 운명을 결정지은 커다란 충격이었습니다. 예카테리노슬라프에서 지내면서 나는 신문사에서 일하고, 러시아의 경제생활 관습을 연구하고, 지역 계몽기구의 감사위원회 위원으로 일했으나, 젊은 날을 낭비하기가 아쉬웠습니다. 경찰의 감시 기한이 끝난 후에도 다시 대학에 받아들여 달라는 부탁은 모두 차갑게 거절당했습니다. 사회민주당의 혁명 활동과의 교류, 그리고 '인민의 의지' 문헌의 영향을 받아 나는 살면서 발전할 권리를 거부당한 사람으로서의 모호한 입장에서 벗어날 길을 찾았습니다. 그때부터 나는 확신에 찬 혁명가가 되었습니다. 1901년 12월, 나는 12월 시위 직전에 사회민주당 위원회에 참여했습니다. 시위자들은 경찰에 의해 해산되고 부상당했습니다. 나는 이에 대해 당시 현에서 전반적으로 광포하게 행동했던 현지사 켈레르 백작을 암살하는 것으로 응답하려 했으나, 혼자서는 이런 의도를 포기해야 했습니다. 테러 사상이 마음 깊은 곳에서 불타올랐고, 나는 그것을 실행에 옮길 방도를 찾았습니다. 지식에 대한 갈망, 그리고 나를 완전히 사로잡은 그러한 활동에 대한 갈망을 간직하고 나는 국외로 나가 르보프[1]로 가서 그곳 대학에 들어갔고, 그 외에도 혁명 문학 연구에 몰두했습니다. 그곳에서 나는 최종적으로 결단을 내렸습니다. 발마셰프 건이 나의 과업이 될 뻔했으나, 사회민주당원들과 연관이 있었던 관계로 나는 공개적인 혁명 투쟁을 위한 전우를 찾을 목적으로 불법 활동에 참여하기로 결정했습니다. 1902년 여름 르보프에서 베를린으로 옮겨가는 도중 국경 세관에서 러시아 정부 권력에 대항해 발행한 혁명 출판물을 소지한 혐의로 독일 경찰에 체포되었습니다. 이 일로 인해 나의 의도는 조금 좌절되었고 그 실행은 오랫동안 연기되었습니다. 이 불쾌한 돌발 사건이 종료되기를 기다린 후 나는 1903년 10월 외국으로 나갔습니다. 그때부터 최근까지 나는 테러리스트 자격으로 활동할 기회를 찾고 있었습니다. 이 방향에 대한 나의 본능적인 감정, 그리고 이와 유사한 종

---

1 현재 우크라이나 서부 도시 리비우. 러시아제국 시대에는 폴란드 영토로 러시아 본토가 아닌 식민지였다.

류의 활동의 필요 불가결함에 대한 생각은 조국의 운명에 떨어진 그 놀라운 참변으로 인해 점점 커졌습니다. 외국에서 나는 유럽인들이 마치 러시아 이름이 치욕적인 이름이라는 듯, 얼마나 경멸적인 태도로 러시아인을 대하는지를 체험했습니다. 그리고 조국의 치욕은 이 괴물과도 같은 내부적 전쟁과 외부적 전쟁이며, 황제의 정부와 민중의 적인 자본주의의 공개적인 영합은 전제정치의 오랜 전통에서 비롯된 그 악에 물든 정략의 결과라는 결론에 도달하지 않을 수 없었습니다.
(이반 플라노토비치 칼랴예프가 상원에 제출한 상고문 중. 혁명지 『브일로에』 1908년 제7호)

칼랴예프는 상고문의 법률적 부분에서, 재판 때 그랬던 것처럼 자신의 의무를 다해 철저히 당의 입장을 견지하려 노력했다. 그는 황제 살해의 문제와 무정부주의에 대한 당의 태도를 거론했다. 전자와 후자에서 모두 그는 자신의 개인적인 견해를 내세우는 것을 <u>스스로</u> 허용하지 않았다. 그는 이렇게 썼다.

만일 내가 황제 폐하를 염두에 두고 있었다면, 폐하에 대항해서 활동했다고 말했을 것이고, '황실에 대항하여'라는 전반적인 표현 속에 내 생각을 숨길 필요성은 없었을 것입니다. 내 표현은 한정된 의미를 지니며, 이런 뜻에서 전혀 황제 폐하를 현재의 통치 군주로서 거론하지 않습니다. 내가 기억하는 한 내가 속한 당은 당 정책상 폐하 개인에 대한 문제는 제기하지 않았습니다. 당의 일원으로서 그 이해관계를 지킬 의무를 의식하는 진술에서, 나는 또한 당의 규율이 허용하는 한도를 넘어 개인 의견을 표명하지 않았습니다. 알렉산드르 3세의 정책과 기타 등등에 대해 말하면서 나는 황제 폐하 개인이 아니라, 대공들이 폐하를 위해 가장 불이익이 되는 형식으로 참여하는 정당의 반동 정책을 염두에 두고 있었습니다. 이것을 나는 이런 말로 이미 표현했습니다. "만일 플레베 같은 장관들이 군주제를 망치고 있다는 게 사실이라면, 세르게이 알렉산드로비치 같은 대공들은 왕조의 위신을 망치고 있다고 더 확실한 근거를 가지고 말할 수 있을 것입니다." 현 진술의 해명에서 나는 당도, 나 자신도 무정부주의자라고 인정할 수 없다는 점에 대한 나의 의견을 자세히 전개할 의무가 있다고 생각합니다. 따라서 제 생각이 오해되는 일이 없도록 하기 위해, 저는 판결문 최종본에 '황제 폐하의 숙부'라는 표현이 포함되는 것에 대해 정식으로 이의를 제기합니다.

정부에 관한 문제에서 사회혁명당은 노동 민중이 의회에서의 선거를 통해 정부의 통치에 참여할 것을 선전하는 유럽 사회주의와 관점을 같이합니다. 우리 당은 사회민주당과 마찬가지로 현재 시점에서 전체 시민의 보통 선거권, 그리고 무정부주의적 항거와는 매우 거리가 먼, 정부의 민중 통치라는 복지를 요구합니다. 『혁명 러시아』에 게재되었던 강령이나 플레베 암살과 관련한 진술을 근거 자료로 들 수 있으며, 후자의 진술에서 당은 '인민의 의지'의 진술을 되풀이하며 자신을 명백히 무정부주의자와는 차별화하고 있습니다.

이 항의는 상원에서 고려되지 않았고, 5월 9일 월요일에 칼랴예프는 경찰 증기선으로 페트로파블롭스크 요새에서 슐리셀부르크로 이송되었다. 5월 10일을 앞둔 밤 저녁 10시경에 사제인 플로린스키 신부가 그를 방문했다. 칼랴예프는 그에게, 신앙을 가졌지만 의식은 인정하지 않는다고 말했다. 사제는 떠났다. 새벽 2시, 이미 동이 트고 있을 때 칼랴예프는 마당으로 불려나갔고, 그곳에 준비된 교수대가 검게 빛나고 있었다. 마당에는 계급 대표들과 요새 행정직원, 군인 한 조와 비번인 하사관 전원이 모여 있었다. 칼랴예프는 교수대에 올라섰다. 그는 온통 검은 옷을 입고, 외투 없이 펠트 모자를 쓰고 있었다.

교수대에 움직이지 않고 서서 그는 판결을 들었다. 십자가를 든 사제가 그에게 다가왔다. 그는 십자가에 입 맞추지 않고 말했다.

"이미 말씀드렸듯이, 저는 생을 완전히 끝맺었고 죽음을 맞이할 준비가 돼 있습니다."

형리 필리포프가 사제가 있던 자리에 섰다. 그가 밧줄을 목에 걸고 의자를 발로 찼다.

칼랴예프는 요새 성벽 밖, 호수 쪽에서 요새를 둘러싼 제방과 코롤레프스카야 탑 사이에 묻혔다.

3장 투쟁조직

I

2월 4일 저녁, 나는 모스크바를 떠나 페테르부르크로 갔다. 쿨리코프스키는 조직을 탈퇴했다. 도라 브릴리안트는 하리코프로 떠났다. 모이세옌코도 말과 썰매를 팔고 그녀와 합류했다.

페테르부르크에서 나는 슈베이체르를 만났다. 그는 이전에 모스크바에서 튜체프가 했던 말을 확인했다. 페테르부르크 분과는 마르코프와 바소프가 체포되고 사샤 벨로스토츠키가 모습을 감춘 뒤로 약해져서 트레포프에 관한 정보를 천천히 모으고 있었다. 감시 작업은 끝나려면 아직 멀었고, 트레포프 살해는 무슨 수를 써도 불가능했다. 대신 슈베이체르는 블라디미르 알렉산드로비치 대공의 외출에 관한 정보를 가지고 있었다. 그 정보는 감시를 통해 확인되었고, 슈베이체르는 이 예상외의 새 작업에 모든 인력을 집중하기로 결정했다. 그는 내게 자신의 결정을 알렸고, 나는 승인했다. 또한 그때 슈베이체르는 내게 키예프의 작업 상황을 이야기해 주었다.

보리샨스키와 카자크 부부는 1월 말에 클레이겔스의 외출 일정을 확인하고 암살에 돌입하기로 결정했다. 카자크 부부는 내가 알지 못하는 이유로 여기에 참여하지 않았다. 보리샨스키는 혼자 남았다. 그가 직접 자기 폭탄을 충전해서 그것을 들고 크레샤티크로 나갔다. 그곳에서 한 시간 가까이 기다렸으나, 클레이겔스는 나타나지 않았다. 그래서 보리샨스키는 호텔의 자기 방으로 돌아갔다. 후일 알게 된바 클레이겔스는 몇 분 늦게 외출했고, 보리샨스키가 자리를 떠나지 않았다면 키예프 총독은 살해되었을 것이었다. 보리샨스키는 계속 키예프에 남아 있었으나, 그가 혼자 과업을 처리하리라는 희망은 별로 없었다.

칼랴예프의 죽음과 슈베이체르의 실패, 그리고 키예프 분과의 완전한 혼란에도 불구하고 투쟁조직은 이때 대대적인 세력이 되어 있었다. 플레베 살해와 이어진 세르게이 살해로 인해 조직은 모든 계층의 국민들 사이에서 엄청난 명성을 얻었다. 정부는 조직을 두려워했고, 당은 조직을 가장 가치 있는 기구로 여겼다. 다른 한편으로, 조직의 현실적인 세력은 비밀 조직 사회에서 의심할 바 없이 대단히 강력했다. 슈베이체르처럼 능력 있고 경험도 있는 조직가가 있었고, 수적으로 미약하나 조직에 대한 애정과 장기간에 걸친 경험, 그리고 테러에 대한 헌신으로 굳게 뭉친 도라 브릴리안트, 모이세옌코, 둘레보프, 보리샨스키, 이바노브스카야, 레온티예바, 실레로프 같은 인물들로 구성되어 있었다. 돈은 충분했고, 투쟁조직에 입단하려는 후보자도 모자람이 없었으며, 마지막으로—이것이 가장 중요한데—우리는 세르게이 건보다 규모가 작지 않은 새로운 암살 계획, 즉 블라디미르 대공 암살을 목전에 두고 있었다. 이 무렵에 조직은 완전히 강건해졌고, 독립적이며 자기 고유의 법칙을 따르는 분리된 개체로서 확고한 형태를 이루었으며, 그리하여 모든 비밀 조직이 당연히 지향하고 또 유일하게 그런 조직의 성공을 보장할 수 있는 상태에 도달했다. 이런 근본적인 성공에 대한 자각은 우리를 버리지 않았다. 이때는 슈베이체르 또한, 이어진 실패에도 불구하고 미래의 테러에 확고한 신념을 가지고 있었다.

페테르부르크에 있을 필요가 없음을 확인하고, 나는 앞으로의 투쟁 계획에 관해 가폰과 아제프에게 조언을 구하기 위해 제네바로 가기로 결정했다. 나는 이바노브스카야에게, 하리코프에 가서 모이세옌코와 브릴리안트에게 내가 떠난다는 소식을 알리고 내가 돌아올 때까지 기다릴 것을 제안해 달라고 부탁했다. 또한 이때 페테르부르크에서 나는 마지막으로 타티야나 레온티예바와 만났다. 금발에 단정하고 빛나는 눈을 가진 그녀는 겉보기에 사교계의 귀족 아가씨를 연상시켰고, 또 실제로도 그러했다. 그녀는 자신의 힘든 사정에 대해 내게 불평했다. 그녀는 자신이 존경하지도 않을뿐더러 적으로 여기는 고위 관리들과 근위대 장교 등의 사람들과 만나 그들을 정답게 대해야 했는데, 그런 사람들 중에는 후일 유명해진 모스크바 궐기[1]의 진압대장이자 당시 아직 대령이었던 세묘노프 연대의 민[2] 연대장도 포함되어 있었다. 그러나 레온티예바는 부모에게도 자신의 혁명적 공감을 감추고 자기 역할을 유지했다. 그녀는 이브닝 파티에 나가고 무도회에 다니며 모든 행실에 있어 주위의 귀족 아가씨들과 달라 보이지 않으려 애썼다. 그녀는 그런 방식으로 우리가 필요로 하는 인맥을 쌓을 수 있으리라 기대했다. 이 어려운 역할을 그녀는 대단히 현명하고 재치 있고 솜씨 좋게 수행했고, 그녀의 말을 들으며 나는 칼랴예프가 처음 그녀와 친분을 맺은 당시 내렸던 평가를 여러 번 떠올렸다. '저 아가씨는 정말 보물이야.'

나는 거리에서 그녀를 만나 모르스카야 거리의 어느 큰 음식점에 들렀다. 자기 생활과 계획에 관해 이야기하고 나서, 그녀

---

[1] 1905년 12월에 모스크바에서 일어난 무장 노동자 봉기.
[2] 게오르기 알렉산드로비치 민(1855-1906). 모스크바 궐기를 진압한 공으로 황제 직속 근위대에 발탁되었다.

는 세르게이 대공 암살이 어떻게 실행되었는지 수줍게 물었다. 나는 간단하게 그녀에게 모스크바에서의 우리 생활과 2월 4일 당일에 대해 이야기해 주었으나, 칼랴예프의 이름은 언급하지 않았다. 내가 말을 마치자 그녀는 시선을 들지 않고 조용히 말했다.

"누가 했죠?"

나는 침묵했다.

"시인이었나요?"

고개를 끄덕였다.

그녀는 의자 등받이에 몸을 기대더니, 2월 4일의 도라처럼 돌연히 흐느껴 울었다. 그녀는 칼랴예프를 잘 알지 못했고 몇 번 만나지도 못했으나, 그 짧은 만남들로 그를 완전히 인정할 수 있었던 것이다.

레온티예바에게서도 브릴리안트가 그토록 풍부하게 지닌 집중된 의지의 힘을 많이 볼 수 있었다. 두 사람 모두 '금욕적인' 성격이었다. 그러나 도라 브릴리안트가 더 우울하고 어두웠다. 그녀는 생의 기쁨을 몰랐고, 죽음은 그녀에게 있어서 정당하고 오래 기다려온 상으로 여겨졌다. 레온티예바는 나이가 더 어렸고, 더 즐겁고, 더 밝았다. 그녀는 사조노프의 내면에 살아 있던 것과 같은 감정, 즉 크고 찬란한 희생에 대한 즐거운 자각을 가지고 테러에 참여했다. 그녀의 운명이 지금과 달랐더라면, 그녀는 능동적인 여성적 힘의 상징으로 역사에 이름을 남긴 그 보기 드문 여성들 중 하나가 되었을 것이라 나는 확신한다.

페테르부르크를 떠나기 바로 직전에 나는 또한 마지막으로 슈베이체르를 만났다. 그는 평소보다 더 과묵했고, 평소와 마찬가지로 태도가 매우 절제되어 있었다. 그는 오랫동안 자세하게 모스크바 작업에 대해 물었고, 그와 관련한 모든 세부 사항과 내 의견을 알고 싶어 했다.

그는, 자신이 확인한바 계획의 계속적인 변경—대상이 황제였다가, 무라비요프였다가, 트레포프였다가 지금은 블라디미르 대공으로—이 작업을 방해한다고 말했다. 그리고 또한, 이제는 블라디미르 대공 암살 한 가지만 준비하기로 결정했으며 계획이 성공하지 않는 한 페테르부르크를 떠나지 않겠다고 말했다.

우연히 우리는 1월 9일과 가폰[1]에 대해서도 이야기하기 시작했다. 슈베이체르는 페테르부르크 노동자들의 완강함에 탄복했고, 칼랴예프와 마찬가지로 대중 테러의 만개가 필연적으로 임박했다고 확신을 가지고 말했다. 가폰이라는 인물에 그는 깊이 흥미를 느꼈다—그는 가폰의 이름이 전 러시아 노동자들을 동요시키기를 바라고 있었다. 몇 번이나 그는 당이 민중과 견고한 관계를 맺어야 할 필요성을 강조했으나, 투쟁조직의 과업은 대공들에게서 황제로 옮겨가 황제 살해와 함께 중앙 테러의 거사를 완수하는 것이라고 말했다. 작별하면서 그는 평소의 절제된 태도를 조금 바꾸어 내게 입 맞추고 말했다.

"발렌틴에게도 입 맞춘다고 전해주십시오."

슈베이체르는 겨우 25살이었다. 그는 아직 내면에 숨겨진 가능성을 전부 발휘하지 못했다. 그러나 당시 이미 그의 준엄한 성격에서 두 가지 특성이 뚜렷이 드러나고 있었다. 그것은 곧바로 목표를 향하는 강하고 실리적인 지성과 강철의 의지였다.

그는 항상 자기계발을 위해 노력했으며, 미래에 테러리스트들 중에서도 현저하게 중요한 자리를 차지할 가능성이 높았다. 그

---

1 128쪽 1번 각주 참조.

의 눈에는 기술적인 영역, 즉 화학, 기계 기술, 전자 기술에 대한 애정이 뚜렷이 나타났다. 그는 사회 문제에 관한 최신 문헌을 끊임없이 탐독했을 뿐 아니라 자유 시간에는 자신이 사랑하는 과학을 연구했다.

당 정책에 있어 그는 테러에 결정적인 의미를 두었으나, 내 생각에 그는 당 전반 업무의 일급 조직자로 성장할 수도 있었을 것이다. 레온티예바처럼, 그도 너무 일찍 죽었다.

II

2월 중순에 나는 제임스 핼리의 여권으로 아이드쿠넨을 거쳐 외국으로 나갔다. 제네바에서 나는 아제프, 루텐베르크, 그리고 가폰을 만났다.

아제프는 내게 키예프와 페테르부르크와 모스크바에 관하여, 또한 조직원 전체와 개개 일원에 관하여 자세히 캐물었다. 그는 키예프의 실패에 큰 의미를 두지 않았으므로 작업 상황에 대체적으로 만족했다. 또한 이 대화 중에 그는 내가 중앙위원회 위원으로 선출되었다는 것과, 투쟁조직에 가입하고 싶어 하는 사람들이 외국에도 몇 명 있다는 것을 알려주었다. 입단 희망자는 레프 이바노비치 질베르베르그, 그의 아내 크세니야 크세노폰토브나(결혼 전의 성은 팜필로바), 그리고 마냐 슈콜니크와 아론 슈파이즈만이었다. 처음의 두 명과 아제프의 동생 블라디미르가 화학자 출신인 보리스 그리고리예비치 빌리트의 지휘 아래 프랑스 남부의 빌프랑슈에 임대한 별장에서 다이너마이트를 제조하고 있었다. 다른 두 명은 제네바에서 지냈다.

나는 아제프의 지시에 따라 마냐 슈콜니크와 아론 슈파이즈만과 알고 지내게 되었다. 슈콜니크는 재봉사였다. 슈파이즈만은 제본공인 듯했다. 슈콜니크는 22살이었고, 슈파이즈만은 30살 정도였다. 둘 다 서부 지방의 작은 마을 출신으로 1903년 가을에 비밀 인쇄소 사건으로 재판받았으며, 둘 다 모든 기본권을 박탈당한 후 시베리아 유형을 선고받았다. 그들은 그곳에서 도주하여 지금은 투쟁조직에 받아들여 달라고 청원하고 있었다.

마냐 슈콜니크는 얼굴이 창백하고 쇠약한 아가씨였다. 그녀는 뚜렷한 유대인 억양으로 말했고, 대화 중 손짓을 많이 사용하는 편이었다. 그녀의 말 한 마디 한 마디와 몸짓 하나하나에서 혁명에 대한 광적인 충성심이 비쳐 나왔다. 노동계급이 견디고 있는 비참한 가난과 모욕에 대해 이야기하기 시작하면서 그녀는 특히 흥분했다. 내가 보기에 그녀의 천직은 선동가였으나, 테러에 대한 충성심의 강도 또한 의심의 여지가 없었다. 그 때문에 나는 그녀가 조직에 입단하는 데 반대하지 않았다.

아론 슈파이즈만은 크지 않은 키에 머리카락이 검고 눈도 유대인답게 검고 슬펐다. 그도 마냐 슈콜니크처럼 성격상 테러리스트보다 선동가 쪽이었고, 유형을 떠나기 전에는 노동자들 사이에서 큰 인기를 누렸다.

둘 다 매우 가난하게 살았고, 서유럽의 노동 운동을 대단히 주의 깊게 관찰했으며, 러시아를 떠날 날을 참을성 있게 기다렸다.

또한 그때 제네바에서 나는 처음으로 가폰을 만났다. 가폰은 러시아의 루텐베르크에게서 V. G. S.[1]의 주소를 받았으나, 그쪽을 찾지 않고 사회민주당을 찾아왔다. 내가 만났을 때 그는 당 전반 회의를 기획하느라 바빴는데, 그의 의견에 따르면 그 회의는 모든 정당의 연합을 시작하는 역할을 할 것이었다. 그는 사회

---

1 137쪽 2번 각주 참조.

혁명당에 대한 지지를 소리 높여 표명했으나, 사회민주당과도, 무정부주의자들과도, '해방연합'[1]과도, 그리고 제네바와 파리에 대표를 둔 모든 단체와도 똑같이 교류를 유지했다.

그의 첫인상은 대체로 거부감이 들었다. 그는 턱수염이 없었고[2] 나는 그의 얼굴 상반부―아름답고 지적인 이마와 생기 있는 갈색 눈―와 앞으로 튀어나온 아래턱 사이의 불균형을 곧 눈치챘다. 그와의 첫 만남 또한 좋은 기억을 남기지 못했다.

나는 그를 카루주 거리에 있는 V. G. S.의 아파트에서 만났다. 분명 그는 모스크바 작업에 내가 참여한 사실을 이미 알고 있었다. 나와 인사한 후 그는 팔을 잡고 나를 다른 방으로 데려갔다. 그곳에서 그는 돌연히 내게 입을 맞추었다.

"축하합니다."

나는 놀랐다.

"뭘 말입니까?"

"세르게이 대공 말입니다."

오직 가폰 한 사람만이 '대공' 건으로 내게 '축하'해야 한다고 여겼다.

첫인상은 곧 사라졌다. 나는 1월 9일 사태에 현혹되어 있었고, 피의 일요일에서 러시아 혁명의 시발점을 보았으며, 대중의 혁명적 준비성에는 회의적인 태도를 취했으나 그래도 방금 일어난 역사적 사건의 중요성과 힘을 인정해야 했다. 가폰은 내게 있어 궐기하는 노동자들의 선두에 섰던 전직 신부 게오르기 그 이상이었다. 나는 그에게 커다란 희망을 걸었다. 내게 그는, 1월 9일

---

1 러시아 내 자유주의 세력을 조직적으로 결집하여 1903년에 창립된 조직.
2 정교 사제는 전통적으로 턱수염을 길렀으며, 수염이 없다는 것은 상당히 이례적인 경우였다.

의 인상으로 보아 특별한 재능과 의지를 지닌 인물, 어쩌면 유일하게 노동자들의 마음을 지배할 능력이 있는 바로 그 인물로 보였다. 많은 사람들이 나의 이런 오해를 공유했다. 오직 아제프와 루바노비치[3]만이 가폰을 곧바로 정확하게, 즉 그다지 높지 않게 평가했다.

좀 더 친밀하게 교류하자, 그의 재능에 대한 선입견이 사실로 확인되었다. 그에게는 생기 있고 재빠르며 눈치 빠른 지성이 있었다. 그가 집필한 선언문은 몇몇 조악한 부분에도 불구하고 독창적이고 힘 있는 문체를 보여주었다. 마지막으로, 그리고 가장 중요한 점인데, 그는 눈에 띄게 두드러지는 웅변가로서의 재능을 타고났다.

나는 그의 페테르부르크 연설을 듣지 못했고 그러므로 그 연설의 장점을 판단할 수 없다. 그러나 어느 날 가폰이 소집한 어느 협의회에서, 내가 보는 앞에서 이런 일이 벌어졌다.

러시아 사회민주당 볼가 연안 지역위원회의 어느 위원이 선언문을 발표했는데, 그 선언문에서 가폰을 두고 '뻔뻔한 사제이며 어리석은 인물'이라고 무례하게 언급했다. 이 선언문을 누군가가 협의회에 가져왔다. 가폰은 문서를 다 읽고 나서 갑자기 안색이 변했다. 마치 키가 더 커진 것처럼 보였고, 눈에서는 불꽃이 튀었다. 그는 주먹으로 세차게 탁자를 내리치고 말하기 시작했다. 그가 한 말은 의미가 전혀 없었을뿐더러 그 이상 아무런 가치도 없었다. 그는 "모든 노동자들에게 사회민주당원들의 허위와 뻔뻔함을" 보여준 뒤 "지상에서 사회민주당원들을 쓸어버리

---

3 1880년대 '인민의 의지' 일원이었으며 이후 사회혁명당에서 중앙위원회 위원으로 활동했던 일리야 루바노비치(1859-1920).

겠다"고 위협했고, 플레하노프[1]를 욕하고 그 밖에도 그다지 설득력 없는 말들을 쏟아냈다. 그러나 그의 연설이 인상 깊었던 것은 말의 내용 때문이 아니었다. 나는 베벨, 조레스, 세바스티앵 포르[2]의 연설을 들을 일이 여러 번 있었다. 그리고 이들 중 그 누구도, 그리고 일반 연설과는 비교할 수 없이 쉽게 말해야 하는 노동자 집회에서도, 작은 방에서 열린 소규모의 협의회에서 거의 협박으로만 이루어진 연설을 하는 가폰만큼 내 눈앞에서 청취자들을 사로잡지는 못했다. 그에게는 진정한 웅변의 재능이 있었고, 분노로 가득한 그의 말을 들으면서 나는 이 사람이 무엇으로 투쟁하고 어떻게 대중을 자기 아래 복속시켰는지를 이해했다.

가폰을 좀 더 가까이 지켜보면서, 나는 그에게서 혁명에 대한 크고 뜨거운 사랑을 느끼지는 못했다. 그러나 가폰 개인에 대한 인상은 여전히 불명확했다. 내 앞에 의심의 여지 없이 1월 9일에 생명의 위험을 무릅쓴 사람이 있었다. 이 때문에 나는 내가 실수하여 그가 실제로 가지고 있는 사상에 대한 충성심을 보지 못하는 것이라는 쪽으로 생각이 기울었다.

나는 당시 아직 가폰의 친구였던 루텐베르크에게서 가폰에 대한 평가를 들었다. 그의 평가는 내게 아무것도 설명해 주지 못했다. 루텐베르크는 가폰을 '혁명에 휘말린 불쌍한 사제, 신실하고 정직한 사람'이라고 특징 지었다. 나는 루텐베르크가 잘못 안 것이라 생각했다. 가폰은 루텐베르크를 흉내 내고 그가 원하는 모습을 연기했던 것이다!

---

[1] 게오르기 발렌티노비치 플레하노프(1856-1918). 러시아 혁명가, 마르크스주의 이론가, 사상가로 러시아 사회민주당의 결성을 주도했다.

[2] 아우구스트 베벨은 독일 마르크스주의 계열의 대표적인 사회주의 정치가였으며, 세바스티앵 포르는 프랑스의 아나키스트이자 저술가였다. 장 조레스에 대해서는 109쪽 3번 각주 참조.

가폰은 '투쟁위원회', 즉 중앙과 대중 테러를 담당하는 특별 기구를 설립할 필요성에 대해 여러 번 말했다. 그는 농민 사이에서의 테러 운동이라는 발상을 전개했고 많은 동지들, 특히 브레슈콥스카야와 힐코프 공작이 그의 계획을 지지했다. 그는 오랫동안 논의한 끝에 당에 가입했고, 불법적으로 러시아에 잠입할 예정은 없었으며, 가까운 미래에 대중의 무장 봉기를 예언하고 그에 대한 사전 준비를 호소하는 데 그쳤다. 그리고 그는 곧 당에서 탈퇴했다.

루텐베르크도 가폰의 계획에 공감했다. 그는 또한 즉시 일반 대중의 무장에 착수해야만 한다고 생각했다. 이 당시에는 전반적으로, 감히 이런 활동 방식에 반대를 표명하는 것은 단지 극소수뿐인 분위기였다. 이 극소수의 반대자들은 그 어떤 정당도 이런 과업을 수행할 인력이 충분하지 않기 때문에 민중의 무장은 수행 불가능한 과업이라고 지적했다. 그리고 만약 그렇다면, 이것을 위해 책정된 인력과 자원을 중앙 테러의 발전을 위해 이용하는 쪽이 더 분별 있고 혁명을 위해 이익이 되는 일이라고 보았다. 중앙위원회는 이 당시 수가 매우 많았다. 결정은 느리게 내려졌고 위원이 일부만 참석하는 일도 잦았다. 지도적인 역할을 하는 것은 아제프와 고츠였다. 그들에게 많은 것이 걸려 있었다.

당 다수파의 의견은 상부의 지지를 얻어냈다. 대중의 투쟁 준비를 목적으로 하는 특별 조직을 창설하기로 결정되었다. 이 일은 루텐베르크에게 맡겨졌고, 그의 지휘하에 투쟁조직의 후보자 셋이 배치되었다. 1902년에 톰스크 비밀 인쇄소에 참여한 알렉산드라 세바스탸노바, K. M. 게르슈코비치가 천거한 바르샤바 출신 기술공 보리스 고린손, 그리고 N. V. 차이콥스키가 추천한 하임 게르슈코비치였다. 루텐베르크는 이들과 그가 러시아에서 선출한 인물들의 도움을 받아 민중의 무장 투쟁 준비를 시작하기로 했다. 그는 페테르부르크에 무기고로 쓸 아파트를 준비하고, 러시아에서 무기를 획득할 기회를 모색하고, '다슈나크츠툰' 당[1]의 아르메니아인 조직원들에게서 우리가 그들에게 양도해 둔 폭탄을 수송받고, 마지막으로 병기고를 수탈할 방법을 밝혀내기로 했다. 페테르부르크에서 조직의 입지가 다져지면 러시아 전역으로 활동을 확장하자는 건의가 후일 제기되었다. 이런 방향으로 그의 다음 행보는 선박 '존 크래프턴' 호의 무장 수송 파견이었다.

루텐베르크, 고린손, 세바스탸노바와 게르슈코비치는 러시아로 떠났고, 가폰은 자신의 '자서전' 출판 일로 런던으로 떠났다. 이 자서전으로 그는 영국에서 많은 돈을 받기로 약속되어 있었다. 나는 니스에 있던 고츠에게 갔다.

고츠는 빛나는 박식함과 대단한 지성 그리고 특출한 조직가로서의 재능 외에도, 그를 개인적으로 만나는 모든 사람으로 하여금 뜨거운 애착을 불러일으키는 유달리 뚜렷한 특성을 또 한 가지 두드러지게 지니고 있었다. 그에게는 단 몇 번의 만남만으로도 사람을 파악하고, 각자의 개성을 섬세히 인식해 그들의 개인적인 상황과 당파적인 상황을 모두 정확히 이해하고 공감하는 귀중한 재능이 있었다. 그는 동정심과 사랑, 그리고 사람에 대한 특출한 이해심을 가지고 이런 능력을 발휘했기 때문에, 그와의 개인적인 친분은 커다란 도덕적 지지이자 위안이 되었다.

1　1890년 오늘날 트빌리시에서 결성된 '아르메니아 혁명연맹'으로, 러시아제국 및 오스만제국 내 아르메니아인의 권리 보호, 자치 및 독립을 목표로 삼았던 민족주의적·사회주의적 비밀 정당이었다.

그중 칼랴예프도 포함하여, 많은 이들이 자신을 고츠의 제자로 여겼다.

고츠는 앓아 누워 있었다. 우리 사이에는 금방 그 부드럽고 다정하며 좋은 관계가 형성되었고, 그런 관계는 고츠만이 지닌 특별한 비밀과도 같은 것이었으며, 감정이나 생활 방식의 일치가 아닌 공통의 관점에 의해 연결된 사람들 사이에서는 보기 드문 관계였다. 그에게서 나는 처음으로 위에 언급한 상선 존 크래프턴 호의 파견에 대한 제안을 들었다.

핀란드 '적극적 저항'당[2]의 일원인 언론인 콘니 질리아쿠스가 중앙위원회에 보고하길, 자신을 통해 미국인 백만장자들이 러시아 혁명을 위해 100만 프랑 규모의 기부금을 보내왔으며, 대신 미국인들은 이 돈이 첫째로 민중 무장에 사용될 것이며 둘째로 강령의 차이에 관계없이 모든 혁명 정당에 고루 분배되어야 한다는 조건을 걸었다고 했다.[3]

중앙위원회는 이런 조건에서 기부금을 받아 10만 프랑을 공제하고 접수했고, 그 10만 프랑은 투쟁조직에 전달되었다.

미국인들의 기부금으로 무기를 적재한 선박을 장비하기로 결정되었고, 이 선박은 발트 연안 항구와 핀란드에서 화물을 순서대로 양륙하여 혁명 정당에 전달하기로 했다. 영국에서 노르웨이 상인의 이름으로 존 크래프턴 호를 입수했다. 이 배는 무기와 폭발물만을 화물로 선적하여 대다수가 스웨덴인인 선원들을 태우고 1905년 여름 바다로 나갔다. 배에는 폭발물 관리 담당의

---

2 1904년에 설립된 비밀 결사로, 러시아제국의 핀란드 강제 동화 정책에 무력으로 저항하는 것을 목표로 했다.
3 후일 『새 시대』에 이 기부금은 미국인이 아니라 일본 정부에서 보냈다는 보도가 나왔다. 콘니 질리아쿠스는 이를 반박했고, 중앙위원회는 그의 말에 불신을 표할 근거가 없었다. — 원주

3장   투쟁조직

자격으로 이미 전에 언급한 화학자 빌리트가 타고 있었다. 존 크래프턴 호는 자기 임무를 완수하지 못했다. 배는 보스니아 만[1]의 케미 섬에서 암초에 걸려 선원들에 의해 폭파되었다. 무기의 일부는 미리 섬에 양륙되어 그곳에서 후에 국경 수비대에게 발견되었다. 이 무기들은 12월 동맹 파업 때 핀란드 혁명가들에게 수거되어 핀란드 농민들의 손에 나누어졌다.

나는 존 크래프턴 호 장비에 전혀 참여하지 않았고, 이 출범에 대해서는 동지들의 말로만 전해 들었을 뿐이었다. 나는 또한 몇몇 협의회에 참석한 것과 1905년 5월 안트베르펜에서 러시아로 수송할 예정으로 권총을 대량 구입한 사실을 제외하면 대중의 무장을 준비하려는 시도에 전혀 참여하지 않았다.

니스에서 지내면서 대부분의 시간을 고츠의 거처에서 보내며, 나는 빌프랑슈에 있는 빌리트, 블라디미르 아제프, 그리고 혁명가들 사이에서는 세레브로프 부부로 더 잘 알려진 질베르베르그 부부의 화학 실험실에 몇 번 갔었다.

실험실은 2층짜리 단독주택인 별장에 자리해 있었고, 집의 가정부는 라셸 블라디미로브나 루리예였다. 루리예와 빌리트는 이전에 제네바에서 만났고, 질베르베르그 부부는 처음 보았다.

레프 이바노비치 질베르베르그는 전직 모스크바 대학교 학생이었으며 이미 시베리아에도 있어 보았던 25살 정도의 젊은 사람이었다. 체격이 좋고 근육질이며 어깨가 넓었다. 성격상 그는 슈베이체르가 속한, 그 신념이 굳고 의지가 굳은 유형의 사람들에 속했다. 그는 본래 수학자 출신이었고 응용과학을 연구하는 것도 좋아했다. 그의 과묵한 말투에서는 슈베이체르의 내성적인

---

1 핀란드와 스웨덴 사이의 만.

성격에서 느껴지는 것과 같은 힘이 배어나왔다. 그의 아내인 크세니야, 혹은 당의 별칭대로 이리나 또한 내성적이고 말이 없었다. 라셸 루리예 또한 그렇게 내성적이고 말이 없었다.

아직 제네바에 있을 때 우리는 신문을 통해 슈베이체르의 죽음을 알았다. 아서 헨리 무어 맥쿨런이라는 이름으로 슈베이체르는 1905년 2월 26일 새벽 페테르부르크의 '브리스톨' 호텔에서, 포코틸로프가 1904년 3월 31일 '북부 호텔'에서 맞이한 것과 같은 죽음을 맞이했다. 그는 블라디미르 알렉산드로비치 대공 암살을 위해 폭탄을 충전하고 있었다.

그의 죽음과 관련하여 『혁명 러시아』 61호에 다음과 같은 단신이 나왔다.

2월 26일 새벽 상트페테르부르크의 '브리스톨' 호텔 객실에서 우연한 폭발로 사회혁명당 투쟁조직의 조직원이 사망했다.

공식적인 서류는 슈베이체르의 죽음을 이렇게 묘사했다.

……1905년 2월 26일 새벽 페테르부르크 시의 모르스카야 거리와 보즈네센스키 대로 모퉁이의 39-12번지 '브리스톨' 호텔 객실 27호에서 새벽 4시경 폭발이 일어났다. 폭발의 화력으로 인해 이삭 대성당 소공원을 향한 상기 건물 전면부 4개 층 전체 36개 창문의 유리가 모두 깨졌다. 보즈네센스키 대로의 출입부(보도와 차도 일부)에는 널판과 가구 파편, 그리고 파손된 객실들에서 폭발의 화력으로 인해 내던져진 여러 가지 물건들이 어지럽게 흩어져 있었다. 이 물품 중 일부는 대로 전체(37걸음 너비)를 가로질러 이삭 대성당 소공원까지 날아갔으

며 이 소공원에서는 세 군데 빈터의 주철제 격자 울타리가 16걸음 너비로 쓰러졌다. 폭발로 인해 전반적으로 대단한 파손이 일어난 곳은 27호실과 인접한 25, 26, 24호실과 이들을 연결하는 복도, 그리고 또한 27호실과 인접한 음식점 '미셸'이었다. 또한 폭발로 인해 27호실 위에 위치한 3층의 객실과 1층에 위치한 객실들에서도 현저한 파손이 일어났다.

27호 객실은 완전히 파손되었다. 이 객실은 6아르쉰 5베르쇼크 높이[1] 창문 두 개와 복도로 통하는 출입문이 구비되어 있었다. 이 객실 벽은 일부 파손되고 일부 외부로 돌출되었다. 천장과 벽의 회반죽은 온통 금이 갔고 군데군데 무너졌다. 창문의 유리와 창틀은 모두 깨지고 파손되었다. 음식점 '미셸'에 가까운 곳의 창턱과 창살은 이 부근의 벽지와 마찬가지로 불에 탔다. 두 번째 창의 창구, 경사면의 회반죽과 남은 창틀은 여러 군데 움푹 파였고, 창의 경사면은 피가 튀었다. 벽난로도 일부 파손되었다. 객실 바닥은 옆 객실과 분리해 주는 나무 칸막이, 회반죽과 가구 파편으로 빈틈없이 뒤덮였다. 음식점 '미셸'과 마주한 안쪽 벽에 있던 매트리스 두 개짜리 철제 침대 또한 회반죽으로 어지럽게 뒤덮였다. 침대 위에는 베개 두 개, 이불잇 두 장, 플란넬 모포 두 장, 2월 24일 자 『신자유신문』과 프랑스어 서적이 흐트러진 모습으로 놓여 있었다. 채광된 마당 쪽에 인접한 안쪽 벽에는 서랍장과 옷장이 서 있었으나, 폭발 후에는 장 뒷면 파편만이 남았다. 보즈네센스키 대로를 향한 안쪽 벽에는 책상, 경대, 장식장이 서 있었으나 이 물건들은 흔적조차 남지 않았다. 서랍장과 옷장이

---

1 1아르쉰은 71.12cm, 1베르쇼크는 4.445cm.

있던 쪽 벽 근처에는 널판과 가구 파편 무더기 위, 벽에서 1 아르쉰 거리에 형체를 알아볼 수 없게 된 남성의 시신이 발견되었다. 머리는 창문을 향한 채 뒤로 젖혀졌고, 목이 절단되어 얼굴이 곧장 창문 쪽을 향해 있었다. 몸체는 등을 바닥에 대고 누워 있었다. 흉강은 앞부분이 완전히 노출되었고 그 우반부에는 아무것도 없었으며, 흉강의 척주와 복강 일부가 노출되어 있었다. 흉강 좌반부에는 양쪽 폐가 보였다. 머리와 함께 어깨뼈 일부와 인접한 근육, 그리고 손목을 제외한 양팔과 전박부 일부가 보존되었다. 복강은 완전히 파열되었다. 심장은 왼쪽 어깨 관절 부근의 근육 파편 사이에서 발견되었다. 오른쪽 다리는 골반 일부와 함께 몸체에 평행하게 놓여 있었고, 다리 위에 속옷 하반부 파편이 남아 있었다. 왼쪽 다리는 골반뼈 일부와 함께 26호실과 27호실 사이의 칸막이 역할을 하던 파손된 벽면 위에 놓여 있었다. 손가락 일부와 뼈를 제외한 신체 일부가 이삭 대성당 소공원에서 발견되었다. 27호실 안에서는 폭발로 사망한 희생자의 소유물이 발견되었다. 대영제국 신민인 아서 헨리 무어 맥쿨런의 이름으로 된 외국여권, 그리고 외견상 폭발을 일으킨 폭탄의 부품으로 구성된 여러 가지 물품들이었다. 이 물품들은 전문가들에 의해 조사되었으며, 조사 결과에 근거하여 다음과 같은 결론이 도출되었다. 폭발을 야기한 폭발물은 투척용 폭탄으로 사용할 수 있도록 제작되었다. 탄피는 함석제로 가볍고 두께는 0.3mm였다. 폭발물의 폭발성 장약은 마그네슘 다이너마이트로, 화력은 니트로젤라틴 폭약에 근접하며 니트로글리세린 약제 중 가장 강력하다. 폭발은 폭발물의 기폭관 안에 위치한 뇌관의 폭발물질로 인해 야기되었으며, 이 폭발물질은 외관상 뇌산수은으로 보인다. 폭탄 자체 또한 투척용으로서는 상당한 크기였으며 폭발물질은 완전히 장약되었을 경우 4-5푼트[1]까지 수용할 수 있었다.

······가장 깊고 폭넓은 손상을 입은 위치가 신체 상반부 전면과 양팔의 팔목과 손 부위인 점, 그리고 화상의 위치를 염두에 두고 판단하건대, 폭발의 순간에 고인은 무엇보다도 몸체의 전면 하반부를 폭발물에 가장 가까이 대고 있었다고 사료된다. 예를 들어, 폭발물이 폭발을 일으킨 탁자 근처에 서 있었을 수 있다. 시신에 남은 옷 조각으로 판단하건대, 폭발의 순간에 고인은 속옷만을 입고 있었다고 생각할 수 있다. 폭발은 명백히 창문 근처에서 일어났고, 폭발의 화력으로 맥쿨런은 맞은편 벽면 위쪽으로 내던져졌는데, 그곳에는 피가 대량으로 묻고 흩뿌려진 흔적이 남아 있으며, 그곳에서부터 중력의 힘으로 시신은 발견된 장소로 떨어졌다. 고인은 즉사했다.

(「트레포프 장군 암살에 참여한 16인에 관하여」 중)

막시밀리안 일리치 슈베이체르는 1881년 10월 2일 스몰렌스크의 부유한 상인 집안에서 태어났다. 1889년에 그는 스몰렌스크 김나지움에 입학했고 7학년 학생이던 때부터 이미 혁명 활동에 참여했다. 김나지움에서 학업을 마치고 그는 1897년 모스크바로 떠나 대학에 입학하여 물리-수학 학부 자연과학 분과의 수업을 들었다. 1899년 그는 학생운동에 연루되어 야쿠츠크 지방으로 유배당했고, 유배를 마치고 경찰의 보호관찰 기간이 끝나기까지 스몰렌스크의 부모님 집에서 지냈다. 유배 기간 동안

---

1 약 1.64kg에서 2.05kg.

그의 신념은 최종적으로 정립되었고, 그는 이 당시 이미 폭발물 화학을 공부하기 위해 외국으로 여행 가는 것을 꿈꾸었다. 또한 이때 그는 사회혁명당에 가입했다. 1903년 그는 외국으로 나가 투쟁조직에 입단했고, 죽는 날까지 조직에서 일했다.

그의 성격을 잘 나타내 주는, 그가 시베리아에서 어머니에게 쓴 편지가 보존되어 있다. 그의 부모가 1902년 특사를 청원하면서 제출한 것이다. 그는 물론 그런 청원에 반대했으며, 경찰청에서 그에게 보낸 모든 관용적 처사에 공식적인 거부로 응답했다.

이런 거부에 대해서도 그는 편지에 썼다.

마차[2] 1902년 9월 14일
사랑하는 어머니께.

오늘 어머니의 8월 13일 자 편지를 받았고, 읽으면서 굉장히, 굉장히 괴로웠습니다. 첫 번째로는 어머니가 저를 그런 식으로 이해하신 것이 괴로웠고, 두 번째로는 어머니께 그토록 슬픔을 안겨 드려서 괴로웠습니다. 제가 추위 때문에 어머니를 잊었다고 생각하시는 건 오해입니다. 반대로, 지금 저는 어머니가 제게 얼마나 소중한지 더 강하게 느낍니다. 아무리 추위도, 아무리 시간이 많이 흘러도 절대로 어머니를 잊지 않겠지만, 어머니를 얼마나 사랑하고 얼마나 애착을 갖든 저는 다르게 행동할 수 없었습니다. 제 행동으로 어머니께 커다란 슬픔을 안겨 드렸다는 것도 알고, 제 행동을 어머니께 직접 말씀드리지 않고 그저 어떻게든 덜 충격적인 방식으로 소식이 전달되기만을 바란 것이 어머니가 쓰셨듯이 용기가 부족해서라

---

2 농촌 지역의 이름.

는 것도 압니다.
사랑하는 어머니, 우리 가족의 관계에 대해서 조금 말씀드렸으면 합니다. 어머니와 아버지는 저를 뜨겁게 사랑하시고, 제가 잘되기를 그 누구보다도 바라십니다. 저도 부모님을 뜨겁게 사랑하고 애착을 갖고 있지만, 다른 사람들이 하듯 그 사랑을 표현할 능력이 없을 뿐이며, 저도 제 자신이 잘못되기를 바라지 않고 잘되기만을 원합니다. 그렇다면 부모님과 저 사이에는 아무런 의견 충돌도 없어야 할 것 같지만, 사실 그 잘된다는 것을 부모님과 저는 다르게 이해하는 것입니다. 부모님은 부모님 세대의 환경에서 성장하셨고, 저는 다른 환경에서 성장했습니다. 부모님은 제가 좋은 아내를 맞이하고, 풍성한 재산을 모으고, 안정된 가정의 행복과 사회적 지위를 누리기를 바라십니다. 저에 관한 한, 그런 인생을 저는 불행하다고 느낄 것입니다. 그런 삶은 1년도 견뎌내지 못할 것이고, 저는 행복을 부모님과는 다르게 이해합니다. 바로 이 때문에 부모님과 저 사이에 그토록 자주 먹구름이 끼고, 바로 이 때문에 그토록 자주 어머니께 고통을 안겨 드릴 수밖에 없었던 것입니다. 엄마, 제가 하는 일이 저에게 만족감을 준다는 걸 엄마는 이해 못 하세요. 만족은 행복의 한 조건이고, 제가 잘되기를 바라신다면 슬퍼하지 마세요. 7월 12일 자 청원서를 보냈을 때 저는 마음속에서 바위가 떨어져 나간 듯 엄청난 안도감을 느꼈고, 어머니가 보내신 특사청원 덕분에 제 동지들은 모두 이곳에 남아 있을 때 저만 집으로 돌아갔다면 저는 어떤 정직한 사람의 눈도 똑바로 쳐다보지 못했을 것이며, 지극히 불행하다고 느꼈을 거예요. 어머니, 이런 입장과 만족감이 어머니에게 전달될지 모르겠습니다.

저는 지금 그 청원서를 제출한 동기가 되었던 전반적인 문제들에 관해 이야기하는 게 아닙니다. 어머니, 제가 **어떤 식으로든** 어머니가 개인적으로 원하시는 대로 행동하면, 저는 자신을 망가뜨리게 됩니다. 어머니, 전처럼 저는 어머니를, 어머니는 저를 사랑하겠지만, 어머니, 제가 원하는 대로 살 수 있게 허락해 주세요.

이런 조건에서만 저는 행복할 수 있고, 어머니도 저의 행복을 바라시지 않나요. 어머니, 어두운 생각들은 한쪽으로 치워버리세요. 3년 반은 긴 시간이 아니니 금방 지나갈 것이고, 저는 예전과 똑같은 모습으로, 단지 조금 더 나이 먹은 채 헤어져 있는 동안 저에 대한 어머니의 사랑과 그 사랑을 주시는 어머니를 더욱 소중히 생각하게 되어 돌아올 겁니다. 지금 이 순간은 어머니와 저를 더 굳게 묶어줄 뿐입니다. 안녕히 계세요, 사랑하는 어머니, 굳게, 굳게 포옹합니다.

어머니를 뜨겁게 사랑하는 M. 슈베이체르.

슈베이체르의 죽음으로 투쟁조직은 가장 귀중한 조직원 한 명을 잃었다.

III

슈베이체르의 죽음을 알고 이 죽음이 페테르부르크 분과 전체에 치명적인 영향을 끼칠지도 모른다고 판단한 나는 아제프에게 우리 둘 다 즉시 페테르부르크에 가야만 할 것이라고 말했다. 아제프는 동의했으나, 일단 외국에서의 업무를 마쳐야 한다고 설명했다. 나는 고츠에게 갔다. 기다리면서 2, 3주가 지났다. 3월 중순, 나는 돌연히 프랑스 신문을 통해 페테르부르크에서 투쟁조직의 조직원들이 검거되었다는 기사를 읽었다. 열거된 이름 중에는 내 것도 있었다. 후일 알게 된바, 경찰은 모이세옌코를 체포한 후 그를 나로 안 것이었다.

곧 다음과 같은 사실이 밝혀졌다.

3월 16일과 17일 페테르부르크와 모스크바에서 마부 아가포프(둘레보프)와 보리스 포드비츠키, 배달꾼 트로피모프, 이어 다른 인물들로는 바실리 실레로프, 프라스코비야 볼로셴코-이바노브스카야, 보리스 모이세옌코, 세르게이 바리코프, 야코프 자고로드니, 안나 나제지디나, 타티야나 레온티예바, 나제즈다 바리코바, 모이세이 슈네예로프, 모이세이 노보메이스키(미하일 셰르고프), 수라 에프루시와 페이가 카츠가 체포되었다. 그 외에도, 상트페테르부르크-바르샤바 철도구간 말킨 역에서 포드노프스키라는 가명으로 보리샨스키가 붙잡혔다.

보리샨스키와 레온티예바에게서 다이너마이트가 발견되었다. 한편 트로피모프는 체포 당시 무장 저항했다.

슈베이체르의 죽음과 3월 16일, 17일의 검거로 투쟁조직 역사의 새로운 시기가 시작되었다. 이후로 조직은 1904년 7월 15일부터 1905년 2월 사이의 기간 동안 누렸던 위력과 중요성을 결코 다시 누리지 못했고, 그때와 같은 세력에도 도달하지 못했다. 조직이 점차적으로 쇠퇴한 이유는 여러 가지가 있지만 가장 중요한, 그리고 당시 우리에게 알려지지 않았던 한 가지 이유는 중앙위원회에 정부의 염탐꾼인 밀정이 나타났기 때문이었다. 이 밀정은 그때부터 거의 1년간이나 중앙 테러 활동을 저지하는 데 성공했다.

1905년 6월 30일 페테르부르크에서 체포되고 8월 20일 경찰에 무장 저항한 이유로 처형당한, 루텐베르크와 함께 러시아로 떠났던 동지들 중 한 명으로 하임 게르슈코비치가 있었다. 루텐베르크는 아직 그가 체포되기 전에 외국으로 나왔다. 그와 거의 동시에 중앙위원회 위원인 튜체프도 나왔다. 이들이 우리에게 다음의 사실을 이야기해 주었다.

슈베이체르의 죽음 후 페테르부르크의 투쟁조직은 지휘자가 없는 상태로 남겨졌다. 조직원들은 기다릴 수 있는 한 거사를 청산하지 않기로 결정했다. 이바노브스카야, 레온티예바, 얼마 전 페테르부르크에 도착한 바리코프 등이 공동으로 조직의 선두에 섰다. 단체의 공동 지휘는 테러에 있어 해롭다. 길고 수많은 협의를 필요로 하기 때문이다. 그걸 인정하느냐의 문제는 차치하더라도 이 공동 지휘에 참여한 인물들은 경험이 부족했고, 투쟁 기획의 실제를 모르는 튜체프가 관련되어 있었다. 공동 지휘단은 대공 암살을 중단하고 트레포프 건을 계속하기로 결정했다. 내적 체계의 불완전성과 수적으로 적은 감시 인력(포드비츠키, 둘레보프, 트로피모프) 그리고 기강의 부재에도 불구하고, 슈베이체르의 죽음으로 흔들린 조직은 어쨌든 곧 두 발로 일어설 수 있었을 것이라 생각한다. 조직에는 이전의 세르게이 건을 거치며 훈련을 쌓았거나(모이세옌코, 브릴리안트) 플레베 건에 참여했던 대담하고 정력적인 인물들(이바노브스카야, 둘레보프)이 충분히 있었다. 분명, 자연스러운 방식으로 지휘권은 곧 가장 경험 있는 인물에게 넘어갈 것이었고, 그러면 기강은 저절로 잡혔을 것이며 물론 감시 작업도 개선되었을 것이다. 그 외에도 지휘자의 도착과 함께 잡다한 결함들도 제거되었을 것이고, 무엇보다 중요한 것은 조직원들이 자신들의 힘을 확신하게 되었을 것이다. 앞서 언급한 밀정은 성공의 모든 가능성을 뿌리부터 잘라냈다.

1904년 말, 유배당했던 니콜라이 유리예비치 타타로프가 페테르부르크로 돌아왔다. 전직 폴란드 사회주의당의 일원이었던 그는 1890년대 말 '노동자의 깃발'단을 창단했고, 그 시기의 가장 중요한 불법 인사에 속했다. 그는 1901년 2월 페테르부르크에서 체포되었으며 페테르부르크 요새에서 단식투쟁을 선언한 후 22일간 단식했다. 오랜 수감 생활 끝에 그는 시베리아 동부로 5년간 유배당했다. 그는 이르쿠츠크에 정착을 허가받았다. 여기서 그는 사회혁명당에 가입하여 위원회 비밀 인쇄소를 차렸다. 이 인쇄소는 1년 넘게 가동됐으며 경찰에 발각되지 않았다. 타타로프의 유배 기한은 단축되었다.

타타로프의 혁명적 평판은 높았다. 게르슈니 또한 그를 특출한 혁명가로 알고 있었다. 나는 바르샤바 시절에 타타로프를 알았는데, 그는 그곳 출신이었으며 그 후로 1900년에서 1901년까지 그가 불법 인사였던 동안 일 관계로 페테르부르크에서 만나곤 했다. 언젠가 모스크바에 찾아왔을 때 튜체프가 타타로프에 대한 나의 의견을 물었다. 나는 가장 높은 평가를 내렸고, 다르게 평가할 수 없었다. 혁명가로서 타타로프의 이력은 남의 추천을 필요로 하지 않았으며 그 자신도 강한 지성과 커다란 재능의 소유자였기 때문이다.

러시아에 돌아온 후, 타타로프는 오데사에서 공식적으로 중앙위원회 위원에 선출되었다. 페테르부르크에서, 아직 위원에 선출되기 전에 그는 튜체프를 자주 찾아갔다. 곧 그는 이바노브스카야가 투쟁조직의 조직원이라는 사실뿐 아니라 그녀의 주소까지 알게 되었다.

이 순간부터 투쟁조직은 경찰의 손에 있었고, 조직의 검거는 시간문제에 불과했다.

고츠도, 튜체프도, 투쟁조직의 조직원들도 물론 타타로프의 역할에 대해 아무것도 몰랐고, 대다수는 그가 당의 일원이라는 사실조차 몰랐다. 단지 훨씬 뒤에야 그에 대한 조사가 이루어졌으며, 그가 3월 17일 검거의 중요한 이유 중 하나였다는 사실은 그가 죽은 뒤에 완전히 밝혀졌다.

튜체프는 페테르부르크의 작업 상황에 관해 이야기하면서, 타타로프에 관해서는 언급조차 하지 않았다. 그로서는 물론 『모스크바 통신』에서 '러시아 혁명의 펑텐'[1]이라고 표현했던 투쟁조직의 궤멸과 타타로프가 어떤 식으로든 관계가 있으리라고는 생각조차 할 수 없었을 것이다. 그러나 체포에 관해 이야기하면서, 튜체프는 당시 불명확한 채로 남겨 두었던 세부 사항에 관해 알려주었다. 즉 3월 17일 사건이 있기 이틀쯤 전에 그에게 전화가 왔는데, 잘 알지 못하는 목소리가 이렇게 말했다는 것이다. "경고합니다—방이 전부 감염되었습니다." 그런 후에 전화는 끊어졌다.

튜체프는 즉시 이바노브스카야에게 전화로 들은 것을 경고했으나, 당시 병중이던 이바노브스카야는 이 경고에 충분한 주의를 기울이지 않았다.

3월 17일에 체포된 인물들의 이후 운명은 다음과 같았다. 바소프, 아가포프(둘레보프), 포드비츠키, 실레로프, 볼로셴코-이바노브스카야, 모이세옌코, 바리코프, 그 아내 바리코바, 슈네예로프, 자고로드니, 나제지다나, 노보메이스키(셰르고프), 에프루시, 카츠의 기소는 10월 17일 선언(칙령의 날짜는 10월 21일)으로 인해 취하되었으며, 레온티예바에 대한 기소는 공식 서류에 기록

---

[1] 러일전쟁 당시 러시아군이 결정적인 패배를 겪은 장소로 유명한 중국의 지명.

된 대로 '정신적인 질병으로 인한 사유'로 취하되었다. 이들 모두 페트로파블롭스크 요새에서 신경쇠약에 시달린 아가포프(둘레보프)만 제외하고 석방되었다. 투쟁조직으로는 이들 중에서 모이세옌코와 실레로프만 돌아왔다. 자고로드니는 1905년 12월 페테르부르크의 다이너마이트 작업장 건으로 체포되었고, 이후 그의 운명을 나는 알지 못한다. 에프루시는 훨씬 뒤, 1907년에야 테러에 참여했다. 아가포프(둘레보프)는 신경쇠약이 정신병으로 발전하여, 요새에서 성 니콜라이 병원으로 이송되었다. 1905년 11월에서 12월 사이에 우리는 그를 병원에서 풀려나게 하려고 시도했으며, 모이세옌코가 이런 목적으로 병원 의사 중 한 명인 트로신과 대화를 나누었다. 이 대화는 실패로 끝났으며, 아가포프는 이렇게 본명을 드러내지 않은 채 바로 이 병원에서 1908년에 사망했다. 그는 그 뒤에 내게 잘 알려진 기록을 하나 남겼다 —우파 총독 보그다노비치 살해 전에 그가 쓴 편지였다.

편지는 다음과 같다.

동지들, 내가 왜 우파 총독을 죽이러 가는지 여러분에게 설명할 필요는 없다고 생각한다. 여러분도 이 일이 꼭 필요하다는 건 잘 알고 있다고 생각하기 때문이다. 우리를 노예처럼 짓누르게 내버려두어서는 안 되고, 우리의 피를 물처럼 흘리도록 내버려두어서는 안 되는 것이다. 대신 우리의 자유, 우리의 행복을 위해서 우리는 스스로 싸워야만 한다. 그러나 동지들, 나는 여러분에게 한 가지 말해두고 싶다. 나는 노동 운동을 믿지 않기 때문에 투쟁조직의 지령을 수행하러 가는 것이 아니며, 민중의 약탈자와 형리 들을 처벌하지 않으면 우리의 정신은 쇠락하고 앞으로 나아가지 못하리라는 것을 의식하고 있다. 어쩌면, 나의 행동이 노동 운동에 해를 끼친다고 말할지도 모른다. 내가 말할 수 있는 것은, 동지들, 나는 해를 끼치고 싶지 않았고, 이 일에 관해 많이 생각했으며, 이 일은 해야만 하는 것이고, 왜냐하면 매번 평화로운 시위를 할 때마다 우리를 기다리는 것은 파렴치한 조롱이기 때문이다. 시위에 나갈 때마다 당장 우리를 덮치는 짐승 같은 카자크 기병과 헌병, 밀정 들 때문에 깃발을 들 새조차 없고, 야만적인 폭행이 시작된다. 그들은 채찍과 벽돌로 우리를 때리고, 말발굽으로 짓밟고, 경찰서로 연행하면서 시위자들을 불손하게 조롱한다. 이 모든 잔혹 행위는 누구의 잘못인가? 우리의 장관들, 총독과 시장 들이다. 그리고 지금, 우파 총독에게 이런 모욕을 앙갚음하도록 내게 운명 지워진 것을 행운으로 여긴다. 그의 전횡으로 인해 즐라토우스트의 노동자들이 많은 피를 쏟았다. 그리고 쏟아진 피에 대해서는 박해자의 피를 흘리는 것으로 대가를 치러야 한다. 그리고 지금 나는 온 마음으로 내 형제들에게 유익한 일을 하기를 원하고 우리의 전체적인 과업을 믿듯이 이 일도 믿는다. 우리가 승리할 것이라고 믿는다. 러시아 민중을 갈가리 찢는 탐욕스러운 솔개, 즉 황제의 독재가 오랫동안 우리의 피를 마시지는 않을 것이라 믿는다. 투쟁하라, 동지들. 민중을 위하여, 더 좋은 세상을 위하여, 성스러운 자유를 위하여 투쟁하라. 러시아의 전제정치가 가루가 되어 흩어지는 날까지 무기를 놓지 말고, 동지들, 투쟁하라.

보그다노비치 살해에 나서면서, 그리고 이 편지를 남기면서 둘레보프는 체포되어 처형당하리라는 것을 의심하지 않았다. 5

월 6일에 그는 브라우닝 권총을 여섯 발 발사하여 시 공원에서 보그다노비치를 사살하고 도주했다.

암살은 그 혼자 힘으로 완수되었고, 이는 『혁명 러시아』 24호에 게재된 다음과 같은 성명과는 반대되는 사실이다.

> 1903년 3월 13일, 우파 총독 니콜라이 모제스토비치 보그다노비치의 명령으로 군대가 동맹 파업 중인 즐라토우스트 노동자들의 무리에 사격을 가했으며, 심지어 달아나는 사람들에게도 일제 사격을 멈추지 않았다. 28명이 일격에 살해되었고 약 200명이 부상당했으며, 이 중 수십 명은 부상으로 인해 이미 사망했다……. 사상자들 중에는 우연히 비극을 목격하게 되었던 여성과 어린아이도 적지 않은 것으로 밝혀졌다…….[1]
>
> 5월 6일, 사회혁명당 투쟁조직의 결의에 의하여 조직원 2인에 의해 우파 총독 보그다노비치가 살해당했다.

예고르 올림피예비치 둘레보프는 1883년 혹은 1884년에 태어났다. 출생은 농민이었고, 그는 우파 철도 작업장에서 철물공으로 일했다. 1901년 겨울 그는 노동자들의 혁명단에 가입했는데, 이 단체를 지휘한 것은 당시 경찰의 감시하에 우파로 추방당한 예고르 세르게예비치 사조노프였다. 사조노프에게서 그는 또한 혁명 사회주의의 첫 교육을 받았다. 게르슈니는 보그다노비치 암살을 조직하면서 거사를 수행할 인물로 둘레보프를 선택했다. 5월 6일 이후 둘레보프는 불법적인 신분이 되어 예카테린부

---

[1] 즐라토우스트 봉기 발포 사건 당시 사망자는 책에 나온 것보다 더 많은 69명, 부상자 숫자는 250명 이상, 체포된 인원은 100명이 넘었다고 알려져 있다.

르크, 사라토프, 그리고 바쿠에 몸을 숨겼다. 바쿠에서 그는 비밀 인쇄소에서 일했다. 1904년 봄부터 그는 내가 앞서 언급한 대로 플레베 건에 참여했다. 투쟁조직에서 동지들 모두가 그의 대담성과 거사에의 헌신, 그리고 실제적인 경험 때문에 굉장한 존경심을 가지고 그를 대했다. 사조노프 외에도 그가 가장 친하게 지낸 인물은 칼랴예프, 이바노브스카야, 도라 브릴리안트였다.

타티야나 레온티예바는 페트로파블롭스크 요새를 나온 후 고츠를 통해 투쟁조직을 찾아낼 목적으로 곧 외국으로 나갔다. 나와 아제프에게 그녀가 다시 일하기를 원한다는 소식이 전해졌다. 우리는 레온티예바를 높이 평가했지만, 그녀를 만나지 못한 상태에서 그녀가 병에서 얼마나 회복되었는지 알 수 없었다. 아제프와 상의한 후 나는 편지를 써서 그녀에게 외국에서 잠시 지내면서 쉬고 건강을 회복하라고 당부했다. 이 편지로 인하여 슬픈 오해가 초래되었다. 레온티예바는 나의 편지가 그녀를 일에 받아들이지 않겠다는 거절이라고 이해했고, 그래서 내가 생각지도 못했을 뿐 아니라 생각할 수도 없었던 일을 내 탓으로 돌렸다. 레온티예바는 내 눈에 언제나 가까운 동지였고, 내게 있어서 의문은 하나뿐이었다—그녀가 병에서 회복되어 충분히 쉬었는가 하는 점이었다. 내 편지를 투쟁조직의 거절이라고 생각하고 그녀는 최대강령주의 사회혁명당[2]에 가입했다. 1906년 8월 스위스의 인터라켄에서 아침 식사 중에 그녀는 옆 테이블에 앉아 있던 노인을 저격했다. 그녀는 자기 앞에 앉은 사람이 전직 내무장관 표트르 니콜라예비치 두르노보라는 확신을 가지고 저격했다.

---

[2] 1906년, 러시아 사회주의혁명당의 급진파에서 분리되어 등장했다. 폭력적 직접행동(테러리즘 포함)에 강한 신념을 가졌으며, 단순한 선전이나 개혁보다 즉각적인 행동을 중시했다.

착오라는 것이 밝혀졌다. 노인은 알고 보니 두르노보가 아니라 뮐레르라는 이름의 프랑스인이었다.

이 암살 기도는 레온티예바의 개인적인 행동이 아니었다. 그것은 최대강령주의자들이 조직한 일이었고, 슬픈 착오의 책임을 그녀에게 전부 지울 수는 없다. 1907년 3월 레온티예바는 투네의 스위스 법정에서 재판을 받고 4년간의 수감을 선고받았다.

트레포프 암살을 준비한 혐의로 체포된 나머지 조직원들의 경우, 1905년 11월 21일 페테르부르크 지방 군사재판소에서 포드노프스키(셰벨레), 다비도프, 시마노프, 보리샨스키, 시도렌코(트로피모프 대령의 아들) 그리고 마르코프에 관한 청문회를 열었으며, 이들의 유죄를 인정하여 강제 노동형을 선고했다. 마르코프는 4년, 트로피모프는 10년이었고, 중앙 군사법정에서 트로피모프의 10년 노동형을 15년으로 변경했다.

법정에서 사형 언도는 단 한 건도 내리지 않았다. 이것은 예외적인 정치적 시기, 즉 '자유의 날들'[1]로 설명할 수 있다―반동 정치가 아직 본격적으로 시작되기 전이었던 것이다. 만약 재판이 두 달 일찍 혹은 늦게, 9월이나 1월에 열렸더라면 의심의 여지 없이 보리샨스키, 트로피모프, 마르코프는 처형되었을 것이다.

투쟁조직 검거 후에 자유의 몸으로 남은 것은 위에서도 언급했듯이 도라 브릴리안트뿐이었다. 이 일에 대해 전권을 위임받지 못했던 튜체프와 대중의 무장 투쟁 준비에 관해서만 전권을

---

1 1905년 10월 17일 선언 이후 국가두마에서 그때까지 시민권을 인정받지 못했던 하층민들에게 신체의 자유, 양심의 자유 등 시민으로서의 권리를 인정해 주었던 기간. 러시아 혁명의 압력 속에서 제국 정부가 절대주의 체제를 일정 부분 후퇴시키고 일부 자유를 인정하게 된 전환점이지만, 실제로는 '가짜 개혁'에 불과하다는 비판도 컸다.

위임받은 루텐베르크는 그녀와 함께 투쟁조직 위원회를 형성했다. 이 위원회는 아무런 활동에도 착수하지 않았고, 곧 루텐베르크와 튜체프는 외국으로 떠났다. 도라 브릴리안트는 보유하고 있던 다이너마이트를 폴타바에 남겨두고 유리예프로 옮겨가서 그곳에서 우리 중 누군가—나 아니면 아제프의 도착을 기다렸다.

이렇게 해서, 투쟁조직은 사실상 존재하지 않게 되었다. 아제프가 있었고, 도라 브릴리안트가 있었고, 내가 있었다. 그리고 또 검증되지 않은 잘 알지 못하는 사람들, 즉 질베르베르그 부부, 라셀 루리예, 마냐 슈콜니크, 아론 슈파이즈만이 있었으나, 전체적인 작업과 하나의 같은 사상으로 묶인 유일하고 완전한 인물, 커다란 노력과 많은 희생을 대가로 얻어낸 그런 인물은 없었다. 조직을 재건하고 트레포프 건을 매듭짓는 것이 당면한 과제였다. 빌프랑슈의 실험실 일도 끝나게 되었다. 우리는 다음과 같은 결정을 내렸다. 여성을 네 명 포함하는 현재의 인력으로 우리는 트레포프 암살에 돌입하는 것이 불가능하다고 여겼다. 이 때문에 나는 오래전에 불필요한 일이라 인정했고 보리샨스키에 의해 실패로 끝났던 키예프 총독 클레이겔스의 암살에 착수했다. 질베르베르그, 슈콜니크, 슈파이즈만이 내 지휘하에 들어왔는데, 이 중 질베르베르그는 거사에 직접 참여하지 않기로 했다. 조직이 약한 상황이었기에, 우리는 질베르베르그를 유일한 핵심 인물, 장차 우리를 바꿔놓을 수 있는 유일한 인물로 보고 있었다. 슈콜니크와 슈파이즈만은 유대인으로서 폭탄을 손에 들고 페테르부르크 거리에 나서기가 불편했다. 반대로, 키예프에서 그들의 유대계 혈통은 총독 암살이 부분적으로 유대인 학살 때문에 초래되었다는 사실을 강조할 수 있을 뿐이었다. 크세니야 질베르베르그와 라셸 루리예는 다이너마이트를 오데사의 간석지에 보관해 두기로 했다. 아제프는 더 어려운 일에 자원했다—투쟁조직의 기초 병력이 될 사람들을 선별하는 일로서, 이 병력으로 트레포프를 살해하게 될 것이었다. 키예프와 페테르부르크 양쪽에서 이전과 같은 방법, 즉 거리에서의 감시를 통해 활동할 계획이었다. 슈파이즈만은 담배를, 슈콜니크는 꽃을 팔기로 했다.

3월 17일의 검거는 투쟁조직 역사의 전환점이 되었다.

IV

1905년 5월 나는 벨기에 국민 르네 토크의 여권으로 볼로치스크를 통해 러시아로 나와 하리코프에서 질베르베르그를 만났다. 도라 브릴리안트는 유리예프에 있었고, 크세니야 질베르베르그와 라셸 루리예는 간석지에서 다이너마이트를 보관하고 있었고, 슈파이즈만은 빌뉴스에서, 슈콜니크는 드루스키니카이[1]에서 나를 기다렸다.

클레이겔스 건을 시작하면서, 나는 이 일에 심각한 어려움은 없을 것이며 제대로 준비한다면 이 건은 질베르베르그의 직접적인 참여가 없더라도 확실하고 빠른 성공으로 끝날 것이라고 예상했다. 질베르베르그는 테러 활동 교육을 거쳐야만 했다. 이런 관점에서 보자면 그가 키예프에 꼭 있을 필요는 없었다. 하리코프에서 그를 만나 서부 지역에 들러 무기명 여권을 가져올 것을 지시한 후 나는 슈파이즈만을 만나러 빌뉴스로 떠났다.

빌뉴스에서 나는 슈파이즈만을 찾지 못했다. 며칠이나 약속한

---

1 리투아니아 남부의 도시. 러시아제국 식민지였다가 공산혁명 이후 벨라루스 소비에트 사회주의 공화국에 편입되었고 1940년에 리투아니아 소비에트 사회주의 공화국 영토로 재편되었다.

접선 장소에서 그를 기다린 끝에 나는 더 기다리지 못하고 비밀 관행에 어긋나게 그가 묵기로 되어 있던 호텔로 찾아갔다. 호텔에 그는 없었다. 나는 슈콜니크에게서 슈파이즈만에 관해 뭔가 알아내기를 바라며 드루스키니카이로 갔다.

슈콜니크는 내게 다음과 같은 이야기를 해주었다. 슈파이즈만은, 조직원이 모두 그러듯이 국경을 넘어 다이너마이트를 옮길 때 옷 속에 숨겨 이동했다. 알렉산드로프에서 세관 검사를 받을 때 관리가 그에게 다가와 돌연히 그를 따로 방으로 데려가서 상세히 수색했다. 수색 중에, 아마포 자루에 한 덩어리씩 꿰매 넣은 다이너마이트가 발각되었다. 권총 또한 발각되었다. 자루 속 내용물이 정확히 무엇이냐는 세관 관리의 질문에 슈파이즈만은 자신이 약제사이며 장뇌를 가져가는 길이고, 관세를 치르지 않으려고 약을 숨겼다고 대답했다. 관리들은 그의 말을 믿었으나, 헌병 장교를 불러왔다. 장교는 다이너마이트를 살펴보고 또한 그것을 약이라고 생각했다. 슈파이즈만에게는 60루블의 관세가 부과되었고 권총을 압수당했으며, 그는 조서를 쓴 뒤에 풀려났다. 그는 알렉산드로프에서 빌뉴스로 와 나를 며칠간 기다리다가 수색당할 것이 두려워 다이너마이트를 처분했다. 나를 더 기다리지 못하고 그는 슈콜니크를 찾아 드루스키니카이로 떠났다. 내가 도착하기 며칠 전 그는 돈을 가지러 다시 빌뉴스로 떠났다. 나는 이 이야기가 마음에 들지 않았다. 다이너마이트를 처분한 것도, 국경에서 일어난 일 자체도 마음에 들지 않았다. 슈콜니크가 슈파이즈만을 얼마나 신뢰하는지 알기 때문에 내가 받은 인상에 대해서는 아무 말도 하지 않고, 그녀에게 드루스키니카이에서 그를 기다리다가 후에 함께 키예프로 나를 찾아오라고 제안했다.

키예프에서 나는 슈파이즈만에게 말했다.

"말해주십시오, 국경에서 무슨 일이 있었습니까?"

그는 당황했으나, 슈콜니크의 이야기를 되풀이했다.

"그런데 권총을 가지고 있는 건 어떻게 설명했습니까?" 내가 물었다.

"러시아에서 유대인 학살이 있었고, 모든 사람은 자기 방어의 권리가 있으며, 만일 내가 뭔가 잘못했다면 그건 적합한 무기 소지 허가증을 갖고 있지 않다는 것뿐이라고 말했습니다."

"그 말을 믿던가요?"

"예, 그리고 권총을 압수했습니다."

그가 말하는 어조는 진실했다. 게다가 나는 그의 말을 의심할 근거가 없었고, 오히려 외국에 있을 때 그는 내게 절대적으로 진실한 사람이라는 인상을 주었다. 그래도 어쨌든 나는 물었다.

"국내용 여권을 가지고 있었습니까?"

"예."

"발각되었습니까?"

슈파이즈만은 내 말에서 불신감을 느꼈다. 그는 더욱더 당황했다.

"아니요, 발각되지 않았습니다. 외국용 여권은 문을 들어설 때 압수당했습니다. 국내용은 똑같이 녹색인데 주머니에 그대로 있었습니다. 수색할 때 그걸 꺼내서 탁자에 올려놓았습니다."

"그런데 헌병들이 안 보던가요?"

"안 봤습니다. 분명히 그게 제 외국용 여권이라고 생각한 것 같습니다."

나는 슈파이즈만을 믿었으나, 이야기는 어쨌든 이상했다. 특히 이상한 것은 그가 다이너마이트를 처분했다는 점이었다. 나는 그에게 물었다.

"다이너마이트는 어디서 처분했습니까?"

"빌뉴스에서요."

"어째서요?"

"알렉산드로프에서부터 미행당했을까 봐 두려웠고, 여권은 바꿀 수가 없었습니다, 다른 여권이 없어서요."

나는 슈파이즈만 사건을 질베르베르그에게 이야기했다. 질베르베르그도 자기 쪽에서 슈파이즈만을 심문했고 또한 그를 믿었다. 그렇기는 했지만, 5월에 키예프로 아제프가 왔을 때 나는 그에게 사건의 전말을 보고했다.

아제프는 고개를 젓고 말했다.

"하지만 그게 사실이오?"

나는 슈파이즈만을 믿지만, 사건은 그 자체로 너무나 믿을 수 없어서 슈파이즈만이 아닌 누군가 다른 사람이 이야기했다면 한마디도 믿지 않았을 것이라고 말했다.

아제프는 다시 고개를 저었다.

"그가 겁을 먹은 건 아닙니까? 빈에 있을 때 이미 다이너마이트를 버리고 나중에 그 이야기를 전부 꾸며낸 건 아니오? 내가 그에게 물어보겠소."

아제프는 직접 슈파이즈만을 심문했다. 후일 슈파이즈만은 바로 죽음을 앞두고 감옥에서 우리에게, 국경에서 일어난 일은 한마디 한 마디 모두 사실이라고 전했다.

질베르베르그는 무기명 여권을 수백 개 가지고 돌아왔다. 그는 그것을 슬로님 시에서 샀다. 나는 슈콜니크와 슈파이즈만을 위해 여권을 만들어주었고, 둘은 함께 자리를 잡고 거리의 상인 일을 시작했다. 슈파이즈만은 담배를, 슈콜니크는 꽃을 팔았다. 크레샤티크에서는 행상을 금지하지 않았고, 감시 작업은 특히 편했다. 즉 총독 관저가 있는 대학 거리에서 멀지 않은 곳에 자리를 잡기만 하면 되었던 것이다. 나는 슈파이즈만에게, 포돌의 증기선 선착장으로 가게 되면 클레이겔스를 볼 수 있게 쿠페체스키 공원에서 장사할 것을 제안했다. 슈콜니크는 대학 거리 오른쪽, 안넨스카야 거리 모퉁이에서 감시했으며, 그 자리에서는 시내로 들어오거나 역으로 나가는 마차를 못 보고 지나칠 수가 없었다. 클레이겔스에게 정기적인 외출은 있을 수 없었고, 우리는 이 때문에 마차의 외관을 확인한 후 그가 공무 때문에 대성당에 나타나는 날, 예를 들어 황제의 날에 암살에 돌입하기로 결정했다. 우리가 채택한 계획에 따라 슈콜니크와 슈파이즈만은 아침 9시부터 낮 12시까지, 그리고 오후 1시부터 저녁 8시까지 감시하기로 했다. 클레이겔스가 저녁 8시 이후에 극장이 아닌 다른 어딘가로 외출할 것이라고는 생각하기 어려웠다. 1년간이나 신문을 들여다본 결과, 우리는 그가 극장에 가는 일이 대단히 드물다는 것도 알고 있었다.

질베르베르그와 나는 또한 크레샤티크를 돌아다니려고 애썼다. 곧 우리 둘 다 클레이겔스를 보는 데 성공했다. 그는 지붕이 없는 마차를 타고 다녔다. 이로 인해 암살에서 착오의 가능성이 사라졌다.

6월 어느 날 나는 평소처럼 크레샤티크를 헤매며 다니고 있었다. 갑자기 예상치 못하게 등 뒤에서 목소리를 들었다.

"1분만 시간을 내주십시오."

나는 그자가 밀정이라고 확신했다. 누가 이런 말로 내게 접근할 수 있겠는가? 나는 돌아섰다. 내 앞에는 디딘스키가 서 있었다.

우리는 함께 과자 가게로 들어섰다. 그곳에서 디딘스키는 자기 이야기를 해주었다―욕조에서 스스로 동맥을 끊은 것, 그리고 체포되어 키예프로 호송되어 온 이야기였다. 그는 다시 자신을 투쟁조직에 받아들여 달라는 부탁으로 끝을 맺었다.

나는 말했다.

"보십시오, 디딘스키, 동지들이 이제 와서 거기에 동의할 거라고 생각하는 건 아니겠죠?"

그는 고개를 숙였다.

나는 말을 이었다.

"내가 먼저 동의하지 않습니다. 사실상 당신은 조직에 범죄를 저지른 것 아닙니까."

그러자 디딘스키가 말했다.

"저는 살 수가 없습니다. 어떻게 되든 간에 저는 클레이겔스를 죽이겠다고 결심했습니다. 도와주시지 않는다면 혼자 죽이겠습니다."

나는 그에게, 우리는 물론 누가 죽이든 간에 클레이겔스를 죽이는 것은 환영할 것이라고 말했다. 그는 물었다.

"그러면 법정에서 제가 투쟁조직의 조직원이라고 말해도 되겠습니까?"

나는 말했다.

"보십시오, 이쯤에서 그만둡시다. 당신은 클레이겔스를 죽이지 못해요. 테러에 대해서는 더 이상 생각하지 마십시오. 모든 사람이 총을 쏘고 폭탄을 던질 의무가 있는 건 아니잖소. 평화로운 일에 종사하는 게 나을 겁니다."

디딘스키는 자기 의견을 고집했다. 그는 혼자서 클레이겔스를 죽이러 가겠다고, 도움은 필요 없고 부탁하지도 않겠다고, 자

3장 투쟁조직   207

신에게 필요한 것은 오직 하나, 법정에서 자신이 투쟁조직의 조 직원이라고 말할 수 있는 권리뿐이라고 말했다. 그는 또한 플레베 건에 관해 동지들에게 죄책감을 느끼며 과오를 씻고 싶다고 말했다. 암살이 실패할 경우, 그의 말에 따르면 법정에서 침묵을 지킬 것이었다.

그의 말을 다 듣고 나는 말했다.

"우리는 당신이 클레이겔스를 죽이는 것을 허락할 수도 금지할 수도 없습니다. 당신은 권총을 가지고 있고, 합법적인 신분에다 키예프에 연고가 있는 사람으로서 쉽게 총독의 접대회에 갈 기회를 얻을 수 있고, 그건 당신 일입니다. 하지만 우리는 당신을 도와주지 않을 것이고, 나는 당신을 만나기를 원치 않습니다. 당신이 클레이겔스를 죽이면 자신을 투쟁조직의 일원이라고 해도 좋습니다. 그리고 또 덧붙일 게 있습니다. 당신의 암살은 전혀 사전 준비를 할 필요가 없습니다. 클레이겔스가 접대회를 여는 날이라면 아무 때나 완수할 수 있으니까요. 3주의 기한을 드리겠습니다. 3주 후에도 클레이겔스가 살해되지 않는다면, 오늘 제게 하신 말씀은 없었던 것으로 여기겠습니다."

3주 후에 클레이겔스는 살해되지 않았다. 그리고 며칠이 더 지난 후에 나는 다시 크레샤티크에서 디딘스키와 마주쳤다. 그는 나를 보지 못한 척했다.

V

아론 슈파이즈만과 슈콜니크가 클레이겔스를 감시하기로 되어 있던 시간에 자주 크레샤티크를 배회하면서, 나는 그들을 제자리에서 보는 일이 거의 없었다. 슈파이즈만은 특히 드물게 나타났다. 황제 공원이나 어딘가의 선술집에서 저녁마다 그들을 만나면서, 나는 여러 번 의아함을 표현했다. 그들은 여러 가지 이유로 부재를 설명했다. 슈파이즈만이 몸이 아프다거나, 슈콜니크가 거리의 소음 때문에 머리가 아프다거나 하는 등의 사유였다. 그러나 나는 어쨌든 그들이 뭔가를 숨기고 있는 것 같았다. 우리의 만남에 자주 동석했던 질베르베르그도 같은 인상을 받았다. 감시 작업을 벌써 한 달이나 끌고 있는데, 체계적으로 감시하는 사람들은 아직 클레이겔스를 보지 못했고, 그런 와중에 질베르베르그나 나처럼 부정기적으로 감시하는 사람들은 그를 이미 마주쳤다는 것이 이상했다. 슈콜니크의 이런 수수께끼 같은 행동은 그녀가 혁명의 광신도이며 테러의 이름으로 모든 희생을 각오한 사람이라는 나의 소견과도 일치하지 않았다. 어느 날 나는 슈파이즈만 없이 그녀 혼자만 회견에 불러내 노골적으로 그녀에게 내 의견을 전했다. 나는 거사를 이런 식으로 진행하느니 완전히 그만두는 것이 낫겠다고 그녀에게 말했다. 말을 마쳤을 때, 나는 그녀의 눈에서 눈물을 보았다. 그녀는 격렬한 손짓을 하며, 특유의 유대인 억양으로 말하기 시작했다.

"그래요, 좋아요……. 전부 말씀드릴게요……. 하지만 제발 부탁이니 아론이 모르게 해주세요."

"무슨 일이오?"

"아론이 못 하게 해요."

"감시 말입니까?"

그녀는 손으로 눈을 가렸다.

"그는 내가 폭탄을 던지는 걸 원치 않아요……."

내게 이것은 예상치 못한 상황이었다. 슈파이즈만이 그 어떤 식으로든 암살에 반대하는 원인이 되리라고는 한 번도 의심하지 못했다. 나는 말했다.

3장 투쟁조직

"하지만 당신이 아니라 그가 폭탄을 던지기로 하지 않았습니까. 당신은 그냥 예비로만 있는 것 아닙니까."

"아무래도 똑같아요. 그는 그것도 원치 않아요."

나도 그것은 원치 않았다. 그러나 선택의 여지는 없었다. 슈콜니크나 질베르베르그가 나서야만 했다. 게다가, 나는 클레이겔스가 첫 번째 폭탄으로 살해되기를 바라고 있었다. 폭탄은 질베르베르그가 만들었고, 크레샤티크는 인파가 많지 않으므로 투척자가 마차까지 뛰어갈 때 방해할 수 있는 것은 아무것도 없었다. 나는 말했다.

"그럼 당신은요? 당신은 그걸 원합니까?"

그녀는 울어서 부은 눈을 들어 나를 보았다.

"지금 그걸 물으시는 거예요? 어떻게 물으실 수가 있어요?"

며칠 후에 나는 슈파이즈만에게 말했다.

"당신을 거리에서 못 봤습니다……. 혹시 감시하기 싫은 겁니까?"

그는 당황했다.

"사실대로 말하자면, 클레이겔스에 대해 생각하고 있지 않습니다."

"그럼 누굴 생각합니까?"

"트레포프요."

"하지만 당신도 알지 않습니까. 트레포프 건에는 큰 조직이 필요하고, 당분간은 그런 조직이 없는 데다 당신은 유대인이니 페테르부르크에서 활동하기 불편하다고 우리 이미 이야기하지 않았습니까."

"예……. 하지만 클레이겔스가 도대체 뭐란 말입니까?"

나는 그에게, 다름 아닌 클레이겔스의 암살 기도에 참여하게 되리라는 것을 그는 미리부터 알고 있었고 이 점에 동의했으며, 심지어 그것을 부탁까지 했다고 말했다. 또한, 우리는 물론 그에게 강요할 수 없으며 그가 키예프에서 일하기를 원치 않는다면 조직은 즉시 그에게 행동의 자유를 돌려줄 것이라고 말했다.

슈파이즈만은 더욱더 당황했다.

"조직을 떠나라고 제안하시는 겁니까?"

"아니요, 강요하고 싶지 않을 뿐입니다."

그는 1분쯤 망설였다.

"좋습니다. 클레이겔스 건에 참여하겠습니다."

이런 대화들로 인해 내 안에는 거사의 성공에 대한 의심이 일어나기 시작했다. 슈콜니크에게 듣길, 슈파이즈만이 계속 그녀에게 감시를 그만두라고 종용하고 있으며, 이제는 힘으로 그녀가 일하는 것을 방해할 태세라는 것이었다. 나는 6월 말에 하리코프에서 만난 아제프에게 모든 것을 이야기했다.

"그건 즉, 암살이 아무 결과도 못 내리라는 뜻이군요." 그가 잠시 생각한 뒤 말했다. "거사를 청산하는 게 낫겠소."

나는 성 블라디미르 축일인 15일과 후계자 탄생일인 30일까지 조금 더 기다릴 것을 조언했다. 이 축일에 클레이겔스가 성당에 가리라는 희망이 있었다. 아제프는 항의하지 않았다. 키예프로 돌아온 후 나는 회견에서 슈콜니크와 슈파이즈만에게 노골적으로, 7월 15일이나 30일에 클레이겔스 암살에 참여하기를 원하느냐는 질문을 던졌다.

슈파이즈만이 말했다.

"하지만 우리는 아직 클레이겔스를 못 봤습니다."

나는 시간은 충분하며, 그들이 감시를 계속하다 보면 그를 보는 데 성공할 것이라 대답했다. 그러자 슈파이즈만이 말했다.

"저라면 트레포프 쪽을 선호하겠습니다."

그러나 슈콜니크가 그를 가로막았다.

"우린 클레이겔스로 결정했으니 그를 암살하러 갈 겁니다."

나는 슈파이즈만이 클레이겔스 건에 나서지 않으리라는 것을 알았다. 슈콜니크 한 명만으로 암살을 진행하는 것은 여러 가지 이유에서 원치 않았다. 질베르베르그에게 폭탄을 줄 권한은 내게 없었으며, 설령 그런 권한이 있다 해도 조직이 허약한 상태에서 지역적인 과업에 가장 가치 있는 일꾼을 희생시키는 것은 목적에 부합하지 못하다고 여겨 그런 일은 하지 않았을 것이다.

클레이겔스 암살은 15일에도, 30일에도 이루어지지 못했다. 슈파이즈만은 과업을 거절했고, 우리는 그와 헤어졌다. 슈콜니크의 테러에 대한 충성심을 우리는 흔들림 없이 확신했지만, 그녀와도 우리는 헤어졌다. 작별하면서 슈파이즈만은 말했다.

"제가 부탁한다면 폭탄을 주시겠습니까?"

"당신에게 폭탄이 왜 필요합니까?"

"혹시 지역적인 과업에 나갈지도 몰라서요."

나는 놀랐다.

"이보십시오, 아론, 당신에게 클레이겔스는 너무 하찮았죠. 그래서 트레포프를 원했고, 그 이하는 거절하지 않았습니까?"

"전 그런 말은 하지 않았습니다, 그저 알고 싶었을 뿐입니다, 제게 폭탄을 주시겠습니까?"

나는 그에게 폭탄을 주지 않겠다고 말했다. 조직의 한계 밖에서 다이너마이트를 사용할 권한은 내게 없었다.

지금까지도 나는 슈파이즈만으로서는 어느 암살에 참여하든, 즉 트레포프든 클레이겔스든 아무래도 상관없었다고 생각한다. 또한 그가 키예프 건을 거절할 당시 자기 목숨을 보전하는 것은 염두에 두고 있지 않았다고 생각한다. 자기 목숨을 희생하려는 그의 각오는 이미 그때 의심의 여지가 없었다. 그러나 내가 보기에, 그는 그 당시 아직도 슈콜니크가 테러리스트 활동에 참여한다는 사실을 받아들일 수가 없었고, 우리 조직을 떠난 후 한참 뒤에야 그 사실을 받아들일 수 있었던 듯하다.

실제로 몇 달 후, 1906년 1월 체르니고프에서 현지사 호보스토프를 대상으로 한 암살이 수행되었다. 후일 밝혀진 바로는 그 암살을 계획한 것은 마냐 슈콜니크와 아론 슈파이즈만이었다. 슈파이즈만의 폭탄은 폭발하지 않았고, 슈콜니크의 폭탄으로 인해 현지사는 부상을 입었다. 지역 군사회의는 슈파이즈만에게 사형을 선고했고, 그는 즉시 교수형에 처해졌다. 슈콜니크는 20년 노역형에 처해졌다. 그렇게 그들은 혁명 경력을 마감했다.

나와의 만남에서 아제프는 자기 일의 진행 상황에 대해 이야기해 주었다. 일은 느리게 진행되었다. 당에는 투쟁 일에 적합한 인물이 적었다. 아제프는 그동안 불법적인 정당 노동자 한 명을 찾아냈는데, 전직 이르쿠츠크의 비밀 인쇄소 문지기였던 표트르 이바노프였다. 이바노프는 키예프로 찾아왔다.

이바노프는 키가 그리 크지 않고 대단히 내성적이며 말이 없는 22세의 젊은이였다. 그는 페테르부르크로 가서 마부로 일하기로 결정되었다.

이바노프는 재개된 트레포프 건의 첫 마부가 되었고, 1905년 가을부터 1906년 가을까지 꼬박 1년간 그렇게 일했다.

같은 시기에 아제프는 내게, 전에 '인민의 의지' 일원이었고 유형지에서 도주한 안나 바실리예브나 야키모바가 투쟁조직에 참여하기를 원한다고 알려주었다. 아제프는 나와 질베르베르그를 니즈니 노브고로드로 불렀는데, 야키모바도 그곳으로 찾아오기로 되어 있었으며 아제프의 말에 따르면 그곳에는 트레포프 건에 적합한 다른 사람들도 있다고 했다. 질베르베르그는 오데사에 들러 이리나와 라셸 루리예에게 키예프의 실패에 대해 이야기한 후 니즈니 노브고로드로 떠났다. 나도 그곳으로 떠났다.

니즈니 노브고로드에는 투쟁조직의 조직원 후보가 세 명 있었다. 전직 모스크바 대학교 학생인 알렉산드르 바실리예비치 칼라시니코프와 그의 추천을 받은 소르모보 공장 철물공이자 지역 투쟁단의 일원인 이반 바실리예비치 드보이니코프, 표도르 알렉산드로비치 나자로프였다. 칼라시니코프는 우리가 잘 알지 못했다. 키예프의 경험에서 교훈을 얻어, 우리는 트레포프 암살처럼 책임이 막중한 거사에 그와 그의 동료들을 곧장 받아들이지 않기로 결정했다. 우리는 그들에게 우선 니즈니 노브고로드 현지사인 운테르베르크 남작을 살해하는 것을 시도해 보라고 제안했다. 드보이니코프와 나자로프는 거리에서 담배를 팔기로 했고, 칼라시니코프는 감시 작업을 지도하기로 했다.

아제프는 당 전반의 일 때문에 떠났다. 그는 내게 펜자에 들를 것을 부탁했는데, 그곳에는 우리에게 강력히 추천된 전직 모스크바 대학교 학생 보리스 우스티노비치 브노롭스키가 경찰의 감시하에 있었다. 나는 다시 니즈니 노브고로드에서 아제프를 만나기로 되어 있었다.

펜자에서 나는 쉽지 않게 브노롭스키를 찾아냈다. 나는 그의 아파트로 찾아갔고 그곳에서 대단히 잘생기고 어깨가 떡 벌어진 젊은이를 만났는데, 숱 많은 검은 머리에는 새치가 희끗희끗 섞이고 생각에 잠긴 눈은 빛나고 있었다. 옷차림은 사라사 셔츠에 장화를 신고 있었다. 그는 마치 오래전부터 내가 나타나기를 기다렸던 것처럼 나를 보고도 놀라지 않았다. 나는 그에게 물었다.

"내가 듣기로, 투쟁조직에서 일하고 싶어 하신다고요?"

"예."

"정확히 어째서인지 여쭤봐도 됩니까?"

그는 대답했고, 그때 나는 그 대답의 단순함에 놀라고 말았다.

"나는 사회 혁명가이고, 테러를 인정하고, 그러니까 테러를 실행해야 합니다."

그는 말을 적게 했고, 나의 직접적인 질문에만 대답했다. 그의 외양에는 슈베이체르와 질베르베르그와의 공통점이 많이 있었다. 키가 크지 않고, 어깨가 넓고, 머리가 검고, 눈이 빛났다. 또한 그들처럼 말이 없었고, 절제되고 조용한 성격이었다.

나는 그에게, 테러 일이라는 것은 폭탄을 손에 들고 거리로 나가는 게 전부가 아니며, 일은 일반적으로 생각하는 것보다 훨씬 하찮고 지루하고 힘들고, 테러리스트는 몇 달씩 하층민으로 지내면서 동지들을 거의 만나지 못하고 가장 어렵고 불쾌한 작업 —다시 말해 체계적인 감시 작업에 매달리지 않으면 안 된다고 말했다.

브노롭스키는 말없이 들었다. 그리고 그는 말했다.

"그 점은 알고 있고, 처리할 수 있습니다."

나는 그에게 다시 물었다.

"마부로 일할 수 있습니까?"

그는 단순하게 대답했다.

"물론입니다."

그는 내 눈에 평온하고 강하고 대담해 보였다. 그를 받아들임으로써 우리는 일급 노동자를 얻었다.

그가 페테르부르크로 가 그곳에서 마부로 일하기로 결정했다. 나는 그에게 우리가 트레포프 암살을 준비하고 있다고 말했다.

펜자에서 나는 사흘을 지냈으며 투쟁조직에 도움을 주겠다고 제안한 농민들을 만나게 되기를 희망하고 있었다. 불행히도 이 농민들을 만나는 데 성공하지 못했는데, 그들은 자신들이 속한 위원회 관련 사건으로 체포되어 있었다.

나는 니즈니 노브고로드로 돌아갔다. 칼라시니코프가 내게 말하길, 운터베르크 남작은 분명 암살을 피할 목적으로 거의 거리에 모습을 나타내지 않으며 드보이니코프와 나자로프가 잠복하고 있으나 소득이 없었다. 나는 아제프를 기다리며 니즈니 노브고로드에 남았다. 질베르베르그는 나와 함께 있었다.

질베르베르그는 키예프의 실패로 대단히 낙담하고 있었다. 그는 클레이겔스 암살에 직접 참여하겠다고 제안했으나 우리가 거절하여 몹시 낙담했다. 슈파이즈만의 동요는 그에게 견디기 어려운 인상을 남겼고, 그런 동요를 그는 범죄로 여겼다.

질베르베르그는 아마도 다른 사람들보다 조직에 가장 필요한 인물 중 하나였다. 그는 테러 건의 모든 불법적인 일을 수행했다. 가장 지루하지만 무엇보다도 필수적인 일들, 즉 출장, 동지들과의 교신, 여권 담당, 다이너마이트의 입수 등이 그의 몫이 되었다.

그는 절대로 불평하지 않았고 묵묵히 정확하게 지시 사항을 수행했다. 겸손하고 꼼꼼한 그는 모든 일에 참여했다. 그는 화학자였고, 마부였고, 후에는 조직자였다. 그의 진실한 생각이 어떤 것이었는지 나는 알지 못한다. 그는 자기 생각에 대해서는 거의 말하지 않았고, 그렇게 보자면 이론적인 문제에 대해 말하는 것도 대체로 좋아하지 않았다. 키예프와 니즈니 노브고로드에서 나는 그와 가깝게 지냈고, 나는 우리가 그를 신뢰한 것이 옳았다고 확신하게 되었다. 그는 칼랴예프, 포코틸로프, 사조노프, 그리고 슈베이체르의 완벽한 후계자였다. 트레포프 건에 그도 마부로서 참여하기로 결정되었다.

이렇게 해서, 그해 여름 동안 첫 번째 목표였던 클레이겔스 암살을 달성하지는 못했지만, 두 번째이자 더 중요한 목표는 달성했다고 할 수 있었다. 우리의 조직은 부활했으며, 조직 내에 경험 많고 기강 잡힌 인물들로 이루어진 필수 병력이 갖추어졌고, 이런 인물들과 함께일 때만 트레포프 건처럼 어렵고 복잡한 거사에 돌입할 수 있다고 확신을 가지고 말할 수 있었다. 또한 조직 내에 자신의 동요로 인해 조직을 혼란에 빠트리는 인물들은 없다고, 그보다 덜하지 않은 확신을 가지고 우리는 말할 수 있었다. 여름이 끝날 무렵 조직의 구성원이 최종적으로 결정되었다. 아제프와 나를 제외해도 감시 작업에는 여섯 명이 더 있었다. 질베르베르그, 이바노프, 브노롭스키, 칼라시니코프 그리고 나조로프였고, 이 중 질베르베르그와 마지막 세 명은 거사를 위하여 테러에 대한 자신의 충성심을 보여주었다. 화학 분과의 구성원도 충분히 숫자가 많았고 경험도 있었다. 도라 브릴리안트, 크세니야 질베르베르그, 라셸 루리예였다. 우리는 다시 성공을 기대할 수 있게 되었다.

이런 희망은 지나치게 때 이른 것이었다.

야키모바는 민스크에서 타타로프와 만났고, 중앙위원회 일원으로서 그에게 나와 아제프를 만나기 위해 니즈니 노브고로드로 간다고 보고했다. 타타로프는 이 우연한 기회를 이용했다. 우리를 경찰에 밀고한 것이다.

VI

8월 초에 아제프는 니즈니 노브고로드로 돌아왔다. 그의 첫

마디는 이러했다.

"우리는 미행당하고 있소."

그는 밀정들이 따라오는 것을 눈치챘다고 나에게 말했다. 나는 감시의 징조를 전혀 눈치채지 못했고 이 때문에 처음에는 그를 믿지 않았다.

그러자 그는 내게, 그가 직접 자신을 미행하는 밀정들을 눈치챘을 뿐 아니라 관계없는 사람들이 두 번이나 그에게 경고했다고 알려주었다. 첫 번째는 모스크바의 필리포프 커피숍에서 야키모바와 회견한 후였는데, 거리에서 모르는 사람이 다가와 그에게 그를 감시하는 밀정들을 주의시켰고 두 번째는 철도 차장이 객실에서 그에게 직접 밀정들을 가리켜 보였다. 아제프는 우리 모두 즉시 니즈니 노브고로드에서 떠나야 한다고 단호하게 주장했지만, 나는 오랫동안 이에 반대했다. 나는 운터베르크 남작 일을 청산하기가 아쉬웠다.

이틀 후에 아제프와 질베르베르그는 거리에서 뒤를 따라오는 밀정을 눈치챘다. 숙소로 돌아온 나는 호텔 방 메이드의 태도에서 거의 포착하기 어려운 변화가 있다는 점에 주목했지만, 그러나 어쨌든 우리가 위험을 과대평가하고 있으며 실제로 우리에 대해 아무런 감시 작업도 진행되고 있지 않다고 생각하는 쪽으로 기울었다. 나는 질베르베르그에게 물었다.

"우리가 감시당하고 있다고 확신합니까?"

"확실하지 않습니다." 그가 대답했다. "하지만 불쾌한 느낌이 듭니다, 마치 우리에게서 눈을 떼지 않는 것 같아요."

같은 날 저녁 아제프와 함께 시장의 식당에 앉아 있을 때, 나는 페테르부르크 비밀경찰의 특수임무 담당관 스타트코프스키가 식당으로 걸어 들어오는 듯한 모습을 보았다. 학생 시절 이후

스타트코프스키를 본 적이 없어 물론 내가 착각했을 가능성도 있었으나, 닮은 점이 너무나 많아서 나는 이 점을 아제프에게 주의시켰다.

만전을 기하기 위해서는 즉시 결단성 있게 조치를 취해야 했다. 니즈니 노브고로드 건을 계속 진행하다가는 조직 전체가 밀정의 무리로 둘러싸일 수 있었고, 그렇게 되면 피할 수 없이 조직을 결정적인 와해로 몰고 갈 수 있었다. 우리 앞에는 그리하여, 이전과 같은 과업—즉 트레포프 살해라는 과업이 아니라 조직의 보전이라는, 덜 명예롭지만 결코 덜 어렵지 않은 과업이 놓여 있었다.

니즈니 노브고로드에서 첫 번째로 떠난 것은 질베르베르그였다. 그는 운 좋게도 감시망을 벗어나는 데 성공했고, 페테르부르크에 도착하자 마차와 말을 사서 마부가 되었다. 아제프는 숨었다. 이미 민스크에서부터 철저한 감시를 받아오던 야키모바는 블라디미르에서 체포되었다. 그녀는 '자유의 날들' 동안 공소원에서 시베리아 탈주의 죄목으로 재판받았고, 법원의 판결에 의해 처음의 유형지로 돌려보내졌다. 나에게는 다음과 같은 일이 벌어졌다.

아제프는 내게 3주 후 페테르부르크에서의 회견을 지정했다. 이 3주를 우리는—각자 개별적으로—자신의 자취를 감추는 데 사용하기로 되어 있었다. 나는 꾀를 썼다. 기차로 니즈니 노브고로드를 떠났는데, 이 기차는 키예프로 가는 특급 열차가 브랸스크 역을 떠나기 30분 전에 모스크바에 도착했다. 모스크바에서 한 역에서 다른 역으로 옮겨가면서 나는 간신히 시간을 맞췄다. 밀정들은 내가 모스크바 시내에서 어디로 가는지 미리 알 수 없었다. 그 때문에 니즈니 노브고로드 역에서 나는 짐꾼에게 큰 소리로, 키예프 역이 아닌 브레스트[1]행, 즉 스몰렌스크 역으로 가는 마차를 잡아달라고 시켰다. 마차를 타고 반 베르스타[2]쯤 가서 나는 마부에게 물었다.

"어디로 가는 거요?"

"브레스트 역이죠, 말씀하신 대로."

"브랸스크요, 브레스트가 아니고. 브랸스크[3]로 갑시다."

마부는 마차를 돌렸다. 우리 뒤에는 아무도 없었고, 나는 내 행선지를 아무도 알아채지 못했다고 확신하며 키예프로 떠났다. 키예프에서 나는 옷차림을 바꾸고, 키예프와 오데사 사이의 즈메린카 역에서 근무했던 대학 시절의 동지 다닐로프의 집에서 며칠간 지내기로 결정했다. 나는 오데사까지 가는 표를 끊었으나, 즈메린카 역에서 세 번째 종이 쳤을 때 플랫폼에 뛰어내렸다. 나로서는 불행히도, 다닐로프와 그의 가족 전체가 키예프로 떠나고 없었다. 집에는 하녀뿐이었다. 나는 그녀에게 내가 다닐로프의 사촌이라고 말하고 빈 집에 혼자 남았다. 그렇게 나는 집주인이 돌아올 때까지 즈메린카에서 닷새 정도 지냈다. 이제는 감시망으로부터 완전히 자유롭다고 충분히 확신한 후, 페테르부르크로 떠나기로 결정했다. 아제프와 약정한 날까지 7일이 남아 있었다. 만일을 위해서 나는 아제프가 추천한 동지인 클린 군郡의 농학자 게다의 장원에 들렀다. 내가 도착한 다음 날 불안에 떠는 안주인이 내 방으로 들어왔다.

"당신은 미행당하고 있어요."

---

1 벨라루스의 도시.
2 혁명 전 러시아의 거리 단위, 1베르스타는 1.067km.
3 브레스트행 기차는 스몰렌스크 역을 경유하는 북쪽 노선이다. 브랸스크는 남쪽 노선이라 출발역이 다르다.

"그럴 리가 없습니다."

"방금 정원사가 왔는데, 기차역에서 형사 두 명이 찾아와서 당신에 대해 묻고 있다고 해요."

바로 이때 게다가 도착했다. 그는 철도 직원 한 명이 그에게 클린 역과 그 옆의 기차역에서 밀정들이 누군가 기다리고 있다고 알려주었다고 이야기했다. 분명, 나는 감시망을 피해 숨는 데 성공하지 못했던 것이다. 장원에 계속 머물러서는 안 된다는 것 또한 분명해졌다.

그날 저녁 게다는 직접 말을 몰아 나를 중앙역이 아니라 클린과는 반대편의 작은 간이역까지 데려다주었다. 내가 기차에 탔을 때, 이 간이역에는 수위 외에 전혀 인적이 없었다. 나는 모스크바에서 페테르부르크로 가는 특급열차를 잡아탈 계산으로 다시 모스크바로 떠났다. 내가 탄 기차의 도착과 페테르부르크행 열차의 출발 사이에는 15분이 남아 있었다. 그냥 객차에서 내려, 같은 역 같은 플랫폼에 이미 도착해 있는 열차로 들키지 않고 옮겨 타면 되었다. 나는 그렇게 했다.

페테르부르크에 도착한 것은 아침이었다. 나는 미행당하고 있는지 아니면 감시망을 벗어나 숨는 데 성공했는지 알지 못했다. 저녁까지 나는 뒤를 따르는 밀정을 눈치채지 못했다. 저녁 7시경, 동물원을 나오다가 고급 삯마차의 마부가 내게 타기를 권하지 않고 천천히 뒤따라 오는 것을 눈치챘다. 나는 즈베린스카야 거리로 건너갔고, 그는 내 뒤를 쫓아왔다. 나는 므틴스키 골목으로 접어들었고, 그도 즉시 내 뒤를 따라 접어들었다. 그렇게 그는 한 시간쯤 미행했다. 체르코브나야 거리에서 나는 갑자기 뒤로 돌아서서 곧장 그를 향해 걸어갔다. 그는 내 눈앞에서 말을 돌렸고, 미소를 짓고 말했다.

"그래, 무슨 일이십니까, 나리, 보십시오······."

나는 내가 곧 체포당할 것임을 직감했다.

나는 볼쇼이 대로의 페테르부르크 쪽으로 나갔고, 그는 나를 앞질러 브베덴스카야 거리 쪽으로 갔다. 나는 마차를 잡아타고 마부에게 바실리예프스키 섬의 볼쇼이 대로로 가라고 시켰다. 나는 섬 한가운데에 산책길이 있는 것을 기억해 냈고, 몸을 숨기는 데 그곳을 이용하기로 결정했다.

투치코프 다리에서 뒤를 따라오는 급한 말발굽 소리를 들었다. 나는 고개를 돌렸다. 아까의 삯마차 마부가 쫓아오고 있었다. 볼쇼이 대로에서 도중에 마차에서 뛰어내려 산책길을 가로지른 뒤 드네프로브스키 골목에 숨었다. 삯마차가 말을 맨 채로 산책로를 가로지를 수 없으며, 그러므로 그를 앞지를 수 있다고 계산했다. 이렇게 해서 몇 분을 벌었다. 삯마차 마부는 정말로 우회로로 말을 몰았다. 나는 전력으로 드네프로브스키 골목을 달려, 아카데미체스키 골목으로 접어들어 어떤 집의 담장에 몸을 바짝 붙이고 기다렸다. 30분이 지나갔다. 주위에는 인적이 전혀 없었다. 나는 도망치는 데 성공했다고 결론을 내렸다. 몸에 지닌 소지품이 전혀 없었으므로 호텔에 묵기는 곤란했다. 볼쇼이 대로의 페테르부르크 쪽에 고등학교 때의 동지인 변호사 A. T. 제멜이 산다는 사실을 기억해 냈다. 나는 그에게 전화했다.

나는 제멜에게 이미 2주째 미행당하고 있다고 말한 뒤 재워줄 수 있겠냐고 물었다. 제멜은 주저 없이 동의했다.

다음 날 아침 제멜의 집에 토목기사인 P. M. 마카로프가 찾아왔다. 그는 나의 친한 지인으로, 여러 번 투쟁조직에 도움을 주었다. 마카로프는 제멜에게 이렇게 물었다.

"어째서 집을 경찰이 둘러싸고 있습니까?"

집은 실제로 경찰에 둘러싸여 있었다. 어쨌든 끝까지 미행당했으며 나로서는 빠져나갈 방법이 거의 없다는 점이 분명했다. 어떤 방식으로 그의 거처에서 모습을 감출 수 있을지 제멜과 논의하기 시작했다. 대화 도중에 제멜은 모자를 쓰고 물건을 사기 위해 거리로 나갔다. 마카로프는 오래전에 떠났다. 나는 혼자 남았다. 한 시간이 지나고, 두 시간, 세 시간이 지나갔다. 황혼이 덮여왔고, 제멜은 돌아오지 않았다. 나는 그가 돌아오지 않는 이유를 이해할 수 없었다. 그를 잘 아는 나로서는 이런 어려운 정황에서 그가 나를 버렸다고 생각할 수 없었으나, 같은 차원에서 그가 체포됐다고 가정할 수도 없었다. 체포당할 이유가 없었다. 경찰이 제멜을 잡을 수 있는 것은 그의 집에서 나를 찾아냈을 경우뿐이었다. 그러나 경찰은 수색하러 나타나지 않았고, 나는 사방으로 포위되기는 했지만 아직은 자유로운 몸이었다.

저녁 8시, 제멜을 더 기다리지 못하고 거리로 나가기로 결정했다. 그의 외투를 입고 문지기들 곁을 지나 정문으로 나갔다. 문지기들은 나에게 아무런 주의도 기울이지 않았다. 비가 오더니 홍수가 일어났다. 밀정들은 보이지 않았다. 나는 마차를 잡아 핀란드 역으로 갔다.

후에 밝혀진 바로, 제멜은 거리에서 체포되어 호위부서로 실려 갔다. 저녁까지 경찰은 그를 나로 알고 있었다. 밤이 되어서야 실수를 저질렀다는 사실이 밝혀졌다. 그때서야 그의 거처에서 무익한 수색이 행해졌다.

나는 핀란드에 있는 별장으로 A. G. 우스펜스키를 찾아갔다. 나는 이제 무엇에 착수해야 할지 결단을 내리지 못하는 상태였다. 아제프에 대한 소식은 전혀 없었다. 나는 조심하기 위해 핀란드에서 며칠을 지낸 뒤에야 아제프를 찾기 시작하기로 했다.

그러나 다음 날 별장으로 페테르부르크 위원회의 일원인 V. Z. 하인체가 우스펜스키를 찾아왔다. 그는 내게 아제프가 외국으로 나갔다고 말했다. 그리고 다음과 같은 사실을 알려주었다.

페테르부르크 위원회의 일원인 로스토프스키에게 모르는 숙녀가 찾아와 익명의 편지를 전해주었다. 그 편지는 공학자 아제프와 '유배 경력이 있는 T(타타로프)'가 정부의 비밀 협력자라고 밝히고 있었다. 이어서 전자와 후자가 경찰에 정확히 무엇을 '비춰주었는지' 열거했다.

이 편지는 당시 내게 아무런 의심도 불러일으키지 않았다. 아제프는 이미 말할 것도 없고, 타타로프도 방해 활동을 하고 있다고 의심할 수 없었다. 그러나 나는 이 편지의 출처와 목적을 이해할 수 없었고, 때문에 고츠와 아제프와 상의하기 위해 외국으로 나가기로 결정했다. 이 편지가 어찌 됐든 경찰의 정보력을 입증하며, 그러므로 우리가 일의 다음 단계에 즉시 착수하는 것이 불가능하다는 점만은 이해했다.

투쟁조직의 모든 조직원은, 후에 제네바로 찾아온 도라 브릴리안트만 제외하고 러시아에 남았다. 국경을 건너가기 위해 나는 하인체가 알려준 헬싱포르스[1]의 주소로 핀란드의 '적극적 저항'당의 일원인 예베 프로코페를 찾아갔다.

헬싱포르스에서 나는 가폰을 만나게 되었다. 그는 스카투덴에서 학생인 발터 스텐벡의 집에 머무르고 있었다. 내가 저녁에 찾아왔을 때 그는 이미 자고 있었다. 그의 집 주위에는 무장한 경비원—'적극적 저항'당의 조직원들이 경비를 서고 있었다.

가폰은 잠에서 깨어 나를 보고는 침대에서 몸을 일으켰다. 그

---

[1] 오늘날 헬싱키의 러시아제국 시절 명칭.

의 첫마디는 이러했다.

"어떻게 생각하시오, 내가 교수형을 당할 것 같소?"

나는 그의 질문에 놀라 말했다.

"틀림없습니다."

"하지만 어쩌면 노역형에 처할지도 모르잖소? 응?"

"아닐 것 같습니다."

그러자 그는 소심하게 물었다.

"그럼 내가 페테르부르크로 갈 수 있겠소?"

"페테르부르크는 왜요?"

"노동자들이 기다립니다. 할 수 있습니까?"

"하룻밤 거리입니다."

"위험하지 않소?"

"위험할 수도 있겠죠."

"그래, 포세가 나한테 위험하다고 했소. 가지 말라고 설득하더군. 어떻게 생각하시오, 노동자들을 이곳이나 비보르그[2]로 부르면?"

나는 아무런 대답도 하지 않았다. 가폰이 말했다.

"여권 가지고 있소?"

"있습니다."

"나한테 주시오."

"하나밖에 없습니다."

"아무래도 좋소. 주시오."

"나도 필요한데요."

"상관없소. 주시오."

---

2 러시아와 핀란드 국경에 인접한 러시아의 작은 도시.

"보십시오, 나는 여권 없이 남아 있을 수가 없단 말입니다."

"주시오."

나는 그에게 펠릭스 리브니츠키의 이름으로 된 가짜 여권을 주었다. 여권을 감추며 그는 질문을 되풀이했다.

"그러니까, 교수형에 처할 거라고 생각하시오?"

"교수형입니다."

"좋지 않군."

나는 작별 인사를 하기 시작했다. 침대 옆 탁자에 장전된 브라우닝 권총이 놓여 있었다. 가폰은 그것을 집어 머리 위에서 흔들었다.

"산 채로는 항복하지 않겠소!"

예베 프로코페는 나를 아보로 보냈다. 아보에서 나는, 위에 말한 핀란드의 '적극적 저항'당의 일원인 쿠프시노프 동지와 동행하여 올란드 제도[1]로 갔다. 올란드 제도에서는 그곳 지주인 알프탄 소유의 돛을 단 보트가 장비되어 있었다. 알프탄, 쿠프시노프, 농민 린데만과 헬싱포스 대학 학생인 비오데가 보트의 선원이었다. 우리는 요트 클럽의 깃발을 달고 세관을 통과하여 저녁 무렵 핀란드 암초 절벽의 작은 섬에 정박했다. 동틀 무렵 우리는 다시 닻을 올렸고 며칠 후에는 이미 스웨덴 영해에 있었다. 나는 스웨덴 등대에 내려졌다. 핀란드 사람들은 등대지기에게 내가 프랑스 관광객이라고 말했고, 등대지기의 도움으로 나는 스톡홀름 근처의 조그만 요양소인 후루순드까지 돛단배를 빌렸다. 저녁 무렵 나는 후루순드에 있었고, 하루가 더 지나 스톡홀름에 도착했다.

---

[1] 스웨덴과 핀란드 사이의 섬들.

당시 이 핀란드 사람들이 나를 맞이하면서 보여준 친절과 정성을 잊을 수 없다. 그들은 나를 맞이함으로써 러시아 혁명에 도움이 된다고 믿었으며, 그것도 주저 없이 기꺼이 도움으로써 정당하게 러시아 혁명의 동지가 되었다.

9월 초에 나는 제네바에 도착했다.

VII

제네바에서 나는 고츠를 찾아냈다. 그는 전처럼 병석에 누워 있었다. 고츠는 주의 깊게 투쟁조직의 작업 상황에 대한 나의 이야기를 듣고 전에 언급한 편지의 본문은 이미 페테르부르크에서 그에게 보내온 것이라고 말했다. 그는 내가 그 편지를 어떻게 생각하는지 물었다.

"내가 어떻게 생각하냐고요? 아무 생각 안 합니다."

"그럼 타타로프는요?"

나는 타타로프를 예전부터 알고 있으며 그가 밀고자일 거라는 생각은 할 수 없다고 말했다.

고츠는 생각에 잠겼다.

"내 생각에는 말입니다." 그가 천천히 말하기 시작했다. "편지는 의심할 바 없이 경찰에서 흘린 겁니다. 그 뒤에는 뭔가 음모가 숨어 있습니다. 게다가, 내가 보기에 우리 당에도 밀고자가 있습니다. 아니면 니즈니 노브고로드에서 감시당한 것을 달리 어떻게 설명하겠습니까?"

"도대체 무슨 생각을 하십니까?" 내가 그의 말을 가로막았다.

그는 곧바로 대답하지 않았다. 마침내 그가 말했다.

"내 생각에는 이 일을 조사해야 합니다."

타타로프는 당시 파리에서 지내고 있었다. 그는 서로 다른 시

3장 투쟁조직

기에 『혁명 러시아』에 실렸던 기사들을 러시아에서 합법적인 방법으로 출판하는 일을 맡았고, 이미 러시아 신문에 이 출판물에 대한 광고를 냈다.

이 광고에는 고츠, 시슈코, 체르노프, 미노르, 바흐와 다른 중요한 사회 혁명당원들의 이름이 열거되어 있었다. 이렇게 이름을 열거하는 것은 거사에 해를 끼칠 수밖에 없었다. 그것은 독자와 검열의 관심을 끌었다. 타타로프가 이 사실을 모를 리가 없었다.

당의 작업 현황을 암울하게 보는 것은 고츠 하나만이 아니었다. 밀고자의 존재를 많은 사람들이 느꼈다. 또한 많은 사람들이 위에 말한 편지에 타타로프의 이름이 언급되었다는 사실에 당황했다. 타타로프는, 물론 그를 비난할 동기가 아직 전혀 없었음에도 불구하고 외국에 나와 있는 대다수 동지들에게 불쾌한 인상을 남겼다.

9월 초에 고츠는 제네바에 있는 중앙위원회 위원들과 위원회와 가까운 관계의 인사들을 소집했다. 이 회의에는 미노르, 체르노프, 튜체프, 나, 그리고 몇몇 다른 사람들이 있었다. 고츠는 회의를 시작하며 말했다.

"저는 많이 생각했습니다. 상황은 매우 심각합니다. 제가 보기에 우리는 유일하게 혁명적인 관점을 지켜야만 합니다. 우리에게는 이름도 권위도 있을 수 없습니다. 당의 안전을 위해서 극단적인 상황부터 출발합시다—우리들 전원이 의심받고 있다고 가정해 봅시다. 저 자신부터 시작하겠습니다. 제 생활은 잘 알려져 있습니다. 달리 반박하실 분 계십니까?"

그는 이어서 참석자 한 명 한 명의 신상을 점검한 후 물었다.

"혹시 구체적으로 다른 누군가를 의심하는 분 계십니까?"

체르노프가 일어섰다. 그는 자기 생각에 아무개가 의심스럽다고 증거를 대며 오랫동안 열띠게 말했는데, 그 아무개는 중앙위원회에 반대하는 독립적인 의견의 소유자였으나 모두에게 잘 알려져 있었고, 모든 혐의에 있어서 의심할 여지가 없는 인물로 간주되는 사람이었다. 체르노프가 말을 마치자 모두들 웃음을 터뜨렸고, 그 자신이 먼저 웃었다. 그 정도로 아무개에 대한 비난은 사실과 거리가 멀었다.

침묵이 덮이자 고츠가 말했다.

"나쁘게 말할 생각은 없지만, 의심을 감출 수도 없습니다. 타타로프는, 저의 결산에 따르면 자신의 출판 일을 위해 6주 동안 5천 루블이 넘는 돈을 썼습니다. 그는 어디서 이런 돈을 마련했습니까? 그에게는 당의 자금도 개인적인 자금도 없었고, 헌금을 받았다면 중앙위원회에 보고를 했어야만 합니다. 제가 어디서 돈을 마련했냐고 묻자 그는 이름난 사회 활동가 차르놀루스키가 그에게 1만 5천 루블을 주었다고 대답했습니다. 숨기지 않겠습니다, 저는 이 점을 의심하기 시작했습니다."

우리는 모두 주의 깊게 고츠에게 귀 기울였다.

잠시 침묵한 후, 그는 다시 말하기 시작했다.

"이렇게, 그의 출판사는 재정적으로 보장되어 있지 않습니다. 최소한 제가 생각하기로는 차르놀루스키에게 그런 돈이 있었다거나 그가 문학적인 사업에, 더구나 문학계에 잘 알려지지 않은 타타로프가 그 사업을 시작한다고 그런 규모의 기부를 했을 리 없습니다. 그러나 이게 전부가 아닙니다. 그의 출판사는 검열 쪽에 관한 한 안전을 확보하지 못했거나, 혹은 더 정확히 말해서 지나치게 안전을 보장받았습니다. 타타로프는 현실적이고 현명한 사람입니다. 그가 저의, 체르노프의, 미노르의 참여를 인쇄해서 공표한 사실을 어떻게 이해하겠습니까? 그런 공표는 거사를 망칠 수밖에 없지 않습니까. 제게는 타타로프의 역할이 분명치 않고, 그의 역할을 밝히기를 제안하고 싶습니다……. 그것을 어떻게 밝히느냐고요? 누군가 구체적인 임무를 띠고 차르놀루스키에게 가서 정말 타타로프에게 돈을 주었는지, 그리고 주었다면 정확히 어느 정도 규모였는지 알아내도록 페테르부르크에 사람을 보낼 것을 제안합니다. 타타로프가 저에게 한 말이 사실이라면 저는 제가 한 말을 취소하겠습니다. 우리는 어느 쪽이 됐든 아무런 위험도 무릅쓰지 않을 겁니다."

참석자 전원이 고츠에게 동의했고, 즉석에서 중앙위원회 위원인 A. A. 아르구노프를 페테르부르크로 보내자고 결정했다.

아르구노프는 페테르부르크로 떠나서 차르놀루스키를 만났다. 차르놀루스키가 아르구노프에게 말하길, 그는 타타로프에게 돈을 준 적이 없을 뿐 아니라 약속한 적도 없었다. 게다가 그는 타타로프가 자신의 이름을 사용했다는 사실 자체에 놀랐다.

아르구노프가 부재한 사이에 타타로프가 제네바에 도착했다. 고츠는 타타로프에 대한 감시망을 설립해야 한다고 제안했고, 그 제안을 고집했다. 감시 작업은 내가 직접 맡았고, 알렉산드르 구레비치와 바실리 수호믈린이 그 작업을 도왔다. 우리의 감시는 아무런 결과도 내지 못했으나, 대신 튜체프와 체르노프가 우연히 타타로프가 중앙위원회에 거짓 주소를 주었다는 사실을 증명하는 데 성공했다. 그가 지명한 호텔에 그는 없었다.

2주가 지나 아르구노프가 돌아와 우리에게 차르놀루스키의 대답을 전했다.

타타로프는 고츠에게 거짓을 말했던 것이다.

그리하여 고츠의 주도와 중앙위원회의 결의하에, 타타로프 건을 조사하기 위한 소위원회가 결성되었다. 그 소위원회에는 바흐, 튜체프, 체르노프, 그리고 내가 참여했다.

타타로프는 아무것도 의심하지 않았다. 그는 나와 이전의 관계를 이어갔다. 집으로 나를 찾아와 투쟁조직에 관해 많은 것을 물었다. 나는 직업적인 비밀을 구실로 대답하지 않았다. 그는 또한 나의 가족과 그들의 혁명 참여 가능성에 관심을 가졌다. 나는 모르겠다고 발뺌했다. 그는 내가 러시아에서 미행당했는지를 여러 번 물었다. 나는 벌써 오래전부터 제네바를 떠나지 않았다고 대답했다.

그는 나 하나만 찾아온 것이 아니었다. 제네바에서 그는 모두에게 모두에 관해서 이것저것 캐물었다. 사람들은 그를 신뢰했다. 중앙위원회는 그에 대한 의심을 드러내지 않고 침묵했다. 실수의 가능성이 있었기 때문에 필수 불가결한 일이었다. 하지만 공공연히 진술된 혐의 때문에 타타로프는 이미 파멸했다. 곧 그는 너무 많이 알게 되었다.

타타로프는 러시아로 떠날 계획이었고, 작별 인사로 동지들에게 만찬을 대접하기로 결정했다. 이 만찬에는 사람이 많이 왔고, 그중에는 체르노프와 나도 포함되어 있었다. 타타로프는 활기차고 명랑했다. 그에 대한 비난을 알지 못하고 마음이 끌렸던 동지들은 그에게 러시아에서의 성공을 빌어주었다. 만찬이 끝난 뒤 손님들이 돌아가기 시작했을 때, 체르노프와 나는 타타로프에게 다가갔다.

"언제 떠날 계획입니까?"
"오늘 저녁입니다."
"오늘 저녁은 불가능합니다."
타타로프는 재빨리 물었다.

"어째서요?"

"중앙위원회에서 당신에게 용건이 있습니다."

"하지만 나는 떠나야 합니다. 어떤 용건입니까?"

"우리는 당신에게 남아 있기를 부탁하라고 전권을 위임받았습니다."

타타로프는 어깨를 으쓱했다.

"중앙위원회가 부탁드립니다."

그는 다시 어깨를 으쓱했다.

"뭐, 좋습니다, 남아 있겠습니다. 하지만 이건 이상하군요……. 어째서 이전에 경고해 주지 않았습니까?"

다음 날, 제네바에 있는 O. O. 미노르의 아파트에서 위에 언급되었던 소위원회의 첫 모임이 열렸다. 우리는 중앙위원회가 당의 업무를 심사하는 일로 바쁘다고 타타로프에게 말했다. 중앙위원회의 지시에 따라 우리에게 새 출판사의 경제 상황과 검열 상황을 설명해 줄 것을 부탁했는데, 중앙위원회가 그 출판사를 자신의 지도하에 두기를 원하기 때문이라고 했다. 타타로프는 1만 5천 루블 규모의 자금을 기부 형식으로 차르놀루스키에게서 받았다고 대답했다. 지속적인 지원을 위의 차르놀루스키와 키예프의 출판인 치트론이 그에게 약속했다는 것이었다.

체르노프가 심문을 주도했다. 타타로프에게 반박하지 않은 채, 그는 제네바에서 타타로프의 주소에 대해 물었다.

다음과 같은 대화가 뒤따랐다.

체르노프: 호텔 드 부와야제르에 묵는다고 하셨습니다. 어떤 성을 쓰셨습니까?

타타로프: 플레빈스키입니다.

체르노프: 방 번호는요?

타타로프: 28호였던 것 같습니다.

체르노프: 우리가 확인했습니다. 28호실에도, 호텔 드 부와야 제르 전체에도 플레빈스키는 없었습니다.

타타로프: 제가 실수했습니다. 전 호텔 당글레테르에 묵고 있습니다.

체르노프: 플레빈스키라는 이름을 쓰시고요?

타타로프: 아직 숙박부를 쓰지 않았습니다.

체르노프: 방 번호는요?

타타로프: 기억이 안 납니다.

체르노프: 호텔 당글레테르에도 확인했습니다. 당신은 그곳에 없습니다.

타타로프: 호텔 이름이 기억나지 않습니다. 아마 당글레테르가 아닐지도 모릅니다.

체르노프: 기억해 보십시오.

타타로프: 기억나지 않습니다.

체르노프: 호텔이 있는 거리가 어디입니까?

타타로프: 기억나지 않습니다.

체르노프: 좋습니다. 조서에 이렇게 기록하겠습니다. 호텔의 이름도, 거리도, 방 번호도 기억하지 못하고 성은 아직 없다.

잠시 침묵한 후 타타로프가 말한다.

타타로프: 제가 거짓말을 했습니다.

체르노프: 어째서입니까?

타타로프: 우리는 어린애가 아니지 않습니까. 나는 여자와 함께 살고 있습니다. 주소를 감춤으로써 나는 그녀의 명예를 지켜 주고 있습니다. 하지만 원하신다면 그녀의 이름을 알려드리겠습니다.

3장 투쟁조직

체르노프: 아닙니다.

타타로프는 흥분한다. 그의 대답은 더욱더 이상해진다.

체르노프: 검열에 대해서 출판사가 어떤 식으로 안전을 확보했는지 말씀해 주시겠습니까?

타타로프: 권력을 가진 어떤 사람이 후원을 약속했습니다.

체르노프: 정확히 누구입니까?

타타로프: 어떤 대공입니다.

체르노프: 어느 대공입니까?

타타로프: 대공입니다.

체르노프: 대공의 성을 알려주시기를 부탁드립니다.

타타로프: 어째서요? 나는 대공이라고 했습니다. 그거면 충분합니다.

체르노프: 중앙위원회의 결의에 따라 그 대공의 성을 말씀하실 것을 제안합니다.

타타로프: 뭐, 좋습니다, 그 백작은……

체르노프: 백작이요?

타타로프: 그건 중요하지 않습니다, 백작이건 대공이건. 그리고 도대체, 어째서 성을 말하라는 겁니까?

체르노프: 중앙위원회의 명령입니다.

타타로프: 쿠타이소프 백작입니다.

체르노프: 아버지입니까, 아들입니까?

타타로프: 아들입니다.

체르노프: 쿠타이소프의 아들과 아는 사이라고요?

타타로프: 예.

체르노프: 어디서 그와 알게 되셨습니까?

타타로프: 그 아버지의 집에서요.

체르노프: 이르쿠츠크입니까, 페테르부르크입니까?

타타로프: 페테르부르크입니다.

체르노프: 페테르부르크에서 쿠타이소프의 집에 찾아가셨다고요?

타타로프: 예.

체르노프: 그럼 거기서 무엇을 하셨습니까?

타타로프: 이미 이르쿠츠크에서부터 그와 아는 사이였습니다. 이르쿠츠크에서 동료의 일로 그에게 청탁을 해야 했던 적이 한두 번이 아닙니다.

체르노프: 예, 하지만 어째서 페테르부르크에서 친교를 재개했습니까?

타타로프는 침묵한다.

체르노프: 당신은 쿠타이소프의 집에 드나들면서 이 사실을 중앙위원회에 보고하지 않았습니다. 당이 한때 그의 암살을 준비했다는 사실을 알고 있습니까?

타타로프는 침묵한다.

체르노프: 그러니까, 쿠타이소프의 아들이 당신에게 도움을 약속했다면, 혁명에 공감한다는 것입니까?

타타로프는 침묵한다.

체르노프: 이 점은 말씀드려야겠습니다. 당신이 우리에게 거짓말을 한 건 주소를 숨긴 것뿐만이 아닙니다. 차르놀루스키는 당신에게 돈을 한 푼도 준 적이 없고 약속도 하지 않았습니다. 치트론의 이름을 당신은 사흘 전에 미노르에게서 처음 들었고, 그러므로 그와 왕래가 있었을 리 없습니다.

타타로프: 아닙니다, 차르놀루스키가 내게 1만 5천 루블을 주었습니다.

체르노프: 반박하지 마십시오. 당신이 그에게서 돈을 받은 게 아니라는 점이 확인되었습니다.

타타로프: 이건 오해입니다. 나는 받았습니다.

체르노프: 중앙위원회의 위원 중 한 명이 페테르부르크의 차르놀루스키를 찾아갔습니다. 당신은 돈을 받지 않았습니다.

한참 동안 동요한 뒤 타타로프가 말한다.

타타로프: 제가 거짓말했습니다. 돈을 준 것은 저의 아버지입니다.

체르노프: 얼마나요?

타타로프: 1만 루블입니다.

체르노프: 당신의 아버지가 그 정도로 부자란 말입니까?

타타로프: 저를 위해서 어음을 쓰고 빌렸습니다.

체르노프: 그 점을 증명할 수 있습니까?

타타로프: 아버지에게서 확인서를 받아 제출하겠습니다.

체르노프: 어째서 아버지가 돈을 주었다고 솔직히 말하지 않았습니까? 우리는 그 대답으로 만족했을 텐데요.

타타로프: 저의 아버지는 혁명에 공감하지 않습니다. 저는 여기서 아버지의 이름을 거론하고 싶지 않았습니다……. 하지만 무슨 죄목으로 저를 비난하시는 겁니까?

체르노프: 본인도 알고 있을 텐데요.

타타로프: 모릅니다.

튜체프: 배신행위입니다.

체르노프: 본인이 인정하시는 편이 좋습니다. 당신의 죄상을 폭로해야 하는 필요성에서 우리를 해방시켜 줄 테니까요.

타타로프는 침묵한다. 침묵은 10분 정도 지속된다. 그 침묵을 바흐가 깬다.

"데가예프에게는 조건이 제시되었습니다. 당신도 그런 조건을 제시받기를 원하십니까?"

타타로프는 대답하지 않는다. 침묵은 또 10분 정도 지속된다. 이러는 동안 타타로프는 손을 탁자에 올리고 손 위에 머리를 얹고 앉아 있다. 마침내 그가 시선을 든다.

"당신들은 나를 살해할 수도 있습니다. 나는 죽음이 두렵지 않습니다. 당신들은 내게 살해를 강요할 수도 있습니다. 하지만 명예를 걸고 말씀드리겠습니다. 나는 죄가 없습니다."

심문은 이후 며칠간 계속되었다. 더 밝혀진 바로, 타타로프는 ① 민스크의 A. V. 야키모바를 통해 1905년 여름에 니즈니 노브로고드에서 투쟁조직 조직원들의 전당대회가 예정되어 있음을 알았고 ② 3월 17일 체포 이전에 볼로셴코-이바노브스카야의 페테르부르크 주소를 알고 있었으며 ③ 노보메이스키의 체포 이전에 노보메이스키와 전직 '인민의 의지' 조직원이었던 프리덴손과 회견을 가졌고 ④ 루텐베르크가 페테르부르크에서 체포되기 이전에(1905년 6월) 그와 만났으며, 이 외에도 다른 많은 상세 정보가 밝혀졌다.

우리 눈에는 이런 모든 상세 정보가 커다란 의미를 갖지 못했다. 심문의 대체적인 성격은 변함없이 같았다. 지속적으로 타타로프의 거짓이 폭로되고 있었다.

우리는 두 번의 소위원회 모임과는 별개로 타타로프의 역할을 밝혀내려고 했다. 개인적인 자격으로 처음에는 체르노프가, 다음에는 내가 호텔에 있는 그를 방문했다.

내가 타타로프의 방에 찾아갔을 때, 그는 침대에 앉아서 손으로 얼굴을 가리고 있었다. 우리는 인사를 하지 않았다. 그는 내쪽으로 고개를 돌리지 않았다. 나는 그를 오래전부터 아는 사람으로서 그의 배신행위를 믿을 수 없다고, 기꺼이 소위원회에서 그를 비호할 의향이 있지만 그가 한 증언의 내용이 내게서 그런 가능성을 빼앗고 있다고, 그리고 나를 도와줄 것을 부탁한다고 —그의 행위에서 우리가 이해하지 못하는 많은 일들을 설명해 달라고 말했다. 나는 또한 그에게 완전히 솔직하게 고백해야만 이번 일에 좋은 결말이 있을 것이라고 말했다.

타타로프는 얼굴에서 손을 떼지 않고 침묵했다. 어깨가 떨리는 것으로 보아 나는 그가 울고 있음을 알았다.

마침내 타타로프가 말했다.

"당신과 이야기할 때는 내가 더러운 놈이라는 기분이 듭니다. 혼자 있을 때 내 양심은 깨끗합니다."

더 이상은 그에게서 아무런 말도 듣지 못했다.

체르노프도 더 큰 성과는 얻지 못했다.

약속했던 확인서 대신 타타로프는 소위원회에 종이쪽지를 제출했는데, 여기에는 대략 다음과 같이 쓰여 있었다. '사랑하는 아들아, 내가 너에게 1만 루블을 주었다. 너의 아버지 유리 타타로프.'

입수한 모든 자료를 고찰한 후, 소위원회는 만장일치로 결의했다.

① 타타로프는 임무에 대해, 그리고 임무에 관련한 동지들에게 거짓말을 했고,

② 쿠타이소프 백작과 개인적인 친분을 가졌으나 그것을 혁명적 목적으로 이용하지 않았으며 심지어 이에 대하여 중앙위원회에 보고조차 하지 않았고,

③ 막대한 자금의 출처를 밝힐 수 없었음을 사유로,

④ 타타로프를 모든 당의 기구와 위원회에서 제거하고, 이 건

은 계속 조사한다.

고츠는 이 결정을 승인했다. 소위원회의 모든 구성원들은 만장일치로 타타로프가 경찰과 거래를 맺었다고 확신했다. 이 거래의 성격과 목적은 폭로되지 않은 채로 남았다. 이 때문에 당분간 타타로프의 생명을 박탈하는 것에 대해서는 논의할 수 없었다.

그러나 동지들 중 대다수가 우리의 결정에 불만을 품었다. 그들은 타타로프의 정체가 이미 폭로되었다고 여겼다.

타타로프는 러시아로 떠났다. 베를린에서 그는 소위원회에 몇 번 편지를 보냈다. 이 편지에서 그는 자신의 행위를 해명하고자 시도했다.

그는 우리에게 이렇게 썼다.

……3년간의 수인 생활(3번 수감)과 첫 1년 반의 유형을 제외하고도 남은 8년 반 동안의 혁명 활동 내내 끊임없이 고통스러운 혁명 과업을 자신의 **모든 것**으로 여기고 살아온 사람에게 당신들이 내세운 죄목이 얼마나 무시무시한지 여러분은 상상할 수 없습니다. 지금 나는 생명과 죽음을 건 과업에 나설 생각을 하고 있었는데, 이런 충격이 닥쳤습니다. 나는 그저 여러분에게 있는 그대로의 사실과 건조한 증거만을 나열할 것이니, 여러분이 스스로 양심에 따라 가려내십시오.
이르쿠츠크의 인쇄소는 내가 설립했고, 커다란 위험을 무릅쓰고 성공적으로 운영한 것도 나 한 사람이며, 내가 떠나기 직전까지, 즉 1905년 1월 말까지 운영했으니, 나에게 불리한 점은 전혀 없다는 뜻입니다.
3월 17일에 대해서 나는 죄가 있을 수 없는데, 왜냐하면 P. I.[1]

를 제외하고 나는 아무도 알지 못했고, 그에게서도 아무것도 듣지 못했기 때문입니다. 그리고 노보메이스키에 대해서도 그가 혁명 일에 종사하고 있다는 것을 의심조차 하지 않았습니다('부흥'[2]을 제외하고). 즉 3월 건에 대해서도 말할 필요가 없다는 뜻입니다.

오데사에 나는 6월 중순, 포템킨 사건[3] 며칠 전에 있었고, 중앙위원회 회의에 참석했습니다. 중요 인사를 모두 만났고, 과업과 계획은 몰랐지만 그들 하나하나의 역할을 알고 있었습니다……. 그리고 6월 이후로 내가 해를 끼쳤다고 생각할 수 있을 만한 사람은 아무도 없었습니다.

끝으로, 이미 외국에서 미노르와 코바르스키가 내가 출판사 일에 어떻게 모든 시간과 마음을 쏟고 있는지 가까이서 지켜보았습니다. 그리고 당에 해를 끼치는 사람은 이런 식으로 일하고 행동하지 않습니다.

……이 모든 정황을 여러분은 나를 위해서가 아니라 자신들의 이해관계를 위해서 확인할 수 있고 또 그럴 의무가 있습니다.

그리고 (죄목에) 언급된 일련의 정황과 이름, 기획 들은 대단히 중요하며 내게는 전혀 알려지지 않은 것들입니다. 그리고 이런저런 진술서에 나의 이름이 들어가고, 또 어떤 경우에는 그 이름이 겸손하게 침묵한다는 사실로 보아 나는 한 가지 확신에 이르렀습니다—당의 일을 나보다 더 깊이 가깝게 알고

---

1 튜체프. — 원주
2 1900년대 초반 제정러시아 말기에 활동했던 비밀 혁명 조직.
3 전함 포템킨 호 수병들이 열악한 처우에 항의하여 봉기한 사건. 에이젠슈테인 감독의 1925년 영화 〈전함 포템킨〉의 모티브가 되었다.

있는 인물이 있고, 그 인물이 자기 자신에게서 주의를 돌리기 위해서 다른 사람에게 그림자를 던지려 한다는 사실입니다 (물론 나는 여기서 중앙위원회를 의심하는 것은 아닙니다). 쿠타이소프와 나의 친교는 원한다면 여러 가지 의미로 해석될 수 있기 때문에, 위의 시도는 성공적으로 수행되었습니다.

나는 혁명과 우리 당에 대하여 양심에 그 어떤 죄도 짓지 않았고 지금도 짓고 있지 않습니다. 자신의 정당함을 입증하기가 쉽지 않지만, 나는 여러분에게 솔직하게 이 점을 말합니다.

결론적으로 말하겠습니다. 나는 이 편지가 분명 여러분의 의심을 풀지 못할 것이라는 사실을 압니다. 그리고 여러분에게 부탁이 한 가지 있습니다. 나를 서둘러 의심하지 말고, 시간과 정황이 나의 명예를 완전히 회복시켜 줄 수 있도록 내게 기한을 주십시오. 그리고 이 점에서 여러분도 나를 도와주십시오.

최근 경험한 이 모든 고통 뒤에 내게 유일하게 남는 것은 이 것입니다. 나는 혁명을 떠나서 그 누구와도 만나거나 알고 지내지 않을 것이고, 그 누구의 도움도 없이, 그 누구의 참여도 없이, 나의 모든 힘을 (테러리스트) 활동을 수행하는 데 바칠 것입니다. 만약 여러분이 이 편지를 읽은 후 내게 더 큰 신뢰를 보이고 내 명예를 회복하는 것을 도와주는 데 동의한다 해도, 내게 지금 사람들과 함께 살면서 일하는 것은 불가능하기 때문에, 나는 어쨌든 사람들과 과업을 떠날 것입니다.

다른 편지에서 타타로프는 이렇게 썼다.

……내가 한없이 현명치 못하고 해로운 신념을 가진 가족

들 사이에서 여러 해를 지냈으며, 그런 가족과 어쨌든 사랑으로 함께 단단히 엮여 있었다는 사실을 잊지 말아주십시오. 이런 가족 상황에서 1, 2년 넘게 혁명 작업을 수행해야 했습니다—속이고, 숨기고, 침묵하고—살인적으로 침묵해서, 그들이 아무것도 모르게 해야만 했습니다. 이런 상황에서 불법적인 신분으로 도주해야만 했고, 1년 반 동안 불법적인 신분으로 남아서, 내가 혁명에 참여하느라 떠난 것이 아니라 외국에서 공부하고 있다는 속임수를 유지해야만 했습니다. 침묵과 은폐와 거짓이 영혼을 얼마나 심하게 갉아먹었는지 이해하기 위해서는 이 길고 긴 이중생활에서 수백 개의 일화와 수백 개의 사소한 사건을 수집해야 할 것입니다. 그러나 나 자신에게 가장 고통스러웠던 이 모든 개인적인 결함들은, 개인적으로 내게 몇몇 가족과 친지가 얼마나 소중했든지 간에, 그래도 혁명이 나에게는 성지였고, 생명보다 귀하고, 그 무엇보다도 귀하고, **혁명을 위해서라면** 나에게 개인의 인생이란 존재하지 않고, **혁명을 위해서라면** 몇몇 개인적인 결함은 중요하지 않게 여긴 결과라는 점을 이해하기는 어렵지 않을 것입니다. 길고 고통스러운 비밀 과업이 위에 말한 특성을 약화시키도록 촉진했을 수는 없습니다. 개인적으로 힘들었던 여러 번의 타격은 단지 그런 특성을 강화했을 뿐입니다. 사람에 대한 불신, 모든 정도를 넘어선 폐쇄성—이 모든 것이 나의 기본적인 성격 특성이 되었습니다. 나는 자주 거짓을 말했습니다(혁명 과업에 있어서는 아닙니다). 그러나 내가 보기에는 해로운 거짓말이 아니라—그건 비밀 작업에 길들여진 습관에서 비롯된 거짓, 그리고 무서울 정도로 병적인 폐쇄성에서 비롯된 거짓말이었습니다. 아주 약하게나마 질문의 성격이 공격적이라고 생각되는 순간, 혁명 과업에 대한 것이든 내 개인 생활에 관한 것이든, 심지어 단순히 불필요하다고 여겨지든 나는 대답을 전혀 안 하든가, 회피하는 대답을 하든가, 아니면 거짓을 말할 준비가 항상 되어 있습니다. 그러나 나의 거짓말이 언제든 나쁜 성격을 띠었거나 그 거짓이 혁명 과업에도 침투했던 경우는 없었습니다. 어쨌든 이런 것은 좋지 못하다고 하더라도, 그 때문에 고통받은 사람은 나 하나뿐입니다. 이런 성격 덕분에 나는 개인 생활이라고 하는 것을 알지 못했고, 개인적으로 언제나 나 자신과 다른 사람을 위한 고통 속에서 살았습니다. 혁명을 제외하면 그 무엇도 절대로 내 인생을 비추어주지 못했습니다. 그러나 내가 거짓을 말했다면, 그것은 굽은 길로 돌아서 가는 법을 알지 못했고, 위선을 부릴 줄 몰랐기 때문입니다……. 나는 다른 모든 고위직 인물들과의 친교를 두려워하지 않았듯이 쿠타이소프와의 친교도 두려워하지 않았습니다. 나는 언제나 혁명에 대한 생각으로만 살았기 때문에, 그 어떤 친교도 내게 부끄럽게 느껴지지 않을 정도였습니다. 그런 친교를 시작하면서, 나는 언제나 어떻게든 과업에 유용할 만한 것을 피해 가서는 안 된다고 생각했습니다. 스스로 그런 교분을 찾아다닌 것은 아니지만, 그런 것에서 도망치지도 않았습니다. 한 가지 생각—혁명 과업에의 유용성—만이 의식적으로든 무의식적으로든 나를 모든 일에서 이끌었습니다. 개인적인 이해관계를 나는 모르고 살았습니다. 그리고 비굴하게 굴지도 않았습니다. 반대로 나는 모든 것을 솔직히 말했고, 내 앞에서 (쿠타이소프는) 자신의 정당함을 증명했습니다……. 과업을 시작하면서 나는 일에 모든 것을 바쳤고, 과업을 시작했으면 언제나 끝까지 성취할 수 있다는 것을 여러 번 확신했습니다. 인력도 다른 것도 아직 없었지만 그렇게 나는 이르쿠츠크에서 인쇄소를 설립하는 데 한 달을 잡았고, 실제로 해냈습니다. 나는 언제나 그렇게 일했습니다. 그리고 출판사 일에 있어서도 한 달 반 동안 큰 기초를 다졌고, '첫' 발걸음뿐만 아니라 '두 번째' 발걸음도 확보했습니다. 여러분에게 이 점이 분명하지 않을까 봐 두렵습니다. 내가 여러 가지를 정확하게 기억하지 못한다고 해서 놀라지 말아주실 것을 다시 부탁드립니다. 나는 언제나 직업적인, 즉 기억할 필요가 있는 혁명 과업에 관한 기억력을 제외하면 기억력이 매우 나빴습니다. 그리고 나는 자주 대단히 산만했습니다.

위에 인용된 이런 편지들은 우리에게 아무것도 설명해 주지 못했다.
심문 조서 원본은 다음과 같이 고했다.

타타로프의 출판 사업의 물질적 기반은 그의 아버지에게서 대출받은 총액 1만 루블, 또 차르놀루스키 측에서 약속한 금전 지원으로 드러났으나, 그 지원의 규모는 대화에서 정확히 규정되지 않았다. 전반적으로 출판사에서 차르놀루스키의 공식적인 입장은 규정되지 않았으며, 대화에서 분명히 밝혀진 것은 그가 출판사를 위해 완전히 헌신하며 공동 편집인의 책무를 맡을 준비가 되어 있음을 표현했다는 사실뿐이다. 최근에 타타로프는 B[1]를 통해 오데사의 한 자본가[2]와 서신 왕래가 있었는데, 여기서 위에 말한 것과 같은 출판사를 위한 자

---

1 신상이 확인되지 않음. — 원주
2 치트론. — 원주

본 지원을 제안했으나 현재 그에게서 아직 대답은 오지 않았다. 또한 키예프의 어느 재력 인사와의 교섭도 관련이 있다. 출판사에 관한 공고는 『조국의 아들』지에 보내졌는데, 차르놀루스키에게도 동시에 그가 필요하다고 여긴다면 자신의 주소를 삭제하라는 제안을 포함한 통지가 보내졌다. 출판사에 대한 공고의 최종 판본에 관련하여 타타로프는 그 누구와도 상의하지 않았다. 타타로프는 출판사를 본인 혼자만 경영하는 당의 과업으로 보았지만 구조적인 측면에서는 순전히 개인적인 일로 간주했다. 검열을 통과시켜 저작물을 출판하는 작업에서 도움이 될 수 있었을 관계에 관한 한, 여기서 타타로프는 차르놀루스키와 쿠타이소프의 아들이 중재해 주기를 기대했는데, 쿠타이소프와는 페테르부르크에서 만났다(그러나 이런 용건에 관해서 그와 아무런 구체적인 대화도 나누지 않았다). 쿠타이소프의 아버지와 그는 이르쿠츠크에서 그의 집에 드나들면서 알게 되었다. 아버지는 페테르부르크에서 그를 자신의 아들에게 소개시켰다.

타타로프는 오데사에서 P. Ya.,[3] L[4] 그리고 P[5]로 구성된 회의에서 중앙위원회에 공식적으로 선출되었는데, 이후 그는 포타포프에게서 모든 비밀 구호와 암호를 전달받았다.

차르놀루스키 측에서 자신은 물론 자신을 통한 어떤 경로로도 이 일에 관여한 적 없고, 단지 기술적 조언이나 각종 자문 등에서 도와줄 용의가 있을 뿐이었다고 확언한 것에 대하여, 타타로프는 모든 교섭과 서신에서 위의 확언과는 달리 차르

---

3 포타포프. — 원주
4 야키모바. — 원주
5 레오노비치. — 원주

놀루스키가 출판사 사업에 완전히 헌신한다는 확신을 얻었다고 증언했다. 이런 확신에 기반하여, 타타로프는 필요할 경우 차르놀루스키에게 지출된 경비 충당에 협조해 달라고 부탁할 수 있으리라 판단했다고 주장했다.

A[1]와의 대화의 세부 사항을 타타로프는 기억하지 못한다. 기억하는 것은 A가 그에게 상트페테르부르크 위원회에 존재하는 트레포프 암살 수행의 가능성을 알려주었다는 사실뿐이다. 당시, 그리고 전반적으로도 타타로프는 지역위원회가 트레포프 건이나 심지어 황제 암살 건과 같은 기획에 착수해서는 안 된다는 관점을 유지했는데, 왜냐하면 이것은 투쟁조직의 과업이므로 타타로프는 자신 개인으로서도, 중앙위원회를 대표해서도 이러한 계획에 동의할 수 없었다고 진술했다.

타타로프는 현재 노보메이스키가 이바노브스카야와 함께 어느 가구 딸린 호텔 방을 빌려 지내고 있었음을 알고 있으나 (이 사실을 전달한 것은 Sh[2]로서, 제네바에 있는 고츠의 아파트에서 전달했다), 정확히 어디였는지는 알지 못한다. 그는 구체적인 사항을 진술할 수 없다("이 사실을 알게 된 시간도, 이것을 알려준 인물도, 어디서 알게 되었는지 장소도 기억하지 못한다. 페테르부르크, 얄타 혹은 키예프였다고 생각한다"). 페테르부르크에서 타타로프는 여름에 노보메이스키의 여동생과 함께 있었는데, 이때는 6월이 가까운 시점이었다. 노보메이스키와는 당시 아무런 교섭도, 혁명 과업상의 관계도 갖지 않았으나, 타타로프가 있는 자리에서 다음 두 가지 주제로 노보메이스

---

1 포타포프로 추정된다.
2 신상이 밝혀지지 않음. — 원주

키와 협상을 했던 것은 F³였다. ① '부흥' 조직과 사회혁명당의 관계에 관하여, ② 노보메이스키가 시베리아에서 다이너마이트를 구할 기회를 얻었다고 말했던 것이다. 타타로프는 특별히 이 대화를 듣지 않았고 세부 사항을 알지 못한다. 이 대화가 어떤 긍정적인 결과로 이어졌는지, 혹은 그렇지 않았는지 타타로프는 알지 못한다. 노보메이스키가 이 대화 중에 이바노브스카야와 같은 호텔 방에서 지내고 있음을 말했는지 타타로프는 기억하지 못하지만, 아니었던 것으로 생각한다. 타타로프는 이바노브스카야가 어디서 지내는지 F가 알지 못한다는 인상을 받았다. 노보메이스키에게 F가 자주 들르는 것으로 보였다.

다음 날 혹은 이틀 후에 P가 떠난 후 타타로프는 T⁴와 함께 페테르부르크에 도착했고, 이때 아마도 이바노브스카야가 P. Ya.⁵의 아파트에 있었음을 알게 되었던 듯하다. 타타로프는 '절름발이'⁶로부터 그가 시베리아에서, 아마도 I의 창고에서 니즈니 노브고로드로 다이너마이트를 실어 온다는 사실을 알고 있었다. 아마도 '절름발이'가 다이너마이트를 수령했다는 증거로 봉인을 가져왔다고 말했던 듯하다(이것은 거의 6월 말이었다).

키예프에서 3월 17일의 체포가 있었던 직후 타타로프는 소문의 형태로 전해진, 아마도 체포된 사람들 중 누군가가 배신한 듯하다는 소식을 들었다. 그는 이 소식을 혁명가들 사이에서

---

3 프리덴손. — 원주
4 신상이 불분명한 이니셜로 추정된다.
5 튜체프. — 원주
6 고멜(가명). — 원주

들었으나, 정확히 누구에게서 들었는지는 기억하지 못한다.
야키모바는 곧 니즈니 노브고로드에 갈 예정이며 그곳에서 발렌틴과 또 누군가, 아마도 파벨 이바노비치와 만날 것이고, 몇 군데 방문한 후(정확히 어디인지 타타로프는 카프카즈와 오데사를 제외하면 알지 못한다) 그곳에서 전당대회 소집 가능성에 대해 이야기할 것이라고(이것은 7월이었다) 말했다. 또한 이전에 야키모바가 키예프, 니즈니 노브고로드, 모스크바에 있었던 것을 안다. 이 대화는 페테르부르크에서 있었다.
야키모바는, 그곳에 오기로 되어 있는 사람들은 개별적으로 각자 아직 이용되지 않고 남에게 알려지지 않은 연고와 권력이 있다고 말했다. 이 때문에 니즈니 노브고로드에 들러서 계획을 세운 후—다른 일은 차치하고—(여러 지역 대표들의) 전당대회의 문제를 논의하기로 결정되었다.
운터베르크에 관하여 그녀는 당시 아무 말도 하지 않았다.
타타로프는 제네바에서 호텔 드 부와야제르 혹은 호텔 데 제트랑제르에서 묵었는데, 역에서 가까웠으나 역 바로 옆은 아니었다. 이 호텔은 뤼 몽블랑에서 우측으로 가다 우체국에 이르기 전에 위치했고, 아마도 28호실이었던 것 같다. 그는 이 호텔에서 숙박부를 쓰지 않았다. 호텔은 거리의 왼편에 있다. 이 호텔에서 그는 통틀어서 며칠간, 이틀 혹은 사흘 정도 지냈다.
왜 이 정보들이 타타로프가 서로 다른 세 사람에게 서로 다른 시점에 말한 주소들과 완전히 상반되는지 그 이유에 관한 질문을 받은 후, 타타로프는 순전히 사적인 이유로 인하여 처음부터 호텔 당글레테르에서만 묵으면서, 대답하기 불편한 질문을 피하기 위해 사실과 다른 주소를 제시했다고 해명했다.

한참 후에, 러시아에서 다음과 같은 사실들이 드러났다.

10월 17일 선언에 의하여 루텐베르크가 감옥에서 풀려났다. 그는 체포되기 얼마 전에 페테르부르크에서 타타로프와 회견을 가졌다고 말했다. 두 사람이 헤어질 때 타타로프가 이틀 후에 다시 만날 것을 제안했고, 직접 이 만남을 위한 아파트를 지정했다. 이 이틀간 루텐베르크는 핀란드에서 지냈고 동지들과 연락하지 않았다. 지정된 날 아침에 그는 기차로 페테르부르크에 도착하여 역에서 자신의 지인인 A. F. 술리마-사무일로에게 들렀다. 술리마-사무일로의 집에 그는 짐 가방을 맡겼다. 그는 옷을 갈아입은 후 짐 가방의 열쇠를 가지고 지정된 시간에 회견 장소에 갔다.

타타로프가 지명한 아파트에서 그는 아무도 만나지 못했다. 그는 다시 거리로 나왔고 경찰이 건물을 둘러싸고 있다는 것을 눈치챘다. 두 시간 후 그는 마르소보 광장에서 체포되었다. 그의 소지품 중에서 열쇠가 발견되었다. 술리마-사무일로는 그에 대한 사전 감시가 있었을 경우 경찰은 반드시 짐 가방도 추적할 것이라고 근거 있는 추정을 했다. 경찰이 그런 발견을 결코 무시했을 리 없다는 것이다. 요원들이 어디서 언제 루텐베르크를 체포할 수 있는지 상세한 지시를 받았다고 생각할 수 있었다.

같은 사건에 대하여 루텐베르크의 이야기와 타타로프의 이야기를 비교한 결과, 타타로프가 거짓을 말했다는 것이 밝혀졌다.

노보메이스키의 보고는 더욱 의미심장했다. 노보메이스키는 사회혁명당 당원 자격이 없었고, 투쟁조직의 사업에는 전혀 참여하지 않았으며 도움을 준 적도 없었다.

나는 그를 전혀 알지 못했다. 그는 3월 17일 건으로 체포되었고 페트로파블롭스크 요새에 갇혀 있었다. 10월 17일 선언으로 풀려난 후, 그는 헌병대에서 그에게 제시한 취조 질문들이 몇 가지 의심을 불러일으켰다고 진술했다. 투쟁조직과 그의 관계를 나타낸 것은 오로지 다음과 같은 항목뿐이었다. 팔킨 레스토랑에서의 회견에서, 그는 타타로프와 프리덴손을 통해 시베리아에서 몇 파운드의 다이너마이트를 입수할 것을 제안했다. 이 대화에는 그들 외에 아무도 참여하지 않았다. 노보메이스키는 미처 다이너마이트를 입수할 시간 여유가 없었고, 대화는 헌병대에 가장 상세한 세부 사항까지 알려졌다. 심지어 제시된 죄목의 순서까지도 대화의 순서와 일치했다. 경찰이 비밀 협력자를 통해 정보를 얻었다는 데 의심의 여지가 없었다.

회견의 정황은 도청당했을 가능성을 전부 배제했다. 프리덴손은 너무 잘 알려진 사람으로, 오랜 경력을 가진 흠잡을 데 없는 활동가였다. 혐의는 자연히 타타로프에게 떨어졌다.

게다가 노보메이스키는, 요새에 수감되어 있을 때 경찰이 어떤 인물에게 자신을 알아보게 했다고 진술했다. 이 사람의 얼굴을 그는 미처 자세히 살피지 못했다. 윤곽만으로 그는 타타로프를 연상시켰다. 여기에 노보메이스키는, 타타로프가 이 당시 외국에 있었다는 사실을 알지 못했다면 그자가 타타로프였음을 확신했을 것이라고 덧붙였다.

우리는 사실을 조회했다. 이 당시 타타로프는 아직 페테르부르크에 있었다.

프리덴손은 이 사건을 해명하기로 결정했다. 혐의가 그에게 미칠 수는 없으나, 그는 어쨌든 자신의 명예가 훼손되었다고 여겼다. 자신의 오래된 동지인 고故 크릴과 함께 그는 당시 타타로프가 살았던 키예프로 갔다. 프리덴손은 타타로프에게, 팔킨 레스토랑에서 노보메이스키와의 대화가 경찰에 알려졌으며 노보메이스키는 이에 대해 분명 죄가 있을 수 없고, 그러므로 그 책임은 자기 자신, 즉 프리덴손 혹은 타타로프에게 있다고 말했다. 그는 타타로프에게 설명을 부탁했다.

타타로프는 대답으로 다음과 같이 알렸다.

모욕적인 혐의점에 대하여 자신의 명예를 옹호하면서, 그는 문제의 근원으로 돌아갔다. 그의 누이는 경찰서장 세묘노프의 아내였다. 세묘노프는 인척으로서 그에게 사회혁명당의 비밀 협력자에 대하여 경찰 부서 내에서 조사를 해주겠다고 약속했다. 이 조사를 그는 라타예프라는, 전직 라치콥스키의 조수였던 인물을 통해 실행에 옮겼다. 경찰은 실제로 당의 중앙 기구에 요원을 심어둔 것으로 밝혀졌다.

이 요원은 아제프였다. 모든 체포는 그 때문이었으며, 여기에는 3월 17일의 체포도 포함되었다. 타타로프는 누명을 썼다.

이 해명은 여러 측면에서 믿기 어려운 부분이 많았다.

경찰서장이 경찰 부서의 기밀을 상세히 알릴 것이라고는 믿을 수 없었다. 중앙위원회 일원이 경찰과 관계를 맺은 상태에서 그것을 당의 목적을 위해 이용하지 않았을 뿐 아니라 심지어 아무에게도 알리지 않았다는 것도 믿을 수 없었다. 끝으로, 동지가 혐의점으로부터 자신을 비호하기 위해 당의 주요 지도자 중 한 명을 배반할 수 있다는 것도 믿을 수 없었다.

이 모든 정황으로 인해 체르노프, 튜체프, 그리고 나는 타타로프가 배신자라는 결론을 내렸다.

소위원회의 네 번째 위원, 즉 바흐는 외국에 있었다.

나는 타타로프 살해를 조직할 책임을 내가 지겠다고 중앙위원회에 제안했다.

나는 두 가지 이유에서 이렇게 했다. 첫 번째로, 나는 타타로프가 투쟁조직, 그리고 투쟁조직으로 대표되는 러시아의 모든 테러 활동에 해를 끼쳤다고 여겼다. 그는 경찰에 노보메이스키를 넘겼고 노보메이스키를 통해서 이바노브스카야도 넘겼다(이바노브스카야는 노보메이스키와 같은 호텔 방에서 지내고 있었다. 3월 17일 건의 혐의 조서 참조). 이러한 정보 누출은 3월 17일의 체포로 이어졌다. 그는 1905년 여름 니즈니 노브고로드에서의 투쟁조직 전당대회를 알고 있었다. 이 전당대회 후에 아제프, 야키모바, 그리고 나에 대한 감시가 시작되었다. 이러한 감시는 운터베르크 남작 건의 청산과 트레포프 암살의 일시 중지로 이어졌다.

이렇게 해서, 타타로프는 1905년 봄부터 10월 선언까지 테러 활동을 실질적으로 중단시켰다.

두 번째로, 나는 투쟁조직 지휘자인 아제프에 관해 모욕적인 소문을 유포하는 것은 당의 명예를, 특히 투쟁조직의 조직원 전원의 명예를 실추시킨다고 여겼다. 이런 명예를 지키는 것은 당에 대한 나의 의무였다.

중앙위원회는 나의 제안에 동의했고, 필요한 자원을 할당했다.

VIII

제네바에서 나는 포탄 및 기계 급양계이자 전직 혁명 군함 '포템킨-타브리체스키 대공' 호의 지휘관이었던 아파나시 마튜셴코와 알게 되었다. 반란을 일으킨 선박을 몰아 1905년 루마니아의 항구 콘스탄츠에 도착한 그는 동료 선원들이 러시아 권력에 굴복하지 않을 것임을 확신한 후 스위스로 떠났으나, 어느 정당에도 가입하지 않았다. 후일 그는 확연하게 무정부주의 쪽으로 기울었다. 가폰은 그와 함께 복잡한 비밀 계획을 꾸려 나가고 있었다. 가폰은 그를 자신의 반쯤 허구적인 '노동자 연맹'[1]에 끌어들이기를 원했다. 초창기에 이 계획은 성공적이었다.

내가 제네바에 도착한 지 얼마 안 되어 마튜셴코는 나를 만나러 집에 들렀다. 외관상 그는 광대뼈가 튀어나온 보통의 회색 얼굴과 서민적인 말투를 지닌 보통 회색 선원이었다.

그저 바라보는 것만으로는, 그가 포템킨 호에서 반란을 일으켜 몇몇 장교를 자기 손으로 쏘아 죽이고, 반란을 일으킨 선원들의 선두에 서서 흑해로 그 유명한 출정을 나간 사람이라고 믿을 수 없었다. 나를 찾아와서 그는 애정을 담아 가폰에 대해 이야기했다.

"신부님이 돌아오셨습니다."

"돌아오셨어요?"

"예. 두 달 동안 페테르부르크에서 지내면서 '연맹'을 세우셨습니다."

"누가 말해주던가요?"

"그야 신부님이죠."

가폰은 마튜셴코에게 거짓을 말했다. 나는 가폰이 페테르부르크에 가지 않았고, 핀란드에서 열흘을 지낸 후 외국으로 돌아갔으며, 게다가 그 어떤 '연맹'도 창립하지 않았고, 몇몇 노동자와 회견을 가진 데 그쳤을 뿐임을 알고 있었다. 그러나 나는 이에 대해 마튜셴코에게 말하지 않았다. 그는 말을 이었다.

"에스에르…… 에스덱……[2] 이런 싸움은 이제 지겹습니다, 그저 말다툼일 뿐이에요. 게다가 당신들에겐 진짜 힘도 없습니다.

---

1 노동자들의 권리를 옹호하고 그들의 도덕적, 종교적 지위를 향상시키는 것을 목표로 했던 조직.
2 '에스에르'는 사회혁명당을, '에스덱'은 사회민주당을 가리킨다.

3장 투쟁조직

신부님이야말로 일을 일답게……."
"신부님이 무슨 일을 하신다는 겁니까?"
"그럼 존 크래프턴은요?"
"무슨 존 크래프턴 말이오?"
"케미 섬에서 폭발한 배 말입니다."
"그래서요?"
"신부님이 장비하지 않았습니까."
"가폰이?"
"그럼 누구겠습니까? 신부님이 지휘했고, 폭발했을 때 배에 타고 계셨죠. 간신히 살아났잖습니까."

이전에 언급했듯이 가폰은 존 크래프턴의 출항과는 아무런 관계가 없었다. 실제로 미국에서 헌납한 돈의 일부는 무기의 형태로 가폰의 '노동자 연맹'으로 가기로 되어 있었으나, 가폰의 '참여'는 여기에서 그쳤다.

"확실한 얘기입니까?"
"그렇고말고요. 신부님이 직접 말씀하셨는걸요!"
"가폰이 당신한테 자기가 배에 있었다고 말했다고요?"
"예, 그렇게 말했습니다. 자신도 보스니아 만에 있었고, 간신히 목숨을 건졌다고 말했어요."
"정확하게 기억합니까?"
"그럼, 물론이죠."

가폰이 마튜셴코를 자신의 '연맹'에 끌어들이기 위해서라면 그 어떤 수단도 꺼리지 않는다는 데에 의심의 여지가 없었다. 그러나 나는 어쨌든 마튜셴코에게 아직 아무 말도 하지 않았다. 마튜셴코가 혁명 정당을 얼마나 회의적으로 대하는지는 부하레스트¹의 V. G. S.에게 보내는 다음의 특징적인 편지에서 알 수 있었다.

……정당들 사이에서 벌어지고 있는 그 모든 논쟁 때문에 내가 대단히 분개했다는 점을 이해해 주십시오. 무엇 때문에 정당끼리 서로 물어뜯는지 나는 상상도 할 수가 없고, 다들 망할 노릇입니다. 그리고 노동자들도 서로 싸우고, 스스로 물어뜯습니다. 제네바에서 나의 입장을, 내가 그곳에서 완전히 혼자였다는 것을 여러분은 알고 있습니다. 모두들 마치 서로 사랑하고 존경하는 것 같지만, 사실상 나를 동지가 아니라, 기계적으로 춤추었고 앞으로도 강요하면 더 춤을 출 무슨 꼭두각시로 봅니다. 어떤 사람은 내가 마르크스를 아직 덜 읽었다고 하고, 다른 사람은 베벨을 읽어야 한다고 합니다. 그들은 모든 사람이 마르크스처럼 자기 스스로 생각할 수 있다는 것을 이해하지 못합니다. 제네바에 앉아서, 나는 마지막으로 이런 다툼과 반목에 얽혀들었습니다. 그곳에서 정당들은 포템킨 호의 반란이 누구의 공인지 다투는데, 정작 이곳에서 사람들은 직장도, 먹을 빵도 없이 앉아 있으며 원조해 주는 사람이 아무도 없습니다. 우리가 한 일은 필요한 일이었지만, 그 일을 한 사람들은 필요하지 않다니 놀랄 노릇 아닙니까.

그는 물론 옳았다. 외국에서는 많은 마찰이 있었고, 혁명을 깊이 믿는 선원인 그로서는 이민 사회의 담론이 낯설고 이해할 수 없었다. 그는 또한 이민 사회를 러시아에서의 정당 활동을 재는

---

1 루마니아의 수도. '부하레스트'는 러시아식 발음이며 본래 루마니아식 이름은 부쿠레슈티.

잣대로 삼았다. 가폰은 그의 이런 상태를 교묘하게 이용했다. 얼마 후 가폰의 속임수가 밝혀졌을 때, 그리고 분개한 마튜셴코가 그에게서 멀어졌을 때, 나는 어쩐지 그에게 이런 질문을 던졌다.

"말씀해 주십시오, 일리야 페트로비치(외국에서 마튜셴코를 이렇게 불렀다), 이 모든 다툼이 당신과 무슨 관계가 있습니까?"

"그거야 아무 관계도 없죠, 물론."

"그럼 어째서 귀를 기울이십니까?"

"그럼 날더러 어쩌라는 겁니까?"

"어쩌라니요? 일을 찾아서 해야죠."

마튜셴코는 의심쩍은 눈으로 나를 쳐다보았다.

"무슨 일 말입니까?"

"테러 말입니다, 일리야 페트로비치."

"테러? 테러는 사실 진짜 일이죠. 말로만 하는 게 아닙니다……. 하지만 그건 나에겐 맞지 않습니다."

"어째서요?"

그는 생각에 잠겼다.

"나는 대중적인 사람입니다, 노동자예요……. 고립된 일은 할 수 없습니다. 뭘 원하시든, 난 못 합니다."

나는 물론 그를 설득하지 않았다. 후일 그는 미국으로 갔고, 그보다 더 후인 1907년 여름에 니콜라예프 시에서 폭탄을 소지한 채 체포되었다. 그는 군사재판을 받고 즉시 교수형당했다.

마튜셴코와의 첫 대화가 있고 며칠 후 나는 우연히 가폰과 마주쳤다. 나는 그에게, 존 크래프턴 호의 출항에 그가 참여했다고 말한 것은 거짓말이며, 나는 이 점을 폭로할 수 있다고 말했다.

가폰은 얼굴을 붉혔다. 대단히 분노한 그가 말했다.

"자네 어떻게 감히 나한테, 가폰에게, 거짓말을 한다고 말할 수가 있나?"

나는 내가 한 말을 취소하지 않겠다고 대답했다.

"그래, 나 가폰이, 자네가 보기엔 거짓말쟁이란 말인가?"

나는 그렇다고, 내가 보기에 의심할 바 없이 거짓말쟁이라고 대답했다.

"좋아. 기억하게 될 걸세. 나도 자네에 대해서 다 말하겠어."

"뭘 말하겠다는 거요?" 내가 물었다.

"전부 다. 플레베에 관해서도, 세르게이에 관해서도."

"누구에게요?"

그는 대답 대신 손을 흔들었다.

가폰은 자신이 나에게 모욕을 당했다고 여겼다. 그는 당의 국외위원회에 편지를 보내 그와 나 사이에 중재 재판을 요구했다.

나는 재판을 거부했다. 이 만남이 나와 가폰의 최후의 만남이었다. 고츠는 내가 이 만남에 대해 이야기하자 미소 지었다.

"잘하셨습니다. 물론 가폰은 어디서나 누구에게나 언제든지 할 수 있으면 거짓말을 합니다."

"하지만 사람들이 그를 믿지 않습니까."

"별로 그렇지 않습니다. 그리고 곧 전혀 안 믿게 될 겁니다."

가폰에 대한 나와 고츠의 태도는 이미 1905년 가을에 그러했으나, 고츠도 나도 물론 가폰의 복잡한 비밀 계획의 끝을 예견할 수는 없었다.

타타로프 건은 규명되었다. 아제프가 제네바에 도착했고(타타로프에 대한 조사가 진행될 당시 그는 이탈리아에서 지냈다), 나는 그와 고츠와 함께 앞으로의 투쟁 계획을 논의하는 일에 착수했다.

또한 제네바에 도라 브릴리안트도 도착했다. 우리는 페테르부르크로부터, 질베르베르그와 브노롭스키가 자신들의 말과 마차를 처분했으며 마부로는 표트르 이바노프 한 명만 남았다는 소식을 들었다.

세 명 모두 우리의 지령에 따라, 그때 이미 투쟁조직을 위해 일하고 있던 고츠의 동생 아브람 라파일로비치로부터 트레포프 건이 일시 중단되었다는 경고를 받았다.

10월 중순이었다. 외국 신문에는 러시아에서의 동맹 파업에 대한 소식들이 언급되기 시작했다. 이런 소식은 점점 더 많아지고 점점 더 중요해졌으며, 마침내 철도가 동맹 파업했다는 전보가 도착했다. 원하든 원치 않든 제네바에서 동맹 파업을 기다릴 수밖에 없었다.

10월 17일 선언은 이민 사회에 활기를 불어넣었다. 사람들은 그 선언을 새로운 시대의 시작으로 받아들였다. 결정적인 혁명을 아무도 의심하지 않았다. 매일같이 대규모 집회가 열렸다. 연설가들이 완성 중인 대변혁의 의미에 관해 말했고, 모두 혹은 거의 모두 진심으로 그 대변혁을 믿었다. 이런 집회들 중 한 곳에서 나는 러시아 혁명 역사에 있어 테러적 투쟁의 의미에 관해 연설을 해야 했다.

처음에는 요새에서 3월 17일에 체포된 사람들을 거의 모두 석방한다는 전보가, 그리고 그 뒤에는 슐리셀부르크에서 그곳 죄수들의 석방에 관한 전보가 날아왔을 때, 회의주의자들조차도 정부가 개혁의 길에 들어섰다고 믿기 시작했다. 슐리셀부르크의 함락은 독재 정치의 함락이 임박했음을 알리는 징조였다.

당과 중앙위원회에서는, 당에서 채택한 전술이 정치 현실에 적합하지 않으며 현실은 변화를 요구한다는 목소리가 드높아지기 시작했다. 나는 지금, 내가 생각하기에 투쟁조직, 더 나아가 중앙 테러 전체의 전략에 중대한 역할을 했던 또 하나의 요인을 이야기하려고 한다. 10월 17일 직후 중앙위원회에서 채택한 전술에 관한 얘기다.

3월 17일 검거와 거리에서의 감시 방식은 내가 전에도 이미 말했듯이 테러보다는 정부 쪽에 유리하게 작용했다. 게다가 타타로프의 배신으로 인해 투쟁조직의 자연스러운 성장은 멈추었고, 1905년 3월부터 10월까지 그 활동은 마비되었다. 그러나 그의 배신은 이제 밝혀졌고, 타타로프는 어떤 거사에서건 제외되었다.

다른 한편으로는, 10월 선언 당시 정부의 혼란은 유례가 없을 만큼 심각했다. 타타로프 제거와 경찰의 취약성으로 투쟁조직은 제 힘을 완전히 되찾고, 전제정치에 결정적인 타격을 입힐 가능성을 갖게 된 듯했다. 그러나 현실은 다르게 진행되었다. 투쟁조직 조직원들의 의견은, 최소한 그들 중 대다수의 의견은(나는 나 외에도 다음과 같은 조직원들이 이러한 의견을 가졌다고 확신을 갖고 말할 수 있다: 레프와 크세니야 질베르베르그, 브노롭스키, 도라 브릴리안트, 라셸 루리예, 칼라시니코프, 요새에서 풀려난 모이세옌코, 실레로프. 그러나 이바노프, 드보이니코프, 나자로프의 의견은 알지 못했다) 중앙위원회로 대표되는 당의 의견과 날카롭게 대립했고, 중앙위원회는 이 갈등에서 이겼다. 아제프를 제외한 투쟁조직 대다수가, 되찾은 자유는 오직 현실적인 힘으로만 보장할 수 있다는 관점을 고수했다. 그런 힘은 모든 경우에 있어 적극적인 테러의 영향에만 나타날 수 있었다. 이런 관점에서 테러는 중지되어서는 안 될 뿐만 아니라, 반대로 유리한 순간을 이용하여 테러를 강화하고 투쟁조직의 재량하에 가능한 한 많은 인력과 자원을 위임해야만 했다. 그러나 당의 대다수, 즉 중앙위원회의 절대 다수파는, 테러는 극단적인 조치로서 발언과 출판의 자유가 없는 위헌 상태에서만 허용할 것이며, 10월 17일 선언은 러시아에서 헌법으로 제정되었고 그러므로 모든 테러 활동은 이 순간부터 원칙적으로 허용 불가능하다고 생각했다. 이미 되찾은 자유의 보장에 관해 중앙위원회는 민중이 자기 권리를 보호할 능력이 있다고 가정했다. 전체 동맹 파업, 대규모 집회와 시위가 동지들의 이런 의견을 뒷받침했다.

테러를 중단하는 문제에 관한 중앙위원회의 사전 평의회가 제네바에 있는 고츠의 아파트에서 열렸다. 이 평의회에 많은 사람들이 참석했는데, 왜냐하면 첫 전당대회 재조직을 앞두고 중앙위원회의 조직원이 이례적으로 많아졌기 때문이었다. 위원회 위원은 당시 거의 30명에 육박했다. 이 회합에서 의견은 갈라졌다. 절대 다수가 테러 투쟁의 지속에 반대 의견을 냈다. 이 주제에 대해서 오랫동안 강하게 말한 것은 체르노프였다. 그의 연설의 요점은 10월 17일 이후 테러 활동은 원칙적인 이유에서 허용할 수 없으나, 실제로 정부를 믿어서는 안 되며 투쟁하여 획득한 권리의 유일한 보장은 혁명의 현실적인 힘, 즉 조직된 대중의 힘과 테러의 힘뿐이라는 것이었다. 이 때문에 투쟁조직을 해산하는 것은 불가능하고, 그러므로 그의 표현대로 "조직의 전투태세를 갖추어 둘" 필요가 있었다. 반혁명이 일어날 경우 전투태세로 정비된 투쟁조직은 민중의 보호를 위하여 민중과 함께 궐기할 의무가 있다는 것이었다.

체르노프의 관점은 순수하게 이론적이었다. 현실적으로 이런 관점은 투쟁조직의 완전한 해산으로 이어질 것인데, 발언자인 체르노프는 조직 해산에 반대를 표명하고 있었다. 내가 보기에 투쟁조직을 '전투태세로 갖춰' 두는 것은 불가능하며 이런 제안은 투쟁 사업의 기술을 전혀 모르는 사람만이 할 수 있다는 것이 아주 자명했다. 테러 조직의 존재는, 그 과업의 성격이 어떠하든 간에—전반적이든 지역적이든 규율 없이는 있을 수 없는데, 왜냐하면 규율의 부재는 필연적으로 비밀의 누설로 이어지고, 그런 누설 뒤에 필연적으로 이어지는 것은 부분적인 혹은 조직 전체의 검거이기 때문이다. 테러 조직에서의 규율이란 예를 들면 군대에서의 규율처럼 상급자의 형식적인 권위로 이루어지는 것이 아니다. 그것은 오로지 조직 구성원 개개인이 주어진 기획의 성공을 위해 이 규율이 절대적으로 필요함을 인정함으로써만 유지된다. 그러나 조직에 현실적인 과업이 없다면, 아무런 기획도 진행하고 있지 않다면, 그런 무활동 상태에서 중앙위원회의 명령만 기다리고 있다면, 한마디로 '조직이 전투태세를 갖추고 있다면', 즉 사람들이 눈앞에 직접적인 목적도 없이, 심지어 가까운 미래에 그런 목적을 그려보지도 못한 채 다이너마이트를 간수하고 마부 차림으로 오가기만 한다면, 필연적으로 규율은 약해지고 조직을 유지하기 위한 유일한 추진력은 무너지고 만다. 그리고 규율이 해이해짐과 함께 조직은 경찰의 손쉬운 먹이가 된다. 이렇게 해서, 체르노프의 제안은 첫눈에 보기에 이성적이었지만, 정작 실무에 대한 무지로 인해 결과적으로는 투쟁조직을 경찰에게 넘겨주는 것과 마찬가지였던 셈이다.

아제프는 이 점을 이해하고 체르노프에게 반박하면서, 테러 활동의 전면 중단과 투쟁조직의 즉시 해산을 지지하는 발언을 했다. 고츠 또한 이런 의견 쪽으로 기울어졌다.

나는 강경하게 고츠, 아제프, 그리고 체르노프에게 반대했다. 나는 테러 투쟁을 중단하는 것은 중대한 역사적 과오가 될 것이며, 법치 국가에서 테러를 금지한다는 당의 노선이 적힌 조항만을 따라서는 안 되고, 러시아의 특수한 정치적 상황도 고려해야만 한다고 증언했다. 나는 투쟁조직 활동을 지속할 것을 단호히 고집했다.

뜻밖에 나는 튜체프에게서 개인적인 지지를 얻었다. 그는 전반적으로 중앙위원회의 의견에 동의하지만, 몇몇 인물들, 특히 1월 9일의 원인 제공자인 트레포프에 있어서는 예외를 인정해야 한다고 제안했는데, 그의 죽음은 대중에게도 납득될 것이고 당에서도 비난을 불러일으키지 않을 것이라고 진술했다. 이 의견에는 긴 논쟁 끝에 아제프도 합류했다. 그러나 그는 러시아로 돌아간 뒤에는 이 양보조차 거부했다.

이 회의 다음 날 도라 브릴리안트가 나를 찾아왔다. 그녀는 침묵했으나, 나는 그녀가 슬퍼하고 있음을 알았다.

"무슨 일입니까, 도라?"

그녀는 눈을 내리깔았다.

"테러를 중단시키려 한다는 게 사실인가요?"

"사실입니다."

"그리고 투쟁조직은 해산이고요?"

"사실입니다."

"그리고 당신은 그렇게 되도록 내버려두셨어요? 당신도 그렇게 생각하세요?"

그녀의 목소리에는 눈물이 섞여 있었다.

나는 그녀에게 나의 관점을 말하고, 회의에서 무슨 일이 있었는지 알려주었다. 그녀는 대답 대신 오랫동안 침묵했다.

"그럼, 테러는 끝났다는 뜻인가요?"

"끝났다는 뜻입니다."

그녀는 한마디도 하지 않고 일어나서 나갔다.

11월 초에 페테르부르크에서 같은 안건으로 중앙위원회 2차 회의가 열렸다. 의견은 다시 갈라졌다. 절대적인 다수, 즉 체르노프, 포타포프, 나탄손, 라키트니코프, 아르구노프를 포함한 여러 인물들이, 테러를 임시 중단해야 하며 투쟁조직은 '전투태세를 갖춰' 두어야 한다는 관점을 고수했다. 아제프를 포함한 소수는 그런 공식은 불가능하며 투쟁조직을 전면 폐지해야 한다고 주장했다. 나는 그 누구의 지지도 받지 못한 채, 이전의 의견을 고수했다. 당이 그런 결정을 내리면 스스로 힘을 잃게 될 것이며, 역사적으로 돌이킬 수 없는 과오를 저지르게 될 것이라고 계속 확언했다.

 이 회담에서 테러의 전면 폐지를 지지하는 연설 중 가장 강력한 주장을 펼친 것은 푼다민스키였다. 그는 당의 가장 중요하고 필수 불가결한 과제는 농민 문제를 해결하는 것이고 바로 여기에 조직의 역사적 사명과 그 역사적 중대성이 있으며, 정치적 자유를 이미 투쟁하여 획득한 지금 당의 모든 힘은 이 목적을 위해 집중되어야 하는데, 테러 투쟁은 이미 전성기를 지난 데다 인력과 자원을 빼앗아 당을 허약하게 하고 경제적인 문제를 제대로 해결하지 못하게 한다고 증언했다. 푼다민스키는 보기 드문 달변으로 말했고, 그의 연설은 강한 인상을 남겼다.

 중앙위원회의 대다수는 체르노프가 제안한 타협안 쪽으로 기울어졌다. 동지들은 이런 발상이 투쟁조직을 파멸시키고 가까운 미래에 중앙 테러의 모든 희망을 절멸시킨다는 사실을 깨닫지 못했다. 이때 아제프가 일어나서 말했다.

 "'전투태세로 갖춰' 두는 것은 불가능합니다. 그것은 말장난일 뿐입니다. 내가 책임지고 선언하겠습니다. 투쟁조직은 해산입니다."

중앙위원회는 그의 의견에 동의했다.

나는 중앙위원회의 이런 의견을 실수라고 생각했고 지금도 그렇게 생각한다. 내게서 해산 통고를 받은 테러리스트 동지들도 나와 같은 의견을 고수했다. 그러나 선택의 여지는 없었다. 우리는 중앙위원회에 복종하든지 아니면 당 전체와 노골적으로 불화를 일으키는 방향으로 가야 했다. 우리는 두 개의 악惡 중에서 덜한 쪽을, 즉 첫 번째를 선택했다. 우리가 당과 별개로 독립적으로 활동하는 것은 당시 불가능했다. 조직은 약했고, 우리에게는 별도의 보유 자원이 없었으며, 당시에 팽배했던 낙관주의 분위기 속에서는 사회적 지지도 기대할 수 없었다.

이렇게 해서, 역사적으로 유일하게 테러에 유리했던 순간은 지나갔다. 정부의 공황 상태와 당의 위신이 강화된 점을 이용하여 투쟁조직을 이전처럼 강력하게 부활시키는 대신, 중앙위원회는 이론적인 판단 때문에 테러의 발전을 저해했다. 투쟁조직의 조직원들은 지방으로 흩어졌고, 투쟁조직은 무너졌다. 개별적인 인물들이 독립적인 테러 행위에 참여하기는 했지만, 단합으로 강해진 하나의 완성된 조직은 없었다. 여기서 미리 말해두어야만 하겠다. 내가 보기에 이런 결정을 내린 죄는 그 어떤 경우에라도 중앙위원회에 있지 않다. 당시 중앙위원회는 정직하게 당의 압도적 다수의 의견을 대변했으며, 그 중대한 순간에 당이 테러를 지지하지 않고 충분히 혁명적이지도 못했던 것은 물론 중앙위원회의 잘못이 아니었다.

테러리스트의 수기

2부

1장 두바소프와 두르노보 암살

I

11월에서 12월 중순까지 나는 페테르부르크에서 지냈다. 투쟁 조직 해산 이후, 아제프의 주장에 의해 특별투쟁위원회가 제정되었다. 이 투쟁위원회의 임무는 무장 봉기의 기술적 지원이었고, 조직원은 아제프와 나였다. 나는 또한 페테르부르크 전투 조직을 관리하라는 명령을 받았다.

나는 선원들이나 군인들과 일해본 적이 한 번도 없었고 장교들의 세계를 잘 알지 못했다. 나에게는 모든 면에서 낯선 이 새로운 일에 대해 준비가 되어 있지 않다고 느꼈다. 게다가 나는 무장 봉기의 성공에 대한 신념이 없었다. 나는 군대와 민중이 계획에 따라 힘을 합쳐 봉기하리라는 가능성을 보지 못했는데, 내 생각에는 이런 합동 봉기만이 승리를 보장할 수 있었다. 잠시 생각한 후 나는 제안을 거절했다. 아제프는 계속 주장했다.

"전투 조직은 약하고, 사람이 필요합니다. 당신에게는 투쟁 경험이 있습니다. 당신은 제안을 거절할 권리가 없습니다. 당의 일원으로서 제안을 받아들여야만 합니다."

이런 주장에 나는 아무런 반박도 할 수 없었다. 나는 특별투쟁위원회에 참석했으나, 위원으로서는 고작 3주 정도 지냈다. 모스크바 궐기에 대한 소문이 나의 전투 과업에 종지부를 찍었다.

나는 리가프카[1]에서 레온 로데라는 이름으로 가구 딸린 방을 빌려 지내면서 매일같이 아침부터 스레드냐야 포드야체스카야 거리에 있는 『조국의 아들』 편집부로 갔다. 경찰이 내 페테르부르크 체류 사실을 알고 있었는지는 나도 모른다. 그러나 경찰에서 나를 체포하기란, 특히나 특사가 내게는 부분적으로만 해당되었기 때문에 어렵지 않았을 것이라 생각한다. 그러나 나를 붙잡으려는 시도는 단 한 번도 없었고, 게다가 나는 감시의 눈길도 전혀 느끼지 못했다. 나는 숨지 않고 살았다. 『조국의 아들』에서는 내 성을 알고 있었고, 일 관계로 나를 찾아오는 동지들은 직접 이름을 대고 나를 찾았다.

개인의 불가침권, 완전한 출판의 자유, 대규모 집회와 회합, 마지막으로 모두의 눈앞에서 공개적으로 활동하는 노동자 대표 회의의 존재는 여러 동지들의 마음속에 과장된 희망을 싹트게 했다. 많은 사람들이 성공적인 세 번째 동맹 파업, 그리고 그만큼 페테르부르크와 모스크바에서 무장 봉기가 성공하리라는 가능성을 믿었다. 나는 이런 희망을 공유하지 않았다. 나는 페테르부르크의 모든 투쟁 병력을 알고 있었다. 나는 그 병력이 매우 적다는 것을 알았고, 노동 민중의 혁명적 열의를 그다지 믿지 않았다. 무산계급의 투쟁 준비가 덜 되어 있음을 내가 확신하게 된데는 다음과 같은 사건이 있었다.

투쟁적 관점에서 페테르부르크는 여러 개의 구역으로 갈라졌다. 각 구역에는 고유의 투쟁단이 있었다. 이런 투쟁단 중 하나를 루텐베르크가 관리하고 있었다. 어느 날 저녁 나는 루텐베르크와 함께 노동자 구역에 갔다. 나는 이 투쟁단의 세력이 정말로 강한지, 실제로 노동 대중이 손에 무기를 잡고 기존에 싸워서 획

---

1 현재 우크라이나 하르키우 주 리히우카Лигiвка.

득한 자유를 지킬 준비가 되어 있는지 개인적으로 확신을 얻고 싶었다.

담배 연기에 찌든 조그만 노동자용 셋방에 30명 정도가 모여 있었다. 루텐베르크가 짧은 연설을 했다. 그는 모스크바에서 봉기가 시작되었으며, 오늘내일이라도 페테르부르크에서 봉기가 시작될 것이라 말하고 동지들에게 지금 즉시 모든 경우에 대비하라고 종용했다. 사람들은 루텐베르크의 말에 주의를 기울였고, 나는 그가 대단한 영향력을 가지고 있음을 눈치챘다. 그가 연설을 끝내고 다음 차례로는 내가 몇 마디를 덧붙였다. 나는 궐기 참여에는 세 가지 종류가 있다고 말했다. 첫 번째로, 투쟁단이나 그 단체의 개별 조직원들이 일련의 테러 행위를 시도한다(비테 남작의 집 공격, 정부 조직과 건물 폭격, 고위 군 장성 살해 등). 두 번째로, 투쟁단이 혁명 군대의 일부로서 시내로 향하여 도시와 요새를 장악하려는 시도를 한다. 마지막으로 세 번째, 투쟁단은 자기 구역을 지키기 위해 남는다. 나는 참석자들에게, 당이 그들에게 기대를 걸고 있으며 결정적인 순간에 모든 동지들이 하나의 공통된 깃발 아래 서야만 한다는 사실을 숨기지 않았다. 마지막으로, 나는 중앙위원회가 실제로 어떤 동지들에게 어떤 역할을 맡길 수 있을지 물었다.

회의는 조직된 당의 노동자들로 이루어졌고, 이들은 좋은 의도에서 자원하여 투쟁단에 가입했다. 나르브 투쟁단은 페테르부르크에서도 우수한 투쟁단 중 하나로 여겨졌다. 나의 질문에 참석자들은 주어진 순간의 심각성을 완전히 인식하고 진심을 다해 대답했다. 이런 진심과 심각성이 당시 나에게 충격을 주었던 것을 기억한다. 나는 지식인 계급의 혁명가들이 종종 본의 아니게 자신의 힘을 과장하고 거짓된 자기애로 인해 투쟁에 대한 자신의 각오를 과대평가하는 데 익숙해져 있었다. 그런 과대평가를 나는 이 회합에서 보지 못했다. 반대로, 참석자 하나하나가 양심적으로 자신의 힘을 인식하고 개인적인 자기애는 개의치 않은 채 나의 질문에 대답하려 했다. 두 명의 젊은 노동자가 단독 테러 활동을 자원했고, 거의 3분의 1이 무기를 손에 들고 시내와 요새로 가는 데 동의했으며, 대다수는 정부가 대량 학살을 자행하는 경우에만 싸울 각오가 되어 있다고 단호하게 진술했는데, 다시 말해 자기 방어에 참여하겠다고 동의한 것이었다.

내가 떠나려 할 때 조그만 사건이 일어났다. 이 사건은 무엇보다도 중앙위원회가 그들에게 던진 질문을 노동자들이 얼마나 양심적으로 대했는지를 보여준다. 나이 지긋하고 머리가 희끗희끗한 방직공이 일어나더니, 더듬거리고 당황해하며 얼굴을 붉힌 채 진술했다.

"여기 우리 앞에 그리스도가 왔습니다……. 신실한 사람들 앞의 촛불처럼…… 이 땅과 자유를 위해서 지금이라도 기꺼이 죽을 수 있어요……. 하지만 아이들이! 이해해 주세요, 동지들, 집에 애가 다섯입니다……. 하느님, 제가 거짓말을 했습니다, 나갈 수 없어요, 수비도 못 합니다……. 그리스도의 이름으로 풀어주세요……. 하느님은 죽는 게 뭔지 아실까요……?"

그의 눈에는 눈물이 고여 있었다. 루텐베르크가 그에게 다가가 손을 잡았다.

노동자들의 사기가 꺾인 이유는 물론 이해할 수 있었다. 페테르부르크는 이미 두 번의 동맹 파업을 지원했다. 세 번째에 참여한다는 것은 무장 봉기에 나간다는 뜻이었다. 그리고 그것을 위해서는 정부에 대한 깊은 불신과 이미 시작된 혁명의 힘에 대한 그만큼 깊은 신념이 필요했다. 노동자들은 무장되어 있지 않았다. 페테르부르크로 군대가 집결되어 있었다. 병력은 분명히 동등하지 못했고, 노동자 대표 회의에서 세 번째 동맹 파업을 소집한 것은 너무나도 명백한 실수였다. 이 문제를 논의할 때, 나는 중앙위원회에서 절대적인 확신을 갖고 이런 소집에 반대 의견을 표명한 다수에 합류했다. 불행히도, 사회혁명당의 의견은 노동자 대표 회의의 공감을 얻지 못했다. 모스크바에서 궐기가 시작되었으나, 바리케이드에서 싸운 것은 전부 합해도 몇백 명 뿐이었다. 대중은 혁명에 참여하지 않았다.

페테르부르크 노동자들의 사기가 역사적인 순간에 부응하지 못했던 만큼이나, 군대도 선동을 제대로 준비하지 못했다. 페테르부르크에서 일어나는 모든 봉기 시도를 친위대가 민중의 피로써 막으리라는 데 의심의 여지가 없었다. 나는 특별히 군대 문제를 논의하기 위해 열린 회의에 참석하여 이 점을 확신했다.

이 회의는 12월 초에 페테르부르크에서, 어째서인지 특별히 비밀스러운 보안 아래서 열렸다. 우리는 밤에 리가프카에 있는 바랴틴스키 대공의 단독 주택에서 모였다. 나와 사회혁명당의 다른 대표인 중앙위원회 위원 아르구노프 외에도, 러시아 사회민주당의 데이치, '연맹의 연맹'의 루투긴과 차르놀루스키 그리고 '장교 연맹'의 아무개라는 어떤 육군 중위가 참석했다. 회의의 목적은 군대 측, 특히 친위군에서 어느 부대가 민중에게 발포하기를 거부할 것인가, 그리고 누가 노골적으로 혁명 측으로 넘어올 것인가를 확인하는 것이었다. 나는 우리 전투 조직의 상태를 알고 있었다. 페테르부르크에 산재한 거의 모든 부대와 포병대, 기병대에서 군인들이 개별적으로 우리 조직에 넘어오리라는 것을 알고 있었으나, 나는 또한, 이렇게 개별 군부대에 흩어져 있는 일원들은 그 자체로 아무런 힘도 갖지 못한다는 사실도 알고 있었다. 심지어 모든 군인들, 전투 조직의 구성원들이 발포를 거부한다고 해도, 발포하는 군중 속에서 이들은 거의 눈에 띄지 않을 것이었다. 무장 봉기의 시기는 당시 아직 다가오지 않았고, 후일에도 이런 무장 봉기에 친위군은 거의 참여하지 않았다. 페테르부르크에서도 친위군은 주로 수비대의 형태로 존재했다. 진지하게 계산에 넣을 수 있는 것은 오로지 발트 함대의 선원들뿐이었으나, 혁명 해병대는 크론슈타트에 있었으니 그들의 의미는 없는 것이나 마찬가지였다.

사회혁명당 전투 조직의 상태는 이러했다. 나는 사회민주주의자들의 상황은 나아지지 않을 것이라고 근거가 없지 않은 제안을 했다. 문제는 오로지 장교 연맹에 달려 있었는데, 그 대표의 말에 따르면 거의 60명의 장교를 거느리고 있었고, 그 대부분이 함대와 친위군이었다.

회의는 바로 이 대표의 보고로 시작되었다. 그는 친위군의 모든 분대에 혁명에 공감하는 장교들이 있고, 이런 장교들은 특히 친위군 포병대에 있으며 이들은 혁명을 위해서라면 가장 결정적인 행동도 망설이지 않을 것이라고 보고했다. 보고자가 장교 연맹의 세력을 과장하는 것은 아닌가, 정황을 현실에 있는 그대로 기술한 것이 아니라 자신이 보고 싶은 대로 묘사한 것이 아닌가 하는 의혹이 마음속에 스며들었다. 대화가 진행되면서 이런 추측은 확인되었다. 구체적으로 어느 부대 혹은 포대에서 혁명가들에게 발포하기를 거부할 것인가, 하는 직접적인 질문에 보고자는 대답을 할 수 없었다. 그는 개개 장교들이 소소한 정도로 혁명 운동에 공감한다고 해서 군인들이 민중에게 발포하지 않으리라는 증거는 될 수 없고, 더구나 장교들이 스스로 자신들의 군인으로서의 맹세를 거부한다는 증거가 될 수 없다는 점을 인정해야만 했다. 모스크바의 세묘노프 부대 사례가 이런 결론을 뒷받침해 주었다. 나는 세묘노프 부대원들 중에 혁명에 공감하는 장교들이 있었는지 알지 못하지만, 부대에 개별적인 혁명가 군인들이 있었다는 것은 안다. 그럼에도 불구하고, 세묘노프 부대는 모스크바 진압으로 명성을 떨쳤으며 부대의 혁명 분자들도 의심할 바 없이 이 진압에 참여했다.

사회민주당의 전투 과업도 우리보다 나을 것이 없는 상태였다. 데이치의 보고에서, 군부대 측의 그 어떤 의미 있는 인원도 계산에 넣을 수 없다는 점을 확인할 수 있었다. 그의 보고 또한 장교 연맹의 보고에 물들어 있던 것과 똑같은 낙관주의를 나타내고 있었음을 말해두어야만 하겠다. 이런 낙관주의는 혁명 투쟁조직의 실제 병력에 대해 당으로 하여금 쉽게 미혹에 빠지게 할 수 있었다.

나는 이 회의에서, 나르브 구역에서 있었던 노동자 회의의 결과와는 반대로 가장 슬픈 인상만을 받았다. 혁명에 있어 페테르부르크에서의 군대 지원은 그 어떤 경우에도 기대할 수 없다는 사실이 명확히 밝혀졌다는 것은 이미 말할 필요도 없고, 회의의 성격 자체도 내가 예상했던 바와는 일치하지 않았다. 회의는 장교들 사이에서 선동을 하기 위한 소규모 조직을 어떻게, 어디서, 누구를 대상으로 조직할 수 있을지를 논의하는 대화로 끝맺었다.

이렇게 해서, 나는 이미 페테르부르크에서 성공적인 민중 봉기는 불가능하다는 사실에 더 이상 의심의 여지가 없다고 확신했다. 하지만 성공적인 테러 행위를 통해 모스크바 혁명을 지원할 수 있으리라는 희망은 여전히 남아 있었다. 그러나 투쟁조직은 해산되었다. 현존하는 조직원은 아제프와 도라 브릴리안트,

감옥에서 풀려난 모이세옌코와 나를 제외하면 페테르부르크를 떠나 뿔뿔이 흩어졌다. 모이세옌코는 정신적으로 병약한 둘레보프를 성 니콜라이 병원에서 퇴원시키는 일로 바빴고, 도라 브릴리안트는 전반적으로 그녀의 화학 지식에 관해서만 쓸모가 있었다. 아제프와 나는, 때로 루텐베르크와 함께 즉각적인 테러 활동의 가능성을 고찰하는 일에 매달렸다.

그러한 활동의 첫 번째는 니콜라옙스키 철도의 다리를 폭파하는 작업이었다. 그런 폭파는 첫째, 모스크바를 페테르부르크로부터 단절시키고, 둘째로 니콜라옙스키 철도를 파업 상태로 남겨둘 것이었다. 니콜라옙스키 철도가 파업한다면 페테르부르크 철도 분기점 전체를 비롯하여 페테르부르크의 모든 노동 인구도 파업할 것이었다. 이 폭파는 철도 연맹에서 맡았다. 우리는 그 대표인 소볼레프에게 폭탄과 다이너마이트를 넘겨주었으나, 시도는 실행되지 않았다. 그의 관계자들은 현장에서 거의 체포될 뻔했다.

다른 모든 계획들, 즉 예를 들어 특별 경비 분과 폭파, 전기·전화·조명선 폭파, 비테 남작 체포 등 또한 실행이 완료될 수 없었는데, 부분적으로는 선정된 장소의 몇몇 지점이 경비가 너무나 엄격하여, 마치 경찰이 폭파 계획에 대해 미리 예고라도 받은 것 같았기 때문이다. 또한 그 당시에 나에게 이상한 사건이 일어났는데, 이로 인해 나는 경찰이 내가 페테르부르크에 있다는 사실을 알고 있지만 어째서인지 체포하기를 원치 않는다고 확신하게 되었다.

어느 날 공학 기사인 프레오브라젠스키의 아파트에서 아제프와 루텐베르크와 회견한 후 계단을 내려오다가, 나는 유리문을 통해 경찰 지서장과 두 명의 밀정이 출입구에 서 있다는 것을 눈치챘다. 수위가 내 앞에 문을 열어젖힌 후 나를 통과시키고 내 뒤에 섰다. 나는 함정에 빠져 있었다. 거리로 나오면서 나는 밀정 한 명이 손으로 마치 나를 잡으려는 듯 움직였다는 것을 눈치챘으나, 동시에 나는 분명 경찰 지서장의 것이 틀림없는 목소리를 들었다.

"아무런 조치도 취하지 말게."

나는 뒤돌아보지 않고 골목을 지나 가장 가까운 마부에게로 갔다. 밀정들은 나를 따라오지 않았다.

모스크바 봉기 이틀쯤 전에 아제프는 모스크바로 떠났다. 나는 투쟁위원회의 위원으로서 페테르부르크에서 '궐기의 기술적인 준비'를 명령받았다. 나는 즉시 다이너마이트 작업장을 두 군데 설치했다. 양쪽 다 예상치 못하게, 그리고 납득할 수 없는 이유로 검거되었으나, 나는 당시 이 검거가 밀고 때문이라고는 의심하지 않았다. 첫 번째 작업장은 사보예르니 골목에 자리 잡고 있었다. 그곳에서 슈톨테르포르트, 드루가노프, 그리고 슈톨테르포르트의 집에서 하녀의 신분으로 지내던 알렉산드라 세바스탸노바가 일하기로 되어 있었다. 세바스탸노바는 검거 당시 가정부 역할을 너무나 잘해내 체포되지 않고 남았다. 슈톨테르포르트와 드루가노프는 법정 판결에 따라 시민으로서 모든 권리를 박탈당하고 15년 노역형에 처해졌다. 동시에 같은 날 밤, 두 번째 작업장도 검거당했다. 그것은 스베치노이 골목에 있는, 나의 대학 동료이자 후일 투쟁조직의 조직원이 된 브세볼로드 스미르노프의 아파트에 자리 잡고 있었다. 그는 자기 신분증으로 지내고 있었으며 경찰의 감시는 받지 않았다. 같은 아파트에서 그와 함께 젊은 아가씨인 브론슈테인이 지냈다. 이 아파트는 핀란드에서 수송해 온 무기를 전달하는 중간 지점으로 사용되고 있었

1장 두바소프와 두르노보 암살

다. 나는 이를 알고 있었으나, 짧은 기일 내에 불법적인 신분의 조직원이 거의 없는 상태에서 불법적인 이름으로 아파트를 빌릴 수가 없었다. 게다가 나는 또한 핀란드에서의 무기 수송 경로가 경찰에 알려져 있지 않다는 것을 알고 있었으므로, 엄격한 비밀계획의 원칙에 위배되는 이러한 아파트에서도 나흘이나 닷새 정도 일할 수 있으리라 기대하고 있었다.

두 작업장 중 한 곳의 화학자로 도라 브릴리안트가 지정되었다. 그녀의 임무는 브론슈테인과 스미르노프의 도움을 받아 마케도니아식 폭탄을 수십 개 제조하는 것이었다.

작업장이 발각되었기 때문에 작업은 아직 시작되지 못했다. 스미르노프와 브론슈테인은 문지기의 경고를 받고 제때 몸을 숨겼다. 아파트에서 체포된 것은 폭탄의 탄피를 소지한 도라 브릴리안트와 핀란드의 '적극적 저항' 당원인 오니 니콜라이넨이었다. 그는 역에서 권총 몇 자루를 이곳으로 가지고 온 상태였다.

이런 검거들이 나에게까지 미치지는 않았다. 나는 체포되지 않았을 뿐만 아니라 심지어 감시조차 당하지 않았다. 나는 당시 이러한 이유를 스스로 설명할 수 없었다. 나는 도라 브릴리안트와 직접 왕래했고, 스미르노프, 브론슈테인, 드루가노프와 만났다. 또한 두 건의 검거가 동시에 일어났다는 사실, 그리고 작업장에서 작업이 시작될 무렵, 즉 아직 의심받을 여지가 없었던 시기에 검거가 일어났다는 사실 또한 설명할 수 없었다. 그러나 다른 더 중요한 사건 때문에 검거의 정황은 잊혔다. 이 검거는 그렇게 해명되지 않은 채 남겨졌다. 페테르부르크에서 '봉기 준비'의 시도는 이 두 군데 작업장으로 한정되었다. 다이너마이트는 시내에 많이 있었으나, 준비된 폭발물은 거의 없었다. 무기도 있었고 대부분 브라우닝과 모제르식 권총이었으나, 이런 무기는 여기저기 무기고에 분산되어 있어서 필요한 순간에 즉각 사용하기가 힘들었다. 투쟁 병력도 이것이 전부였다.

후일 니콜라이넨은 시베리아로 유형당했고 그곳에서 외국으로 도주했다. 도라 브릴리안트는 페트로파블롭스크 요새에 오랫동안 감금된 끝에 정신적으로 병을 얻어 1907년 10월 사망했다.

도라 블라디미로브나(불포브나) 브릴리안트(남편 성을 따라 치르코바)는 1879년 혹은 1880년 헤르손의 유대계 상인 집안에서 태어났다. 그녀는 헤르손 고등학교에서 교육받고 이후 유리예프 대학교에서 산파 과정을 이수했다. 당에 입당한 것은 1902년이었으며 처음에는 키예프 위원회에서 일했다. 1904년 3월부터 그녀는 플레베 건에 참여했다. 그녀를 잃음으로써 투쟁조직은 가장 강한 여성 테러리스트 중 하나를 잃었다.

II

모스크바 봉기가 실패로 끝난 뒤, 다시 투쟁조직에 관한 문제가 제기되었다. 정부가 결정적으로 반동의 길에 나섰다는 사실은 의심할 바 없었고, 그러므로 테러의 필요 불가결성에 대해서도 의심의 여지가 없었다. 그러나 이 문제의 해결은 제1차 전당대회가 종료될 때까지 미루어졌다. 이 전당대회는 1905년 말부터 1906년 1월 초까지, 이마트라[1]의 '투리스텐' 호텔에서 열렸다.

이 호텔을 운영하는 것은 핀란드 '적극적 저항'당의 당원인 우노 세레니우스였다. 핀란드에서는 당시 아직 정치범 인도에 관한 법률이 채택되지 않았고, 따라서 전당대회의 참여자들은 아무런 위험도 두려워하지 않고 며칠간 평온하게 일할 수 있었다.

---

1 핀란드의 도시 이름.

전당대회에서는 중앙 테러에 대한 문제가 제기되지 않았다. 그 문제는 전당대회에서 소집한 중앙위원회 회의에서 결정되었는데, 선거로 결정된 회의 참석자는 M. A. 나탄손, V. M. 체르노프, N. I. 라키트니코프, A. A. 아르구노프, 그리고 아제프였다. 후일 이 위원회 위원으로 P. P. 크라프트(1907년 페테르부르크에서 사망), S. N. 스레토프, 그리고 나도 선출되었다. 나는 전당대회의 모임들에 투쟁조직 대표 중 한 명 자격으로 출석했으나, 논쟁에는 참여하지 않았다.

긴 논쟁 끝에, 전당대회에서 사회혁명당 노선과 그 조직의 규정을 고안해 냈다. 그 외에도 제1차 국가두마 및 그 의원 선거에 대한 보이콧을 만장일치로 결의했다. 전당대회의 개별적인 회담 중에서도 나는 V. A. 먀코틴, A. V. 페셰호노프, 그리고 N. F. 안넨스키가 내놓은 제안으로 인해 벌어진 논쟁을 가장 중요하게 여기는데, 이들은 후일 민중사회당 창립자가 되었다.

조직 규정의 문제로 열린 1905년 12월 30일 저녁 회의에서, 로즈제스트벤스키(V. A. 먀코틴) 동지가 발언을 청했다. 그는 이렇게 말했다.

"……우리의 생은 공개적으로 정치적인 정당의 출현을 요구하는 시기에 도달했지만, 당 규정은 이 문제를 회피합니다. 대체 민주적인 원칙에 기반하여 조직된 공개적인 정당만이, 오로지 그런 정당이 새로운 형태의 삶을 창조할 수 있다는 데 의심의 여지가 있습니까? 파괴적인 공작은 소규모 집단으로도 계속 진행할 수 있지만, 이런 창조적인 과업은 잘 조직된 대규모 대중이 완수해야만 합니다. 그리고 그런 과업이 우리 앞에 직면해 있습니다……. 소규모 집단에 남는 사람은 옆길로 비켜서 있게 될 것입니다. 이 문제는 단순히 선거 원칙을 채택하느냐 마느냐에 관한 문제가 아닙니다―그건 상대적으로 시시한 일입니다. 논점은 오직 한 가지, 공개적인 정당의 길로 넘어가느냐 아니냐, 그뿐입니다."

V. A. 먀코틴은 완전히 새로운 조직의 원칙을 제안했다. 그는 당을 지하 활동으로부터 넓은 정치 활동의 무대로 불러냈고, 소규모 비밀 활동을 10월 17일 선언에 의거하여 공개적이고 합법적인 민중 선동으로 바꾸자고 요구했다. 그런 선동만이, 그의 의견에 따르면, 강하고 민중과 연계된 정당을 창조해 낼 수 있었다. N. F. 안넨스키가 그의 의견을 뒷받침했다.

"······지금은 사방에서 민중이 한몫을 하고 있고, 공감을 얻는 것만으로는 큰일을 할 수 없습니다. 당은 하다못해 동맹 파업의 문제부터 민심을 언제나 따르지 못했습니다. 민중의 사기에 대한 확신은 없었고, 그 민중이 어떻게 느끼는지에 관한 추측만 있었을 뿐입니다. 민중을 단결시켜야만 합니다. 여태까지는 한 사람씩 협력자를 찾아냈습니다. 민중이 조직되고 나면 민중 스스로 힘을 공유하고, 투쟁을 위하여 선동가를 배출해 낼 겁니다. 민중을 비밀 조직과 관련짓거나 비밀 계획에 끌어들여서는 안 됩니다. 유일한 길은 현존하는 비밀 조직을 보전하고 그와 나란히 다른 조직을 창립하는 겁니다. 지금은 때가 아니라고들 하지만 10월 17일 이후 아무도 그런 말을 하지 않았고, 우리는 그때 반동을 예상하고 중앙위원회에 공개 정당의 창설을 주장했습니다. 중앙위원회는 당시 이 일에 책임지지 않기로 결정하고 거부했습니다······. 우리는 새 당의 조직을 위해 현존하는 조직의 선두에 서 있는 사람들을 채택해야 한다고 제안합니다. 만일 그들이 이 일을 맡는다면, 그들은 새 정당에 필요 불가결한 색채를 부여할 것이고, 사기를 북돋우고, 그러면 양쪽 조직 모두에 대하여 동등한 활동을 보여주게 될 것입니다. 현존하는 조직을 보전하고, 그 조직을 실무적인 면에서 개선해 나가는 한편 동시에 현재 보유한 인력을 이용해서 새롭고 큰 당의 조직을 시작해야 합니다……. 민중이 스스로 조직하여 우리 당 쪽으로 돌아서면, 당은 엄청난 힘을 보유하게 될 것입니다."

안넨스키와 먀코틴에게 많은 동지들이 반박했다. 이런 반박의 요지는 다음과 같이 정리되었다.

"기회가 오는 대로 즉시 공개 정당을 조직할 필요성은 이해하지만, 이와 함께 이해하는 또 다른 사정은 비밀리에 조직된 전투 병력의 총공세를 통해 준엄한 투쟁의 길을 확고하게 닦아야 할 필요성입니다. 우리는 외견상 공개와는 정반대의 방법을 이용할 때조차도, 즉 지하로 들어가 세심하게 주의를 기울여 어둠 속에서 무기를 만들고 비밀리에 적으로의 돌격을 준비할 때조차도, 미래의 공개 조직을 위해 일하고 있는 것입니다. 그러나 혹시, 이제는 활동의 대부분을 지하에서 불법으로 수행하는 것과 작별을 고할 때가 된 것일까요? 절대로 그렇지 않습니다. 그 반대입니다. 조직은, 예를 들어 '전 러시아 농민 동맹'이나 '철도 동맹' 등 공개적이고 합법적인 형태로 나섰다가 이제는 지하에서 스스로를 혹사하고 있습니다. 나는 동지들께 첫 번째 질문을 던지겠습니다. 우리는 계속 테러 없이 진행하는 것이 가능하다고 여깁니까? 만약 이것이 명백히 불가능하다면, 테러를 강령에 내세우는 정당을 조직하는 것이 가능합니까? 그리고 만약 이것도 불가능하다면, 도대체 가능한 것이 무엇입니까? 바로 여기서 동지들의 다음과 같은 제안이 나오게 됩니다. 공개 정당과 나란히, 이전의 투쟁 방법을 유지하는 비밀 조직이 존재하지 못할 이유가 무엇인가? 조직을 둘로 나누어서, 앞으로는 '두 개의 얼굴'로 존재하자. 이로써 어려움이 해결된 것처럼 보일 수 있지만, 그저 겉보기일 뿐입니다. 그 자리에 새로운 어려움이 들어섭니다. 각 정당은 확실한 전술을 가져야 하고, 당은 모든 질문에 솔직하게 대답할 수 있어야 합니다. 가장 아프고 가장 날카로운 질문에 양쪽 정당이 어떻게 대답하게 되겠습니까? 두 정당이 한 가지 대답을 하게 된다면, 그것은 즉 이 둘은 한 정당이라는 뜻이고, 그러한 이중적 존재는 아무도 속이지 못할 겁니다. 만약 양쪽이 다르게 대답하거나 혹은 한쪽은 알려진 질문에 대답하고 다른 쪽은 침묵한다면, 과업은 필연적으로 두 정당이 분리되는 것으로 끝나게 됩니다……. 필연적으로 논쟁과 투쟁이라는 결과가 생깁니다. 그리고 과연, 두 개의 다른 정당에 모두 소속된다는 것을 생각이나 할 수 있단 말입니까?"

연사는 박수갈채에 묻혀버린 다음과 같은 말로 연설을 끝맺었다.

"우리는 노동계급이 최고의 입법자가 되어야 한다고 말했지만, '직접 민중 입법기관'을 실현할 조직으로 가는 길은 비좁고 어두운 계곡을 통해 뻗어 있고 이 계곡을 지날 때는 한 줄로 모여 단단히 뭉친 집단으로 가야 하며, 그곳에서 나오면 비로소 넓게 펼쳐진 대열로 행진할 수 있을 것입니다."(V. M. 체르노프의 연설)

긴 논쟁 끝에 V. A. 먀코틴이 전당대회의 심의에 다음과 같은 결정을 제안했다.

"당의 능동적인 병력의 기존 조직을 당분간 유지하면서, 그 과업 참여에 즈음하여 광범위한 민주 원칙에 입각한 특별 조직으로서 공개 정당을 창립하는 데 착수할 의향이 있음을 전당대회는 인정합니까?"

대다수 표결에 의해, 찬성 1표에 7표의 기권으로, 전당대회는 이 결의에 근거하여 반대 의견을 표명했다. 그런 후에 I. A. 루바노비치와 M. A. 나탄손의 결의가 채택되었다.

"사회혁명당은, 모든 착취자 계급에 대항해 타협 없이 투쟁하는 노동자와, 정치 노선에 있어 이들이 얼마나 급진적인가에 관계없이 노동자들을 대표하는 모든 정당들을 하나의 노동계급으로 통일하는, 도시 무산계급과 노동 농민의 이해관계의 대표자로서 당의 모든 활동에 있어 이 투쟁이 가장 폭넓은 규모로, 노동 민중과의 가장 긴밀한 교류와 협동하에 완전히 공개된 활동 무대와 공개된 조직원들 사이에서 확산될 기회를 제공하는 정부 권력의 건설을 지향한다.

현재의 정치적 조건과 당면한 투쟁의 요구 사항과 관련하여, 비밀 조직에서 완전히 공개된 사회 혁명 정당으로의 조속한 전환은 아직 불가능하다는 점을 인정한다."

양쪽 모두의 경우 나는 투표에서 기권했다. 나는 페셰호노프, 안넨스키, 먀코틴의 결의를 지지할 수 없었는데, 왜냐하면 그들이 제시한 과업을 실질적으로 지금 당장 실행할 수 없다고 여겼기 때문이다. 정부는 틀림없이, 사회혁명당이 설령 그 투쟁조직을 따로 떨어진, 완전히 독립적인 조직으로 분리한다고 해도 정당이 합법적으로 존재하게끔 허락하지 않을 것이다. 민중사회당의 경험이 후일 러시아에서 공개된 사회주의 정당의 존립 불가능성을 증명해 주었다. 그 정당의 창립자들 스스로도, 정부의 박해 때문에 민중에 대한 그들의 영향력은 그다지 크지 못했고 그 정치적인 중요성은 절멸되었다는 사실을 인정해야만 한다고 나는 생각한다.

나는 또한 중앙위원회의 결의도 지지할 수 없었다. 나는 페셰호노프, 안넨스키, 먀코틴의 제안이 원칙적으로 옳다고 생각했으며, 반대로 전당대회는 중앙위원회라는 형식을 통하여 당 전략상의 모순을 받아들이지 않았다고 판단했다. 이 모순은 후일 몇 번이나 드러나게 되었고, 당과 특히 테러를 몇 번이나 어려운 입장에 빠뜨렸다. 당 노동자의 대다수는 무장 봉기가 이미 시작된 혁명을 최종적이고 승리로 이끄는 결말이 될 것이라고 믿었으며, 이러한 무장 봉기가 가까운 시일 안에 가능하다고 여겼다.

전당대회의 결의 중 한 건은 이렇게 천명했다.

"우리의 공동의 확신에 의거하여 강력한 농업 분야의 궐기가 만일 완전한 농민 봉기가 아니라 일련의 지역적 봉기의 형식으로라도 거의 피할 수 없음을 인정할 때, 전당대회는 당의 모든 기구로 하여금 봄까지 병력을 완비하고, 철도와 교각의 폭발, 전신망의 훼손 등속의 실제적인 행동 계획과 이런 행동에서의 역할 분담 등을 완료할 것과, 제거될 경우 지역 행정 조직에 와해를 가져올 수 있는 행정 관료들의 목록을 준비할 것 등을 조언한다." (이 결의안은 논쟁 없이 채택되었다.)

이런 관점은 물론 확정된 전략을 암시했다. 중앙적·지역적 테러는 후순위로 밀려났다. 반대로 '궐기의 기술적인 준비'가 최우선 순위를 획득했다. 민중의 혁명 선동도 그보다 작지 않은 위상을 획득했다. 이에 따라 첫 국가두마의 보이콧은 이런 선동의 일환이 되었고, 두 번째 국가두마에의 참여는 국회 연단을 같은 목적으로 이용하기 위한 수단이 되었다. 그리고 이 전략 안에서 테러는 선동 과업에, 선동 과업은 봉기 준비에 종속되었다. 이런 관점에는 물론 그 나름대로의 논리가 있었으나, 현실적인 생활 조건이 그 논리를 파괴했다는 것도 인정하지 않을 수 없다. 비밀주의와 파벌주의로는 민중에게 심각한 영향력을 미칠 수 없다.

불법 정당의 영역 안에서 선동은 언제나 한계가 있고, 필연적으로 서민 대중의 좁은 층만을 붙잡게 된다. 그리고 나아가, 자생적인 폭발이 부재하는 상태에서의 '봉기 준비'나 '실제 행동 계획'은 이런 준비의 필요를 제외시키므로 단지 비밀 조직이나 음모로만 존재할 수 있다. 이 때문에 당 노동자의 대부분은 그 전략 안에서 악순환에 빠졌다. 오직 공개 선동만이 원하는 결과를 내놓을 수 있고, 그 결과를 실제로 활용할 수 있는 기술적 수단은 음모밖에 없는 것이다. 하나의 정당 내에서 전자와 후자의 결합은 필연적으로 당의 약화로 이어진다. 선동이 지하 위원회의 틀에 갇히거나, 아니면 '봉기 준비'가 공개적 혹은 반½공개적인 선동과 충돌하고 그리하여 음모의 성격을 잃어버린다. 페셰호노프, 먀코틴, 안넨스키는 이 모순을 이해하고 그것을 제거하려 노력했다. 나는 그들에 동의하지 않을 수 없었다.

이어서 논의하자면, 전면적인 무장 봉기가 임박했다는 희망 자체가 너무 때 이른 것으로 비칠 수 있었다. 농민 계급의 혁명적 기상이 드높이 고양되었음을 입증하는 증거는 없었다. 이 때문에 농업 부문에서의 강력한 궐기가 임박했음을 확신하고 당 전략을 구성하는 것은 거의 이성적이지 못했다. 반대로, 느리고 길고 집요한 사회주의적 활동, 합법적인 길로 정당을 건립하는 활동의 필요 불가결성에 도달하게 될 수도 있었다. 10월 17일 선언은 일정 수준의 정치적·시민적 자유를 가장 최소한으로 보장해 주었다. 이 최소한의 자유를 한편으로는 평화적인 사회주의 선전을 위해, 다른 한편으로는 당의 합법적 형태를 확보하는 데 즉시 활용하는 것은, 안넨스키와 페셰호노프, 먀코틴의 의견에 따르면 방금 지나가 버린 순간의 비본질적인 과업 중 하나에 불과했다. 그리고 이런 관점에서 나는 이들과 의견을 달리할 수 없었다.

 마지막으로, 전당대회에서 토론 중에 또 하나의 질문이 가볍게 언급되었으니, 중앙 테러에 관한 것이었다. 체르노프는 당을 두 개로 분리할 수 없다는 논거로 중앙 테러의 필요성을 주장했다. 나로서는 만일 전반적인 봉기가 필연적이며 임박했다고 인정한다고 하더라도, 그때조차 당 대다수의 의견과는 합의할 수 없었을 것이다. 내 눈에 당은 심지어 그런 때에도, 두 개의 똑같이 어려운 실질적 과업, 즉 '봉기 준비'의 과업과 테러의 과업을 대면할 만큼 충분히 강하지 못했다. 필연적으로 당의 병력은 붕괴될 것이었다. 필연적으로 테러는 그 집약성과 규모에 타격을 입을 것이었다. 필연적으로 '기술적 준비' 때문에 많은 귀중한 당 노동자들을 잃게 될 것이었다. 무장 봉기를 거부하고 투쟁 기능과 평화로운 사회주의 선동을 하나의 정당으로 연합시킨다 해도, 전당대회에서 대다수가 채택한 전략으로 인한 결과보다 더 나은 결과에 도달하지는 못할 것이었다. 테러는 필연적으로 평화로운 작업에서 인력과 자원을 끌어감으로써 그 작업을 방해할 것이었다. 테러는 또 필연적으로, 두 번째 두마에서 사회혁명 분과의 위상을 손상시켰듯이 평화로운 선동 과업을 손상시킬 것이었다. 그리고 반대로, 평화로운 사회주의 선동은 같은 당의 영역 내에서 필연적으로 테러의 발전을 저해할 것이었다. 당 선동 활동의 이해관계가 테러와 혁명의 이해관계보다 우위를 점하게 될 것이었다. 이후 실제로 그렇게 되었는데, 테러는 중앙위원회에 의해 정치적인 이유로, 즉 우리가 당면한 일시적인 정치적 정세에 의해 몇 번이나 중단되었다가 재개되었다.

 바로 이 때문에 나는 안넨스키, 페셰호노프, 먀코틴의 제안을 지지하지 않으면서 또한 중앙위원회의 공식도 지지하지 않았다.

나는 전반적인 봉기의 희망이 아직 때 이르며, 정부가 유일하게 심각하게 받아들이는 것이자 정부를 진정으로 굴복시킬 수 있는 힘은 테러뿐이고, 당의 전략은 그러므로 무엇보다도 테러의 효용에 입각해야 한다고 여겼다. 그리고 나는 테러의 효용과 평화적인 사회주의 선동의 이해관계 양쪽을 위해 현재 시점에서 당을 사상적으로는 연관되어 있지만 조직적으로는 독립적인 두 개의 부분으로 나누어야만 한다고 보았다. 하나는 반+합법적인 혹은 심지어 비밀 조직적인, 그러나 근미래의 전반적인 봉기의 목적이 아니라 정당의 사상을 전파하는 목적인 사회주의 선동 정당이고, 다른 하나는 모든 사회주의 혁명 투쟁 분자를 결집하여 중앙적·지역적으로 폭넓은 테러 활동 발달을 그 목적으로 하는 조직이다.

안넨스키, 페셰호노프, 먀코틴의 의견은 소수파로 남았다. 그 셋은 당을 떠났다. 나는 전당대회 이후 즉시 아제프와 함께 투쟁 조직의 재건에 돌입했다.

III

테러 활동의 기지로 우리는 핀란드를 선택했다. 내가 이미 말했듯이, 핀란드에서는 당시 우리 중 누군가를 러시아 정부에 넘기는 일은 있을 수 없었고, 만일 그런 문제가 발생하더라도 우리에게 즉시 알려질 것이므로 몸을 숨길 시간이 있을 것이었다. 핀란드 정부의 모든 조직과 심지어 경찰에도 핀란드 '적극적 저항' 당의 당원이나 아니면 그를 지지하는 사람들이 있었다. 이 핀란드인들은 우리에게 여러 번 귀중한 도움의 손길을 주었다.

우리는 그들 사이에서 은신처를 찾았고 그들은 우리를 위해 다이너마이트와 무기를 구입했으며 이것을 러시아로 실어다 주었고, 우리에게 핀란드 여권 등 필요한 것들을 구해주었다. 특히 우리가 친하게 지낸 것은 네 명의 '활동가'였는데, 러시아 혁명에 뜨겁게 헌신하는 용감하고 정력적인 사람들이었다. 이들은 투쟁조직에 가입하지는 않았으나 우리 모두 언제나 그들의 도움에 의존할 수 있었고, 심지어 그런 도움이 커다란 위험과 직결되어 있을 때조차 마찬가지였다. 이 네 사람은 고등학교 여교사인 아이노 말름베르그, 무역 사무소에서 근무하는 에바 프로코페, 건축가 카를 프랑켄하이제르, 헬싱포르스 대학 학생인 발테르 스텐베크인데, 스텐베크는 1905년에 검사 이온손을 살해한 레나르트 호헨탈을 감옥에서 해방시키는 데 직접 참여했다. 기부금에 의존하지 않은 투쟁조직의 빠른 재건은 오직 핀란드의 자유로운 조건과 언급된 인물들의 도움 덕분이었다.

당이 테러를 재개하기로 결정했다는 사실이 알려지자마자, 투쟁조직의 옛 조직원들이 핀란드로 찾아오기 시작했다. 그중 몇몇은 이 짧은 시간 동안 지방에서 독립적으로 투쟁 활동에 참여하는 데 성공했다. 이리하여 보리스 브노롭스키는 예카테리나 이즈마일로비치를 민스크의 감옥에서 해방시키는 작전에 참여했다. 그와 아제프, 그리고 나 외에도 모이세옌코, 실레로프, 라셸 루리예, 질베르베르그가 헬싱포르스로 찾아왔다. 페테르부르크에는 마부 표트르 이바노프만 남았다.

중앙위원회는 투쟁조직이 동시에 두 개의 대대적인 암살 기도를 맡을 것을 결정했다. 내무장관 두르노보와 방금 모스크바를 '진압한' 모스크바 총독 두바소프였다. 그러나 정치적인 판단에 의해, 우리에게는 이 두 암살이 첫 국가두마 소집 전에 완료되어야 한다는 조건이 따랐다. 이 조건은 우리를 대단히 압박했다. 두 건 모두 어려웠고, 준비를 위해서는 긴 시간이 필요했다.

게다가 현존하는 투쟁조직원은 그처럼 짧은 시일 내에 이 두 건 중 하나라도 완료하기에는 수가 너무 적었다. 이 때문에 우리의 첫 번째 고민은 새로운 조직원으로 조직을 보강하는 것이었다.

1906년 봄까지 투쟁조직에는 위에 언급한 조직원 외에도 다음과 같은 인물들이 들어왔다. 블라디미르 아제프(예브게니 아제프의 동생), 마리야 베네브스카야, 블라디미르 브노롭스키(보리스 브노롭스키의 형), 보리스 고린손, 아브람 라파일로비치 고츠(미하일 고츠의 동생), 드보이니코프, 알렉산드라 세바스탸노바, 블라디미르 미하일로비치 젠지노프, 크세니야 질베르베르그, 쿠드랴프체프(제독), 칼라시니코프, 발렌티나 콜로소바(결혼 전 성은 포포바), 사모일로프, 나자로프, 파블로프, 피스카료프, 브세볼로드 스미르노프, 조트 사조노프(예고르 사조노프의 동생), 파블라 레빈손, 트레구보프, 야코블레프, 그리고 세묜 세묘노비치라는 어떤 노동자인데 그의 성은 알지 못한다. 전부 다 합쳐서 투쟁조직에는 당시 30명 정도 있었다.

나는 조직을 이런 식으로 충원하는 것은 과업에 해가 될 뿐이라 여기고 아제프에게 이 점을 여러 번 지적했다. 아제프는 나에게 동의하지 않았다. 그가 솔선해서, 그리고 오로지 그의 승인하에서 내가 위에 언급한 인물들 중 몇몇이 채용되었다. 이 인물들은 모든 면에서 존경받을 만하고 모든 투쟁 과업에 참여할 준비가 되어 있었으나, 우리 계획에 쓸모가 없었고 활동하지 않은 채로 남았다.

새 동지들 중에서 특히 나의 주의를 끈 것은 4명, 아브람 고츠, 제독, 표도르 나자로프, 그리고 마리야 베네브스카야였다. 그들 모두 강력한 투쟁 병력임을 증명했을 뿐 아니라 독특하고 남들과 같지 않은 개성을 선보였으며, 그들 모두 자기 나름의 방식으로 투쟁조직에서 눈에 띄는 역할을 수행했다.

아브람 고츠는 대단히 부유한 상인의 아들이었다. 24세의 젊은이로, 단단한 체격에 머리카락이 검고, 검은 눈이 빛나는 그는 여러 면에서 그의 형을 연상시켰다. 그는 마르지 않는 혁명적 정열의 샘을 가지고 있었고 경험의 부족은 대단한 현실적 지혜로 메꾸었다. 그에게서는 끊임없이 가지각색 투쟁 기획의 발상이 흘러나왔고, 그는 쉬지 않고 온갖 테러 계획을 구상하느라 바빴다. 확신에 찬 칸트 추종자이지만 그럼에도 그는 테러에 대하여 거의 종교적으로 경건한 태도를 보였고, 모든 종류의, 가장 하찮은 테러 작업에도 한결같은 준비성을 가지고 임했다. 관점에 있어 그는 정통 사회주의 혁명가였고 대중을 사랑했으나, 그 사랑을 그는 의식적으로 테러에 바쳤으며 테러의 필요 불가결성을 인정하고 그 안에서 고양된 형태의 혁명 투쟁을 보았다. 그를 기다린 것은 모든 재능 있는 테러리스트의 운명이었다. 그는 너무 일찍 체포되었고, 테러에 있어 그가 모든 자격을 갖추고 있었던 그 자리—투쟁조직 지도자의 자리에 오를 시간을 갖지 못했다.

제독은 보통보다 키가 크고 금발에, 커다란 눈은 옅은 하늘색이었다. 그는 자기 안에 간직한 그 조용한 힘으로 곧장 사람을 끌어들였다. 내면에 고츠의 빛나는 수수께끼는 없었으나, 그는 결정적인 순간에 물러서지 않을 것이라고 전적으로 확신할 수 있는 그런 드문 사람들에 속했다. 다른 누구보다도 더 그는 조직에 형제애와 우애의 정신을 불러일으켰다.

표도르 나자로프는 소르모보 공장[1]의 노동자로 성격상 제독과

---

1 '붉은 소르모보'. 1849년에 건설된 기계 공장. 초기에는 주로 증기선과 철도부품 생산에 주력하다 20세기 초부터 공산 혁명 이전까지 군수품 생산 공장으로 활용되었다. 1905년 12월 황제의 군대에 대항하여 소르모보 공장 노동자들의 무장 봉기가 있었으며 이는 유혈 사태로 확대되었다. 이후 소비에트 시대를 거쳐 현재

완전히 정반대였다. 그 또한 한번 결정하면 흔들림 없이 목숨을 바치는 사람들에 속했으나, 그가 결심한 동기는 달랐다. 제독은 사회주의를 믿었고, 테러는 그에게 사회혁명당 노선에서 분리할 수 없는 일부분이었다. 나자로프에게 굳은 신념은 거의 없었다. 소르모보 시가전, 즉 붉은 깃발을 든 노동자들의 시위와 세 가지 색깔의 국기[1]를 앞세운 바로 그 노동자들의 행진을 경험한 그는 공장에서 대중에 대한, 대중의 불안정과 무기력에 대한 실망을 얻었다. 그는 대중의 건설적인 힘을 믿지 않았고, 믿지 않았기 때문에 어쩔 수 없이 파괴 이론에 다다를 수밖에 없었다. 이 이론은 그의 내면적 감정에 정면으로 충돌했다. 그의 말과 행동에 일관되게 나타나는 것은 학대받고 굶주린 자들에 대한 사랑이 아니라 학대하고 배부른 자들에 대한 증오였다. 기질상 그는 무정부주의자였고 세계관에 있어 당의 노선과는 거리가 멀었다. 그는 스스로 인생에서 얻어낸 자기만의 독특한 철학을 갖고 있었는데 그것은 개인주의적 무정부주의의 성격을 띠었다. 테러에 있어 그는 이런 두드러지는 대담성과 사람을 죽이기로 결심한 자의 차가운 용기로 남들의 앞에 섰다. 대중에 대한 의심이 강한 만큼, 그리고 정부와 부르주아에 대한 증오가 깊은 만큼 그는 조직과 그 구성원 개개인을 뜨겁게 사랑했다. 그는 자기 능력의 진정한 크기를 제대로 인식하지 못하고 있었다.

마리야 베네브스카야는 이미 어린 시절부터 나와 알던 사이로 군인 귀족 가문 출신이었다. 홍조를 띠고 키가 크며, 금발에 웃음 띤 푸른 눈을 지닌 그녀는 생에 대한 기쁨과 명랑한 성격으로 깊은 인상을 남겼다. 그러나 이런 태평한 외관 뒤에는 집중력

까지 자동차 부품과 기계 일반을 생산하는 금속 공장으로 유지되고 있다.
1 흰색, 푸른색, 붉은색 줄이 가로로 쳐진 러시아 국기.

이 강하고 깊이 양심적인 천성이 숨어 있었다. 특히 그녀는 우리 중 누구보다도 테러의 윤리적인 정당성에 대한 질문으로 괴로워했다. 복음서를 놓지 않는, 기독교를 믿는 신앙인으로서 그녀는 뭔가 알 수 없는 복잡한 길을 거쳐 폭력에의 확신과 테러에 개인적으로 참여해야 하는 필요 불가결성에 도달했다. 그녀의 관점은 종교적 인식으로 강하게 물들어 있었고, 그녀의 개인적인 인생과 조직의 동료들에 대한 태도도 기독교적 온화함과 실천적인 사랑의 성격을 띠었다. 테러의 실무라는 좁은 의미에서 그녀는 아주 적은 일을 했으나 우리의 인생에 빛나는 기쁨의 흐름을 가져다주었고, 몇몇 사람들에게는 그와 함께 고통스러운 윤리적 의문을 불러일으켰다.

어느 날 헬싱포르스에서 나는 그녀에게 의례적인 질문을 던졌다.

"어째서 테러에 참여하려 하십니까?"

그녀는 내게 곧장 대답하지 않았다. 나는 그녀의 푸른 눈이 눈물로 가득 차는 것을 보았다. 그녀는 말없이 책상으로 다가가 복음서를 펼쳤다.

"어째서 제가 테러에 참여하느냐고요? 명백하지 않나요? '누구든지 제 영혼을 구원하고자 하면 잃을 것이요 누구든지 나를 위하여 제 영혼을 잃으면 찾으리라.[2]'"

그녀는 다시 잠깐 침묵했다.

"아시겠어요, 목숨이 아니라, 영혼이에요……."

나자로프는 다르게 말했다. 나는 그와 모스크바 카레트니 거리의 레스토랑 '파도'에서 처음 만났다. 그는 맥주를 마시고 자

---

2 마태복음 16:25. 원문에는 '목숨'이 아니라 '영혼'으로 나와 있으나 우리말 성경은 이를 모두 '목숨'으로 번역했다.

동 풍금의 음악을 들으며 차분하게, 거의 느릿느릿, 내 질문에 대답했다.

"내 생각에는 그들을 전부 폭탄으로 날려줘야 해요……. 세상에 진실이란 없어요……. 봉기할 때만 해도 사람이 얼마나 많이 죽었습니까, 애들은 구걸을 하며 돌아다니고……. 과연 더 참아줘야 합니까? 뭐 참으라고 해요, 원한다면, 하지만 난 못 합니다."

제독은 아무 말도 하지 않았다. 마리야 알렉산드로브나 스피리도노바[1]의 동지로서, 농민 정당의 노동자로서, 그는 자기 눈앞에서 피가 강물처럼 흐르고 채찍을 실은 마차가 오가는 것을 보았다. 그는 아직도 루제노프스키를 기억했고, 즈다노프와 아브라모프를 기억했고, 라우니츠[2]의 탐보프 지방 진압을 용서할 수 없었다. 그의 침묵 뒤에서 나는 나자로프가 했던 것과 같은 질문을 듣는 듯했다.

"과연 더 참아줘야 합니까?"

투쟁조직은 아직 완전히 구성되지 않았으며 아직 동지들이 전부 헬싱포르스에 도착하지 못했는데, 이때 아제프가 뜻밖에 테러에 참여하는 것을 거부했다. 우리 세 명은—아제프, 모이세엔코, 나—모여서 앞으로의 운동 계획을 논의했다. 대화 도중에 아제프가 갑자기 침묵했다.

"무슨 일입니까?"

그는 책상에서 시선을 들지 않고 입을 열었다.

"나는 지쳤소. 더 이상 일할 수 없을 것 같아서 겁이 납니다.

---

[1] 사회혁명당 지도자, 테러리스트(1884-1941).
[2] 블라디미르 표도로비치 폰 데어 라우니츠(1855-1907). 1902년에 탐보프 지역 현지사가 되었으며, 1905년 탐보프 지역 봉기를 진압하고 혁명 관련자를 탄압했다.

한번 생각해 보시오. 게르슈니 시절부터 나는 계속 테러에 참여해 왔소. 나는 쉴 권리가 있소."

그는 계속 시선을 들지 않고 말을 이었다.

"이번에는 우리 일에 아무런 결과도 얻지 못할 거라고 나는 확신하오. 또다시 마부, 담배 상인, 길거리 감시…… 전부 다 헛소리야……. 나는 결심했소. 일을 그만두겠소. 오파나스(모이세옌코)와 당신이 나 없이 처리하시오."

우리는 그의 말에 놀랐다. 그때 우리는 계획한 행동들의 성공 가능성을 의심할 이유가 없다고 생각하고 있었다. 나는 말했다.

"지쳤다면 물론 일을 그만두십시오. 하지만 아시지 않습니까—우리는 당신 없이는 일하지 않을 겁니다."

"어째서요?"

여기에 모이세옌코와 나는, 우리는 그 없이 중앙 테러의 책임을 질 능력이 없다고 느끼며 그는 중앙위원회에서 임명한 투쟁 조직의 지도자이고, 우리가 그의 제안을 받아들인다고 해도 다른 동지들이 우리의 지휘 아래 일하기로 동의할지는 아직 알 수 없다고 둘 다 단호하게 진술했다.

아제프는 생각에 잠겼다. 갑자기 그가 머리를 들었다.

"좋소, 당신들 의견대로 합시다. 하지만 내 생각에 우리 일은 아무런 성과도 못 낼 거요."

그 즉시 다음과 같은 계획이 정해졌다. 주요 인력은 페테르부르크에 집중하기로 결정했다. 두르노보 건이 우리에게는 두바소프 건보다 어려울 것으로 보였기 때문이다. 두 경우 모두 외부 감시의 방법이 채택되었다. 비밀 계획의 관점에서 고려할 때 페테르부르크의 감시 조직은 두 개의 독립적인 소집단으로 나뉘었고, 이 둘은 아제프라는 인물로만 연결되었다. 한쪽은 마부들

(트레구보프, 프블로프, 고츠)인데, 이들과 조트 사조노프가 직접 왕래하기로 되어 있었다. 다른 한쪽은 다섯 명의 혼합 집단으로, 여기에는 마부들(제독과 표트르 이바노프), 신문팔이 스미르노프, 행상 피스카료프와 고린손이 합류했다. 이 두 번째 소집단과 모든 정보를 교신하는 것은 나였다. 이와 병행하여, 나의 지휘하에 모스크바에서 두바소프 제독의 외부 감시가 조직되었다(보리스와 블라디미르 브노롭스키, 실레로프). 그 외에도 젠지노프는 추흐닌 제독 암살의 가능성을 현지에서 탐색하기 위해 세바스토폴로 떠났는데, 추흐닌 제독은 순양함 '오차코프' 호의 봉기[1]를 진압한 인물이었다. 사모일로프와 야코블레프는 세묘노프 연대의 근위 장교인 민 장군과 리만 대령 암살 작전에 배치되었다. 질베르베르그는 화학조의 지휘를 맡았는데, 여기에는 그 외에도 그의 아내인 크세니야, 베네브스카야, 레빈손, 콜로소바, 루리예, 세바스탸노바, 그리고 세묜 세묘노비치가 합류했다. 이 조는 실험실로 쓰기 위해 테리오키[2]에 별장을 빌렸다. 끝으로 모이세옌코, 칼라시니코프, 드보이니코프, 나자로프는 당분간 예비로 남아서 핀란드에 머물기로 했다.

조직이 작업에 착수하는 동안 1월이 전부 지나갔다. 아제프와 나는 헬싱포르스에서 지냈다. 아제프는 말름베르그의 아파트에서 지냈고, 나는 친분 관계가 없는 핀란드 가족의 집에 레온 로데의 여권으로 방을 빌렸다. 나는 이 방에서 지낼 일이 거의 없

---

[1] 1905년 11월 8-15일 전함 오차코프 호에서 수병들이 급료 인상과 부함장 글리잔의 사퇴를 요구하며 일으킨 봉기. 후에 요구는 정치적으로 변했고 수병들은 다른 함대의 수병들 및 노동자들과 합세하여 세바스토폴 요새 봉기에 합류했으나 결국 진압당했다. 주동자는 1906년 3월 6일 총살당했다.
[2] 페테르부르크 근교의 마을. 1939년까지 핀란드령이었으며 '테리오키'도 핀란드 이름이다. 현재 이름은 젤레노고르스크.

었는데, 계속 모스크바와 페테르부르크 사이를 오가야만 했기 때문이다. 헬싱포르스에는 단지 아제프와 교신하기 위해서만 찾아갔다.

IV

2월 초에 두바소프에 대한 감시 활동이 본격적으로 시작되었다. 실레로프와 두 브노롭스키 형제는 말과 썰매를 사서 언젠가 모이세옌코와 칼랴예프가 그랬듯 서로 경쟁했다. 세 명 모두 나의 지시를 그다지 필요로 하지 않았다. 하나같이 과묵하고, 정해진 목표를 이루는 데 하나같이 완강하고, 마부로서 일 처리를 할 때에도 현실적인 그들은 하나같이 두바소프를 주의 깊게 감시했다. 두바소프는 언젠가 세르게이 알렉산드로비치 대공이 그랬듯이 트베르스카야 거리의 총독 관저에서 지냈으나, 대공보다 외출하는 일이 드물었고 그 외출은 부정기적이었다. 감시 작업은 보통 트베르스카야 광장과 아래쪽 크렘린 궁 근처에서 이루어졌다. 곧 두바소프의 마차 외관을 파악하는 데 성공했다. 가끔 그는 용기병이 호위하는 가운데 외출했고, 가끔 드물게 사륜마차를 타고 혼자서 부관을 대동하고 외출했다. 이런 정보는 물론 충분하지 않았고, 우리는 아직 암살에 돌입하는 건 시기상조라고 판단했다.

처음에 감시 작업은 실레로프와 보리스 브노롭스키만 수행했다. 블라디미르 브노롭스키는 후일 최대강령주의의 지도자가 된 미하일 소콜로프와 자리를 바꿨다. 소콜로프는 한때 투쟁조직의 일원이었다.

어느 날 헬싱포르스에서, 우리의 비밀 아파트 중 한 곳에 키가 크고 근육질이며 단단한 체격의 젊은 사람이 나타났다. '신체적 특징'이 내 눈에 띄었다—오른쪽 뺨에 사마귀가 몇 개 있었다. 아제프가 나를 그에게 소개해 주었다. 이 사람이 곰熊이라는 별명을 가진 자—미하일 소콜로프였다.

이 첫 만남에서 소콜로프는, 자신은 사회혁명당의 노선에 전적으로 동의하지는 않으며 테러에 결정적인 의미를 둔다고, 그리고 투쟁조직은 유일하게 강력한 테러 기구이며 그 때문에 자신은 노선의 불일치에도 불구하고 우리와 함께 일하고 싶다고 말했다.

나는 소콜로프에 대해서 많이 들어본 상태였다. 나는 그가 모스크바 봉기의 지휘자 중 하나였으며 비상하게 혁명적인 난폭함과 대단한 조직력을 갖춘 인물이라고 들었다. 그가 남긴 개인적인 인상은 아주 호의적이었다. 그는 심사숙고한 후 평온하게 말했으며, 그의 말에서는 깊은 신념과 커다란 윤리적 힘이 느껴졌다. 나는 그가 가입한 것이 기뻤다.

아제프가 내게 말했고 나 역시 직접 확인한바, 소콜로프는 다른 누구보다도 조직에 정력적인 주도력을 가져올, 심지어 조직의 모든 일에 있어 지도권을 장악할 능력이 있었다. 그는 경험이 부족했다. 그런 경험을 위해 모스크바 과업이 적절할 수 있었다. 그는 마부 자격으로 감시 작업을 지휘하는 역할을 맡게 되었다.

소콜로프는 이 역할에 동의하면서 조금은 주저했다.

"모스크바에서는 사람들이 나를 압니다. 프레스냐 벽돌 공장[1] 사람들은 전부 알아요. 전에 나를 알던 밀정들을 쉽사리 다시 마주칠 수 있습니다."

나는 그에게, 그런 예상치 못한 만남도 안전하다는 것을 경험

---

[1] 모스크바의 프레스냐 벽돌 공장은 1905년 12월 봉기의 중심지였다.

으로 알 수 있다고 말했다. 밀정뿐만 아니라 가까운 동료도, 마차의 마부석에 앉아 있는 사람을 학생 혹은 문관 제복 차림으로 기억하던 모습 그대로 쉽게 알아보지는 못한다는 것이었다. 나는 보리스 브노롭스키를 예로 들었는데, 그는 모스크바 출신이었으나 그럼에도 모스크바에서 지내는 것을 위험하게 여기지 않았다. 소콜로프는 내 말을 다 듣고 나서 동의했다.

열흘 정도 지나 나는 모스크바에 도착하여 약속한 장소로 갔지만, 그를 만나지 못했다. 나는 슬레토프에게 문의했다. 슬레토프는 이때 투쟁조직의 모스크바 요원이었다. 그는 돈과 여권을 입수하고, 두바소프에 대한 정보를 모으고, 테러에 참여하겠다고 신청하는 후보자들을 확인하고, 우리에게 용건이 있는 모든 사람들과 우리 사이의 연결 고리 역할을 했다. 슬레토프를 통해서 나는 소콜니키의 어느 별장에 있는 소콜로프를 찾아냈다. 소콜로프는 불친절하게 나를 맞이했다.

"나한테 모스크바 작업을 맡기기로 한 걸 보니 우리 사정이 꽤나 안 좋은가 보군요. 여기는 나를 아는 사람이 많아요. 안전하지 못합니다."

나는 헬싱포르스에서 그에게 맡겨진 역할에 동의한 것은 그 자신이었다는 점을 그에게 상기시켰다.

소콜로프는 말했다.

"생각을 바꿨습니다. 게다가 당신들이 일하는 방식은 이미 구식이 되었어요. 지금은 게릴라식으로 활동해야지 마부석에서 반 년 동안 앉아 있을 때가 아닙니다. 당신들 조직을 나오겠다고 말씀드려야겠군요."

나는 그를 설득하려 하지 않았다. 나는 단지, 내가 보기에 그가 틀렸다고만 말했다. 중앙 테러는 언제나 길고 힘든 준비 작업

1장　두바소프와 두르노보 암살

을 필요로 하고 오직 굳게 결속된 조직만이 성공에 필요한 에너지를 발생시킬 수 있었다.

우리는 헤어졌다. 나는 후일 그가 1906년 8월 압테카르스키 섬에서 있었던 국무총리 스톨리핀의 별장 폭파, 그리고 같은 해 가을 포나르니 골목의 유혈 징발 사태[1]의 조직자였다고 들었다. 이 징발 사건 이후 얼마 안 되어, 나는 두 번째이자 마지막으로 또다시 헬싱포르스에서 그와 만났다.

그는 지쳐 보였다. 분명히, 고강도의 테러 활동은 그에게 쉬운 일이 아니었다. 그의 말에서는 슬픈 기색이 비쳤다.

"당신이 옳았습니다. 게릴라 활동만으로는 할 수 있는 일이 적어요. 강한 조직이 필요하고, 무엇보다도 대규모의 힘든 노동이 필요해요. 나는 그 점을 확신했습니다. 아, 우리에게 당신들 같은 기강이 있었다면……."

나는 그에게, 대신 우리에게는 최대강령주의의 주도력과 결단력이 없다고 대답하고 싶었으나, 이렇게만 말했다.

"보십시오, 우리는 지금 개인 대 개인으로 얘기하는 겁니다……. 우리가 같이 일하지 못할 이유가 뭡니까? 내 개인적인 관점에서는, 공동 작업의 장애물은 보이지 않습니다. 당신이 최대강령주의자이든 무정부주의자이든 사회혁명가이든 내겐 아무래도 똑같습니다. 우리는 모두 테러리스트입니다. 테러를 위해서는 투쟁조직을 당신들과 합치는 편이 좋습니다. 반대 의견이 있으십니까?"

그는 생각에 잠겼다.

"아니요, 물론 나는, 개인으로서의 나는 반대할 이유가 없습니

---

[1] 1906년 10월 14일, 테러 조직에서 자금을 조달하기 위해 페테르부르크의 포나르니 골목에서 40만 루블을 강탈한 사건.

다. 테러를 위해서는 그렇게 합치는 쪽이 편하고 유용하리라는 데 의심의 여지가 없습니다. 하지만 동지들, 당신 쪽과 우리 쪽이 그걸 원할까요?"

나는 그에게, 나의 동지들이라면 내가 보장한다고, 그리고 물론 일정하게 공식적인 협의를 맺어야 하겠지만 노선의 불일치는 우리를 혼란시킬 수 없으며, 우리는 테러리스트로서 공장과 작업장의 사회화 문제 따위로 갈라설 수는 없다고 대답했다.

소콜로프는 손을 흔들었다.

"내 동지들은 절대로 동의하지 않을 겁니다……. 아니, 이미 저지른 일은 돌이킬 수 없습니다. 우리가 같이 일하면 테러는 더 강해지겠지만, 지금으로서는 불가능합니다. 당신들은 우리에게 전쟁을 선포했습니다."

"우리가 아니라 사회혁명당입니다."

"다 똑같습니다. 당신들도 당의 일부입니다."

나는 재차 그를 설득하려 하지 않았고, 우리는 다시 헤어졌다. 한 달 후 그는 페테르부르크의 거리에서 체포되었다. 그는 야전군법회의 재판에서 사형을 선고받았다. 1906년 12월 2일, 그는 교수형당했다.

실레로프와 두 브노롭스키 형제는 감시 작업을 계속했다. 그들은 두바소프의 얼굴을 잘 익혀두었고 마차의 모든 특징을 눈여겨보았으나, 외출을 얼마나 정기적으로 하는지는 확인하지 못했다. 2월 말이 되어서 두바소프는 페테르부르크로 떠났고, 우리는 그가 돌아오는 길에 모스크바에서 암살을 시도하기로 결정했다. 후일 두바소프는 여러 번이나 이런 기차 여행을 했고, 3월에 우리는 기차역에서 총독 관저로 가는 길거리에서 몇 번의 시도를 했지만 실패했다. 폭발물 준비를 위한 화학자 역할은 세몬 세묘노비치와 후일 라셸 루리예가 맡았다. 화학자들 때문에 나와 아제프가 날카롭게 충돌하는 일이 있었다.

헬싱포르스에 도착하여 나는 아제프에게 내 생각을 전했다. 나는 두바소프를 대상으로는 우연한 기회를 포착하는 암살 시도만이 가능하며, 두바소프의 페테르부르크 여행이 그런 기회가 될 수 있으리라 생각했다. 이 때문에 두바소프의 귀환에 언제나 대비하고 있어야 한다고 말했다.

아제프는 말했다.

"테리오키로 떠나시오. 그곳에서 발렌티나(콜로소바-포포바)를 만나시오. 그녀에게 함께 모스크바에 가자고 권하시오. 그녀가 폭탄을 준비할 거요."

그날 저녁 나는 테리오키로 떠났다. 화학 실험실은 해안의 별장에 있었다. 별장의 주인 역할은 질베르베르그, 하녀는 알렉산드라 세바스탸노바였다. 실험실은 경찰에게도 이웃들에게도 아무런 의심을 불러일으키지 않았다. 라셸 루리예, 콜로소바, 베네브스카야는 폭발물 준비하는 법을 배우고 있었다. 모든 방에 완성된 혹은 미완성 상태의 양철 피막, 뇌관 부품, 다이너마이트, 뇌산수은이 놓여 있었다. 이전에, 즉 실험실이 설비되기 전에 질베르베르그는 도와주는 사람도 없이 혼자 비보르그에 있는 '적극적 저항'당 당원인 판사 푸루틸름의 아파트에서 폭탄을 몇 개 준비했었다.

테리오키에서 나는 우선 발렌티나 포포바를 만났다. 그녀는 병을 앓고 있었다. 이를 확인하고 나는 아제프가 특별히 그녀를 모스크바 작업에 지명했다는 사실에 놀랐다. 루리예나 베네브스카야가 쉽게 그녀를 대신할 수 있었다. 그들도 결코 덜하지 않은 기술적 지식을 가지고 있었기 때문이다.

나는 헬싱포르스의 아제프에게 돌아갔고, 우리는 다음과 같은 대화를 했다.

나는 아제프에게, 포포바는 아프고 그녀의 병든 상태는 작업에 부정적인 영향을 끼칠 수밖에 없다고—임신한 여성이 폭발물을 준비한다는 어렵고 위험한 작업에 임하면서 완전하게 자기 자신을 책임질 수 없다고 말했다. 나는 또한 산모뿐만 아니라 아이의 생명도 위험에 처하게 하는 일은 용납할 수 없다고 말했다. 이 때문에 나는 모스크바에서 포포바가 아니라 베네브스카야나 루리예를 휘하에 두기를 원했다.

아제프는 냉담하게 말했다.

"무슨 헛소리요……. 발렌티나가 건강하건 아프건 우리 알 바가 아니오. 일단 그녀가 책임을 지기로 했으면 우리는 믿어야 해요."

나는 포포바 한 명의 의지만으로는 불충분하다고 반박했다. 우리는 지도자로서 전체 계획의 모든 세부 사항을 책임지며, 우리에게는 조직원의 각오뿐만이 아니라 과업의 직접적인 이해관계도 합치시킬 의무가 있었다.

아제프는 대답했다.

"글쎄, 나는 발렌티나를 알고 있소. 그녀가 폭발물을 준비할 것이고, 더 이상 얘기할 게 없소."

나는 이 대답에 만족할 수 없었다. 나는, 나 또한 포포바의 지식이나 과업에의 충성심, 그리고 헌신을 전혀 의심하지 않지만, 나와 같은 조직 안에서 나의 인식과 승인하에 임신한 여성을 중대한 위험에 처하게 하는 데는 동의할 수 없다고 말했다. 결론적으로, 포포바가 폭발물 준비를 맡게 된다면 나는 모스크바에 가지 않겠다고 진술했다.

아제프는 말했다.

"그건 감상이오. 모스크바로 가시오. 지금은 바꾸기엔 늦었소."

나는 내 의견을 고수하며, 내 조건을 받아들이지 않는다면 모스크바에 가지 않을 뿐 아니라 조직을 완전히 떠나겠다고 단호하게 진술했다.

그러자 아제프는 양보했고, 포포바 대신 라셀 루리예가 모스크바에 가기로 결정되었다.

모스크바에서 나는, 이전에 세르게이 대공 건에서 그랬듯 조직과는 관련이 없는 외부 사람들에게서 나오는 정보를 이용하려 했다. 실레로프가 자신과 친분이 있는 X 부인에게 나를 소개해 주었다. X 부인은 엘리자베타 대공비의 궁궐과 직접 왕래가 있었다. 그 궁궐에서 그녀는 경찰 정보를 통해 두바소프가 페테르부르크에서 돌아오는 날짜와 시간을 알아냈다.

이 정보는 부정확한 것으로 판명되었다. 나는 X 부인이 의식적으로 잘못된 정보를 흘렸는지, 아니면 이 정보를 알려준 경찰 관원 자신이 두바소프의 정확한 의도를 몰랐던 것인지 알지 못한다. 어느 쪽이 되었든, 나는 투쟁조직에서 확인하지 않은 모든 정보를 얼마나 조심스럽게 대해야 하는지 다시 한번 깨달았다.

V

두바소프에 대한 첫 암살 기도는 3월 2일과 3일에 있었다. 여기에 보리스 브노롭스키와 실레로프가 참여했는데, 전자는 평민 차림이었고 후자는 고삐를 쥐고 마부 역할을 하고 있었다. 두바소프는 페테르부르크로 떠났고, 그들은 둘 다 두바소프가 모스크바로 돌아오는 길을 노려 니콜라옙스키 역에서 총독 관저로 가는 도중 급행과 특급 열차가 도착하기를 기다리고 있었다.

브노롭스키는 돔니코프스카야 거리를, 실레로프는 칼란초프스카야를 맡았다. 양쪽 모두 두바소프를 마주치지 못했다. 두 번째의 연속 암살 기도는 3월 말로 이어진다. 이때에는 블라디미르 브노롭스키도 참여했다. 24일, 25일, 26일에 투척자들은 다시 한번 페테르부르크에서 돌아오는 두바소프를 기다렸고, 다시 한번 그의 귀환까지 맞추어 기다리지 못했다. 또다시 울란스키 골목과 돔니코프스카야, 먀스니츠카야, 칼란초프스카야, 볼샤야 스파스카야 거리가 폐쇄되어 있었다. 보리스 브노롭스키는 오래전에 말과 썰매를 팔고 모스크바에서 수미[1] 용기병 연대의 장교 차림으로 지내고 있었다. 그에게는 여권이 없었고 종종 밤에 묵을 숙소도 구할 수 없었다. 조심하기 위해서 그는 개인이 빌려주는 방에서 묵는 것을 피하고 밤의 일부는 거리에서, 일부는 음식점과 대공원[2]에서 보냈다.

나는 아직까지도 이 당시 실레로프와 특히 보리스 브노롭스키가 보여준 인내력과 헌신을 회상하면 놀라지 않을 수 없다. 보리스 브노롭스키에게 가장 어렵고 책임감 있는 역할이 맡겨져 있었다. 그는 가장 위험한 위치를 맡았는데, 모든 확실한 정보에 의하면 그곳이 바로 두바소프가 지나갈 자리였다. 브노롭스키로서는 돌이킬 수 없이 바로 그가 총독을 죽이게 될 것이라 결정이 내려져 있었고, 두바소프의 죽음은 피할 도리 없이 곧 그의 죽음도 된다는 사실을 물론 그가 의심할 리 없었다. 24일, 25일, 26일에 매일 아침 그는 내게 작별 인사를 했다. 그는 무거운 6푼

---

[1] 현재 우크라이나 북부 지역 이름.
[2] 원문에는 '놀이공원'이라고 되어 있으나 탈것이 아닌 조형물과 조경 중심의 대형 공원을 말한다.

트짜리[1] 폭탄을 종이에 싸서 사탕 상자 아래 숨겨 들고, 특유의 가벼운 걸음걸이로 정해진 위치—보통은 돈니코프스카야 거리까지 걸어갔다. 두 시간쯤 후에 그는 갈 때처럼 똑같이 평온하게 되돌아왔다. 나는 슈베이체르의 냉철함을 보았고, 질베르베르그의 집중된 결단력을 알고 있었고, 나자로프의 차가운 대담성을 확신하고 있었으나, 보리스 브노롭스키가 보여준 완벽한 격정의 부재, 예외적인 단순성은 이런 본보기를 이미 본 후에도 나를 놀라게 했다. 어느 날 나는 물었다.

"이보십시오, 동지, 지치지 않았습니까?"

그는 놀란 듯이 나를 보았다.

"아니요, 안 지쳤습니다."

"하지만 밤에 거의 잠을 못 자지 않습니까."

"아니, 잡니다."

"대체 어디서요?"

"어젯밤은 에르미타주[2]에서 묵었습니다."

그는 입을 다물었다.

"그런데 지금은 길이 미끄러워서." 그는 생각에 잠겨 말을 이었다. "저는 덧신이 없습니다. 한눈을 팔다간 넘어져요."

"안 넘어집니다."

그는 미소 지었다.

"저도 그렇게 생각합니다. 그래도 겁이 나죠—넘어지지 않을까 하고요."

그는 대단히 평온하게 말했다. 나는 그가 두 시간 동안 미끄러

1 2.46kg
2 여기서는 모스크바의 유명 레스토랑을 말한다. 원래 에르미타주는 상트페테르부르크에 있는 황제의 겨울 궁전이며 현재는 박물관이다.

운 보도에서 왔다 갔다 하며 두바소프를 기다리는 모습을 상상하고 다시 그에게 물었다.

"원하신다면 다른 자리로 바꿀 수도 있지 않습니까?"

그는 다시 미소 지었다.

"아니, 괜찮습니다. 다만 팔이 좀 아파요. 계속 무거운 걸 들고 다니니까."

우리는 다시 침묵했다.

내가 말했다.

"그러면 말입니다, 만약 두바소프가 아내와 함께 나타난다면요?"

"그러면 폭탄을 던지지 않을 겁니다."

"그러면, 앞으로도 여러 번 그를 기다려야 할 텐데요?"

"아무래도 좋습니다. 안 던집니다."

나는 반박하지 않았다. 그의 말에 동의했다.

남은 하루를 우리는 보통 함께 보냈다. 그는 자신의 과거 인생에 대해서 별로 이야기하지 않았고, 말한다 해도 자기 부모와 가족에 대해서만 이야기했다. 나는 그가 자기 어머니와 아버지에 대해서 말할 때의 서두르지 않는 평온한 어조에서 비쳐 나오는 그런 사랑, 그런 아들로서의 효심을 드물게밖에 본 적이 없었다. 자기 동생 블라디미르에 대해 말할 때도 그는 똑같은 사랑을 담아 이야기했다.

테러에 참여해 보지 않은 사람은 여러 번의 실패한 시도 뒤에 우리를 사로잡은 불안과 긴장을 상상하기 어려울 것이다. 그만큼 보리스 브노롭스키의 변함없는 평온함과 결단력은 더 의미가 있었다.

라셀 루리예는 여러 면에서 도라 브릴리안트를 연상시켰다.

그녀는 '귀족 장원' 호텔에서 지내면서 도라가 그랬듯 자기 방에서 일했다. 그녀는 적극적으로 테러에 참여할 기회를 너무 오랫동안 기다렸고, 비밀 아파트에서의 기약 없는 기다림에 너무 지쳐 있었기에 이제는 거의 행복해하고 있었다. 내가 '거의'라고 하는 이유는 그녀에게서도 도라 브릴리안트를 특징지었던 그러한 여성스러운 특질이 드러나 보였기 때문이다. 그녀는 테러를 믿었으며 그것에 참여하는 일을 영광이자 의무로 여겼으나, 피를 보면 도라 못지않게 당황했다. 그녀는 자기 내면의 삶에 관해 이야기하는 일이 드물었으나, 말하지 않아도 그녀의 정신적 경험의 깊고 비극적인 모순을 볼 수 있었다. 3월 29일, 그녀는 암살에 직접 참여하여 보리스 브노롭스키를 따라 니콜라옙스키 역까지 동행했다. 그날 두바소프는 모스크바에서 페테르부르크로 떠나기로 되어 있었다. 그러나 이번에도 두바소프는 암살을 피했다.

3월 말일에 나는 아제프를 만나기 위해 헬싱포르스에 들렀다. 나는 모스크바에서의 과업 진척 상황에 관해 그의 조언을 얻고 싶었다.

나는 그에게, 우리의 감시 작업에서 얻은 정보에 의하면 두바소프는 정해진 외출 일정이 없으며, 역에서 돌아오는 길에 그를 마주치려는 우리의 반복된 시도는 실패로 끝났고, 모스크바 조직의 조직원 전원이 그래도 성공을 믿으며 암살을 빨리 추진하기 위해 모든, 심지어 가장 위험한 조치도 취할 준비가 되어 있고, 마지막으로 중앙위원회에서 정해준 기한, 즉 국가두마 소집일까지 완료하라는 일정은 끝이 가까워지고 있다고 되풀이했다. 그러므로 나는, 두바소프가 피할 도리 없이 집 밖으로 나가야만 하는 날, 즉 크렘린 궁에서 장엄미사가 열리는 성토요일에 두바소프 살해를 기도하자고 아제프에게 제안했다. 나는 우리가 크렘린 궁의 세 성문, 즉 니콜스키, 트로이츠키, 보로비츠키 성문을 점거할 기회가 있다고 말하고, 그에게 그런 계획에 동의하느냐고 물었다. 아제프는 나의 결정을 승인했다.

나는 모스크바에 돌아와 모든 조직원들에게서도 이 계획의 승인을 얻었다. 우리는 암살을 준비하기 시작했다. 보리스 브노롭스키는 장교 제복을 벗고 가짜 여권으로 트베르스카야 거리의 '나치오날' 호텔에 방을 잡았다. 수요일 낮에 나는 그와 트베르스코이 대로의 '국제 레스토랑'에서 만났다. 우리의 대화를 엿듣는 두 명의 젊은 사람들이 우리의 주의를 끌었다. 우리가 거리로 나오자, 그들도 우리를 따라 나왔다.

목요일에 실레로프가 감시 중의 수상한 상황에 대해 보고했다. 나도 내가 묵는 호텔에서 밀정들을 눈치챘다.

우리는 모두 아직 희망을 잃지 않았다. 우리는 이 감시가 어떤 성격을 띠는지 몰랐고, 감시의 이유도 분명하지 않았기 때문에 그것이 우연한 사건이라고 생각했다. 성금요일 저녁에 우리는 '콘티넨탈' 레스토랑에서 회의를 했다. 이 회의에는 라셀 루리예와 보리스 브노롭스키가 참여했다. 실레로프, 블라디미르 브노롭스키, 세묜 세묘노비치는 다음 날인 토요일 아침에 나와 만나기로 되어 있었다.

성 주간을 맞이하여 레스토랑은 거의 비어 있었다. 우리는 곧 홀이 들어차기 시작하는 것을 눈치챘다. 한 사람씩 나이 들거나 젊은, 고상하게 차려입은 사람들이 들어와서 우리가 보이는 자리에 앉았다. 우리는 거리로 나왔다. 내가 처음 나왔다. 내 뒤로 라셀 루리예와 브노롭스키가 나오는 것을 보았다. 그들은 마차를 잡아탔다. 내가 보고 있는 와중에 마차 정거장에서 마차 두

대가 더 나왔고, 거기에 세 명의 밀정이 탔다. 나는 브노롭스키와 루리예를 태운 마차가 속도를 내 멀어지는 것과, 그들 뒤로 밀정들이 따라가는 것을 오랫동안 지켜보았다. 나를 그날 밤 체포하러 오리라는 확신 속에 호텔 방으로 돌아가 잠이 들었다.

루리예와 브노롭스키는 밤새도록 쫓겨 다녔다. 아침 무렵에 그들은 몸을 숨기는 데 성공했다. 브노롭스키의 조언에 따라 루리예는 호텔 방으로 돌아가지 않았다. '귀족 장원'에 그녀의 다이너마이트가 남아 있었다.

호텔 종업원은 루리예가 돌아오는 것을 기다리지 않고 다이너마이트를 그녀의 다른 소지품과 함께 지하실로 내갔다. 지하실에서 이 다이너마이트는 몇 달이나 지난 후에 난로 가까이에 방치되어 있다가 폭발했다. 다행히도 이 폭발은 아무에게도 해를 입히지 않았고, 지하실 벽을 망가뜨렸을 뿐이었다.

토요일, 나는 '시우' 과자 가게에서 실레로프와 세묜 세묘노비치를 만났다. 나는 다시 앞장서서 가게를 나와 이 두 명 뒤로 밀정들이 감시하는 것을 보았다. 전 조직이 분쇄되기 직전이라는 데 의심의 여지가 없었다.

그때 내 앞에는 이미 두바소프의 암살이 아니라 조직의 보전이라는 문제가 당면해 있었다. 5시에는 '알프스의 장미' 식당에서 보리스 브노롭스키와의 접선이 예정되어 있었다. 나는 그에게 조언을 구하고 싶었다. 블라디미르 브노롭스키에게는 더 일찍 경고를 해줄 수 있었다. 그는 마부로 위장해 있었고, 오후 1시에 돌고루코프스키 골목에서 나를 기다리기로 되어 있었다.

나는 주위를 둘러보았다. 내 뒤와 앞뿐만 아니라 양옆과 쿠즈네츠키 다리 건너편에서도 밀정들이 빠른 걸음으로 배회하고 있었다. 그들은 여러 명이었고, 그 노골적인 거동으로 보아 나를 체포하라는 명령이 내려져 있음을 알았다.

12시였다. 즉시 체포되지 않는다면 나는 블라디미르 브노롭스키의 마차에 숨을 수 있으리라고 희망했다. 그리고 그렇게 진행되었다. 1시에 나는 돌고루코프스키 골목에서 멀리 눈에 익은 점박이 흰 말과 키가 작고 다부진 체격에 선한 얼굴을 지닌 마부를 보았다. 나는 브노롭스키의 마차에 뛰어올라 뒤를 돌아보았다. 밀정들이 골목 곳곳으로 흩어지는 모습이 보였다. 가까운 곳에는 빈 가두 마차가 단 한 대도 없었다.

나는 블라디미르 브노롭스키에게 마차와 말을 팔고 헬싱포르스로 떠나라고 말했다. 그리고 우리가 감시당하고 있다고 설명했다. 그는 자신이 감시당하고 있음을 알아차리지 못했다고 대답했다.

'알프스의 장미' 식당에서 보리스 브노롭스키가 나를 기다리고 있었다. 잠 못 이루는 밤과 야간의 추격을 겪은 후에도 그는 언제나 그렇듯이 평온했다. 나는 그의 얼굴에서 그 어떤 불안이나 동요의 흔적도 발견하지 못했다. 그는 말없이 내 말을 다 듣고, 과업을 계속하는 것은 불가능하며 조직을 구하기 위해서 모든 조직원들은 그 즉시 핀란드로 떠나야만 한다는 내 의견에 역시 말없이 동의했다. 이 문제가 결정되고 나자 그는 갑자기 내게 물었다.

"그럼 카탸(라셸 루리예)의 다이너마이트는요?"

"무슨 다이너마이트요?"

"'귀족 장원'에 남은 다이너마이트 말입니다."

"그게 어째서요?"

"제가 가서 도로 가져오겠습니다."

나는 놀라서 그를 쳐다보았다.

1장 두바소프와 두르노보 암살

"분명히 체포당할 겁니다."

그는 미소 지었다.

"분명히라니 어째서요? 시도하는 건 죄가 아니에요······."

나는 그가 그런 시도를 하지 않도록 설득하는 데 성공했다. 그날 나는 실레로프와 세묜 세묘노비치에게 우리의 결정을 알렸다. 보리스 브노롭스키는 루리예에게 알렸다.

며칠 후 우리는 모두 헬싱포르스에 모였다.

VI

나는 아제프에게 모스크바에서 있었던 일을 이야기하고, 일시적으로 작업을 청산하기로 우리가 결정한 이유를 설명했다. 아제프는 내 말을 불신하는 태도였다.

"감시당했단 말이지요······. 감시당하는 것처럼 보였을 뿐이오. 정말로 감시당했다면 분명히 체포되었을 거요. 너무 서둘러서 모스크바를 떠났소."

『새 시대』에 짧은 기사가 났는데, 이 기사는 '악한의 도당'이 두바소프 제독의 암살을 기획했으나 이 기도는 경찰에 의해 제때에 발견되었으며, 도당의 일원들은 몸을 숨겼다고 알리고 있었다. 나는 이 기사를 아제프에게 보여주었다.

담배를 뻑뻑 피우며, 그리고 언제나처럼 느릿하게 말을 끌면서 그는 대답했다.

"뭐 그렇다면, 사실인가 보군요. 며칠 기다렸다가 모스크바로 돌아가시오. 거사를 끝내야 하니까요."

여기에 대하여, 내 생각에 나를 모스크바로 돌려보내는 것은 모스크바 조직을 괜한 위험에 노출시킨다는 뜻이며, 나를 다른 사람과 바꾸어줄 수 있다면 그렇게 해야 할 것이고, 특히 두르노보 암살을 위해서는 페테르부르크에도 오갔어야 했는데 계속 모스크바에만 있었기 때문에 필요한 만큼 자주 가지 못했으며, 아제프 자신은 그동안 쭉 모스크바에 한 번도 가지 않았고 그곳에서는 사람들이 그를 모르며, 그러므로 그가 간다면 더 목적에 부합할 것이라고 대답했다.

아제프는 말했다.

"아니요, 당신이 가시오. 동지들은 당신에게 익숙해져 있고, 당신도 그들을 아니까. 나보다 당신이 더 쓸모가 있을 거요."

나는 이 대답에 대하여, 내가 생각하기에는 그런 위험을 무릅쓰는 것은 현명하지 못하며 이미 모스크바에서 일하고 있는 동지들 중에서 가능한 사람을 골라 나와 바꾸는 쪽을 제안하겠다고 말했다. 만약 브노롭스키 형제와 실레로프가 총독의 얼굴을 아는 유일한 사람들이므로 반드시 모스크바로 돌아가야만 한다면 라셸 루리예를 그들과 함께 보내야 할 필요는 없으며, 그녀 대신 베네브스카야가 일할 수 있기 때문이었다. 세묜 세묘노비치는 헬싱포르스에 오지 않고 모스크바 근교 어딘가에 숨어 있었다. 나는 그를 대신할 사람을 구하는 것 역시 제안했다.

아제프는 주의 깊게 다 들었다. 그리고 말했다.

"좋소. 내가 모스크바에 가겠소."

실레로프와 베네브스카야가 자모스크보레치예의 어딘가, 우리가 거의 모습을 드러내지 않았던 지역에 아파트를 빌리기로 결정되었다. 방 하나는 블라디미르 브노롭스키를 세입자 삼아 그에게 빌려주기로 했다. 보리스 브노롭스키는 일반 시민의 여권으로 또한 자모스크보레치예에 거처를 잡기로 했다. 아제프는 모든 준비가 끝난 후에 도착하기로 했다.

4월 초반부에 위에 말한 동지들은 모두 아제프만 제외하고 모스크바로 떠났다. 질베르베르그는 베네브스카야에게 폭탄을 제조하는 법에 관해 마지막 지시 사항을 전달했고, 아제프의 제안에 따라 보리스 브노롭스키에게 완성된 폭발물 한 개를 맡겼다. 두바소프는 이 당시에 페테르부르크에 있었다. 하루하루 그가 모스크바에 돌아갈 날이 다가오고 있었다. 브노롭스키는 그를 특급 열차에서 마주칠 수도 있었다. 나는 이 계획이 너무 위험하다고 생각해서 반대했다. 아주 조금만 부주의하게 행동해도 폭발물은 객차 안에서 폭발하여 관련 없는 사람들을 죽일 수 있었다. 아제프는 자기 의견을 고집했다. 브노롭스키의 폭탄은, 기차에서 두바소프를 마주치지 못한다면 베네브스카야가 모스크바에서 해체하기로 했다.

실레로프는 일반 시민 예브그라프 루브콥스키라는 이름으로 4월 10일에 피아트니츠카야 구역의 프지 강변에 있는 성 니콜라이 교회 건물의 방 세 개짜리 아파트를 빌렸는데, 4월 15일 실레로프가 집에 없을 때 베네브스카야가 브노롭스키가 가져다준 폭탄을 해체하다가 뇌관을 부수었다. 뇌관은 그녀의 손에서 폭발했다. 그녀는 왼손 손목 전체와 오른손의 손가락 몇 개를 잃었다. 피투성이가 된 그녀는, 실레로프가 돌아온 후 집을 나가 의식을 잃지 않고 병원까지 갈 정도의 기운을 냈다. 실레로프는 아파트로 다시 돌아가지 않고 폭발에 관한 소식을 전하러 핀란드로 왔다.

실레로프는 일을 하면서 여러 번 귀감이 될 만한 용기와 재치를 보여주었다. 그의 감시 작업은 언제나 가치 있고 확실한 결과를 가져왔다. 3월의 실패한 암살 기도에 참여하여 그는 자신의 완전한 헌신을 의심 없이 보여주었다. 그러나 그가 아파트를 비운 상태에서 두바소프의 사진이 거기 남겨져 있었다는 점은 분명히 불운이었다. 이 사진은 베네브스카야와 총독 암살의 관계를 입증하는 증거가 되어버렸고, 재판에서 그녀의 역할 비중을 현저하게 늘렸다. 그러나 나는 실레로프가 몹시 당황했다거나 용기가 부족했다고 나무라는 것은 공정하지 못하다고 생각한다. 만전을 기하기 위해서 그는 아파트에 돌아가지 않아야만 했다. 사실 아파트는 며칠간 열려 있었지만, 그럴 것이라고 미루어 짐작할 수는 없었던 것이다. 실레로프는 비밀 계획의 모든 규정대로 행동했으나, 그렇게 행동하면서 자신이 아파트로 돌아갈 위험을 감수할 수도, 그럴 권리도 없었다는 사실을 대단히 괴로워했다. 그의 얼굴은 알아볼 수 없을 정도로 변해 있었고, 당장 폭탄을 손에 들고 두바소프를 암살하는 데 참여하겠다고 고집스럽게 요구했다.

공식적인 보고(세습 귀족 마리야 아르카디예브나 베네브스카야에 대한 공소장)는 1906년 4월 15일 루브콥스키의 아파트에서 일어났던 폭발을 이렇게 묘사한다.

4월 21일 초저녁 무렵, 건물 관리인 이모힌은 방을 보고자 하는 어떤 세입자를 루브콥스키의 방으로 안내하면서 이 방이 문이 잠기지 않은 채 비어 있는 것을 발견했으며, 현관에서 피에 젖은 수건을 보았다. 이에 대해 즉시 경찰에 신고가 접수되었고, 경찰은 조사 도중에 현관과 부엌 그리고 거주인들이 사용하는 방 두 개에 유혈이 낭자하다는 사실을 밝혀냈다. 특히 눈에 띈 것은 모서리 쪽에 있는 창문 하나짜리, 분명 여성의 침실로 쓰인 듯한 방이었다. 이 방과 그 내부의 가구에는 파괴의 흔적이 있었다. 즉 창문 가까이에 있던 나무 책상의 다리에는 최근에 생긴 듯한 움푹 들어간 홈이 여러 개 있었고, 책상 앞의 빈Wien식 의자[1]는 좌석 부분이 없었으며 또한 움푹 들어가거나 긁힌 흔적들이 있었고, 의자 밑 장식에는 쇳조각들이 솟아나와 있었으며 좌석의 파편과 의자 자체 또한 피로 온통 더럽혀져 있었고, 등받이 아래쪽의 의자와 연결되는 부분에는 근육 조각이 남아 있었다. 책상에서 한 걸음쯤 떨어진 곳의 바닥은 리놀륨을 씌운 곳을 관통하여 흠집이 나 있었고, 드러난 마룻바닥에는 꽂혀 있는 쇳조각과 뼈의 파편이 보였다. 꿰뚫린 구멍 근처에 피 웅덩이가 있었고, 그곳에서 현관 문 쪽으로, 그리고 벽난로 쪽으로 갈라지지만 이 또한 현관문 쪽을 향하여, 갈지자로 피가 튄 흔적이 빈틈없이 이어졌다. 벽난로의 타일을 따라 바닥으로부터 1아르쉰 높이에서 아래쪽을 향해 일직선상의 혈흔이 몇 줄 이어져서 바닥에 웅덩이를 만들었다. 침실 쪽 문의 빗장과 손잡이는 다량의 피로 더러워져 있었고 빗장과 손잡이로부터 문짝을 따라 아래로 핏줄기가 이어졌다. 이에 혈흔은 현관 바닥을 따라 부엌의 수도가 딸린 개수대까지, 그리고 이곳에서부터 그릇이 놓인 찬장이 달린 벽까지 이어졌다. 현관과 각 방에는 피에 젖은 수건 석 장이 뒹굴고 있었다. 침실 전체에는 핏덩어리와 근육, 힘줄, 뼛조각들이 방사형으로 흩뿌려져 있었고, 바닥, 천장, 벽, 특히 창가 구석에 달라붙어 있었다. 이 방의 여러 장소에서 발견된 증거물은 다음과 같다. 여성의 왼손 검지는 조사에 참석한 의사의 의견에 따르면 4월 21일 기준으로 며칠 전에 절단된 것으로 보이며, 손톱 조각과 그 내부에 피부와 힘줄 일부가 붙어 있는 과자 상자, 그리고 그리 크지 않은

---

1 등받이가 둥글고 앉는 곳 밑에 둥글게 장식을 덧댄 의자.

뼈의 파편과 쇳조각이 있었다.

침실 옆방에는 분명 남성이 기거했던 것으로 보이는데, 침실에서 이어지는 문으로부터 큰 책상이 놓여 있는 반대쪽 벽까지 핏자국이 이어졌다. 또한 피로 덮인 것은 책상 부근의 의자와 다른 탁자에 놓인 전등의 갓이었다. 문 근처의 천장을 향해 굳은 피와 근육 조각이 달라붙어 있었고, 바닥에서 손톱이 달린 손가락 조각이 수거되었다.

루브콥스키 아파트의 거주용 방에서 실제로 무슨 일이 일어났는지 해명하는 데 도움이 될 다음과 같은 품목들이 발견되었다. 약 5푼트[2] 무게의 뇌홍 젤라틴 폭발물 2뭉치가 든 꾸러미, 황산을 채운 구슬이 든 유리관 4개와 유리관에 끈으로 묶인 납추, 내부에 뇌산수은 캡슐이 든 원통형 양철통 2개, 이 양철통의 뚜껑 2개, 상기 언급한 양철통과 비슷한, 뚜껑이 닫히고 파라핀으로 봉해진 양철통 1개(이후에 밝혀진바 이 양철통은 탄약으로 채워진 기폭제로 쓰임), 양철 원통 뚜껑과 손상된 쇳조각, 염소산칼륨과 설탕의 혼합물이 든 상자, 가느다란 철사 2뭉치, 납 10조각, 청동 절구, 약제용 추와 그램(g) 단위 분동, 암호 기록과 계산이 적힌 수첩, 과자 상자 3개, 두루마리 색종이, 색깔 있는 포장용 끈 2뭉치, 실크 리본 다발, 해군 중장 두바소프의 사진과 4월 10일부터 14일까지 포함하는 모스크바와 페테르부르크 신문 몇 부(4월 14일 자로는 페테르부르크 신문 『말들』이 있는데, 이는 4월 15일 이전에는 모스크바에서 구입할 수 없었다).

외부에서 초청된 전문가인 육군 중령 콜론타예프와 9등 문

2　약 2.05kg.

관[1] 티슬렌코가 진술한 의견에 따르면, 루브콥스키의 아파트에서는 기폭제를 장전하던 중에 상기 작업에 임했던 인물의 서투른 혹은 부주의한 움직임에 의해 폭발이 일어났다. 이 폭발로 인해 작업하던 인물은 상해를 입었는데, 이는 조사 중에 발견된 혈흔과 절단된 손가락으로 알 수 있다. 발견된 증거품과 폭발물은 모두 총독의 마차에 던져졌던 것과 유사한 격발 파열용 폭탄을 제조하기 위해 준비된 것이다.

성 니콜라이 교회가 위치한 그 건물에서 루브콥스키의 이름으로 거주하던 인물을 수배하는 과정에서 이들이 제시한 여권은 위조임이 밝혀졌다. 모든 조치가 취해졌음에도 불구하고 아파트를 빌린 남성의 신원은 정확히 밝혀지지 않았으며, 이 남성은 발견되지 않았다. 이 남성이 자신의 아내라고 밝혔던 여성은 검거되었다.

심문과 사전 조사에 따라 확인된 정보에 의하면 4월 15일 저녁, 피아트니츠카야 거리의 슐만 개인 의원에 피투성이가 된 여성이 찾아왔는데, 이 여성은 왼손 엄지를 제외한 모든 손가락이 절단되었고 엄지는 조그만 피부 조각에 매달려 있었으며, 오른손의 손가락 몇 개가 상해를 입었다. 응급 처치를 받은 후 이 여성은 슐만 의원에서 시내 제1병원으로 이송되었으며, 이곳에서 이 여성은 자신이 시민 폴타바 세스타코바라고 밝히고 이에 적합한 여권을 제시하였으나, 이는 후에 위조로 밝혀졌다. 병원에서 검증된바 세스타코바의 왼손의 경우 손가락뼈와 손바닥뼈의 일부는 완전히 절단, 나머지는 잘게 분쇄된 형태로 파열된 근육 조직에 박혀 있었다. 오른손 손바

---

[1] 혁명 전 군인이 아닌 공무원의 지위를 표시하기 위해 주던 계급으로, 1등급부터 14등급까지 있었다.

닥에는 타박상과 열상을 입은 상처 자국에 검게 괴사한 피부 조직이 보였으며 엄지와 중지의 뼈가 완전히 드러나 있었다. 상처가 이마에 한 군데, 가슴에 몇 군데 나 있었고, 이 외에도 얼굴과 가슴, 그리고 배에 작은 점이 여러 개 모인 형태의 어두운 색 상처가 있었다. 세스타코바는 상해의 원인에 대해 등유난로의 폭발로 인한 것이라고 설명했다. 병원에서는 세스타코바에게 수술을 시행했으며 이후 며칠간 그녀는 병동에 입원해 있었다. 4월 21일, 아직 검거되지 않은 어떤 남성과 여성이 세스타코바를 시내 제1병원에서 바흐루신스카야 시립병원으로 이송했는데, 세스타코바는 이곳에서 이미 이름을 바꾸어 자신이 서민 계층인 야코블레바 아주머니라고 말했으며 몇 주 전에 가솔린 곤로 폭발 사고를 당했다고 설명했다. 조사에 의하면, 환자가 바흐루신스카야 병원에 제시한 야코블레바라는 이름의 여권 또한 위조로 밝혀졌다. 4월 28일 야코블레바는 체포되었다.

모이세옌코는 폭발 사고에 관해 알게 된 후 즉시 모스크바로 가서 R. I. 가브론스카야의 도움을 받아 베네브스카야를 슐만 의원에서 베네브스카야가 개인적으로 아는 오가르코프 박사가 일하는 바흐루신스카야 병원으로 이송했다. 베네브스카야가 체포된 지 얼마 안 되어 이와는 관계없는 일로 모이세옌코 또한 체포되었다.

베네브스카야는 1906년 가을에 모스크바 재판소에서 계급 대표들이 참여한 가운데 비밀 조직 참여와 두바소프 제독 암살을 기도한 혐의로 재판을 받았다. 그녀를 변호한 것은 변호사 즈다노프와 말리안토비치였다. 법원은 그녀에게 모든 권리의 박탈과 강제 노역 10년 유배형을 내렸다. 죄상을 증명할 증거가 전혀 없던 모이세옌코는 행정 처분을 받아 유럽 지역 러시아[1]에서 추방당했고, 그는 베네브스카야와 결혼하여 그녀를 따라 동부 시베리아로 떠났다.

VII

4월 15일의 폭발에도 불구하고, 두바소프 제독 암살을 속행하기로 우리는 결정했다. 20일과 21일에 두 브노롭스키 형제와 실레로프는, 화학자 세몬 세묘노비치와 함께 다시 한번 니콜라옙스키 역에서 무익하게 총독이 모스크바에 도착하기를 기다렸다. 4월 23일이 되어서야 모스크바에 아제프가 도착했다.

4월 23일은 황제의 날이었다. 두바소프는 반드시 크렘린에서 열리는 장엄 미사에 참여해야만 했다. 헬싱포르스에서 먼저 아제프가, 그 후에 내가 채택하고 나중에 모스크바에서 그가 직접 참여한 암살 계획은 다음과 같았다.

크렘린 궁에서 총독 관저까지 가는 세 군데의 주요 도로를 봉쇄하자는 제안이 나왔다. 보리스 브노롭스키가 해군 중위 제복을 입고, 우리의 판단에 의하면 가장 확실한 길, 즉 니콜스키 정문에서 트베르스카야 광장까지 이어지는 트베르스카야 거리를 맡기로 했다. 블라디미르 브노롭스키는 평민 차림으로 보즈드비젠카 거리와 네글린나야 거리의 모퉁이에 서 있기로 했으며, 그렇게 해서 트로이츠키 정문을 봉쇄하기로 했다. 실레로프 또한 평민 복장으로 즈나멘카 거리 쪽에서 보로비츠키 정문을 봉쇄했다. 이로써 유일하게 열린 도로는 스파스키 정문에서 니콜스

---

[1] 러시아 서부, 페테르부르크와 모스크바 등 대도시가 있고 유럽에 가까운 지역.

카야 거리, 볼샤야 드미트로프카 거리와 코즈모데먄스키 골목을 통해 총독 관저까지 가는 길만 남았다. 이번에는 성공이 완전히 보장된 것 같았다.

4월 23일 암살이 어떻게 진행되었는지에 관해서, 나는 우선 헬싱포르스에서 아제프에게 들었다. 그는 내게 다음과 같이 이야기했다.

계획에 따라 브노롭스키 형제와 실레로프는 각자 폭탄을 손에 들고, 아침 10시경에 정해진 위치를 점했다. 두바소프는 뚜껑 없는 마차를 타고 부관 코노브니친 백작을 대동하여 크렘린을 나와 보로비츠키 정문을 통해 즈나멘카 거리를 따라 실레로프 옆을 지나갔다. 실레로프는 우연히 두바소프에게 등을 돌리고 서 있어서 그를 보지 못했다. 골목을 지나 볼샤야 니키트스카야 거리를 따라가서 두바소프는 이후 체르니셰프스키 골목으로 나갔다. 그는 골목으로 나가는 총독 관저 정문 근처에 서지 않고 트베르스카야 광장으로 나갔다. 보리스 브노롭스키는 이때 우연히 트베르스카야 광장에 있었는데, 똑같이 우연히 트베르스카야 거리 한가운데나 아래쪽 니콜스키 정문 근처에 있었을 수도 있었다. 두바소프가 체르니셰프스키 골목 쪽에서 나타날 것을 예상하지 못하고 트로이츠키 정문과 보로비츠키 정문이 봉쇄됐다고 확신하여, 그는 트베르스카야 거리에 온통 주의를 집중하고 있었다. 그럼에도 불구하고 그는 두바소프를 보았고 궁정 수비병들 사이를 지나 마차 쪽으로 달려갔다. 그의 폭탄은 폭발했다. 폭발로 인해 브노롭스키 자신과 코노브니친 백작이 사망했다. 두바소프는 부상을 입었다. 아제프는 암살의 순간에 총독 관저에서 멀지 않은 필리포프 커피숍에 있었다.

3주 정도 지나 이미 세바스토폴을 향해 떠나는 길에, 나는 하리코프에서 실레로프와 만났다. 나는 그에게 물었다.

"말해주십시오, 어떻게 두바소프의 마차를 눈치채지 못할 수가 있었습니까?"

"나는 못 봤습니다."

"당신은 못 봤다고 하지만, 마차가 당신 옆을 지나갔습니다."

실레로프는 놀랐다.

"내 옆을 지나가다니요? 두바소프는 트로이츠키 정문을 통해서 레프(블라디미르 브노롭스키) 옆을 지나갔습니다."

"그럼 그는 도대체 왜 폭탄을 안 던졌습니까?"

실레로프는 더더욱 놀랐다.

"폭탄이 없었기 때문입니다. 폭탄은 푸시킨(보리스 브노롭스키)과 나만 가지고 있었습니다."

그리고 실레로프는 내게 다음과 같이 이야기했다.

암살 전날 화학자 세몬 세묘노비치는 그가 가지고 있던 다이너마이트 일부가 훼손되었으며 폭탄을 두 개만 만들 수 있다고 밝혔다. 투척자가 둘뿐인 암살은 매우 위험했으나, 어쨌든 거사를 연기하지 않고 보로비츠키와 니콜스키 정문만이라도 봉쇄하자고 결정되었다. 보리스 브노롭스키는 실제로 트베르스카야 거리를 감시했으며, 트로이츠키 정문이 비어 있다는 것을 알고 있었더라도 두바소프가 체르니셰프스키 골목 쪽에서 나타난 것은 그에게 뜻밖일 수 있었다.

이렇게 해서, 나는 서로 상반되는 두 개의 이야기를 들었다. 실레로프는 아제프가 말한 내용을 내게 확인시켜 주지 못했다.

베네브스카야 사건에 대한 공소장은 4월 23일 암살에 관해 이렇게 말한다.

1906년 4월 23일 모스크바 시에서 모스크바 총독이자 시종 무관장인 해군 중장 두바소프의 생명을 노린 암살 기도가 일어났다. 오후 1시, 총독이 동행한 연해 용기병 소위 코노브니친 백작과 함께 마차를 타고 트베르스카야 광장의 총독 관저에 접근하고 있을 때, 해군 장교 제복을 입은 어떤 사람이 관저 맞은편 보도를 따라 광장을 가로질러, 차량에서 몇 걸음 떨어진 거리에서 외관으로 보아 1푼트 되는, 종이로 포장하여 리본으로 묶은 과자 상자를 던졌다. 마차 아래로 떨어진 상자는 귀가 먹을 듯한 폭발을 초래했고 짙은 연기구름을 일으켰으며, 이웃한 집들의 유리창이 남김없이 부서져 파편이 땅을 덮을 정도로 강력한 대기의 진동을 야기했다. 해군 중장 두바소프는 폭발력으로 인해 부서진 마차에서 포장도로로 떨어져 생명에 위험이 없을 정도의 상해를 입었고, 코노브니친 백작은 사망했다. 마부 프티친은 마부석에서 내던져져 비교적 가벼운 상처를 입었고, 또한 총독 관저 근처에 있던 몇몇 사람들이 쇳조각으로 인해 가볍게 부상을 당했다. 파열성 폭발물을 던진 악한은 보도 근처의 포장도로에 누운 채로 발견되었는데, 두개골이 분쇄되어 생명의 징후가 없었다. 후에 밝혀진 바로 이는 귀족 보리스 브노롭스키-미센코였으며 나이는 24세, 1905년까지 황립 모스크바 대학교 학생이었다.

신문 『길道』(1906년 4월 25일 자, 43호)은 다음과 같은 세부 사항을 보도했다.

F. V. 두바소프 제독은 우스펜스키 대성당에서 아침 미사를 마친 후 총독 관저로 가기 전에, 궁정 경비 부문을 맡은 올수

피예프 백작을 방문하여 크렘린에 모인 신자들을 해산시키라는 명령을 전달하기 위해 크렘린 궁에 들렀다. 올수피예프 백작을 만나고 나와서 총독은 코노브니친 백작과 함께 마차에 타고 미리 정해진 경로를 따라 체르니셰프스키 골목을 통해 정문으로 마당에 진입하기 위해 총독 관저로 향했다.

코노브니친 백작은 평소대로 총독의 시내 거행 전에 경로를 지정한 뒤 역시 평소처럼 이번에도 모스크바 행정 책임자에게 경로를 보고했으나, 마차가 총독 관저 정문을 지나갔을 때 마당으로 진입하라는 지시를 내리지 않았다. 마차는 경로와 반대로 정문에 세워진 감시병을 지나 계속 트베르스카야를 따라 달렸다.

말들이 체르니셰프스키 골목에서 트베르스카야 거리로 방향을 틀었을 때, 바르긴 건물에서 해군 장교 제복을 입은 젊은 남자가 포장도로로 나왔다. 그는 한 손에 상자를 들고 있었는데, 그것은 과자 상자를 묶듯이 리본으로 묶여 있었다. 리본에는 꽃이 달려 있었으며, 꽃무 같기도 했고 은방울꽃 같기도 했다. 마차에 가까이 다가온 남자는 상자를 양손으로 잡고 마차 아래로 던졌다. 마차는 이때 총독 관저의 세 번째 창문 맞은편에 있었다. 말들은 쏜살같이 달리기 시작했고, 총독은 땅에서 몸을 일으켜 총독 관저 쪽으로 걷기 시작했다. 여기서 경비병들과 또 몇몇 신원을 밝힐 수 없는 인물들이 총독을 붙잡아 입구까지 도달하도록 도왔다. 코노브니친 백작은 왼편으로 내던져졌다. 그는 얼굴에 부상을 입었고 턱이 파열되었으며 왼쪽 옆구리가 찢어지고 양다리가 분쇄되었으며 양팔에 부상을 입었다. 그는 현장에서 즉사했다. 총독은 현관에 들어선 후 너무나 극심한 고통을 느끼고 위층으로 자신을 옮겨달라고 부탁했는데, 더 이상 걸을 수 없었기 때문이었다. 총독을 검진한 의사 보고야블렌스키는 그의 왼쪽 다리 힘줄이 끊어진 것을 발견했다. 고통 때문에 총독은 전혀 잠을 잘 수 없었다. 다리에는 그물처럼 퍼진 작은 부상이 있었는데, 여기에서 피가 흘러나왔다. 이 상처들은 터진 폭탄의 작은 조각들 때문에 생긴 것으로 추정되었다. 총독의 장화에는 칼로 벤 듯한 작은 구멍들이 나 있었고, 눈 위에는 멍이 들었으며, 양손에는 찰과상을 입었는데, 이는 분명 총독이 넘어졌을 때 마차에 끌려간 결과이다. 총독을 위층으로 실어 날랐을 때 그의 얼굴은 검누른 색이었다. 파열된 폭발물의 질식성 가스 때문에 그는 호흡을 할 수 없었다. 총독의 생명을 노린 사람은 현장에서 자기 폭탄의 희생자가 되었다……. 그의 두개골 상부가 파열되었다. 이 남자에게서 두 개의 여권이 발견되었는데, 둘 다 위조문서였다. 하나는 '메츠'라는 이름이었다. 외관상 남자는 젊었고, 나이는 27세였다. 입고 있던 제복은 완전히 찢어졌고, 제복 안쪽에는 털실로 뜬 재킷을 입고 있었는데, 이는 일반적으로 유복한 계층의 사람들이 입는 것이다. 살인범은 검은 양말과 끈으로 묶는 단화를 신었다. 제복의 견장에는 근위대 경제 동호회의 인장이 찍혀 있었고, 그의 손톱은 정성스럽게 다듬어져 있었다. 이 모든 사실은 이 남자가 지식계층 출신이라는 점을 보여준다. 마차는 맹렬히 질주한 후 말과 함께 키셸니 골목에서 저지당했다. 말들은 총독 관저 모퉁이에 서 있던 경비병에게 상처를 입혔다.

폭발로 마부 프티친이 피해를 당해 가벼운 상처를 입었고, 총독 관저의 문지기가 부상을 당했다. 총독 관저 모퉁이의 울타리 뒤에 서 있던 수위는 고막에 부상을 입은 결과 청력을 상실했고, 행인 중 한 명이 눈 아래와 귀에 화상을 입었다.
총독 관저의 창문의 경우 4층 유리가 깨졌다. 아래층에서는 더 많은 유리에, 위층에서는 내부에 손상을 입었다. 마차에서는 두바소프의 금제 권총이 발견되었다.

보리스 브노롭스키는 이렇게 죽었다. 그가 남긴 것은 자서전의 원고 초안과 부모님에게 보내는 마지막 편지였다. 이것이 그 편지다.

사랑하는 부모님!
부모님이 저의 운명에 대해서 알게 되셨을 때 그 비탄의 깊이를 저는 전부 예견하고 있습니다. 부모님께는 당신의 아들이 살인자가 되었다는 사실도 괴로울 것입니다. 믿어주세요, 부모님을 위해서 제 생명을 보전할 방법이 있었다면 저는 그렇게 했을 것입니다. 어린 시절에 몇 번이나 스스로 목숨을 끊을 생각이 들었지만, 매번 저는 그런 제 행동이 어떠한 비탄을 불러일으킬지 알았기에 그런 생각을 버렸습니다. 저는 살아남았고 부모님을 위해서 살았습니다. 지금도 저는 부모님을 위해서, 민족을 위해서, 인류 전체를 위해서 살고 있고, 이제는 제 생명을 신경쇠약의 희생물이 아니라 제 능력이 닿는 한 조국의 상황을 개선하기 위해, 부모님을 가족이 아니라 시민으로서 만족시키기 위해 바치려고 합니다. 알아주십시오, 저 자신에게도 제 행동이, 부모님의 비탄 외에도 스스로 살인범이 되려 한다는 사실 때문에 괴롭습니다. 그리고 만약 제가 던진 폭탄 때문에 저 자신이 죽지 않는다면, 감옥에서 저는 부모님의 슬픈 얼굴과 제 피해자의 갈기갈기 찢긴 시체를 떠올리고 있을 것입니다. 그러나 다른 방법이 없습니다. 이 두 가지 사정만 아니었더라면, 확실히 말씀드리건대, 저보다 더 행복한 사람은 찾기 어려울 것입니다. 말로 할 수 없는 평온함과 자신에 대한 완전한 믿음과 성공에 대한 희망이, 외부적인 이유로 방해를 받지 않는다면, 저를 가득 채우고 있습니다. 형장을 향해 저는 밝은 얼굴로, 입에 미소를 띠고 갈 것입니다. 그리고 부모님도 제가 그렇게 행복하다는 사실로 위안을 삼으셔야 합니다. 부모님께서 저를 사랑하신다면 제가 반드시 살아 있어야만 한다는 사실이 아니라 제가 행복하다는 데 의의를 두셔야만 할 것입니다. 부모님에 대한 저의 사랑은 말하지 않겠습니다—부모님도 이미 아시니까요. 안녕히 계세요, 소중한 부모님. 뜨겁게 사랑하는 아들과 형제가 없더라도, 가능한 한, 행복하세요. 저를 사랑해 주시고, 돌보아 주시고, 제가 진실과 정의에 대한 사랑의 선물로 러시아의 노동자들에게 바치는 생명을 저에게 주셔서 감사합니다.

가족 모두에게 뜨거운, 뜨거운 포옹을 보냅니다.

여러분의 보리스.

브노롭스키는 자신의 자서전에 이렇게 쓴다.

나는 1881년 12월 13일에 태어났다. 나의 부모님은 80년대에 혁명 운동에 참여하여 이 당시에 코스트로마에 강제 정착되어 있었고, 그곳에서 나는 거의 나가는 일 없이 여름에만 지인들을 만나기 위해 시골을 방문하면서, 18살에 대학에 갈 때까지 지냈다. 나의 아버지는 개인 교습을 했고, 어머니는 대부분 가사를 돌보았다. 나보다 위로는—거의 두 살 위로—

형 하나만 있었는데, 형과 나는 언제나 매우 친했다. 두 살 때 나는 무서운 디프테리아에 걸렸는데, 이 때문에 나는 평생 환자의 몸이 되었다. 읽고 쓰는 법은 다섯 살 정도 되었을 때 거의 깨쳤고, 일곱 살 때 정식으로 공부하기 시작했다. 사회주의에 관해서는 어머니와의 대화에서 알게 되었는데, 이때 나는 여섯 살을 넘지 않았다. 우리 가족의 전반적인 문화성 덕분에 한 번도 종교적인 의심을 경험하지 않았고, 아직 김나지움에 입학하기 전에 나는 어린 시절의 한 동무에게 무신론을 설교한 것을 기억한다. 이때 나를 곤란하게 한 것은 오직 한 가지—'모든 것은 어디서 생겼는가'라는 질문이었고, 이것은 내가 영원에 대한 관념을 아직 이해하지 못했기 때문이었다. 부모님의 지인들은 대부분 과거에 유배당한 적이 있었는데, 사회적 주제에 대한 대화와 부모님이 예전에 했던 활동들에 대한 이야기, 그리고 잘 선택된 책—이 모든 것이 말하자면 미래의 혁명가를 위한 토대를 놓았고, 전반적으로 신앙의 자유라는 생각을 실천하는 것, 국수주의(아버지는 폴란드인이다), 반군국주의는 내게 너무나 친밀해서, 나는 한 번도 이들에 대해 의심을 가져보지 않았다. 이런 전제들은 김나지움에 입학했을 때 대단히 유용한 것으로 드러났는데, 김나지움에서 나는 쓸모 있는 훌륭한 사상이라고는 하나도 배우지 못했고 사람들은 시시때때로 애써 평균적인 기준 아래에 있는 모든 것을 쫓아내려 했다. 내가 18살이 되었을 때 여동생이 태어났다. 어머니가 동생을 돌보았고, 아버지는 이때 지방 자치회에서 일하게 되어 성실한 노동자답게 완전히 자신의 회계 일에 파묻혀야 했으며, 나와 형은 정신적인 성장에 있어 완전히 우리끼리만 남겨졌다. 이 당시에 내 사고방식의 방향에 커다란 흔적을 남기는 사건이 일어났다. 어린 시절의 친구가, 김나지움 3학년이라는 젊은 나이에도 불구하고 총을 쏘아 자살했다. 인생의 목적이라는 질문이 내 앞에 던져졌다. 내가 기억하는 한, 민족을 위해 일한다는 생각이 이 질문에 대한 여러 대답 중의 하나로 내 머릿속에 떠올랐다. 나는 자신이 대단한 부자 혹은 황제가 되어 나의 모든 재산과 모든 권력을 민족을 위해서 사용하는 것을 상상했다. 또한 기억하는 것은 이때 나는 개인적이고 육체적인 노동을 하는 삶의 모습에 열중하여, 어른이 되면 지식 계층을 떠나 단순 노동자―어째서인지 가장 많이 생각한 것은 마부였다―가 되어 인생의 진리는 노동에 있다는 것을 본보기로 보여주기로 결심했다. 완고하고 고립된 지적 활동은 심각한 신경쇠약으로 이어졌다. 김나지움에서 나는 아무것도 하지 않았고 중간 정도의 학생이었다. 게다가 상투적인 학습이 뭔가 살아 있는 것을 제공할 수 있다면, 나는 그것을 이미 알고 있었다. 김나지움에서 결론적으로 배운 것은 계속 앉아서 하는 일과 재능의 부분적인 상실에 대한 혐오감, 그리고 미리 예측되고 핥은 것처럼 매끈하게 다듬어지고 빌붙어 아첨하는 모든 것에 대한 혐오감이었다. 1900년에 김나지움을 마치고 나는 모스크바 대학교 수학과에 입학했다. 학생 시절의 전반부는 대체로 오페라에 바쳤다. 모든 형태의 아름다움은 이전이나 지금이나 내게 커다란 인상을 남긴다. 오페라에서 나는 음악을 들었다기보다는 음악을 들으며 생각을 했고, 이런 내면적 경험은 감히 말하건대 내게 많은 행복을 주었다. 그해의 후반부(1901년 초)에 학생들의 소요가 있었다. 나는 학생 집회의 검거가 있기까지 여기에 거의 전혀 참여하지 않았고, 그 뒤에는 소위 말해 전적으로 헌신했다. 며칠씩 강연장에서 살았고 시위 학생들과 돌아다녔으며, 어느 날 밤 강연장에서 밤을 지새야만 했는데 나는 체포되었다가 아침에 풀려났다.

그해에 나는 사회민주주의 문헌을 얻게 되었으나, 나의 공감은 불러일으키지 못했다. 카르포비치의 총격[1]은 내게 엄청난 충격을 불러일으켰다. 그해 여름에 나는 어떤 유부녀와 사랑에 빠졌다—이것이 나의 첫 번째, 그리고 바라건대, 마지막 사랑이었다. 이 기간에 대해서는 침묵으로 피해 가겠다. 한 가지만 말하자면 나의 사랑은 순수했으며 이 당시에 많은, 아주 많은 것을 경험했다는 사실이다. 전무후무했으리라. 1902년에 모스크바에서 다시 학생 소요가 일어났다. 맨 처음부터 나는 모든 집회를 다녔고, 당연히 1월 9일에도 나갔다. 나를 붙잡던 사랑하는 여인에게 말했던 몇몇 익살맞은, 그러나 당시 나의 기분을 잘 표현해 주는 구절들을 기억한다. '동지들에게 늦게 가게 된다면 당신을 저주하겠소.' 1월 9일 집회는 러시아에 많은 혁명가를 양산했다. 여기서부터 나 또한 나의 혁명 경력이 시작되었다고 생각한다. 이때 나는 다시 돌아갈 수 없는 어떤 경계를 넘었다. 인생의 목적이 확립되었다. 남은 것은 이에 합당한 활동 노선을 찾는 것이었다. 부튀르카에서 나는 형과 몇몇 동지들과 함께 볼로그다로 보내졌다. 그곳에서 논쟁 중에, 아직 사회혁명주의적 관점을 알지 못한 나는 마르크스주의의 비난으로부터 소규모 농업을 변호했다. 역사적 물질주의는 나를 만족시키지 못했다. 테러에 대해 나는

---

[1] 표트르 블라디미로비치 카르포비치(1874-1917)는 1901년 당시 교육부 장관 니콜라이 보골레포프의 학생 탄압에 항의하여 총격했다. 보골레포프는 목에 치명상을 입고 16일 후 사망했다.

언제나 대단히 공감하고 있었다. 그러므로, 감옥을 나와 내가 어딘가 대학에서 공부를 할 목적으로 외국에 나가서 사회혁명주의 노선에 관해 알 기회를 얻었을 때, 내가 전혀 아무런 망설임 없이 그 기회를 잡아 당에 입당했던 것도 이해할 수 있을 것이다. 이때가 1902년 10월경이었다. 6월까지 나는 외국에서의 일에 어떻게든 만족할 수 있었는데, 그 일이란 문헌과 팸플릿 판매, 발송, 사회민주당과의 충돌(나는 그들의 발제문을 읽었다) 등등이었다. 그러나 더 이상 견딜 수가 없어서 러시아에서 일할 생각으로 돌아왔다. 불행히도 몇몇 추천장을 받는 일이 지연되어(나는 갑자기 외국을 떠났기에) 즉시 거사에 합류할 기회를 연기해야만 했다. 또한 여기에 벨기에에서 지냈던 당시의 비위생적인 생활 조건, 또한 이미 언급한 병약함 때문에 나는 일할 수 없는 몸이 되어 모스크바를 떠나라는 강요조차 들었다. 나는 폐결핵 비슷한 것을 앓기 시작했고, 부모님의 강권으로 어머니와 여동생과 함께 얄타로 요양을 떠났다. 짧은 산책조차 힘들어질 정도의 극심한 신체적 쇠약, 동료들과 연락이 끊어진 상태, 이렇게 쓸모없는 불구자로 계속 남게 될 것이라는 생각, 이 모든 것 때문에 그곳에서 나의 삶은 극단적으로 괴로웠다. 나를 구해준 것은 내면의 경험으로 삶을 채울 수 있는 재능뿐이었다. 나는 나 자신을 위해 잘 조화된 윤리 이론을 만들어내는 작업에 착수했다. 이런 윤리적 추구 덕분에 혁명가가 아닌 어떤 여성과 알게 되었다. 혁명 활동만이 정당성과 필연성을 가진다는 사실을 그녀에게 증명하려고 노력하면서, 나는 나 자신을 찾았다. 이러한 추구가 내 상황의 외면적인 모든 불행에도 불구하고 내게 얼마나 많은 행복을 가져다주었는지는 말로 표현하기 힘들다. 1904

년 봄에 조금 건강을 회복하여 나는 모스크바로 돌아왔고 가을쯤에 우연히 동지들을 찾아냈다. 이 순간부터 나의 인생은 외면적인 요인들보다 내면의 경험으로 풍부해졌는데, 한 가지 예외는 투쟁조직에 가입할 것을 권유받은 순간이다. 처음에 나는 모스크바 위원회의 선동가 자격으로 일했고, 그 후 (1905년 초) 이 일을 계속하면서도 전술 문제에 있어 반대편으로 입장을 바꾸었다. 내가 보기에는 즉시 무장 봉기를 준비해야만 했고, 모스크바에 확고한 결심을 굳힌 우리 편 사람이 몇백 명밖에 없더라도 봉기를 일으키려는 시도라도 하는 것이 당연했다. 이 사람들이 모두 죽는다 해도, 얼마나 개인적으로 헌신하여 투쟁해야 하는지 다른 사람들이 보게 될 것이다. 나는 어떤 여성 동지와 함께 이 방향으로 일을 시작했으나, 2월 4일 세르게이 암살 후에 우리는 둘 다 체포되었다. 내가 일부분이나마 옳았다는 점은 모스크바에서 12월에 있었던 사건들이 보여준다. 감옥에서 나는 라브로프의 저서를 더 깊이 알게 되었다. 그곳에서 그의 『생각의 역사에 대한 고찰』을 즐겁게 읽었던 것을 기억한다. 철학은 일찍부터 제대로 공부했다. 감옥에서 나와 나는 펜자로 가게 되었다. 그곳에서 여기저기 다니지 않을 때에는 지역 활동에 참여했다. 발제문을 읽고, 청년들과 노동자들의 동호회 일에 열중했다. 대중 봉기를 준비하는 폭탄 제조를 위한 다이너마이트 작업장을 설립할 목적으로 나는 여러 곳을 다녔다. 무장 봉기를 시도할 생각을 나는 버리지 않았고, 이렇게 돌아다니면서 일종의 준비 단계를 마련하려 애썼다. 이런 이유로 중앙위원회와 교류할 당시에 나는 어떤 인물을 통해서 투쟁조직에 입단할 것을 제의받았다. 이 제의에 나는 거절하는 답변을 했으나, 다음 날 그것을 취소했다. 동의한 동기는 다음과 같다. 이론적으로 나는 테러를 인정하고, 이런 다분히 무서운 행위를 위한 냉정함과 대담함이 나에게 있다는 것을 알고 있으며, 그것은 즉 내게는 거부할 권리가 없다는 뜻이다. 내가 사람을 죽이는 일이 사명이라고 느끼지 않는다 해서(한 번도, 심지어 그런 충동조차 갖지 않았다. 그런 일은 짐승 같다고 여겼다) 그게 어쨌다는 것이며, 내 목숨이 나 자신에게는 소중할 수도 있다 한들 어쨌다는 것인가? 나는 진정한 군인답게 죽을 수 있다. 동의한 순간부터 내가 거사 준비에 투입된 순간 사이에 한 달 정도가 흘렀다. 이 시간을 나는 새로운 입장에 놓인 나 자신을 깊이 숙고하는 데 이용했다. 그리고 나는 양심을 눈앞에 두고, 죽음을 눈앞에 두고, 지금 그 죽음을 향해 걸어가면서, 말할 수 있다―나는 죽음의 공포를 완전히 극복했으며, 폭탄이 폭발하지 않는다면 냉정하게 스스로를 쏠 수 있고, 얼굴의 근육 하나 움직이지 않고 창백해지지 않을 것이며, 성공하는 경우에 교수대에 오를 수 있다. 그리고 이것은 나 자신에 대한 강요가 아닐 것이고, 마지막 기운과 의지를 짜내는 행위도 아닐 것이다―이것은 온전하게 자연스러운 내 경험의 결과일 것이다. 10월 17일까지 나는 투쟁조직에서 일했고 그 후 일시적으로 활동을 중단했으며, 정부 노선의 방향이 일부 밝혀졌을 때 투쟁조직 유격 부대의 이름으로 테러 활동 단체에 참여했다. 나와 함께 참여하는 동지들이여, 인사를 전한다! 투쟁조직이 다시 활동을 시작했을 때, 나는 모스크바로 보내달라고 청원했다. 이제 나의 거사까지 이틀이 채 남지 않았다. 나는 평온하다. 나는 행복하다.

보리스 브노롭스키.

투쟁조직은 4월 23일 암살에 관하여 다음과 같은, 내가 알지 못하는 인물이 쓴 선언문을 발표했다.

사회혁명당.
우리는 투쟁 속에서 우리의 권리를 찾는다!
4월 23일 낮 12시 20분, 사회혁명당 투쟁조직의 지령에 의하여 모스크바 총독인 해군 중장 두바소프가 총독 관저 바로 앞의 트베르스카야 거리와 체르니셰프스키 골목 모퉁이를 지나갈 때 그의 마차에 폭탄이 던져졌다. 투쟁조직의 지령은 모스크바에서의 피의 나날들을 조직한 인물에 대한 사회적 응징의 표현이다. 대담한 손길에 의해 확고하게 방향이 잡히고 완수된 암살은, 여러 번 민족의 적을 구해준 운명적인 우연으로 인해 원했던 결과에 이르지 못했다. 두바소프는 아직 살아 있으나, 암살이 실패했다고는 말할 수 없다. 암살은 이미 성공했는데, 이것은 모스크바 시내 중심가에서 실행되었고 비밀경찰이 모든 면에서 암살 기도는 생각조차 할 수 없게 경비하는 그런 장소에서 실행되었기 때문이다. 암살에 관한 소식 한 가지가 전해진 순간 수천의 가슴에서 안도와 기쁨의 한숨이 배어나왔고, 세간의 소문은 고집스럽게 총독이 사망했다고 간주하므로, 암살은 성공한 것이다.
이 기쁜 소식이 자신이 할 수 있는 최선을 다한, 사망한 동지에게 위안이 될 것이다.

사회혁명당 투쟁조직
사회혁명당 모스크바 위원회 출판부.

VIII

나는 앞서, 러시아에서 행해진 타타로프에 대한 조사로 인해 조사위원회의 위원 3명—체르노프, 튜체프, 그리고 내가(네 번째 위원인 바흐는 외국에 있어서 조사 결과를 알지 못했다) 피고의 죄상에 대하여 확신하게 되었다고 언급했다.[1] 나는 중앙위원회에 타타로프 살해를 조직하는 일에 착수할 것을 제안했고, 중앙위원회는 이에 동의했다.

1906년 2월 모이세옌코는 타타로프를 찾아내라는 지시를 받고 헬싱포르스를 떠났다. 거주 이전에 대하여 위원회에 알려야만 한다는 의무에도 불구하고 타타로프는 숨었다. 모이세옌코는 페테르부르크와 키예프에서 아무 성과 없이 그의 친척들에게 문의하다가 마침내 바르샤바에서 그를 찾아냈다. 바르샤바에서 타타로프는 사제장이자 종교합동파 주임 사제인 자신의 아버지와 함께 살고 있었다.

이 소식과 함께 모이세옌코는 핀란드로 돌아왔다.

나는 아제프가 거사에 전혀 참여하지 않게끔 상황을 조절하고 싶었다. 타타로프는 아제프를 밀정이라고 규탄했고, 내가 이미 인용한바 로스트콥스키가 1905년 8월에 받은 익명의 편지도 아제프를 규탄했다. 중앙위원회의 투쟁조직 구성원 전원은 이 규탄이 아무런 근거도 없는 중상모략이라고 여겼다. 자신을 비방하는 비난자를 살해한다는 무거운 근심거리로부터 아제프를 해방시키는 것이 우리에게는 필요 불가결하다고 여겨졌다.

나는 타타로프의 죄상을 완전히 확신했다. 나는 바로 그 때문에 투쟁조직이 1905년 3월 17일에 커다란 손실을 입고 일시적

---

1 251-252쪽 참조.

으로 활동을 중단해야만 했다고 완전히 확신했다. 나는 그를 살해하는 것이 꼭 필요하고 정당한 일이라고 여겼다. 그리고 이런 사실에도 불구하고, 나는 이 경찰 밀정을 살해할 때만큼 무거운 마음으로 암살에 임했던 적이 한 번도 없다.

이 살해를 준비하는 데에는 또 한 가지 매우 민감한 문제가 있었다. 투쟁조직의 구성원 중에서 나만이 조사위원회에 참여했고, 나 혼자만 규탄의 모든 세부 사항을 알고 있었으며, 즉 나 혼자만이 독립적으로 확신할 만한 사건을 구성할 수 있다는 뜻이었다. 게다가 당과 조직을 위해서는 가능한 한 희생자 없이 살해가 이루어져야 했다. 이런 조건을 지키려면 몇몇 동지들, 즉 독립적인 판단을 갖지 못한 인물들, 그러나 중앙위원회를 신뢰하고 이 거사의 주동자인 나를 완전히 신뢰한다는 전제를 기반으로 자의건 타의건 동의할 인물들을 거사에 끌어들여야만 했다. 오랫동안 망설인 끝에 나는 개인적으로 오랫동안 잘 알고 지낸, 나와는 긴 세월의 우정뿐만 아니라 공통의 관점으로 묶인 동지들, 즉 모이세옌코와 베네브스카야에게 주의를 돌렸다.

나는 그들에게 타타로프가 당에서 어떤 역할을 했는지, 초기 의혹이 어떻게 제기되었는지, 외국에서 이루어진 조사위원회의 심문과 러시아에서의 수사 결과에 관한 세부 사항을 전부 이야기했다. 그들 모두 말없이 들었다. 마침내 모이세옌코가 물었다.

"그가 밀정이라고 확신하나?"

나는 그 점에 있어 의심의 여지가 없다고 대답했다.

그러자 모이세옌코가 말했다.

"그럼, 그를 죽여야 한다는 뜻이군."

베네브스카야는 아직 아무 대답도 하지 않았다. 나는 그녀에게 주의를 돌렸다.

"그런데 당신은요, 당신은 어떻게 생각합니까?"

그녀는 바로 대답하지 않았다.

"저요……? 저야 언제나 투쟁조직의 명령대로 하죠."

동지 두 명으로는 부족했다. 좀 더 생각한 후, 나는 거사에 칼라시니코프, 드보이니코프, 나자로프를 추가로 참여시키기로 결정했다. 셋 다 핀란드에서 예비로 지내고 있었다.

나는 그들에게도 규탄의 세부 사항을 이야기했다. 셋 모두 모이세옌코와 같은 반응을 보였다. 당신은 타타로프의 죄상을 확신하는가? 나는 그들에게 확신한다고 대답했다.

그러자 셋 모두 타타로프 살해에 참여하겠다고 동의했다.

우리의 계획은 다음과 같았다. 모이세옌코와 베네브스카야는 바르샤바에서 외따로 떨어진 아파트를 빌리기로 했다. 저녁때 브라우닝 권총과 핀란드 단검으로 무장한 칼라시니코프, 드보이니코프, 나자로프가 찾아가기로 했다. 나는 타타로프의 집으로 찾아가, 이 아파트에서의 면담을 구실 삼아 그를 초대하기로 했다.

모이세옌코와 베네브스카야는 살해 자체에는 참여하지 않기로 했다. 그들은 아파트에서 칼라시니코프, 드보이니코프, 나자로프가 찾아오기를 기다렸다가 첫 기차로 바르샤바를 떠나기로 했다. 실행자가 3명이고 아파트가 외딴 곳에 있었으므로, 실행자들 또한 쉽게 몸을 숨길 수 있었다. 나는 각각의 동지들과 따로 따로, 살해 후에 어디로 어떻게 떠날지를 정했다.

아제프는 이 계획에 대해 알고 있었다. 계획을 또 아는 것은 그 논의에 참여했던 체르노프였다.

2월 말에 모이세옌코, 베네브스카야, 칼라시니코프, 드보이니코프, 나자로프는 헬싱포르스를 떠나 바르샤바로 갔다. 모이세옌코는 아파트를 빌릴 준비가 모두 끝난 후 모스크바에 있는 나에게 전보를 치기로 했다. 나는 그 시점에 맞춰 바르샤바로 가서 타타로프를 면담할 예정이었다.

3월 초에 나는 약속된 전보를 받았다. 3월 2일과 3일의 두바소프 암살 실패가 있은 직후 바르샤바로 떠났다. 바르샤바에서 나는 미리 정해진 접선 장소인 중앙 우체국에서 모이세옌코를 만났다.

아파트는 쇼펜 거리에다 크라메르 부부의 이름으로 된 가짜 여권으로 이미 빌려두었다. 나는 '보케' 식당에서 모이세옌코와 베네브스카야와의 마지막 접선을 지정했다.

언제나 기쁨에 넘치고 활기차고 밝은 베네브스카야는 이번에는 생각에 잠겨 슬퍼 보였다. 과묵하고 조금은 음울한 모이세옌코는 평소처럼 말을 매우 적게 했다. 나는 계획된 살해와 도주의 모든 가능성을 오랫동안 논의했다. 내가 말을 마치자, 침묵이 덮였다.

우리는 대화의 주제를 찾지 못했다. 작업적인 측면은 끝까지 전부 논의를 마쳤다. 그러나 우리는 헤어지지도 않았다. 마침내 베네브스카야가 그 푸른 눈을 들었다.

"그럼, 내일인가요?"

"예, 내일입니다."

그녀는 다시 침묵했다. 오랫동안 정적이 흐른 뒤에 모이세옌코가 말했다.

"자네는 모스크바로 돌아가나?"

"그래, 모스크바로."

우리는 다시 침묵했다. 그리고 나는 이들과 작별하고 칼라시니코프, 드보이니코프, 나자로프와 지정된 접선을 하기 위해 우야즈도프스키 대로로 갔다.

나는 멀리서 이들을 보았다. 셋 모두 러시아식 옷을 입었고 그 모자와 장화 때문에 바르샤바의 거리에서 매우 눈에 띄었다. 나자로프는 그 옷차림이 어울렸다. 키가 크고 강하고 날씬한 그는 그런 차림을 하자 더 날씬하고 키가 커 보였다. 드보이니코프는 키가 작고 광대뼈가 높고 피부가 검어서 모스크바 공장 노동자의 인상을 강하게 연상시켰는데, 그는 실제로 공장 노동자 출신이었다. 칼라시니코프는 얼굴이 창백하고 코안경을 낀 키 큰 학생으로, 겉보기에도 익숙하지 않은 옷차림 때문에 스스로 어색해했다. 우리는 와젠키 공원을 산책했다. 드보이니코프가 흥분하여 말했다.

"이런 일은 깨끗한 셔츠를 입고 해야 합니다……. 아마 나는, 예를 들면 칼랴예프처럼, 혁명을 위해 죽을 자격은 아직 없는지도 모릅니다. 내가 살면서 뭘 봤습니까? 술주정, 말다툼, 싸움입니다. 나 같은 사람은, 그러니까, 흑색백인조[1] 가족 출신이고 아버지도 흑색백인조 조직원이었습니다—아버지가 내게 뭘 가르칠 수 있었겠습니까? 하지만 테러에서는 유리처럼 맑아야 합니다, 달리 방법이 없어요. 그렇지 않나, 페쟈?"

페쟈(나자로프)는 대답하지 않았다. 고개를 높이 들고, 그는 멀리 반쯤 얼어붙은 연못과 얀 소비에스키[2]의 흰 동상을 쳐다보았다. 내가 물었다.

"무슨 생각을 하나, 페쟈?"

---

[1] '검은 100명'을 뜻하는 흑색백인조는 16세기 말 17세기 초의 국수주의와 왕정주의에서 비롯되어 특히 1905-1907년 사이에 활발하게 활동했던, 황정을 지지하는 러시아 극우주의 단체이다.
[2] 폴란드-리투아니아의 8대 국왕.

"응, 아무 생각도 안 해. 죽이라고 지령이 내려오면, 즉 죽여야 한다는 뜻이지……. 그가 몇 사람이나 망가뜨렸겠어……."

칼라시니코프는 살해의 세부 사항에 대해서만 이야기했다. 그는 모든 계획에 있어 가장 많은 책임을 진 인물이었다. 아파트에서 타타로프를 만나면, 그가 가장 중요한 역할을 하기로 되어 있었다—첫 번째 공격을 하는 역할이었다. 또한 그의 책임은 드보이니코프와 나자로프, 그리고 자기 자신의 도주를 기획하는 것이었다.

다음 날 아침 나는 타타로프의 아파트 초인종을 눌렀다.

문을 열어준 것은 그의 어머니로, 머리가 센 노파였다. 나는 니콜라이 유리예비치가 집에 있느냐고 물었다.

"집에 있어요, 이리 들어오시우."

나는 그다지 천장이 높지 않고 길며, 꽃으로 장식된 거실로 들어섰다. 오래 기다리지 않았다. 5분쯤 지나자 문지방에 타타로프의 강건하고 매우 키가 큰 형체가 나타났다. 나를 보고 그는 당황했다.

"무슨 일로 오셨습니까?"

나는 외국으로 나가는 길에 바르샤바에 잠깐 들렀으며, 바흐를 제외한 조사위원회 위원 전원이 또한 바르샤바에 와 있고, 반드시 다시 한번 심문을 해야 하며, 우리는 그에게, 즉 타타로프에게 자신을 변호할 완전한 기회를 주기를 원하고, 그의 상황을 크게 바꿀 수 있는 새로운 정보가 입수되었으며, 마지막으로, 동지들이 내게 그를 찾아가서 남은 사실을 증명하기 위해 그가 위원회에 참석할 의향이 있는지 물어보라고 지시했다고 말했다.

타타로프는 크지 않은 원형 탁자의 반대편에 나를 마주보고 앉아 있었다. 그는 눈을 내리깔고 분명히 흥분한 상태였다. 그의 뺨에는 빨간 반점이 나타났고, 손은 덜덜 떨고 있었다.

"나는 이미 말하고 쓴 것 외에는 아무것도 더 덧붙일 수 없습니다." 그가 내게 말했다.

나는 새로운 사실들이 있다고 말했다. 예를 들어, 그가 스스로를 변호하면서 자신이 아는 또 다른 밀정을 지목하고 있다는 말을 우리가 들었다고 말했다.

나는 그에게서 직접 아제프에 대한 규탄을 듣고 싶었다.

타타로프는 말했다.

"예, 이건 슬픈 실수입니다. 나는 내 정당함을 증명했습니다. 당에는 밀정이 있지만 그건 내가 아니고, 소위 '톨스티'(아제프)[1] 라는 사람입니다."

나는 물었다.

"그 정보는 어디서 입수했습니까?"

타타로프는 말했다.

"이 정보는 믿을 만합니다. 정보는 경찰에서 직접 입수했습니다. 그들은 믿을 수 있습니다."

"경찰에서 어떻게 입수했습니까?"

"내 누이가 경찰서장 세묘노프의 아내입니다. 나는 그에게 개인적인 부탁의 형태로 당의 협력자에 대해 알려달라고 했습니다. 그는 라타예프에게 갔습니다. 라타예프는 밀정이 톨스티라고 말했습니다."

타타로프는 이전에 크릴과 프리덴손에게 했던 말, 그리고 내가 아제프에 대한 중상모략이며 투쟁조직에 대한 모욕이라고 여기는 이야기를 되풀이했다.

---

[1] 러시아어 단어 '톨스티Толстый'는 '뚱뚱한 사람'을 일컫는다.

그래서 나는 말했다.

"오늘 저녁에 쇼펜 거리에서 위원회 회의가 있습니다. 오시겠습니까?"

타타로프는 더더욱 흥분했다.

"거기 누가 옵니까?"

"체르노프, 튜체프, 나입니다."

"그 외에는 없습니까?"

"없습니다."

"좋습니다. 가겠습니다."

현관에서 그는 내 눈을 쳐다보고 얼굴을 붉히며 말했다.

"나는 당신을 이해할 수 없습니다. 당신은 내가 밀정이라고, 즉 내가 어느 순간이라도 당신들을 밀고할 수 있다고 생각합니다. 어떻게 아파트로 나를 찾아오는 걸 겁내지 않았습니까?"

나는, 내게 있어 그의 죄상은 아직 충분히 밝혀지지 않았고, 아제프와 관련된 정보에 대해 그에게 직접 질문하는 것을 내 의무로 여겼다고 대답했다. 그는 말했다.

"대체 뭡니까, 그럼 당신은 톨스티가 경찰의 협력자라고 믿으십니까?"

나는 아무것도 모른다고 대답했다. 그리고 만약 안다면, 그것은 오직 한 가지, 즉 당의 중앙 조직에 밀정이 있다는 사실뿐이라고 말했다.

그는 내게 손을 내밀었고, 나는 그것을 잡았다.

같은 날 저녁 타타로프는 쇼펜 거리의 크라메르 아파트에 나타났다. 나자로프는 그가 정문을 들어설 때 문지기를 불러 뭔가에 관해 오랫동안 이야기하는 모습을 보았다. 타타로프는 위층의 아파트로 올라오지 않았고, 문지기와 이야기를 마치고는 거리로 나가서 사라졌다.

우리의 계획은 이렇게 해서 망쳐졌다. 타타로프는 어떻게 된 일인지 알아차렸다.

두 가지 조합 중에서 선택해야만 했다. 타타로프에 대한 장기적인 감시를 조직하고 거리에서 죽이거나, 아니면 집에서 죽이는 것이었다. 첫 번째나 두 번째나 그 나름대로의 난점이 있었다.

타타로프에 대한 감시를 조직하려면 바르샤바에 최소한 3명으로 이루어진 투쟁 상황의 조직을 유지해야 했는데, 그것은 즉세 동지들을 장기적인 위험에 처하게 한다는 뜻이었다. 이 위험은 도주의 가능성으로 상쇄할 수 없었다. 거리에서는 도망치기가 힘들다. 이 계획은 또한 성공의 가장 작은 가능성조차 보장해주지 못했다. 타타로프는 매우 경험이 많았고 언제나 감시를 눈치챌 수 있었으며, 감시를 눈치채면 그는 쉽게 감시자를 체포할 수 있었다.

집에서 살해한다면 도주의 희망을 어느 정도 더 크게 가질 수 있었으나, 그 대신 한 가지 대단히 어려운 측면이 있었다. 타타로프는 아파트 하나에서 부모와 함께 살았다. 부모가 살해의 목격자가 될 수 있었다. 그리고 실제로 그렇게 되었다.

이 두 가지 조합 중에서 선택하면서, 나는 오랫동안 망설인 끝에 두 번째를 선택했다. 내가 이렇게 한 것은 몇몇 동지들을 위험에 빠뜨릴 권리가 내게 없다고 생각했기 때문이고, 또한 실행자가 아파트에서 도주하기를 바랐기 때문이다.

그 실행자로 나서겠다고 자청한 사람은 표도르 나자로프였다. 나는 어째서 그런 역할에 자원하는지 그에게 물었다. 그는 내게 그 대담한 갈색 눈동자를 돌렸다.

"아니, 그를 죽여야만 한다고 말하지 않았나?"

"그래, 죽여야 하지."

"즉, 내가 그를 죽일 거란 뜻이지."

"어째서 하필 자네인가?"

"그럼 왜 내가 아니어야 하지?"

나자로프는 살해 과정에서 커다란 냉정함과 대담함을 보여주었듯, 이 경우에도 당의 의무에 대한 대단한 헌신을 보여주었다. 그는 물론 자기 목숨을 보전할 희망은 거의 없다는 점을 이해했고, 또한 장관 살해와 밀정 살해의 차이점도 이해하고 있었다. 그러나 바로 얼마 전까지 투쟁조직의 일원으로서 그는 다른 많은 사람들보다 더 조직을 사랑했고, 다른 많은 사람들보다 더 자기 목숨으로 조직의 명예를 보호할 각오가 되어 있었다.

나는 모스크바로, 나자로프는 빌뉴스로 떠났다. 남은 동지들은 헬싱포르스로 돌아갔다. 헬싱포르스에서 모이세옌코는 살해의 세부 사항을 최종적으로 조율하기 위해 나자로프를 찾아갔다. 나자로프는 타타로프의 아파트로 찾아간 뒤 그를 보면 쏘아 죽이기로 되어 있었다. 나자로프는 빌뉴스에서 혼자 지냈고, 바르샤바에서도 조력자 없이 활동하기로 했다.

3월 말에 페테르부르크에서 두르노보를 감시하면서, 나는 브세볼로드 스미르노프와 접견했다. 창백한 얼굴로 접선하러 나온 그는 첫마디부터 이렇게 물었다.

"읽었소?"

"아니요."

그는 내게 신문을 보여주었다. 바르샤바에서 이런 전보가 왔다. "3월 22일 사제장 유리 타타로프의 아파트에 정체불명의 사람이 찾아와 타타로프의 아들 니콜라이 유리예비치를 살해했다. 도주하면서 살인범은 칼로 피해자의 어머니에게 부상을 입혔다."

내가 다 읽고 나자 스미르노프는 말했다.

"어머니에게 부상을……."

나는 나자로프를 알았다. 나는 전보의 말을 믿지 않았다. 나자로프가 정말로, 혹여 자기 목숨을 보전하기 위해서였다고 해도 아무 죄 없는 노파를 칼로 찔렀다고는 생각할 수 없었다. 나는 이 생각을 스미르노프에게 말했다.

그는 이렇게 대답했다.

"하느님 맙소사. 하지만 그가 정말로 부상을 입혔다면, 그때는 어떻게 합니까?"

스미르노프의 생각에는, 그리고 나도 모든 동지들이 그에게 동의할 것이라고 생각하는데, 나자로프의 이런 행동은 조직에 오점을 남길 것이며 나자로프는 이로 인해 마땅히 제명되어야 한다고 여겼다.

며칠 후 모스크바의 트베르스키 대로에서, 나는 우연히 나자로프와 마주쳤다. 나는 그에게 소리쳤다.

"페쟈!"

그는 나를 알아보고 기쁘게 미소 지었다.

"페쟈, 자네 도대체 무슨 짓을 한 건가?"

"뭘?"

"뭐라니? 무슨 짓을 한 거야?"

얼굴이 창백해진 그가 거의 속삭이듯이 물었다.

"그가 살아남았나?"

"아니, 물론 죽었지. 하지만 그의 어머니에게 부상을 입혔잖아……."

"내가? 어머니에게 부상을?"

그리고 나자로프는 격분하여 신문 기사를 반박하기 시작했다. 그는 내게 이렇게 이야기했다.

"모든 일은 이렇게 된 거야. 내가 건물에 도착했고, 수위가 물었어. '어디로 가시오?' 내가 말했지. '6호에 갑니다.' 하지만 타타로프는 5호 아파트에 살거든. '사제장 구세프의 집 말이오?' 수위가 말했지. '그래요, 구세프요.' '그래, 가시오!' 갔지. 초인종을 울렸어. 노파가 나왔어. 내가 말했지. '니콜라이 유리예비치를 만날 수 있을까요?' 노파가 묻더군. '댁은 무슨 일이오?' 내가 말했지. '필요해서요.' 아버지가 나왔어. '누굴 찾아왔소?' '니콜라이 유리예비치요.' 내가 말했지. '그는 만날 수 없소……' 이때 바로 타타로프가 나오는 거야. 문지방에 멈춰 서 있더군, 그 큰 키로. 나는 권총을 꺼내 쳐들었지. 여기서 노인이 내 손을 잡았어. 나는 쏘기 시작했지만, 총알이 어디로 갔는지는 몰랐어. 타타로프가 나한테 덤벼들었고, 셋 모두 덤벼들었지. 어머니는 왼팔에, 아버지는 오른팔에 매달렸어. 타타로프 자신은 등으로 내 가슴을 누르고 양손으로 권총을 잡아 빼려고 했지. 난 권총을 놓지 않고 꽉 잡고 있었어. 그런데 그가 계속 당겨. 그래, 그를 죽이지도 못하고, 나 자신도 함정에 빠졌다고 생각했지. 왼팔만 어떻게 흔들어봤어. 빼냈지―노파가 쓰러졌어. 나는 왼팔로 다시 칼을 꺼내 그의 왼쪽 옆구리를 찔렀어. 그는 내 손을 놓고 앞으로 두 걸음 가서 쓰러졌어. 노인은 오른팔을 움켜쥐고 있었지. 나는 천장에 총을 쏘고 말했어. 놓지 않으면 죽이겠다고. 노인이 팔을 놨어. 여기서 나는 타타로프에게 다가가 주머니에 쪽지를 넣었어. '사회혁명당 투쟁조직.' 양손을 주머니에 감추고 나는 계단으로 나왔어. 수위가 위층으로 올라오더군. 나한테 물었어. '웬 소란이오?' 내가 말했지. '소란이 있다면 수위가 필요할 테니 가보시오.'

그는 갔어. 나는 마차를 잡아타고 방으로 돌아와 돈을 내고 역으로 갔지. 이게 일의 전말이야. 그리고 노파를 칼로 찌른 적 없네. 자네는 정말로 내가 그럴 수 있을 거라고 생각하나?"

이렇게 해서 타타로프 살해는 그의 부모가 보는 앞에서 완수되었으나, 살해의 실행자는 몸을 감추었다. 후일, 이미 1906년도에 들어서 나는 타타로프의 어머니가 정말로 총알 두 발을 맞아 부상당했다는 것을 알게 되었다. 물론 나자로프는 이를 알지 못한 채, 총을 쏘다가 우연히 그녀를 다치게 한 것이다.

타타로프 살해의 수사를 맡은 것은 바르샤바 비밀경찰 특수지령 분과의 관리 M. E. 바카이라는 사람이었다. 그는 후일, 살해의 동기를 처음에는 이해할 수 없었다고 진술했다. 그를 포함해 대체로 바르샤바 비밀경찰에 알려지지 않은 것은, 타타로프가 경찰을 위해 일했다는 사실이었다. 수사 과정에 들어서서야 바르샤바 총독의 조력자인 우트고프 장군이 이에 대해 그에게 알려주었다. 또한 이때 바카이는 타타로프와 라치콥스키 사이의 전보 교신을 밝혀냈다. 후일 총리대신 스톨리핀이 제3차 국가두마에서 행한 연설에서, 타타로프가 비밀스런 협력자였다고 공식적으로 확인했다.

이미 전에 썼듯이, 나는 타타로프의 죄상을 완전히 확신하고 있었다. 오직 이 확신 때문에 나는 그의 살해에 대한 책임을 질 수 있었다. 그러나 확신하면서도, 타타로프에 대한 법적인 증거가 없으며 법정에서 변호인은 그를 정당화했을 것이라는 사실도 잘 이해한다. 불행히도 군사 혹은 군사 야전 재판이 존재하는 곳에서는, 혁명가가 밀정으로부터 당을 보호하기 위해 결국 동일한 투쟁 방식을 따르지 않을 도리가 없다. 즉, 경찰 요원들을 정식 재판이 아닌 군사 야전 재판으로 판결하는 것이다.

1장 두바소프와 두르노보 암살

바카이의 진술과 스톨리핀의 연설은 타타로프 건에 대한 조사위원회의 확신이 실수가 아니었음을 증명했다. 1909년 2월에 중앙위원회는 『노동의 깃발』지에 선언문을 실어 타타로프가 당의 지령에 따라 살해되었음을 공언했다.

IX

모스크바에서 두바소프 제독 암살과 바르샤바에서 타타로프 살해 준비가 진행되고 있을 때, 동시에 페테르부르크에서는 내무장관 두르노보 감시가 진행되었다. 감시 조직은 내가 전에 언급했듯 두 개의 독립적인 소조직으로 나뉘어 있었다. 첫 번째에 속한 것은 아브람 고츠, 트레구보프, 파블로프였으며 셋 모두 마부였다. 이 조직을 이끈 것은 처음에는 조트 사조노프, 그 뒤에는 아제프였다. 두 번째 소조직은 '제독'과 표트르 이바노프(마부들), 고린손과 피스카료프(거리 행상) 그리고 브세볼로드 스미르노프(신문팔이)였다. 나는 이 두 번째 조직과 교신했다.

감시는 1월에 시작되어 첫 소조직이 4월까지 진행했고, 두 번째 소조직은 국가두마 소집일까지 진행했다. 아브람 고츠는 마부 차림으로 갈아입고 긴 장화와 헐렁한 남색 상의, 모자를 쓰자 유대인 같지 않아 보였다. 그는 그보다는 야로슬라블 지방의 활달한 농군처럼 보였다. 그래도 어쨌든 경험 많은 눈으로 보면 그의 외모에서 유대계의 윤곽을 알아보았다. 어느 날 그가 자신의 감시 위치에 있었을 때, 경비병이 그에게 다가왔다. 경비병은 주의 깊게 고츠, 그의 말, 그리고 마차를 관찰한 후 말했다.

"너, 이 개자식, 유대놈이지!"

고츠는 모자를 머리에서 벗어던지고 성호를 그었다. 그리고 빠르게 말했다.

"맹세할 수 있소? 내가 유대놈이라고……? 하느님……! 총격 부대에서 복무하다 여기 페테르부르크로 와서 몇 푼 돈이나 벌어볼까 생각했는데, 경비가 짖어대는군—유대놈이라고!"

경비병은 믿을 수 없다는 듯이 미소 지었다.

"총격 부대에서 복무했다고?"

"물론이지……! 훌륭한 사격으로 훈장도 탔소."

"어느 부대인데?"

"7부대요."

"정말인가……? 난 8부대에 있었어……."

몇 분이 지나 그들은 완전히 친밀하게 이야기를 나누었고, 경비병은 더 이상 고츠가 유대계 혈통이라고 의심하지 않았다. 이 경우에는 오로지 재치가 고츠를 체포에서 구해주었다.

첫 번째 소조직에서 곧 두르노보를 보았다는 정보를 제공하기 시작했다. 게다가 그의 이동 경로까지 보고했다. 즉 고로호바야 거리를 따라 차르스코예 셀로 역까지였고, 마차의 외관도 자세히 묘사했다. 두 번째 소조직은 이런 보고에 회의적이었다. 체계적인 감시에도 불구하고 두 번째 조직은 두르노보를 아직 한 번도 보지 못했다.

브세볼로드 스미르노프는 외모로 보아 전형적인 거지였다. 면도하지 않고, 헝클어진 머리에 찢어진 길고 헐렁한 상의는 밧줄을 허리띠 삼아 두르고 있었다. 그는 처음에 거리에서 담배를 팔았다. 그러나 곧 좀 더 잘 어울리는 분야를 찾아냈다. 그는 『러시아의 깃발』의 신문팔이를 시작했다. 감시가 특히 두르노보가 황제에게 가는 길인 차르스코예 셀로 역에 집중되었으므로, 스미르노프의 과제는 세묘노프 부대의 병영 지구인 자고로드니 대로에서 신문 팔 장소를 얻는 것으로 한정되었다. 그는 브베젠스키

운하 모퉁이를 선택하여 그곳에 가판대를 세울 수 있도록 허락해 달라는 청원을 하러 경찰서 서장을 찾아갔다. 서장은 그를 보자 화를 냈다.

"가버려. 안 돼."

"허락해 주십시오, 서장님!"

"안 돼."

"제발 부탁입니다!"

서장은 그의 헝클어진 머리를 쳐다보았다.

"넌 뭐야, 어느 신문에서 왔어?"

"『러시아의 깃발』입니다."

"『러시아의 깃발』?"

"예, 그렇습니다."

서장은 잠시 생각했다.

"그래, 알았다, 젠장. 허락한다."

허가를 얻은 스미르노프는 정해진 시간에 빠지지 않고 차르스코예 셀로 역을 감시했다. 이 감시는, 두 번째 소조직의 모든 동지들처럼 그 어떤 결과도 내놓지 못했다. 그러나 어느 날, 그와 우리 모두를 대단히 놀라게 한 일이 발생했다.

스미르노프는 다른 감시자들 모두 그랬듯 무장을 하지 않았다. 그들 중 누구도 권총을 지니고 다니지 않았다. 우연히 체포된다면—그렇게 체포될 가능성은 언제나 있었다—권총은 심각한 증거품이 될 것이었다. 어느 날 낮에 스미르노프가 자고로드니 대로에서 신문을 팔고 있을 때, 그에게 다름 아닌 두르노보가 다가와 그에게서 『새 시대』를 샀다. 스미르노프는 어쩔 수 없이 멀어져 가는 장관을 보고 있을 수밖에 없었다. 이 일은 우리끼리 동의하기 시작한 의견을 확신시켜 주었다. 우리는 벌써 오래전부터, 두르노보가 마차를 타고 공개적으로 외출을 하는 대신 장관들에게는 새롭지만 혁명가에게는 오래된 전략—집에서 나와 걸으면서 도중에 보안을 위한 모든 조치를 취하는 방식을 택했다고 짐작해 왔다. 당시 우리는 그가 구체적으로 우리의 감시 활동에 대해 경고받았으리라고까지는 생각하지 않았다. 우리는 우리 방식이 3월 17일에 첫 마부들이 검거되었을 때부터 경찰에 알려졌으며, 전반적으로 높은 지위에 있는 잘 알려진 명사들은 이 때문에 특별한 조치를 취하기로 한 것이라 생각했다. 그리고 그들도 우리도, 밀정들의 비밀경찰은 절대로 경호하지 못한다는 것을 잘 알고 있었다.

표트르 이바노프는 1905년 여름 끝 무렵부터 마부석에서 내려오지 않았다. 외관상으로 보아서는 가장 경험 많은 형사조차 그가 혁명가라고 의심하지는 못했을 것이다. 키가 크지 않고 어깨가 넓고 강한 그는 마부답게 마부석에 늘어져 앉아서 마부답게 경찰과 다투었고 마부답게 손님들과 흥정했다. 그의 말은 비루먹었고 마차는 고물이었다. 여러 번이나 나는 비밀 접선을 하는 길에 그를 지나쳐 가면서 다른 마부들의 긴 줄 사이에서 그를 알아보지 못했다. 그는 다른 누구보다도 자신의 직업과 생활 방식에 익숙해졌다. 그는 진심으로 직업상 자기 동료들의 사정을 이해했고, 마부 조합의 일원으로서 마부들의 회의에 참석했다. 그러나 정류장에 있을 때나 개인적으로 이야기할 때 그는 조심스럽게 자신의 진정한 확신을 숨겼으며 입헌민주당원의 노선 밖으로 나가지 않았다.

"바로 엊그저께 집회에 참여했었네." 그는 미소 지으며 이야기했다. "대표를 뽑더군. 그런데, 여기 어떤 농부가 왔어, 사회혁명가야. 연설을 하더군. 땅에 대해서. 그러니까, 땅을 농민들에게 돌려주라고. 뭐, 좋은 일이지……. 하지만 우리는 그를 선택하지 않았어."

"어째서?"

"농장 일꾼은 안 돼. 마부는 요령이 있어야 해. 말을 제대로 간수해야지. 마차도, 그러니까, 반짝반짝하게 해두고, 몰 줄 알아야지. 그런데 그는…… 나는 그 사람을 알아. 그래, 쓰레기 같은 마부놈이지. 반 루블[1] 은화나 제대로 벌까. 그런 놈을 뽑을 수 있겠어? 안 돼, 입헌민주당원을 뽑는 게 낫지, 꼼꼼하게 일하도록."

마부석 위의 제독은 순진한 시골 사내로 보였다. 밝은 빨간색 머리에 땅딸막하고 얼굴이 넓은 그는 페테르부르크로 돈을 벌러 상경하는 수백 수천의 농민들과 비슷했다. 그는 또한 자기 역할에 금방 적응했다. 그는 페테르부르크 시장인 폰 라우니츠 장군에 대하여 뭔가 각별한 증오심을 품고 있었고, 여러 번이나 그를 살해하는 문제를 언급했다.

마차 끄는 말을 재촉하면서 그는 말했다.

"두르노보 암살은 아직 안 돼요. 그가 어디로 어떻게 다니는지 파악할 수 없을 거요……. 그래, 파악할 수 없는 걸 어쩌겠소. 그런데 그 라우니츠는 내가 여러 번 봤소. 왜 라우니츠는 살려두는 거요? 두르노보는 안 돼요—라우니츠를 죽여야 해요."

결국 그가 라우니츠를 죽였다.

이바노프와 제독을 나는 여러 번 함께 만났는데, 보통 그들의 마차에서 만나서 가는 동안 그들과 이야기했다. 이 목적을 위해 우리는 섬으로 나갔다. 스미르노프와 나는 '돈 강의 로스토프'라는 지저분한 선술집에서 만났고, 급사들도 우리의 만남—나리

---

[1] 러시아의 화폐 단위. 1루블은 100코페이카.

와 찢어진 옷을 입은 마부의 만남—에 익숙해졌다. 고린손과 피스카료프와는 훨씬 더 적게 만났고, 대체로 거리에서 그들에게 담배를 사면서 만났다. 스미르노프를 통해 나는 그들과 안정적인 관계를 유지했다.

이렇게, 우리 소조직의 감시는 아무런 결과도 내지 못했다. 두르노보가 신문을 사 갔던 스미르노프의 경우를 제외하면, 우리는 다 해서 그를 딱 한 번 보았다. 제독이 모르스카야 거리에서 총독을 본 것이다. 두르노보는 모퉁이에 서서 어떤 관리와 함께 이야기하고 있었다. 그러나 제독은, 스미르노프처럼 무기를 갖고 있지 않았다.

이런 와중에 첫 번째 소조직은 자기 일을 계속했다. 고츠, 파블로프, 트레구보프는 자신들이 이미 두르노보 미행을 완수했으며 곧바로 암살에 착수할 수 있다고 공언했다. 우리는 이것이 사실이 아니라고 확신했다. 집중된 감시 작업에도 불구하고 우리 소조직이 두르노보를 보지 못했다는 것은 있을 수 없는 일이라 여겼기 때문이다.

오해는 곧 풀렸다. 작업을 점검하던 중, 고츠와 파블로프, 트레구보프가 내무장관이 아니라 두르노보와 얼굴이 비슷한 법무장관 아키모프를 미행한 것으로 밝혀졌다.

그러자 그들은 아키모프 암살을 감행하자고 제안했다.

3월 두바소프 암살 시도와 바르샤바 방문을 마친 후, 나는 페테르부르크를 통해 헬싱포르스에 도착했다. 헬싱포르스에서 나는 아제프를 찾았다. 나는 그에게 모스크바와 바르샤바 작업에 대해 말하고 법무장관 암살에 빨리 착수해야 한다고 생각하는지를 물었다.

아제프는 언제나 그렇듯이 외관상으로 무심하게 말했다.

"아키모프 암살은 분명히 거행할 수 없소. 믿을 만한 소식통에게서 정보를 얻었는데, 두르노보 사건과 관련된 세 명의 마부가 페테르부르크에 있다는 사실이 경찰에게 알려졌다고 하는군. 다른 한편으로 고츠, 파블로프, 트레구보프는 미행당한다고 불평하고 있소. 이 점에 대해 어떻게 생각하시오?"

나는 정확히 어떤 정보가 누구에게서 입수되었는지 물었다. 아제프는 내게 다음과 같이 이야기했다.

V. I. 나탄손이 어느 유명한 입헌민주당원의 집에 손님으로 갔다가 식사 중에 투쟁조직에 관한 이야기를 들었다. 이 대화에서 그녀는, 손님들이 페테르부르크에 세 명의 테러리스트 마부들이 존재한다는 사실을 알고 있음을 파악했다. 그녀 자신은 이런 사실을 처음 듣는 것이었고, 그런 정보가 비밀 계획을 진행하는 혁명가들이 아니라 경찰 정보원들 사이에서 흘러나왔을 가능성이 높다고 판단하여 엿들은 사실을 서둘러 중앙위원회에 알렸다.

말을 마치고, 아제프가 다시 물었다.

"이 점에 대해 어떻게 생각하시오?"

나는, 내 생각으로는 페테르부르크에서 즉시 고츠, 파블로프, 트레구보프를 빼내야만 하고, 또한 두 번째 소조직 또한 미행을 당하고 있지 않은지 확인해야만 하며, 미행당하지 않는다면 그 소조직의 감시 작업은 계속되어야 하고, 세 마부가 빠진 자리에는 새로운 사람들, 즉 드보이니코프, 칼라시니코프, 나자로프를 채워 넣어야 한다고 말했다.

아제프는 나에게 동의했다. 고츠, 트레구보프, 파블로프는 마차를 팔고 페테르부르크를 떠났다. 드보이니코프, 칼라시니코프, 나자로프는 그러나 감시 조직에 참여하지 않았다. 두마 소집일까지 다 합쳐서 한 달밖에 남지 않았고, 마차와 말을 사는 데만도 정해진 기한의 반이 흘러갈 것이었다. 이것은 즉, 감시 인원을 늘리기 위해서는 행상인 숫자를 늘리는 방법밖에 없다는 뜻이었다. 행상인은, 고린손과 피스카료프의 말에 따르면 일하는 데 힘든 점이 너무나 많았으므로 단기간의 감시 작업은 가장 쓸모없는 결과만 내놓을 것이었다.

후일, 이미 4월 말의 국가두마 개회 전날, 어쨌든 아키모프를 죽이려는 시도가 있었다. 트레구보프가 법무부 관리 복장을 한 채 손에 폭탄을 들고, 아키모프가 사는 미하일롭스카야 거리에서 그가 나오기를 기다렸다. 그는 장관이 나올 때까지 기다리지 못했고, 암살은 성공하지 못했다. 물론 암살은 되풀이될 수 있었으며 더 큰 성공을 거둘 수도 있었으나, 중앙위원회에서 설정한 조건에 따라 중앙위원회의 사전 승인 없이는 재시도가 허락되지 않았다. 실패 후 핀란드로 돌아온 트레구보프는, 페테르부르크에서 미행을 당했다고 설명했다. 이 때문에 그는 장관을 기다릴 수 없었던 것이다. 그의 폭탄은 질베르베르그가 준비했다. 그 또한, 뒤에 감시가 따라붙는 것을 눈치챘다고 말했다.

이후 얼마 안 돼서 핀란드 역에서 파블로프가 체포되었고, 조금 뒤에는 트레구보프가 체포되었으며, 그보다 더 후에, 이미 여름이 됐을 때 페테르고프의 거리에서 고츠가 잡혔다. 이들은 1907년 가을 페테르부르크 법원에서 사회혁명당 투쟁조직에 가담한 혐의로 재판을 받고, 모든 권리를 박탈당한 뒤 각각 다른 형기를 받고 강제 노역형에 처해져 유배당했다.

X

국가두마 소집 바로 직전, 그러나 4월 23일 전에, 두르노보 암살은 불가능하고 두바소프 암살에는 여러 가지 난점이 딸려 있다는 것이 밝혀진 후 고츠는 두 가지 계획을 제안했다.

그는 두마가 열리기 전에 강력한 테러 행위를 완수해야 한다는 데 우리도 모두 동의한다고 여겼다. 그의 방식대로 장기간 준비를 하는 것이 불가능한 경우, 그의 의견에 따르면 게릴라 방식으로라도 성공시키도록 노력해야 할 것이었다. 그는 두르노보가 사는 집 혹은 그가 황제에게 갈 때 타는 열차를 폭파하자고 제안했다. 이 계획의 기술적인 세부 사항은 자세히 들여다보지 않고, 아제프가 말했다.

"나는 내가 선두에 서는 경우에만 동의하겠소."

나와 고츠는, 우리 생각에 그것은 허가할 수 없다고 말했다. 즉각적인 테러 행위의 필요성이 얼마나 크고 그가 얼마나 책임이 있든 간에, 조직은 대장이자 현실적인 지도자인 아제프를 희생시킬 수 없었다. 우리는 그런 조건을 취소하라고 그에게 부탁했다.

아제프는 말했다.

"이런 거사, 이런 공개적인 공격에 있어서는 지도자가 선두에 서는 것이 필수적이오. 나는 가야 합니다."

여기에 우리는 둘 다, 동지들과 함께 간다면 우리 둘로도 충분할 것이므로 그가 암살에 직접적으로 참여할 필요는 없다고 반박했다.

아제프는 생각에 잠겼고, 그런 후에 말했다.

"뭐, 좋소. 거기 가서 봅시다."

우리는 고츠가 제안한 계획의 기술적인 세부 사항으로 옮겨갔다. 우리는 두 가지 장애물에 부닥쳤다. 그 첫 번째로, 우리는 그렇게 짧은 기간 동안 양쪽 기획 모두 혹은 그중 한 가지만이라도 성공시킬 폭발물을 확보할 수 있을지 자신이 없었다. 두르노보의 집과 기차 양쪽을 폭발시키려면 여러 푼트의 다이너마이트가 필요했다.

둘째로, 우리는 두르노보가 살고 있는 거처 내부의 방 배치를 정확히 알지 못했고, 그가 사는 모이카 거리의 저택은 너무나 거대한 탓에 혹여 그 안으로 숨어들어 갈 수 있다고 해도 폭발로 인해 장관이 죽을 것이라는 보장은 전혀 없었다. 저택의 절반이 손상을 입더라도 두르노보는 어쨌든 살아남을 가능성이 높았다. 1906년 8월, 최대강령주의자들이 유사한 계획을 실행하여 압테카르스키 섬에 있는 스톨리핀 장관의 별장을 폭파했을 때 그런 일이 일어났었다.

또한 우리는 두르노보가 정확히 어느 기차의 정확히 어느 객차에 타고 다니는지 자세히 알지 못했다. 우리는 일반적인 특급 열차의 폭파를 피함으로써 정부와는 아무 관련이 없는 인물들의 죽음을 피할 수 있었다. 우리는 1878년 '인민의 의지'당이 폭파한 수행 열차를 기억했다.[1]

짧은 시일 내에 두르노보 거처의 방 배치를 확인하는 것은 전혀 불가능했다. 그 기한 내에 두르노보가 정확히 어느 기차로 다니는지 확신할 수 있을 정도로 밝히는 것도 거의 불가능했다. 우리는 차르스코예 셀로 철도선의 경비 병력과 그 노선을 공개적으로 공격할 수 있을지의 가능성만을 확인할 수 있었다. 이를 확인하는 작업은 고츠가 맡았다. 그는 선로가 상당히 강력하게 경비되고 있으며, 낮에 장관이 탄 열차가 도착할 때 선로를 폭파하는 것은 대단히 어렵다고 진술했다.

다이너마이트에 관해서라면, 이 상황에서 결론을 내릴 수 있

---

1 1887년 3월 테러리스트 조직 '인민의 의지'당에서 당시 황제 알렉산드르 3세가 타고 있던 열차를 폭파하여 황제 암살을 시도했다가 실패한 사건.

는 사람은 질베르베르그였다.

질베르베르그는 테리오키의 실험실에서 살았다. 그와 그의 아파트는 모든 의심에서 벗어나 있었고, 그의 일은 대단히 성공적으로 진행되었다. 그러나 질베르베르그는 대체로 수동적인 자신의 역할 때문에 괴로워했다. 그는 조직의 일에 더 직접적이고 가깝게 참여하기를 원했고 이를 위해 필요한 것을 모두 갖추고 있었다. 그가 페테르부르크에서 두르노보를 직접 감시하는 일을 맡고, 이 목적을 위해서 마부가 되게끔 하자는 제안이 나왔다. 그러나 실험실에서 그의 일, 즉 두바소프와 아키모프를 위해 폭탄을 준비하는 작업이 이를 방해했다. 그는 고참 화학자 역할로 남았다.

우리가 고츠의 계획을 알리자 질베르베르그가 대답하길, 그는 훈련된 동지들의 도움을 받아 짧은 기한 내에 다이너마이트 갑옷[1]과 폭탄을 몇 개 준비할 수 있겠지만, 그가 지금 가진 다이너마이트의 양은 두르노보의 기차 혹은 자택 중 하나만 폭파시키는 데도 간신히 닿을 정도라고 대답했다.

이로써 우리의 장애물 중 첫 번째는 해결되지 않았고, 두 번째는 일부분만 해결되었다.

아제프는 계획을 다시 한번 검토한 후 말했다.

"이 모든 장애물 외에도 또 한 가지 측면이 더 있습니다. 조직원에게 폭파되어 공중으로 날아갈 것을 요구할 권리가 투쟁조직에 있습니까?"

고츠의 계획은 파기하기로 결정되었고, 고츠 자신도 여기에 동의했다.

---

1 다이너마이트를 갑옷처럼 몸통에 둘러 입을 수 있게 연결한 장치.

그리하여 국가두마의 소집 전, 즉 중앙위원회에서 정한 기한 내에서 우리는 두바소프의 암살 시도를 제외하고는 강력한 테러 행위를 완수할 수 없는 상황인 것으로 드러났고, 두바소프 암살은 의심할 여지 없이 도덕적인 성공을 거두었으나 어쨌든 거의 실패에 가까웠다. 두바소프가 살아남았기 때문이다.

나는 당시 이런 실패의 원인을 세 가지로 규정하고 싶다. 첫 번째는 작업의 제한된 기한이다. 두 번째는 두르노보가 포착되지 않았단 사실이 나에게 확신을 준, 외부 감시 방법의 낙후성이다. 세 번째는 투쟁조직의 불충분한 유연성과 민첩성이다. 게다가 소수의 중심부(아제프와 나)에 의존하여 조직을 충원하는 것은 중앙과 개개 인물 간의 탄탄한 관계 정립을 불가능하게 했다. 이런 약점은 내가 아제프에게 여러 번 지적한 바 있었다.

XI

강력한 테러 기획 외에도 투쟁조직은 같은 기간에 덜 중요한 몇몇 행위를 준비하고 있었는데, 그 대상은 추흐닌 제독, 민 장군, 리만 대령, 밀정 가폰, 그리고 정치적 수색을 지휘하는 라치콥스키였다. 그러나 이 거사 중에서 투쟁조직의 힘으로 완료된 것은 하나도 없었다.

내가 이미 말했듯 젠지노프는 추흐닌 제독 살해의 가능성을 알아보라는 지령을 받고 세바스토폴로 떠났다. 그는 당시 아직 투쟁조직의 조직원이 아니었던 블라디미르 브노롭스키, 그리고 젠지노프와 같은 목적을 세우고 있던 예카테리나 이즈마일로비치가 세바스토폴에 있을 때 도착했다. 젠지노프는 핀란드로 돌아와 추흐닌은 분명 이 동지들에 의해 살해될 것이라고 진술했다. 실제로 1906년 1월 22일, 예카테리나 이즈마일로비치는 청원인 자격으로 추흐닌의 저택에 들어가서 제독을 권총으로 몇 발 쏘아 심각한 부상을 입혔다. 그녀는 저택 현장에서 아무런 재판도 조사도 없이 수병들에게 사살당했다. 브노롭스키는 몸을 숨겼다. 추흐닌은 같은 해 6월 29일에 세바스토폴 근교의 별장 '새로운 홀란드'에서 수병 아키모프에 의해 살해당했다.

민 장군과 리만 대령의 암살은 다음과 같은 상황에서 진행되었다.

도로 건설 학교[1] 학생인 사모일로프와 전직 모스크바 대학교 학생인 야코블레프(구드코프)는 테러 행위에 참여하고 싶다는 의향을 투쟁조직에 진술했다. 사모일로프는 투쟁 경력이 없었으며, 야코블레프는 모스크바 봉기에 참여한 적이 있었다. 그들이 참여 의사를 밝히기 전까지 나는 사모일로프도 야코블레프도 만난 적이 전혀 없었으나, 그들은 아주 훌륭한 추천장을 갖고 있었다. 그리고 실제로, 양쪽 암살 모두 이들의 잘못이 아닌 이유로 실패했다.

이들 둘 다 같은 날, 그리고 가능하다면 같은 시각에 민과 리만의 거처에 나타나 그들을 사살하기로 계획되었다.

그들이 헬싱포르스에서 떠나기 전날 나는 『미래』지의 편집자인 티데르만 씨와 엘린 놀란데르 부인의 아파트에서 그들을 둘 다 만났는데, 티데르만 씨와 놀란데르 부인은 여러 번 우리에게 귀중한 도움을 준 핀란드인 동지들이었다. 사모일로프와 야코블레프는 둘 다 똑같이 평온했다. 야코블레프는 그 아름답고 강한 저음의 목소리로 렌스키의 아리아 〈다가오는 날이 나를 위

---

1 페테르부르크 국립 도로 정보 학교는 1798년 건설된 러시아 최초의 고급 건설 기술학교로서 수로, 철로, 도로 건설 등 통행과 통신에 관련된 모든 고급 기술자를 양산하는 대학교급 교육기관이었다.

해 무엇을 준비해 둘까)²를 불렀다. 다음 날 그는 체포되었다.

저녁 기차를 타고 그들은 헬싱포르스를 떠났다. 사모일로프는 해군 중위 차림이었고, 야코블레프는 육군 중위 제복을 입고 있었다. 사모일로프는 바드볼스키 대공의 명함을 가지고 민에게 찾아가기로 되어 있었고, 야코블레프는 드루츠키-소콜니스키 대공의 이름으로 리만에게 가기로 되어 있었다. 그들 모두 처음에는, 아침에 민과 리만이 거처에 없음을 알고 낮에 다시 오겠다고 약속했다. 사모일로프는 낮에도 아무도 만나지 못했는데, 더 정확히는 해군 제복과 명문가 성씨에도 불구하고 민이 그를 맞아들이지 않았다. 야코블레프는 두 번째로 찾아갔을 때 바로 리만의 집 입구에서 경찰에게 잡혔다. 그는 고츠, 파블로프, 트레구보프와 함께 법원에서 계급 대표들이 참석한 가운데 재판을 받고 권리의 박탈과 유배지에서의 15년간 노역형을 선고받았다.

이 체포는 당시 설명되지 않은 채로 남아 있었다. 리만이 미리 야코블레프의 도착에 대해 경고를 받은 것 같았는데, 그렇지 않고서는 경찰이 그의 집 입구에 와 있던 것이 이해되지 않았다. 아침에 찾아온 장교 드루츠키-소콜니스키에 대해 리만이 신원 조사를 했다고 하더라도, 찾아온 사람이 장교가 아니라 테러리스트라는 사실이 오후 5시까지 확인되기는 거의 불가능했다. 리만은 살아남았다. 민은 같은 해 8월, 지나이다 코노플랴니코바에 의해 살해되었다.

같은 시기에 라츠콥스키와 가폰에 대한 암살이 착수되었다.

2월 초 헬싱포르스에 P. M. 루텐베르크가 찾아와 다음과 같이 이야기했다.

---

2 푸시킨의 1831년도 소설 『예브게니 오네긴Евгений Онегин』을 오페라로 각색한 작품 중에 나오는 주인공의 친구 렌스키의 아리아.

1장 두바소프와 두르노보 암살

2월 6일 모스크바에서 가폰이 그를 찾아왔다. 가폰은 자신이 경찰, 특히 개인적으로 페테르부르크 황실 비밀경찰 대장인 게라시모프를 비롯해 앞서 내가 이미 언급한 라츠콥스키와 연락을 유지하고 있다고 밝혔다. 그는 루텐베르크에게 경찰과 협력을 시작하여 그 자신과 함께 투쟁조직을 밀고하면, 그의 말에 따르면 정부에서 10만 루블을 주기로 약속했다고 제안했다.

이미 오래전부터 가폰에 대해서 어두운 소문들이 떠돌고 있었다. 그가 10월부터 11월 사이에 내무부 관리인 마나세비치-마누일로프와 신문 『시민』지에서 일하는 콜리슈코를 통해 비테 백작과 어떤 교류를 시작했고, 그보다 더 일찍 외국에 있을 때 어떤 대공 한 명과 만났으며, 최근에 외국 신문 통신원들과의 대화에서 그가 황제에 대한 자신의 충성심과 길을 잘못 들었던 것에 대한 후회를 진술했다, 같은 유의 이야기였다. 이런 소문들을 전혀 안 믿을 수는 없었다. 가폰은 삶을 그 가장 원초적인 형태로 사랑했다. 그는 안락함을 사랑했고, 여자를 사랑했고, 사치와 화려함을 사랑했고, 한마디로 돈으로 살 수 있는 것을 사랑했다. 나는 파리에서 그의 삶을 관찰하면서 이 점을 확신했다. 그 한 가지만으로 물론 그리고리 가폰을 배신자라고 단정하기에는 부족했다. 그러나 가폰에게는 또 하나의 성향이 있었는데, 이 점이 앞서 말한 성향과 결합해 그가 정부와 타협하도록 이끌었을 가능성이 있었다. 가폰은 용기가 전혀 없었고, 죽음을 두려워했으며, 교수대를 두려워했다. 나는 앞서 내가 기술한 1905년 9월 헬싱포르스에서 그와 만났던 경험[1]을 통해 이 점을 확신했다. 그러나 어쩌면, 만약 그에게 굳건한 신념이 있었더라면, 그를 처음에

---

1 224-226쪽 내용 참조.

비테 백작에게, 그리고 후에 라츠콥스키에게 이끈 것은 사치에 대한 사랑도 죽음의 공포도 아니었을지 모른다. 그러나 그에게 그런 신념은 없었다. 그는 기분에 따라, 느낌에 따라 살았다. 그는 먼저 행동하고, 그런 뒤에야 자신의 행동을 이해했다. 천성적으로 무언가에 대단히 쉽게 빠져들뿐더러 성격이 약했으며, 재능은 있었으나 아주 높은 수준으로 충동적이었던 그는 여러 거짓된 방향으로 움직였다가 나중에 스스로 그것을 후회하기도 했다. 어찌 되었든 간에, 루텐베르크의 이야기는 가폰에 대한 나의 인상이나 그에 대한 소문과 어긋나지 않았다.

루텐베르크는 매우 흥분해 있었다. 그는 자신이 가폰과 함께 부틸로프 공장 노동자들과 군대를 향하여 전진하던 것을 기억하고 있었다. 나르브스키 대로에서 가폰을 실어 날라 그를 검거로부터 구해낸 것을 기억하고 있었다. 외국에서 가폰이 테러와 무장 봉기에 대해 이야기했던 것을 기억하고 있었다. 마지막으로, 가폰과의 개인적인 우정과 그에 대한 자신의 감정을 기억하고 있었다. 헬싱포르스에서 아제프와 나를 찾아온 그가 우리에게 질문했다.

"이제 어쩌면 좋습니까?"

가폰의 배신을 심리적으로 이해할 수 없는 것은 아니었지만, 그 배신이라는 사실 자체는 일반적인 기준을 완전히 벗어나는 것이었다. 그 당시 1906년 겨울, 가폰은 아직도 대중에게 가장 인기 있는 사람이었다. 그의 이름, 혁명 지도자라는 이름은 입에서 입으로, 노동자들에게서 농민들에게로 전해졌다. 그의 초상화는 사방에서—도시와 시골, 러시아인들에게서, 폴란드인들, 심지어 유대인들 사이에서도 찾을 수 있었다. 그가 처음으로 도시 빈민을 동요시켰다. 그가 처음으로 봉기하는 노동자들의 선두에 서기로 결심했다. 1905년의 전국적 파업도, 12월의 시가전 같은 사건조차도 이 사람의 명성을 가릴 만큼은 아니었으며, 사람들은 그에게서 새로운 활동을 기대했고, 그가 혁명을 시작했다면 또한 그가 그것을 끝낼 것이라고 기대했다. 내가 위에 말한 불분명한 소문들은 대중을 광범위하게 동요시키지 못했다. 그리고 페테르부르크와 다른 대도시에서 가폰의 이름이 이미 어느 정도 빛이 바래고, 그와 비테 백작의 관계 때문에 그를 공개적으로 규탄하기 시작했을 때에도, 그를 완전히 믿고 그의 첫 한 마디면 그를 따라 나설 노동자들이 아직 많이 남아 있었다.

내 눈에 가폰은 일반적인 배신자가 아니었다. 그의 배신은 예를 들면 타타로프의 배신과 그 성격이 달랐다. 타타로프는 사람들을, 조직을, 당을 팔아 넘겼다. 가폰은 더 나쁜 짓을 했다. 그는 민중 혁명 전체를 팔아 넘겼다. 그는 지도자는커녕 혁명의 병졸조차 될 자격이 없는 사람을 대중이 마구잡이로 따라간다는 사실을 보여주었다. 나는 망설이지 않고, 내 생각에 당신의 질문에 대해서는 미리 규정된 단 하나의 대답밖에는 있을 수 없다고 루텐베르크에게 대답했다. 가폰은 살해되어야 했다.

이 대화는 발터 스텐벡의 아파트에서 이루어졌는데, 그는 바로 반년 전에 가폰을 숨겨준 사람이었다. 아제프와 루텐베르크와 나 외에도 이 대화에는 체르노프 또한 참여했다.

아제프와 체르노프는 곧장 의견을 말하지 않았다. 나는 당시 아직 중앙위원회 위원으로 선출되지 않았고, 내 발언권은 P. M. 루텐베르크의 발언권과 마찬가지로 협의하는 성격밖에는 띠지 못했다. 결정권은 아제프와 체르노프에게 있었다.

아제프는 오랫동안 생각했고, 담배를 끊임없이 피우며 침묵했다. 마침내 그가 말했다.

"내 생각에, 가폰을 마르틴(루텐베르크)의 보고에만 기반하여 죽일 수는 없소. 가폰은 대중에게 너무 인기가 많소. 그의 죽음을 납득하지 못할 거요. 우리를 믿어주지도 않을 거요. 그가 정말로 경찰과 왕래가 있어서가 아니라 우리 당에서 보복하기 위해 그를 죽였다고들 말할 거요. 경찰과의 관계를 증명해야만 합니다. 마르틴은 혁명가고 당의 조직원이지만, 이 건에 직접 관련된 사람들이 볼 때 목격자는 아니오. 그런데 이 건에 모두가 관련되어 있잖소. 그러니 만약 가폰을 폭로한다면……."

루텐베르크가 물었다.

"어떻게 폭로합니까?"

"아주 간단합니다. 가폰 스스로 게라시모프와 라츠콥스키와 만난다고 말하지 않았소. 당신을 그 만남에 부르기까지 했습니다. 그 제안에 허위로 동의하시오. 다시 말해 경찰에 협력하라는 그의 제안을 허위로 받아들이고, 가폰과 라츠콥스키가 함께 있는 것이 보이면 둘을 함께 죽이시오."

"그러면요?"

"그러면, 그때는 증거가 확실한 거 아니오. 정직한 사람이라면 라츠콥스키와 만날 리가 없소. 가폰이 정말로 배신자라고 모두들 확신할 거요. 게다가 라츠콥스키도 살해당할 것이고. 당에게 라츠콥스키보다 더 강력한 적은 없소. 그의 살해는 엄청난 의미를 가질 거요."

체르노프도 아제프를 지지했다. 그는 또한 가폰 하나만 살해하면 당은 다분히 어려운 입장에 처하게 될 텐데, 왜냐하면 루텐베르크의 확언 외에 가폰의 죄상에 대한 증거는 하나도 없기 때문이었다. 그는 게다가, 라츠콥스키 살해를 대단히 중요하게 여겼다.

루텐베르크와 나는 다른 의견을 고수했다. 우리는 둘 다, 물론 가능하다면 라츠콥스키도 죽여야 한다고 생각했으나, 가폰 하나만을 죽이는 것이 우리 눈에는 더 큰 의미를 가졌다. 우리 둘은 가폰의 배반을 입증할 증거는 언제든 저절로 나타날 것이고, 그러므로 우리가 지금 당장 그 증거를 내놓지 못한다는 사실을 감안할 필요는 없다고 확신했다. 우리 의견으로는, 가폰 살해를 위해서는 루텐베르크 앞에서 그가 스스로 배신을 인정한 것만으로 충분했다. 게다가 우리는 배신자 가폰이 모든 경우와 모든 정황에 있어 반드시 당에서 보낸 인물에게 살해되어야 한다고 확신했는데, 왜냐하면 그는 다름 아닌 당과 가장 가까웠고 다름 아닌 당이 루텐베르크라는 인물을 통해 그의 배반을 밝혀냈기 때문이었다.

아제프도 체르노프도 우리에게 동의하지 않았다. 그들은 그 외에도 이 일의 책임은 모두 자신들이 지겠다고 선언했으며, 중앙위원회 전원 역시 우리 둘의 의견이 아니라 그들의 의견에 동의할 것이라고 말했다. 실제로 후일 중앙위원회는, 가폰과 라츠콥스키를 함께 살해하는 계획조차 취소해야 한다고 생각한 M. A. 나탄손의 반대에도 불구하고 그들의 의견을 승인했다.

아제프와 체르노프의 진술 후에 루텐베르크는 다른 방으로 가서 그곳에 오랫동안 혼자 남아 있었다. 돌아와서 그는 말했다.

"나도 동의합니다. 내가 라츠콥스키와 가폰을 살해하겠습니다."

아제프는 당장 행동 계획을 세웠다. 루텐베르크는 가폰과 새로이 만나는 자리에서, 자신이 경찰에 협력하는 데 동의하며 그 목적을 위해 라츠콥스키를 만나는 데 동의한다고 진술하기로 했다. 그는 또한 가폰에게 자신이 투쟁조직의 일원이며 두르노보 암살을 지휘하고 있다고 말하기로 했다. 라츠콥스키가 루텐베르크의 동의를 불신하리라고 예측한 아제프가 다음과 같이 제안했다. 첫 번째로, 루텐베르크는 당과 당에 관련된 사람들과의 교류를 전부 끊고 철저하게 고립된 상태로 지내기로 했다. 그렇게 하면 루텐베르크에 대한 감시는 다른 동지들에 대한 감시와 체포로 이어지지 않을 것이었다. 두 번째로, 루텐베르크는 역시 라츠콥스키의 불신을 기만할 목적으로 마부들의 도움을 받아 두르노보 암살 시도를 가장하기로 했다. 그는 몇몇 마부들을 고용하여 정해진 시각에 정해진 거리, 즉 두르노보가 지나갈 수 있는 곳을 돌아다니게 해야 했다. 밀정들은 루텐베르크를 감시하면서, 의심할 바 없이 루텐베르크가 계속해서 같은 마부들하고만 교류한다는 사실을 눈치채고 이 점을 보고할 것이었다. 마부들은 물론 아무런 위험에도 노출되지 않았다. 게다가 아제프는 조직원 중 아무나 실제로 마부로 변장시켜서 루텐베르크와 교신하게 할 준비가 되어 있다고 진술했다. 이 조직원은 거의 확실하게 죽을 운명에 처하겠지만, 라츠콥스키의 암살은 조직의 관점에서 보기에 그 정도로 중요했으므로 이를 위해서 조직은 그 구성원을 한 명이 아니라 여러 명이라도 기꺼이 희생시킬 것이었다. 라츠콥스키는 사실상 자기 손에 정치적 수사의 모든 실마리를 쥐고 있었다. 루텐베르크를 위한 폭탄은 질베르베르그가 준비하기로 했다.

  루텐베르크는 이 계획 때문에 당황했다. 그는 가폰에게 허위로 동의해야 한다는 민감한 측면과 거짓에 기반한 계획 전체가 당혹스러웠다. 모든 투쟁 작업은 필연적으로 그리고 변함없이 자기희생뿐만 아니라 기만에 바탕을 두고 있다는 사실에 그는 아직 익숙해지지 못했다. 문제의 도덕적 측면은 차치하고, 나는 아제프가 제안한 계획이 목적을 달성하는 데 타당하고 합리적이라고 생각했다. 가폰은 오래전에 당과, 더욱이 투쟁조직과는 모든 관계가 끊어졌다. 동지 중 누구 하나도 경찰에서 귀중하게 여길 정보뿐 아니라 거사의 무해한 세부 사항조차 공유하지 않을 것이었다. 그는 중앙위원회나 아제프, 그리고 나의 소재지를 몰랐다. 이것은 즉 라츠콥스키에게 가폰 자신은 유용할 수가 없고 경찰에 대한 그의 협조는 오로지 루텐베르크처럼 당의 명망 있는 조직원을 선동할 수 있다는 점에만 한정될 것이라는 뜻이었다. 오직 라츠콥스키에게 자신의 교섭이 얼마나 성공적이었는지를 증명하기 위해서라도, 그는 루텐베르크의 부탁 없이도 스스로 라츠콥스키와 회견을 성사시키기 위해 노력할 것이었다. 이 회견을 정하는 것은, 회견에 참석하는 것이 그의 이해관계에 도움이 되는 것과 마찬가지로 그에게 직접적으로 이익이 되는 일이었다. 따라서 나는 루텐베르크가 큰 노력을 들이지 않고도, 또한 가폰에게 인물이나 활동에 대한 정보를 조금도 제공하지 않고도, 라츠콥스키와 가폰을 함께 만나는 상황이 충분히 만들어질 수 있다고 생각했다. 그러면 그들을 죽일 수 있었다. 그러나 나는 두르노보에 대한 허위 감시는 불필요하다고 여겼는데, 왜냐하면 루텐베르크를 미행하는 밀정들이 그에게서 아무런 활동도 눈치채지 못한다고 해도, 그가 거사에 참여하지 않는다고는 결코 결론지을 수 없기 때문이다. 그들은 그가 임시로 비밀 계획을 진행하고 있다고 생각하고 상부에도 바로 그렇게 보고할 것이다. 게다가 나는 루텐베르크가 걱정되었다. 내가 보기에 아제프가 제안한 계획이 그에게는 너무나 내키지 않아 보여서, 그가 결심을 하지 못하거나 계획을 끝까지 완수할 여력이 없을 것 같았다. 나는 루텐베르크에게 이 점을 말했다.

"나는 어린아이가 아닙니다." 그는 말했다. "내가 말했으니 내가 해낼 겁니다."

그는 즉석에서 아제프의 계획을 받아들였다. 나는 페테르부르크에서의 허위 감시를 맡을 예정이던 드보이니코프와 이야기를 나누러 갔다.

드보이니코프는 놀란 채로 내 말을 다 들었으나, 망설이지 않고 말했다.

"나도 동의합니다."

"이해 못 하시겠습니까, 바냐." 내가 그에게 말했다. "당신은 분명히 감시당할 거고, 일이 진행되는 도중에 체포당할 수도 있고, 만약 가폰과 라츠콥스키가 살해된다면 당신은 무슨 수를 써도 절대로 체포를 피할 수 없을 겁니다."

그가 자신의 짙은 눈동자를 내게 향했다.

"체포라니 무슨……. 하느님, 가폰이 정말 밀정이란 말이오?"

그는 이 생각을 받아들일 수 없었다. 이런 정보가 그에게 불러온 영향을 보고, 나는 1월 9일 가폰을 따라나섰던 노동자들이 그의 밀고 행위를 알게 되었을 때 무엇을 느끼고 어떤 영향을 받을지 이해할 수 있었다.

드보이니코프는 페테르부르크로 떠났고, 그곳에서 마차와 말을 샀다. 루텐베르크는 가폰을 만나러 떠났다. 그가 마지막으로 아제프와 만났을 때 나는 동석하지 않았다. 나는 모스크바로 떠났다.

루텐베르크는 가폰을 만난 후 계획에 따라 활동하기 시작했다. 점차 가폰의 제안을 받아들이는 쪽으로 움직이면서 마침내 자신에게 이 질문의 답이 명확해졌으며, 경찰에 들어가기로 결심했다는 것을 가폰에게 알렸다. 또한 그 결정이 라츠콥스키가 지불할 금액의 규모에 달려 있다고도 전했다. 그러자 그들의 대화는 흥정의 성격을 띠게 되었다. 루텐베르크는 가격을 제시했고, 가폰은 흥정했다. 루텐베르크는 매일 속기사처럼 정확하게 이 대화 내용을 기록했고, 후에 이를 중앙위원회에 제시했다. 이 기록을 검토한 후 나는 루텐베르크가 아제프의 제안에 당황했던 데 놀라지 않게 되었다. 그의 역할은 어렵다기보다는 불쾌한 것이었다. 가폰은 대화와 제안에 있어 냉소적이었다. 동지들과 친구들을 흥정의 대상으로 삼는 가폰의 이야기를 루텐베르크가 차분히 듣고 있어야 했던 것은, 그에게 강한 인내심이 요구되는 일이었다.

이런 대화가 몇 번 있은 후에, 가폰은 라츠콥스키가 그를 만나는 데 동의했으며 3월 4일 '콩탕' 음식점의 독립된 내실에서 접견하기로 했다고 루텐베르크에게 알려주었다. 가폰도 이 접견에 동석할 예정이었다. 협의에 따르면 루텐베르크는 처음에는 무기 없이 라츠콥스키를 만나러 가기로 되어 있었다. 우리는 그가 들어설 때 몸수색을 당할까 걱정했는데, 그렇게 되면 암살은 당연히 저절로 끝장날 것이었다. 라츠콥스키의 신뢰를 얻은 후에야 루텐베르크는 폭탄을 가지고 갈 수 있었다.

3월 4일에 루텐베르크는 '콩탕' 음식점에 나타났고, 가폰과 약속한 대로 '이바노프 씨의 독립된 내실'을 요청했다. 종업원은 그런 내실은 없다고 그에게 말했다. 루텐베르크는 떠났다.

가폰은 다음 날, 오해가 일어났으며 라츠콥스키가 다가오는 일요일에 그를 접견에 초대한다고 말했다.

루텐베르크는 이 일요일을 기다리지 않았다. 가폰과의 대화로 인해 그는 대단히 불안한 상태가 되었다. 게다가 이미 일어난 '오해'를 그는 속임수라고 보았는데, 가폰 측의 짓이 아니라면 라츠콥스키의 잔꾀일 것이었다. 그는 거사를 청산하고 외국으로 나가기로 결정했으며, 아제프에게 이 점을 알렸다.

모든 세부 사항을 나는 바르샤바 출장을 마치고 헬싱포르스에 돌아온 후 3월에야 알게 되었다. 나는 헬싱포르스에 이틀 정도만 묵었다가 다시 떠났다. 떠날 때 나는 가폰-라츠콥스키 건은 최종적으로 청산되었으며 루텐베르크는 외국에 있다고 확신했다.

3월 말에 나는 다시 헬싱포르스에 있었다. 나는 아이노 말름베르그가 사는 아파트에서 아제프를 만났다. 그는 모스크바와 페테르부르크의 작업 상황에 대한 나의 이야기를 다 들은 후 잠시 침묵하다가, 언제나 그렇듯이 무심하게 말했다.

"그런데 자네 알고 있나, 가폰이 살해됐네."

나는 놀랐다.

"누가 죽였소?"

"마르틴(루텐베르크)."

나는 더욱 놀랐다.

"언제요?"

"22일에, 오제르키의 별장에서."

"당이 허락했습니까?"

"아니. 마르틴이 독자적으로 활동했소."

루텐베르크는 헬싱포르스에 있었다. 나는 그를 브룬스파르크 공원, 『미래』지의 두 번째 편집인인 구메루스 씨의 집에서 찾아냈다. 루텐베르크는 아직도 가폰 살해의 후유증에서 완전히 벗어나지 못한 상태였다. 그가 말했다.

"나는 벨기에로 떠날 계획이었네. 하지만 여기 도착해서 생각에 잠겼어. 좋다, 라츠콥스키를 죽이는 건 불가능하지만, 가폰은 죽일 수 있다. 내가 그걸 해낼 의무가 있다고 결정했어."

나는 그에게 물었다.

"하지만 중앙위원회에서 가폰 한 사람만 죽이는 건 허락하지 않았다는 걸 자네도 알지 않았나?"

그가 대답했다.

"허락하지 않았다니 무슨 말이야? 둘을 함께 죽일 수 없다면 가폰 하나라도 죽이라고 들었네."

나는 반박하지 않았다. 그리고 물었다.

"그럼 드보이니코프는 어디 있나?"

"말과 마차를 팔고 지금은 여기 있네."

그 뒤에 루텐베르크는 내게 다음과 같이 이야기해 주었다. 가폰 하나만 죽이기로 결심한 후, 그는 마치 경찰에 협력하기로 한 자신의 결정에 대한 마지막 교섭인 듯 꾸며서 미리 빌려둔 오제르키의 별장으로 가폰을 초대했다. 그는 노동자 몇 명을 불러 모았는데, 이들은 루텐베르크가 개인적으로 잘 아는 사람들로서 당의 구성원들이었고, 그중 몇몇은 1월 9일에 가폰과 함께 행진했던 사람들이었다. 그는 이들에게 가폰과의 대화를 모두 알려주었다. 노동자들은 처음에는 믿지 않았다. 루텐베르크는 그들에게 자신의 말이 진실임을 확인한 후에만 살해에 동참해 달라고 제안했다. 이 노동자들 중 하나가 오제르키 역에서 마부 차림으로 루텐베르크를 태우고 가폰을 기다렸다. 이들이 별장까지 가는 동안 그 노동자는 마부석에 앉아서 가폰과 루텐베르크의 대화를 전부 들었고, 가폰이 정말로 루텐베르크에게 경찰에 협력할 것을 권하고 있다는 사실을 확신했다. 별장에서도 같은 일이 일어났다. 빈 방에서 문을 살짝 닫아놓고, 노동자 몇 명이 루텐베르크와 가폰의 대화를 들었다. 가폰이 그때처럼 냉소적으로 말한 적은 없었다. 대화가 끝날 무렵 루텐베르크는 갑자기 문을 열고 노동자들을 안으로 들였다. 가폰의 애원에도 불구하고 노동자들은 즉석에서 그를 옷걸이의 걸개에 목매달았다.

이야기하면서 루텐베르크는 대단히 흥분했다. 그는 말했다.

"그의 꿈을 꿔……. 언제나 그가 눈앞에 어른거려. 생각해 보라고, 1월 9일에 내가 그를 구하지 않았나……. 그런데 지금은 목이 매달렸어……!"

가폰의 시체는 살해 후 한 달이 지나서야 경찰에 의해 발견되었다. 중앙위원회는 결의문을 발송하면서 이 작업이 당의 지시라고 인정하기를 거부했다. 루텐베르크는 외국으로 떠났다.

후일 루텐베르크는 여러 번이나 중앙위원회에 가폰 살해 건을 수사하고, 이 건은 당 상부 조직의 인식과 허가 아래 실행되었음을 인정해 달라고 청원했다. 그는 자신이 아제프와 마지막으로 만났을 때, 만약 가폰과 라츠콥스키를 동시에 암살하는 것이 불가능해질 경우 가폰 한 사람만을 살해해도 좋다는 허가를 아제프로부터 받았다고 주장했고, 3월 22일 거사 이틀 전에 이미 가폰 암살 준비가 진행 중이라는 사실을 아제프에게 알렸지만 아제프가 이를 중단시키지 않았으며, 심지어 아제프가 이 일에 도움을 줄 수 있는 사람을 추천하거나 직접 조언을 주는 방식으로 간접적으로 가담했다고 말했다. 아제프는 루텐베르크의 이런 진술을 부인했다. 중앙위원회의 결의는 두 가지 해석을 허용하지 않고 가폰과 라츠콥스키를 함께 살해하는 경우에 한해서만 허가했었기 때문에, 중앙위원회는 루텐베르크의 진술을 정식 보고로 인정하지 않고 그의 청원을 거부했다. 나는 중앙위원회가 올바르게 행동했다고 여겼다. 나는 아제프와 체르노프가 가폰 하나만 살해하는 것에 반대 의견을 진술했던 것을 잘 기억하고 있었다.

살해가 경찰에 알려지자, 그 이유와 살해 방법에 관해 갖가지 소문이 무성하게 떠돌았다. 물론 가폰의 죄상을 믿지 않는 사람들도 있었으나, 그보다 더 이상한 것은 루텐베르크의 정치적 정직성을 의심하는 발언을 하는 사람들이 나타났다는 것이다. 그들은 루텐베르크가 경찰 협력의 경쟁자를 제거하려는 동기에서 가폰을 죽였다고 확언했다. 중앙위원회는 언젠가 『당 통신』에서 이런 소문들을 반박했는데, 나로서는 그것을 되풀이할 필요조차 없을 정도로 루텐베르크의 정직성을 전혀 의심하지 않았으며, 가폰의 제안에 허위로 동의하여 그는 중앙위원회의 명령을 수행했을 뿐이라고 여겼다.

이 일에 관하여 신문 『노동의 깃발』 15호에 중앙위원회의 공식 통지가 발표되어 모든 면에서 루텐베르크를 복권시켰다.

XII

첫 국가두마의 개회와 함께, 첫 전당대회 직후부터 시작된 우리의 테러전은 끝났다. 일련의 투쟁 기획 중 완전히 성공한 것은 하나도 없었다. 두바소프는 부상당했고, 가폰은 살해당했으나 라츠콥스키 없이 혼자만이었고, 민, 리만, 아키모프, 그보다 훨씬 중요한 두르노보는 살아남았다. 조직에서는 여러 목소리가 들려오기 시작했다. 그중 내 목소리는, 우리의 이어진 실패들이 우연한 원인만으로 설명될 수 없으며 그 원인은 그보다 깊은 데 있음이 틀림없다는 것이었다. 나는 테러 활동에 더 새로운 기술을 적용하려는 슈베이체르의 생각을 기억했다. 이런 측면에서 조직은 대단히 낮은 수준에 있었다. 질베르베르그가 다이너마이트 제작에 있어 몇 가지 개량한 부분을 제외하면, 과학 기술이라는 측면에서 이룩한 것은 하나도 없었다. 나는 아제프에게 이 점을 조직의 근본적인 약점으로 지적했고, 아제프는 동의했다.

루브콥스키 아파트의 폭발 후, 나는 헬싱포르스에서 질베르베르그와 만났다. 그는 매우 창백했고 평소의 그 평온함을 거의 잃어버린 상태였다. 내가 그에게 물었다.

"무슨 일입니까?"

"제 잘못입니다."

"뭐가요?"

"헨리에타(베네브스카야)가 폭발한 것 말입니다."

"어째서요?"

"제가 폭탄을 만들었습니다."

나는 놀라서 다시 물었다.

"그래서 어떻다는 겁니까?"

"분명히, 도화선이 빽빽해서 꺼내기가 힘들었을 겁니다."

물론, 언젠가 사조노프가 3월 18일의 실패에 잘못이 없었던 것처럼 질베르베르그도 4월 15일의 폭발에 별 잘못이 없었다. 그러나 질베르베르그는 사조노프처럼 자기 자신을 책망했다.

내 관점에서 보기에, 4월 13일의 폭발은 누가 그 사고의 책임자인가 하는 문제를 떠나, 앞으로 절대적으로 지켜야 할 원칙을 세우는 계기가 되었다. 즉 화학자가 혼자서 만든 폭탄은 다른 사람이 해체해서는 안 된다는 것이다. 브노롭스키가 페테르부르크에서 폭발물을 받지 않았다면, 그리고 베네브스카야가 모스크바에서 그것을 해체하지 않았다면, 불행은 일어나지 않았을 것이다.

이런 실수는 무엇보다도 두바소프를 기차에서 살해하는 계획을 고집한 아제프의 잘못으로 일어났고 또한 내 잘못이기도 했

1장 두바소프와 두르노보 암살

는데, 왜냐하면 그에 반대하는 의견을 끝까지 고수하지 않았기 때문이다. 이것은 내게 우리 실패의 또 한 가지 원인을 지적해 주었다. 나는 스스로 지쳤다고 느꼈다. 나는 아제프가 벌써 1월에 피로를 호소하며 작업을 그만두길 원했던 것을 기억했다. 나는 아제프와 나의 피로는 필연적으로 조직의 활동 전반에 반영될 수밖에 없으며, 또 만약 두바소프 암살이 진행되던 그런 조건에서라면 4월 23일의 폭발조차 승리로 여길 수밖에 없겠지만, 전체적으로 보아 우리 앞에 놓인 당의 과업이 매우 불만족스럽게 수행되었음을 우리는 인정하지 않을 수 없었다.

당시 나는 내가 경찰의 감시하에 있음을 알려주는 또 하나의 사건을 눈치채고 놀랐다. 페테르부르크에 여러 번 오가던 중이었는데, 4월 중순 페테르부르크의 핀란드 역에서 내게 소총을 든 국경 수비대의 군인이 다가와 따라오기를 부탁했다. 그는 나를 방으로 데리고 들어갔는데, 그곳에는 군인 두 명과 관리 한 명이 더 있었다. 관리는 내 이름을 묻지 않고, 여행 가방을 열 것을 부탁했다. 나는 가방을 열어 그것을 바닥에 내버려두었다. 가방을 조사한 후 관리와 군인들은 한 마디도 하지 않고 방을 나갔다. 나는 혼자 남았다. 그리고 가방을 집어 들고 나왔다. 아무도 나를 잡지 않았다.

나는 아제프에게 내 의심을 털어놓았다. 나는 이 사건의 수상함을 그에게 지적하고, 그라면 어떻게 설명하겠는지 물어보았다. 아제프는 웃었다. 그는 그저 우연이 겹쳤을 뿐이며 분명히 현지 관리가 나를 밀수꾼으로 의심한 것이라고 말했다. 질베르베르그에게 당시 다음과 같은 일이 일어나지 않았다면 나는 그 말에 동의했을 것이다.

벨로오스트로프 역에서 국경 경비대가 그를 붙잡더니 그가 입고 있는 새 양복을 이유로 돈을 요구했다. 질베르베르그는 돈을 지불했으나, 부당하게 청구된 돈을 반환해 달라고 요구하는 청원서를 현지의 중앙관청에 제출했다. 관청장은 그에게 돈을 돌려주라고 명령하고 질베르베르그와의 대화에서 이렇게 말했다.

"이번 일은 전혀 이해를 못 하겠습니다. 이미 입고 있는 양복을 이유로 돈을 요구하다니……! 제가 생각할 수 있는 유일한 해명은 비밀경찰이 선생을 감시하고 있다는 겁니다. 비밀경찰 요원이 선생의 의심을 사지 않고 선생을 수색해야 하니까, 현지 경비대에 선생을 지목한 겁니다. 경비대는 양복을 가지고 시비를 걸었고요."

나는 또한 아제프에게 조직의 구성 자체에 관한 의심을 표명했다. 그는 언제나 그렇듯 말없이 들었다. 어느 날 그가 내게 물었다.

"그래, 동지의 생각에는 어떻게 하면 좋겠소?"

나는 조직원의 숫자를 줄이거나 아니면 반대로 현저하게 늘려야 한다고 말했다. 조직원 감소는 조직에 유연성을 가져올 것이고, 어쩌면 우리가 지금까지 제대로 해내지 못했던 무장 공격 방식으로 전환할 수 있을지도 몰랐다. 조직원 증가는 외부 감시 활동을 늘릴 가능성을 주고 그렇게 해서 감시의 질을 개선할 수 있었다. 나는 또한, 어쩌면 보다 근본적인 해결책은 테러 활동에 기술적 개선을 도입하는 데 있을지도 모른다고 말했다.

"동지가 옳을지도 모르지." 아제프가 말했다. "해보시오. 누구든 원하는 대로 골라내서 세바스토폴로 가시오. 추흐닌을 죽여야 하오, 특히 지금, 이즈마일로비치가 실패했으니 말이오. 동의하시오?"

나는 그의 제안을 받아들인다고 말했다. 나는 서로 가까운 사람들로 이루어진 크지 않은 조직은 그 어떤 장애물이 있더라도 추흐닌 암살을 준비할 수 있을 것이라고 확신했다.

나는 그러나 물었다.

"하지만 국가두마 기간 중에 테러를 계속하기로 결정된 거요?"

"동지는 어떻게 생각하시오?" 아제프가 물었다.

내게 있어서는 의문의 여지가 없다고 대답했다. 나라면 테러 활동을 중단하는 것은 큰 실수라고 여겼을 것이다.

아제프는 말했다.

"나도 그렇게 생각하오. 그러니 누구든 원하는 대로 고르시오, 나는 페테르부르크에 남아 있을 테니. 우리는 스톨리핀 암살을 준비할 거요."

나는 칼라시니코프, 드보이니코프, 나자로프, 그리고 라셸 루리예와 교섭했다. 그들 네 명 모두 나와 함께 세바스토폴로 가는 데 동의했다. 그들을 알기 때문에 나는 성공을 의심하지 않았다.

마지막 순간에 투쟁조직은 몇몇 조직원을 잃었다. 브노롭스키는 죽었고, 모이세옌코, 야코블레프, 베네브스카야, 파블로프는 체포당했다. 고츠는 외국으로 나가 병든 형에게 갔다. 젠지노프는 조직을 완전히 떠났다. 그러나 아제프 수하에는, 화학자들 외에도 페테르부르크의 감시 조직이 손상되지 않은 채로 남아 있었다(스미르노프, 이바노프, 제독, 고린손, 피스카툐프). 그들과 합류하기로 한 것은 블라디미르 브노롭스키, 실레로프, 그리고 감시 지휘자 자격의 질베르베르그였다. 아제프는 성공을 기대할 수 있었다.

2장   체포와 도주

I

5월 초에 나는 아제프와 작별한 후 헬싱포르스를 떠났다. 칼라시니코프, 드보이니코프, 나자로프는 각자 하리코프로 갔는데, 그곳에서 나를 기다리기로 되어 있었다. 하리코프에는 실레로프도 있었다. 그는 4월 23일 폭발 이후 모스크바를 떠났다. 나는 모스크바에서 하루를 지냈는데, 거기서 D. O. 가브론스키가 내게 당 자문위원회가 일을 마쳤다고 알려주었다. 나는 이 자문위원회에 초대받지 못했을 뿐 아니라 줄곧 당 조직과 직접적인 관계 없이 일해왔기 때문에 위원회가 열렸다는 사실조차 알지 못했다. 나는 또한, 이 위원회에서 국가두마 기간 동안 테러 투쟁을 중단하기로 결정했다는 것도 모르고 있었다. 이렇게 해서, 결과적으로 내가 추흐닌 제독을 죽이라는 당의 지령을 받고 세바스토폴로 떠난 것은 이미 당이 일시적으로 테러를 중단하기로 결정한 때였다. 이 사실을 나는 감옥에서 신문을 통해서야 알게 되었다.

당 위원회의 결정은 나와 내 동지들의 다수 의견과 너무나 어긋나서, 만약 우리가 그 결정을 미리 알았다면 이를 어떻게 받아들였을지 나로서는 알 수 없다. 테러의 두 번째 중단은 우리 눈에는 명백한 정치적 실수였다. 그것은 지금 막 세력을 회복한 투쟁조직을 파멸시켰다. 어쩌면 우리는 이런 경우 중앙위원회를 따르지 않고 당과 노골적으로 충돌하는 방향으로 나갔을지도 모른다. 어찌 됐든 내게는 아직까지도 왜, 어떻게 해서 우리가 이미 내려진 결정을 통보받지 못했는지, 그리고 또한 어째서 이런 결정에 따라 우리에게 추흐닌 건을 중지하고 핀란드로 돌아오라는 제안이 오지 않았는지 이해할 수 없다…….

하리코프에서 나는 실레로프, 칼라시니코프, 드보이니코프, 나자로프를 만났다. 실레로프는 하리코프를 떠나 며칠 쉬기 위해 빌뉴스로 갔다. 드보이니코프, 칼라시니코프, 나자로프와 함께 나는 임박한 추흐닌 암살 계획을 논의하면서 며칠을 보냈다.

이 회의에서 그들 세 명은 모두 세바스토폴에서 행상과 구두닦이 자격으로 거리 감시를 맡기로 결정했다. 나는 아직 남아 있는 몇 가지 세부 사항을 설명하기 위해 그들에게 심페로폴에서 접선하자고 약속했고, 나 자신은 현지에서 최종적인 계획을 세우기 위해 세바스토폴에 가기로 결정했다.[1] 그들과 작별하면서 나는 대학 정원에서 의심스러운 사람의 윤곽을 발견했다. 그 윤곽은 우리를 감시하는 것 같았다. 나는 동지들에게 물었다.

"미행당하지는 않습니까?"

"안 당합니다." 칼라시니코프가 모두를 대신해 대답했다.

"그 점을 확신하십니까?"

"물론입니다."

나는 같은 날 저녁 하리코프를 떠났다. 후에 조사 자료에서 밝혀진바, 나에 대해서는 아직 감시가 조직되지 않았으나 드보이니코프, 칼라시니코프, 나자로프에 대해서는 이미 며칠째 감시

---

[1] 세바스토폴과 심페로폴은 모두 현재 우크라이나 크름반도에 있는 도시. 세바스토폴은 흑해 연안의 대도시이며 흑해 함대 기지가 있고 휴양지로 유명하다. 심페로폴은 세바스토폴 북쪽에 있다.

가 진행 중이었다. 밀정들은 하리코프에서 우리의 접선을 눈치챘다.

심페로폴에서도 같은 이야기가 반복되었다. 우리는 마치 우리를 감시하는 것만 같은 어떤 수상한 사람들을 또다시 발견했다. 또다시 드보이니코프, 칼라시니코프, 나자로프는 아무도 자신들을 미행하지 않는다고 나를 확신시켰다.

나는 당시 이들의 확신을 믿었던 것이 나의 커다란 실수라고 생각한다. 드보이니코프와 나자로프는 폭넓은 대중 활동에 익숙해진 노동자들로서, 밀정들에게 충분한 주의를 기울이지 않았다. 칼라시니코프도 본래 성격상 위험성을 과대평가하기보다는 과소평가하는 경향이 있었다. 나는 이 사실을 알고 있었으면서도, 어쩌면 우리를 체포로부터 구할 수도 있었을 그 필수적인 확인 절차를 거치지 않았다.

나는 5월 12일에 세바스토폴에 도착하여, '베첼' 호텔에 예비역 육군 소위 드미트리 예브게니예비치 수보틴이라는 이름으로 묵었다. 현지 위원회와는 전혀 아무런 교신도 하지 않았고, 심지어 위원회 접선 장소도 몰랐다. 이 때문에 나는 세바스토폴에서 5월 14일에 암살 준비를 하고 있다는 사실을 알 수가 없었다. 반대로 나는 그 5월 14일, 즉 대관식 기념일[2]에 추흐닌 감시를 시작하리라 생각하고 있었으며, 드보이니코프와 나자로프, 칼라시니코프에게 이 날짜까지 세바스토폴에 도착할 것을 부탁했다. 그들 셋은 내 계산에 의하면 장엄미사를 위해 추흐닌이 와 있게 될 블라디미르 성당 근처에서 감시하기로 되어 있었다. 나도 또한 이때 낮 12시쯤, 프리모르스키 대로에서 접선이 있었다. 라

---

2 1896년 5월 14일 러시아 마지막 황제 니콜라이 2세와 알렉산드라 왕비의 대관식이 있었다.

2장 체포와 도주

셸 루리예가 다이너마이트를 가지고 세바스토폴에 며칠간 와 있기로 했고, 나는 그녀를 기다리고 있었다. 다행히 5월 14일 당시 그녀는 아직 세바스토폴에 도착하지 않은 상태였다.

그녀가 늦게 도착한 덕분에 우리가 살았다. 그녀가 다이너마이트를 가지고 체포되었다면 그 누구도 바로 우리가 네플류예프 장군 암살에 참여했다는 것을 믿어 의심치 않았을 것이다. 5월 14일 아침 10시경, 나는 예카테린스카야 거리의 교회에서 칼라시니코프를 만나 그에게 블라디미르 성당에 갈 것을 제안했다. 후일 드러난바, 칼라시니코프를 감시하던 밀정은 이 만남 또한 눈치챈 상태였다.

낮 12시에 다음과 같은 일이 일어났다.

성당에서 미사가 끝난 후 세바스토폴 요새의 지휘관 네플류예프 장군은 교회 행진에 참여했는데, 군중 속에서 16세 정도의 젊은 청년 니콜라이 마카로프가 뛰어나와 네플류예프의 다리에 폭탄을 던졌다. 마카로프의 폭탄은 폭발하지 않았다. 그러나 직후 강력한 폭발이 일어났다. 두 번째 암살 참여자인 29함대 수병 이반 프롤로프의 폭탄이 폭발한 것이다. 이 폭발로 프롤로프는 현장에서 즉사했다. 그와 함께 모인 사람들 중 6명이 죽고 37명이 부상을 입었다.

프롤로프와 마카로프는 사회혁명당 당원들이었고, 세바스토폴 위원회의 승인을 얻지는 못했더라도 위원회가 인지하고 협력하는 가운데 활동했다. 이 위원회의 대표는 위에 언급한 당 자문위원회에서 대다수를 따라 테러를 일시 중단하자는 의견에 찬성표를 던진 바 있었다.

마카로프, 드보이니코프('솔로비요프'라는 가명 사용), 나자로프('셀리베스트로프'라는 가명 사용)는 폭발 현장에서 체포되었다.

드보이니코프는 미행당하고 있는 것을 눈치채고 광장에서 뛰쳐나가 우샤코프 골목을 따라 달리기 시작했으나, 비밀경찰 요원 페트로프와 맞은편에서 달려오던 한 장교에게 잡혔다. 나자로프는 폭발 직후 셰르바코프 요원에게 잡혔으나, 나자로프에 따르면 공소장이 밝히는 대로 '명백히 어떤 상황인지 이해하지 못한 채, 그리고 셰르바코프가 제정신이 아니라고 생각하고 그를 성당 현관에서 정원 안으로 데리고 갔으며, 그곳에서 도움 청할 곳을 찾지 못한 셰르바코프가 나자로프를 놓아주자 그는 즉시 군중 속으로 뛰어든 다음 볼샤야 모르스카야 거리를 따라 달리기 시작했다. 셰르바코프는 그를 뒤쫓다가 시청 앞문 근처에서 순찰대를 발견하고 재빨리 나자로프를 뒤에서 붙잡고는 순찰대를 향해 소리쳤다. "이 사람을 잡으시오, 폭탄을 던진 그 사람이오.'" 순찰대의 도움으로 나자로프는 붙잡혔다.

칼라시니코프는 몸을 숨기는 데 성공했으나 얼마 지나지 않아 5월 20일에 페테르부르크의 핀란드 역에서 체포되었다. 나는 '베첼' 호텔의 내 방에서 잡혔다.

프리모르스키 대로에 앉아 있다가 나는 멀리서 폭발의 소음을 들었다. 거리로 나갔다. 모퉁이마다 사람들이 모이고 있었고, 군중이 무리를 지었다. 어떤 수병이 기쁜 얼굴로 내 쪽을 보고 큰 소리로 외쳤다. "선생, 네플류예프가 살해됐답니다······." 몇 분간 나는 망설였다. 나는 폭발이 있은 후에 시내에서 대대적인 수색이 시작된다는 것을 알고 있었고, 즉시 세바스토폴을 떠나 수색이 잠잠해진 후에 돌아오는 것이 낫지 않을까 생각했다. 그러나 나는 이 수색이 나까지 건드릴 수는 없다고 판단했는데, 왜냐하면 나는 암살에 참여하지 않았을 뿐만 아니라 그에 대해 알지도 못했기 때문이다. 나는 미행당하고 있지 않다고 확신했다. 이 때문에 나는 호텔의 내 방으로 돌아가기로 결정했다.

계단을 올라가고 있을 때, 나는 뒤에서 외치는 소리를 들었다. "선생, 당신 잡혔소……." 바로 그 순간 나는 누군가 뒤에서 팔을 꽉 잡는 것을 느꼈다. 나는 돌아섰다. 층계참은 총을 겨눈 병사들로 순식간에 가득 찼으며, 그들은 나를 둘러싸고 내가 중심에 서도록 위치를 맞추어 총검을 겨누었다. 두 명이 내 팔을 잡았다. 경찰관이 매우 창백한 얼굴로 내 가슴에 권총을 들이댔다. 어떤 형사가 나를 주먹으로 위협하며 욕을 했다. 또한 그곳에서 흥분한 해군 장교가 소란을 부리며 나를 "실어가지 말고" "당장 마당에서 쏴 죽이자"고 설득했다. 몸수색을 마친 후 나는 호송대의 강화된 경비하에 세바스토폴 요새 참모부로 끌려갔다. 요새 참모부에서 나는 드보이니코프, 나자로프, 마카로프가 이미 와 있는 것을 보았다. 같은 날 저녁 우리는 또다시 강화된 호송대의 경비하에 요새 본부 영창으로 이송되었다. 우리 모두 똑같이 비밀 조직에 가담한 죄, 폭발물을 소지한 죄, 그리고 네플류예프 장군의 목숨을 노린 암살죄로 기소되었다(형사법전 2부 126조 13항과 1부 1453조, 또한 상기 법전 22권 279쪽). 오데사 군사지역 군부 지휘자 카울바르스 장군의 명령으로 우리는 전시 상황의 법규에 따라 재판받도록 군사 법원으로 넘겨졌다. 재판은 5월 18일 목요일로 정해졌다.

5월 15일 월요일에[1] 우리의 국선 변호사가 나를 찾아왔다. 포병대 대위 이바노프와 육군 대위 바야지예프였다.

바야지예프의 변호를 우리는 곧 거절해야만 했는데, 마카로프의 탁자 위에서 그가 나의 메모를 찾아냈기 때문이다. 그는 평

---

[1] 작가 오류, 실제로는 5월 14일. — 원 편집자 주

온하게 그것을 주머니에 집어넣고 헌병대에 전달했다. 다행히도 메모에는 '명백하게 범죄적인' 내용은 전혀 없었다.

반대로 이바노프 대위와 우리는 곧 좋은 관계를 맺게 되었다. 그는 내게 변론 계획을 가져다주었고, 나는 그 내용이 나를 감동시켰음을 인정하지 않을 수 없다. 이바노프는 형량의 감소를 부탁하지 않았다. 그는 내가 그런 것에 동의하지 않으리라는 것을 알고 있었다. 그는 단지 당 노선의 관점에서 볼 때 테러의 필요 불가결성을 강조하고, 혁명가의 명예와 당의 전통과 투쟁조직의 역사에 대해 이야기했다. 변론을 다 읽은 후 나는 그것을 승인했고, 나 스스로도 그 이상 법정에서 더 해야 할 말을 찾지 못했다. 경찰과 헌병과 요새 참모대는 나를 세바스토폴 암살 사건의 주동자이자 지휘자로 여겼다. 블라디미르 성당 피해자들에 대한 책임과 미성년자인 마카로프를 테러 기획에 끌어들인 책임이 바로 내게 있다고 그들은 생각했다. 바로 말하자면, 나는 투쟁 활동을 하는 동안 내 힘이 닿는 한 정부와 관련이 없는 인물에게 해를 입히는 것을 피하려 했다. 게다가 행진하는 동안 사람들이 가득한 광장에서 암살을 시행한다는 계획 자체가 내 조직 경험에 반대되는 것과 마찬가지로, 16살짜리 소년이 테러 활동에 참여한다는 것은 그 소년이 개인적으로 훌륭한 자질을 가지고 있다 해도 테러리스트로서 나의 양심에 어긋나는 일이었다. 그러나 법정에서 이 점을 말한다는 것은 암살의 기획자들을, 심지어 마카로프 자신까지도 간접적으로 비난한다는 뜻이었다. 그런 입장을 나는 당연히 취할 수 없었다. 나는 이 때문에 재판이 진행되는 동안 침묵을 지켜야 했다.

본부 영창에서 나는 체포된 군인들로부터 이바노프 대위가 오차코프 봉기[1] 진압에 참여했다는 것을 알게 되었다. 그의 포병대가 순양함에 발포했다.[2] 나는 그를 정당화하거나 비호하고 싶지 않다. 그러나 나는 봉기를 진압한 이바노프 대위가 우리 네 명, 즉 마카로프, 드보이니코프, 나자로프, 그리고 나를 대할 때 나무랄 데 없는 배려와 자기 힘에 넘치는 도움을 주려는 뜨거운 열성을 많이 보여줬다는 사실을 밝혀두어야겠다. 그는 자신의 신념을 숨기지 않았고 내게 노골적으로 자신은 혁명의 편에 있지 않고 정부 편에 있다고 말했으나, 우리가 적이라는 것을 알면서도 그는 장교로서 우리를 존중해 주었으며 변호사로서 우리가 감옥에 갇혀 있는 기간을 할 수 있는 한 줄여주기 위해 노력했다.

화요일인 16일,[3] 나는 이바노프 대위의 약속을 믿고 그에게 내 이름을 밝혔다. 나는 그에게 내 어머니와 아내에게 형 집행일까지 시간 맞춰 도착하라는 내용을 전보로 보내달라고 부탁했다. 나는 이미 재판이 끝난 뒤에 공식적으로 이름을 밝히고, 그렇게 해서 가족들과 작별할 수 있을 것이라 기대했다. 이바노프 대위는 내게 한 약속을 지켰고, 가족들은 아직 내 이름이 법정에 알려지지 않았을 때 세바스토폴에 도착했다. 그들과 같은 기차로 또한 전직 경찰분과 과장인 트루세비치도 도착했는데, 그때는 여전히 페테르부르크 법원 검사의 동료였다. 그는 내 이전 사건들로 나를 개인적으로 알고 있었다. 그가 도착했다는 사실을 이바노프 대위에게서 듣고, 그를 내 감방에서 보고 싶지 않아 나는 같은 날 내 성을 밝혔다.

---

1 294쪽 각주 1번 참조.
2 11월 14일 봉기가 극에 달했을 때, 수병들은 스스로 지휘자를 선발하고 순양함 9대를 편성하여 진압대에 맞섰다.
3 작가 오류, 실제로는 15일. — 원 편집자 주

또한 당시에 세바스토폴로 변호사인 L. N. 안드론니코프, V. A. 즈다노프, P. M. 말리안토비치, N. I. 팔레예프가 찾아왔다. 안드론니코프와 팔레예프는 마카로프의 변호를 맡았다.

마카로프는 키가 크지 않고 붉은 볼에 단단한 체격을 지닌 젊은이로, 외모는 아직도 어린 소년이었다. 그는 열정적인 신념을 가지고 테러를 대했고, 혁명의 이름으로 교수형당하는 것을 행운으로 여겼다. 그는 나에게 네플류예프 장군 암살이 어떻게 조직되었는지를 이야기해 주었다. 참여자는 모두 4명이었다. 현지 세바스토폴 위원회는 이들이 준비하는 것을 알고 심지어 직접 그들에게 실험실을 지명해 주었으나, 위원회의 공식적인 결의는 내리지 않았다. 아마도 위원회의 이러한 반쯤 거절된 태도가, 암살 장소의 잘못된 선택과 마카로프의 폭탄이 터지지 않았던 그 비극적인 결과를 설명해 주는 이유일지도 모른다.

우리가 처음 투옥된 후 영창에서 보초를 선 것은 벨로스토크 50연대였다. 모든 중대에 사회혁명당 혹은 사회민주당 대원, 혹은 단순히 혁명에 공감하는 병사들이 있었고, 또한 혁명 투쟁조직에 들어 있는 하사관들도 있었다. 이 때문에 우리 감방 문은 군사 지휘부의 엄중한 금지와 우리를 위해 특별히 지정된 헌병들이 영창에 와 있음에도 불구하고 언제나 열려 있었다. 보초 근무의 지휘관이나 장교가 다가올 때면 모든 감방 문은 경비병의 신호에 닫혔다가, 복도에서 지휘부가 멀어질 때면 다시 열렸다. 대다수의 경우 나는 나를 지키는 보초병들에게서 가장 다정한 대접을 받았다는 사실을 말해두어야만 하겠다. 그들은 자신들에게 내려진 지시를 수행하지 않았을 뿐만 아니라, 모든 조치를 취하여 우리 입장을 편하게 해주기 위해 애썼다. 우리는 그들과 땅에 대해서, 조직 모임에 대해서, 군 복무와 테러에 대해서 긴 대화를 나누었다. 이런 상대적인 자유 덕분에 나는 마카로프와 더 가까이 교류할 수 있었고, 드보이니코프와 나자로프와도 계속적으로 끈끈한 관계를 유지할 수 있었다.

16일 화요일,[1] 내 감방으로 이바노프 대위가 찾아와 재판이 최종적으로 18일로 잡혔다고 알려주었다. 선고 집행에 대한 내 질문에 그는 말했다.

"숨기지 않겠습니다, 형 집행은 19일입니다."

같은 날 나는 이 사실을 드보이니코프에게 알렸고, 드보이니코프는 약간 창백해졌다.

"어떻게, 그럼 페쟈[2]도 같습니까?" 그가 떨리는 목소리로 물었다.

"페쟈도 같습니다."

"그리고 당신도요?"

"나도 마찬가지입니다……. 하지만 당신도 마찬가지 아닙니까, 바냐!"

"내가 뭐라고요." 그는 손을 흔들었다. "하지만 페쟈는……."

그는 어린 시절부터 나자로프와 친했다. 그와 함께 소르모보 공장에서 일했고, 시가전에서 함께 몸싸움을 했으며, 투쟁조직에 함께 들어왔다. 그는 나자로프가 교수형을 당할 것이라는 사실을 받아들일 수 없었다.

나자로프는 내 말에 다르게 반응했다. 나는 그의 얼굴에서 당혹감이나 공포의 그림자를 알아볼 수 없었다. 그는 밝게 웃으며 차분하고 담담하게 말했다.

"뭐 좋아……. 그러니까, 여기서는 사람을 괴롭히진 않는군. 최

---

1 작가 오류, 실제로는 15일. — 원 편집자 주
2 나자로프.

소한 빠르니까……. 그게 배고파 허덕이는 것보단 낫지……. 그러니까 금요일이란 말이지?"

마카로프는 들떠 있었고, 밝고 환한 기분에 젖어 있었다. 그에게 죽음은 혁명가로서 기쁘고 가치 있는 최후로 여겨졌다. 내 말을 다 듣고 그는 외쳤다.

"'땅과 자유'[3]를 위해!"

그러나 재판은 5월 18일에 열리지 않았다. 수요일인 17일에[4] 경찰 측에서 마카로프의 성을 밝혀냈다. 그는 우리처럼 자기 이름을 숨기고 있었다. 또한 밝혀진 것은 그가 16살이라는 사실이었다. 재판은 마카로프를 미성년자로 취급하는 문제에 대해 심페로폴 지방법원이 개정하는 날까지 연기되었다.

II

변호사와 동시에 나의 어머니, 나의 아내 베라 글레보브나, 그녀의 오빠 보리스 글레보비치 우스펜스키, 그리고 이미 김나지움부터 나의 동지인 변호사 알렉산드르 티모페예비치 제멜이 세바스토폴을 찾아왔다. 제멜은 법정에 나서지는 않았으나 변론의 구성에 많은 도움을 주었다.

동시에 다른 누구와도 관련 없이 독자적으로, 질베르베르그도 찾아왔다. 테러 활동 중단 결의가 내려진 후 그는 아제프를 찾아가, 이제 테러가 중단되었으니 당연히 스톨리핀 건도 중단되었을 것이므로 이제 자신이 모든 책임과 위험 부담을 지고 드보이니코프, 나자로프 그리고 나를 감옥에서 구출하려는 시도를 하

---

3 러시아제국 시기 혁명 단체. 1861-64년, 1876-79년 활동했다. 농지를 전부 농민에게 고르게 분배하고 지방자치와 시민주권을 인정할 것을 주장했다.
4 작가 오류, 실제로는 16일. — 원 편집자 주

2장   체포와 도주

고 싶다고 밝히며, 그저 약간의 금전적 지원만 요청했다.

아제프는 오랫동안 질베르베르그를 설득하여 이 기획을 그만두게 하려 했다. 아제프는 우리 셋 모두는커녕 나 하나만 해방시킬 가능성도 없다는 사실을 설명하고, 조직은 이렇게 실패할 것이 명백히 보이는 시도에 조직원을 희생시킬 수는 없다고 말하며 질베르베르그에게 참을성 있게 테러 활동 재개를 기다리라고 조언했다. 질베르베르그는 그에게 동의하지 않았고, 중앙위원회는 탈옥 계획에 필요한 자원을 사용하도록 허락했다.

베라 글레보브나가 내게 질베르베르그의 도착을 알려주었다. 그가 당면한 과업은 어려운 것이었다. 영창에서 탈출시키는 것은 오로지 두 가지 경로로만 가능했다. 건물 자체의 무장 공격, 아니면 보초 근무 지휘부에서 누군가의 도움을 얻어야 했다. 질베르베르그는 우선 첫 번째 계획을 고려했다. 벨로스토크 연대는 내가 이미 말했듯 전반적으로 대단히 혁명적인 분위기였다. 우리는 여러 번이나 누구든 처음 공격해 오기만 하면 보초 근무는 소총을 던져버릴 것이라는 말을 경비병들과 하사관들로부터 들었다. 우리가 그들의 말을 회의적으로 대하기는 했지만, 어쨌든 일부 병사들은 무기를 버릴 것이라는 희망이 생겼다. 이 계획을 그러나 우리는 곧 버렸다.

공격을 하면 살해를 피할 수 없다는 것이 분명했다. 장교들을 죽여야 할 수도 있었으나, 이 점은 우리가 받아들였다. 하지만 병사들을 죽여야 할 수도 있다는 것에 우리는 동의할 수 없었다. 또한 이 목적을 위해서 현지 위원회는 충분한 병력을 배치해 주지 못했다. 질베르베르그는 충분한 수의, 그리고 모든 면에서 적합한 전투 인력을 모을 수 없었다.

이 계획을 포기함으로써 동지들이 모두 함께 탈출한다는 희망은 거의 사라졌다. 다만 한 사람이라도 구출할 수 있을지도 모른다는 가능성만이 남았으나, 그런 종류의 탈출에는 여러 가지 문제점이 결부되어 있었다.

요새 본부 영창은 매일 교대하는 보병 연대가 경비했다. 건물은 세 부분으로 나뉘었는데, 일반 막사와 장교 막사, 그리고 기밀 분과였다. 이 마지막 부분에 우리가 수감되어 있었다. 기밀 분과는 좁고 긴 복도 양쪽에 감방이 스무 개씩 있는 형태였다. 복도 한쪽은 창살이 쳐진 창문으로 막혀 있었고, 다른 쪽은 언제나 자물쇠로 잠겨 있는 철문이었다. 이 문은 세면실로 이어졌고, 그곳은 다시 숙직 헌병 하사관의 방과 완전히 어둡고 창문이 없는 창고, 그리고 장교 막사와 위병소로 이어졌다. 유일한 출입구는 위병소를 통과하여 바깥문으로 나가는 경로뿐이었다. 기밀 통로 안쪽에는 언제나 경비병 세 명이 근무를 서고 있었다. 세면실 문 근처, 그리고 더 멀리 위병소 문 근처에도 보초병이 있었다. 이런 보초는 감옥 외벽과 감옥 사이, 그리고 감옥 외부 거리와 전면부에도 있었다. 이렇게 해서, 영창에서 나가려면 기밀 복도의 경비병 세 명, 그 뒤로 자물쇠로 잠긴 문, 그 뒤로 또 경비병 두 명, 계속하여 언제나 군인들로 가득한 위병소를 지나야만 그때서야 현관을 통해 당직 장교들의 방을 지나 정문으로 갈 수 있었고, 그곳에도 경비병이 서 있었다. 나의 탈출이 성공으로 끝나려면 내가 위에서 말했듯이 지휘부의 누군가, 예를 들어 보초 근무 장교, 헌병, 위병사령 사관 등의 도움 혹은 경비병 몇 명의 동의가 있어야만 한다는 것이 여기서부터 분명해졌다. 보초는 매일 교대했고, 벨로스토크 연대가 서 있는 동안 병사들도 장교들도 수인들의 얼굴을 전혀 알지 못했다.

질베르베르그는 밖에서 행동했다. 처음에 그는 공격을 조직했다가, 후에 현지 위원회를 통해 벨로스토크 연대에서 동지를 찾았다. 나는 영창에서 활동하려 애썼다. 브레스트 연대에서 형기를 마친 병사인 이즈라일 콘의 도움으로 나는 우리를 감시하던 여러 중대의 병사들과 친분을 맺었다. 우리가 영창 공격 계획을 버린 후에 나는 마침내 내 감방 문 앞에 선 경비병 중 하나와 협정을 맺는 데 성공했다. 그는 자신이 잘 아는 병참병과 협동하여 일주일 후 다시 보초를 서러 오기로 했고, 그때 우리 복도의 교대조 중 한 조는 보초 근무 일람표에 따라 그의 가장 가까운 동지들, 혁명에 공감하고 탈출을 도울 준비가 된 사람들로 채우기로 약속했다. 이 병사는 내게 돈도, 아무런 보상도 청하지 않았다. 그는 단지 탈출 후에 외국으로 떠나는 것을 도와달라고 청했을 뿐이다.

나는 질베르베르그에게 이런 협정에 관해 알렸다. 그는 나에게 바깥쪽 준비는 이미 끝났으니 이 기회를 놓치지 말라고 조언해 주었으나, 내 경비병이 지정한 일주일의 기간 동안 현저한 변화가 있었다. 벨로스토크 50연대가 갑작스럽게 보초 근무에서 빠지고, 리톱스크 57연대 2대대가 대신하게 된 것이다.

이로써 질베르베르그와 내가 벨로스토크 연대에서 획득한 인맥은 갑자기 그 의미를 잃었다. 게다가 곧 이런 변화로 인한 또 다른 불편함도 드러났다. 우리를 경비하는 리톱스크 57연대 대대가 벨로스토크 연대보다 더 혁명적인 분위기가 아닐지언정 결코 덜 혁명적이지는 않다는 것이 드러났지만, 근무를 도는 중대는 이제 13일이 아니라 4일씩 보초를 서러 왔다. 그 결과 병사들과 장교들은 우리 얼굴을 금세 익숙하게 알아보게 되었고, 설령 내가 군복으로 변장하더라도 그들이 나를 알아보지 못할 것이라는 희망은 거의 사라졌다. 우연한 기회를 노릴 수밖에 없었다.

매수된 헌병의 도움으로 우리는 앞서 이야기한 협정 전에 나자로프의 감방에서 전원 회견을 가질 수 있게 되었다. 이 회견에서 나는 동지들에게, 니콜라이 이바노비치(질베르베르그)가 감옥에서 우리를 해방시킨다는 특별한 목적으로 도착했음을 알렸다. 나는 또한 네 명 모두를 해방시킬 희망은 거의 없다고 알리고, 만약 한 명만 도망칠 수 있다면 누가 도망쳐야 하겠느냐는 질문을 던졌다.

나자로프가 처음 입을 열었다.

"누가 도망치냐고? 당연히 자네지……. 더 이상 말할 필요도 없어."

드보이니코프도 그의 의견에 합세했다.

체포된 날 마카로프는 그와 함께 체포된 우리가 추흐닌 살해를 위해 세바스토폴에 온 투쟁조직 조직원들이라는 사실을 모르고 있었다. 이 사실을 알고 그 또한 망설이지 않고 드보이니코프와 나자로프에게 동의했다.

나는 반박했다. 나는 이런 경우에 제비뽑기가 가장 공정하다고 주장했으나, 이 제안은 거부당했다. 그래서 나는 다시 한번 단독 탈출에 관한 질문을 던지고, 탈출을 원하는 사람은 의견을 밝혀달라고 청했다. 나는 흔쾌히 내 권리를 양보하겠다고 말했다.

세 동지 모두, 그들 생각에 탈출은 바로 내가 해야 한다고 다시 한번 말했다.

나는 동의했다. 나는 그들 셋 중 아무도 처형당하지 않기를 바랐다. 마카로프는 미성년자였고, 드보이니코프와 나자로프는 증거가 불충분했다. 선고는 내가 틀리지 않았음을 증명했다.

그런 중에 심페로폴 지역 군사법원은 사전 심리에서 마카로프가 상황을 충분히 이해하고 행동했다고 인정했다. 우리의 재판 날짜가 다시 정해졌는데, 이번에는 5월 26일이었다. 명백히, 탈출의 모든 희망을 버려야만 했다. 유죄 판결이 나오리라는 것은, 변호인의 말과 내 확신으로 미루어 의심할 수 없었다.

5월 26일, 강화된 호송대의 경비하에 우리는 재판이 열리기로 한 수뢰 중대 건물로 이송되었다. 카르디날롭스키 장군이 재판을 주재했고, 군 검사인 볼코프 장군이 기소했다. 재판이 시작되자마자 변호사 안드론니코프가 재판 연기를 청원했다. 그는 마카로프가 지방법원에 의해 상황을 이해하고 활동한 것으로 인정되기는 했으나, 그러한 결정에 대해 하리코프 법원에 항소가 제기되었으며 이 결정이 나오기 전까지 마카로프에 대한 재판은 있을 수 없다고 진술했다. 오랫동안 상의한 끝에 재판정은 이를 참작하여 재판을 연기하기로 결정했다.

재판이 이런 식으로 시작된 것은 돌연히, 그리고 더 좋은 쪽으로 내 입장을 변화시켰다. 재판은 지연되었고 추가 조사는 불가피할 것이었다. 질베르베르그는 그가 준비하던 일에 충분한 시간을 얻었다. 위험은 단 한 가지, 나를 페테르부르크의 페트로파블롭스크 요새로 이감하는 문제였다. 내가 알게 된바, 이 조치를 트루세비치가 강력히 주장했다.

나는 우리 변호인단, 즉 즈다노프, 말리안토비치, 팔레예프, 안드론니코프에 대한 깊은 감사의 마음을 기억하지 않을 수 없다. 볼로그다에서부터 나를 잘 알았으며 모스크바에서 여러 번이나 투쟁조직에 도움을 주고 칼랴예프를 변호했던 즈다노프에 대해서는 말할 것도 없고, 변호인들 모두 우리 일에 뜨거운 관심과 많은 동정심을 보여주었다. 그들과의 면회는 우리에게 진정한 축제일이었다.

III

6월 말, 우리 쪽 복도에는 평소의 금기 사항과는 달리 유대인이 근무를 서러 왔는데, 그는 '전유대인사회민주동맹'[1]의 일원이었다. 내가 이미 언급한 바 있는 이즈라일 콘의 중개로, 나는 아내를 통해 곧바로 우리를 도와주는 데 동의한 이 경비병과 질베르베르그의 접견을 성사시킬 수 있었다. 그 자리에서 질베르베르그는, 대대 사람 중 누가 탈출에 간접적인 참여를 할 것 같은지 지목해 달라고 청했다. 이에 대한 대답으로, 곧 위에 말한 경비병이 주도하여 질베르베르그와 몇몇 군인 동지들의 회담이 성립되었다. 이 회담에 리톱스크 57연대 6중대 지원병이자 사회혁명당 심페로폴 위원회 위원인 바실리 미트로파노비치 술랴티츠키가 참석했는데, 그는 이미 군 복무 연한을 마친 상태였다. 술랴티츠키는 내가 탈출할 수 있도록 자신이 직접 뒤를 봐줄 것이며, 누구에게도 거사를 양도하지 않겠다고 단호하게 진술했다. 질베르베르그는 즉각 그의 제안을 높이 평가하고 바로 동의했다. 이때부터 나의 아내를 통해 유지된 질베르베르그와 술랴티츠키에 대한 나의 관계는, 오직 탈출을 위해 준비하는 성격을 띠었다.

6월 31일, 술랴티츠키가 처음으로 우리를 만나러 영창에 왔다. 그는 내부 보초의 위병사령 사관으로서 보초병과 함께 왔다. 위병사령 사관은 경비병들의 직속 상사로, 위병사령 사관만이 경비를 배치할 수 있고 위병사령 사관만이 경비를 해제할 수 있다. 경비병들은 다른 어떤 이의 지시도 따를 의무가 없었다. 아침에 점호가 끝난 후 내 감방 문이 열렸고, 나는 내 앞에 키가 매우 크

---

[1] 1887년 창설되어 1921년 해체된 러시아, 폴란드, 리투아니아의 유대인 동맹.

고 금발이며, 푸른빛 웃는 눈을 지닌 한 군인을 보았다.

"안녕하십니까, 니콜라이 이바노비치가 보내셔서 왔습니다." 그가 질베르베르그가 보낸 쪽지를 내밀며 내게 말했다.

그는 나와 함께 침대에 앉아서, 나의 탈출은 오늘 밤으로 계획되어 있으며 슐랴티츠키 자신이 직접 나를 감옥에서 데리고 나갈 거라고 말했다. 그는 나에게 준비가 되었는지 물었다.

불운하게도, 낮이 되자 이미 탈출은 거의 불가능하다는 것이 분명해졌다. 보초병 지휘관이 돌연히 우리 복도 문의 열쇠를 매번 사용한 후에 반납하라는 명령을 내렸다. 이 명령이 내려지기 전에 열쇠는 보초병 하사관이 보관했고, 위병사령 사관은 원하면 이용할 수 있었다. 슐랴티츠키는 즉시 질베르베르그에게 무슨 일이 일어났는지 알리고, 문 자물쇠의 주물을 그에게 전달했다. 이 주물을 바탕으로 즉시 밖에서 열쇠가 준비되었고 저녁까지 영창에 전달되었다. 그러나 열쇠는 자물쇠에 맞지 않았고, 그날 밤 탈출한다는 생각은 버려야만 했다.

7월 3일, 슐랴티츠키가 다시 보초병과 함께 왔다. 이번에는 질베르베르그와의 합의에 따라 그는 영창을 전부 해방시키려는 시도를 감행했다. 그는 탄약갑에 초콜릿을 가득 채워 왔는데, 그 안에 수면제가 섞여 있었다. 그는 밤에 장교들과 경비병들에게 이 초콜릿을 대접하고, 그들이 잠들면 모든 감방의 문을 열기로 했다. 수면제는 당의 의사가 추천하고 조제해 주었다. 질베르베르그도 슐랴티츠키도 의학도가 아니었으므로 의사의 지식과 경험에 의존했다. 새벽 1시, 슐랴티츠키는 초콜릿을 나누어주기 시작했다. 그는 그것이 건강에는 해롭지 않으나 길고 깊은 잠을 유발할 것이라고 확신하고 있었다.

감방에서 나는 그가 경비병들에게 권하는 소리를 들었다.

"이봐요, 초콜릿 드시겠소?"

"감사히 받지요."

복도에서 철문이 철컥거렸다. 나는 술랴티츠키가 나갔다는 것을 알았다. 침묵이 찾아왔다. 나는 군인들이 잠들기를 기다리기 시작했다. 몇 분 뒤, 경비병들끼리 서로 이야기를 나누는 소리가 들려왔다.

"초콜릿이 참 쓰네……."

"나리들이나 잡숫는 거지……."

"쳇……!"[1]

그리고 다시 침묵이 찾아왔다. 나는 밤새 잠들지 않았으나, 경비병들도 마찬가지였다. 그들 중 한 명도 잠들지 않았고, 마찬가지로 그들 중 아무도 어떤 식으로든 심각하게 앓지 않았다. 수면제는 모르핀이었던 것으로 밝혀졌다.

나흘 뒤 7월 7일, 술랴티츠키는 다시 한번 시도했다. 그는 또다시 위병사령 사관으로서 우리 복도에 찾아왔다. 영창에 배치받기 위해서 그는 매번 막사에서 상사에게 보드카를 먹이고 그럴듯한 핑계를 생각해 내야 했다. 왜 그가 자원병으로서 선택할 수 있는 더 가벼운 업무 대신 이렇게 힘들고 책임이 막중한 감옥 근무를 고집하는지 다른 이들은 이해할 수 없었다. 이 때문에 매일이 소중했고, 매번 실패할 때마다 희망은 줄어들었다.

탈출 전의 이 마지막 시도에서 다시 우연이 우리를 훼방 놓았다. 보초근무 지휘관인 코로트코프 소위가 돌연히 그리고 이유를 설명하지 않고 술랴티츠키를 위병사령 사관으로서 배치하지 않

---

1 원문에서 병사들은 우크라이나어로 말한다. 세바스토폴은 당시 러시아제국 영토였으나 현재는 우크라이나 영토이다. 2014년 러시아가 크름반도를 불법적으로 점거했다.

았다. 그는 술랴티츠키를 영창 외부 담장의 경비로 배치했다. 이 위치에서 술랴티츠키는 물론 내게 아무런 도움도 줄 수 없었다. 탈출은 다시 미루어졌다.

상황은 돌이킬 수 없이 변한 것으로 보였다. 다음 시도도 실패로 끝날 것이라고 생각할 근거가 충분했다. 베라 글레보브나가 알려주길, 질베르베르그가 군부의 영창이 아닌 일반 감옥을 조사하고 있다고 했다. 그는 일반 감옥에서 탈출하기가 더 쉽다고 결론을 내리고 내게 그곳으로 이송을 청원하라고 제안했다. 나는 영창에는 산책 시간이 없다는 이유를 들어 요새 본부에 즉시 청원을 넣었다. 내 청원은 거부당했다.

이런 와중에 술랴티츠키는 몸을 숨겼다. 후일 드러난바, 그는 이 당시에 자기 연대가 주둔하고 있던 심페로폴에 있었다. 그는 연대장인 체레파힌-이바셴코 대령을 찾아가서 코로트코프가 어떻게 자신을 위병사령 사관 자리에서 제명시켰는지 이야기했다. 그는 코로트코프의 이런 명령에는 술랴티츠키 본인에 대한 불신이 드러나며, 이것은 명백히 모욕적이라고 진술했다. 연대에서의 나무랄 데 없는 복무 실적을 증거로 들어, 그는 군인으로서의 명예가 모욕받는 상황에서 자신을 비호해 달라고 청했다. 체레파힌 대령은 그에게 비호를 약속했다. 그때서야 술랴티츠키는 세바스토폴로 돌아와 질베르베르그와 만난 후, 7월 15일에 다시 영창에 찾아와 다시 코로트코프 소위의 당직 중에 위병사령 사관이 되었다. 나아가 이미 외부 담장에서 경계를 서는 문제는 말할 필요도 없이 해결되었다.

우리는 세 번째 교대 근무 중, 새벽 1시에서 3시 사이에 탈출하기로 합의했다. 질베르베르그는 이전에 그랬듯 영창에 자기가 고른 보초병을 심어놓고, 시내에 내가 숨을 수 있는 장소를 준비한 다음 우리를 밤새 기다렸다. 그러나 세 번째 교대 근무 시간 내내 코로트코프는 침대에 눕지 않았다. 우리는 복도에서 그를 마주칠 위험에 노출되었다. 탈출은 할 수 없었다. 3시에 경비병이 바뀌었다. 보초 근무로 첫 교대조가 들어왔고, 그와 거의 동시에 나는 내 감방 문이 열리는 소리를 들었다. 슐랴티츠키가, 언제나 그렇듯이 대단히 평온하게 들어왔다. 문은 열린 채로 두었다. 문가에 경비병이 서 있었다.

거의 바로 이 순간까지도 나는 드보이니코프와 이야기를 하고 있었고, 가끔 지나가면서 나자로프의 문 앞에 멈춰 서서 그와 이야기했다. 경비병들은 이런 밤의 대화에 익숙해져 있었고 코로트코프가 복도에 나타나면 미리 경고해 주었다. 드보이니코프와 나자로프는 이날 밤 내가 탈출하기로 되어 있다는 것을 알고 있었다. 마카로프는 모르고 있었다.

드보이니코프는 탈출을 포기하도록 오랫동안 나를 설득했다.

"어떻게 도망치려고? 여기서는 탈출하는 게 불가능해. 자네와 슐랴티츠키가 사살되는 걸로 끝날 거야. 그만두는 게 나아. 경비병들을 어떻게 통과하려고?"

나는 아무것도 잃을 것이 없다고 그에게 반박했다.

나자로프는 다르게 말했다.

"뭐, 도망쳐……. 그렇지만 조심해, 총검으로 찌를지도 모르니까. 그리고 도망쳐 나가면 자유로운 곳에서도 우리 잊지 말고 안부 전해……."

슐랴티츠키가 내 방에 들어왔을 때, 나는 이미 그날 밤 탈출할 희망을 잃고 자려고 누워 있었다. 그는 평소처럼 내 침대에 앉았다.

"그럼 탈출하는 거죠?" 그가 담배에 불을 붙이며 물었다. 드보이니코프에게 말한 대로, 나는 잃을 것이 없다고 말했다. 그러나 또한, 나는 잃을 것이 없지만 그, 술랴티츠키에게는 목숨을 거는 일이라고 덧붙였고, 그러니 탈출을 결심하기 전에 다시 한번 생각해 보라고 부탁했다.

그는 미소 지었다.

"압니다. 해보죠……."

그는 내게 권총을 전해주었다. 나는 그에게 물었다.

"군인들이 우리를 멈춰 세우면 어떻게 하실 생각입니까?"

"군인들요?"

"예, 보초병이 저를 알아보면요?"

"병사들에게는 발포하면 안 됩니다."

"그러면, 다시 내 감방으로 돌아온다는 뜻입니까?"

그는 다시 미소 지었다.

"아니죠, 왜 감방으로 돌아옵니까?"

"그럼 뭡니까?"

"장교를 마주치면 쏴도 됩니다만, 병사가 붙잡으면, 그러면…… 뭐, 그러면, 이해하시겠죠, 스스로 쏘는 거죠."

나는 그에게 동의했다.

우리는 잠시 침묵했다.

"장화 가지고 계십니까?" 갑자기 그가 물었다.

나에게는 군용 장화가 없었다. 나는 그에게 그렇게 말했다. 그러자 그는 내 옆방을 하나 열었다. 그곳에는 국경 경비대에서 복무하다 체포된 병사가 잡혀 있었다. 그는 자고 있었다. 술랴티츠키는 바닥에 놓인 그의 장화를 집어 보초병이 보는 앞에서 그것을 내게 주었다. 나는 옷을 입고 어깨에 수건을 둘렀고, 우리는 세면실 문을 향해 긴 복도를 걷기 시작했다. 내가 이미 말했듯이 대개 이 복도에는 경비 세 명이 서 있었다. 이날 밤 술랴티츠키는 코로트코프를 설득하여 한 명을 해제했다. 그는 두 명으로 충분하며, 병사들은 길고 잦은 교대 근무로 지쳤다고 말했다. 코로트코프는 동의했고, 경비 한 명을 즉시 해제했다. 나와 함께 남아 있는 두 병사 옆을 지나가면서, 술랴티츠키는 태평하게 말했다.

"씻으러 간다……. 아프다고 하는군……."

지시에 따라 나는 새벽 5시 이후에, 그리고 언제나 헌병을 비롯해 여기 식으로 '안내인'이라고 불리는 병사의 감시하에 씻게 되어 있었다. 이 점에도 불구하고 반쯤 잠든 데다 술랴티츠키의 직속 수하에 있는 경비병들은 내가 밤에 오직 위병사령 사관하고만 감방을 나선다는 것을 전혀 이상하게 보지 않았다.

우리는 복도 끝의 철문에 도달했다. 술랴티츠키가 경비병에게 말했다.

"자고 있나, 까마귀?[1]"

경비병은 푸드득 깨어났다.

"잠은 나중에 자. 문 열어."

경비병은 문을 열었다.

나는 세면대까지 가서 씻기 시작했다. 오른쪽과 왼쪽에 병사들이 서 있었다. 문이 잠기지 않은 따로 떨어진 방에, 군복과 장화 차림으로 헌병이 깊이 잠들어 있었다. 나는 몸을 씻고, 술랴티츠키는 우리 뒤로 문을 걸어 잠근 후 모두 이상 없는지 보기 위해 위병소로 갔다. 돌아와서 그는 나를 데리고 경비병을 지나 창고까지 갔다. 그곳 어둠 속에서 나는 수염을 깎고, 미리 준비

---

1 러시아어의 '까마귀'는 '얼간이, 바보'라는 가벼운 욕설의 의미도 있다.

해 둔 셔츠를 걸치고, 군모를 쓰고, 탄약갑과 허리띠를 찼다. 창고에서 나왔을 때 나는 이미 군인이 되어 있었다. 같은 경비병들의 눈앞에서 나는 술랴티츠키를 따라 위병소로 갔다. 일부 병사들은 자고 있었다. 일부는 휴대용 등잔을 걸이에서 떼내어 침상 위에 걸고 원형으로 모여앉아 낭독에 귀를 기울이고 있었다. 우리 발소리에 누군가 몸을 돌렸으나, 아무도 어둠 속에서 나를 알아보지 못했다. 우리는 현관으로 나갔다. 당직 장교실 문은 열려 있었다. 등불을 밝힌 책상 가까이에, 우리에게 등을 돌리고 보초 근무 당직 장교가 앉아 있었다. 코로트코프는 소파에 누워서 분명히 자고 있었다. 거리로 나갔을 때 건물 정면에서 입구 경비병이 우리를 눈치챘다. 그는 우리의 견장을 쳐다보더니 몸을 돌렸다. 영창 모퉁이 너머로 돌아가서 우리는 시내로 향했다. 안개 속에서 외곽 초소의 병사들이 입은 흰 셔츠가 담장을 따라 희미하게 보였다.

돌을 깔아놓은 좁은 골목길에서 질베르베르그가 세워놓은 경비병인 전직 수병 표도르 보센코가 우리를 맞이했다. 그는 옷을 담은 광주리를 들고 있었는데, 우리에게 여기서 당장 옷을 갈아입으라고 권했다. 우리는 거절했다. 벌써 추적이 시작되었을 수도 있었다. 1분도 잃을 수 없었다. 나는 탄약갑을 버렸고, 술랴티츠키는 순찰에 걸릴 경우를 대비하여 같은 리톱스크 연대의 병사 이름으로 된 통행증을 내 손에 쥐여주었다. 후일 우리는 군인 차림으로 남아서 옷 갈아입는 데 시간을 낭비하지 않은 것을 후회하지 않았다. 탈출은 5분쯤 후에 발각되었고, 코로트코프는 즉시 추적대를 보내 내 아내의 아파트를 수색했다.

우리는 거의 뛰다시피 해서 시내로 들어갔다. 동이 트고 있었고, 우리가 가는 길 저쪽의 거리 너머로 병사들의 셔츠가 일렬로

하얗게 보였다. 맞은편에서 순찰대가 오고 있는 것이 분명했다. 도망갈 곳은 없었고, 뒤쪽은 영창이었다. 그러나 가까이 다가가자 우리가 잘못 알았음을 깨달았다. 방금 벼룩시장이 열렸고, 흰 셔츠를 입은 수병들이 식량을 사고 있었다. 그들은 우리에게 주의를 기울이지 않았고, 10분 뒤에 우리는 노동자 아무개의 아파트에 있었다. 그의 집에서 질베르베르그가 우리를 기다리고 있었다. 우리는 옷을 갈아입고 질베르베르그와 보센코와 함께 보센코의 아파트로 떠났다. 보센코는 일자리가 없어서 어두운 회색 지하실에서 살고 있었다. 경찰이 그의 집에서 나를 찾으리라고는 생각할 수 없었다.

나는 자유로운 몸이었다. 나의 탈출을 주도하고 지휘한 질베르베르그는 평소의 냉정함을 잃었다. 그는 기쁨에 차서 술랴티츠키와 나를 껴안았다. 그러나 그의 앞에는 이제 또 다른, 결코 덜 어렵지 않은 과업이 놓여 있었다―외국으로 우리의 탈출을 주선하는 것이었다. 시내의 모든 경찰이 수색하고 있었다. 거리와 교외에서 헌병과 소위 '기병대원'이라고 불리는 기마 경찰관들이 순찰을 다니고 있었다. 그들의 그물망을 뚫고 가야만 했다.

술랴티츠키 또한 즐거워했다. 그가 이날 밤 보여준 그토록 평온한 용기를 관찰할 기회는 자주 오지 않았음을 말해두어야만 하겠다. 그의 헌신에 대해서는 더 말하지도 않겠다. 나는 그에게 있어 전혀 모르는 타인이었다.

보센코의 아파트에서 즉시 우리는 다음과 같은 내용을 담은 통보장을 다량으로 인쇄해 배포했다.

7월 16일 밤, 사회혁명당 투쟁조직의 결의에 따라, 그리고 리톱스크 57연대 자원병 V. M. 술랴티츠키의 협조에 힘입어,

요새 본부 영창의 구속 감시에서 해방된 사회혁명당 당원 보리스 빅토로비치 사빈코프.
세바스토폴, 1906년 7월 16일.

IV

같은 날 저녁, 날이 어두워지자 우리는 공장 노동자의 셔츠와 모자 차림으로 보센코의 아파트를 나섰다. 우리는 질베르베르그, 술랴티츠키, 보센코, 나, 그리고 우리의 안내인인 도시공학학교 학생 이오시프 세피, 이렇게 다섯 명이었다.

세피는 산과 초원을 지나 독일인 이주민인 카를 이바노비치 슈탈베르크의 오두막까지 가는 길을 우리에게 알려주기로 되어 있었고, 그곳에는 우리를 위한 은신처가 미리 준비되어 있었다.

눈에 띄지 않게 빙 돌아가다 보니 길이 멀었다. 보센코, 질베르베르그, 세피는 지치지 않는 것 같았으나, 술랴티츠키와 나는 하룻밤을 새운 후 세피가 우리를 재촉하는 가운데 40베르스타[1]를 걸어가기가 힘들었다. 세피는 밤이 지나기 전에 오두막에 닿고 싶어 했다. 우리는 모두 무장하고 있었으나, 다행히도 도중에 경찰을 만나지는 않았다.

슈탈베르크의 오두막은 좁고 사방이 언덕으로 막혀 있는 계곡에 있었다. 그 언덕 하나에 우리는 세바스토폴로 가는 길을 지속적으로 감시하기 위한 상시 초소를 만들었다. 집주인의 장남인 14살쯤 된 소년이 경비병 역할을 맡아 온종일 자기 위치를 지켰다. 밤에도 우리는 교대로 불침번을 섰고, 보통 질베르베르그가 슈탈베르크와 함께 남은 사람들을 지켰다. 조심하기 위해 우리

---

1 약 43km.

는 집이 아니라 멀리 산에서, 맨 하늘 아래에서 잤다. 저녁에 질베르베르그가 숲속 어딘가에 조용한 곳을 골라서 돗자리를 편 뒤 거대한 담요를 하나씩 겹쳐 깔았고, 우리는 주위 풀 위에 놓인 무기에 둘러싸이고 언덕에서 경비가 지키는 가운데 잠들곤 했다. 만약 군인들의 일개 중대가 오두막을 포위했다 하더라도, 우리에겐 그곳을 떠나 멀리 산속 동굴에 숨을 시간이 있었을 것이다.

우리가 오두막에서 보낸 그 열흘은 내 인생의 좋은 기억 중 하나로 남아 있다. 슈탈베르크는 식구가 많았고, 우리는 곧 그의 어린아이들과 친해졌다. 아이들은 사정이 어떤지 이해하고 각자 어떻게든 우리에게 도움이 되려고 노력했다. 그들은 자주 맏형을 도와 세바스토폴로 이어지는 도로를 감시했으며, 그들의 호위 아래 우리는 안전하다고 느꼈다.

오두막 주인 카를 이바노비치 슈탈베르크는 마흔 살이 좀 넘은 사람으로, 시골 사람답게 검게 탄 얼굴에 농부답게 굳은살이 박인 손을 가지고 있었다. 우리는 자주 그와 오랫동안 언덕에 앉아 있었는데, 그곳으로부터 높지 않은 산들의 먼 풍경이 원형극장처럼 펼쳐졌다. 그는 내게 자기 인생에 관해서, 그리고 어째서 그가 나이 마흔에 혁명가가 되었는지에 관해서 이야기했다. 그것은 노동과 상실과 슬픔으로 가득한 인생이었다. 그의 아내와 처제 또한 크지 않은 농가를 돌보는 무거운 짐을 그와 함께 지고 있었다. 어느 날 그가 나에게 말했다.

"동지, 저는 완전히 혁명에 몸을 담기로 결정했습니다."
"그러면 오두막을 버린다는 뜻입니까?"
"예, 오두막을 버리고 불법적인 신분으로 옮겨가겠습니다."
"아이들은요?"

2장 체포와 도주

"아이들은 내가 없어도 살 겁니다."

나는 그에게 그 결정은 옳지 않으며 정말로 어쩔 수 없는 경우가 아니면 불법적인 신분으로 옮겨갈 필요가 없고, 그는 오두막에서도 은신처를 제공하고 폭탄을 제조하고 무기를 숨기는 등 한마디로 그가 이제까지 여러 번 해온 일을 하면서 쓸모가 있을 수 있다는 점을 증명했다. 그러나 슈탈베르크는 나에게 동의하지 않았다. 그는 내게 말했다.

"당신은 외국으로 나가시지요. 저를 데리고 가주십시오. 저는 브레슈콥스카야와 고츠를 만나고 싶고, 그 뒤에는 볼가의 농민들에게 가고 싶습니다."

슈탈베르크는 내게 도움을 주었다. 그는 스스로 위험을 무릅쓰면서 나를 자기 집에 숨겨 주었다. 나는 그의 부탁을 거절할 권한이 없다고 여겼다. 나는 그가 외국으로 나가게 될 것이라고 약속했다.

질베르베르그는 자주 오두막에서 세바스토폴까지 걸어서 나갔다. 경찰이 시내와 인근 지역, 부두, 기차역과 시내에 가까운 기차역을 집요하게 수색하고 있다는 소문이 우리에게 들려왔다. 너무 많은 병사와 헌병과 형사가 내 얼굴을 알고 있었다. 우리는 이 때문에 철도가 아니라 해로를 통해 루마니아로 떠나기로 결정했다. 질베르베르그는 이 때문에 많은 귀찮은 문제들을 대면해야 했다. 흑해를 건너 가기 위해 그는 그가 아는 어떤 밀수꾼에게 의존하고 있었다. 이 밀수꾼은 자기 돛단배로 콘스탄차[1]까지 우리를 태워줄 마음이 없었다. 그는 튀르키예에서 그의 튀르키예인 동지들의 코체르마[2]가 들어올 때까지 기다리라고 제안했

---

1 루마니아 서남부의 항구도시.
2 돛이 두 개인 범선. — 원주

다. 그러나 시간은 지나갔고 코체르마는 오지 않았으며, 밀수꾼은 맞바람 때문에 배의 출항이 지연되고 있다고 주장했고, 우리는 무익하게 산에 계속 숨어 있었다.

질베르베르그는 화를 냈다. 그는 술랴티츠키와 나의 안전이 자신의 책임이라고 여겼고, 우리의 신변을 걱정했다.

나는 그의 주의를 떠날 준비를 하는 데서 다른 곳으로 돌리기 위해 애썼다.

나는 그에게 첫 국가두마에 대해서, 당에 대해서, 투쟁조직과 테러 중단에 대해서 물었다. 보통 때의 평온한 모습과는 달리 그는 격분했다.

"오늘 테러를 중단했다가 내일은 다시 재개한다고. 바로 지금 두마를 해산시켜 놓고—그건 예견할 수 있었지만—두고 봐, 다시 테러를 재개할 거야. 조직이 이런 조건에서 일을 할 수 있겠어?"

나는 그에게 아무런 반박도 할 수 없었다. 질베르베르그가 시내에 나가고 슈탈베르크가 농사일을 할 때, 나는 술랴티츠키와 둘이 남았다.

나를 죽음에서 구해준 이 청년은 점점 더 나의 주의를 끌었다. 그의 한 마디 한 마디에서 자기 힘에 대한 평온한 신념이 배어나왔고, 매번 결정을 내릴 때마다 그는 오랫동안 숙고한 끝에 말했다. 나는 이미 그의 용기와 결단력을 보았다. 이제는 그의 신념이 얼마나 확고하고 치밀한지를 확신하게 되었다. 그는 무엇보다도 테러리스트였고, 칼랴예프처럼 테러가 고양된 형태의 혁명 투쟁이며 혁명의 임무를 고양된 형태로 완수하는 길이라고 보았다. 내가 탈출한 지 사흘쯤 뒤에 그는 내게 이런 말을 꺼냈다.

"나는 니콜라이 이바노비치와 당신이 투쟁조직의 조직원이란 걸 몰랐습니다."

"그럼 지금은 아십니까?"

"예, 알고 있고 그래서 기쁩니다……. 당신에게 말하고 싶었습니다. 저도 테러 일을 하고 싶습니다."

나는 이 생각을 버리라고 종용했다. 그는 젊은 나이에도 불구하고 완벽한 테러리스트 유형으로 보였으나, 어쩌면 나는 처음에는 이런 조건을 받아들일 여력이 없었던 것인지도 모른다. 즉, 나는 그가 테러리스트가 된다는 것은 곧 죽음이 그에게 닥쳐올 거라는 뜻임을 알고 있었던 것이다.

그는 웃음 지으며 내 말을 들었다.

"그건 결정되었습니다. 전 어쨌든 테러 일을 할 겁니다."

나는 입을 다물어야 했다.

질베르베르그는 더 이상 코체르마를 기다리지 않기로 했다. 7월 25일, 그는 장비를 완전히 갖춘 돛대 하나짜리 배가 정부기관의 깃발을 달고 카차 강 어귀 바다에서 밤에 우리를 기다릴 것이라는 소식을 가지고 세바스토폴에서 돌아왔다. 이 배는 퇴역 해군 중위가 세바스토폴 생물학 연구소에서 뱃놀이를 하기 위해 빌린 것으로, 이 해군 중위는 당시 아직 아무런 혁명 조직에도 가입하지 않은 보리스 니콜라예비치 니키텐코였다. 25일 저녁, 우리들 다섯 명, 즉 질베르베르그, 슈탈베르크, 술랴티츠키, 보센코, 그리고 내가 오두막을 나섰고, 새벽녘에 쏟아지는 빗 속에서 카차 강 하구에 도착했다. 바다 위 수평선 바로 근처에서 기병대의 불빛이 날카롭게 반짝였는데, 이들은 그날 밤 우연히 사격 연습을 위해 이곳으로 온 것이었다. 불빛에서 왼쪽으로, 해변에서 30-40사젠[1] 정도 거리에 빗줄기 속에서 간신히 보이는 돛이 회색으로 빛났다. 국경 수비대는 보이지 않았다. 바다에서 신선한 바람이 불어왔다.

질베르베르그는 수영을 하지 못했다. 배에서 구명대가 던져졌고, 그는 그것을 잡고 갔다. 나는 밧줄을 잡고 헤엄쳐 갔다. 밧줄은 내 무게에 가라앉았고, 파도는 내 머리 위에서 철썩거렸다. 배의 난간을 붙잡았을 때, 나는 더 이상 기운이 남아 있지 않다는 것을 느꼈다. 누군가의 손이 나를 뱃전으로 끌어올렸다.

배는 작고 갑판도 절반 크기밖에 안 되었으나 견실하고 강했다. 승무원은 보리스 니콜라예비치 니키텐코와 선원 두 명, 즉 보센코와 페테르부르크 기술학교 학생인 미하일 미하일로비치 시시마레프였다. 승객은 술랴티츠키, 질베르베르그, 슈탈베르크, 그리고 나였다.

7월 26일 새벽 5시, 우리는 닻을 올리고 바다로 나갔다. 우리는 기병대 전함의 뱃전을 거의 스치듯이 지나가면서 당직 장교가 쌍안경으로 우리를 훑어보는 것을 보았다. 정오에는 이미 야일라[2]가 거의 보이지 않게 되었고, 저녁에 우리는 세바스토폴 쪽에서 멀리 연기가 피어오르는 것을 보았다. 쌍안경으로 우리는 수뢰정을 알아보았다. 그것은 곧바로 우리 쪽을 향해 오는 것 같았다. 우리는 오랫동안 수뢰정을 지켜보았고, 마침내 그것은 뱃머리를 돌렸지만 우리 쪽에서 눈에 띄게 멀어지지는 않았다. 니키텐코가 콘스탄차로 항로를 잡았다.

니키텐코는 술랴티츠키만큼 키가 컸다. 그는 개방적이고 활기찬 인상의 햇볕에 그을린 얼굴과 용감한 갈색 눈을 가진 사람이

---

1 약 60-80m.
2 크름반도 산지의 목장. 세바스토폴과 심페로폴 모두 크름반도에 있다.

었다. 그는 슈미트 중위[1] 처형 후에 제대했다. 나의 탈출에 참여한 것은 그에게 첫 번째의 혁명 거사였다. 몇 마디 안 되는 그의 말로 나는 그가 술랴티츠키처럼 투쟁 작업을 준비하고 있음을 알았다.

우리는 나아갔고, 바람은 점점 더 거세져서 가끔은 진짜 태풍과 같았다. 우리 네 명의 승객들은 물론 아무런 쓸모도 없었고, 모든 일은 완전히 승무원들의 몫이었다. 그러나 니키텐코는 자기 일을 완벽하게 알고 있었고, 지쳐서 거의 서 있을 기운도 없는 상태로도 평온하고 정확하게 배를 콘스탄차로 몰아갔다. 27일로 넘어가는 밤에 바람은 전에 없던 기운을 얻었다. 배가 더 견디지 못하고 파도에 뒤집힐 것 같았다. 니키텐코는 더 이상 콘스탄차 쪽으로 항로를 유지할 수 없다고 선언하고, 바람을 따라 다뉴브 강의 가장 하구에 있는, 루마니아 해안의 작은 항구인 술리나로 갈 것을 제안했다. 우리는 술리나에서는 어려움을 겪을 수 있음을 알고 있었다. 콘스탄차에는 부쿠레슈티로 가는 기차가 있어 우리가 눈에 띄지 않고 쉽게 떠날 수 있지만 이와 달리 술리나에서는 다뉴브 강을 따라 가는 증기선이 매일 떠나지 않았다. 우리는 니키텐코에게 어쨌든 콘스탄차로 갈 것을 부탁했으나, 그는 안전을 보장할 수 없다며 거절했다. 우리는 술리나로 갔다. 28일 늦은 저녁, 우리는 마침내 술리나의 등대 불빛을 보고 얕은 여울 사이를 조심스럽게 지나 항만으로 갔다. 루마니아 관리가 나타나 배 이름('알렉산드르 코발렙스키')을 기록하고, 물과 양식을 구하기 위해 해안에 상륙하는 것을 허가했다. 우리 승

---

[1] 표트르 페트로비치 슈미트(1867-1906). 1906년 2월에 일어난 순양함 오차코프 봉기를 주도했으며 스스로 '흑해 함대 지휘관 슈미트'라 선언했다. 1906년 3월 처형당했다.

객들은 아침에 갈라치[2]로 떠날 것을 기대하며 배에서 내렸다. 니키텐코는 승무원들과 함께 새벽녘에 다시 바다로 나가서 세바스토폴로 돌아갔다.

그러나 갈라치로 가는 증기선은 최소한 하루 뒤에나 떠난다는 것이 드러났다. 술리나에서 묵어야만 했다. 아침에 경찰 관리가 찾아와 우리에게 여권을 요구했다. 외국용 여권은 나 혼자만 가지고 있었고, 다른 동지들의 여권은 위조인 데다 러시아에서만 쓸 수 있었고 외국에서는 쓸 수 없었다. 서류를 걷은 후 경찰관은 우리를 루마니아 영토에 들여놓을 수 없다고 통보했는데, 왜냐하면 여권에 루마니아 사증이 없기 때문이었다. 그는 또한 우리가 왜 러시아 영사관에 보호를 요청하지 않는지 의아해했다. 우리는 승무원들과 니키텐코의 운명을 걱정했다. 만약 영사가 우리가 망명자들이라는 사실을 알면 세바스토폴에 전보를 칠 수 있었고, 그러면 동지들을 기다리는 것은 즉각적인 체포였다. 이 때문에 우리는 영사에게 갔다. 우리는 그에게, 세바스토폴에서 페오도시야[3]까지 뱃놀이를 나왔다가 폭풍에 휘말려 루마니아 해안까지 떠내려 왔으나 항로로는 되돌아가고 싶지 않으므로 단 한 가지, 갈라치와 이아시[4]를 통해 러시아로 돌아가도록 허가해 줄 것을 부탁한다고 말했다. 이 대화 후에 나는 여권을 돌려받았고, 루마니아 요원들의 감시하에 Z. K. 아르보레-랄리에게 가서 술리나에 남은 동지들의 구출을 부탁하기 위해 부쿠레슈티로 떠났다.

아르보레-랄리는 우리 일에 대단히 적극적으로 개입했다. 루

---

2 루마니아 동쪽의 항구 도시.
3 크름반도 동쪽에 있는, 현재 우크라이나령 항구 도시.
4 루마니아 북동부의 도시.

2장 체포와 도주

마니아 황태자의 러시아어 선생이었던 그는 부쿠레슈티에서 커다란 권위를 가지고 있었다. 그는 즉시 술리나에 전보를 쳐서 체포된 조카들을 풀어달라고 청원했다. 그렇지 않을 경우 그는 왕에게 탄원서를 내겠다고 위협했다. 이에 대한 대답으로 질베르베르그, 슐랴티츠키, 슈탈베르크는 루마니아 경찰의 호위 아래 부쿠레슈티로 보내졌다. 우리 네 명 모두 랄리의 집에 모였다.

처음으로 우리는 완전히 안전한 상태에 있었다.

노인 랄리, 그의 아내, 아들과 딸들이 우리를 동지로서뿐만 아니라 친구로서, 그리고 거의 가족처럼 맞아주었다. 이 가족에 대한 감사의 마음은 영원히 나의 기억에 남아 있다.

한 가지 조그만 문제가 남아 있었다. 우리에겐 여권이 없었고, 헝가리 국경에서는 반드시 여권을 제시해야만 했다. 랄리의 맏딸인 예카테리나가 우리를 루마니아 사회주의자인 콘스탄티네스쿠 동지에게 소개시켜 주었고, 콘스탄티네스쿠는 우리가 불법적으로 헝가리로 넘어갈 수 있도록 도와주었다. 매수된 헝가리 헌병은 우리를 못 본 척했다. 헝가리에서 우리는 슈탈베르크와 작별했다. 그는 혼자서 제네바로 떠났고, 우리 셋은 하이델베르크에 있는 고츠를 찾아갈 생각이었다.

나는 내 탈출이 드보이니코프와 나자로프의 운명에 나쁜 영향을 미칠까 걱정했다. 이 때문에 바젤에서 나는 네플류예프 장군에게 다음과 같은 편지를 썼다.

육군 중장 네플류예프 각하께.
자비로우신 각하!
각하께서도 아시듯이 이달 5월 14일에 저는 세바스토폴 시에서 각하의 목숨을 노린 암살 혐의를 받아 체포되어 7월 15일까지 드보이니코프 씨, 나자로프 씨, 마카로프 씨와 함께 요새 본부 영창에 잡혀 있었는데, 그곳에서 사회혁명당 투쟁조직의 결의에 따라 그리고 리톱스크 57연대 자원병인 V. M. 술랴티츠키의 협조하에 7월 16일이 되던 밤 도망쳤습니다.

현재, 러시아 법률이 관할하지 못하는 곳에서, 저는 영어囹圄의 몸이었을 당시 몇 번이나 진술했던 사실을 각하께 확언하는 것이 저의 의무라고 생각하오니, 이것은 바로 제가 사회혁명당의 일원이 되어 그 노선을 전적으로 함께하는 영광을 누렸으나 그럼에도 불구하고 각하의 목숨을 노린 암살에는 전혀 참여한 바 없고, 그것을 준비한다는 사실도 알지 못했으며, 아무 죄도 없이 희생된 사람들의 죽음과 미성년자인 마카로프를 테러 활동에 가담시킨 데 대한 윤리적 책임을 본인이 질 수 없다는 사실입니다.

같은 연유로 상기한 I. V. 드보이니코프와 F. A. 나자로프 또한 암살에 참여하지 않았습니다.

이와 같은 진술서를 동시에 M. 카르디날롭스키 장군에게 송달하며, 그 사본을 이전에 저의 변호인이었던 즈다노프와 말리안토비치에게 송부함을 알려드립니다.

진심으로 존경을 다하여 보리스 사빈코프 드림.

바젤에서 1906년 8월 6일(구력 19일).

10월 초에 세바스토폴에서 드보이니코프, 나자로프, 마카로프, 칼라시니코프에 대한 재판이 열렸는데, 칼라시니코프는 이미 내가 탈출한 후 페테르부르크에서 세바스토폴로 이송되었다. 드보이니코프, 칼라시니코프, 나자로프는 네플류예프 장군을 암살하려 한 혐의에 대해서는 무죄가 확정되었으나, 폭발물을 보유한 비밀 조직에 가담한 혐의는 유죄로 인정되었다.

세 명 모두 모든 권리를 박탈당하고 다음과 같은 판결을 받았다. 칼라시니코프는 7년, 드보이니코프와 나자로프는 4년간의 강제 노역형이었다. 마카로프는 미성년자로서 12년 징역형을 받았다. 그는 세바스토폴 일반 감옥에 갇혀 있다가 1907년 6월 15일 탈옥했다. 그는 같은 해 9월에 페테르부르크 감옥 소장인 이바노프 살해 혐의로 교수형을 당했다.

V

하이델베르크에서 나는 미하일 고츠를 찾아냈다. 그는 전처럼 병들어 누워 있었다. 그의 얼굴은 더 여위고 창백해졌으나, 눈은 여전히 생기 있는 불꽃으로 타오르고 있었다. 나는 슐랴티츠키를 그에게 소개시켜 주었다. 질베르베르그는 고츠가 오래전부터 알고 있었다.

내가 고츠를 찾아갔을 때, 그는 막 압체카르스키 섬에서 일어난 폭발[1] 소식을 들은 참이었다. 이 폭발은 다양한 의견을 불러일으켰다. 후일 나는 중앙위원회가 이 일을 계기로 선언문을 발표했음을 알았는데, 그 선언문에서 최대강령주의자들의 테러 활동과 우리 조직을 뚜렷하게 구분하고 있었다. 이 선언문을 쓴 것은 아제프였다. 나는 그것이 부적절하다고 생각했다.

고츠는 최대강령주의자들에 대하여 유감스러워하면서 말하기 시작했다. 그는 압체카르스키 섬에서의 폭발은 사전 준비 없이 조직된 것이었다고 지적했다. 별장에서 장관들의 자문 회의

---

[1] 1906년 8월 러시아제국 국무총리 스톨리핀을 암살하기 위해 최대강령주의자들이 압테카르스키 섬에서 폭발을 일으킨 사건. 스톨리핀은 경상만 입었으나 이 폭발로 27명이 사망하고 30명 이상이 심한 부상을 입었다.

가 열리고 있었고, 그러므로 별장을 폭파하기로 결정되었다면 물론 그런 회의 중 하나를 골라 날짜와 시간을 정할 수도 있었을 것이었다. 그는 또한, 정부와 관련 없는 많은 인물들의 죽음은 여론에 좋지 않은 영향을 끼칠 수밖에 없다고 지적했다. 그러나 그는 최대강령주의자들을 비난하는 것을 삼갔다. 압체카르스키 섬에서의 폭발은 국가두마 해산에 대한 테러의 유일한 대답이었다.

내게도 또한 이 폭발은 많은 의심을 불러일으켰다. 투쟁조직이 허약하다는 사실은 명백했다. 나는 다만 두 가지 이유, 즉 5월의 조직 해산과 거리 감시 작업이라는 구습 중 어느 것이 조직의 대규모 테러 활동을 막고 있는지 알지 못할 뿐이었다. 어쩌면 최대강령주의자들은 우리가 해낼 여력이 없는 과업을 해결한 것일지도 모른다고 생각했다. 즉 공개적인 무장 공격에 나설 수 있는 민활한 조직을 창조할 능력이었다. 그러나 문제의 윤리적 측면, 즉 죄 없는 사람들의 죽음이라는 점은 고츠 못지않게 나를 당황시켰다.

나는 고츠에게 내가 체포된 정황, 또한 당 자문위원회에서 테러를 중단하기로 한 결의를 감옥에서야 알게 되었다고 이야기했다. 고츠는 말했다.

"그건 치욕입니다. 당신에겐 미리 알려주었어야 했어요. 당신은 아무 권리 없이 세바스토폴로 갔습니다."

나는 말했다.

"자문위원회의 결의에 대해 알았더라도, 저는 어쨌든 분명히 세바스토폴로 갔을 겁니다."

고츠는 잠시 생각했다.

"테러에 대한 문제는 당의 권한 문제만으로 끝나는 것이 아닙니다. 그것은 내 생각에는 훨씬 더 깊습니다. 투쟁조직이 마비 상태에 있다는 게 보이지 않는단 말입니까?"

나는 이미 오래전부터 보고 있다고 대답했다. 봄의 실패로 나는 그것을 확신했다. 그리고 내 생각에, 테러 투쟁의 방법 자체를 근본적으로 바꿔야 하며 이 변화의 핵심은 과학적인 발명품을 테러에 응용하는 데 있어야 하지만, 그런 발명품이 무엇인지 나는 알지 못한다고 대답했다.

고츠는 주의 깊게 들었다.

"당신이 옳습니다." 그가 마침내 말했다. "저도 방법 자체를 바꿔야 한다고 생각합니다. 하지만 어떻게……? 저도 당신처럼 알지 못합니다. 어쩌면, 일시적으로 테러를 중단해야만 할지도 모릅니다……"

고츠의 의견은 내게 귀중했다. 나는 그의 의견을 당의 다른 누구의 의견보다도 높이 평가했다. 내 눈에 미하일 고츠는 과거에도 언제나, 그리고 지금까지도 우리 세대의 가장 강력한 혁명가로 남아 있다. 단지 병 때문에 그는 사실상 테러와 당의 수장 자리에 서지 못한 것이다.

나는 하이델베르크에서 고츠의 집에 남고 싶었으나, 그는 고집스럽게 내가 프랑스로 떠날 것을 종용했다. 그는 독일에서 내가 체포되어 러시아 정부에 넘겨질까 봐 두려워했다. 나는 그와 작별했다. 그리고 그것이 내가 그를 본 마지막 순간이었다. 같은 해 9월 8일 베를린에서 그는 수술을 받은 후 사망했다. 그의 죽음은 당에 있어 보상할 길 없는 상실이었다. 고츠의 부재는 당과 테러의 운명에 여러 번 영향을 미쳤다.

질베르베르그는 핀란드로 떠났다. 술랴티츠키와 나는 파리에 머물렀다. 우리는 질베르베르그가 핀란드에서 우리에게 여권을 보내오길 기다렸다. 오래 기다리지 않아도 되었으나, 이 2주 혹은 3주 동안 나는 잠시 술랴티츠키와 가까워질 기회를 얻었다.

술랴티츠키의 꿈은, 언젠가 칼랴예프가 그랬듯, 황제 암살이었다. 그는 이를 위해 계획을 제안했는데, 그것은 장기적인 계획이었지만 대신 그의 의견에 따르면 믿을 만했다. 그는 혁명가 중 누군가를 페테르부르크의 아무 군사학교에나 입학시켜야 한다고 말했다. 매년 졸업하는 사관들은 황제가 직접 장교로 임관시킨다. 사관이라면 누구나 이 행사에서 황제를 살해할 수 있었다. 술랴티츠키는 이런 실행을 바로 자신이 하겠다고 제안했다. 나는 후일 이 계획에 대해 아제프에게 말했고, 그는 승인했다. 하지만 내가 알지 못하는 이유로 이 계획은 아무도 한 번도 실행에 옮기지 않았다. 나는 술랴티츠키가 옳았을지도 모른다고 생각한다. 당은 후일 황제 암살에 적지 않은 시간과 훨씬 더 많은 병력을 잃었으나 결과는 없었다.

술랴티츠키의 내면에는 두 가지 특성이 조화롭게 결합되어 있었는데, 이것은 모든 테러리스트의 심리에 기초가 되는 특성이었다. 그는 두 개의 소원을 동등한 열망으로 갖고 있었다. 승리를 이루고자 하는 소원과 혁명의 이름으로 죽는 것에 대한 소원이었다. 그는 죽음으로 끝나는 것 이외에 자신이 테러에 참여하는 방법을 상상하지 못했고, 게다가 그런 종말을 원했다. 그렇게 함으로써, 피할 수는 없지만 어쨌든 죄가 되는 살인을 어느 정도는 속죄할 수 있다고 여겼다. 그러나 그는 그보다 덜하지 않은 강도로 승리도 원했으며, 실행은 어렵고 결과적으로 의미 있는 테러 활동을 완수한 후 죽기를 원했다. 이런 점에서 그는 질베르베르그와 공통점이 많았다.

파리에서 나는 투쟁조직이 술랴티츠키라는 인물을 얻음으로써 내면의 소질이 특출한 조직원을 얻게 되었음을 확신했다.

9월 초반에 나는 그와 함께 코펜하겐을 거쳐 헬싱포르스로 떠났다. 헬싱포르스에서 질베르베르그가 우리를 기다리고 있었다.

VI

국가두마 해산(1906년 7월) 이후 중앙위원회는 다시 테러를 재개하기로 결정했다. 투쟁조직의 조직원 중 일부는 이미 외국과 지방에 흩어져 있었고, 일부는 체포되었다. 아제프는 이들을 다시 불러 모아 새로운 병력으로 조직을 채워야 하는 과제를 안고 있었다. 내가 핀란드에 도착할 무렵 투쟁조직은 4월부터 8월까지 체포된 트레구보프, 파블로프, 고츠, 야코블레프, 나자로프, 드보이니코프, 칼라시니코프, 실레로프(5월 빌뉴스에서 체포), 세몬 세묘노비치(5월에 키예프에서 체포), 모이세옌코와 베네브스카야를 제외하면 다음과 같은 인물들로 구성되어 있었다. 조직의 선두에 아제프가 섰고, 나는 그의 가장 가까운 조력자였으며, 상급 화학자로 질베르베르그가 남았고, 하급 화학자로 라셸 루리예, 크세니야 질베르베르그, 발렌티나 포포바, 감시 조직원으로는 제독, 이바노프, 고린손, 스미르노프, 피스카료프, 파블라 레빈손, 알렉산드라 세바스탸노바, 블라디미르 브노롭스키였다. 사모일로프는 민 장군을 대상으로 한 암살이 실패한 이후 페테르부르크로 떠났고, 내가 아는 한 더 이상 테러에 참여하지 않았다. 사조노프 또한 우파의 가족에게로 떠났다. 오래된 조직원들과 새 조직원들이 합류했다. 술랴티츠키, 알렉산드르 펠드만, 보리스 우스펜스키, 마리야 후다토바, 그리고 블라디미르 브노롭스키의 아내 마르가리타 그룬디였다.

아제프가 국무총리 스톨리핀의 암살을 지휘했다. 스톨리핀은 압체카르스키 섬에서의 폭발 이후 겨울 궁전에서 살면서 매일 작은 배를 타고 네바 강을 따라 페테르고프의 황제에게 갔다가 요트를 타고 해로로 돌아왔다. 여권을 구하기 위해 지방으로 떠난 우스펜스키를 제외한 새 조직원들을 받아들인 감시단은, 스톨리핀의 외출 내역을 전부 매우 빠르고 상세하게 확인했다. 국무총리는 레뱌쥐 운하[1]에서 배를 타고 발틱 공장이나 리시 노스까지 간 뒤 그곳에서 요트로 갈아탔다. 총리의 요트에는 사회혁명가 수병이 두 명 있었다. 그들은 우리에게 총리가 도착하는 시간과 요트 정박 장소에 대한 정보를 주었다. 이 정보는 암살에는 이용할 수 없었다. 우리는 뒤늦게 이를 받았고, 정보는 우리 감시 작업의 확인용으로만 활용했다.

그런 와중에 투쟁조직의 허약성은 당 전체의 비판 대상이 되었다. 심지어 중앙위원회에서도 우리 투쟁 방식을 비난하는 목소리가 들려왔다. 아제프와 나는 중앙위원회의 한 회의에서 우리에 대한 신뢰의 문제를 제기했다. 그들은 신뢰를 표명했다. 그러나 우리는 그것으로 만족하지 않았다. 우리 두 사람은 모두 스톨리핀 건이 매우 천천히 진행되고 있다는 것, 총리의 이동 경로와 수단이 알려졌다 해도 암살까지는 아직 멀었다는 것을 알고 있었다. 드보르초비 혹은 니콜라옙스키 다리에서 폭탄을 던지는 것은 거의 불가능했다. 다리는 엄중하게 경비되고 있었고, 네바 강에서 선박 공격을 조직하는 것은 우리가 보기에 상당한 어려움이 따랐으며, 우리에겐 그것을 조직할 아무런 자원도 없었다. 중앙위원회에 작업 상황을 설명한 후 우리는 성공적인 암살을

---

[1] 레뱌쥐 운하에서는 발틱 공장까지 배를 타고 갈 수가 없으므로, 이는 사빈코프의 착오로 보인다. 이후 판본에서는 편집자가 가능한 경로인 짐냐야/겨울 궁전 운하로 수정한 것으로 추정된다.

책임질 수 없으며, 책임을 지지 못한다면 조직의 선두에 설 수도 없다고 말했다. 우리는 위임받은 전권을 철회해 달라고 청했다.

중앙위원회는 우리에게 동의하지 않았다. 위원회는 스톨리핀 암살을 속개하도록 강제했다.

이 회의는 1906년 9월에 이마트라에서 열렸고, 아제프와 나 외에도 다음과 같은 중앙위원회 위원들이 참석했다. 체르노프, 나탄손, 슬레토프, 크라프트, 판크라토프였다.

우리는 중앙위원회의 결정에 따라 행동했다. 나는 핀란드에 남았다. 아제프는 직접 스톨리핀 감시를 지휘하기 위해 자주 페테르부르크로 떠났다. 비교적 자유로운 시간을 이용하여 나는 헬싱포르스에서 에스피리 라피나(벨라)의 도움을 얻어 부차적인 중요성을 지니는 활동을 위한 테러 소집단, 즉 중앙 투쟁 유격부대를 조직하려 시도했다.

이 유격대는 중앙위원회가 담당하기로 되어 있었다. 유격대는 페테르부르크 시장 폰 데어 라우니츠 장군 암살을 가장 근접한 임무로 삼고 있었다. 나는 여기에 또 다른 의미를 부여했다. 나는 투쟁 과업을 제대로 준비하지 않으면 그것이 어떻게 테러에 반영되는지를 보았다. 플레베 암살 당시 우리의 실패, 클레이겔스 건 실패, 두르노보 감시의 불충분함 등을 기억했다. 크지 않은 테러 활동이라 해도 그 활동을 거친 동지들이 중앙 테러에 필수적인 경험을 얻을 것이며, 같은 장소에서 일하면 서로 가까워질 것이고, 마지막으로 이렇게 같은 장소에서 일을 하면 다른 누구보다도 더 적합하고 주도권과 정력을 가진 인물이 지휘자의 역할로 드러날 것이라고 나는 생각했다. 이 때문에 유격투쟁단을 일종의 테러리스트를 위한 힘든 훈련이라 간주했고, 유격대의 조직원을 모두 투쟁조직원 후보라고 여겼다.

비록 거사의 밑바탕으로서 외부 감시에 대한 나의 의견이 현저하게 흔들리기는 했으나, 어쨌든 덜 중요한, 그러므로 덜 힘든 활동들은 이런 경로로 완수될 수 있다고 나는 제안했다. 이 때문에 라우니츠 장군 암살은 일단 기존의 일반적인 계획 방식대로 이루어졌다. 거사의 선두에 벨라(라피나)와 그녀의 가장 가까운 조력자인 로자 라비노비치가 섰다. 행상으로 위장한 감시자는 보리스 모이세옌코의 형인 세르게이 니콜라예비치 모이세옌코, 예카테리노슬라프 출신의 알렉산드르라는 이름을 가진 철물공, 코노플랴닌코바와 함께 민 장군 암살 준비에 참여한 늙은이 도금공(수호프)이었다. 알렉산드르 동지의 성과 마찬가지로 이 노인의 성은 내가 알지 못했다. 10월에 위에 말한 인물들은 라우니츠 장군 거사에 돌입했으나, 이미 한 달 반쯤 뒤에 그 일을 포기해야 했다. 세르게이 모이세옌코는 감시당하고 있음을 눈치챘고, 알렉산드르와 늙은 도금공도 후일 여러 가지 이유로 조직을 떠났다.

스톨리핀 암살도 또한 진행되지 않았다. 감시단은 이전처럼 스톨리핀이 매번 황제에게 갈 때마다 관찰했으나, 이전처럼 암살에 돌입할 기회가 없었다. 오로지 국무총리가 겨울 궁전에서 나오는 순간 공개적인 공격을 하는 시도만이 약간의 성공 가능성을 지니고 있었다. 그러나 이런 시도 또한 우리는 포기해야 했다. 여기에는 몇 가지 이유가 있었다.

첫 번째로 우리는 스톨리핀이 정확히 언제 배에 타는지 자세하게 모르고 있었고, 더 정확히는 그가 궁에서 나오는 시각이 규정되지 않았다. 따라서 공격단은 폭탄을 손에 들고 그가 나올 때까지 경비가 집중된 바로 그곳, 즉 드보르초바야 부두, 모이카 강, 밀리온나야 거리에서 무한정 기다려야 했다. 공격단이 때맞

취 밀정들에게 발각되리라는 것이 분명했다.

두 번째로, 설령 공격단이 삼엄한 감시를 따돌린다고 해도 공격이 성공으로 끝나기는 힘들었다. 스톨리핀은 궁의 현관에서 나왔고, 레뱌쥐 운하[1]의 보도를 걸어서 지나간 후에 배로 내려갔다. 총이 발사되자마자 그는 도로 현관으로 돌아가서 난공불락의 겨울 궁전에 숨을 수 있었다. 우리는 이를 막을 방법이 없었다.

아제프가 테리오키에서 조직원 모임을 열었고, 이 회의에서 위에 서술한 이유들로 인해 스톨리핀 건은 일시 중단하기로 결정되었다. 나는 헬싱포르스에 남아 있었는데, 그곳에서 피할 수 없는 감시를 당하고 있었다. 나는 이 감시의 이유를 몰랐으나, 세바스토폴에서 나를 체포했던 비밀경찰 요원 그리고리예프와 우연히 길에서 마주친 것이 그 원인일 수 있다고 추측했다.

같은 시기에 다음과 같은 일이 일어났다.

슐랴티츠키가 사과 행상인으로 가장하여 드보르초보이 다리에서 스톨리핀의 외출을 감시하다가 처음에는 체포되어 경찰서로, 그 뒤에는 비밀경찰로 호송되었다. 그곳에서 그는 자세한 심문을 받았다. 그는 자신이 이런저런 지방의 이런저런 읍과 동 출신인 농부이며, 페테르부르크에 일자리를 찾으러 왔고, 일을 찾지 못하여 행상 일을 시작했다고 해명하며, 남은 질문에는 모두 이해하지 못하는 척했다. 그러나 비밀경찰에서는 그의 말의 진정성은 차치하고라도 그의 여권이 위조일 것이라고 의심했다. 한 순경과의 동행하에 그는 치안판사[2]에게 보내졌고, 가족에게

---

1 417쪽 1번 각주 참조.
2 작은 민형사 사건을 다루는 판사로, 일종의 수사관 역할도 겸했다. 혁명 전까지 존재했다.

보내 신원을 확인하라는 명령을 받았다. 치안판사의 유치장에서 술랴티츠키는 탈옥했다.

아제프는 이 이야기를 듣고, 언젠가 내가 아론 슈파이즈만의 이야기에 보였던 것과 같은 불신을 보였다. 나와 둘만 남자 그가 말했다.

"나는 말류트카(술랴티츠키)의 이야기가 마음에 안 들어······. 그게 전부 사실인가?"

나는 술랴티츠키를 잘 알았다. 나는 한순간도 그의 말이 사실임을 의심치 않았고, 술랴티츠키가 거짓을 말할 수 없으리라는 것을 확신했다. 나는 아제프에게 그렇게 말했다.

아제프는 고개를 저었다.

"동지는 그를 알지······ 물론······. 하지만 그를 어떻게 아시오? 가장 정직한 사람들도 밀정이 되지 않았소? 그런 예가 드문가요? 동지, 말류트카에 대해서 보증할 수 있소?"

나는 술랴티츠키를 대신하여 모욕감을 느꼈다. 나는 단호하게 그리고 날카롭게, 나 자신에 대해 보증하듯 그에 대해서 보증한다고 말했다.

아제프는 느릿느릿, 거의 단어를 끌면서 대답했다.

"동지가 보증해도 나는 어쨌든 그를 못 믿겠소. 체포당했다······ 경찰서로 실려 갔다······ 치안판사한테······ 탈옥했고······. 뭔가 이상해. 난 그에 대해서 책임을 지지 않겠소."

나는 그 책임을 전적으로 내가 지겠다고 대답했다.

아제프는 침묵했다. 잠시 후 그가 말했다.

"동지는 나를 안심시키지 못했소, 난 어쨌든 말류트카를 안 믿소······. 하지만 그만하지······. 거사는 그 후로 어떻게 돼가고 있소?"

나로서는 조직이 완전히 마비됐음을 의심할 수 없다고 말했다. 그리고 고츠에게 했던 말을 되풀이했다. 내 생각에 조직을 강화하고 테러 활동을 적절한 수준으로 끌어올릴 수 있는 유일한 근본적 방법은 기술적인 발명품을 적용하는 것뿐이었다. 또 나는 우리 둘 다 지쳤고 예전처럼 성공적으로 거사를 진행할 수 없으며, 그 이유는 우리의 피로가 확실히 거사의 진행 과정에 영향을 미치고 있기 때문이라고 말했다.

아제프는 내 말을 다 듣고 나서 이에 동의했다. 그가 말했다.

"그래, 나도 그렇게 생각하오. 중앙위원회에 우리가 더 이상 투쟁조직을 지휘할 수 없다고 진술해야만 해요."

며칠 후에 특별히 투쟁조직의 문제를 주제로 중앙위원회의 두 번째 회의가 열렸다. 이 회의에 아제프와 나 외에도 나탄손, 체르노프, 아르구노프, 슬레토프, 크라프트, 그리고 라키트니코프 동지가 참석했다. 나는 나와 아제프를 대표해서 말했다. 나는 투쟁 작업에 채택된 방식의 모든 약점과 두르노보와 스톨리핀 암살의 실패를 상세하게 지적했다. 내 생각에 외부 감시는 장관들이 취하는 특별한 경계 조치들 앞에서 무력하다. 두르노보는 잡을 수 없었고, 스톨리핀은 수로로 이동하며, 최대강령주의자들 식으로 공개 공격하는 것은 우리에게는 불가능한데, 왜냐하면 조직은 외부 감시를 바탕으로 구성되어 민첩성을 잃었고, 또한 투쟁 동기도 잃었기 때문이다. 감시단에는 자연히 끈질기고 참을성 있으며 수동적인 사람들이 선택된다. 적극적인 주도권과 혁명적 활동력을 가진 사람들은 투쟁조직에서 자신이 활약할 자리를 찾지 못해 최대강령주의자들에게로 떠난다. 나는 또한 이것은 우리 투쟁 작업의 구습 탓이며, 이런 구습은 나와 아제프가 지친 탓이라고, 또한 투쟁 문제의 근본적인 해결을 나는 기술적인 개선에서 찾지만 미봉책으로서 조직원의 수적 증가를 제안한다고 말했다. 조직원 증가는 외부 감시를 개선시키고, 어쩌면 장관들이 취하는 그 어떤 조치도 충분치 않을 정도로 감시의 수준을 높일 수도 있었다. 나는 또한, 아제프도 나도 당장은 투쟁조직이 어떤 형태를 취하든 그 지휘를 맡을 수 없는데, 왜냐하면 우리는 진정으로 휴식이 필요하기 때문이라고 말했다.

중앙위원회는 내 말을 다 듣고 임무에서 우리를 면제해 주기로 결정했다. 중앙위원 슬레토프와 볼가 연안 지역위원회의 그로즈도프 위원이 우리가 물러난 동안 대신해서 투쟁조직을 지휘하는 임무를 맡을 준비가 되었다고 진술했다.

우리의 결정을 중앙위원회에 알리기 전에, 우리는 조직의 동지들에게 그것을 알렸다. 우리의 의견에 그들 대다수가 공감했다. 단지 몇몇 사람들, 주로 파블라 레빈손, 블라디미르 브노롭스키, 그리고 그의 아내 마르가리타만이 투쟁조직이 허약해진 원인을 기존의 작업 방식이 아닌 다른 곳에서 찾으려 했다. 그들은 그보다는 원인이 조직의 형태에, 그 내부 구조에 있다고 생각했다. 그들의 의견에 따르면, 투쟁조직의 기본적인 단점은 그것을 지휘하는 위원회와 무한정의 전권을 위임받아 그 위원회를 운영하는, 즉 아제프와 나였다. 그들은 위원회를 조직원 전체 회의로 대체하면 작업 사정이 현저하게 좋아질 것이라고 제안했는데, 왜냐하면 동지들 각자가 자신의 조직적 경험과 동기를 응용하여 결정에 영향력을 미칠 수 있게 될 것이기 때문이었다. 절대다수의 동지들은 그들이 옳지 않다고 생각했고, 여기에는 나도 포함되었다. 첫 번째로 조직적·기술적 문제로 우리가 채택한 형태, 즉 위원회에 완전한 권한을 넘기는 조직의 형태는 개개 조직원의 주도권과 조직적 경험을 적용할 기회를 배제하지 않았다.

실제적으로 플레베 건도, 세르게이, 두바소프, 두르노보, 스톨리핀 등의 건도, 단 하나의 결정도 사전에 길고 자세하게 동지들과 상의하지 않고는 채택되지 않았다. 사조노프, 칼랴예프, 보리스 브노롭스키와 다른 많은 동지들이 이런 거사들에 많은 개인적인 주도권과 독립적인 에너지를 쏟아 넣었다. 이러한 의미에서 누군가의 자율성을 제약하는 일은 존재하지 않았다. 회의에서는 실제로 아제프의 현실적인 지혜와 조직적 경험이 보통 다른 어떤 동지들의 의견보다도 더 최종 결정에 있어 대체로 가장 큰 영향력을 발휘했지만, 모든 동지들이 현실적인 일에 만장일치로 아제프의 권위를 인정하고 있었다.

두 번째로, 우리는 투쟁 일이란 그 본질상 작업의 선두에 선 자의 의지를 필요로 한다고 생각했다. 실무적인 문제들에 대한 의견 불일치나 견해 차이가 발생했을 경우, 유일하게 그러한 의지만이 조직을 끝없는 논쟁의 막다른 골목에서 빼낼 수 있었다.

세 번째이자 마지막으로, 모든 조직원들이 항상 회의를 거듭한다는 것은 비밀 계획의 특성상 실현 불가능했다. 화학자 집단과 감시단을, 특히나 감시단에 마부와 행상이 포함되는 경우 함께 불러 모으기는 곤란했다. 그런 모임은 필연적으로 검거로 이어질 것이었다.

이 문제에 대해 약간의 의견 차이는 있었지만, 대신 모든 조직원들이 다음 사항에 있어서는 동의했다. 그들 모두 예외 없이, 투쟁조직은 너무나 약해서 현재 강력한 중앙 활동을 실행할 수 없고, 테러의 성공을 위해서는 일의 조직 자체에 근본적인 변화가 필수적이라는 것이었다. 개인적으로 알지 못하는 동지들, 즉 슬레토프와 그로즈도프의 지휘하에 일하는 것을 투쟁조직의 모든 조직원들은 거부했다.

우리가 떠남으로써 조직은 세 부분으로 나뉘었다. 보리스 우스펜스키, 브세볼로드 스미르노프, 마리야 후다토바, 알렉산드르 펠드만, 발렌티나 포포바, 라셸 루리예, 알렉산드라 세바스탸노바는 작업을 그만두었다. 블라디미르 브노롭스키, 마르가리타 그룬디, 고린손, 파블라 레빈손은 오데사로 떠났고, 그곳에서 전체 회의의 법칙에 기반한 조직을 설립하여 카울바르스 장군의 암살을 시도했다. 하지만 이 암살 시도는 끝내 완수되지 못했다. 질베르베르그, 그의 아내, 술랴티츠키, 제독, 그리고 이바노프는 부차적인 중요성을 가지는 활동들, 예를 들면 1급 군 검사 파블로프 장군 살해를 위해 페테르부르크에 남았다. 이 집단의 선두에는 질베르베르그가 섰다. 아제프와 나는 외국으로 떠났다.

VII

1907년 1월 초, 아제프는 이탈리아에서 내가 살고 있던 볼리유[1]로 나를 찾아왔다. 그가 말했다.

"좋은 소식을 가져왔소. 테러에 대한 문제가 해결됐소. 투쟁조직은 부활할 거요."

그리고 그는 내게 다음과 같이 이야기했다.

세르게이 이바노비치 부할로라는 사람이 있는데, 그는 지뢰와 총포 부문의 발명품으로 이미 유명한 인물이며 기존의 비행기들과는 전혀 다르며 비행 문제를 급진적으로 해결할 비행기구를 10년째 연구해 왔는데, 그 기계는 얼마든지 높이 뜰 수 있고 아무런 문제 없이 하강할 수 있으며 상당한 중량도 들어 올릴 수 있고, 시간당 최대 140킬로미터의 속도로 움직인다는 것이었다.

---

1 남부 프랑스의 휴양지인 볼리유쉬르메르를 말한다.

부할로는 신념상 무정부주의자에 더 가까웠으나, 그는 자기 고안품을 황제 암살을 목표로 하는 모든 테러 조직에 기증할 준비가 되어 있었다. 아제프는 그를 뮌헨에서 만나 설계도를 훑어보고 계산을 검토했으며, 이론적으로는 부할로가 구조 부분에 대한 숙제를 해결했으나 바로 그것이 또한 장애물이라는 결론을 내렸다. 부할로는 자기 작업장을 설립하고 반드시 필요한 물자를 구입할 충분한 자금이 없었다. 이 자금을 어떻게든 마련해야 했다. 만약 실제로 이런 기계가 제작된다면 황제 살해는 시간문제가 될 것이었다.

나는 아제프의 말을 옛날이야기처럼 들었다. 나는 파르망, 들라그랑주, 블레리오의 실험[1]에 대해 알고 있었고, 미국에서 라이트 형제가 비행 부문에서 대단한 성공을 거둔 것도 알고 있었다. 그러나 시간당 140킬로미터의 속도를 내고 큰 화물을 얼마든지 높이 들어 올릴 수 있는 기계는 내게 실현 불가능한 꿈으로 여겨졌다. 나는 물었다.

"동지가 직접 설계도를 검토했습니까?"

아제프는 최근에 특별히 비행이라는 문제를 연구했으며 직접 부할로의 모든 계산을 확인했다고 대답했다.

여기에 내가 말했다.

"동지는 그 발견을 믿소?"

아제프가 대답했다.

"부할로가 자기 기계를 제작할 능력이 있는지는 나도 모르겠지만, 이론적으로는 이 문제가 정확히 해결되었다고 다시 한번

---

1 앙리 파르망은 프랑스의 초기 비행사이자 항공기 설계자로 초기 유럽 항공 발전의 선구자이며, 레옹 들라그랑주는 프랑스 조각가이자 비행사로 초기 비행 대회 및 전시 비행에서 기록을 세웠으며, 루이 블레리오는 프랑스 항공기 제작자로 세계 최초로 영국 해협 횡단 비행에 성공했다.

말하겠소. 위험을 감수해야 하오. 위험이란 돈 문제일 뿐이오. 필요한 건 2만 정도뿐이오. 이 일에 그 정도는 감수할 수 있고 감수해야만 한다고 생각하오."

아제프는 즉시 부할로의 기계를 이용한 테러 작전 계획을 펼쳐놓았다. 비행기구의 속도는 페테르부르크에서 몇백 킬로미터 떨어진 서유럽, 스위스, 노르웨이, 심지어 영국을 출발 지점으로 선택할 수 있는 가능성을 주었다. 지지력을 이용하면 차르스코예 셀로나 페테르고프 궁궐 전체를 파괴하는 시도를 해볼 수도 있었다. 비행의 높이는 공격자들의 안전을 보장해 주었다. 마지막으로, 기계가 파괴되지 않고 살아남는다면, 또는 두 번째 모델이 있다면 재공격도 가능했다. 테러가 실제로 전에 없던 높이에 이르는 것이었다.

아제프가 말을 마치자 내가 물었다.

"부할로가 자기 발명품을 투쟁조직에 기증할 거라고 확신합니까?"

아제프가 말했다.

"그래, 확신하오. 그는 청렴한 사람이고 확신에 찬 테러리스트요. 그를 의심할 수 없소."

아제프의 전공은 공학이었다. 나에겐 아무런 기술 지식이 없었다. 내가 말했다.

"나는 동지 말에 의지하겠소. 그런 일이라면, 설령 실패로 끝나더라도 2만 루블 정도는 버릴 수 있고 또 그래야 한다고 나도 동의하오. 하지만 내 생각에 그 돈은 당이 아니라, 이 계획을 진행하는 일에 헌신하며 자신의 자본을 걸고 위험을 감수할 준비가 된 개인들이 내놓아야 하오."

아제프는 이에 동의했다.

부활로에게 줄 돈은 헌금으로 받았다. M. O. 체이틀린이 3천 루블을, B. O. 가브론스키가 1천 루블을, 나머지는 내가 개인적으로 모르는 도예닌이 내놓았다. 부할로는 뮌헨에 작업장을 설치하고 일꾼을 고용해서 자기 기계를 제작하는 일에 돌입했다.

나는 이 시도를 환영했다. 내 눈에 이것은 테러 문제를 근본적으로 해결해 나가는 첫걸음이었다. 새 발명품이 정말로 가치가 있는 경우 투쟁조직은 무적이 될 것이었다.

같은 해 2월에 나는 처음으로 그리고리 안드레예비치 게르슈니를 만났다.

나는 미하일 고츠의 이야기로 게르슈니를 알고 있었다. 고츠는 깊은 사랑과 존경을 담아 이야기하곤 했다. 나는 또한 게르슈니가 내무장관 시퍄긴과 우파 총독 보그다노비치 살해, 하리코프 총독 오볼렌스키 대공 암살 시도를 조직했음을 알고 있었다. 나는 그의 활동 경로를 공부했다. 그를 개인적으로 알지 못했지만, 그의 처형을 불안하게 기다렸다. 그리고 그가 아카투이 강제노역 형무소[1]에서 탈옥했을 때 나는 기뻐했다. 나와 다른 동지들은 그에게서 당의 지도자와 테러 지휘자의 모습을 보았다.

나는 또한 그를 『혁명 러시아』에 실린 그의 글과 1905년에 슐리셀부르크에서 보낸 편지를 통해 알고 있었다. 다음은 아직까지 출판되지 않은 이 편지들의 일부이다.

할머니께,[2] 미하일 라파일로비치께,[3] 빅토르 미하일로비치께,[4]

---

1 아카투이는 러시아 중남부의 작은 마을로, 시베리아 한가운데 있는 지리적 특성상 1832년부터 1917년까지 강제노역 형무소가 있었다.
2 E. 브레슈콥스카야를 말함. — 원주
3 미하일 고츠를 말함. — 원주
4 빅토르 체르노프를 말함. — 원주

그리고 모든 가까운 동지들에게.

마침내 나는, 소중한 친구 여러분, 여러분에 대한 소식을 들었습니다. 여러분이 살아 있고, 건강하며, 해를 입지 않았다고 말입니다. 이 소식이 내게 얼마나 기쁘고 위안이 되었는지 여러분은 결코 상상할 수 없을 것입니다. 하지만 그 얘기를 하려던 게 아닙니다. 여러분이 살아 있다는 것, 이것이 가장 중요하고, 어쩌면 여러분을 다시 가슴에 끌어안고 또 한 번 여러분과 당 모임을 함께할 수 있을지도 모른다는 희망을 키우고 있습니다. 얼마나 이상한지! 어떤 순간에는 마치 살아 있는 과거로부터 영겁의 세월이 나를 갈라놓은 것 같고, 또 어떤 순간에는 마치 우리가 어제 막 헤어진 것처럼 느껴지기도 하지만, 그 이별은 영원한 것이었습니다. 살아 있는 세상과 투쟁은 이 무덤에서는 어쩌나 절망적으로 사라진 것처럼 보이는지, 때때로 앞날에 아직도 뭔가 밝은 것이 나를 기다리고 있다는 사실을 전혀 믿을 수 없습니다. 내가 겪은 모든 일들이 지금은 꿈처럼 느껴집니다. 생각해 보십시오. 904년 4월부터 905년 8월까지[5] 나는 산 사람을 한 명도 보지 못했고 세상에서 무슨 일이 벌어지는지 상상조차 할 수 없었습니다.

나는 전쟁[6]이 나라에 자연히 가져다줄 수 있는 유리한 결과들에 기대를 걸고 있었지만, 당이 '불패의 러시아인'의 애국적 격정에 휘말려 일시적으로 활동을 중지할까 걱정했습니다. 905년 8월, 한 지휘관이 어떤 개인적인 이유로 무심코 플레베는 이미 없으며 '퇴임했다'라고 말했습니다. 플레베가 퇴임했다면 당 또한 퇴임했을 거라고, 내게는 정황이 그렇게 보

---

5 원문에 '1'이 빠져 있다.
6 1904-1905년까지의 러일전쟁을 말한다.

었습니다. 2주 후에 나는 904년도 신문 『주인』을 받아 보았는데, 거기서 9월부터 어떤 '봄'이 왔으며, 정부 정책에 결정적인 전환이 발생했고, 12월 12일에 경사스럽게도 러시아에 '법적인 질서'가 주어졌으며, '위대한 개혁'이 일어났다는 것을 알게 됐습니다. 어딘가에 '고인이 된 플레베 장관'이라는 말이 어렴풋이 보였습니다. 하늘의 뜻으로 고인이 된 것입니까, 아니면 당의 뜻입니까? 근 한 달간 저는 알 수가 없어서 괴로워했습니다. 플레베는 죽었다. 그러나 당은 살아 있는가? 왜냐하면 나로서는, 그가 자연사했고 모든 전환이 당의 압력 없이 이루어졌다면, 당은 분쇄된 것이 명백했기 때문입니다. 9월 15일에 내가 새 감옥으로 이송되던 날, 지휘관은 내게 모든 것을 말해주었습니다. 플레베는 사조노프에게 죽임을 당했고, 사조노프는 살아서 이 감옥에 갇혀 있으며, 플레베의 죽음에 모든 사람이 환희에 가득 차 있고, 헌법이 제정되었으며, 국가두마가 설립되었다는 기타 등등의 이야기 말입니다. 같은 날 나는 옛 슐리셀부르크 동지들과 모두 만났고, 플레베의 죽음과 황실 정권의 몰락에 관해, 뭔가 불명확한 민중의 동요에 관해, 세르게이 대공 암살과 관련하여 이곳에서 있었던 처형에 관해, 그리고 여러 가지 세세한 소식에 관해 알게 되었는데, 당시에 그런 소식들은 그 무게로 인해 내게 대단히 큰 인상을 남겼습니다. 기쁘고 밝은 날이 찾아왔고, 904년부터 905년까지의 짓누르는 어둠과 고독을 겪은 후 내게는 특히 밝게 느껴졌습니다. 헌법은 혁명적 기운이 압박한 결과였고, 이는 곧 당이 살아 있다는 뜻이며, 투쟁은 계속될 것이고, 본질적인 무언가를 쟁취할 수 있으리라는 의미였습니다. 밖에서 무슨 일이 일어나는지 우리는 알지 못했습니다. 가끔 아주 불분명하게나마 민중의 동요나 전반적인 불만, 저항 세력의 성장 따위를 감지할 수 있을 뿐이었습니다. 이런 낌새를 바탕으로 우리는 가끔씩 상상 속에서 민중 운동의 환상적인, 영혼을 압도하는 그림을 그려보곤 했고, 때로는 그런 낙관적 상상마저 회의적으로 바라보았습니다. 그리고 하느님 맙소사, 현실 앞에서 이 환상은 얼마나 한심하고 빛바랜 것으로 드러났는지! 콘스탄티노비치가 알려준 소식은 불쑥 어둠 속으로 튀어 들어온 눈부시게 밝은 한 줄기 광선이었습니다. 마치 돌풍처럼 우리의 묘혈墓穴에 밀고 들어와 모든 것을 거꾸로 뒤집어 놓았고, 심장은 마치 놀란 새처럼 흔들렸고, 기쁨에 차서 돌발적으로 저곳으로, 저 바깥으로 튀어나가려 했습니다! 이 이상한, 이중적인 기분, 그 당시에 우리를 사로잡았던 이 극단적으로 불안하고 고양된 기분을 여러분에게 명확히 전달하기는 어렵습니다. 첫 기쁨의 진동이 지나간 후 마지막 순간에야 서서히 제정신이 들고 진정되기 시작했습니다. 한편으로는 러시아가 전환되는 순간을 살아서 볼 수 있게 되었다는 고무적인 의식과, 다른 한편으로는 당의 창조적인 작업은 이제 계획된 경로로 나아갈 것이라는 확신 덕분에 나는 나의 상황을 받아들일 수 있게 되었고, 원로들이 떠난 후 나는 겨울 거처에 자리를 잡았습니다. 아버지와의 면회는, 비록 아버지가 당시 바깥 상황을 자세히 말해주진 않았지만 근시일 내에 석방될 수 있다는 희망을 심어주어서 우리를 한층 더 안심시켰습니다. 그리고 여기서 갑자기 우리 앞에, 그 웅장함 그대로, 전혀 예상치 못하게 지난 1년간 러시아가 겪은 일들이 그림처럼 펼쳐진 것입니다! 그 순간, 그 장대한 역사의 장면이 시공간에 압축된 형태로 우리 앞에 펼쳐졌고, 그 규모와 한계 없는 지평선이 처음엔 우리를 압도했습니다. 다음 날 우리는 『조국의 아들』을 받았고 그것은 곧 우리에게 밖의 사정을 설명해 주었으며, 여러분께는 죄송하지만, 이 모든 것을 투쟁의 불구덩이 한가운데서 겪고 있는 여러분을 질투하게 되었습니다. 인쇄된 문장들이 우리 앞에 혁명의 뇌성으로, 증오스러운 괴물과의 목숨을 건 싸움으로 나타나는데, 우리는 여기서, 힘과 투쟁에 대한 욕망으로 가득한 채, 황제의 요새에서 아무것도 하지 못하고 괴로워할 수밖에 없다니! 러시아뿐 아니라 유럽 역사에서 유일무이하며, 그 분위기와 과업의 광범위함에 있어 전무후무한 순간이 우리 옆을, 마치 죽은 사람들의 곁을 지나가듯이 그렇게 지나가고 있는 것입니다!

우리의 손은 칼을 향해 뻗었으나,
족쇄만을 발견했네……![1]

예언이 실현되었습니다—마지막에 선 자가 첫 번째가 될 것이라는……. 러시아는 거대한 도약을 했고 곧바로 유럽과 나란히 서게 되었으며, 유럽보다도 앞선 것처럼 보였습니다. 경탄할 정도로 장엄하고 체계적인 동맹 파업과 혁명적 분위기, 무산계급의 용기와 정치적 전략으로 충만한 행동들, 그 웅장한 결의와 혁명, 노동 농민의 의식과 조직력, 가장 큰 사회 문제의 해결을 위해 투쟁할 각오, 이 모든 것은 전 세계 노동 민중을 위한 가장 복잡하고 시의적절한 결과로 풍성하게 결실을 맺지 않을 수 없고, 러시아는 명백히 20세기에 19세기 프

---

1 19세기 러시아 시인이자 12월당원이었던 알렉산드르 오도옙스키가 1827년에 지은 시에서 발췌한 구절.

랑스의 역할을 하도록 운명 지어진 것입니다. 그러나 내가 보기에 가장 강력하고 행복한 결과는, 러시아가 이미 덜 순조로운 시국에, 그리고 지금과는 다른 역사적 시기에 혁명기를 겪은 유럽 국가들을 사로잡아 마비시키는 올가미와도 같은 프티부르주아적 만족감의 천박한 시기를 지나왔다는 것입니다. 당의 운명에 얼마나 큰 행운인지! 지금 바로, 낮은 곳에 씨를 뿌렸으나 영광 속에 일어나고, 무력함 속에 씨를 뿌렸으나 큰 기운으로 자라난 것입니다. 순조로운 조건 속에서 지도자들만 자기 과업을 잘 수행한다면, 당은 가까운 미래에 유럽 모든 정당들이 부러워하는 입장을 점할 수 있게 될 것입니다. 다만 최대한 빨리 하나의 러시아 사회주의 정당으로 연합하는 데 기운을 아끼지 마십시오. 아무리 어려운 일이더라도, 통합을 가로막는 모든 고통스럽고 추악했던 과거의 일들과 개인 간의 관계를 잊기 위해 애쓰십시오. 지금 사회민주당은 이미 개개인의 손에 달린 것이 아니라 조직된 무산계급의 일부로서, 여러분은 가까운 미래에 그들의 상식과 시민으로서의 의무감에 호소할 수 있고 또 그렇게 해야만 하는 것 아니겠습니까. 이러한 통합이 바람직할 뿐 아니라 불가피하다는 점을 염두에 둔다면 여러분은 지금의 갈등을 더욱 악화시키지 않도록 최선을 다할 것이며, 갈등에서도 이전처럼 위세가 아닌 우아함으로 승리하도록 모든 노력을 기울일 것입니다. 이전처럼 가장 민감하고 윤리적으로 깨끗한 요소들에 힘을 분배하도록 하십시오, 그러면 여러분의 승리는 보장된 것입니다. 사랑하는 라야!² 그녀는 분명 많이 변했겠지요!³ 이전

---

2 투쟁조직을 말함. — 원주
3 편지의 필자 게르슈니는 '조직'이라는 단어가 러시아어로 여성형인 점에 착안하여

의 겸손하고 수줍은 어린 소녀에서, 승리감에 가득 차서 고개를 높이 들고 공손한 숭배자들의 무리 사이를 당당하게 걸어가는 황홀한 미녀로 변신한 모습이 내 눈앞에 그려집니다. 그녀가 어린 시절의 친구들을 만나는 행복한 순간이 찾아오기만 한다면, 그녀는 친구들을 어떻게 맞이할까요? 성공에 눈이 멀어 이미 오래전에 어린 시절 첫사랑의 시간과 첫 연인을 잊은 것은 아닐까요……? 이렇게 다시 만날 날을 말하고는 있지만, 이것 또한 '의미 없는 공상'일지도 모릅니다. 눈앞에 장엄한 혁명의 행진과 진흙 속에 짓밟힌 전제 정치의 히드라[1]를 상상하지만, 경비병의 고함 소리가 울려 퍼지고 이 무시무시한 감옥의 벽을 쳐다보면, 나도 모르게 몸서리가 쳐지는 것입니다. 슐리셀부르크는 건재하다―전제정치는 아직 살아 있다! 이 감옥 정문에 '황제 폐하께 바침'이라는 금빛 현판이 공연히 장식되어 있는 게 아닙니다. 아직은 이 현판이 깨지지 않았고 '황제 폐하께 바쳐진' 것은 아직 존재하고 있으며, 희망이 있는 것입니다.

그러나 앞날에 무엇이 있든 우리는 다시 궤도에 오르기 위해서, 해방의 순간을 참을성 있게 기다리기 위해서, 그리고 우리에게 위대한 그 순간을 준비하기 위해서 노력할 것입니다. 그 순간은 반드시 언젠가 찾아올 것입니다.

『조국의 아들』의 몇몇 발췌문이 우리에게 좋은 인상을 남겼습니다. 「동맹 파업에 관하여」, 「그래도 어쨌든 믿지 마십시오」, 「슬픈 선언」 등의 기사와 사라토프 농민 운동에 관한 막시모

여기서부터 투쟁조직을 여성에 비유하여 말하고 있다.
1 그리스 신화 속 머리가 많이 달린 괴물.

프의 짧은 글은 대단했습니다. 급진 노선에 관한 라트네르[2]의 기사는 어쩌나, 어쩌나 마음에 안 들던지요! 이런 전투 상황에선 눈에 띄지 않았을지도 모르지만 몇몇 기사에는 공격적인 부분도 많았고 그런 공격들은 아주 야비했습니다. 가능한 한 많은 사람을 당에서 적극적으로 활동하는 협력자로 끌어들이고, 사회적으로 의식이 없는 자는 가능한 한 물리치십시오. 몇몇 경우만으로는 물론 판단하기 어렵지만 내가 보기에 모두가 다 계급적 관점을 확고하게 의식적으로 유지하는 것은 아닌 듯합니다. 모든 협력자들이 이 기관은 **노동 민중의 것**이며, 지식계급과도 연결되어 있지만 그것은 단지 지식인들이 자신의 계급적 배경과 단절하고 이상주의적 동기에 의해 민중의 이익을 옹호하는 위치에 서며, 그 어떤 자기중심적인 이해관계도 포기한 경우에만 해당한다는 의식에 충분히 익숙해져 있지 않은 듯합니다. 노동 민중은 이것이 실제로 자신들의 기관이며, 모든 것과 모든 사람들이 그들을 위해 봉사하고 그들의 이해관계를 대변하며, 이 기관에서는 모든 것이 그들에 의해 생기를 찾고, 유일한 주인은 노동 민중이며, 다른 모두가 그에게 손님으로서 찾아오는 것이지 그가 자원봉사자들에게 손님으로 얹혀 있는 것이 아니라는 사실을 **자신의 내면 전체로 느껴야만** 합니다.

만약 우리에게 시간이 있다면, 친구들이여, 나는 여러분에게서 소식이라도 한마디 듣는다면 행복하겠습니다. 당의 작업 사정이 어떤지, 당의 기관과 앞으로의 전망이 어떤지 내게

---

2 마르크 라트네르(1871-1917). 러시아제국 시기 법률가, 칼럼니스트, 유대인 사회주의 운동가. 1905년부터 『조국의 아들』을 포함하여 여러 매체에 혁명 활동에 대해 활발하게 기고하여 주목을 받았다.

알려주십시오. 가족들은 아마도 우리를 위로하고자 조기 석방 가능성을 말하는 것일지도 모르기에, 여러분께 부탁합니다, 동지들로서 이 문제의 실상을 알려주십시오. 우리에게 뭐든지 숨긴다는 것이 얼마나 어리석은 일인지 여러분은 이해하실 겁니다. 우리는 순진한 여학생이 아니고, 사실을 똑바로 바라볼 수 있습니다. 일의 상황에 따라 활동을 조정할 수 있으려면(여기서도 우리는 놀고 있는 게 아닙니다) 반드시 알아야만 합니다.

모든 동지들에게 뜨거운 인사를 보냅니다. 친애하는 미하일 라파일로비치, 빨리 건강을 회복하십시오! 지금 할 수만 있다면 내 건강을 기꺼이 드리고 싶습니다, 달리 어디다 둬야 할지 모르겠으니 말입니다.

광범위한 대중을 위한 신문에 대한 여러분의 계획은 어떻습니까? 『바다제비』[1]지에서 광고를 보았지만, 무슨 의미가 있는지 잘 이해하지 못했습니다······.

어째서 옛날에 당에서 쓰던 명칭을 피하려 하십니까? 사회주의 신문에, 예를 들어 '노동의 목소리'라는 이름이 얼마나 어울리는지. 다른 얘기입니다만. 비난의 형태가 아니라 질문의 형태로 묻는 것입니다. 여러분은 어째서 우리 목적을 위해 창간된 기관지가 아니라 이토록 한없이 졸렬한 과거를 지닌 옛 기관지에 참여하셨지요? 『조국의 아들』! 악마에게나 가라지요, 이게 정말 '조국의 아들'이지 '개새끼'가 아니라는 걸 납득하기까지 얼마나 오랜 시간이 걸리는지요! 『조국잡기』[2]와 같

---

1 '폭풍의 예고자'라는 민속적 의미로, '혁명의 예고자'라는 뜻도 있다.
2 1839-1884년까지 있었던 잡지. 처음에는 온건 진보주의 노선을 견지했으나 편집장 네크라소프 사망 후에 미하일롭스키가 편집장이 되면서 보수주의 농민운동

은 불운한 운명의 장난일지 궁금하지만, 내가 잘못 안 게 아니라면 마지막 순간까지도 편집진은 이 졸렬한 이름 때문에 통탄했고, 심지어 미하일롭스키는 '편집진에 달린 문제였다면' 더 적절한 이름을 선택했을 것이라고 솔직하게 어딘가에 진술했습니다. 구독 가격을 낮추는 문제는 생각하지 않으십니까? 8루블로? 12루블이라니 너무 부르주아식 금액입니다. 매일 발행 부수는 어느 정도고, 2쇄는 어떤 방식으로 팔립니까? 당의 팸플릿 문헌 일은 어떻게 돼 갑니까? 정말로 『혁명 러시아』가 그렇게 폐간되고, 모든 외국 출판사도 이미 필요 없는 겁니까? 세상이 얼마나 변했는지, 얼마나 변했는지! 이제 『러시아의 부富』[3]는 어떻게 되는 겁니까? 마르크 안드레예비치는 지금 어디서 뭘 합니까? 우리 원로 동지들을 여러분은 어떻게 맞이했습니까? 어떤 관계를 정립했고, 원로들이 여러분에게 무엇을 가져다주었습니까? 이미 여러분께 안토노프에 관해서 쓴 적이 있습니다. 그와 마르티노프, 판크라토프는 무산계급과 농민의 연합에 중요한 역할을 수행할 수 있습니다. 그들의 이름을 널리 퍼뜨리고, 무산계급이 자랑스럽게 여길 수 있도록 그들을 소중하고 대중적인 인물들로 만들어 주십시오. 안토노프는 아직 인맥이 전혀 없으니 여러분이 직접 만나고 은신처를 제공하도록 노력하십시오. 그는 드물게 정답고 충심 어린 사람입니다. 베라 니콜라예브나[4]의 건강은 어떻습니까? 그녀가 날개를 펼칠 기회를 얻었습니까? 로파틴

쪽으로 잡지의 방향이 완전히 바뀌었다. 사빈코프는 이 점을 염두에 두고 게르슈니의 편지를 인용하고 있다.

3 1876-1918년까지 존재했던 문학, 과학, 사회학 잡지. 1905-1907년 사이에 민중사회주의 쪽으로 노선을 변경하여 1918년까지 이 노선을 견지했다.
4 '인민의 의지'당 행동대원이었던 베라 니콜라예브나 피그네르(1852-1942).

은 제 궤도에 합류했습니까?[1] 모든 일을 자세히 써주십시오. 모로조프, 젠장, 평생을 화학에 낭비해 버리지 않았더라면[2] 지금 얼마나 소중한 사람이 되어 있을지! 그들 모두에게 인사 전해주십시오.

이곳 동지들이 여러분 모두에게 고개 숙여 인사합니다. 사조노프가 포옹을 보냅니다.

농민 연합[3]의 세부 사항을 알려주십시오. A. Os.가 거기 참여하고 있는지 여부에 대해서도 알게 되면 좋겠습니다. 여러분은 그와 조직적으로 관계를 맺었습니까, 아니면 그는 여전히 늑대처럼 혼자서 숲을 헤매고 다닙니까? 그에게도 정답게 인사를 보냅니다! 군대에서 우리의 진짜 입지는 어떻습니까? 사랑스러운 랴야가 우리들을 사로잡았듯이, 실제로 그곳에서도 군인들의 정신을 빼놓고 있습니까? 나를 정신없이 환호하게 한 것은 바로 이것, 농민의 입장입니다. 이것이 정말로 힘겹게 얻어낸 우리의 승리입니다! 이 문제 때문에 당이 얼마나 비웃음과 조롱을 견뎌내야만 했는지! 그리고 이제 여러분은 스스로에게 완전한 권리를 가지고 말할 수 있는바, 만약 이 사안에 대한 당의 고집스러움이 없었더라면, 당의 사전 작업이 없었더라면 농민의 의식 수준은 완전히 달랐을 것이고,

---

1 게르만 알렉산드로비치 로파틴(1845-1918). 러시아의 혁명가로, 여기서는 그가 말년에 건강이 크게 악화되어 혁명의 길을 포기한 것을 말한다.
2 니콜라이 알렉세예비치 모로조프(1854-1946). 혁명가, 민중운동가, 과학자로, 1881년 체포되어 무기징역을 받고 독방에 감금되어 화학, 물리학, 천문학, 수학, 역사학, 자연과학을 연구했다. 1905년 슐리셀부르크 요새 감옥에서 석방되었고 이후 페트로그라드 생물학 연구소 소장 등을 역임했으며, 1932년 소비에트 과학 연맹 명예위원으로 위촉되었다.
3 1905년에 민중주의자와 사회혁명 지식계급이 주도하여 결성된 혁명적 농민 연합. 1907년 농민 혁명 진압과 함께 분열되었다.

농민을 위한 결과는 의심할 바 없이 덜 순조로웠을 것입니다. 잔인한 운명의 장난이여! 농민들이 결국 사회적 승리를 거머쥘 수 있다니, 그것도 자칭 '사회주의적'이라는 당에 대항하여 말입니다(나는 사회민주당에 대해 말하는 겁니다). 그리고 이 사회주의 정당은 그 요구 사항에서조차 심지어 『새 시대』보다도 뒤떨어져 있습니다! 편지를 끝맺을 시간이 없군요. 여러분 모두를 포옹하며, 여러분의 게르.

친애하는 동지들!
떨리고 기쁨에 찬 마음으로 우리는 감옥의 벽 너머로 울리는 불명확하고 모호한 투쟁의 메아리에 귀를 기울입니다. 우리가 그토록 열정적으로 꿈꾸었던 것, 끝없이 가까운 듯도 하고 끝없이 먼 듯도 했던 것이 익숙해지기 시작합니다. 조국은 일어서서 노예의 족쇄를 끊고, 요새를 둘러싼 어둠 속에서 우리는 러시아 위로 자유의 새벽빛이 비쳐오는 것을 봅니다. 이 새벽빛을 위해 치러야 했던 무서운 대가를, 민중이 견뎌냈던 무시무시하게 어려운 희생을 생각하면 공포가 우리의 영혼을 사로잡습니다. 이 희생자들에 대한 책임은 죄인들의 매수된 머리 위에 영원히 치욕으로서 남아 있고, 궁중 매춘부와 사기꾼들의 도당이 괴로움에 지쳐 기진맥진한 이 나라를 잡아 뜯는 것을 막으려 하지 않은 사람의 머리 위에 이 희생자들은 영원한 질책으로 남아 있을 것입니다. 이 위대한 순간은 민중의 이익과 자유를 비호하기 위해 나선 자들에게 더 큰 용기와 시민으로서의 명예를 요구하며, 여러분의 앞에는 더 큰 시련이 기다리고 있습니다, 사회혁명당 동지들······. 민중을 콩 한 알, 국 한 술에 배신하고 팔아넘기려는 시도는 많이 있을 것이며, 죽어가는 정권은 이런 하찮은 대가를 부르주아에게 양보할 준비가 되어 있고, 투쟁의 모든 무게를 헌신적으로 짊어지는 민중과 혁명가의 어깨에 소시민적 안락함을 건설할 준비가 되어 있습니다. 노동 민중의 이해관계에 무관심한 사람들은 여러분을 떠날 것이고, 이전에 비겁하게 숨었으면서도 이제 와서 인기를 노리는 사람들은 가까이 다가오려 할 것입니다. 당은 전자가 떠나도 아쉬워하지 않고 후자를 배척할 것입니다. 믿을 만한 나침반, 즉 노동 민중의 자유와 행복을 바탕으로 사회혁명당은 노골적인 적들과 위선적인 친구들 사이를 뚫고 나갈 것입니다. 정부로 인해 당에서 떨어져 나와서, 그러나 사상이라는 끊을 수 없는 매듭으로 당과 연결되어, 우리는 온 영혼으로, 온 마음과 생각으로 여러분과 함께 있습니다. 잊을 수 없는 동지들이여, 그리고 여러분의 창조적이고 결실 있는 작업과 함께합니다. 20년간 독재 정권의 발톱 밑에서 신음했고 오늘 암울한 슐리셀부르크에 버려진 선배 동지들과 함께, 여러분 모두에게, 사회주의의 깃발 아래 투쟁하는 모두에게, 동지로서 뜨거운 인사를 보냅니다. 다가오는 미래를 기뻐하고, 잃어버린 사람들과 외로이 남은 사람들에 대해 슬퍼하지 마십시오.

사회혁명당의 정치적 전략, 용기와 헌신, 그리고 노동 민중의 힘과 견고함에 대한 확고한 신념으로 우리는 러시아의 미래를 활기차게 내다보며, 동지들과의 이별을 활기차게 맞이하고, 단지 여기서 정부가 머리를 짜낸 동지들의 운명을 더 무겁게 한 것만을 슬퍼할 뿐입니다.

그리고리 게르슈니
1905년 10월 28일.

게르슈니는 외모부터 주의를 끌었다. 파리 '그랜드 호텔'의 그의 방에 들어섰을 때, 나는 중키에 몸집이 강건한 전형적인 유대인을 보았다. 평범한 유대인의 선량한 얼굴에, 마치 그에 대비되듯 완전히 비범한, 커다랗고 우윳빛이 도는 하늘색의 차가운 눈이 남달라 보였다. 이 눈이 게르슈니를 전부 말해주었다. 그 눈을 들여다보는 것만으로도, 내 눈 앞에 커다란 의지와 파괴할 수 없는 정력을 가진 사람이 서 있다는 사실을 확신하는 데 충분했다. 그의 말투는 첫인상으로는 특별할 것 없어 보였다. 단지 계속되는 대화에서만 그의 논리적 사고 구조의 힘과 당과 사회주의에 대한 그의 전염성 강한 신념의 매혹적인 인상이 드러났다. 우리의 이 첫 만남은 온전히 슐리셀부르크와 아카투이에 대한 그의 회상, 즉 사조노프, 시코르스키 그리고 옛 슐리셀부르크 수감자들에 대한 이야기에 바쳐졌다. 그때 나는 그를 오래 만나지는 못했다. 그는 아제프와 함께 1907년 2월 핀란드의 탐페레에서 열린 2차 전당대회에 갔다. 이 전당대회에서 그는 중앙위원회 위원으로 선출되었다.

VIII

1907년 겨울과 봄 내내 나는 부할로의 작업 결과를 초조하게 기다렸다. 투쟁 작업의 구성에 대한 내 의견은 이전과 변함이 없었고, 나는 의견을 바꿀 이유를 찾지 못했다. 나는 모든 희망을 과학 기술에 걸었다. 아제프도 나에게 동의했다. 탐페레 전당대회 후에 그는 러시아에 남아 있었으나, 테러 기획에 직접 참여하지는 않았다. 그는 중앙위원회 일에 전념하고 있었다.

나는 뮌헨 근처 모사흐에 있는 부할로의 작업장을 찾아갔다. 선반 작업대 너머로 나는 아직 그다지 나이 들지 않은 마흔 살

정도의, 안경을 끼고 그 아래로 현명한 회색 눈이 반짝이는 사람을 찾아냈다. 부할로는 자기 일과 사랑에 빠져 있었다. 그는 그 일에 이미 일생의 긴 세월을 허비했다. 그는 나를 매우 정성스럽게 맞이하여 자신의 설계도와 기계 들을 사랑을 담아 보여주기 시작했다. '앙투아네트' 공장의 크지 않은 동력기에 다가가며, 그는 손으로 실린더를 쓰다듬으며 말했다.

"배달되었어요. 기쁘더군요. 이 기계에는 영혼이 있다고 생각했어요. 그리고 지금은 기계와 좀 살아보니, 그저 나무토막이라는 걸 알겠더라고요. 집에서 이걸 좀 갈아내야 해요……."

그는 꼭 살아 있는 생물을 대하듯 철판과 기계 부품과 계산자를 대했다. 그러니 자신의 설계도와 복잡한 수학적 계산식에 대해서는 더 말할 것도 없었다. 그의 말 한 마디 한 마디에서 자신의 기계에 대한 신념과 완강한 고집스러움이 배어 나왔다. 혁명에 관해 그는 별로 말하지 않았고, 불법적인 문헌에는 경멸을 담아 반응했으며, 그가 생각하기에 당의 전략에 있는 많은 실수를 지적했다. 그러나 테러에 대해서는 정부로부터 승리를 쟁취할 유일하게 올바른 수단이라고 믿었다. 나는 뮌헨을 떠나면서 그의 발명품이 과연 가치가 있을지는 여전히 확신할 수 없었지만, 그에 대한 신뢰만큼은 완전히 가지고 있었다. 그가 과학과 재능과 경험이 줄 수 있는 모든 것을 자기 일에 쏟아붓고 있다고 나는 확신했다.

부할로의 작업은 지연되었다. 8월이 되자, 설령 그가 비행 문제를 해결하더라도 가까운 시일 내에는 아닐 것이라는 사실이 분명해졌다. 기계를 제작하면서 그는 예상치 못했던 어려움에 부닥쳤다.

아제프는 이미 외국으로 돌아가 가족과 함께 스위스 샤르보니에르에 살고 있었다. 그는 테러 문제를 상의하기 위해 나를 불렀다.

이 회의는 몽트뢰에서 있었다. 게르슈니 역시 여기에 참여했다.

회의를 시작하면서 아제프가 진술했다.

"부할로 건은 빠른 시일 내에 결과가 나오지 않을 겁니다. 러시아로 가야 합니다."

내가 말했다.

"러시아에 가려면 우리가 무엇을 어떻게 하려는 의도인지 명확히 해야 합니다."

그러자 게르슈니가 물었다.

"그럼 당신 생각에, 지금 무엇을 할 수 있겠습니까?"

나는 다음과 같이 말했다.

투쟁조직의 경험으로 확신하건대, 우선 기존의 조직 형태는 테러 과업에 부합하지 않는다. 외부 감시 방법을 바탕으로 한 조직은 충분한 유연성을 갖지 못한다. 조직은 무장한 소집단의 공개적인 공격을 실현할 수 없다. 감시자들의 공식적인 신분(마부, 행상인)의 제약, 그리고 황제와 대공들과 장관들에 대한 정보의 부족 때문이다. 이러한 정보는 특수 목적을 위해 구성된 별도의 집단이 수집하고 활용해야 한다. 이들은 당의 모든 조직과 관계를 맺어야 하며 테러 조직의 좁은 틀에 갇혀서는 안 된다. 그러나 이런 정보는 일반적으로 소문의 성격을 띠며, 대단히 조심스럽게 활용되어야 하고, 그 어떤 경우에도 투쟁조직이 수행하는 모든 테러 활동의 기반으로 삼아서는 안 된다는 것을 경험이 말해준다. 가장 좋은 경우에는 이런 정보가 개별적인 테러 활동을 실행할 기회를 줄 수도 있다.

두 번째로, 외부 감시 방식은 본질적인 성과를 내기 어렵다는 점이 경험을 통해 분명해졌으며, 이는 당에서 감시 활동에 적합한 인력을 끌어올 수 있는 규모와 조직의 구조적 한계 안에서 허용된 감시단의 인원수로는 의미 있는 결과를 기대하기 어려웠기 때문이다.

투쟁조직의 경험은, 내 생각에 다음과 같은 테러 행위의 경험으로 완전히 증명할 수 있었다. 라우니츠 장군 살해와 파블로프 장군 살해(1906년 12월)의 경우에는 우연히 얻은 정보가 암살에 돌입할 기회를 주었으나 온전히 이 정보에만 기반하여 전체적인 계획을 세우는 것은 허락되지 않았고, 슈티프타르와 그론스키 체포(1907년 2월), 소위 '황제 소송'[1]에 의한 동지들 체포(1907년 3월 31일)와 국무총리 스톨리핀을 겨냥한 두 번째 암살 기도의 참여자들 체포(같은 해 여름) 역시 이러한 점을 뒷받침해 주었다.

앞서 말한 것을 전부 끝맺으면서, 나는 문제의 유일하게 근본적인 해답은 이전처럼 기술적인 발명품을 적용하는 것뿐이라고 확언했다. 즉 첫 번째로 부할로의 기획을 지지해야만 하고, 두 번째로 지뢰와 공병 기술, 원거리 폭격 등을 배워야 한다.

일시적인 미봉책으로 나는 다음과 같은 계획을 제안했다.

즉각적인 테러 행군이 절실하게 필요해질 경우에 대비하여, 그리고 과학 기술을 아직은 활용할 수 없는 현실을 고려하여, 나는 당이 인력과 자금을 아끼지 않고 테러 활동을 효과적으로 실행할 수 있는 충분한 에너지를 발휘할 수 있는 유일한 형태인 투쟁조직을 재건하는 데 총력을 기울여야 한다고 주장했다. 감시단은 몇십 명 정도로 증원해야 한다. 그와 평행하게 소집단을 만들어야 하는데, 이 집단의 목적은 그들이 당 조직의 도움을 받

---

1 1907년 니콜라이 2세 암살 음모와 관련된 사회혁명당의 대규모 체포 및 재판 사건을 가리킨다.

아 수집한 정보를 기반으로 한 공개 공격에 있어야 한다. 그런 조직의 선두에는, 물론 화학자들을 포함하여 강하고 현실적이며 윤리적으로 권위 있는 중심이 서 있어야 한다. 나는 그런 위원회에 게르슈니도 합류해야 한다고 생각했다.

게르슈니는 침묵했다. 내가 말을 마치자 아제프가 물었다.

"조직에 몇십 명이, 그러니까 50명 혹은 60명이 있게 된다면, 어떻게 밀정을 막을 수 있겠소?"

나는 조직원을 엄중하게 선발한다면 어느 정도까지는 밀정을 걸러낼 수 있을 것이며, 조직의 운영 방식이 엄격하고 노동 분담과 개별 활동가들의 고립이 잘 이뤄진다면, 설령 밀정이 조직에 침투하더라도 그 피해를 줄일 수 있을 것이라고 대답했다.

그러자 아제프가 말했다.

"동지는 몇 번이나 내가 조직을 새 조직원으로 갈아 채운다고 하더니, 지금은 동지가 직접 새 조직원을 더 충원하려고 하는군."

이에 대해서 나는, 당장 맡은 일이 없는 조직원들로 충원하는 방식을 생각하고 있다고 대답했다. 이런 동지들이 핀란드에서 아무 활동 없이 지내고 있었고, 이런 무활동 상태는 그들과 조직 전체에 기강을 해치는 식으로 영향을 끼쳤다. 내 계획으로는 모든 조직원이 유용한 일에 종사하게 될 것이었다.

그러자 게르슈니가 내게 질문을 던졌다.

"그런 테러리스트 인원을 어디서 찾으시겠습니까?"

나는 당에 투쟁 병력이 충분하고 그들 중 다수는 여태까지 자신이 활약할 곳을 찾지 못했으며, 인원은 불충분하지 않고 그럴 수도 없음을 최대강령주의자들의 경험이 보여준다고 말했다.

게르슈니가 말했다.

"예, 하지만 어디서 하사관과 장교 들을 찾아내시겠습니까? 세 명으로 이루어진 위원회는 그런 조직을 균형 있게 유지하지 못합니다. 조력자들, 현지 지휘관들이 반드시 필요합니다."

나는 당에 여태까지 테러에 참여하지 않은 재능 있는 일꾼들이 많이 있다고 대답했다. 나는 이런 예외적인 순간에 그들이 자기 자신의 의지로 투쟁조직에 참여할 것이라 믿고 싶었다. 나는 몇몇의 이름을 댔다. 그러나, 중앙위원회에서 이들이 전반적인 당 과업을 떠나는 것을 허락하지 않을까 봐 걱정된다고 덧붙였다.

아제프가 말했다.

"중앙위원회는 허락하겠지만, 그들 스스로가 테러에 참여하지 않을 거요."

게르슈니는 생각에 잠겼다.

그가 말했다.

"그들이 정말로 테러에 참여하려 들지 않는다면 어떻게 됩니까?"

내가 말했다.

"그러면 제 계획은 실현 불가능하게 됩니다. 우리 셋은 50명으로 된 조직을 지휘할 수 없습니다."

게르슈니는 다시 생각에 잠겼다.

그가 물었다.

"그럼 이전과 같은 형태의 조직으로는 테러가 불가능하다고 여기십니까?"

"저는 그런 테러에는 아무런 책임도 질 수 없습니다."

"그리고 참여하기도 원치 않으십니까?"

"원하지 않을 뿐 아니라 할 수 없습니다. 성공을 믿지 않고서는 사람들을 테러에 불러 모을 수 없습니다. 조직이 그 방법과 형태에 있어 무력할 운명이라는 것을 아는 상태에서, 그 조직의 지휘에 참여하는 것은 저 자신에게 있을 수 없는 일입니다."

아제프가 말했다.

"동지의 계획은 현실적으로 실행 불가능해요. 사람도 돈도 모자라오. 게다가 반드시 밀정이 있을 거요."

내가 말했다.

"내 계획 대신 동지의 계획을 제안해 보시오."

아제프는 어깨를 으쓱했다.

"나도 몰라요. 내가 아는 건 단 한 가지, 일을 해야 한다는 거요."

게르슈니는 침묵했다. 나는 그를 바라보았다.

"동지는요?"

"저도 모릅니다. 하지만 저도 일을 해야 한다고 생각합니다."

이에 나는, 실현 가능해 보이는 기획이라면 어떤 일이라도 기꺼이 참여할 준비가 되어 있으나, 실현 가능성이 보이지 않는데도 사람들을 테러에 끌어들이는 건 나 자신의 혁명적 양심과 테러리스트로서의 신념에 어긋나는 일이라고 말했다.

이 주제에 대하여 아제프는 후일 내게 다음과 같이 썼다.

필요한 것을 창조하는 데 모든 힘을 집중해야만 한다는, 즉 내가 고수하고 있고 또 동지에게 진술했던 그 관점을 고수해야만 한다는 입장에서 출발해서, 그 뒤로는 곧장 나아갈 필요가 있소. (…) 도덕적으로 사람들을 테러에 끌어들일 '권리'에 대해서 말하자면, 내가 그들을 끌어들이게 될 때쯤이면 그럴 도덕적 권리 또한 갖게 되리라 나는 믿소. 지금 내가 할 수 있는 건 다만 그 기초를 만들기 위해 내 힘을 다하는 것뿐이오. (…) 동지는 내가 이미 사산死産된 일에 대한 신념을 자네에게 불어넣으려 한다고 썼소. 내가 동지에게 신념을 불어넣으려 한다는 생각을 어떻게 하게 됐는지 모르겠소. 나는 그런 것과는 아주 거리가 멀어요. 오히려 동지의 편지에 나타난 '그러한 일에 대한 신념이 전혀 없는 상태'에서는 차라리 시작하지 않아야 한다—나는 순전히 동지로서 이렇게 말하는 것이오.(뮌헨에서 보낸 편지, 1907년 9월 24일)

인용된 발췌문의 확정적인 단어들에도 불구하고, 아제프는 이 문제에서 G. A. 게르슈니, V. N. 피그네르와 내가 존경하는 아주 많은 당원들이 고수한 관점을 또한 고수했다. 그들은 테러리스트의 의무란 모든 정황에서, 그리고 그 어떤 조건에서도 테러 일을 하는 것이며, 투쟁 과업에 참여하기를 거부함으로써 내가 내 의무를 다하지 않고 있다고 생각했다. 나는 그들의 이런 판단에 동의할 수 없었다. 오히려 내가 만일 동지들과 중앙위원회에 내 생각을 말하지 않았다면, 즉 테러 투쟁의 옛 방식으로 돌아가는 것은 그 어떤 경우에도 성공의 희망을 줄 수 없다는 것을 지적하지 않았다면 내 의무를 다하고 있지 않다고 여겼을 것이다. 나는 또한, 스스로 성공의 가능성을 믿지 않으면서 내 실제적인 경험을 신뢰하는 사람들을 테러에 참여시킨다면 그것은 범죄라고 생각했다. 투쟁조직에 대한 내 계획은 게르슈니와 아제프 양쪽에 의해 거부당했다. 게르슈니도 아제프도, 더 현실적인 다른 계획에 대한 언질을 주지 않았다. 부할로의 기획은 지연되었다. 결국 우리가 되돌아갈 수 있는 것은, 이미 실행 불가능하다는 것이 입증된 과거의 방식뿐이었다. 나는 이것이 목적에 맞지 않으며,

나 자신에게 윤리적으로 허용할 수 없다고 여겼다. 설령 내가 지휘하는 역할을 거부하고 실행자로 나선다고 해도, 조직에 내가 참여하고 있다는 사실 자체로 동지들이 게르슈니, 아제프, 그리고 나를 신뢰해 그 활동에 참여하게 되는 한 조직의 활동뿐 아니라 동지들의 운명에 대해서도 나에게 책임이 있다는 뜻이 되기 때문이었다.

나는 내 입장을 아제프와 게르슈니에게 표명하는 데 그치지 않기로 결심했다. 테러 투쟁의 방식을 바꾸기 위해, 설령 그 시도가 애초부터 실패할 운명이더라도 중앙위원회에 영향을 주기 위한 노력을 기울이는 것이 내 의무라고 여겼다.

1907년 10월 나는 이런 목적으로 핀란드로 떠났다. 비보르그에서 중앙위원회 회의가 열렸고, 여기서 나는 발표를 했다.

이 회의에 참석한 것은 아제프, 게르슈니, 체르노프, 라키트니코프, 압크센티예프, 그리고 바브킨이었다. 마지막 두 명은 탐페레 전당대회 후에 중앙위원회에 선출되었다.

나는 이 참석자들 앞에서 몽트뢰에서 했던 말을 전부 되풀이했다. 나는 이런 제안을 했다. 만약 중앙위원회가 내가 제안한, 과학 기술에 모든 병력을 집중한다는 투쟁조직의 계획이 어떠한 이유로든 실현 불가능하다고 인정하는 경우, 지금부터라도 테러 작업에 기술적 발명품을 적용하는 순간까지 조직적인 형태의 중앙 테러 활동을 중단해야 한다. 나는 의식적으로 '조직적인 형태'라는 단어를 사용했다. 나는 투쟁조직 활동에 의존하지 않은 우연한 테러의 가능성을 인정했다. 장관들이나 황제를 둘러싼 인물들, 즉 수병들, 병사들, 하인들, 장교들 중에서 단독 테러리스트가 나타날 수도 있었다. 이런 테러리스트들에게는 물론 당의 도움이 필요하겠으나, 그들은 투쟁조직의 존재를 필요로 하지 않았다. 후일 이런 우연한 상황에서 세 번의 황제 암살 시도가 있었는데, 세 번 모두 발트 함대의 선상에서 일어났다. 이들은 실패로 끝났다.

내가 연설하는 동안 내내 게르슈니와 아제프는 침묵을 지켰다. 논쟁 끝에 중앙위원회는 나의 투쟁조직 계획이 실행 불가능하다고 결론 내리고, 반대 4표 대 찬성 2표(바브킨과 압크센티예프)로 내 모든 제안을 거부했다. (중앙 테러를 조직적 형태로 속행하기로 결정되었다.) 투쟁조직의 선두에는 아제프가 남았다. 후일 나는 P. V. 카르포비치가 조력자가 되었음을 알았다. 이들에 의해 재건된 투쟁조직은 단 하나의 암살도 완수하지 못했다.

나는 비보르그에서 헬싱포르스로 떠났다. 헬싱포르스에서 아제프가 나를 찾아냈다. 그는 오랫동안 내게 일하러 돌아올 것을 종용했다.

그가 말했다.

"들어보시오. 동지가 물론 옳소. 일하기는 지금 대단히 어렵지만, 내 생각에 불가능하지는 않소. 이전에도 가능하지 않았소······."

내가 말했다.

"외부 감시 방법은 구식이 됐다고 작년 가을에 동지는 나와 동의했소. 어째서 지금 의견을 바꿨소?"

"바꾼 게 아니오." 그가 내게 대답했다. "외부 감시로는 실제로 많은 일을 할 수 없지만, 그래도 정보 수집은 해야 하오······. 그런 정보를 바탕으로 파블로프와 라우니츠가 살해된 거요······."

내가 말했다.

"작년에 동지는 그런 정보가 대부분 아무짝에도 쓸모없는 소문이라는 데 동의했소. 파블로프와 라우니츠 살해는 예외고, 황제는 라우니츠도 파블로프도 아니오. '황제 소송'은 반대로, 황제에 대해 우연히 주워 모은 정보를 바탕으로 작업을 한다는 게 얼마나 어려운지 보여주지 않소."

아제프는 반박했다.

"우리는 체계적으로는 정보를 수집하지 않았소. 언제나 우연한 정보를 이용했지. 이제는 이 일을 심각하게 진단해야 하오."

나는 정보 수집 하나만으로는, 특히 황제 건에 있어서, 성공의 희망을 주지 못하고 그가 나를 아무리 설득해도 실행 가능한 계획을 갖지 못한 채 사람들을 희생시켜야 한다는 데는 동의할 수 없다고 대답했다.

그러자 아제프는 잠시 생각한 후 얼굴을 찌푸리며 말했다.

"그리고리(게르슈니)는 동지가 테러에 참여하는 것이 혁명가의 의무라고 생각하고 있소."

내가 물었다.

"동지도 그렇게 생각하시오?"

그가 대답했다.

"그렇소, 나도 그렇게 생각하오."

이에 대하여, 그와 게르슈니의 의견을 높이 평가하기는 하지만 나는 그렇게 생각하지 않는다고, 절망적인 기획에 참여하기를 거부함으로써 바로 나의 의무를 다할 수 있다고 생각한다고 대답했다.

아제프는 얼굴을 더 찌푸렸다.

"동지 없이는 내가 일하기 힘들 거요." 그가 말했다.

나는 동지로서의 연대감 하나만으로 테러에 참여할 수는 없다고 대답했다.

아제프는 비보르그로 게르슈니를 만나러 떠났다. 나는 외국에 정착하기로 결정하고 증기선 '폴라리스' 호를 타고 코펜하겐으로 떠났다.

코펜하겐에서 내게 다음과 같은 일이 일어났다.

아직 아보[1]에 있을 때 나는 덴마크 작가인 친구 오게 마델룽에게 나를 만나달라고 전보를 쳤다. 증기선이 부두에 다가갔을 때, 마델룽이 갑판으로 달려 나와 내게 속삭였다.

"당신을 체포하려고 합니다. 여기 러시아인 요원들과 덴마크 형사가 있어요."

증기선을 기다리던 그는 부두에서 그들을 눈치챘다. 그들은 내 사진을 들여다보면서 분명히 나를 기다리고 있었다.

덴마크 법에 따르면 나는 체포될 경우 즉시 러시아 정부에 넘겨질 것이었다. 나는 경고해 준 마델룽에게 몹시 고마워했다.

마델룽은 나를 코펜하겐의 자기 부모님 집에 숨겼다. 덴마크 경찰은 내 짐을 추적하여 나를 찾고 있었는데, 내 짐은 마델룽이 자기 친구인 황실 극단의 배우 텍시에르의 집에 날라다 놓았다. 텍시에르가 사는 건물에 덴마크 형사들이 내 사진을 가지고 나타났다. 그들은 거주자들 중에서 나를 본 사람이 없는지 탐문하고 다녔다.

마델룽과 동행하여 나는 코펜하겐을 떠났으나, 곧장 독일로 가지는 못하고 우선 스웨덴의 예테보리 시로 갔다가 그곳에서 베를린으로 갔다. 며칠 후에 나는 파리에 있었다.

이 사건으로 인해 나는 당에, 중앙 기구 가까운 곳에 밀정이 있다고 확신하게 되었다. 핀란드에서 감시를 당했다면 나는 헬싱포르스에서 체포되었을 것이고, 내가 덴마크로 떠나도록 내버

---

1 핀란드의 도시 이름, 현재 이름은 투르쿠.

려두지 않았을 것이다. 분명히 밀정은 내가 이미 '폴라리스' 호를 타고 바다에 있을 때 나에 대해서 전보를 친 것이었다. 우연과 마델룽의 우정만이 나를 체포에서 구해주었다. 나는 정신없이 추측해 보았으나, 동지들 중 아무도 의심할 수 없었다.

IX

1908년 6월까지 나는 파리에서 모든 테러 기획을 멀리한 채로 지냈다. 6월에 나는 황제 암살에 참여했다.

스코틀랜드 글래스고의 조선造船 공장 비커스에서 러시아 장갑 순양함 '류리크' 호를 건조했다. 선박 기술자 중 하나인 K. P. 코스텐코는 사회혁명당 투쟁조직의 조직원이었다. 그의 주도에 의해, 그리고 그의 지휘하에 순양함을 건조하는 수병들 사이에서 혁명 선전이 시작되었다. 선전 운동원들은 전직 보병 장교 바르샤모프, 전직 로즈제스트벤스키 제독 분함대 수병 자초르티(가명), 그리고 러시아 사회민주당 당원인 노동자 표트르(가명)였다. 코스텐코는 순양함에 혁명가 수병이 몇십 명이 있으며 그들 사이에 테러 성향을 가진 인물들이 있고, 이들은 앞으로 다가올 류리크 호의 러시아 귀환에 맞춰서 있을 황제의 열병식 중에 황제를 암살할 준비가 되어 있다고 1908년 봄 중앙위원회에 보고했다.

M. A. 나탄손이 이 소식을 내게 알려주었다. 그는 내게 글래스고에 가서 개인적으로 황제 암살 가능성을 확인할 의향이 있는지 물어보았다. 나는 전혀 반대 의사가 없다고 대답했다. 나는 모든 우연한 테러 시도를 환영할 뿐이었다.

아제프는 페테르부르크에서 또한 황제 암살 준비로 바빴다. 그는 류리크 호의 전개 상황을 알고 있었고, 그의 제안으로 아제프가 외국에 재건한 투쟁조직의 조직원인 P. V. 카르포비치가 도착했다. 그 또한 글래스고로 가기로 되어 있었다. 나는 파리에서 그를 만났다.

나는 카르포비치를 1900년 베를린에서, 그가 보골레포프 장관을 죽이기 전에 알게 되었다. 내 기억에 그는 키가 크고 수염이 검고 머리카락이 길며 빨간 셔츠를 입은 학생으로 남아 있었다. 지금 내 앞에 나타난 그는, 얼굴은 젊지만 관자놀이가 희끗희끗한 나이 든 사람이었다. 그는 말쑥한 차림이었고 외양만으로는 전혀 혁명가를 연상시키지 않았다.

그는 슐리셀부르크에서 몇 년을 보냈다. 혁명과 당에 대한 그의 태도는 10월 17일 선언 후에 슐리셀부르크 요새 감옥에서 그가 보내온 다음과 같은 편지로 판단할 수 있다.

다 이루었다! 그토록 오랫동안 러시아를 압박하던 족쇄는 떨어질 준비가 되었다. 한 번만 누르면, 러시아제국 관료주의의 피의 제전은 중단되고 새로운 러시아를 창조하는 길이 닦인다. 오호통재라! 나는 나의 쉼터[1]에서 단지 러시아 해방을 위해 투쟁하는 모두에게, 특히 여러분, 사회주의의 깃발 아래서 있는 소중한 동지들에게 안부와 승리의 기원을 전할 수 있을 뿐이다! 얼마 전 나는, 당 노선에 나의 모든 노력과 희망이 담긴 사회혁명당이 전장에 뛰어들었다는 것을 알았다. 같은 시기에 나는 가슴 아프게도 러시아에 사회주의를 소개한 두 정당에 갈등이 있다는 것도 알게 되었다. 소중한 동지들이여! 갈등을 고집스럽게 강조하기보다는 여러분의 노선에서 합일

---

[1] 반어적 표현. 원문에서는 프랑스어를 사용하여 비꼬는 뉘앙스를 강조했다.

로 이끌 만한 점을 빨리 찾아내시오. 그 해결점에 미래가 달려 있소.

P. 카르포비치.

카르포비치는 날카롭고 직설적이었다. 대단히 진실을 사랑하는 그는 다른 사람의 가장 작은 불성실조차 참아 넘기지 않았다. 이것이 그의 성격의 가장 기본적인 특징이었다. 또 다른 특징은 그의 대담성이었다. 그는 옛날이야기에 나오는 중세의 기사를 연상시켰다. 기획이 위험할수록 그는 더 기꺼이 착수했다. 관점에 있어 그는 당의 반대파에 속했다. 그는 테러만을 인정했고 당의 모든 다른 일은 경멸의 빛을 띠고 대했다. 그는 거의 여성스러운 다정함으로 아제프에게 애착을 보였는데, 어쩌면 다른 누구보다도 아제프를 중앙 테러를 이끌 천부적인 지도자로 보았던 것일지도 모른다.

나는 그와 함께 글래스고로 떠난 뒤 같은 거처에 함께 자리를 잡았다. 그와 함께 지낸 한 달 반 동안, 나는 그의 완전무결한 확신은 사실 겉보기일 뿐이라는 점을 눈치챘다. 날카로운 비평과 단호한 의견 뒤에 망설임이 숨어 있었는데, 이것은 성숙한 이성과 양심적인 영혼의 징표였다. 폭력의 도덕적 정당화에 대한 질문은 그를 흔들었고, 그의 극단적이고 때로 잔인한 결론에서 피 흘리는 데 대한 반감과 혁명은 유혈일 수밖에 없다는 사실에 대한 절망이 느껴졌다. 그는 말했다.

"그들은 우리를 목매달고 있소—우리도 목매달아야 합니다. 깨끗한 손으로는, 장갑을 끼고는 테러를 할 수 없어요. 수천, 수만이 죽어도 좋소—승리를 쟁취해야만 해요. 농민들이 지주들의 저택을 불태우고 있소—불태우라고 해요. 사람들은 먹을 게 없어서 수탈을 하고 있소—하라고 해요. 지금은 감상에 빠질 때가 아니오. 전쟁은 전쟁답게 해야 합니다."

이것이 그의 말이었다. 그러나 그 자신은 수탈을 하지도 저택을 태우지도 않았다. 나는 카르포비치만큼 외적인 날카로움 뒤에 그토록 다정하고 사랑이 넘치는 마음을 숨기고 있는 사람을 살면서 많이 보았는지 잘 모르겠다. 그리고 나는, 그가 사람에 대한 사랑을 말할 때는 경멸을 담아 반응하지만 증오에 대해서는 정당한 감정인 듯 말했기 때문에 더 마음에 들었다. 그의 말과 행동 사이에는 언제나 모순이 있었고, 그건 의심의 여지 없이 과업을 위해서였다. 심지어 정치적 견해도 다르고 성격도 맞지 않으며 생활 방식조차 전혀 다른 이들조차, 그를 진심으로 사랑하고 존경했다.

코스텐코는 발트 함대 봉기의 사상에 매료된 젊은 장교로, 우리를 바르샤모프와 수병들에게 소개해 주었다. 승무원들의 회색 무리 속에서 세 사람이 눈에 띄었다. 감옥의 급양계인 코토프, 전투 선원 포바렌코프, 기관사 게라심 아브데예프였다. 그들 셋 모두 선박 조직의 위원회에 가입했다. 우리도 그들과 더 가깝게 알고 지내기로 결정했다.

코토프는 천성적으로 선전 운동가였다. 그는 가을에 복무를 마쳤으며, 그의 꿈은 시골로 돌아가서 농민들에게 혁명 사회주의를 가르치는 것이었다. 당 노선에 그를 끌어들인 것은 농민 문제에 대한 해결책이었고, 테러 문제에 그는 별로 관심이 없었다. 어쩌면 이것은 사회민주당의 선전에 영향받은 결과일 수도 있었고, 또 한편으론 우리 선전 운동가들이 황제 암살의 필수 불가결성에 대해 침묵했던 탓일지도 몰랐다. 이 수병은 완벽한 선생이자 고행자 유형으로, 밝고 강렬한 인상을 남겼다. 하지만 우리는 그에게 우리가 찾아온 목적을 꺼낼 생각조차 하지 않았다. 그가 거부하리라는 것은 의심할 바가 없었다.

포바렌코프는 작고 다부진 소러시아인이었다. 그는 코토프처럼 책을 많이 읽지는 않았고, 농업 문제에는 테러만큼이나 관심이 없었다. 그는 오로지 함대의 봉기, 크론시타트[1] 점거, 페테르고프 폭파만을 믿었다. 그는 승무원들에게 커다란 영향력을 미치고 있었다. 바로 그가 선박의 조직자였고, 그가 혁명 수병 동호회를 조직했으며, 그가 그들을 하나의 전체로 긴밀히 결합시켰다. 실용적이고 신중한 그는 지하 조직에서 대체할 수 없는 존재였다.

게라심 아브데예프는 키가 크고 목이 검게 탄 수병이었다. 그에게는 커다란 혁명적 기질이 있었다. 그는 대중 운동에서 늘 앞장서는 인물, 결정적인 순간에 대중의 자연스러운 지도자로 나타나는 그런 사람들 중 하나였다. 대담하고, 정력적이고, 천성적으로 비밀 계획이나 가르치는 역할과는 거리가 먼 그는 모든 수병들 중에서 혼자 테러 사상에 매혹될 수 있는 인물로 보였다. 코스텐코는 자신이 그에게 몇 번이나 황제 암살의 필수 불가결성에 대해 말했다고 우리에게 전해주었다.

처음 아브데예프를 만났을 때 나는 그에게 말했다.

"제가 듣기로, 테러에 참여하기를 원하신다고요?"

그는 창백해졌다.

"누가 말했습니까?"

"포르피리(코스텐코)가요."

아브데예프는 눈을 내리깔았다. 그는 큰 소리로 말했다.

---

[1] 발트해 코틀린 섬에 있는, 페테르부르크로 가는 항로를 지키는 항구 겸 요새.

"아닙니다. 할 수 없습니다. 준비가 안 됐어요."

다음 날 그는 다시 찾아왔다. 그가 말했다.

"밤새 생각했습니다. 동의합니다. 뭘 해야 할지 말씀해 주십시오."

나는 말했다.

"아시겠지만, 황제에 대한 일입니다."

그가 대답했다.

"황제라면 더 잘됐습니다. 뭘 해야 합니까?"

계획은 다음과 같았다. 류리크 호는 여름이 끝날 무렵 러시아로 출항하여, 가을에 크론시타트에서 황제가 참석한 가운데 열병식이 있을 예정이었다. 우리는 선박에 동지들, 즉 카르포비치, 나 혹은 투쟁조직의 조직원 중 누군가를 심어놓기를 원했다. 물론 순양함에 머무르고 있다는 사실은 비밀이어야만 했다. 그러나 선박에 타고 있으면서 비밀리에 지내기 위해서는 선원들 중 최소한 한 명의 도움이 있어야만 했다. 아브데예프가 그런 선원이 될 수 있었다. 선박에 몸을 숨길 수 있는지 그리고 어디서 편하게 배에 탈 수 있는지, 글래스고인지 크론시타트인지 밝히는 일이 우리 앞에 당면해 있었다.

나는 아브데예프에게 이 계획을 말했다.

그는 말없이 끝까지 다 들었다. 그리고 말했다.

"배에 숨을 수 있습니다."

"어디에요?"

"제가 장소를 찾아내겠습니다."

며칠 동안 코스텐코와 아브데예프는 그런 장소를 물색했다. 마침내 장소를 찾아냈다. 조종부의 분리된 조종실 조타 구역, 키의 머리 부분 너머에 몇몇 어둡고 좁은 구멍이 있었다. 이 구멍에 간신히 사람을 집어넣을 수 있었다. 웅크리고 앉거나 반쯤 누워서 며칠을 지낼 수 있었다. 비록 공간 자체는 불편했지만, 출입 경로는 매우 유리했다. 조종부에서 곧바로 갑판을 통해 환기구가 이어졌다. 이 환기구 바깥쪽은 계단이었다. 조종실에서 나와 폭탄을 들고 이 계단을 올라가면, 환기구가 지나가는 제독 선실을 폭발시킬 수 있었다. 또한 상부 갑판도 폭발시킬 수 있었는데, 바로 열병식이 시행되는 곳이었다. 환기구 끝머리가 고물의 오른쪽 탑 근처에서 열렸다. 이제, 장소를 찾았으니 두 번째 문제를 해결해야 했다. 선박에 타는 문제였다.

아브데예프는 우리의 준비 과정을 지켜보면서 분명히 힘든 시간을 보냈다. 불법적인 신분의 인물이 직접 황제의 얼굴과 마주할 기회를 얻지 못한 채 황제 살해를 시도하는 일이 얼마나 많은 난관에 부딪히는지, 그는 목격했다.

그는 또한 이런 모든 난점이 황제와 직무상 대면할 수 있는 사람이 암살을 결심한다면 극복될 수 있다는 점도 이해하고 있었다. 그의 앞에는 본의 아니게, 자신이 직접 실행자로 자원해야 할 의무가 있는 게 아닌가 하는 의문이 제기되었다. 이런 종류의 경험에 준비되지 않은 그는 잠을 자지 못했고, 여위고 창백해졌다. 그가 자신의 무력함 때문에 깊이 괴로워하고 있음이 분명해 보였다.

승무원들이 저녁에 자유 시간을 가질 때, 우리는 우리의 아파트에서 혹은 클라이드 강변의 목초지에서 그와 만났다. 그는 나에게 스피리도노바에 대해, 칼랴예프, 사조노프, 게르슈니, 코노플랴니코바에 대해 감정이 북받친 듯한 태도로 여러 가지를 물어보았다. 특히 여자들이 헌신적으로 테러에 참여한다는 사실이 그에게 충격을 주었다. 코스텐코와 황제 살해에 대하여 이야기하면서 그는 자신의 말이 암살 기도를 초래하리라고는 생각하지 못했고, 이제 그의 앞에는 아주 단순한 문제가 제기되어 있었다. 혁명의 이름으로 자신을 희생할 수 있는가 하는 문제였다.

언젠가 우리가 만났을 때, 그가 갑자기 수줍게 말했다.

"말씀드리고 싶었습니다……."

"뭘요?"

"전 결심했습니다."

나는, 현재 우리 쪽 사람을 순양함에 심어놓을 수 있으리라는 희망이 있는 한 그가 직접 실행자로 나설 필요는 없으며, 단지 그의 도움만 필요하다고 대답했다. 우리는 그가 숨겨진 동지에게 음식을 제공하고 황제의 보트가 순양함에 가까이 왔을 때 약속된 신호를 보내주기만을 기대하고 있었다. 나는 또한, 그런 결정은 서둘러 내릴 필요가 없다고, 테러 일에는 자신에게 가하는 가장 작은 강요조차도 부적절하며, 심리적으로 테러에 참여하지 않을 수 없을 때만 테러에 참여해야 하고 또 그럴 수 있다고, 그리고 마지막으로 덧붙이길, 당신은 죽어야만 하는 필연성을 아직 받아들이지 못한 것으로 보인다고 말했다.

아브데예프는 슬프게 고개를 저었다.

"예, 당신이 옳습니다."

곧, 글래스고에서 승무원이 아닌 사람을 선박에 태울 수 있음이 밝혀졌다. 그러나 열병식이 정확히 언제 시행되기로 했는지 알려지지 않았고, 그래서 새로운 문제가 생겼다. 조종실에서는 내가 이미 말했듯 큰 어려움을 무릅쓰고 며칠을 지낼 수 있을 뿐이었고, 몇 주를 지낸다는 건 생각할 수조차 없었다. 게다가 글래스고에서 류리크 호에 타는 사람은 글래스고에서 크론시타트까지의 항해를 전부 함께한 후에 크론시타트에서 열병식을 무기한 기다려야 했다. 명백히 그런 과업은 가장 건강한 사람에게도 무리였다. 설령 숨어 있는 사람이 죽지 않는다 해도, 그는 어찌 됐든 상당히 쇠약해진 터라 1푼트짜리 폭탄을 손에 들고 수직 계단을 몇 층이나 오르는 데 필요한 기운만 간신히 낼 수 있을 것이었다.

러시아에서 우리는 크론시타트의 정박지에서 사람을 태우는 것이 가능할지 생각하기 시작했다. 코스텐코가 우리를 자기 동지에게 소개시켜 주었는데, 그는 장교이자 당원이며 선박 기술자인 A. I. 프로호로프였다. 프로호로프는 배를 타고 러시아까지 간 뒤 건조 기술자로서 열병식에 참석하기로 되어 있었다. 코스텐코는 휴가를 떠났다. 프로호로프는 자신이 개인적으로 황제를 살해할 능력은 없다고 느끼지만, 가능한 한 우리를 도울 준비가 되어 있다고 솔직하게 말했다. 솔직함이 그의 정직성을 빛나게 해주었고, 우리는 그의 도움보다 더 큰 것은 기대할 수 없었다. 그가 알려준 사실들이 우리에게는 매우 귀중했다. 그는 코스텐코와 함께 다시 한번 조종실을 확인하고, 그곳에서 지낼 수 있다고 우리에게 재차 확언했다. 크론시타트에서 류리크에 승선하는 데 대해서, 그는 코스텐코처럼 부정적인 의견을 내놓았다.

정박지는 규정에 따라 수뢰정들이 경비하고 있었다. 물론 운이 좋으면 수뢰정들의 그물망 사이로 뚫고 들어갈 수도 있었으나, 류리크 호 당직 사관들의 민감한 눈을 속일 가능성은 거의 없었다. 아브데예프가 배에 숨어드는 것을 돕겠다고 자원했으나, 그 또한 밤에 몰래 전투용 선박에 올라가서 조종실로 건너간다는 것은 성공할 수 없다고 결론을 내렸다. 우리는 제거할 수 없는 장해물에 걸려 있었다.

6월 말, 글래스고에 아제프가 도착했다. 그는 개인적으로 암살 계획의 세부 사항을 확인하고 싶어 했다. 코스텐코와 함께 그는, 물론 자신들이 누구를 상대하고 있는지 의심하지 않은 배 지휘관의 허락을 얻어 류리크를 방문한 뒤 직접 조종실을 살펴보았다. 그는 또한 선체 측면의 울퉁불퉁한 부분들, 즉 몰래 함선에 올라타는 데 활용될 수 있는 지점들까지 꼼꼼히 확인했다. 그도 우리와 같은 결론에 도달했다. 조종실에서 지내는 것은 가능했으나, 비밀리에 류리크에 타는 것은 불가능했다.

아브데예프는 우리의 탐사 결과를 열심히 지켜보았다. 어느 날 점호 후, 그는 몰래 배에서 도망쳐 우리를 찾아왔다.

우리 방에서 그는 처음 보는 낯선 얼굴, 즉 아제프를 보았다. 아제프를 보고 그는 갑자기 얼굴을 찌푸리더니 입을 다물었다.

나는 그를 다른 방으로 데리고 갔다.

"무슨 일입니까?"

"저 뚱뚱한 사람은 누구입니까?"

"동지입니다."

아브데예프는 한층 더 얼굴을 찌푸렸다.

"정말 불쾌한 얼굴이군요."

여기에 내가 말했다.

"나를 믿는다면 그도 믿으십시오. 그는 내 동지이고 친구입니다."

아브데예프는 내게 손을 내밀었다.

"화내지 마십시오······. 기분을 상하게 하려 한 것은 아니었습니다만, 저는 그가 마음에 안 듭니다."

아브데예프는 각오와 결심을 하고 우리를 찾아왔다. 그는 아제프와 카르포비치 앞에서 말했다.

"내가 직접, 혼자서, 열병식 때 황제를 죽이겠습니다. 그렇게 할 의무가 있다고 느끼고, 해낼 겁니다."

나는 그 결심을 버리라고 다시 종용했다. 나는 그가 진심으로 말한다는 것을 알 수 있었으며 죽고 죽일 자신의 각오를 믿는다는 것도 의심하지 않았으나, 나는 또한 규율에 구속된 선원인 그의 앞에 힘에 부치는 과업이 놓여 있다는 것도 알 수 있었다. 한 달 안에 모든 망설임을 이겨내고, 우리 중 누구라도 오랫동안, 가끔은 몇 년이나 걸리는 의심 끝에야 결심할 만한 일을 결심해야 했기 때문이다. 나는 그가 테러에 참여할 준비가 되어 있지 않으며, 황제는 류리크 호에서 살해되지 않으리라고 확신했다. 카르포비치와 아제프도 그렇게 생각했다.

아브데예프는 확고하게 자기주장을 지켰다. 그는 권총을 달라고 청했다. 우리는 그의 이런 부탁을 거절할 수 없다고 여겼다. 그는 크론시타트에서 접선을 청했다. 카르포비치가 크론시타트에 가기로 결정했다. 아제프는 프랑스 남부로 떠났고, 나는 파리로 돌아왔다. 류리크가 출항한 스코틀랜드의 그리녹에서 아브데예프는 내게 이렇게 썼다.

나는 지금에서야 내가 무엇인지 이해하기 시작했습니다. 나는 전에도 앞으로도 절대로 선전 노동자일 수는 없을 겁니다……. 심각하게 생각한 끝에 나는 지금 지시받은 과업의 완수를 깊이 상상하고 있습니다. 그것은 실제로 기쁨입니다……. 나는 스스로를 장전 후 발사될 수 있는 대포라고 말합니다만, 배에서는 나더러 저리 가라고, 쓸데없는 소리는 하지 말라고 말합니다……. 필연적인 힘에 굴복해야만 합니다. 하지만 어떻게 굴복해야 합니까? 나는 용수철을 단련했고 이제 그 용수철을 단단히 구부려야만 한다고 느끼며, 그것을 망가뜨릴까 두렵습니다……. 하지만 어쩌면…… 아니요, 1분이 한 달보다 더 많은 것을 해결해 줄 겁니다. 그때가 되면 더 분명해지겠죠…….(1908년 8월 13일)

카르포비치는 글래스고에 며칠 더 남아 있었다. 아브데예프 외에도 또 한 명의 선원, 나는 개인적으로 거의 모르는 신호병 카프텔로비치가 황제 암살에 참여하기를 원했다. 카르포비치는 그에게도 권총을 주었다. 10월 크론시타트에서 황제의 류리크호 열병식이 열렸다. 아브데예프와 카프텔로비치 모두 황제와 얼굴을 마주했다. 그들 중 누구도 쏘지 못했다. 나는 아브데예프의 용기가 모자랐다고 의심하는 것은 정당하지 못하다고 생각한다. 테러의 모든 망설임을 그는 너무 빨리, 너무 긴장된 상태로 겪어내야만 했다. '용수철'이 망가진 것도 놀랄 일은 아니었다.

X

1906년 가을에 나와 헤어진 동지들의 운명은 다음과 같았다.

1. 보리스 우스펜스키와 마리야 후다토바는 테러 일을 그만두고 자신들의 본명으로 러시아에 산다.

2. 블라디미르 브노롭스키와 그의 아내 마르가리타 그룬디는 카울바르스 장군을 노린 암살 기도가 실패한 후 외국으로 떠났다.

3. 발렌티나 콜로소바-포포바도 외국으로 떠났다.

4. 보리스 고린손은 카울바르스 장군을 노린 암살 기도가 실패한 후, 지방 테러 시도에 참여했다. 그는 1908년 여름에 모스크바에서 체포되었다.

5. 파블라 레빈손은 오데사에서 돌아와 아제프가 재건한 투쟁

조직에서 일했다. 현재 그녀는 외국에 있다.

6. 브세볼로드 스미르노프는 당의 전반적인 일에 종사했다. 러시아에서 가명으로 지낸다.

7. 크세니야 질베르베르그는 라우니츠 장군과 니콜라이 니콜라예비치 대공, 그리고 황제 암살 기도에 참여했으며, 1907년 3월 31일 검거 이후 외국으로 떠났다.

8. 알렉산드르 펠드만은 1907년 스톨리핀 암살에 참여한 후 외국으로 떠났다.

9. 라셀 불포브나(블라디미로브나) 루리예는 1884년 유복한 유대계 상인 가정에서 태어났다. 그녀는 코브노[1]의 김나지움에서 교육받고 처음에는 '전유대인사회민주동맹'의 일원이었으며, 사회혁명당에는 1904년에 가입했다. 라셀 루리예는 파리에서 1908년 1월 1일(신력) 권총 자살했다.

10. 알렉산드라 세바스탸노바는 1907년 11월 모스크바에서 모스크바 총독 게르셸만에게 폭탄을 던졌다. 그녀는 군사재판에서 사형을 언도받았다. 그녀는 교수형당했다.

신문 『노동의 깃발』 9호에 다음과 같은 그녀의 부고가 실렸다.

형장의 이슬로 사라져 간 테러의 헌신적인 전사들의 명단에 새로운 이름이 추가되었다. 모스크바에서 A. 세바스탸노바가 처형되었다. 그녀는 사회혁명당 투쟁조직의 지령을 받고 폭탄을 손에 들고 모스크바 총독 게르셸만에게 나아갔다. 고인은 사회혁명당이 막 생겨났을 때 이미 그 대열에 섰다. 1901년 말 그녀는 이미 체포되어 시베리아에 6년간 유형을 당했

---

[1] 현재 리투아니아 제2의 도시 카우나스. '코브노'는 러시아제국 시기 이름이다.

으나, 곧 그곳에서 탈출하여 그때부터 끊임없이 힘들고 세상으로부터 격리된, 험난한 비밀 투쟁 과업을 이어왔다. 그녀의 재에 안식을! 그녀의 생기 넘치는 영혼은 안식을 몰랐고, 그녀의 죽음은 그녀의 전 생애만큼이나 완강하고 헌신적인 투쟁에의 호소였다.

11. 표트르 이바노프는 프스코프에서 1907년 8월 28일 알가친 강제노역 형무소장 보로둘린을 사살했다. 그는 군사재판에서 사형을 언도받았다. 그는 프스코프에서 교수형을 당했다. 그의 약력은 내가 알지 못한다.

12. 나를 세바스토폴에서 루마니아까지 배로 태워준 보리스 니콜라예비치 니키텐코는 1906년 말에 페테르부르크에 도착하여 질베르베르그의 투쟁조직에 가입했다. 질베르베르그가 체포된 후 남은 조직원들은 황제 암살을 준비했다. 니키텐코는 다른 동지들과 함께 1907년 3월 31일 체포되었다. 그는 페테르부르크에서 나우모프, 시냐프스키 등과 함께 군사재판을 받았으며 그에게 사형이 언도되었다. 그는 같은 해 8월 21일 페테르부르크 교외의 리시 노스에서 교수형을 당했다. 그의 약력은 내가 알지 못한다.

13. 탈옥 후에 나를 자기 오두막에 숨겨주었던 카를 이바노비치 슈탈베르크는 세바스토폴에서 1907년 체포되었다. 그는 감옥에서 생을 마쳤다.

14. 제독은 1906년 12월 23일 페테르부르크의 피부과 전문의원 개업식에서 페테르부르크 시장 라우니츠 장군을 사살했다. 살해 후 그는 현장에서 권총 자살했다.

신문 『노동의 깃발』 9호에, 탐보프에서부터 제독과 동지였던

M. A. 스피리도노바는 다음과 같은 글을 그에게 헌정했다.

검은 연미복 윗도리를 입고 왼손에는 나무랄 데 없는 장갑을 낀 채, 라우니츠 옆에 금발의 젊은 멋쟁이 신사가 평온하게, 상류사회 사람답게 경건하게 서 있었다. (…) 그는 자신이 만 1년간 찾았던 그 사람을 당장 교회에서 쏘아버릴 수도 있었으나, 그러나…… 그러나 제독은 자기 자신을 믿었다. 마치 신발을 신은 채로 사원에 들어가지 않는 섬세한 사람처럼, 곡물 죽으로 뒤범벅된 조그만 라마 불상 앞에서 웃지 않는 예의 바른 사람처럼 그는 때를 기다렸고, 라우니츠를 교회 밖 마당에서 쏘아 죽였다. 그리고 러시아의 르코크[1]들은 황제의 친위대[2]를 타도한 그 굳은살 박인 손을 자세히 눈여겨보면서, 그 손의 주인이 어느 계급 출신인지 알아내려 오랫동안 애썼다. 이 말쑥한 연미복 차림의 사나이가 사건 얼마 전까지도 마부 조합에서 일했고, 거름을 치웠고, 말을 마차에 매었다는 것을 알았다면 그들이 얼마나 놀랐을까……. 이 선량하고 단순하고 혈색 좋은 얼굴을 지닌 마부가, 말 그대로 최고의 의미에서의 지식인이었다는 사실을 그들이 알았다면 얼마나 놀랐을까.

15. 바실리 미트로파노비치 술랴티츠키는 제독과 함께 위에 말한 의원 개업식에 있었다. 그가 스톨리핀을 쏘기로 되어 있고, 그가 도착하길 기다리고 있었다. 스톨리핀은 도착하지 않았

---

[1] 프랑스 작가 에밀 가보리오의 소설에 등장하는 가상의 탐정 이름으로, 여기서 '르코크들'은 '형사들' 또는 '수사관들'을 풍자적으로 표현한 말이다.
[2] 원문에는 민중을 박해한 '이반 뇌제의 친위대'라고 나와 있다.

다. 술랴티츠키는 거리에서 1907년 2월 9일에 체포되었다. 그는 군사재판을 받고 사형을 언도받았다. 그는 같은 해 7월 16일 페트로파블롭스크 요새 담장에서 그론스키라는 이름으로 교수형을 당했다.

술랴티츠키는 성직자의 아들이다. 그는 1885년에 태어났고, 폴타바 신학대학에서 학업을 마친 뒤 자원병으로 리톱스크 57연대에 입대했다.

16. 레프 이바노비치 질베르베르그는 1906년 가을부터 중앙 투쟁 유격대의 선두에 섰는데, 이 유격대는 제독을 통하여 라우니츠 장군 살해를 완수했다. 질베르베르그의 지휘 아래 유격대는 또한 스톨리핀 암살과 열차 폭파를 준비하고 있었는데, 이 열차를 타고 기병대와 페테르부르크 군사지역 통수권자인 니콜라이 니콜라예비치 대공이 차르스코예 셀로로 떠나기로 되어 있었다. 후자의 암살 기도는 1907년 2월 13일에 수행되었으나 실행자가 비밀경찰에 의해 역에서 발각되어 실패로 끝났다.

질베르베르그는 이 암살 기도가 있기 며칠 전인 1907년 2월 9일 체포되었다. 질베르베르그는 1880년 9월 26일 옐리사베트그라드 시에서 태어났다. 처음에는 지역 김나지움에서, 후에는 모스크바 제3김나지움에서 공부했고, 졸업 후 1899년 모스크바대학교 물리수학과에 입학했다(수학부 소속). 1902년 2월 세바스토폴에서 학생운동 건으로 체포되어 행정 처분을 받고 야쿠츠크 지방의 올툐크민스크로 4년간 유배되었다. 전체 학생 사면으로 1년 후 유럽 러시아로 돌아왔고, 트베리에서 공개 감시 기간을 마쳤다. 그는 트베리에서 사회혁명당에 합류했고, 몇몇 노동자와 농민 동호회를 조직한 후 1903년 8월 외국으로 떠났다. 당의 국외 조직 전당대회(1904년)에서 사회혁명당 리에주[1] 조직 대표였다. 1905년 봄 투쟁조직에 가입했다. 질베르베르그는 술랴티츠키와 함께 페테르부르크에서 군사재판을 받았다. 그는 또한 술랴티츠키와 함께 1907년 7월 16일 페트로파블롭스크 요새 담장에서 블라디미르 슈티프타르라는 이름으로 교수형을 당했다.

기소장은 질베르베르그와 술랴티츠키 건에 관하여 다음과 같은 세부 사항을 알리고 있다.

1906년 12월 21일 낮 12시에 실험의학 학교 건물에서 페테르부르크 시장 각하이자 황제 폐하의 수행원이신 폰 데어 라우니츠 육군 소장께서 살해되었다.
이 살인은, 사전 조사에서도 드러나듯이 다음과 같은 정황에서 자행되었다. 12월 21일 이 지역에서 5등 문관 N. K. 시냐긴의 지원으로 재건된 학교의 피부과 전문 병원과 건물 내 교회의 헌당식과 개원식이 열렸다. 이 의식에 학교의 교장인 5등 문관 포드비소츠키에게 초대를 받고 약 200명의 사람들이 모였는데, 이전에 초대받은 인사들에게는 모두 때맞춰 일부는 성명이 적히고 일부는 성명이 적히지 않은 초대장이 발송되었다. 초청받은 인사들은 아침 10시부터 모여들기 시작했다. 낮 12시에 아침 미사를 마치고, 모든 손님들은 4층에 자리한 교회에서 나와 3층으로 아침 식사를 하러 내려갔다. 모든 손님의 선두에 합창단이 섰고, 그 뒤로 올덴부르그스카야 공주께서 5등 문관 시냐긴과 함께 따라갔고, 그 뒤로 알렉산드르 페트로비치 올덴부르그스키 왕자와 시장이신 폰 데

---

[1] 벨기에의 중부 지방.

2장 체포와 도주

어 라우니츠 육군 소장, 그 뒤로 왕자의 수행원 보르셰프 대위와 시종 부이치, 그 뒤에 초청받은 나머지 손님들이 걸어갔다. 그들이 위층 층계참을 지나갈 때 그곳에 흠잡을 데 없는 연미복 차림의 한 청년이 서 있었으며 모두 그 청년이 초대받은 손님이라고 여겼다. 보르셰프 대위와 부이치가 이 청년 앞을 지나가는 순간 그가 돌연히 권총을 꺼내 그들의 등 뒤에서 차례로 세 발을 라우니츠 장군에게 발사했고, 장군은 세 번째 총알이 발사된 후 쓰러져서 몇 분 후 사망했다. 이런 중에 보르셰프 대위와 시종 부이치는 총소리를 듣고 뒤로 돌아섰고, 부이치가 살인범의 목을 잡고 보르셰프 대위가 검을 뽑아 그것으로 살인범을 베기 시작했다. 같은 시각에 현지 경찰서장인 육군 중령 코르차크는 살인범이 계속하여 총을 발사하는 것을 보고 오른손으로 살인범의 오른팔을 잡고 위로 들어 올리며 그와 동시에 자신의 권총으로 살인범에게 두 발을 발사했는데, 살인범은 두 번째 총알이 발사된 후 주저앉아 현장에서 사망했다.

살인범의 시체를 부검하면서 드러난바 그는 장검으로 인해 머리에 일곱 군데 상처를 입었으나 이 상처들은 뼈를 통과하지는 못했다. 총상은 세 군데인데 한 군데는 흉부로, 총알은 폐와 흉곽, 폐동맥, 일곱 번째 갈비뼈를 관통하여 겨드랑이 아랫부분에 박혔고, 두 번째 총상은 왼쪽 하복부로 총알은 소장과 왼쪽 복부 정맥을 통과하여 골반 가장자리를 스치고 연조직에 박혔으며, 세 번째 총상은 오른쪽 귀 뒤로 총알이 두개골과 뇌를 관통하여 왼쪽 귀 뒤 위쪽에 박혔다. 시체에서 빼낸 탄환을 살인범과 코르차크 중령의 권총에 장전되어 있던 총알과 비교해 본 결과, 흉부와 복부 총상은 중령의 권총에서 비롯되었으나 두부 총상은 살인범 자신의 총에서 발사된 것으로 드러났다. 부검 보고서에 명백하게 보이는바 살인범은 완전히 새 것인, 상표가 찍히지 않은 속옷과 완전히 새 것인 연미복 한 벌에 신사화 차림이었고, 그의 손에서는 손잡이의 평평한 부분 나사를 느슨하게 푼 브라우닝 권총이 발견되었는데, 권총에 꺼워진 탄창에는 탄피에 십자 모양을 새긴 탄환이 두 발 남아 있었다. 살인범의 주머니에서는 탄환이 든 예비 탄창이 발견되었는데, 탄피 끝은 톱으로 썰어낸 것으로 보인다. 그 외에도 49루블 정도의 돈, 성명이 적히지 않은 교회 헌당식 행사 초대장이 든 돈주머니가 발견되었다.

시체에서 살인범의 신원을 밝힐 만한 물건은 아무것도 발견되지 않았다. 모든 조치를 취했음에도 불구하고, 경찰도 치안 판사도 살인범의 신원 혹은 그가 헌당식 초대장을 어떠한 방법으로 입수할 수 있었는지에 대해서 정확히 밝히는 데 성공하지 못했다. 유일하게 살인범의 신원을 알려줄 수 있었던 것은 일전에 형법 제126조에 규정된 범죄로 재판을 받은 알리-쿨리-베크-샤흐-타흐틴스키였는데, 그는 이 사람이 사회혁명당 투쟁 집단의 조직원이며, 샤흐-타흐틴스키 자신이 모임에서 두 번 보았으나 이름과 성은 알지 못한다고 진술했다. 살인범이 피부과 전문 병원에 혼자 와 있었는지 혹은 공범과 함께 있었는지도 또한 정확히 밝히지 못했는데, 다만 승용 마차의 마부 표트르 트로피모프가 12월 21일 11시에 문관 두 명이 성 이삭 광장에서 로푸힌스카야 거리까지 자신의 마차를 고용하려 했으나 자신에겐 이미 다른 손님이 있었다고 진술했는데, 이 문관들의 외모는 기억하지 못했다.

『러시아』 신문 편집부에 도착한 편지에 따르면, 폰 데어 라우니츠 장군을 살해한 이유가 다음과 같이 나타나 있다. 이 편지는 사회혁명당 중앙위원회의 인장이 찍힌 공식 성명이었다.

'신문 편집진에게. 12월 21일 페테르부르크 시장 폰 데어 라우니츠의 사형 선고는 사회혁명당 중앙 투쟁 유격대 조직원에 의해 집행이 완료되었음을 중앙위원회에서 밝힌다. 1906년 12월 24일.'

이후 계속하여, 1907년 2월 이마트라의 호텔 수위와 하녀가 라우니츠 살해범과 비슷하게 생긴 젊은 남자와 호텔에서 만난 두 명의 인물을 비밀경찰에 신고했다고 한다.

체포된 이들은 자신들을 그론스키와 슈티프타르라고 밝혔다. 기존의 정부 체제를 전복시키는 것을 목적으로 하는 단체에 가담한 혐의, 폭발물을 소지한 혐의, 그리고 페테르부르크 시장 라우니츠 장군 살해에 참여한 혐의를 받고 수사대에 넘겨진, 자신들을 각각 시민 그론스키와 고대 언어를 가르치는 선생인 슈티프타르라고 밝힌 이들은, 유죄를 인정하지 않고 이건에 대하여 그 어떤 해명도 거부하면서 이와 함께 자신들이 소지한 여권은 다른 사람의 것이며 자신의 진짜 호칭, 이름과 성은 밝히기를 원하지 않는다고 진술했고, 자신들이 사회혁명당에 속한다고 덧붙였다.

슐랴티츠키와 질베르베르그의 마지막 순간을 목격한 사람은 이렇게 묘사한다.

죽음을 앞둔 이들의 용기와 평온함은 계속 살아갈 이들, 우연한 목격자가 된 사람들에게 깊은 인상을 남겼다—목격자들 중 하나는 어린아이처럼 엉엉 울었고, 사형 선고를 받은 이가 그를 위로했다……. 죽음을 그는 의무의 이행으로 받아들였다. "나는 죽어야만 한다는 것을 깊이 인식하며 죽습니다……. 과거에 나는 아름답고 행복하고 훌륭한 것을 많이 경험했습니다!" 그는 과거를 찬미하며, 장렬히 죽어간 동지들을 떠올렸다. "우리는 모두 하나의 기준에 따라 죽습니다." 그리고 미래에 대해서는 한 마디도 하지 않았다……. 죽지 않는다면 미래에 있을 수도 있는 좋은 일에 대해서는 전혀 아쉬워하지 않았다……. 아무 근심 없는 웃음, 농담, 죽음이 운명 지워진 친구들의 익살은 듣는 사람으로 하여금 죄스럽게도, 형리들이 준비한 피할 수 없는 죽음을 잊도록 해주었다. 어린아이와도 같이 즐거워하면서 그는 싸구려 하숙집에서 함께 살았던 마부에 대한 이야기를 들려주었다(마부 역할을 하면서 그는 페테르부르크를 잘 알지 못한 탓에 손님들을 종종 목적지가 아닌 곳으로 데리고 가서 여러 번이나 손님들에게 욕을 먹었다). "마부는 이렇게 말했지. '멀리서 자네를 보면 지체 높은 나리 같았는데, 지금 이렇게 눈을 마주보고 이야기하니 우리 편이라는 걸 알겠네!'" 농군이 진심으로 그를 친구로, 형제로 인정했다는 데 그는 기뻐했다. 아내와 어머니에 대해 회상하면서 그의 아름다운 빛나는 눈은 때때로 눈물로 흐려졌다……. 다른 곳으로 가버렸다……. 무거운 침묵의 순간……. 이제 영혼의 동요를 진정시켰다. 다시 평온하고 밝은 얼굴이다. 모든 의문은 종결되었다. 의심도 유감도, 심지어 죽음이 그를 기다린다는 사실에 대해서도, 전혀 없다……. 단 한 가지 생각만이 그의 뇌를 뚫고 들어온다―형리가 그의 몸을 건드리는 것을 어떻게 견뎌낼 것인가! 불쌍한 어머니 역시 그 점을 가장 괴로워하며 떠올렸다. 그는 적을 제거한 후에 자기 손으로 죽음을 택한 소중한 동지를 회상하는데, 그 동지는 다른 사람의 접촉을, 자기 자신에 대한 폭력을 허용할 수 없어 스스로 목숨을 끊었다. 지금 그는 그 동지의 결단을 이해할 수 있었다……! 그러나 대신 그는 영혼의 힘을 아낄 줄 아는 사람이었다! 그는 낮에 자고 밤을 샜는데, 이것은 별안간 적들에게 붙잡히지 않기 위해서, 형장으로 끌려갈 때 잠결에 조금이라도 약한 빛을 드러내지 않기 위해서였다……. 언제나, 생의 가장 마지막 순간까지도 그는 수학적 과제를 해결하기 위해 열심히 일했다. 삼각형을 세 개의 동일한 부분으로 나누는 문제로, 이를 해결하면 그는 해제를 대학에 전달해 줄 것을 청했다. 그는 형을 언도받은 후에도, 어쩌면 형이 집행되기 몇 시간 전까지도 자신의 노동을 글로 적어 남길 힘이 있었다……. 선고가 언도된 후, 같은 감정을 느낀 두 친구들이 마치 영원한 작별을 고하며 모든 일에 대해 서로 감사하는 것처럼 동시에 일어나 포옹했다…….

"불안한 사람들을 나는 도저히 참아줄 수 없다! 그들은 공을 세울 능력이 있지만, 공을 세우고 나면 죽어도 된다, 꼭 살아남아야 하는 것은 아니다—오랜 기간 버텨낼 정신적인 기운이 모자라기 때문이다." "우리는 시체실에서 나왔다." 그는 이렇게 자기 자신과 말했다. 또한 대화 중에 몇 번이나 투쟁조직이 지방 거점을 장악하는 계획에 대해 이야기하곤 했다…….

이것이 너무 일찍, 그러나 영광스럽게 쓰러진 잊을 수 없는 소중한 동지의 마지막 순간을 우연히 목격한 이의 지친 정신이 간신히 전할 수 있는 전부다.

어머니에게 보낸 마지막 편지에서 질베르베르그는 이렇게 썼다.

어머니! 전에는 어머니를 그저 사랑했지만, 후에(대부분 K 덕분에) 어머니를 존경하는 법을 배웠습니다. 그때부터 이 존경심은 자라났습니다. 이는 저에게 무슨 일이 생기든 어머니가 모든 것을 확고하게 이겨내실 것이라는 보증입니다. 예, 제 인생의 큰 부분을 어머니와 함께 보내지 않았습니까! 여러분(어머니와 K), 여자와 어머니들은 유일하게 저에게 사랑과 존경의 감정을 연결시켜 주는 분들입니다. 제가 가진 모든 좋은 것들은 여러분의 덕입니다. 육체적 고통과 정신적 동요를 확고하게 이겨낸 사랑과 용기가 넘치는 위대한 마음으로, 여러분은 내 안에 여성인 인간에 대한 성스러운 감정을 불어넣어 주었습니다. 여러분께 감사드립니다!
끝맺어야 합니다, 계속 쓰기 어렵습니다—그들이 보고 있습니다. 입맞춤을 보냅니다, 소중한 어머니, 그리고 아버지께, 누이와 매부에게, 형에게, 형과 함께 조카들에게도 입맞춤을 보냅니다. 남은 가족과 친지들(관심이 있는 사람들에게) 안부 전해주세요. 안녕히 계세요!

아내에게 보내는 마지막 편지에 그는 다음과 같이 썼다.

> 오 인생이여! 오 젊음이여! 오 사랑이여!
> 고통스러운 사랑이여……. 또다시
> 당신에게, 당신에게 나 자신을 바치고 싶소,
> 한순간만이라도…… 그리고 그곳에서—

꺼져들겠소…….

투르게네프.[1]

나는 행복하오—당신은 이곳에 없소. 나는 행복하오—당신은 나를 생각하오. 이 생각이 내 마지막 날들을 편하게 해주고, 종말을 편하게 해줄 것이오. 내가 얼마나 자주, 당신이 자유롭다는 희망에서 그렇지 않을지도 모른다는 의심 사이를 오갔는지! 이 다섯 달은 마치 눈 깜짝할 사이처럼 지나갔고, 지나간 시간과 아직 남은 시간은 영원 같소. 나는 이것을 뚜껑이 닫힌 상자 모양 썰매를 타고 겨울에 오랫동안 여행하는 데 비유하여 자신에게 설명하고 있소. 하루하루가 지나가오. 오늘은 어제 같고, 내일은 오늘 같소. 그리고 이런 단조로움 때문에 지나간 날들은 그 뒤로 아무것도 남기지 않고, 뒤를 돌아볼 때면 그날들은 지나간 것이 아니라 날아간 것 같소. 그리고 이 때문에 모든 인상이 부재하고 또 이런 단조로움 때문에 시간이 이토록 지루하게 늘어지고 있소. 나는 이 시간 동안, 외적인 측면으로나 영적인 측면으로나 대단히 많이 변했소. 나는 턱수염을 길렀고(크고 검은 턱수염이오) 머리가 길게 자랐소. 나는 머리카락을 당신이 좋아하는 대로 위로 올려 묶고 다닌다오. 가끔, 반쯤 의식이 없을 때, 다정한 손이 그 머리를 만지는 것만 같소…….

나는 많은 책을, 좋은 책을 읽었소. 일부는 직접, 일부는 간접적으로 그 책들은 내게 온 세상을, 새롭고 알지 못했던 아름답고 위대한 세상을 열어주었소. 그 책들은 자연에 대한 나의

---

[1] 사람의 사회적 생활을 논한 투르게네프의 철학시 「대화」 중에서 인용함.

본능적인 사랑에 의의를 부여했소. 그 책들은 나를 고양시켜 주었고, 나는 이전에는 그저 느끼기만 했던 것을 많이 발견했소. 이것은 자연사, 생물학, 그리고 물리학에 관한 책들이오. ······나는 아이[2]를 만나기를 거부했소······. 모든 사람에게는 정신적인 고통의 한계가 있소. 나는 어머니를 만날 수 있소. 대단히 힘들게 나는 당신을 볼 수도 있겠지만, 그 아이는······ 그것은 내 힘에 부치는 일이오, 여기가 내 한계요. 나는 할 수 없소. 그 아이를, 내가 알지 못하지만 그토록 사랑하는 그 조그만 여자아이를 상상하면, 그 아이가 지금 일어나는 일들을 보면서 이해하지 못할 걸 생각하면, 그 알지 못하는 얼굴을 보면서 울어버릴 것만 같소······. 나는 할 수 없소. 당신 외에는 아무에게도 눈물을 보이지 않았던 내가, 짐승처럼 감시하는 헌병들 앞에서 어린아이처럼 울어버리게 되리란 걸 나는 알고 있소······.

임박한 종말을 나는 평온하게 받아들이고 있고, 이 다섯 달 동안 나를 둘러싼 저 무리들 중 내 안의 가장 작은 동요를 한 번이라도 눈치챈 사람은 아무도 없을 거요. 당신에게 우리가 산책하는 요새 마당에 피어난 불쌍한 꽃 표본을 보내오. 당신을 위해 말려두었소······.

나의 마지막 간절한 소원은, 우리 딸에게 함께 살고 자랄 수 있는 엄마가 있었으면 하는 것이오. 그리고 딸이 다 자라면, 당신이 그 애에게 당신 공책에 써둔 그 아름다운 문장들을 보여주고 그 애에게 내가 당신을 얼마나 사랑했는지, 내가 그 애를 얼마나 사랑했는지 이야기해 주길, 내가 다른 사람들의

---

2 질베르베르그의 딸. — 원주

슬픔과 고통에 맞서 싸우면서 나에게 가장 소중한 것, 이 위대한 사랑, 이 삶 자체를 떠나보냈다는 걸 말해주었으면 하오. 아버지와 형에게 인사를 전해주시오. 아버지와 형을 만날 수 없었다는 걸 자주 후회했소. 이 편지가 마지막이오.
안녕, 내 친구여, 안녕, 소중한 사람, 안녕, 사랑하는 사람. 안녕이오……. 이 무서운 말은 마치 공기 중에 떠다니는 것 같고, 마치 종소리처럼 사그라들면서, 점점 더 조용해져 가고 있소……. 안녕!
07년 7월 8일 페트로파블롭스크 요새에서.

3장 　 배신의 폭로

I

나는 지금 내 수기의 가장 슬픈 장章에 접어들었다.

1908년 5월, 잡지 『브일로에』의 편집장 블라디미르 르보비치 부르체프는, 아제프가 선동을 일으키고 있다고 의심할 만한 증거를 가지고 있다고 중앙위원회에 진술했다.

그의 말에 따르면, 이미 1907년 가을에 P. P. 크라프트와 북부 투쟁 유격대의 카를 트라우베르그, 칼비노-레베딘체프에게 같은 내용의 진술을 한 사실이 있었다.

이와 동시에 부르체프는 사회혁명당 조직원인 다른 몇몇 동지들에게 자신이 의심스럽게 생각한 점을 보고했다.

아제프에 대해선 이미 오래전부터 안 좋은 소문이 떠돌았다.

이미 1902년에 아제프가 페테르부르크에서 일할 때, 당 선동 운동가인 학생 크레스티야니노프가 그를 밀고죄로 고발했다. 이 고발은 명예재판에서 조사되었는데, 그 구성원은 작가 페셰호노프, 안넨스키, 구콥스키였다. 재판부는 고발이 근거 없다고 인정하고 아제프를 무죄 방면했다.

소문은 중단되지 않았다. 1905년 8월, 중앙위원회에 내가 이미 언젠가 언급했던 익명의 편지가 전달되었다. 그 편지는 타타로프와 아제프의 밀정 역할에 대한 내용을 담고 있었다. 이것이 그 편지다.

동지들, 당은 학살의 위험에 처해 있소.

두 명의 심각한 스파이들이 조직을 배신하고 있소. 그들 중 하나는 이전에 유형을 당했던 T[1]라는 사람으로, 아마도 봄이 되어서야 이르쿠츠크에서 돌아왔고 튜체프의 완전한 신임을 사서 이바노브스카야의 일을 망쳐놓았으며, 바르[2]의 지적에 따르면 그 외에도 프렐리히, 니콜라에프, 페이트, 스타린케비치, 리오노비치, 수호믈린, 그리고 다른 많은 사람들을 넘겼소. 노역형에서 탈옥한 아키모바[3]도 배신당했는데, 그녀는 나중에 오데사와 캅카스, 니즈니 노브고로드, 모스크바, 페테르부르크에서 감시를 당했소(분명 곧 잡힐 거요). 두 번째 밀정은 얼마 전에 외국에서 돌아왔는데, 기술자인 아지예프라는 사람으로 유대인이며 발루이스키라는 가명도 사용합니다. 이 밀정은 니즈니 노브고로드에서 있었던 전당대회, 현지 총독 암살, 모스크바의 코노플랴니코바(작업장), 베디냐핀(다이너마이트 수송), 사마라의 로모프(투쟁조직원), 키예프에서 불법 신분이던 체레딘과 할머니(라키트니코프의 집에 숨어 있었음)를 넘겨주었소……. 배신자들은 많은 희생자를 만들었소. 여러분은 이 둘을 모두 알고 있을 것이오. 이 때문에 우리가 여러분에게 부탁하는 것입니다. 정직한 사람으로서 그리고 혁명가로서, 다음과 같은 일을(그러나 때를 맞추시오. 모든 스파이가 알려져 있는 것은 아니며 우리가 아직 모르는 점도 많다는 것을 기억해야 합니다) 이행해 주시오. 이 편지는 즉시 폐기

---

1 타타로프. — 원주
2 이름이 확인되지 않음. — 원주
3 원문에 '아키모바'로 표기되었으나 야키모바(안나 바실리예브나)의 오기인 것으로 보인다.

하고, 사본이나 메모를 남기지 마시오. 이 편지를 받은 일은 아무에게도 말하지 말고, 기본적인 내용을 숙지한 후 이 비밀을, 해명할 길을 미리 생각한 후 어떻게 알게 됐는지를 브레슈콥스카야 혹은 포타포프(모스크바의 의사), 혹은 마이노프(역시 모스크바 거주), 혹은 프리빌레프에게만 알리되, 프리빌레프는 페테르부르크에서 또 스파이들에 둘러싸여 있으니 그곳을 떠날 경우에만 알리시오. 이들 중 아무하고나 직접 대면하여 협정하시오(이 건에 대한 편지 교신은 전혀 없어야 합니다). 연락이 된 사람은 여러분의 이름을 대지 않고, 이 정보를 페테르부르크에서 받았다는 사실도 말하지 않고 혼자서 행동하도록 하시오. 비밀을 퍼뜨리지 말고, 서둘러 처리해야 합니다. 배신자들이 알고 있는 인물들은 감시를 당할 것이고, 일에 있어 그들과 가까운 인물들도 그렇소. 불법적인 신분의 사람들은 미행을 벗어나야 하며, 이전에 드나들었던 장소에 다시 나타나지 않기 위해 조심해야 할 것이오. 기술 조직도 즉시 바꿔야 하며, 기술 담당자도 새 인물로 교체하는 것이 좋소.

1907년 가을, 중앙위원회는 사라토프의 당 동지에게서 아제프를 규탄하는 다른 편지를 받았다. 이것이 그 편지의 본문이다.

권위 있는 소식통이 다음과 같이 우리에게 알려왔습니다. 1905년 8월 사회혁명당의 저명한 조직원 중 하나가 경찰분과로부터 특정한 보상금을 받으며 관계를 맺었습니다. 이 인물은 사라토프에서 열렸던 몇몇 강력한 당 일꾼들의 협정에 참여하기 위해 사라토프를 오갔던 바로 그 사람입니다.

이 협정이 사라토프에서 열리기로 되어 있었다는 사실을 현지 비밀경찰은 때맞춰 알았고, 심지어 협정에서 농민 친목 집단과 단체를 조직하는 문제에 대해 논의하기로 되어 있다는 정보까지 입수했습니다. 참여자들의 이름 역시 비밀경찰에 알려졌고, 이 때문에 보고된 모든 참여자들에 대해 감시가 조직되었습니다. 비밀경찰에서 이 협정에 특히 중요한 의미를 두었기 때문에, 이 감시를 지휘한 것은 경찰에서 특별히 지령을 받은 베테랑 형사 5등 문관 메드니코프였습니다. 이 사람은 높은 관직에 오르기는 했으나 그래도 모든 습관에 있어 단순한 밀정일 뿐이고 자유로운 시간은 장교들이 아닌 지역 비밀경찰의 오래된 요원이나 사무원과 보냅니다. 바로 이들에게 메드니코프가 알리기를, 사회혁명당 전당대회에 참여하기 위해 사라토프에 온 사람들 중에 경찰분과의 보상금을 받는 인물이 있는데, 이 사람이 한 달에 600루블을 받고 있다는 것입니다. 비밀경찰 요원들은 이처럼 큰 보상금을 받는 인물에 대해 굉장한 관심을 가지고 오치킨 공원(놀이 공원 시설)에 그를 보러 갔습니다. 그는 대단히 견실한 사람으로, 완벽하게 차려 입었으며 부유한 상인 혹은 전반적으로 대단히 유복한 사람 같은 모습이었다고 합니다.

그는 '북부 호텔'(모스크바 거리와 알렉산드롭스카야 거리 모퉁이, 신용조합 건물)에 머물렀고, 세르게이 멜리토노비치라는 이름으로 숙박부에 기록되었습니다(성씨도 '소식통'이 우리에게 알려주었으나 불행히도 우리는 그것을 잊어버렸습니다).

세르게이 멜리토노비치는 '정보를 제공하는' 인물로서, 그의 보고의 진실성을 검사하기 위한 특별한 감시로 둘러싸여 있었습니다. 니즈니 노브고로드에서 모스크바를 거쳐 사라토프까지 그를 두 명의 특별 요원이 데리고 왔는데, 자신들의 일지에 그를 필리폽스키라는 암호명으로 불렀습니다.

협정 참여자들에 대한 체포가 예정되었는지 아닌지는 알지 못하지만, 참여자들은 감시당하고 있다는 경고를 들었고, 즉시 해산했습니다. 필리폽스키(우리 또한 그를 암호명으로 부르겠습니다) 또한 사라토프를 떠났습니다. 그는 8월 19일 오후 5시에 기차로 떠났습니다. 비밀경찰은 혁명가들이 떠난 것을 모르고 감시를 계속했습니다. 8월 21일 밤(11시)에 경찰에서 비밀경찰로 전보를 보내 이들의 출발에 대한 감시를 중단하라고 명령했습니다. 전보는 전당대회 참여자들이 비밀경찰 사무원에게 경고를 받았다고 밝혔습니다. 이런 종류의 통보는 전당대회 참여자들 중 누군가에게서 받은 정보를 바탕으로 이루어질 수 있으며, 이 정보를 경찰에 넘긴 것은 필리폽스키인 것으로 추정되는데, 그는 사라토프에서 8월 19일 오후 5시 혹은 6시에 출발하여 페테르부르크에 21일 밤에 도착할 수 있었습니다. 첫 국가두마 개회 얼마 전, 그러니까 1906년 4월에 사라토프 비밀경찰 대장 표도로프(후에 압체카르스키 섬 폭발로 사망함)가 페테르부르크에서 사라토프로 돌아와, 자신이 페테르부르크를 떠난 순간 현지 비밀경찰에서 유감스러운 사실을 발견했다고, 즉 경찰과 페테르부르크 비밀경찰 요원들 사이의 적대감으로 말미암아 필리폽스키가 체포되었다고 말했습니다. 그는, 표도로프의 말에 따르면 데가예프[1]보다 그 중요성이 덜하지 않다는 것입니다. 필리폽스키는 다른 테러리스트들과 함께 혁명가들이 고위 인물들을 대

---

1 '인민의 의지'당의 행동 대원.

상으로 조직한 감시 작업에 참여했습니다. 페테르부르크 비밀경찰 요원들은 감시에 종사한 테러리스트들을 체포하라는 명령을 받았고, 그들은 필리폽스키를 체포해서는 안 된다는 것을 더없이 잘 알고 있었으나, 경찰을 성가시게 하기 위해 이에 관해 모르는 척하고 외부 경찰까지 체포에 참여시키는 꾀를 부려 필리폽스키를 체포했습니다. 이것은 필리폽스키의 석방을 어렵게 하기 위해 저지른 일인데, 외부 경찰, 즉 비밀경찰이 아닌 분과에서 일단 그의 체포에 참여하면 필리폽스키의 진짜 역할을 드러내지 않고는 일을 내밀하게 종결짓기가 어려워지기 때문입니다. 표도로프가 페테르부르크를 떠날 때는 아직 혁명가들의 의심을 불러일으키지 않고 필리폽스키를 놓아줄 방법을 생각해 내지 못했습니다. 표도로프는 또한 사라토프 밀정들에게 잘 알려진 조트 세르게예비치 사조노프도 거의 체포될 뻔했다고 알렸는데, 그 또한 마부 차림으로 고위 인사 감시에 참여하고 있었습니다. 그와 다른 한 인물은 몸을 숨기는 데 성공했습니다.

아제프는 당이 처음 생겼을 때부터 조직원이었다. 그는 하리코프 현지사 오볼렌스키 공 암살(1902년)에 대해 알고 있었고, 우파 현지사 보그다노비치 살해(1903년) 준비에도 참여했다. 그는 1903년 가을부터 투쟁조직을 지휘했고, 다음의 테러 활동들에 역시 깊숙이 관여해 왔다. 내무장관 플레베 살해, 세르게이 알렉산드로비치 대공 살해, 페테르부르크 총독 트레포프 장군 암살 기도, 키예프 총독 클레이겔스 장군 암살 기도, 니즈니 노브고로드 현지사 운터베르크 남작 암살 기도, 모스크바 총독 두바소프 제독 암살 기도, 세묘노프 연대 민 장군과 리만 대령 암살 기도, 정치 수사 지휘관 라츠콥스키 암살 기도, 게오르기 가폰 살해, 흑해 함대 지휘관 추흐닌 제독 암살 기도, 국무총리 스톨리핀 암살 기도, 그리고 황제를 대상으로 한 세 번의 암살 기도가 그것이다. 이 외에도 그는 사라토프 현지사 사하로프 장군 살해, 페테르부르크 시장 폰 데어 라우니츠 장군 살해, 일급 군 검사 파블로프 장군 살해, 니콜라이 니콜라예비치 대공 암살 기도, 모스크바 총독 게르셸만 암살 기도 등에 대해 미리 알고 있었다.

아제프 약력의 이런 사실들을 고려하여 중앙위원회는 소문과 인용된 편지들이 지적한 내용에 신경 쓰지 않았다. 위원회는 그것을 경찰의 음모라고 보는 쪽으로 기울어 있었다. 혁명의 지도자들 중 하나에게 의심을 씌워 그가 계속 활동할 가능성을 없애는 것은 물론 경찰에게 유리했다. 대부분의 동지들이 이런 의견을 고수했다. 소수는 경찰의 음모라는 설을 믿지 않았으나, 그래도 어쨌든 아제프가 밀정 행위를 했다는 의심과는 거리가 멀었다. 나도 후자에 속했다.

나는 아제프와 우정으로 이어져 있었다. 오랜 기간 함께 테러 일을 하면서 우리는 가까워졌다. 그의 성격의 몇 가지 이상한 점(예를 들어, 콜로소바-포포바 건이나 술랴티츠키 건의 경우)을 나는 정신적인 감성의 부족, 혹은 투쟁조직의 책임자로서 일정한 한도 내에서는 감수해야 하는 강경함 때문이라고 이해했다. 나는 이런 이상한 점들을 받아들였다. 나는 아제프를 커다란 의지와 강하고 현실적인 이성, 그리고 강력한 조직적 재능을 가진 사람으로 알고 있었다. 나는 그가 일하는 모습을 보았다. 나는 혁명 활동에서 그의 확고부동한 초지일관과 혁명에 대한 그의 헌신, 테러리스트로서의 평온한 용기, 그리고 마지막으로, 그가 조심스럽게 숨기는 가족에 대한 다정함을 보았다. 내 눈에 그는 재능 있고 경험 많은 혁명가였으며 견고하고 단호한 사람이었다. 전체적인 특성에 대한 이 의견은 그와 함께 일한 모든 동지들이 공유했다. 품성과 성정이 아주 다른 사람들, 남을 잘 믿는 사람들과 회의주의자들, 나이 든 혁명가들과 젊은이들이 그렇게 생각했다. 미하일 고츠, 게르슈니, 카르포비치, 체르노프, 나탄손, 칼랴예프, 슈베이체르, 사조노프, 브노롭스키, 아브람 고츠, 제독, 질베르베르그, 술랴티츠키, 브레슈콥스카야, 베네브스카야, 브릴리안트, 슈콜니크, 세바스탸노바, 루리예와 많은 다른 사람들이 그렇게 생각했다. 어쩌면 모든 사람이 똑같이 그를 사랑한 것은 아니겠지만, 그러나 모두 똑같은 존경심을 가지고 그를 대했다. 이 모든 동지들이 틀렸다고는 믿을 수 없었다.

불분명한 소문도, 1905년의 익명의 편지도(편지에 대해서 나는 1907년 부르체프에 대한 재판 도중에야 알게 되었다), 부르체프의 제보도, 아제프의 정직성에 대한 의심의 그림자조차 내 안에 일으키지 못했다. 나는 이런 소문과 제보가 어떻게 나타났는지 설명할 수 없었으나, 아제프에 대한 나의 사랑과 존경은 그로 인해 흔들리지 않았다.

II

중앙위원회는 부르체프가 자신의 의심을 몇몇 당 동지들에게 알렸다는 사실을 발견하고, 부르체프를 명예재판에 소환하기로 결정했다. 부르체프는 첫째로 중앙위원회 위원 중 한 명에게 근거 없고 치욕스러운 소문을 퍼뜨렸으며 그로 인해 당에 해를 입혔고, 둘째로 그러한 소문을 중앙위원회의 승인 없이, 그들에게 알리지도 않은 채 유포함으로써 중앙위원회가 해당 소문을 반박할 기회를 원천적으로 차단했다는 이유로 피소되었다. 재판관으로 선출된 것은 G. A. 로파틴, 크로포트킨 공, V. N. 피그네르였다. 이 결정은 1908년 여름, 런던에서 열린 당 대표자 회의 중에 내려졌다.

나는 이 회의에 참석하지 않았고 이 문제의 결정 과정에도 참여하지 않았다. 이러한 결정에 대해 알고 나서, 나는 그 결정이 실행되지 않도록 할 수 있는 일을 다 했다. 나는 다음과 같은 이유로 그렇게 행동했다.

첫 번째로, 내가 보기에 부르체프를 재판에 회부함으로써 중앙위원회는 아제프에 대한 치욕스러운 소문이 퍼지는 것을 막지 못했을 뿐만 아니라 반대로 그것을 조장했다. 부르체프에 대한 재판은 많은 바람직하지 못한 논란을 야기할 것이었고 실제로 그랬다.

두 번째로, 내가 보기에 재판에서 중앙위원회의 입장은 극도로 불리했다. 부르체프가 가지고 있는 유일한 증거가 경찰 소식통에서 나온 정보라는 점은 차치하고서라도, 그런 출처에서 비롯된 소문에 반박하기란 다분히 어려운 일이다. 심지어 부르체프에게 유죄 판결이 나온다 해도 아제프에 대한 의심이 사라지는 건 아니었다. 부르체프가 근거 없는 소문을 퍼뜨렸다 하더라도, 소문은 어쨌든 남았다. 즉 재판은 중앙위원회에 아무리 유리하게 결론이 나더라도, 당이 바라는 바람직한 결과에는 도달할 수 없었다.

마지막으로, 그리고 이 점이 가장 중요한데, 내가 보기에 부르체프를 재판에 소환하는 것 자체가 투쟁조직의 품위와 양립할 수 없었다. 아제프에 대한 의심은 그 한 명만을 모욕하는 것이 아니었다. 그것은 모든 테러리스트에 대한 모욕이었다. 이런 모욕에 말로 대응할 수는 없었다. 내 생각에 유일하게 품위 있는 대답은, 조직의 모든 구성원이 아제프와 함께 테러 활동을 이어가고, 이에 대해 공개적으로 입장을 밝히는 것이었다. 그런 합동 작업만이 지도자를 향한 조직의 완전한 신뢰, 그리고 부적절하지만 그만큼 무거운 모욕에 대한 경멸을 증명할 수 있었다.

나는 V. M. 체르노프를 찾아가, 부르체프에 대한 재판이 투쟁조직에는 모욕이 되며 당에는 손해가 될 것이라는 내 의견을 받아들이도록 설득하려 했다. 체르노프가 말했다.

"투쟁조직에 대한 모욕이라고는 보지 않습니다. 재판을 받는 것은 아제프가 아니라 부르체프 아닙니까."

나는 재판을 한다는 사실 자체가 모욕이라고 반박했다. 투쟁조직은 그 명예에 대한 의문이 제기되는 마당에 입방아의 주제가 될 정도로 자신을 비하시킬 수 없다. 나는 또한, 재판은 중앙위원회에도 불리한 일이라고 말했다.

체르노프가 말했다.

"어째서요? 부르체프는 산산이 깨질 겁니다. 그는 법정에서 자기 과오를 인정해야만 할 겁니다."

그래서 나는 같은 목적으로 M. A. 나탄손에게 찾아갔다. 나는 그에게서도 더 큰 성공은 거두지 못했다. 아제프 본인을 설득하는 시도만이 남았다.

그는 대표자 회의에 지쳤고 의혹 때문에 불안해했지만, 겉으로는 무심한 듯한 태도로 파리에 도착했다. 나를 보자마자 그는 이렇게 말했다.

"얼마나 추악한지……. 부르체프가 하는 말 들었소? 재판이 있을 거란 얘기도?"

여기에 대해 나는 체르노프와 나탄손에게 했던 말을 그에게 되풀이했다. 나는 그에게 투쟁조직의 관점에 서서 부르체프 재판을 거부할 것을 부탁했다. 나는 또한, 그가 이런 의혹 속에서 살아가는 일이 얼마나 힘든지 잘 알고 있지만, 그런 의혹은 말로는 결코 씻어지지 않는다고, 오직 행동으로만 씻을 수 있다고 말했다.

그가 물었다.

"그러니까 동지 생각엔, 러시아로 가야 한다는 거요?"

"물론이오."

"그럼 나와 함께 가겠소?"

나는, 투쟁조직이 무력해진 원인에 대해 이전과 같은 의견을 고수하지만 지금의 경우 문제는 테러의 명예에 관한 것이며, 설령 처음부터 가망 없는 시도라 해도 러시아로 가는 것을 내 의무로 여기는데, 그것만이 조직과 아제프와 내 명예를 지킬 유일한 기회라고 보기 때문이라고 말했다. 그리고 테러리스트 동지들도 이에 동의할 것이라고 확신하며, 나 개인적으로도 그와, 즉 아제프와 함께 계속 일할 것이라는 진술을 기록으로써 밝힐 준비가 되어 있다고 덧붙였다.

아제프는 말했다.

"우리가 떠나면 둘 다 체포될 걸세. 그럼 어떻게 하나?"

나도 그런 종말을 예견하지만, 바로 그 재판과 몇 번의 처형이 투쟁조직의 명예를 복권시킬 것이라고 대답했다.

"그리고 만약 우연히 내가 체포되지 않는다면?" 아제프가 물었다.

"그럼 우리는 재판정에 가서, 동지를 완전히 믿는다고 진술하는 거요."

아제프는 생각에 잠겼다.

3장 배신의 폭로

그가 말했다.

"안 돼요. 그걸로는 모자라오. 피그네르도 데가예프를 믿었다고 말할 거요······.[1] 나에 대한 재판이 필요하오. 그런 재판정에서만 이 모든 의심이 어리석다는 게 밝혀질 거요."

나는 말했다.

"동지의 동의 없이는 절대로 이 일에 착수하고 싶지 않소. 만약 내 제안을 받아들이지 않는다면, 최소한 내가 부르체프로 하여금 재판을 거부하도록 설득해 보는 걸 허락해 주시오. 그는 동지와 동지의 전력을 모르오. 그에게 얘기해 주면 그가 의심을 철회할 거라고 나는 확신하오."

아제프가 말했다.

"거기에는 전혀 반대하지 않겠소."

나는 부르체프를 설득할 수 있으리라고는 크게 기대하지 않았다. 부르체프는 너무 단호하고 확정적으로 아제프를 비난하고 있었으나, 나는 그런 시도를 한 번 더 해보는 것이 내 의무라고 여겼다.

아제프는 프랑스 남부로 떠났다. 나는 부르체프에게, 아제프를 규탄하는 내용을 내게 자세히 알려주고 아제프의 전력을 들어달라고 제안했다. 부르체프는 흔쾌히 동의했다. 그는 내게 다음과 같이 이야기했다.

1906년 페테르부르크, 잡지 『브일로에』의 편집진 사무실에 바르샤바 비밀경찰 촉탁 관리인 M. E. 바카이가 나타났는데, 그는 내가 앞서 타타로프 살해와 관련하여 언급한 인물이었다. 바카이는 처음에 부르체프에게 몇 가지 기밀 서류를 줄 테니 출판해

---

[1] 피그네르는 '인민의 의지' 핵심 지도자. 데가예프는 같은 조직 일원이었으나 조직을 배신하고 변절했다.

달라고 제안했다가, 후에 그에게 폴란드 사회주의 정당에 있는 비밀경찰 협력자들 일단의 이름과 인상착의를 알려주었다. 이런 폭로로 바카이는 부르체프의 신뢰를 얻었다. 사회혁명당에 대해 바카이는 다음과 같이 알려주었다.

"경찰분과의 일급 기밀을 이용하여, 나는 지난 2년간 수행되었던 가장 중요한 혁명가 수색과 검거는 거의 독점적으로 '간첩 정보', 즉 밀정의 결과였음을 확인할 기회가 있었습니다. 슈티프타르, 그론스키, 비르자보이 다리의 무장 탈취를 준비하던 참여자들, 크론시타트에서 비밀 출판사 '생각'의 베네딕토바와 마마예바 검거, 1907년 황제 살해 음모를 준비하던 참여자들, 모스크바에서 사회혁명 저항파 일제 검거, 핀란드에서 북부 비상 집회(카를과 기타 등등) 검거, 그리고 세글로비토프[2] 암살 기도를 준비하던 일당 발견(레베딘체프, 라스푸티나 등 체포)—이 모든 것이 밀정 덕분에 일어났고, 이런 붕괴의 원인을 밀정 이외에서 찾는 것은 소용없는 일입니다.

일목요연하게 하기 위해, 나는 밀고가 어디서 일어났고 그 결과 어떻게 됐는지에 대한 몇 가지 예시를 가져왔습니다.

게르슈니가 투쟁조직의 선두에 서자 이 사실은 즉시 경찰분과에 알려졌습니다. 그의 체포를 위해 전 병력이 집중되었고 심지어 1만 루블의 현상금도 걸렸지요. 게르슈니가 외국에 있을 때도 이 정보는 경찰분과에 알려졌습니다. 러시아에 그는 예상치 못하게 드나들었으나, 이동 경로 자체는 알려져 있었지요. 이는 그가 해외 비밀 정보망의 조명을 받았기 때문인데, 러시아에서는 그가 간혹 우연히 밀정과 마주쳤다면 그것은 우연이었을 것

---

2 당시 법무장관.

이고, 헌병들은 상당히 뒤늦게야 그에 대해 알게 되었습니다. 그리고 그가 민스크에 있을 당시 그를 감시하던 많은 밀정들이 개인적으로 그를 알았다는 사실에도 불구하고, 그리고 그의 사진을 모든 헌병들이 가지고 있었음에도 불구하고, 그는 언제나 무사히 빠져나왔습니다. 결과적으로 그는 키예프 비밀 간첩의 정보에 의해 체포되었는데, 이 간첩은 그와 개인적으로 접촉한 적은 없지만 그가 우파에서 키예프로 간다는 사실을 알고 있었지요. 게르슈니가 보그다노비치 암살에 참여하기로 되어 있었다는 점을 경찰분과는 알고 있었고, 그를 체포하기 위해 러시아 전체의 외부 감시 지휘자인 메드니코프가 임명되었으나, 살해가 완수되기 전에 때맞춰 도착하지는 못했습니다.

세르게이 알렉산드로비치 대공 암살 준비에 대해서도 그들은 알고 있었습니다. 사빈코프가 여기에 반드시 참여하리라는 것도 알려져 있었지요. 대공의 이동 경로에는 언제나 의심스러운 인물을 감시하기 위한 밀정들이 배치되어 있었으나, 밀정들의 존재에도 불구하고 암살은 실행되었고, 이것이 다시 한번, 정확한 정보가 없는 밀정들의 감시는 아무것도 해낼 수 없다는 사실을 증명했습니다. 모스크바 비밀경찰에 암살 가능성이 알려져 있었다는 데 대해서 외부 감시를 지휘하는 D. 포포프가 전해주었고, 이것은 암살 당일 혹은 그다음 날 경찰분과에서 사빈코프를 그 어떤 경우라도 즉시 체포하고, 당시 바르샤바에 살고 있던 그의 가족에 대해서는 가장 엄중한 감시를 조직하라고 명령하는 전보를 보냈다는 사실로 인해 입증됩니다. 그와 같은 전보가 모스크바 비밀경찰이 아닌 경찰분과에서 보내졌다는 것은, 제보가 경찰분과 혹은 페테르부르크 비밀경찰하고만 교류를 맺는 밀정에게서 나왔다는 사실을 보여주지요.

또한 『브일로에』 과월호에서 나는 아르구노프의 회상을 읽었는데, 여기서 그는 『혁명 러시아』지가 창간된 경위를 설명하고, 이 잡지를 발행했던 톰스크의 비밀 인쇄소 검거로 이야기를 끝맺더군요. 검거의 이유를 그는 밝히지 않았고, 아마도 어떻게 해서 붕괴에 이르게 되었는지 짐작조차 하지 못하는 듯했습니다.

공식적인 정보와(나는 이전에 톰스크 비밀 인쇄소 청산에 관한 주바토프의 발표를 들은 적이 있었습니다) 메드니코프, 주바토프, 그리고 밀정 드미트리 야코블레프의 이야기를 바탕으로, 나는 당시 사회혁명당 당원 중에 직업이 기술자인 한 사람이 있었으며, **그가 밀정이었고**, 비밀경찰들에게는 라스킨이라는 가명을 썼으며 경찰분과 소속으로 간주되었다는 정보를 종합할 수 있었습니다.

상기한 라스킨으로부터 '이러저러한 날짜에 아무개가(정확히 기억나지 않는데) 당의 일로 러시아 남동부로 출발하며, 만약 러시아에 들르지 않는다면 톰스크로 갈 것이고, 그곳에서 『혁명 러시아』 발행을 위한 불법 인쇄소를 설립한다'는 간첩 정보가 입수되었습니다. '아무개'는 감시 중에 두 밀정에 의해—드미트리 야코블레프와 아마도 D. 포포프였던 듯한데—잡혔는데, 그는 다섯 명으로 구성된 한 조에 의해 감시당했으며 계속된 감시로 비밀 출판사의 장소가 확인되었습니다—그리 어려운 일은 아니었지요. 그렇다면, 붕괴의 원인은 밀정 라스킨의 제보에서 찾아야 합니다.

라스킨이라는 가명 아래 숨은 이 알려지지 않은 밀정의 신원은 대단히 흥미롭고, 그의 폭로는 전에 있던 많은 붕괴를 설명하는 기회가 될 수 있었습니다. 라스킨에 대하여 나는 1903년 1월에 처음 들었는데, 그가 기술자이자 사회혁명당의 주요 협력자이고, 경찰분과의 협력자로 간주되고 있으며, 주바토프나 메드니코프에게만 정보를 보고하고 한 달에 350루블을 받는다는 것을 알게 됐으며, 이것은 대단히 고액의 보상금으로 여겨집니다.

라스킨은 전당대회에 참석하곤 했으며, 러시아를 돌아다녔고, 그가 어디를 가든 그의 뒤를 언제나 유격대의 밀정들과 메드니코프가 감시했습니다―그 정도로 그의 출장은 중요했습니다.

라스킨은 사회혁명당에 관한 귀중한 정보를 주었고, 조직의 모든 혁명 기획의 작업 과정에 참여했습니다. 그중에서도 그는 게르슈니의 역할을 밝혔고, 세라피마 클리트초글루[1]를 투쟁조직의 조직원으로 제보했는데, 그녀는 1903년 가을 하리코프에서 지내다가 후에 페테르부르크로 옮겨 갔으며 집요한 감시를 당하고 있었습니다. 라스킨은 또한 '인민의 의지' 계열 테러 집단 네그레스쿨에 대해 제보했습니다. 그의 정보에 따라 기술자 비텐부르그에 대한 감시가 이루어졌지요. 라스킨은 또 트베리 지방자치회 회원인 바쿠닌, 페트룬케비치 등과 혁명가들의 관계를 밝혔고, 그중에서도 브레슈코-브레슈콥스카야가 그들과 접촉할 가능성이 있다고 제보했는데, 그런 후에 이 인물들은 유격대 밀정들에 의해 집요한 감시를 당했습니다.

라스킨은 주바토프와 메드니코프와 함께 프레오브라젠스카야 거리 40번지 1호에 있는 메드니코프의 동거녀, 예카테리나 그리고리예브나 루먀체바의 아파트에서 만나곤 했습니다.

라스킨의 제보에 의해 1903년 2월에 우츠[2]에서 치과의사 슈네

---

[1] 세라피마 클리트초글루(1876-1926). 귀족 출신으로 1893년 '인민의 의지'에 가입했다. 1898년 불법 유인물 배포 혐의로 사라토프에 유배되었을 때 사회혁명당에 가입했다. 1904년 밀고로 체포되었다. 1905년 외국으로 도망쳤다가 러시아로 돌아온 뒤 혁명 활동을 그만두었다.
[2] 폴란드 중부의 도시, 당시에는 러시아제국령.

우르에 대한 감시가 조직되었는데, 그는 불법적인 신분의 사회혁명당 당원들을 외국에서 밀입국시킬 목적으로 그곳에 정착하고 있었습니다.

내가 바르샤바에 건너온 이후 라스킨은 내 시야에서 사라졌습니다. 그런데 1904년 어느 날, 갑자기 메드니코프가 밀정들을 대동하고 페테르부르크에서 모스크바를 거쳐 바르샤바에 나타나서 이렇게 말했습니다. 다음 날 협력자 라스킨이 도착할 예정이며, N(요주의 인물들 중 한 명)과 중요한 업무상 회견이 있을 것이고, 회견 후에 N에 대한 감시는 그가 데려온 밀정들에 의해 실행될 것이라고 말입니다. 라스킨의 방문 당일에 바르샤바 비밀경찰 밀정들은 N과 그를 모두 감시했습니다. 그리고 바로 그날 저녁 밀정들은 이러저러한 시간에 피감시인, 즉 N의 아파트에 '감침질'[3](밀정들은 협력 선동자를 이렇게 부릅니다)이 찾아왔다며 그의 특징을 묘사했습니다. 그러나 밀정들의 말에 따르면 라스킨은 곧 그곳을 나가 '도착자들', 즉 유격대 밀정들만의 감시 하에 걷기 시작했는데, 이후로는 그쪽 밀정만이 그를 따라붙었고 이후 자신들이 직접 감시하겠다고 말했습니다. 같은 날 라스킨과 메드니코프는 떠났고, 바르샤바에 유격대 밀정이 두 명 남았는데, 그중에 최근 남서부 도로에서 화물 운반인으로 근무했던 A. 투투슈킨이 있었습니다. 며칠 후에 경찰분과에서 유격대 밀정들에게 귀환 명령을 내렸고, N은 현지 병력이 감시하게 됐습니다.

이 회견 후에 나는 라스킨에 대해서 더 듣지 못했으나, 사실에 입각한 자료 없이 이 진술 전체의 유일한 추측이 될 개인적

---

3 러시아어의 동음이의어로 '교묘히 해치우는 것'이라는 뜻이 있다.

인 판단을 바탕으로 할 때, 이 비밀스러운 밀정은 무대에서 사라진 것이 아니라 단지 가명을 '비노그라도프'로 바꾸었다고 생각합니다. 경찰분과의 많은 활동가 중 구로비치의 말에 따르면, 타타로프와는 별개로 동시에 사회혁명가 내부에 비노그라도프라는 인물이 있었는데, 그는 1905년 3월 트레포프와 불리긴 암살 시도가 실패로 끝나도록 만든 데 타타로프만큼, 혹은 그보다 더 큰 영향을 미쳤다고 전했습니다.

내가 라스킨과 비노그라도프의 정체를 동일시하는 것은 실수일 가능성도 있으나, 사회혁명당은 누가 라스킨이라는 가명 아래 몸을 숨길 수 있었는지 해명하는 일에 주력해야 합니다. 라스킨이 만약 돌연 자취를 감추었다면 나는 그에 대해 알았을 텐데, 왜냐하면 경찰분과에서 그 정도로 유명한 밀정이 돌연히 자취를 감추었다면 내가 눈치채지 못하고 지나갈 수 없었기 때문입니다. 두 가지 추측이 남습니다. 라스킨이 혁명을 떠나 다른 분야로 갔거나, 아니면 전처럼 사회혁명당 조직원들 중에 있는 것이지요."

부르체프는 이런 바카이의 제보를 바탕으로 라스킨, 그리고 동일 인물 비노그라도프는 다른 사람이 아닌 아제프라는 결론을 내렸다.

이런 결론의 정당성을 뒷받침하기 위해 그는 두 가지 가설을 내세웠다.

첫 번째, 바카이의 정보에 따르면 1905년의 익명의 편지는 페테르부르크 비밀경찰 지휘자 크레메네츠키 대령이 썼다. 그는 라츠콥스키에 대한 개인적인 악의로 이런 일을 저질렀다. 라츠콥스키는 타타로프와 비노그라도프의 밀고를 이용하여, 페테르부르크 비밀경찰과 특히 크레메네츠키 대령이 알지 못하게 독립적으로 1905년 3월 17일 투쟁조직 조직원 검거를 실시했다. 이 검거로 인해 라츠콥스키와 그의 협력자들은 상당한 금전적 보상을 받았고, 라츠콥스키는 그 외에도 경찰분과 지도자 자격으로 러시아제국 내 모든 정치적 수색의 지휘자로 임명되었다. 크레메네츠키는 당연히 아무런 상도 받지 못했다. 그것이 또한 라츠콥스키에게 원한을 품는 계기가 되었다. 따라서, 이 익명의 편지로 아제프와 비노그라도프가 동일 인물임이 확인되었다.

두 번째로, 그가 라스킨과 동일 인물임이 확인되었다. 바카이가 알려준 사실, 즉 어떤 N을 라스킨이 바르샤바에서 1904년에 방문했다는 사실은 아제프가 그 N을 방문한 시기와 일치한다.

부르체프가 보기에는 이렇게 일치한다는 사실만으로 확신을 가지고 아제프를 밀고죄로 고발하기에 충분했다. 그가 전개한 다른 가설과 사실 들은 실현 불가능했고, 아제프를 고발하는 근거로 삼을 수 없었다.

나는 부르체프로 하여금 그의 결론이 실수라고 확신시키는 데 성공하지 못했다.

부르체프와 나의 이런 교섭을 알고 있던 아제프는 내게 이렇게 썼다.

……지금 이렇게 된 상황에서 재판 외에는 다른 해결책이 보이지 않소. 우리가 아무것도 얻지 못하리라는 동지의 생각을 완전히 이해할 수는 없소. '사실'들을 검토하고 비판하고 논박한 후에도 부르체프가 자기 의견을 고수할 수 있겠소? 그가 예전에 아무도 자기 말을 들어주지 않았고, 자료도 검토하지 않았다는 식으로 변명했을 때는 이해했었소만.

3장 배신의 폭로

다른 편지에서 그는 이렇게 썼다.

이 더러운 일에 대해 생각하지 말라는 동지의 충고를 듣고 있소. 생각하지 않는 게 어렵다는 걸 인정은 하겠소만. 어떻게 되든, 그래도 머리에 이 더러운 생각이 항상 달라붙어 있소……

10월 초에 부르체프는 아제프의 죄상을 폭로하는 새로운 정보가 있다고 내게 알려왔다. 그는 명예를 걸고 내게 재판이 열리는 날까지 이 정보를 아무에게도 알리지 말아달라고 부탁했다. 이 때문에 중앙위원회는 재판이 시작되기까지 이 사안을 통보받지 못했다.

페테르부르크에서부터 부르체프와 알고 지냈던, 전직 경찰분과 지도자인 상원의원 알렉세이 알렉산드로비치 로푸힌이 10월에 해외로 출국했다. 부르체프는 쾰른과 베를린 중간의 기차에서 그를 만났다. 부르체프가 로푸힌에게 아제프가 정말로 경찰에 협력했는지, 그리고 로푸힌이 경찰분과 지도자로 재임하는 동안 그와 일한 적이 없었는지 알려달라고 청했다.

오랫동안 망설이던 로푸힌은 부르체프의 끈질긴 부탁을 받은 끝에 양쪽 질문에 모두 긍정적으로 답했다.

그는 경찰 일로 아제프와 두 차례 만났다고 알렸다.

로푸힌의 이야기는 내게 아제프에 대한 의심을 심어주지 않았다. 아제프에 대한 나의 신뢰는 너무나 커서, 설령 그가 자기 손으로 쓴 밀고 문서조차도 위조라고 여겼을 것이다. 그러나 로푸힌의 정보는 나로선 이해할 수 없었다. 로푸힌에게 부르체프를 속이려는 목적이 있으리라고는 생각되지 않았고, 또한 만약 경찰의 음모가 실제로 존재한다고 하더라도 거기에 참여하고 있다는 생각도 들지 않았다. 전직 경찰분과 지도자가 하찮은 밀고자의 역할로 자신을 떨어뜨릴 리는 없었다. 나는 슬픈 오해가 일어났다는 생각으로 결론을 내렸다. 로푸힌은 수많은 경찰 비밀 협력자들 중 누군가를 아제프로 착각한 것이다. 어떻게 된 일이든 간에 로푸힌의 이야기가 재판관들에게 깊은 인상을 줄 것임은 분명했다. 나는 재판이 부르체프에 대한 전면적인 유죄 판결로 끝나지 않고, 심지어 그가 무죄를 선고받을지도 모른다는 두려움을 느꼈다. 그런 결과는 당과 투쟁조직 양쪽에 모두 치명적인 타격이 될 것이었다.

아제프의 결백을 확신하고, 또 우리가 오해에 맞닥뜨렸다고 확신하며, 나는 다시 한번 체르노프와 나탄손에게 재판을 거부할 것을 청했다. 나의 주장은 성공하지 못했다.

재판은 10월 말에 파리에서 열리기로 했다.

III

명예재판은 위에서도 말했듯이 부르체프의 동의하에 중앙위원회에서 선출한 G. A. 로파틴, P. A. 크로포트킨 공, V. N. 피그네르가 재판관으로 참여했다. 당 대표는 V. M 체르노프, M. A. 나탄손, 그리고 나였다. 재판은 10월 말에 시작되었고, 처음에는 라브로프 도서관 건물(로몽 거리 50번지)에서, 후에는 내 아파트(라 퐁텐 거리 32번지)에서 진행되었다.

첫 심리는 부르체프의 진술로 채워졌다. 그는 공소를 시작하면서, 나와의 개인적인 대화에서 했던 말을 되풀이했다. 최근 몇년간 투쟁조직의 무력화와 수많은 검거, 특히 질베르베르그와 술랴티츠키 처형, 1907년 3월 31일 검거와 북부 유격대 조직원 검거(카를 트라우베르그 등)로 인해 그는 이미 오래전부터 당의 중앙 조직과, 어쩌면 심지어 중앙위원회 자체에 밀정이 있다고 확신하게 되었다. 해당되지 않는 인물을 제외시키는 방식으로 그는 바로 아제프에게 주의를 돌렸다. 바카이[1]가 알려준 라스킨과 비노그라도프에 대한 정보, 그리고 이들 이름과 아제프의 정체성이 일치한다는 정보로 인해 그는 자신의 의심이 옳다고 확신하게 되었다. 로푸힌의 정보가 마지막 의심의 그림자를 걷어 주었다.

부르체프의 발표는 크로포트킨과 로파틴을 눈에 띄게 동요시켰다. 그들 모두 아제프를 알지 못했고, 부르체프가 진술한 가설, 특히 로푸힌의 이야기는 실제로 기소에 중요한 자료였다. 피그네르는 오래전부터 아제프를 알고 있었고, 부르체프의 발표 후에도 확고하게 그의 무죄를 믿었다. 나탄손, 체르노프, 그리고 나는 부르체프의 주장에 반박하고자 발언권을 신청했다.

체르노프는 아제프를 비호했을 뿐만 아니라 부르체프를 비난했다. 그는 먼저 부르체프의 진술을 하나하나 논파했다. 그는 질베르베르그와 술랴티츠키의 처형과 기소에서 제시된 체포의 이유를 설명했다. 그와 우리 전체의 의견에 따르면, 아제프의 밀고에서 그 이유를 찾을 수는 없었다. 검거는 외부 감시를 통해 자연스러운 경로로 이루어질 수 있었고, 재판에서 질베르베르그와 술랴티츠키에게 불리한 어떤 증거도 제시되지 않았다는 점에서 그들의 처형은 밀고의 존재를 암시할 수는 있겠으나, 그것이 반드시 아제프를 가리키는 것은 결코 아니라는 것이었다. 그런 후에 체르노프는 기소의 가장 핵심에 접어들었다. 그는 그 출처에

---

1 바르샤바 비밀경찰 관리. — 원주

두 인물이 있음을 지목했다. 그중 한 명은 바카이인데, 그는 전직 밀정이며 비밀경찰 요원이었다. 이미 그 한 가지만으로도 그의 증언을 신뢰하기 어렵다. 거기서 더 나아가 바카이의 이야기에는 부정확한 점이 너무 많았다. 예를 들어, 라스킨이 1904년 바르샤바에서 N을 방문했다고 말하면서, 그는 이 방문의 정확한 날짜를 확인하지 못하여 자기 증언의 가치를 떨어뜨렸다. 두 번째 인물이자 전직 경찰분과 지도자인 로푸힌은, 물론 밀정 문제에 대해 권위자이기는 하지만 당에서 여러 해 일한 아제프보다 더 큰 신뢰를 받을 자격은 없다. 체르노프는 로푸힌이 증언한 수수께끼 같은 이야기의 모든 세부 사항을 설명하는 것은 거부했다. 그는 그렇게 할 만한 근거가 없다고 했다. 그러나 그는 받아들일 수 있는 가설 중 하나로 다음과 같은 시나리오를 제안했다. 정부는 이미 오래전부터 당의 저명한 지도자 중 한 명에게 밀고죄를 씌움으로서 당의 기강을 꺾으려 노력했다. 1905년에 경찰 소식통으로부터 악명 높은 익명의 편지를 받았을 때가 그러했고, 1906년에 타타로프가 아제프를 밀정으로 지목했을 때 그러했으며, 1907년 사라토프에서 중요한 밀정인 발루이스키(아제프)에 대한 정보가 입수되었을 때 그러했다. 지금도 물론 그러하다. 단지 다른 점은 바카이와 로푸힌이 중요한 역할을 하고, 그들의 손에서 꼭두각시 노릇을 하는 것은 부르체프라는 점이다. 부르체프가 얼마나 철저히 그런 꼭두각시가 되었는지는, 그가 중앙위원회에 의혹을 전달하기도 전에 이미 그것을 당 내 동지들에게 말해도 된다고 여겼으며 그로 인해 이미 당에 해를 끼쳤고 당의 기강이 해이해지게 했으며 정부의 이익에 봉사하게 되었다는 점에서 드러난다. 체르노프는 이 때문에 부르체프에게 다른 사람의 이름을 경솔하게 다룬 죄를 묻고, 그가 제보한 사실들이 근거 없으며 신뢰할 수 없는 출처에서 나왔다고 인정할 것을 청했다.

나탄손은 체르노프를 지지했는데, 특히 그의 연설에서 부르체프가 당과 중앙위원회에 무례한 태도를 보였다는 부분에 동의했다.

나는 체르노프와 나탄손에 모든 면에서 동의하지는 않았다. 첫 번째로, 나는 부르체프의 무례함을 비난하는 것은 너무나 사소해서, 이 점에 주의를 기울이는 것은 시간을 허비한다는 뜻이라고 생각했다. 부르체프의 맞기소는(부르체프는 중앙위원회를 무기력한 활동과 당을 위험에 처하도록 방치한 혐의로 고발했다) 내게 마찬가지로 중요치 않게 생각되었다. 문제의 중심은 아제프에 대한 의심이었다. 그리고 이런 의심을 그의 혁명 경력의 사실들과 대조하는 것이 순리였다. 나는 재판에서 바로 그렇게 했다. 두 번째로, 나는 체르노프의 가설에 동의하지 않았다. 나는 로푸힌이 밀고자 역할을 했으리라고 믿을 수 없었다.

재판관들은 그러나 우리의 연설에 설득되지 않았다. 피그네르는 이전처럼 아제프에 대한 신뢰를 고수했으나, 로파틴과 크로포트킨은 계속해서 동요했다.

나는 어느 날 로파틴에게 물었다.

"당신 의견은 어떻습니까, 게르만 알렉산드로비치?"

로파틴은 말했다.

"그래, 그런 증거를 근거로는 살인도 하지 않습니까."

크로포트킨은 명백히 아제프가 이중간첩 행위를 했을 가능성, 즉 동시에 정부와 혁명가들을 기만했을 가능성을 고려하고 있었다. 그에게나 로파틴에게나, 아제프에게 유리한 유일하게 강력한 사실은 과업이었……. 그러나 그들은 그의 밀정 행위를,

아직 발각되지 않은 황제 살해 시도에 참여한 사실과 연관 짓지 못했다.

이것이 우리의 반론 중에서 재판관들의 눈에 유일하게 의미 있는 점이었다. 대신 로푸힌의 이야기는 결정적으로 무게중심을 기소 쪽으로 기울였다.

우리의 발언을 매우 신중하게 경청하고 있던 로파틴은, 사적인 대화 중 나에게 물었다.

"로푸힌의 역할을 어떻게 설명하시겠습니까?"

나는 양팔을 벌렸다.

"왼쪽에 로푸힌, 오른쪽에 아제프입니다. 로푸힌은 물론 경찰의 음모가 목전에 있어도 거기에 참여하지 않겠지만, 사실 그런 음모가 실재하는지도 의심스러운 일입니다. 하지만 나는 물론, 로푸힌보다는 아제프를 믿겠습니다."

로파틴은 고개를 저었다.

"로푸힌은 거짓을 말해서 얻는 게 없습니다."

나는 말했다.

"예. 그리고 나도 그 부분은 전혀 이해할 수 없습니다. 하지만 나는 아제프를 믿고, 그가 무죄라고 확신합니다."

나는 또한, 내 생각에 이 모든 오해는 경찰의 음모가 아니라 그보다 훨씬 더 단순하게, 즉 일부는 유언비어, 일부는 우연의 일치, 일부는 어쩌면 좋은 의도에서 저지른 실수로 해명될 것이라고 말했다. 나는 이미 말했듯이 로푸힌이 실수했다는 입장으로 기울고 있었다.

다음 심리에서 증인 심문이 진행되었다. 몇몇 인물들이 소환되었고, 그중 바카이도 있었다. 재판관들에게 의미가 있었던 건 그의 증언뿐이었다.

3장　배신의 폭로

바카이는 부르체프에게 이야기한 것을 되풀이했다. 그는 그러나 한 번도 아제프를 라스킨 혹은 비노그라도프와 동일시하지 않았다. 그는 자신이 오직 한 가지만 믿어 의심치 않는데, 그것은 중앙급 밀정의 존재라고 몇 번이나 강조했다. 그 밀정이 정확히 누구인지는 그도 알지 못했다. 심문 중에 바카이의 이전 활동들이 밝혀졌다. 그는 1900-1901년 예카테리노슬라프에서 비밀 협력자 자격으로 경찰에서 일했음을 인정했다.

체르노프, 나탄손, 나는 바카이를 심문하면서, 재판관들의 눈앞에서 그의 말은 신뢰를 얻을 가치가 없다는 것을 증명하려고 애썼다. 특히 체르노프는 몇 번이나 그의 증언의 모순을 지적했다. 우리는 목적을 달성하지 못했다. 바카이가 어떤 인상을 남겼느냐는 나의 질문에, 공정하다는 면에서 이상적인 재판관인 크로포트킨은 평온하게 대답했다.

"어떤 인상이냐고요? 좋은 인상이지요."

로파틴의 눈에도 바카이는 사실을 말하는 것처럼 보였다. 오직 피그네르만이 우리에게 동의했다. 그녀는 바카이의 말을 이 경우에도 불신했다.

부르체프는 바카이에 대한 우리의 의견에 반박했다. 그는 그의 신실함을 완전히 확신한다고 말했다. 그는 이 확신을 개인적인 인상과 만남뿐만 아니라 구체적인 사실에서 얻어냈다. 바카이는 폴란드사회당에서 50명이 넘는 밀정들을 밝혀냈고, 페테르부르크에서 1907년 3월 31일 검거 준비를 예고했으나, 그의 책임이 아니라는 이유로 이 경고는 활용되지 못했다. 그는 핀란드의 쿠옥칼라 역에 있는 사회민주당 실험실에 대한 감시도 예견했다. 그는 부르체프와의 교류 때문에 체포되어 토볼스크 지방으로 유배당했다. 유배지에서 그는 어떤 알 수 없는 인물이 아니라 바로 부르체프의 도움으로 탈출했다.

바카이의 이력에 있는 이런 사실들은 나탄손, 체르노프, 나에게 그의 말이 진실이라는 확신을 주지 못했다. 우리는 바카이가 밀정이었으며, 후에 오랫동안 비밀경찰에서 일했다는 사실을 잊을 수 없었다.

증인 심문과 부르체프의 반론 후에 발언권은 다시 체르노프, 나탄손, 나에게 돌아왔다. 우리는 다시 한번 부르체프의 증언을 격파하고, 아제프의 테러 활동 이력이라는 명백한 사실들을 제시하려 애썼다.

재판관들은 우리의 말을 다 듣고 파리가 아닌 다른 곳에 있는 몇몇 증인들의 심문과 서류 제출을 위해 휴정을 선언했다. 1905년도 익명의 편지와 사라토프 보고서는 핀란드의 당 기록관에 있었다.

로푸힌을 심문하는 일이 당면 문제였다. 부르체프가 그에게 이 심문을 위해 외국으로 오라는 부탁의 편지를 썼다. 우리 또한 재판정의 허가를 얻어 페테르부르크의에 중앙위원회 위원 아르구노프를 보내, 그가 현지에서 로푸힌에 대해, 정부와 그의 관계에 대해, 그의 정치적 신념과 신원, 그가 입헌민주당과 변호사 단체 가입을 거부당한 이유에 대해 조사하도록 했는데, 이 변호사 단체의 명령서에 대해서는 우리도 알고 있었기 때문이다.

휴정 결정을 내린 후 재판관들은 파리를 떠났다. 로파틴은 이탈리아로 떠났고, 크로포트킨은 런던으로 돌아갔다. 그들 둘 다 아제프의 결백에 대해 커다란 의심을 가지고 떠났고, 우리도 이것을 알고 있었다.

내가 예견했듯 재판은 당에 유익하지 않았을 뿐 아니라 심지어 바람직하지 않은 혼란을 가져올 위험이 있었다. 체르노프, 나탄손, 나는 상의한 끝에 부르체프가 정당하다는 선고가 나올 경우 곧장 재판과 충돌하는 방향으로 나가기로 결정했다. 아직 우리는 아제프에 대한 아주 작은 의심도 갖고 있지 않았다. 부르체프의 고발은 우리에게 모두 슬플 뿐만 아니라 당과 아제프와 우리에게 모욕이 되며, 또한 아무런 근거도, 심지어 사실의 가능성조차 없는 어리석은 오해로 보였다.

재판 기간 동안 아제프는 남부 프랑스에서 지냈다. 그는 분명히 부르체프의 기소에 불안해했고, 내게 보내는 편지들에서도 그 불안을 감추지 않았다. 나는 이러한 불안이 그의 품위가 모욕당한 데서 비롯된 것이라고 판단했다.

예를 들어, 그는 10월 21일 자 편지에 이렇게 썼다.

……일의 진행 방식 혹은 구성이 내게는 좀 이해가 가지 않소. 기소는 이렇게 표현될 수도 있었을 것이오. 부르체프가 지금 하는 모든 말에 대한 권리가 있는가, 그런 말을 퍼뜨릴 권리가 있는가 등등. 나는 모든 진행이 훨씬 빠를 것이라고 상상했었소. 그가 전부 진술하고, 그걸 검토해서 그가 그렇게 할 권리가 있었는지 없었는지 판단하는 식으로. 도대체 여기서 바카이와 파리 밖에서 지내는 증인들의 심문이 무슨 소용이란 말이오? 하지만 그곳에 있는 여러분에게는 물론 사정이 더 잘 보일 것이오. 여러분 모두가 실수하지는 않으리라는 것 하나만 믿고 있소. 안부 전하겠소, 나는 동지 말을 들을 것이고 동지가 찾아올 날을 좀 더 기다리고 있겠소.

스페인 바스크 지역의 산세바스티안에서 10월 26일에 보낸 보낸 다른 편지에 그는 이렇게 썼다.

소중한 친구에게.

물론 재판관들은 역사학자가 아니고, 모든 것을 다 듣고 확인할 의무가 있소. 그들은 여러분에게도 증거를 요구할 의무가 있소. 하지만…… 양측이 대등하지 않잖소. 여러분과 경찰이라니(나는 바카이에 대한 동지의 인상을 끝까지 지지하오). 그래, 라스킨이 바르샤바에 도착해서 N을 방문하기로 되어 있었을 때, 밀정들이 라스킨을 보지 못하도록 하기 위해 **비밀경찰에 N을 감시하지 말라는 명령이 내려졌다**는 바카이의 확언을 여러분이 재판관에게 어떻게 증명한다는 거요. 그걸 어떻게 증명하지? 난 이해할 수 없소. 크레메네츠키가 쓴 그 편지와 관련해서도, 누가 가서 그걸 증명한단 말이오? 물론 이건 조금 더 쉬울지도 모르오. 해명이 이미 상당히 이상하니까—그런 짓을 하면 시베리아로 좌천될 수밖에 없을 거요. 여기서 물론 부르체프에게 강요해서, 크레메네츠키가 이 편지 이후에, 그러니까 1905년 8월에 바로 그 시베리아로 옮겨졌다는 걸, 자기 비밀경찰 연줄의 도움을 받아 **서류상** 증명하도록 강요할 수도 있었소. 전반적으로 내가 보기에, 비밀경찰에서 흘러나온 모든 정보에 반박하기란 **우리에게는** 거의 불가능하오. 그리고 재판관들은 역사학자가 아니니까, 그런 관점에 서 있을 것이고 또 그래야 하오. 심지어 정식 재판에서도 배심원 제도를 도입한 건, 오로지 **형식적인** 판단만으로 결론을 내리지 말고, 아주 많은 다른 사정들도 함께 고려하라는 의미에서였소. 이런 관점에서 보아도, 나는 어쨌든 이 재판을 전부 이해할 수는 없소. 무엇보다도, 끝없는 심문을 위한 휴정. 나는 비판하는 게 아니오, 소중한 친구여, 하지만 내게는 모든 것이 완전히 명백하지가 않고, 무엇보다도 정확히 말하자면 여기 내 기

3장 배신의 폭로

분이, 내 주관이 끼어든 거요. 이 더러운 일에서 벌써 손을 뗐으면 싶소. 그리고 빈둥거리는 것도 이제 질렸소.

11월에 아제프는 파리에 도착했다. 그는 지치고 녹초가 되어 나를 찾아왔다. 우리는 다음과 같은 대화를 했다.

나는 바카이의 모든 고발 내용을 전부 그에게 전달했다(부르체프는 나와의 개인적인 대화에서 그럴 권리를 주었으며, 나는 로푸힌의 증언에 대해서만 침묵을 지킬 의무가 있었다). 나는, 내가 받은 인상에 따르면 재판관 두 명, 즉 로파틴과 크로포트킨은 부르체프 편을 벗어날 것 같지 않다고 말했다. 또한 바카이의 증언 외에도 내가 이야기할 권리가 없는 또 하나의 증언이 있다고 말했다.

아제프는 불안해했다.

"바카이가 또 무슨 말을 했소?"

"아니, 바카이는 아니오."

"그럼 경찰 관리요?"

"모르겠소."

아제프는 화제를 바꿨다. 그가 말했다.

"그래, 동지는 크로포트킨이 이중간첩 행위를 의심한다고 했지요?"

"그렇소."

아제프는 잠시 입을 다물었다. 그리고 그는 갑자기 웃음을 터뜨렸다.

"그래, 물론, 속이는 게 불가능할 정도로 여러분이 그렇게까지 똑똑한 건 아니지."

몇 분 후에 그가 말했다.

"증언이 하나 더 있다고 했지. 틀림없이 경찰 소식통이겠지요?"

나는 다시 대답했다.

"모르겠소."

그리고 나는 아제프에게, 그의 언행을 완전히 이해할 수는 없다고 말했다. 그가 재판을 거부하고 투쟁조직의 조직원들과 함께 러시아로 일하러 갔다면 나는 이해했을 테지만, 그는 여기에 동의하지 않았다. 나는 또한 그가 재판이라는 문제와 심리의 진행 자체에 전혀 개입하지 않았다 해도 이해했을 것이다. 그러나 그는 그러지도 않았다. 그는 재판이 열리기를 원했고, 내게 보낸 편지에서 그 재판에 영향을 미치려 노력했다. 게다가 그는 기소 내용의 일부만 알고 있었으며, 더 중요한 다른 부분은 그가 알지 못하게 숨겨져 있었다. 나는 그가 어떻게 그런 상황을 그냥 받아들일 수 있는지 이해할 수 없다고 말했다. 그의 상황은 둘 중 하나여야 했다. 지금 벌어지는 재판이 부르체프를 심판하는 것이고 아제프의 결백을 의심하지 않는다면, 아제프에게 수사와 재판의 모든 자료가 제시되어야 했다. 혹은 아제프를 밀고죄로 의심한다면, 재판을 받아야 할 사람은 부르체프가 아니라 아제프였다. 나는 마지막으로, 나탄손과 체르노프, 나의 주장은 재판관들에게 영향을 미치지 못한다고, 우리는 아제프를 변호할 힘이 없다고 본다고 말했다. 내 생각에는 그가 직접 재판에 나와 부르체프를 반박하고 자신을 변호해야 했다. 그 혼자만이 자신의 명예를 보호할 수 있었다.

아제프가 말했다.

"나는 여러분이 동지로서 나를 변호해 주리라 생각하오."

나는 우리가 할 수 있는 일은 다 했고, 더 이상 할 수 없다면 그건 우리의 탓이 아니라고 대답했다.

아제프는 오랫동안 침묵했다. 그리고 그가 말했다.

"그럼 동지는 내가 재판정에 나타나는 게 더 낫다고 생각하시오?"

"그래, 그게 더 낫소."

그는 또다시 곧장 대답하지 않았다.

"안 돼. 난 못 하겠소. 그럴 힘이 없소."

그는 완전히 녹초가 된 것처럼 보였다. 나는 침묵했다.

그가 다시 입을 열었다.

"아니면 러시아로 가면 어떻소?"

"함께 갑시다."

"하지만 동지들 모두 교수형을 당하면?"

나는 그에게 그런 생각은 하지 말라고 설득했다. 그가 말했다.

"안 돼. 난 그건 못 해요……."

떠나면서, 그는 내게 키스했다.

"그거 아시오, 이 일이 나를 완전히 죽일 거요……."

며칠 후에 나는 그에게서 편지를 받았다.

12월 21일.

소중한 친구에게.

오늘 동지에게 들렀고, 어제는 동지 거처에서 기다리면서 저녁 내내 앉아 있었소. 빅토르 체르노프가 월요일 회의에 참여하지 못하게 됐고, 가장 중요한 건 내가 두 가지 이유로 거기에 참여하지 않기로 결정했다는 거요. ① V와 했던 이전의 대화에서, 나는 재판에 관한 모든 세부 정황을 나로서는 알 수 없다는 사실을 확인했소(물론 재판에 성실하게 임하려면 그 모든 것을 알 필요가 있겠지만). 내가 알고 있는 사실들에 대해 말할 수 있는 이야기들은 이미 자네와 빅토르에게 이야기했소(심지어 빅토르도 말하길, 우리가 이미 그런 점들에 대해서는 다 지적했었다고 하더군요). ② 나는 동지들 모두에게 심지어 해를 끼칠까 봐, 더 정확히 말하자면 자네들을 민망하게 만들까 봐 걱정이 되오. 나는 재판의 현재 상태도, 재판관들의 심리 상태도 완전히 알지 못하오—그러니 자칫 내가 동지들의 변론 방식에 대해 잘못된 인상을 갖고 있을 수도 있고, 그런 내 의견(옳지 못한 의견일 것이 분명한)이 동지들에게 영향을 끼치게 하고 싶지 않소. 내가 이 일에 너무 적극적으로, 혹은 충분히 적극적이지 않게 참여하고 있다는 비난을 거듭 받고 싶진 않소. 사실상 나는 줄곧 동지들의 공통된 합의에 따라 이 일에 섞여들지 말라는 관점을 고수하고 있소(이 일은 생각하지 말고 앉아 있어라, 우리가 알아서 한다, 이게 동지들의 충고였소). 재판의 필요 불가결성이나 불필요성에 대한 동지의 질문에, 나로서는 재판을 하는 편이 안 하는 것보다 낫다고 내 의견을 말했던 걸 적극적으로 섞여든다고 여길 수는 없지만, 동시에 내가 이 문제를 전적으로 동지들에게 맡기겠다고 했고, 동지들의 결정에 전적으로 동의하겠다는 입장을 밝혔다는 점을 상기해 주시오. 동지들은 결정을 내렸소. 나의 적극성이란 것도, 동지가 원했던 대로 즉시 재판에 참여하기를 바란다는 것을 명확하게 진술했던 것뿐이오. 이것이 내가 이 회의에 참여하지 않기로 결정하게 된 두 가지 이유인데, 즉 더 정확히 말하면, 나는 이 회의의 주도권을 거부하겠소. 동지들이 동지들끼리 상의해도 무방하다고 본다면 그리하되, 필요하다면 내가 동지와 빅토르에게 진술했던 내용에 주의를 기울여야 할 거요. 그 후에는 일을 빨리 진행하고, 모든 조치를 취해서, 내 요구를 반드시 고려해 주시오―센세이션[1]에게 대질심문을 요구하는 것 말이오. 자료에 나온 사실적인 제보들에 대해서 나는 이미 빅토르와 협의를 했소.

동지의 이반.

이 만남과 편지가 내 안에 처음으로 모호한 의심을 불러일으켰다.

IV

A. A. 아르구노프는 페테르부르크에서 로푸힌에 대한 참고 자료를 모았다. 이 참고 자료에 따라 로푸힌은 신뢰를 받을 만하다고 밝혀졌다. 그가 그 어떤 경찰의 음모에든 참여하고 있다고 생각조차 할 수 없었다. 그는 변호사 협회의 입헌민주당에 순전히 형식적인 이유에서, 즉 전직 경찰 관리였기 때문에 가입하지 못했다. 정부와 그는 오래전에 모든 관계를 끊었다.

그러나 아르구노프 조사의 중요한 성과는 이런 참고 자료가 아니었다. 로푸힌을 개인적으로 만난 그는 로푸힌으로부터 너무나 예상치 못했고, 그만큼 그를 당황시킨 소식을 들었다. 로푸힌이 그에게 말하길, 구력 11월 11일 저녁 10시경에 페테르부르크 세르기옙스키 거리에 있는 그의 아파트에 아제프가 찾아와, 부르체프에게 했던 증언을 취소해 달라고 빌었다는 것이다. 로푸힌은 아제프의 청을 거절했다. 그러자 며칠 후에 비밀경찰 지휘관 게라시모프[2] 대령이 찾아와 이번에는 간청이 아니라 강요의

---

[1] 로푸힌. — 원주
[2] 크레메네츠키가 1905년 시베리아로 좌천된 후 페테르부르크 비밀경찰 대장에 알렉

태도로 부르체프에게 했던 발언을 철회할 것을 요구하면서, 그렇지 않을 경우에는 탄압이 있을 것이라고 협박했다. 로푸힌은 게라시모프의 말 또한 거절했다. 게다가 그는 국무총리 스톨리핀과 내무장관 마카로프 그리고 경찰분과 지도자인 트루세비치에게 편지를 써서 앞으로는 이와 유사한 방문을 제한해 달라고 부탁했다. 이 편지들은 아르구노프가 원문으로 읽었다.

이 소식을 가지고 아르구노프는 파리로 돌아왔다. 나탄손, 체르노프, 나는 오히려 이 소식에 기뻐했다. 처음으로 우리는 아제프에 대한 고발을 확인할 기회를 가졌고, 처음으로 그의 비밀 교류의 정확한 장소와 시간에 대한 제보를 받은 것이다. 우리는 이 조사를 통해 로푸힌의 보고가 전혀 근거 없다는 것이 입증되기를 기대했다. 우리는 아제프가 11월 초에 N을 만나러 뮌헨으로 떠났으며, 그곳에서 열흘쯤 지낸 후에 파리로 돌아왔다는 것을 알고 있었다. 조사는 그만큼 더 쉬웠다. 아제프가 뮌헨에서 출발하고 도착한 날짜를 밝히기만 하면 되었다. 이번에는 로푸힌의 실수를 쉽게 입증할 수 있을 것 같다고 우리는 생각했다.

상황은 다르게 전개되었다.

아르구노프가 도착한 직후에 나는 뮌헨의 N에게 갔다. 나는 그에게도, 그의 동지에게도 로푸힌의 제보에 대해서는 말하지 않았다. 나는 다만 부르체프 건과 관련하여 11월 중순 아제프의 체류지를 반드시 밝혀야 한다고만 말했다. N과 그의 동지는, 아제프가 뮌헨에 구력 11월 15일 혹은 16일에 도착했으며, 그곳에서 전부 해야 닷새 정도 있었다고 이야기했다. 그들은 11월 9일 (22일)에 베를린에서 보낸 아제프의 편지를 받았다.

산드르 바실리예비치 게라시모프(1861-1944)가 임명되어 1909년까지 복무했다.

아제프의 거짓말이 폭로되었다. 그는 체르노프와 나탄손에게 뮌헨에서 열흘을 지냈다고 말했다.

게다가 그는 중앙위원회가 모르게 베를린에 머물렀다. 그러자 중앙위원회는 아제프에 대한 비밀 조사를 진행하기로 결의했다. 12월에 페테르부르크에서 런던으로 로푸힌이 찾아왔다. 그는 전에 러시아에 있을 때 자신이 체르노프와 나에게 말한 모든 것을 확인하겠다고 약속했다. 그래서 그를 만나기 위해 아르구노프, 체르노프, 내가 갔다. 회견은 채링크로스에서 멀지 않은 작은 호텔에서 이루어졌다.

로푸힌은 우리에게 다음과 같이 보고했다.

처음으로 그가 아제프에 관해 알게 된 것은 경찰분과 지도자 자리에 임명된 지 얼마 안 되어서였다. 1903년 봄에 당시 내무장관이었던 두르노보가 그에게 말하길, 외국에서 러시아의 정치 수색을 지휘하고 있던 라츠콥스키가 자신의 비밀 협력자인 라스킨(아제프)에게 게르슈니 밀고의 대가로 500루블을 할당해 달라는 청원을 하려고 찾아왔다고 했다. 두르노보는 그 돈이 투쟁조직 예산으로 들어가 폭탄 만드는 데 쓰일 것이라는 우려를 나타냈다. 그는 로푸힌에게 라스킨을 만나서 개인적으로 그 금액의 진짜 용도를 밝힐 것을 청했다. 라스킨은 로푸힌의 요구에 따라 외국에서 돌아온 후 그를 찾아가서, 첫 번째로 500루블의 돈은 결코 투쟁 일에 쓰일 예정이 없고, 두 번째로 아제프 자신은 당의 일원이 아니라 게르슈니의 개인적인 친구이며 게르슈니를 통해서 다분히 저명한 혁명가들에 대한 정보를 제공할 수 있다고 말했다는 것이다.

아제프와 로푸힌의 두 번째 만남은 1903년 말 혹은 1904년 초에 일어났다. 로푸힌은 하인을 통해 메모를 받았는데, 거기에는

'그가 개인적으로 아는 인물'이 그에게 만나기를 청한다고 쓰여 있었다. 이 '개인적으로 아는 인물'은 아제프인 것으로 드러났다. 그는 로푸힌에게 금액을 늘려줄 것을 청했고, 로푸힌은 거절했다. 관료 라타예프가 후일 로푸힌에게 알려주길, 아제프가 당시 1년에 최고 6,000루블까지 받았다고 했다.

아제프와 로푸힌의 세 번째 만남은 1908년 11월 11일 저녁 10시경 로푸힌의 아파트에서 이루어졌다. 아제프는 자기 아이들을 내세우며 자신을 파멸시키지 말아달라고 빌었다. 로푸힌은 이 날 자신을 찾아온 사람의 외모를 세세하게 묘사했다. 뚱뚱하고, 등이 굽고, 보통보다 키가 크고, 발과 손이 작고, 목이 굵고 짧다. 얼굴은 둥글고 부었으며 누르스름하고 검은 빛이고, 두개골은 정수리 쪽이 뾰족하며, 머리털은 곧고 뻣뻣하며 갈색이다. 이마가 낮고, 눈썹이 검고, 눈은 갈색이고 살짝 퉁방울눈이며, 코가 크고 납작하고, 광대뼈가 튀어나오고 입술이 매우 두툼하며, 얼굴 아랫부분이 살짝 튀어나왔다. 이 묘사에서 우리는 아제프를 알아보았다.

게다가 로푸힌의 말에 따르면, 아제프는 경찰에게 펜자의 비밀 인쇄소, 우치로의 불법 문헌 수송, 페테르부르크에 있던 S. 클리트초글루의 테러 집단, 슬레토프의 1904년 러시아 출장, 1905년 니즈니 노브고로드의 투쟁조직 전당대회와 다른 많은 일들을 "밝혔다". 로푸힌은 또한, 그의 정보에 따르면 아제프는 사회혁명당에서 가장 강력한 밀정이었다. 최근에 그는 1년에 1만 4천 루블까지 받고 있었다.

로푸힌의 진정성에 대해서는 의심할 수 없었다. 그의 품행과 말에서는 가장 작은 거짓의 흔적도 눈치챌 수 없었다. 그는 자신의 의무를 다하는 정직한 사람답게 확신에 차서 평온하게 말

3장 배신의 폭로

했다.

로푸힌은 이전에 당에 도움을 준 적이 한 번도 없었다. 내가 아는 한, 그는 경찰 근무를 떠나 더 이상 정치에 관여하지 않았다. 나는 그가 어떤 동기에 이끌려서 우리에게 아제프에 대한 정보를 알려주게 되었는지 모르지만, 그가 대단히 사심 없이 행동했다는 데는 의심할 바가 없었다. 그는 정부가 자신을 조사하리라는 것을 알고 있었다. 그리고 실제로, 아제프가 폭로당했을 때 로푸힌은 페테르부르크에서 체포되었다.

로푸힌의 이야기와 뮌헨에서 자신의 체류지에 대한 아제프의 거짓말은, 아르구노프와 체르노프, 그리고 나에게 아제프의 유죄를 확신시켜 주었다. 중앙위원회는 11월 11일에 아제프를 심문하기로 결정했다. 체르노프가 아제프를 심문하게 되었으며, 자신의 의심을 들키지 않도록 조심하며 심문을 진행했다.

체르노프는 아제프에게, 부르체프가 로푸힌의 말에 따라 아제프의 직속상관이자 당시 기르스 장군이라는 이름으로 파리에서 지내고 있던 라타예프에 대한 감시를 조직했으며, 이 감시로 인해 아제프가 라타예프를 방문한 사실이 밝혀졌다고 확언했음을 말했다. 체르노프는 아제프에게 그가 이날 어디 있었는지 물었는데, 왜냐하면 아무리 그 주장이 명백히 말이 안 되는 것으로 보일지라도 법정에서는 그것을 반박할 문서상의 증거를 요구할 수도 있기 때문이었다.

아제프는 대답으로 주머니에서 두 개의 영수증을 꺼냈다. 하나는 라게르만이라는 이름으로 베를린의 '퓌르슈텐호프' 호텔에서 받은 것이었는데, 여기서 그는 08년 11월 7일(20일)에서 9일(22일)까지 묵었고, 두 번째는 요한 다넬손이라는 이름으로 08년 11월 9일(22일)에서 11월 13일(26일)까지 역시 베를린의 가구 딸린 하숙집 '케르치'에서 묵은 영수증이었는데, 러시아계 유대인 체르노모르디크가 운영한다고 되어 있었다. 아제프는 베를린에 쉬러 갔다고 덧붙였다. 거기서 그는 N을 만나기 위해 뮌헨으로 향했다고 설명했다.

아제프가 N에게 가는 길에 베를린에서 러시아인이 운영하는 하숙집에 묵었다는 것, 즉 비밀 조직의 기본적인 규칙을 이행하지 않았다는 것이 이상했다.

그가 제시한 영수증의 원본을 확인하기로 결정되었다.

이 목적을 위해 베를린으로 동지 V(가명)가 갔다.

베를린에서 V는 우리에게 다음과 같은 전보를 쳤다.

"Ihre schlimmste Verdaecthe volkommen richtig seid bereit das Dicker wusste heute Woldemars mission."[1]

V의 말에 따르면, 첫 번째로 '케르치'의 가구 딸린 하숙집은 일반적인 숙소가 아니라 그보다는 저급한 부류의 은신처에 가까웠고, 두 번째로 체르노모르디크는 베를린 경찰간부회에서 통역으로 근무하며, 세 번째로 11월 22일에서 26일까지 '케르치'에 묵으면서 요한 다넬손이라는 이름으로 숙박부를 썼던 인물은 아제프와는 희미하게라도 닮은 부분이 없다는 것이었다. 영수증은 가짜였다. 우리의 가느다란 의심은 실제로 정당화되었다.

아제프는 당에서 어쩌면 게르슈니만이 받았을 정도의 신뢰를 받았다. 특히 그는 투쟁조직 조직원들의 사랑과 존경을 받았다. 카르포비치는 러시아에 있었으나, 그의 가장 가까운 동지들이 몇 명 파리에 있었다. N(가명), P(여성), 에스피르 라피나 등이었다. 아제프에 대한 의심을 알게 되자, 그들은 우리가 로푸힌을

---

[1] "최악의 추측은 옳았다. 뚱뚱이(아제프)는 오늘 발데마르의 임무에 대해 알고 있었다"라는 뜻. 'Verdaecthe volkommen'은 'Verdeckte vollkommen'의 오자.

3장 배신의 폭로

심문한 후에조차도 그것을 믿지 않으려 했다. 투쟁조직 사회를 사로잡은 이런 혼란의 증인으로서, 중앙위원회에 라피나가 보낸 다음과 같은 편지가 특징적이다.

> 제 입장이 중앙위원회에 충분히 명백한지는 조금 의문입니다. 그러므로 한 번 더 요약하도록 애써 보겠습니다.
> ① 우리 모두의 관심을 끄는 이 일에서 능동적인 역할을 맡기를 원한다고 진술하는 바입니다. 제 능동성의 범위는, 이 일을 위해 필요하다면, 선고를 내리는 데서 집행하는 데까지 이를 수 있습니다.
> ② 어떤 식으로든 이 일에 능동적으로 참여하는 것을, 그 능동성의 규모는 중앙위원회에서만 규정할 수 있겠습니다만, 제가 개인적으로 받아들이려면 한 가지 조건이 있습니다. 저는 오직 만장일치로 결정을 내릴 권한을 가진 재판에 참여하기를 원합니다.
> ③ 중앙위원회는 특정 순간에 오직 양심만을 따라 활동할 권리가 있습니다. 지금 당면한 일에 그러한 순간이 찾아왔습니다. 중앙위원회는 제3자인 당의 다른 조직원에게 전권을 위임할 권한이 있습니다. 그러나 중앙위원회가 양심을 제3자인 다른 당원에게 위임할 권한이 있다면, 그 경우 중앙위원회가 그 권리를 실행하기 위한 최소한의 조건은, 당원들 사이에 만장일치의 결의를 내려야 한다는 점입니다. 동료들의 손에 재판을 넘긴다는 것은, 중앙위원회가 그 자체로 재판의 모든 구성원들에게 모든 결과에 대한 전적인 책임을 지도록 한다는 의미입니다. 그 재판의 일원이 될 도덕적 권리를 가지는 이는, 정의로운 재판관이라면 판결을 직접 집행할 수 있는 능력을

가진 당원뿐입니다.

이런 조건에서, 재판의 모든 구성원들은 진술의 권리가 있습니다. 저는 제 양심과 어긋날 수 있는 살인의 윤리적인 참여자가 되기를 원치 않고, 재판의 다른 구성원을 그런 입장에 세울 권리도 저에게 전혀 없습니다. 중앙위원회가 아닌 동료들의 재판은 만장일치로만 살인을 할 수 있습니다. 이 상황을 다른 어떤 당 내 상황이나 다른 재판 방식과 비교하는 것은 불가능합니다. 배심원 재판은 재판할 뿐 그 자체로 살인은 하지 않습니다. 그러나 재판의 모든 구성원이 살인할 권한을 가지는 것은 만장일치의 결정이 있을 때뿐입니다. 즉, 저의 의견은 다음과 같이 전개됩니다. 동료진이 재판을 할 수 있는 것은 그 구성에 제가 지키고자 하는 원칙을 기반으로 할 때뿐이며, 그러므로 이 문제는 단지 중앙위원회가 저에게 지는 책임의 문제가 아닙니다.

④ 중앙위원회 위원들만이 아니라 당원들이 재판을 하게 된다면, 동료진을 구성하는 기반으로 다음과 같은 원칙이 적용되어야 합니다. 즉 전체 회의에서 진술된 모든 의견의 대표자들이 참여해야 합니다. 그렇지 않으면 동료진은 불공정한 재판관이 될 것입니다.

⑤ 요청과 의견을 진술하면서, 저는 중앙위원회가 다음 사항을 주목해 주시길 바랍니다. 현실적인 판단에서가 아니라면 순전히 윤리적인 판단에서라도, 중앙위원회는 재판관들이 중앙위원만으로 구성되는 것이 아닌 이상 제가 재판에 참여할 자격을 얻기 위해 노력할 권한이 정식으로 있음에 주의를 기울여 주시기 바랍니다.

⑥ 저의 입장이 완전히 명백해지고, 제가 제시한 조건들에서

는 저의 제안이 받아들여질 수 없다고 중앙위원회에서 제게 진술하신 순간부터, 제가 말씀드려야 할 것은 하나입니다. 제가 맹세한 충실한 침묵의 약속은, 제가 알고 있는 내용에 대해 당사자에게 침묵을 지키는 것에 한정됩니다.

벨라.

중앙위원회는 어려운 입장에 놓여 있었다. 한편으로는 아제프의 죄상에 대한 증거들을 반박할 수 없었고, 그의 죄상은 증명되었으며, 그러므로 아제프는 살해되어야 했지만, 다른 한편으로는 당 내의 여론이 정식 절차와 사법적 보장을 갖춘 심문 없이는 아제프의 죽음을 결코 받아들이지 않을 것이었다. 이런 심문에는 중앙위원회 위원이 최소한 한 명은 참석해야 했다. 게다가 아제프의 살해는 심문 현장에서만 가능했는데, 왜냐하면 심문 후에 그는 즉시 몸을 숨길 기회를 찾을 것이기 때문이고, 실제로도 그렇게 되었다. 이렇게 해서 중앙위원회는 자신들의 구성원 가운데 최소한 한 명의 희생은 물론 해외에 있던 당 중앙 전원의 체포와 파리에서의 추방까지도 감수해야 했는데, 달리 말하자면 중앙위원회는 아제프의 밀정이라는 정체를 폭로하는 것이 피할 수 없이 당에 분란을 가져올 수밖에 없는 바로 그 시점에 당 중앙 기구의 파괴에 대한 책임을 져야만 하는 상황이었다. 중앙위원회는 이 문제에 대해 파리에 살고 있는 몇몇 존경받는 동지들에게 조언을 구하기로 결정했다.

1908년 12월 말에 로몽 거리 50번지에서 중앙위원회가 초청한 동지들의 모임이 열렸다. 여기에 참석한 것은 M. A. 나탄손, V. M. 체르노프, A. A. 아르구노프, N. I. 라키트니코프, V. N. 피그네르, I. A. 루바노비치, G-스키, V. M. 젠지노프, I. I. 푼다

민스키, M. A. 프로코피예바, 에스피르 라피나, S. N. 슬레토프, N(가명), 그리고 나였다.

논의할 문제로 제기된 것은, 심문에 돌입하지 않고 아제프를 즉시 살해하는 것이 가능한가, 아니면 보충 조사를 시행하고 그 결과에 따라 아제프의 운명을 결정해야만 하는가, 하는 문제였다.

의견은 갈라졌다. 네 명(젠지노프, 프로코피예바, 슬레토프, 나)는 심문 없이 아제프의 즉시 살해를 지지했다. 우리는 아제프가 물론 중앙위원회의 의심에 대해 알고 있다고, 즉 경찰로부터 언질을 받지 않았다면 동지들이 자신을 대하는 태도가 변한 것을 보고 추측했을 것이라고 확언했다. 따라서 조사를 속행할 경우 아제프가 달아날 위험이 있었다. 게다가 심문 후에 아제프를 살해하게 되면 중앙위원회 전체의 명예를 법적으로 훼손시키고 모든 당 중앙 조직의 운명에도 영향을 줄 수 있는데, 이것은 당의 관점에서 허용할 수 없었다. 아제프는 당에 현저한 손해 없이 살해되어야 했다. 마지막으로, 우리의 입장에서 보았을 때 아제프의 죄상이 너무나 명백했기에, 더 이상의 조사도 심문도 필요하지 않았다.

반대 의견에는 다수가 속했는데(기권한 '니콜라이'(가명)와 라피나, 그리고 별도 의견을 낸 루바노비치) 요약하면 다음과 같았다. 아제프의 죽음은 당에 분열을 불러일으킬 것이며, 아제프에 대한 재판이 합법적으로 진행되지 않으면 분열은 그만큼 더 커질 것이다. 만약 아제프에게 당 내부에서 보장할 수 있는 모든 방어 수단이 주어지지 않는다면, 많은 당원들, 특히 투쟁조직원들은 중앙위원회가 범죄를 저질렀다고 생각하게 될 것이다. 마지막으로, 정의를 위해서 일을 그렇게 진행해야만 한다. 중앙위원회 자체에, 예를 들면 나탄손처럼 아제프의 죄상을 완전히 확신하지 않는 사람들이 있기 때문이다.

논쟁 끝에 모임에서 결의한 것은, 아제프에 대한 조사는 진행하되 동시에 당의 가장 최소한의 손실을 조건으로 그의 살해도 준비한다는 것이었다.

아제프는 프랑스 영토 밖에서, 예를 들어 ○○○[1]에서 살해하기로 결정되었다. 아르구노프와 전직 페테르부르크 군사 조직원 A(가명)가 외따로 떨어진 집을 빌릴 목적으로 ○○○로 떠났다. 체르노프와 나는 무엇이든 구실을 찾아내 아제프를 이 집으로 데려가기로 했다.

나는 회의의 결정에 동의하지 않았다. 나는 아제프가 무슨 일이 있어도 살해되어야 한다고 여겼고, 계속되는 조사는 그에게 쉽게 탈출할 가능성을 보장해 주었다. 나는 그가 이탈리아로 가지 않을 것이라고 확신했다. 중앙위원회의 결의를 이행하면서 나는 이탈리아에서의 살해 계획을 논의하는 데 참여했으나, 개인적으로 내가 보는 문제는 달랐다. 나는 중앙위원회의 의견과 어긋나더라도 개인적으로 책임을 지고 아제프를 죽일 의무가 있는 것이 아닌지 자문해 보았다. 나는 이 질문에 그렇지 않다는 결론을 내렸다. 그 순간에 당에서 분열의 원인이 되어서는 안 된다고 여겼다. 게다가 아제프의 가장 가까운 조력자이자 친구인 카르포비치의 의견을 알고 싶었다. 카르포비치는 예상과는 어긋나게 아제프가 탈출한 뒤에야 파리에 도착했다.

이탈리아에서 협정이 진행되는 동안, V 동지가 베를린에서 조사를 했다. 이미 인용한 전보를 그에게서 받고, 중앙위원회는 즉시 아제프에 대한 심문에 돌입하기로 결정했다. 위원회는 아제

---

1 원문에서 삭제되었음.

프가 V의 출장에 대해서 알고 도망칠까 봐 우려했던 것이다. 심문을 맡기로 한 것은 체르노프, 니콜라이, 나였다. 그 어떤 경우에도 우리는 아제프를 처형할 권한이 없다고 결의되었다.

이 결의는 아제프를 풀어주자는 결정과 다름없었다. 그러나 나는 중앙위원회가 이 경우에 잘못 행동했다고 여기지 않는다. 실수는 그보다 훨씬 전에 자행되었다. 우리가 로푸힌을 만난 직후에, 이미 아제프의 죄상이 의심할 여지가 없게 되었을 때 그를 죽였어야 했다. 그러나 한편으로는 중앙위원회 자체의 동요(나 탄손), 다른 한편으로 투쟁원(니콜라이, 라피나 등)의 동요로 인해 중앙위원회는 그런 조치를 결행할 수 없었다. 이 순간부터 중앙위원회는 혁명 결의의 길을 떠나 정식 재판, 변호와 변론의 길에 접어들었다. 이 길은 피할 수 없이 아제프의 심문으로, 그리고 결과적으로 그의 탈출로 이어졌다. 중앙위원회는 당의 유일한 이론가인 체르노프의 체포를 대가로 아제프를 살해할 권리가 없었고, 체르노프가 없는 심문은 생각할 수 없었다.

어찌 되었든, 아제프는 자신이 안전하다고 느낄 수 있었다.

V

구력 1909년 1월 5일 저녁, 체르노프와 니콜라이, 나는 라스파유 대로 245번지에 위치한 아제프의 아파트 초인종을 눌렀다.

우리에게 문을 열어준 것은 아제프 자신이었다. 그는 구석방으로 우리를 데려갔다. 그곳이 그의 서재였다. 그는 창가 책상 뒤에 앉았다. 우리 셋은 그의 방 출구를 막고 서 있었다.

아제프가 물었다.

"제군, 무슨 일이오?"

체르노프가 대답했다.

"여기 새 서류를 읽어보시오."

그리고 그는 아제프에게 1907년 사라토프 편지를 전해주었다. 아제프는 창백해졌다.

그는 오랫동안 편지를 읽었다. 나는 그가 그저 편지를 읽는 척만 한다는 것을 알았다. 그는 우리의 말을 평온하게 다 듣기 위해서 시간을 벌고 있었다.

아직도 대단히 창백한 채로, 그가 마침내 우리에게 몸을 돌렸다. 그가 물었다.

"그래, 그래서 대체 무슨 일입니까?"

체르노프가 천천히 말했다.

"구력 11월 11일에 자네가 페테르부르크의 로푸힌에게 갔었다는 걸 알고 있네."

아제프는 놀라지 않았다. 그는 대단히 평온하게 대답했다.

"나는 로푸힌에게 가지 않았네."

"그럼 자네 어디 있었나?"

"베를린에 있었네."

"어느 호텔에?"

"처음에는 퓌르슈텐호프에, 그 후에는 '케르치'의 가구 딸린 하숙집에."

"자네가 '케르치'에 없었다는 걸 우리는 알고 있네."

아제프는 웃음을 터뜨렸다.

"우습군……. 난 거기 있었네."

"자네는 거기 없었어."

"있었어……. 그런데, 이게 도대체 무슨 대화인가……?" 아제프는 등을 곧게 펴고 고개를 들었다. "내 과거를 알고도 날 못 믿나?"

그때 내가 말했다.

"동지의 과거를 아니까 믿으란 말이지. 좋아. 두바소프 암살 기도의 세부 사항을 이야기해 보게."

아제프는 품위 있게 대답했다.

"4월 23일 암살 기도는 실레로프가 두바소프를 그냥 보냈기 때문에 실패했소. 투척자는 셋이었소. 보리스 브노롭스키가 트베르스카야 거리에 있었고, 블라디미르 브노롭스키가 보즈드비젠카에, 실레로프가 즈나멘카에 있었소. 나는 필리포프 다방에 있었소."

내가 말했다.

"그건 거짓말이야. 우리가 블라디미르 브노롭스키를 심문했네. 투척자는 두 명이었어. 보리스 브노롭스키와 실레로프였지. 두바소프는 블라디미르 브노롭스키를 지나쳐 갔지만, 그에게는 폭탄이 없었네."

아제프는 어깨를 으쓱했다.

"모르겠네. 내가 말한 대로였어."

내가 말했다.

"게다가, 자네는 암살 전날 투척자들과의 접견에 나오지 않았네."

아제프가 대답했다.

"아니, 나갔소."

나: 그렇다면, 브노롭스키가 거짓말을 했다는 뜻인가?

아제프: 아니, 브노롭스키가 거짓말을 했을 리는 없소.

나: 그럼, 자네가 거짓말을 하는 건가?

아제프: 아냐, 나도 사실을 말하고 있소.

나: 어떻게 설명할 수 있나?

아제프: 나도 모르겠소.

나: 필리포프 다방에 있었다고 했지?

아제프: 그렇소.

나: 경찰에 포위당했나?

아제프: 아니오.

나: 자네는 포위당했지만, 경찰서장에게 외국 여권을 제시해서 풀려났다고 아르구노프에게 말했네.

아제프: 나는 아르구노프에게 그런 말 안 했소.

나: 그럼, 아르구노프가 거짓말을 했다는 뜻인가?

아제프: 아니오.

나: 그럼, 자네가 거짓말을 한다는 뜻인가?

아제프: 아냐, 나는 사실을 말하고 있소.

나: 어떻게 설명하겠나?

아제프: 나도 모르겠소······. 하지만 지금 무슨 결론을 내리고 있는 거요?

나: 자네는, 작지만 범죄에 가까운 부주의를 범했네. 그런 부주의를 범했을 때 자네라면 조직원 중 누구라도 제명시켰을 거야. 과거를 아무리 들먹여도 소용없네.

아제프는 다시 어깨를 으쓱했다. 그는 흥분하고 있다. 그가 말한다.

"나 자신을 변호할 기회를 주시오."

체르노프: 우리는 질문을 하고 대답을 기다리고 있네. 자네는 어째서 베를린에 갔나?

아제프: 혼자 있고 싶었네. 지쳐 있었어. 쉬고 싶었네.

체르노프: 베를린에서 당 사람 중 누구라도 봤나?

아제프: 아니.

체르노프: 그럼 당원이 아닌 사람은?

아제프: 그 질문에는 대답하고 싶지 않네.

체르노프: 어째서?

아제프: 이 일과 관계가 없어.

체르노프: 그걸 판단하는 건 자네가 아냐.

아제프: 나는 중앙위원회 위원이고, 내가 보기에 여기 참석한 사람들은 모두 그렇지 않군.

나: 우리는 당의 이름으로 활동하고 있네.

체르노프: 그러니까, 자네는 그 질문에 대답을 거부한다는 뜻인가?

아제프: 아니. 말했지 않나. 아무도 안 만났네.

체르노프: 어째서 '케르치'로 숙소를 옮겼나?

아제프: '케르치'가 더 싸니까.

체르노프: 그럼 자네는 저렴하다는 이유로 숙소를 옮긴 건가?

아제프: 다른 이유가 또 있었네.

체르노프: 어떤?

아제프: 그 질문도 이 일과는 관계가 없네.

체르노프: 대답하고 싶지 않다는 건가?

아제프: 좋아. 기록하게. 나는 그저 저렴하기 때문에 숙소를 옮겼네.

체르노프: '케르치'에서 어느 방에 묵었나?

아제프: 3호에.

체르노프: 방을 자세하게 묘사해 보게.

아제프: 침대는 입구 왼쪽에 있고, 흰 깃털 이불로 덮여 있고, 탁자는 둥글고 공단 식탁보로 덮여 있고, 탁자 근처에 짙은 초록색 공단을 씌운 안락의자가 두 개 있고, 세면대에 거울이 있고,

마루의 카펫은 어두운 색이네.

체르노프: '케르치'에서 누구를 만났나?

아제프: 그게 무슨 질문인가……? 그래, 주인, 급사, 하녀, 하인…….

나: 말해보게. 내가 '이름을 말할 수 없는 누군가가 자네가 경찰에서 일한다는 사실을 부르체프에게 알렸고, 그 사실을 나에게 전하라고 결정했다'고 말했을 때, 자네는 그 말을 어떻게 이해했나? 바로 그 누군가가 내게 말하기로 결정했다고 이해했나, 아니면 부르체프가 독자적으로 결정했다고 생각했나?

아제프: 물론, 그 누군가가 자네에게만 말하기로 결정했다고 이해했지.

체르노프: 그 누군가는 로푸힌이네. 그는 사빈코프의 성을 말하지 않았어. 그는 부르체프에게, 부르체프가 선택한 혁명가 한 사람에게 말하도록 허락했어. 부르체프는 파벨 이바노비치(사빈코프)를 선택했네.

아제프: 그래서?

체르노프: 그래서, 자네는 로푸힌에게 가서 '당신이 사빈코프에게 말하기로 결정했다'고 했지.

아제프: 난 이해할 수가 없네. 자네들은 조사를 진지하게 진행해야 해.

체르노프: 계속 듣게. 로푸힌은 사빈코프의 성을 말하지 않았어. 자네는 파벨 이바노비치의 말을 듣고, 로푸힌이 그 성을 말했다고 생각했지. 하지만 파벨 이바노비치는 그런 의미가 담긴 말은 할 수 없었네, 왜냐하면 부르체프에게서 그런 말을 들은 적이 없었으니까. 그러니까 즉…….

아제프는 창백해졌다. 그러나 그는 또 평온하게 말했다.

"뭐, 부르체프가 바카이에게 말할 수도 있었겠지. 바카이가 잘못 이해하고 로푸힌에게 말했고……. 하지만, 난 아무것도 모르네."

체르노프: 부르체프는 바카이에게 말하지 않았고, 바카이는 로푸힌에게 말하지 않았네. 자네가 그 누구도 이해할 수 없는 방식으로 파벨 이바노비치의 말을 이해했다는 사실을 로푸힌이 멀리 떨어진 곳에서 정확히 짚어냈다면, 그걸 어떻게 설명할 수 있겠나? 어떻게 로푸힌이 자네가 그렇게 이해했다는 걸 알 수 있었겠나?

아제프는 흥분했다.

"무슨 헛소리인가. 아무것도 이해 못 하겠어."

체르노프: 이해할 것도 없네. 자네가 로푸힌에게 말했지. "당신이 사빈코프에게 말하라고 했으니, 이제 사빈코프에게 당신이 실수했다고 알리시오."

아제프는 자리에서 일어난다. 그는 흥분하여 방 안을 걸어 다닌다.

체르노프: 우리가 자네에게 조건을 걸겠네. 경찰과 자네의 관계에 대해서 터놓고 이야기하게. 우리는 자네 가족을 망칠 필요가 없어. 데가예프[1]는 지금도 미국에서 살고 있네.

아제프는 계속해서 오락가락한다. 그는 담배를 한 대씩 연달아 피운다.

체르노프: 제안을 받아들이는 게 자네에게 이익이야.

아제프는 대답하지 않는다. 침묵.

체르노프: 대답을 기다리고 있네.

---

[1] 세르게이 페트로비치 데가예프(1857-1921). '인민의 의지' 중앙위원회 조직원이자 페테르부르크 비밀경찰 밀정. 배신행위가 밝혀지자 미국으로 도주했다.

아제프는 체르노프 앞에 선다. 그는 자기 자신을 추스르고 말한다.

"그래……. 나는 경찰과 아무런 관계도 맺은 적 없고 지금도 관계없네."

체르노프: 모든 비난을 어떻게 설명하겠나? 경찰의 음모인가?

아제프: 몰라…….

체르노프: 자신의 관계에 대해서 이야기하기를 원치 않나?

아제프: 나는 관계를 맺지 않았어.

체르노프: 자네 대답에 아무것도 덧붙이지 않겠나?

아제프: 그래. 아무것도.

체르노프: 생각할 시간을 주겠네.

아제프는 방 안을 걸어 다닌다. 그는 다시 체르노프 맞은편에 멈춰 서서 그의 눈을 똑바로 들여다본다. 그는 떨리는 목소리로 말한다.

"빅토르. 우린 몇 년이나 사이좋게 지내왔지 않나. 우리는 함께 일했네. 자네 나를 알잖아……. 어떻게 자네가 이런…… 이런 추악한 의심을 가지고 나를 찾아올 수가 있나."

체르노프가 건조하게 말한다.

"나는 왔네. 즉, 나는 찾아올 의무가 있었네."

나: 우리는 가겠네. 자네, 아무것도 덧붙일 게 없나?

아제프: 없어.

체르노프: 자네에게 말미를 주겠네. 내일 12시까지야. 우리 제안을 잘 생각해 보게.

아제프: 나는 아무것도 생각할 일이 없어.

나: 내일 12시에 우리는 모든 의무로부터 자유롭다고 여기겠네.

아제프: 난 생각할 게 없어.

우리는 떠났다. 우리가 떠난 뒤 새벽 2시에 아제프는 아내를 대동하고 거리로 나와서 몸을 숨겼다.

아제프가 묘사했던 '케르치'와 그 방 안의 모습은 부정확했다. 그가 실제로 그곳에 머물렀다 해도, 그저 잠깐 스쳐 지나갔을 뿐이라는 데에 더는 의심의 여지가 없었다. 베를린에서 돌아온 V 동지도 그렇게 확언했다.

아제프 심문의 조서 원문은 이렇게 고했다.

아제프가 언젠가 무슨 목적으로든 경찰과 관계를 맺었는가, 라는 질문에 대하여 아제프는 한 번도 아무런 관계도 맺은 적 없다고 대답했다.
아제프는 '퓌르슈텐호프' 호텔에서 '케르치'의 가구 딸린 하숙집으로 숙소를 옮긴 이유는 후자가 상대적으로 저렴했기 때문이라고 진술했으며, 다른 이유에 대해서는 질문이 요점과 관련이 없다고 생각하여 대답을 거부했다. 아제프는 비밀을 엄수하기 위해, '케르치'에서 곧바로 뮌헨으로 가기를 원치 않고 '센트랄 호텔'로 숙소를 옮겼다.
후에 아제프는 증언을 변경하여, 숙소를 옮긴 유일한 이유는 '케르치'가 상대적으로 저렴했기 때문이라고 진술했다.
'퓌르슈텐호프'에서 나온 짐은 아제프가 프리드리히슈트라세 역에서 수취했고, 그 역에서는 '케르치'에서 온 사람이 '케르치'로 옮겼다. '케르치'에서 나온 짐은 다시 같은 역으로 아제프가 직접 옮겼으며, '센트랄 호텔'에서 온 사람이 짐을 그곳에서 '센트랄 호텔'로 옮겼다.
아제프는 뮌헨으로 출장을 떠나기 전, 혼자 조용히 지내며 휴식을 취하고자 베를린으로 갔다. '퓌르슈텐호프'에서 그는 숙박비로 16마르크를 지불했다. '센트럴 호텔'에서의 방값은 5~6마르크였다. '퓌르슈텐호프'에서 높은 숙박비를 지불한 이유는 본 사건과 무관하다며 설명을 거부했다.

아제프는 '케르치' 호텔에서 아래층에 있는 3호실에 숙박했다. 3호실 풍경은 다음과 같다. 침대는 입구에서 왼쪽에 있고, 상당히 크기가 크며, 흰 깃털 이불로 덮여 있고, 방의 탁자는 둥글며, 공단 식탁보로 덮여 있고, 탁자 주위에 짙은 녹색 공단 안락의자가 두 개 있으며, 세면대에 거울이 있고, 마루의 카펫은 어두운 색깔이다.

아제프는 '케르치'에서 주인과 하녀, 급사를 보았고 식사 중에 하인과 하녀를 보았다. 그는 계속 3호실에 머무르면서 하루도 방을 떠나지 않았고, 아침 식사와 저녁 식사는 언제나 혼자 가장 왼쪽 구석의 탁자에서 했다. 식사를 음식점에서 먹었는지 자기 방에서 먹었는지에 대한 이전의 질문에 아제프는 언제나 똑같지는 않았고 음식점에서 먹을 때도 있었고 방에서 먹을 때도 있었다고 대답했다. 자신의 증언이 모순되는 이유에 대해서는, 그 질문에 큰 의미를 두지 않았기 때문이라고 해명했다.

베를린에서 아제프는 첫 번째 진술과 같이 당 사람들은 보지 못했고, 당에 속하지 않은 사람들을 만났는지에 대해서는 말하기를 원치 않았는데, 왜냐하면 이 질문은 이 일과 상관이 없다고 여겼기 때문이다. 아제프의 다른 답변은 베를린에서 아무도 만나지 않았다는 것이다.

아제프는 '케르치'에서 모든 사람과 독일어로 말했고 자신을 독일인으로 소개했으나 숙박부에는 이것을 기록하지 않았는데, 왜냐하면 출생지를 적는 칸이 없었기 때문이라고 했다. '케르치'는 그에게 경찰의 은신처라는 인상을 주지 않았다.
여러 사람들의 증언이 서로를 보완하며 일관되게 '아제프가 경찰과 관련을 맺었다'라고 말하고 있는 상황을 어떻게 설명하겠느냐는 질문에 대해, 아제프는 명확한 답변을 내놓지 못했다.
아제프는 로푸힌과 자신을 상트페테르부르크에서 만났다는 당 인물과의 대질심문을 주장하며, '케르치'에서 자신과 동시에 숙박했으며 식당에서 자신을 보았던 개인적인 인물들을 제시하는 방식으로 알리바이를 증명하려 노력하겠다고 진술했다.
베를린에서 아제프는 다음과 같은 극장들에 갔다. 카머슈필레(《칼집 거리의 의사》), 레싱스 테아터(《게슈펜슈터》), 헤벨 테아터(《고급 연극》), 클라이너 테아터(《소중한 수호자》), 메트로폴 테아터(《레뷰》), 센트랄 테아터(《아말리아 주변의 수많은 당신들》), 그리고 빈터가르텐에 갔다.
아제프는 자신의 모든 장소 이동에 대하여 사전에 중앙위원회에 알리기로 약정했으며, 이 약정의 위반으로 중앙위원회는 그것을 곧 아제프가 자신의 유죄를 인정한 것으로 간주할 것이라고 선언했다.

후일 아제프는 중앙위원회에 다음과 같은 편지를 보냈다.

1909년 1월 7일.
1월 5일 저녁, 여러분이 나의 아파트를 방문하여 경찰 혹은 그 요원에 의해 행해진 나에 대한 비난에 어떤 식으로든 자신을 변호할 기회도, 나에 대한 재판도 없이 내게 어떤 추악한 최후통첩을 제시한 것은 대단히 불쾌하며, 혁명가로서의 명예와 윤리의 모든 이해와 관념에 어긋나는 것이었다. 심지어 우리 당에서 극히 짧은 기간 일했던 타타로프에게도 그에 대한 모든 비난을 듣고 자신을 변호할 기회를 주었다. 사회혁명당 창립자 중 하나이며 여러 다른 기간에 어깨에 당의 모든 일을 짊어져 왔고, 나의 정력과 완고함에 힘입어 한때 당을 다른 혁명 조직들이 서지 못했던 높이까지 고양시킨 나에게 찾아와서 여러분은 말했다. '자백하지 않으면 우리가 너를 죽이겠다.' 이런 여러분의 품행은 물론 역사가 평가할 것이다. 여러분의 이런 품행은, 나로 하여금 **스스로, 혼자서 위험을 무릅쓰고 활동하여** 나의 정당함을 확인하고, 경찰과 여러분에 의해 얼룩진 내 명예를 회복할 윤리적인 힘을 준다. 여러분이 내게 가져다준 것과 같은 모욕은 용서되지도 잊히지도 않는다는 것을 알기 바란다. 내게 저지른 일에 대해서 당과 내 가까운 사람들에게 여러분이 해명을 해야만 하는 때가 올 것이다. 이 점을 나는 확신한다. 지금의 나는, 더 이상 여러분, 제군들을 신경 쓸 필요가 없다는 것을 느낄 수 있어 행복하다.

과거 나의 일에서 나는 이런 힘을 찾고, 여러분을 둘러싸고 지금 여러분이 나를 던져 넣은 악취와 진창 위로 스스로를 고양시킨다.

이반 니콜라예비치.

나는 나의 이 편지가 많은 사회혁명가들 사이에 알려지기를 요구한다.

VI

부르체프가 제기한 고발 건은 저절로 해결되었다. 명예재판은 다음과 같은 합의로 종결되었다.

조서.
우리들, 아래에 서명한 사회혁명당 대표들은 이처럼 진술한다.
중앙위원회의 조사로 인해 아제프가 밀고한 사실이 완전히 확인되었다는 점에 관련하여,
사회혁명당 중앙위원회는 모든 부문에 있어 부르체프 동지에 대한 위원회의 모든 기소를 취하한다.
나, V. L. 부르체프는 사회혁명당 중앙위원회에 내가 제기했던 기소를 스스로 중단한다.
위에 서술한 양측은 재판 위원회에 보고할 것을 결의했다.

파리, 1909년 1월 17일(30일).

VL. 부르체프.
B. 사빈코프.
M. 보브로프.
Iu. 가르데닌[1]

그보다 앞서 12월 23일에, 중앙위원회는 다음과 같은 통지를 발행했다.

사회혁명당 중앙위원회는 당 동지들에게, 창립 초기부터 사회혁

---

1 체르노프. — 원주

명당 일원이었으며 여러 번 당 중앙조직에 선출되었고, 투쟁조직과 중앙위원회의 일원이었던 기술자 예브게니 필리포비치 아제프, 38세(당 암호명: 톨스티, 이반 니콜라예비치, 발렌틴 쿠즈미치)가 러시아 정치 경찰과 관계를 맺었던 것이 폭로되었으며 밀정으로 밝혀졌음을 알린다. 자신에 대한 조사가 끝날 때까지 몸을 감춘 아제프는 개인으로서 당에 대단히 위험하고 해로운 인물이다. 아제프의 밀정 활동과 그 폭로에 대한 자세한 정보는 근시일 내에 발표될 것이다.

후일 중앙위원회는 아제프 건에 관하여 다음과 같은 기록을 발행했다.

① 당에서 아제프의 활동 이력은 다음과 같다.
아제프는 독일의 한 공과대학에서 유학 중이던 1890년대 후반, 러시아 사회혁명당과 연합하여 신문 『러시아 노동자』를 발행했던 외국 혁명 집단에 가입한다.
1899년 7월 아제프는 러시아로 가서 '러시아 사회혁명가 연합'의 추천으로 모스크바에서 『혁명 러시아』의 첫 두 호를 발간한 '북부 사회혁명 연합'에 가입한다(창립자 아르구노프, 파블로프, 셀류크 등). 톰스크 비밀 인쇄소 '연합'의 검거 후, 체포를 우려한 지도부는 작업을 속개하기 위한 조직의 모든 연락망과 임무를 아제프에게 위임한다. 이들은 그에게 사회혁명당을 형성하게 된 남부 사회혁명 집단들과의 연합에 대한 협정을 끝맺으라고 지시한다.
1901년 아제프는 '북부 연합'의 다른 일원 및 G. A. 게르슈니와 함께 '남부'와 '북부' 사회혁명가들을 통합하여 연합 정당을 형성하는 데 최종적으로 성공한다. 아제프는 또한 당의 중앙조직에 대한 문제를 해결하는 데도 핵심적으로 참여하는데, 『혁명 러시아』를 그러한 중앙조직으로 인정하고 그 편집진으로 고츠와 가르데닌을 초빙하며, 타라소프가 편집장으로 있던 『러시아 혁명 일보』를 당 테러 조직으로 변환하고 '농업 사회 연합'과의 연방 연맹을 맺었다. 동시에 아제프는 조직 테러 운동 계획을 세우는 데도 참여하는데, 당시 준비 중이던 시퍄긴 암살이 그 시작이 될 예정이었다.

1902년 7월부터 아제프는 페테르부르크에서 동시에 중앙위원회와 페테르부르크 위원회 위원으로 일한다. 그는 핀란드를 거친 당 문헌 수송을 조직하고 조직 순회를 실시한다. 이와 동시에 그는 게르슈니와 함께 테러 활동 계획을 논의하는데, 오볼렌스키 공의 두 번째 암살 기도와 보그다노비치 암살이 그것이다. 게르슈니는 투쟁조직 지휘부에서 그를 자신의 가장 가까운 조력자로 임명한다.

키예프 비밀경찰 정보에 의하면, 게르슈니 체포 후 아제프는 1903년 5월 외국으로 나간다. 여기서 그는 그가 게르슈니와 함께 조직한, 냉장 상자에 담은 당 문헌 대량 운송을 담당한다. 그러나 그는 또한 테러 투쟁의 새로운 기술적 기반으로서 폭발물을 이용하는 문제를 해결하는 데 주력한다.

1904년 1월부터 아제프는 확장된 투쟁조직의 지휘자가 되어(여기에 칼랴예프, 사조노프, 포코틸로프, 슈베이체르 등이 가입했다) 플레베에 대항한 테러 활동을 세운다. 동시에 그는 당 전반의 사무에 참여하고 러시아에서 다이너마이트 작업장을 조직한다.

플레베 살해 후에 아제프는 외국으로 떠나 그곳에서 1905년 6월까지 지낸다. 외국에서 그는 다시 테러 투쟁의 기술적 매체에 대한 문제 해결을 위해 일하며 기름통에 넣은 문헌 운송을 조직한다(프리발티스키 지방을 통해). 1904년 11월 아제프는 다시 투쟁 조직을 충원한 후 조직을 세 개의 분대로 나누는데, 이들의 임무는 (1) 모스크바에서 세르게이 알렉산드로비치 대공을 대상으로(시도는 성공으로 끝남) (2) 페테르부르크에서 트레포프를 대상으로, 그리고 (3) 키예프에서 클레이겔스를 대상으로 삼는 것이었다. 이와 동시에 1905년 여름, 아제프는 러시아로 무기의 대량 밀수를 조직하는 데 참여한다(증기선 '존 크래프튼' 호).

1905년 중반부터 아제프는 러시아에서 지낸다. 그는 투쟁조직을 새로운 조직원으로 충원하는 일에 종사하는데, 체포된 페테르부르크 집단을 보완하기 위해 필수적이다. 그러나 곧 페테르부르크에서 테러 일을 중단하고 아제프는 외국으로 떠나야 했는데, 왜냐하면 조직이 체계적으로 감시당하고 있었기 때문이다. 아제프가 이 감시를 주도적으로 밝혀냈다.

1906년 1월, 테러 활동의 단기 중단 후 아제프는 두르노보를 대상으로 일을 시작한다. 여기서 감시의 일부를 아제프 자신이 직접 지휘하고, 다른 부분은 그의 가장 가까운 조력자가 지휘한다. 아제프의 직접 지휘를 받은 집단은 경찰의 미행을 당한다. 아제프는 동지들에게서 이에 관한 정보를 듣고 일을 때맞춰 중단한다. 이와 동시에 두바소프를 대상으로 한 몇 번의 시도가 실패했고, 그 후 아제프는 직접 모스크바로 가서 일을 지휘한다. 암살은 시행된다. 첫 번째 두마가 해산되기 얼마 전, 아제프는 스톨리핀을 대상으로 한 암살을 조직한다. 투쟁조직은 스톨리핀이 오가는 경로를 확인하는 데 성공하지만, 그와 함께 현재의 기술적 매체로는 파악된 조건에서 스톨리핀을 성공적으로 공격하기란 불가능하다고 밝혀진다. 아제프는 중앙위원회에, 테러 투쟁의 새롭고 더 강력한 매체가 발견되기 전에는 투쟁을 지휘할 수 없다는 요지의 발표를 하고 자신의 임무에서 물러난다. 그와 함께 투쟁 일을 함께했던 조력자들이 전부 떠난다. 투쟁조직은 해산되고, 아제프는 외국으로 떠난다.

이후 중앙위원회의 요청으로 이전 조직의 일부 구성원이 활동을 재개하며, 이는 곧 일련의 성공으로 이어진다(라우니츠, 파블로프).

아제프는 1907년 2월에 러시아로 돌아와 잠시 휴식하면서, 1908년 여름까지 러시아에 남아 있는다. 그의 지휘하에 황제를 겨냥한 테러 계획이 추진되며, 이러한 테러 시도는 몇 차례 이루어진다. 그러나 마지막 시도는 그와는 전혀 무관한 사유로, 즉 실행자들의 잘못으로 실패하게 된다.

② 아제프의 정치적 정직성에 대한 질문은 다음과 같은 정황에서 그가 일하던 동안에 제기되었다.

1903년 초에 아제프는 선전 운동가이던 한 학생에 의해 밀고죄로 고발되었다. 고발의 진위를 밝히는 책임은 민중운동 방향의 저명한 문필가가 맡았다. 아제프의 해명은 고발이 근거 없다는 쪽으로 그를 확신시켰고, 이는 훗날 고발자 자신도 유감으로 여겼다.

1905년 8월, 페테르부르크 위원회의 어느 위원이 익명의 편지를 받았다. 그 편지는 두 명의 저명한 밀정이 당을 배신하고 있다고 알려왔는데, 전직 유배자이자 성이 T로 시작하는 인물과 '어떤 기술자 아지예프'라는 인물이었다. 후자는 니즈니 노브고로드 투쟁조직 전당대회와 니즈니 노브고로드 현지사 살해의 조직 시도를 밀고하고 네 명의 동지들을 배신했다는 혐의를 받았다.

밀정 T, 즉 유형자 출신인 타타로프는(1906년 초 당의 선고에 의해 처형됨) 전에도 의심받았고, 서류상의 정보도 의심할 바 없이 증명되었다. 아제프에 대한 기소는 다음과 같은 방식으로 반박되

3장 배신의 폭로

었다. 니즈니 노브고로드 전당대회에서 경찰의 미행을 가장 먼저 눈치챈 사람은 아제프였으며, 그가 체포를 피하기 위한 계획을 제안한 덕분에 참석자들은 무사히 빠져나올 수 있었다. 또한 니즈니 노브고로드 현지사 암살을 조직할 때 첫 번째 역할을 맡은 것은 아제프 자신이었다. 마지막으로, 그가 당원으로서 과거에 수행했던 모든 작업이 고려되었다. 타타로프는 자신과 경찰의 관계를 인정하지 않고, 자신을 변호하기 위해 아제프를 비난했다. 그는 자신이 받은 정보가 해외 수사를 지휘하는 라타예프에게서 비롯된 것이며, 이를 자신의 친척이자 치안판사인 세묘노프를 통해 전해 들었다고 주장했다. 타타로프의 이런 행태는 아제프에 대한 혐의를 고의적인 경찰의 음모로 보이게 만들었다.

1906년 가을, 어느 지방 비밀경찰 지도자의 조력자에게서 정보가 들어왔다. 그는 당 사람들에게, 자신이 지목한 세 명의 주요 당 활동가 중 누구든 한 사람과 면담을 주선해 준다면 제보를 하나 해줄 수 있는데, 자신이 알려준 단서를 바탕으로 그들이 틀림없이 매우 고위급 밀정의 정체를 밝혀낼 수 있을 것이라고 약속했다. 함정의 위험에도 불구하고 지목된 인물들 중 하나가 협정에 나갔으나, 그 조력자는 면담을 사절했다. 곧 이 경찰 요원은 비밀경찰 자금을 가지고 도망쳤으나 체포되었다. 지금은 그의 제보가 아제프와 관련 있을 수 있다고 생각된다.

1906년 초에 사라토프 비밀경찰 말단 요원 한 명이, 당에 호의적인 사람들에게 다음과 같은 이야기를 들려주었다. 1905년 그 도시에서 있었던 저명한 당 일꾼들의 회담에 중요한 밀정이 참석했고, 그의 이름은 모르지만 페테르부르크에서 온 요원들이 그 인물을 직접 가리키며 알려줬다고 했다. 1907년에 그는 이 정보에 대해 첫 국가두마 소집 전에 있었던 페테르부르크 투쟁 유격대 붕괴 당시 바로 그 밀정이 체포되었다는 정보를 덧붙였다. 몇몇 자료들이(사라토프에서 밀정이 방문했던 것으로 지목된 장소) 아제프와 어느 정도 일치하기는 했으나, 그래도 이 모든 정보를 제공한 1907년 가을 사라토프의 편지를 중앙위원회에서 검토한 끝에, 다음과 같은 근거로 아제프는 모든 의심을 벗어났다. 그는 당의 가장 중요한 테러 작전을 주도한 인물로서 중앙위원회 내에서 절대적인 신뢰를 받고 있었고, 또한 그가 테러 집단과 함께 체포되었다는 정보는 현실과 어긋나는 내용이었으므로, 이로써 편지 자체가 중앙위원회의 눈으로는 아무 가치가 없었던 것이다.

끝으로, 아제프가 밀정이라는 소문의 진원지는 1908년 봄, 자신이 이와 관련된 자료를 가지고 있다고 공식적으로 밝힌 V. L. 부르체프였다. 부르체프는 그 자료를 보고하기 위해 위원회에 초대되었는데, 이 위원회는 최근 테러 시도 실패의 원인을 규명하고 당에서의 밀정 활동에 대한 모든 자료를 조사하기 위해 중앙위원회에서 결성한 것이었다. 이 자료들은 동시에 의심과 추측의 성격만을 띠었는데, 이런 평가는 후일 중앙위원회에서 부르체프가 자신의 자료를 중앙위원회에 보고하지 않고 또 중앙위원회의 정보와 교차 검증도 하지 않은 채 그 내용을 외부에 공개하여 당에 해를 끼쳤다고 그를 비난했을 때, 부르체프와 중앙위원회 사이의 중재 재판에서 쟁점이 되었다.

부르체프는 재판에 바카이라는 사람의 이야기를 자료로 제시했는데, 그는 사회민주당 건의 배신자였고 후에 예카테리노슬라프 사회혁명조직의 밀정이었으며, 뒤이어 공식 경찰 경력까지 쌓았다. V. L. 부르체프의 추측에 의하면 라스킨과 비노그라도프의 밀정 활동에 대한 바카이의 이야기는 아제프와 관련이 있는데, 그의 가설과 동일하게 이러한 암호명 아래 여러 다른 기간 동안 동일 인물이 몸을 숨겼다는 것이다. 하지만 바카이의 증언에는 부정확성, 모순, 그리고 실현 불가능성이 자주 드러났고, 무엇보다 출처 자체의 성격 때문에 중앙위원회의 관점에서 바카이의 이야기는 정당한 가치를 가지지 못했다.

라스킨(또는 비노그라도프)이 아제프라는 기본적인 증거는, (1) 바카이에게 알려진 대로 밀정 라스킨이 바르샤바에서 어느 철도 공무원을 1904년에 방문했다는 사실과 (2) 같은 해, 명백히 유사한 조건에서 이 공무원이 사회혁명당 중앙위원회의 지시를 받은 아제프의 방문을 받은 사실이 일치한다는 점이다. 그러나 이 증거는 다음과 같은 이유들로 인해 그 타당성을 상실했다. 우선 바카이는 당시 그 방문을 10월로 기억하고 있었으며, 후에 아제프의 방문이 1904년 1월이었다는 사실을 알게 되자 자신의 증언 시점을 그에 맞춰 수정했다는 점에서 신빙성이 떨어졌다. 게다가 바카이는 부르체프의 지시에 따라 두 차례에 걸쳐 비밀경찰 고위 관리들에게서 '라스킨'이라는 인물의 본명을 알아내려 시도했는데, 첫 번째 시도에서는 비밀경찰들이 '라스킨'이라고 부르는 자는 이미 잘 알려진 밀정 '리스'라고 확언했고, 두 번째 시도에서는 '라스킨'이 어떤 G라는 사람일 가능성이 있다고 말했는데, 그는 사회혁명당과는 아무 관련이 없는 인물이었다. 라스킨-비노그라도프가 밀고한 사실들에 대한 바카이의 정보에 대해서는, 중앙위원회만큼이나 부르체프도 비교할 수 없이 높이 평가하는 권위 있는 출처에 의거해 중앙위원회가 계속하여 조사한바, 일부는 반박당했고 일부는 확인되었다. 완전히 부정당한 정보에 속하는 것은, 예를 들면 정부가 보그다노비치와 세르게이 대공을 대상으로 한 투쟁조직의 암살 시도를 미리 알았다는 것 등이 있다.

중재 재판 과정에서 부르체프는 그보다 얼마 전에 입수한 아제프와 경찰의 관계에 대한 정보를 제시했다. 그러나 이 제보는 부르체프의 요구에 따라 중재 재판에 직접적으로 참여하는 인물들에게만 알려졌고, 중앙위원회의 위원 중 한 명만이 재판정의 허가를 받아 그와 관련한 비밀 조사를 수행할 수 있는 권한을 부여받았다.

이 조사를 위한 목적으로 중재 재판이 휴정된 동안, 이에 관하여 전권을 위임받은 중앙위원은 페테르부르크 사교계에 어느 정도 알려진 사실 하나를 접하게 되었다.

전직 내무부 고위 관료였던 어떤 인물의 말로 알려진 이 사실은, 1908년 11월 11일에 이전에 직업적으로 관계가 있었던 기술자 예브노 아제프가 그를 찾아왔으며, 10일 후 아제프의 이름으로 페테르부르크 비밀경찰 지도자인 게라시모프가 찾아왔다는 것이다. 이들 두 사람 모두 그에게 말하길, 앞으로 혁명 재판의 이름으로 아제프 건에 대해 증언을 해달라고 요청할 수 있는데, 그때 아제프와 경찰의 관계에 대한 정보를 숨기거나 혹은 부정해야 한다고 했다. 같은 사교계 인사들 사이에서 알려진 바에 따르면, 게라시모프의 일부 발언에서 간접적인 협박의 뉘앙스를 감지한 이 퇴역 관리는 국무총리 스톨리핀과 다른 몇몇 정부 관계자에게 공식 서한을 보내 자신의 신변 보호 조치를 취해줄 것을 요청했다고 한다. 이러한 정황은 중앙위원회에서 아제프에 대한 새로운 조사를 시작하는 출발점이 되었다.

이 조사는, 아제프의 심문을 거친 뒤 이렇게 확인되었다.

(1) 아제프는 페테르부르크를 떠나면서, 현지 경찰간부회에서 통역 자격으로 일하는 인물이 운영하는 베를린의 가구 딸린 하숙집에 체류한 것처럼 꾸며 거짓된 알리바이를 확보했다. 이 알리바이의 거짓된 성격은 현지에서의 정보와 심문 당시 아제프가 제시한

가구 딸린 하숙집의 자세한 묘사를 확인함으로써 규명되었는데, 아제프의 묘사는 사실과 전혀 일치하지 않는 것으로 밝혀졌다. 그리고 가능한 한 모든 확인 과정을 통해 신빙성이 입증된 출처의 제보를 따르면, 1902년 봄부터 1905년 말까지 아제프와 경찰의 관계에 대해 상당히 정확한 그림을 그릴 수 있다.

경찰과의 관계를 인정하지 않고 기소자와 대질심문을 요구하던 아제프는, 그러나 첫 심문 후에 때맞춰 몸을 숨겼다.

(2) 중앙위원회가 확인한 아제프의 첫 번째 밀정 행위는 1902년으로 거슬러 올라간다. 이해 6월 외국에서 러시아 정치 경찰을 지휘하던 라츠콥스키는 편지를 통해 경찰분과에 500루블을 할당해 줄 것을 요청했는데, 이 금액은 게르슈니와 개인적으로 친분이 있는 자신의 비밀 협력자를 통해 사회혁명당 자금으로 보내질 것이었다. 내무장관 두르노보의 동료는 이 돈이 투쟁조직의 특별 자금으로 유입될 것을 두려워하여, 해명을 위해 상기한 협력자를 경찰분과로 소환할 것을 제안했다. 이 협력자는 기술자 예브노 아제프인 것으로 드러났다. 경찰분과에 출두한 아제프는, 500루블의 돈은 투쟁조직 자금으로 유입될 수 없으며, 그는 당원이 아니지만 게르슈니와 자신의 친분을 이용하여 앞으로 경찰분과에 유용할 수 있을지도 모른다고 설명했다. 이 시기 아제프는 경찰분과에 비교적 중요하지 않거나 아예 거짓인 정보들을 넘기고 있었는데, 예를 들면 아제프가 러시아 중앙위원회 위원으로 지목한 이들은 D. 클레멘츠, 브라우도, 붕게, 그리고 구콥스키였다(사실상 지목된 인물들 중 아무도 중앙위원회 혹은 당의 어떤 다른 위원회에도 참여한 사실이 없다). 또한 그가 꾸며낸 다른 정보는 게르슈니가 바라노비치[1] 역을 지나갈 것이라는 예측이었는데, 게르슈니는 이 당시 이미 오래전부터 외국에 있었으며 아제프도 이 사실을 알고

있었다.

그러나 점차적으로 아제프는 경찰분과에 점점 더 사실적이고 본질적인 제보를 하기 시작한다. 그는 펜자에 사회혁명당의 비밀 인쇄소가 존재한다는 사실을 제보하고(그 정확한 주소는 사라토프[2]의 어느 밀고자에 의해 경찰에 입수되었다), 그가 직접 조직한 불법 문서 운송 경로에 대해서도 보고하는데, 이는 외국산 냉동 상자 수출의 형태로 위장해 국경을 넘어 운송된 것이었다. 1904년 1월 어느 집단이 투쟁조직과는 별개로(S. 클리트초글루 등) 내무장관 플레베를 감시하려 시도한 사실에 대해서도 제보하고, 마지막으로 투쟁조직에 속한 개개 테러리스트의 전반적인 특징을 제보하기 시작한다.

동시에 성공했든 실패했든 투쟁조직의 테러 시도들은 경찰분과에 사전에 알려지지 않았으며, 대공 세르게이 암살을 포함한 이전의 모든 테러 행위는 정부에게 있어 갑작스러운 일이었다.

1904년 가을부터 경찰에 보내는 아제프의 제보는 더욱 확대된다. 아제프는 슬레토프가 수송과 농민 활동 건으로 제네바에서 러시아로 여행한 데 대해 정확하게 제보했는데, 그가 테러리스트라는 거짓 밀고를 했다. 또한 농민 활동을 위해 힐코프 공이 동지들과 함께 여행하려던 계획과, 파리에서 열린 혁명 정당과 반정부 정당의 대표자 회의에 대해서도 정확하게 제보했다. 이 회의에서 아제프는 사회혁명당 대표였는데, 이에 대해 경찰분과는 알고 있었다. 당시 아제프는 경찰 요원 분대와 동행하여 니즈니 노브고로드와 사라토프로 이동했는데, 여기서 그는 혁명 회의에 참여했다.

최근 아제프의 밀정 활동에 관한 구체적인 정보는 존재하지 않는

---

1 현재 벨라루스 서쪽의 도시. 혁명 전에는 러시아제국 서부 도시였다.
2 펜자와 사라토프 모두 모스크바 남동쪽의 도시 이름이다.

3장 배신의 폭로

다. 그가 중앙 투쟁 분대(슈티프타르, 그론스키, 황제에 대한 '음모건')와 북부 투쟁 유격대(카를 트라우베르그 등) 검거에 참여했는지 중앙위원회는 알지 못한다. 해당 체포에 아제프가 연루되지 않았다는 정황이나, 반대로 라티모프나 마소킨 같은 밀정이 연루됐다는 사실은 물론 아제프의 무죄를 입증하는 근거가 되지 않는다. 상기한 바카이의 제보를 신뢰한다면, 최근에는 아제프의 제보에 의해 신문 『사상』지의 편집진 검거가 자행되었는데, 이때 현재 중앙위원회의 대다수 위원은 단지 우연히 체포를 면할 수 있었다……. 바카이의 말에 의하면, 아제프는 2회 탐페레 전당대회에서 마치 사회혁명당이 두 번째 국가두마 기간에는 스톨리핀에 대해 아무 활동도 하지 않기로 결정한 것처럼 경찰분과에 제보했다. 이것이 사실이라면 아제프는 이 당시 의식적으로 경찰에게 부정확한 정보를 제공했다. 탐페레에서 채택된 결의는 그와는 반대였다.

아제프의 활동 중 또한 다음과 같은 일련의 사실들이 주의를 끈다. 1904년 아제프는 경찰분과 지도자인 로푸힌 살해 계획을 입안했는데, 이것은 플레베 살해의 전주곡 역할을 맡을 예정이었다. 10월 17일 선언 후에 아제프는 비밀경찰 건물 폭파 계획을 제안했다. 1906년 봄에 그는 라츠콥스키 암살 준비에 돌입했다. 이러한 사실들은 아제프가 훗날 자신의 밀정 활동이 드러날 가능성을 차단하기 위한 시도로 간주될 수 있다.

이것이 아제프의 전반적인 활동과 이제까지 중앙위원회에서 그의 밀정 활동에 대해 확인한 사실들이다.

아제프의 밀정 행위로 인해 생겨난 상황은 의심할 바 없이 위협적이다. 당을 갉아먹으며 허약하게 만들었던 전염병이 폭로되어 제거되었고, 국가경찰이 오랫동안 활용해 온 무기를 빼앗아 내는 데 성공했다. 그러나 그와 함께 당 동지들의 사기가 힘겨운 타격을 입었고, 당의 많은 인물과 기획의 불안정성이 폭로되었다.

중앙위원회는 지금 이 순간 위원회가 짊어지는 무거운 책임을 전적으로 인식한다. 위원회는 위원회에서 진행하는 모든 기획을 가능한 한 보호했다. 위원회는 밀정의 추가 폭로가 가져올 위험을 최소화하기 위한 대응도 마련했다. 중앙위원회는 이와 같은 밀정의 침투를 허용한 데 대한 주요한 책임이, 당 생명의 지휘자로서 전적으로 중앙위원회에 있다고 여긴다. 기만당한 자의 이 책임은 중앙위원회의 상기한 모든 구성원들이 나누고 있는 것이 사실이며, 이들 다수가 당의 가장 활동적이고 귀중한 일꾼들이다. 하지만 그것이 중앙위원회의 책임을 경감시키지는 않는다. 따라서 중앙위원회는 그 활동에 있어 전권을 위임받은 대리자에게 완전한 보고를 하고, 당 회의에서 또한 그 활동을 명확하게 받아들이도록 하는 것을 스스로의 의무로 여긴다. 이 때문에 중앙위원회는 그 첫걸음으로서 가장 가까운 시일 내에 그러한 전권 위임 회의를 소집할 것이며, 여기서 위원회는 활동을 위임함과 동시에 활동에서 물러날 것이다. 당은 자유롭게 그 지휘부의 활동을 검토할 수 있고, 결정을 내려 선언할 수 있으며, 이 엄중한 시기에 당의 전적인 신임을 받을 새로운 지도부를 선출해야 한다. 전권 위임이 구성될 때까지 중앙위원회는 당이 위임한 모든 과업을 계속하는 것을 의무로 여긴다. 아무리 상황이 무겁더라도, 위원회는 제자리를 지키고 교체를 기다려야 한다.

당은 심각한 위기를 겪고 있다. 그러므로 개개 당원은 당이 현재의 입장에서 벗어날 수 있도록 도와야 할 더욱 큰 의무를 진다. 이 위험의 폭로는, 진정한 당원들에게 있어 당의 대열을 복원하고 당의 사상과 행동을 결집 및 통일시키기 위한 강력하고도 특별한 활동에 나설 것을 요청하는 호소가 되어야 한다. 중앙위원회는 이

혁명 역사에서 전무후무한 시련을 사회혁명당이 승리자로서 벗어날 수 있으리라는 굳은 확신을 표명한다.

1909년 1월 7/20일
사회혁명당 중앙위원회.

중앙위원회는 아제프 건에 대한 조사가 계속되고 있음을 선언하는 것이 필요하다고 여긴다. 이 조사의 결과는 위에서 알린 사실들을 보완하거나 새로운 빛을 비출 수 있을 것이며, 적절한 시기에 공표될 것이다.

아제프의 사진과 자세한 인상착의는 따로 인쇄되었다.

중앙위원회.

VII

2월에 국가두마에서 아제프 건으로 질의응답이 있었다. 포크롭스키 대표의원이 사회민주 분파의 이름으로, 불라트 대표의원이 노동자들의 이름으로, 그리고 페르가멘트 대표의원이 입헌민주당의 이름으로 이 질의응답에 협조했다. 불라트는 두마에서 아제프가 내게 보낸 다음과 같은 편지 전문을 읽었다.

08년 10월 10일. 소중한 친구에게.

편지 보내주어서 고맙소. 글에서 애정과 온기를 느낄 수 있소. 고맙소, 소중한 친구여. 일 얘기로 넘어가서, 지금은 이미 분명 B^1에 대한 재판을 거부하기엔 너무 늦었다고 말하겠소. 나는 오늘 V^2에게서 편지를 받았는데(등기 우편이었기 때문에

---

1 부르체프. — 원주
2 체르노프. — 원주

이틀 늦게 받았소. 등기 편지를 받으려면 여권에 사증을 받아야 하고 그렇지 않으면 건네주지 않기 때문이오), 여기서 그는 오늘, 그러니까 토요일에 재판이 시작된다고 썼고, 자네가 중앙위원회의 세 번째 대표가 되는 데 내가 동의하는지 전보를 보내달라고 청했소.

나는 오늘 자네와 ○○[3]에게 그 일에 대한 내 의사를 전보로 보냈소. 그러나 B에 대한 재판을 아직도 무산시키는 게 가능하다면 나는 거기에 찬성하기보다는 반대하겠지만, 그쪽에서 그렇게 이 건을 결정했다면 물론 전혀 반대하지는 않겠소. 몇 가지 불편함이 있소. 나는 편지에 지적된 많은 것에 공감하지만, 전부는 아니오. 내가 보기에, 소중한 친구여, 동지는 B가 꺼내놓은 일에서 받을 수 있는 인상을 지나치게 과대평가하고 있소. 물론, 동지는 내 이력이 재판관들에게 알려져 있지 않고, 바카이를 믿을 수 있다는 가정을 하고 있소. 이런 가정은 내 관점에서는 불필요하오. 나의 이력은 재판관들에게 알려질 수 있고, 바카이를 얼마나 믿을 수 있든 간에 그의 이력도(내 생각엔, 부르체프가 『브일로에』에 기록한 대로 바카이가 우연히 경찰에서 일하게 되었고, 그 일을 불쾌하게 여겼으나 관성적으로 끝까지 일했다는 것보다는 좀 더 상세히 다뤄졌어야 했겠지만) 그를 특별히 신뢰하게 만들 요소는 못 될 것이오. 내가 내 이력을 바카이의 이력과 나란히 말한다고 해서 화내지 마시오. 나와 우리 모두에게 그럴 가치가 없다는 건 나도 이해하오. 하지만 어쩔 수 없이 그런 상황이 전개될 수도 있소. 그래서 나는 심지어 그런 전제를 받아들인다 하더라도, 즉 재판

---

3 원문에 이름이 삭제됨.

관들이 나를 모르고, 폴란드사회당 내에서 밀정들을 지목해 낸 바카이가 신뢰를 얻고 있다는 전제를 따르더라도, 바카이가 폭로할 내용은 내 생각에는 바카이 자신에게 유리한 인상을 주지는 못할 거요. 나는 물론 B가 무슨 할 말이 있는지 모르겠소. 우리가 만났을 때 동지가 내게 알려준 것만 알고 있을 뿐이오. 그리고 그것은, 내 생각에는 그 어떤 비판도 견뎌내지 못할 것이오. 왜 그런지 한번 증명해 보겠소. 어쩌면 내가 주관적인지도 모르지만, 그러나 적어도 의도적으로 그러는 건 아닌데, 왜냐하면 나는 최대한 객관적이려고 노력하고 있기 때문이오. 근거는 1905년 8월의 타타로프와 나에 대한 편지요. 바카이는 이 편지를 크레메네츠키가 썼고, 그 이유는 어떤 지휘부나 라츠콥스키를 괴롭혀 주고 싶었기 때문이며, 이 활동으로 인해 처벌을 받았다는, 즉 비밀경찰 대장으로 있던 수도 페테르부르크에서 역시 비밀경찰 대장으로서 시베리아로 전출되었다는, 내 기억에 페테르손이라는 사람에게 들은 말을 인용했소. 객관적으로 생각하는 사람이라면 누구나 이 말을 믿지 않을 것이오. 그와 같은 범죄를 저지른 인물에게 그처럼 가벼운 처벌이 내려질 리 없소. 그런 두 인물을 밀고한 대가가 고작 '페테르부르크에서 시베리아로' 자리만 옮겨졌다는 것? 그것도 같은 직책을 유지하면서? 이건 우리가 타타로프에게 페테르부르크 대신 다른 지방에서 일하라고 한 것과 다를 게 없소. 그러나 개연성을 위해서 그때는 입헌헌장이 있었다고 설명을 덧붙이면 의심이 사라진다는 거지. 라츠콥스키가 당황했다고? 게다가, 그 편지는 8월에 나왔고 헌장은 10월 아니오? 그럼 이 두 달 차이는 대체 뭐요! 그리고 크레메네츠키가 그 편지를 썼다는 걸 어떻게 알았다는 거지? 그가 자기 상부에 직접 말했다고? 그래서 내 생각엔, 우리는 B 혹은 바카이의 말만 듣고 넘기지 말고, 크레메네츠키가 정말 페테르부르크에서 시베리아로 전출되었는지, 그랬다면 정확히 언제인지 알아내야 할 거요—어쩌면 크레메네츠키는 이 편지가 나타나기 전부터 시베리아에 가 있었거나, 아니면 10월에 며칠을 허비한 데 대해서는 전혀 말도 꺼낼 수 없을 만큼 아주 늦게 전출되었을지도 모르니까. 이것을 규명하는 일은 중요할 것이오. 어쩌면 이것이 B 자신에게 영향을 줄지도 모르고, 부드럽게 말해 그들이 그를 바보 취급했다는 것을 알게 될지도 모르지. 그러나 이것을 어떻게 해낼 것인가? 어쩌면 그것도 어렵지 않을지도 모르는데, 새로운 비밀경찰 대장이 나타나면 대중이 알게 되지 않소—하지만, 제길, 알 수 없지, 쉽지 않을지도 모르겠소. 이 편지는 내게 수수께끼요. 무엇보다도, 크레메네츠키 말고 오데사에서 다른 비밀경찰도 자신이 그 편지를 썼다고 말했소. 동지도 기억하지, 1906년 말이었소. 오데사에서 ○○[1]의 부탁으로 중앙위원회에 어떤 비밀경찰이 찾아와 나를 제보하면서 그가 그 편지를 썼다고 말했고, 전자는 죽었고 후자는 무사하다고 말했소. 만약 그 말이 전부 사실이라면, 두 명의 비밀경찰이 같은 편지를 썼고, 양쪽 비밀경찰 모두 나의 밀고에서 당을 구해주고 있다는 것 아니오. 오데사 비밀경찰에 대해서는 헷갈리고 있지 않다고 생각하오. 내가 이 얘기를 들은 것은 그때…… 그때, 그러니까 2년 전이오. 설령 바카이가 거짓말을 하지 않고 정직하게 행동한다고 가정하더라도 그는 이 모든 것을 페

---

[1] 원문에 이름이 삭제됨.

테르손에게서 들었고, 페테르손은 라츠콥스키 혹은 구로비치, 혹은 양쪽 다에게서 들은 것 아니오. 이제 생각해 보면, 경찰 고위층이 왜인지 나를 그 편지에서 언급되는 인물로 선택하기로 마음먹었다면, 그 이후에도 계속 '두 명의 밀정' 이야기를 이어가는 게 그들에게는 유리했겠지. 그리고 '그 밀정이 하늘이 보우하사 살아남았다'고 하는 쪽이 편리할 테고 말이오. 밀정의 역사에서—B가 말하길—당원의 명예 훼손이 진짜 밀정을 폭로시킨 경우는 없었소. 나는 역사도 모르지만, 그는 아니까. 그래, 경찰의 역사에서, 비밀경찰 대장이 정부를 괴롭히기 위해 중요한 밀정을 폭로하는 일이 있었소? 편리할 대로 '그런 일도 있다'라고 말할지도 모르지만, 사실상 이제까지 그런 일은 없지 않았소. 그리고 밀정의 역사에도 심지어, 밀정을 『브일로에』의 협력자로 받아들인 적이 있었소? 그런데 이제는 그런 일이 생겼군. 그러므로 편지 전체의 기본적인 의도는, 그 편지에 대한 이야기가 누군가에게 영향을 미칠 수가 있다면, B가 그토록 확신에 차서 나에 대한 이야기를 퍼뜨릴 도덕적인 권리를 가졌다고 생각하게 하려는 것이오. 내 이력을 알 필요도 없는 것이, B는 '그것으로 부족하다'라고 말하면 되지만, 내 이력을 안다면 그때는 B의 면전에 침을 뱉을 수 있는 것이오. B가 자네에게서 내 이력을 알게 되었을 때 어떻게 됐소? 그는 자기 생각을 굽히지 않았고, 더 강화했을 뿐 아니라 아주 단순하게, 플레베는 당 과업이었지만 라츠콥스키가 동의했을 거라고 판단했소. 라츠콥스키는 플레베로 인해 권력에서 제거되었소. 라츠콥스키는 권력을 잡지 못하지. 라츠콥스키는 플레베에게 악의를 품는 거요. 라츠콥스키가 생각하지. 투쟁조직을 만들자. 플레베를 죽이자. 나는 라츠콥스키의 친구로서 그의 적 플레베를 죽이지 않을 수 없다. 그리고 바로 투쟁조직이 생겨났다는 논리요. 단순하지. 그러나 그 어떤 역사학자도 이런 생각을 머릿속에 떠올리지 않을 것이오. 라츠콥스키는 권력을 못 잡지 않았소. 페테르부르크의 경찰분과와 비밀경찰은 존재하지만(그들은 물론 라츠콥스키와 내 계획에 대해 알지 못하오) 어찌 됐든 그들은 투쟁조직 작업을 추적해서 찾아낼 수 있고, 플레베 건에 관련해 일하고 있는 나를 물론 체포할 수도 있지 않았소. 그리고 나는, 매수될 수 있는 사람으로서(물론 라츠콥스키의 눈으로 봐서 그럴 거요) 라츠콥스키와의 우정을 위한다는 생각으로 순순히 교수대로 갈 것이고, '자비를 베풀어 주세요, 나는 내 지휘관인 라츠콥스키의 지시를 받고 활동하지 않았습니까, 라츠콥스키도 똑같이 까만 넥타이를 매야 합니다'라고는 절대로 말하지 않을 것 같소? 그러면, 라츠콥스키도 투쟁조직의 일원이며 그 주요한 격려자로서 교수형을 받을 각오가 돼 있다는 거지. 아니면 라츠콥스키는 자기는 그 대가로 시베리아 근무로 좌천될 뿐이고, 나는 그를 절대로 배신하지 않고 그와의 우정을 위해서 그에 대해서는 한마디도 하지 않고 교수대로 갈 거라고 생각했을 수도 있소. 아니면 라츠콥스키가 시치미를 떼야겠다고 생각하고, 조직은 여기서 아무 관계도 없으며, 내가 매수되기는 했지만 어쨌든 천하의 바보니까 라츠콥스키 때문에 목숨을 걸 것이고, 그런데 사실 라츠콥스키는 권력도 없고, 그리고 내가 만약 붙잡혔을 경우 내가 라츠콥스키와 활동했다는 걸 증명할 수 없을 거라고 생각했을 수도 있소. 이 모

---

1 '까만 넥타이를 매다'라는 표현은 교수형을 말한다.

든 걸 쓴다는 건 불쾌한 일이오. 하지만 그와 동시에 우스워서 참을 수가 없소. 이 가설을 세우고 게다가 역사에 의존하려는 B가 아플 정도로 우습소. 가령, 역사에는 이런 일이 있었다고 말하는 식이오. 수데이킨이 톨스토이를 죽이려 했다고 말이오.[1] 하지만 그건 어디까지나 '그러기를 원했다'는 것뿐이고, 우리가 아는 건 데가예프와의 대화뿐이지 않소(그리고 그 대화가 역사적으로 확정된 사실이라고 누가 말할 수 있겠소?). 그런데 수데이킨은 왜 그렇게 하지 않았을까? 어쩌면 수데이킨은 교수대가 무서웠기 때문일지도 모르지, 라츠콥스키는 두려워하지 않았겠지만. 그렇지만 수데이킨은 행동하기가 더 쉽지 않았소. 그는 권력을 잡고 있었고 모든 일이 그의 손에 있지 않았소. 당시 그는 황제나 같았고, 혁명 조직을 추적하는 일에선 그야말로 경쟁도, 감시도 받지 않는 자였소. 하지만 라츠콥스키는 권좌에 있지 않소. 어쨌든 결과적으로, 그가 투쟁조직을 만들지는 않은 것 같소. 그런데 여기서 역사학자 B는 역사에 의존하는 거요. 7월 15일과 라츠콥스키 말이오. 동지가 언젠가 B가 혁명과 밀정 활동의 유일한 역사학자라고 했소. 그래, 유일하지. 그리고 그게 영향을 미칠 수 있어서 동지는 두려운 거요! 내가 보기에 두려워할 것 없소. 다행히도 그는 유일한 역사학자지만, 재판관들은 역사학자가 아니오. 그리고 7월 15일 이전과 7월 15일 이후를 좀 들여다보면 될 일이오.

그래, 투쟁조직은 물론 라츠콥스키가 아니고 게르슈니가 시

---

[1] 게오르기 수데이킨(1850-1883)은 러시아제국 헌병대 소령을 거쳐 페테르부르크 비밀경찰 감찰관을 역임했다. 드미트리 톨스토이(1823-1889)는 러시아제국 교육부 장관, 내무장관, 헌병대 사령관을 역임했다. 수데이킨은 페테르부르크 비밀경찰 감찰관으로서 플레베와 드미트리 톨스토이를 경호하는 책임자였다.

작했소. 시퍄긴에 대한 암살 사건은, 나는 활동 며칠 뒤에나 그게 G[2]의 거사라는 걸 알게 됐지. 곧 G가 나를 찾아왔고, 나는 그런 방향에서 그와 함께 일하기로 협정했소. 플레베에 저항하는 운동을 시작하려는 계획은 1902년 4~5월 당시에 이미 있었고, 동시에 오볼렌스키를 대상으로 한 계획도 있었소. 나는 1902년 6~7월에 페테르부르크로 떠났고, 게르슈니는 오볼렌스키를 염두에 두고 남부 러시아로 갔소. 긴 얘기는 하고 싶지 않소—그냥, 시퍄긴 일 외에도 나는 다른 모든 일에, 즉 오볼렌스키 일을 비롯해 우파 일에 더 가깝게 참여하게 되었고, 그곳으로 사람들을 보냈다는 것만 말하겠소. 어찌됐든, 이 작업들도(시퍄긴을 제외하고) 지휘부의 총애로 여겨야겠지. 그리고 알려진 대로, 당시에 아직 황제 살해는 거사 목록에서 순서가 한참 멀었고, 뭐 부르체프는 그렇게 생각하지 않았지만, 어쨌든 그 때문에 지휘부와도 합의점을 찾을 수가 없었소—지휘부는 황제와 스톨리핀 암살만 빼고는 누구든 살해하도록 허가했소. 7월 15일 이후에 관해서는 동지도 전부 알고 있지. 세르게이에 대해서만 말하겠소. 아니, 그보다 전에 뭔가 있었소. 그래, 7월 15일이 완수됐소. 플레베는 없지. 라츠콥스키는 기뻐하고. 그의 적이 살해됐으니까. 그는 검은 넥타이를 받지 않소. 그는 조직 구성원들도 알고 있고, 누가 어떤 여권으로 어디에 살고 있는지도 알고 있소. 그 조직이 세 갈래로 나뉘었다는 사실도 알고 있고. 모스크바, 페테르부르크, 키예프 말이오. 동지가 모스크바에 있다는 것도 알고, 한마디로 동지와 내가 아는 건 전부 알고, 그 결과 세르

---

2 게르슈니를 말함.

게이가 암살당했소. B는 '체포할 시간 여유가 없었다, 부주의로 인해 살해하게 두었다'고 말하지. 그러니까, 그들은 세 달 이상이나 자네가 어떤 여권으로 살고 있는지, 파리에서 언제 출발했고, 누가 다이너마이트를 들고 국경을 넘었는지도 전부 알고 있었고, 모스크바에서 누구와 어떤 일로 접촉하고 있었는지도 알고 있었고, 마부에 대해서도 알고 있었소. 요컨대 전부 다. 그런데도 세르게이가 암살당하도록 방치했고, 시간 여유가 없었고, 암살 후에도 아무도 체포하지 않고, 이반 플라토노비치를 오랫동안 붙잡아 두지 않고, 모두들 떠나게 내버려뒀소—자네는 아마 그때 갖고 있던 여권으로 떠났을 거요(기억은 안 나지만). 도라는 여기저기 다니면서 더 오랫동안 시간을 끌었소. 라츠콥스키는 마음이 좋아. 당에도 라츠콥스키 같은 사람이 왜 없었을까. 전혀 추악하지 않소. 부르체프는 모든 것을 역사에서 배워 알지—잡을 시간이 없었을 뿐만 아니라 살해하게 내버려뒀다고 말이오. 어쩌겠어—비밀경찰은 천천히 움직이는걸. 비밀경찰에서 조직 일을 처음부터 다 알고 조직원들이 어떤 여권으로 지내는지도 알고 있더라도, 어쨌든 계속 하품만 하고—살해하게 내버려두고, 모두들 떠나게 내버려둘 거요. B의 역사에는 어쩌면 그런 일이 생기나 보지. 이제는 바르샤바 방문에 대해 말하겠소. 바카이의 이야기는 다음과 같소. 페테르부르크에서 바카이에게, 즉 그가 비밀경찰 요원으로 있던 시절, 중요한 밀정 라스킨이 온다고 보고하지. 그가 어떤 인물을 방문할 예정인데, 밀정을 쫓는 요원들이 밀정을 보면 안 되니까 그 인물에 대한 감시를 중지하라고 말이오. B는 그 인물을 방문한 게 나라고 확정했소. 그가 그걸 어떻게 확인했는지, 그리고 대체로 그걸 확인하는 게 가능한지에 대해서 나는 관심이 없소. 나는 내 활동 전 기간을 통틀어 단 한 번, 일 때문에 바르샤바에 가서 어떤 인물을 방문했소. 이 인물의 이름은 지금 전혀 기억이 안 나오. 하지만 그게 1월이었던 건 알고 있지……. 나는 미하일 고츠의 지시로 일 때문에, 기억나는 바에 의하면 운송 때문에 거기 있었소. 젠장, 지금은 전혀 기억이 안 나, 그 신사가 뭔가 문헌을 운반할 수 있는 경로를 갖고 있었던 것 같고, 고츠가 그것을 전해준 것 같았소……. 그리고 아마 나는 ○○의 이름을 대고 갔던 것 같지만…… 그 신사는 나한테 자기는 아무것도 모르고 알 수도 없다고 말했소—눈만 부릅떴지. 나는 그 ○○가 쓸데없는 소리를 했다고 결론을 내리고 떠났소……. 바르샤바 밀정들이 알지 못하게, 그들 사이로 완전히 뚫고 나갈 수 있었소. 그리고 말이오, '정보요원들이 그를 보지 못하도록 감시를 중단하라'는 지시를 경찰국에서 내렸다는 게 얼마나 말이 안 되는 소리냐 말이오? 게다가 밀정이 누군가를 만나러 갈 때마다 정보요원들을 철수시킨단 말이오? 말도 안 되지. 그런 식이라면, 나와 관련된 감시만 해도 정보요원들이 아주 고생했을 거요—나는 예전엔 사람들을 정말 많이 만났으니까. 오히려 호기심 많은 정보요원들이라면 그 유명한 '라스킨'이라는 놈이 어떻게 생겼는지 한 번쯤 보고 싶어 했을 거요. 하지만 이건 역사의 영역이오. 우리는 여기서 아무것도 이해하지 못해. 하지만 이 이야기는 그 역사학자의 다른 이야기와 일치하지 않아요. 우리가, 그러니까 내가 니즈니 노브고로드에 있었을 때, 우리를 감시하는 정보요원이 여섯 명씩이나 붙었다는 것 말이오. 그것도 현지 첩보원들에게 우리가 체포되지 않게 하려는 조치였나 보지. 즉 한 도시에서는 '라스킨'을 보지 못하게 하려고 정보요원을 철수시키고, 다른 도시에서는 '라스킨'을 감시하라고 사람을 여섯 명씩이나 붙여 보냈다는 거요. 게다가 그 명령이 페테르부르크의 경찰분과 혹은 비밀경찰에서 내려왔다는 점은, 라스킨이 단지 라치콥스키하고만 연결된 게 아니라 경찰청이나 정보국과도 연결되어 있었다는 사실을 뜻한다는 거요. 그러니까 경찰도 플레베 살해를 조직하는 걸 축복한 거요. 나를 무슨 일이 있어도 밀정으로 만들기를 원하지 않는 사람이라면, 누구나 이 사실이 주의를 끌 가치가 있다고는 대체로 여기지 않을 거라고 나는 생각하오. B가 또 뭘 가지고 있는지는 모르겠소—B가 또 뭔가 극도로 센세이셔널한 '자료'를 숨기고 있고, 그걸로 재판정을 깜짝 놀라게 할 심산이라고들 여러분이 편지에 썼더군. 여러분은 진흙탕에 구르더라도 다른 사람은 더럽히지 마시오. 나는 그들이 비밀로 숨기고 있는 것은 모두, 더 가치 있는 건 아니라고 생각하오. 거짓말과 위조 외에는 있을 수 없소. 그래서 내 생각에, 재판이 열린다면 이 더러운 비방에 종지부를 찍을 수 있을지도 모르겠소. 최소한, B가 계속 떠든다 해도, 그는 그저 유일한 미치광이로 남겠지. 저명한 인사들의 권위가, 나머지 사람들에게 이 기세를 저지시키는 효과적인 방법이 되기를 바라겠소. 재판을 하지 않게 된다면 쑥덕공론은 줄어들지 않고 더 늘어날 것이고, 그를 위한 토대도 있는 셈이지. 내 이력은 많은 사람들이 모르지 않소. 동지는 과업으로 대응해야 한다고 말하지. 일을 해서 말이오. 지금 내가 생각하기에는 동지의 진술도 어쨌든 침묵을 강요하지는 못할 것 같소. 눈먼 그들은 계속 말할 거요, '베라 피그네르조차 데가예프와 일하지 않았나?' 하고 말이오. 물론, B와 함께 재판에 나선다는 것은 우리 자신에게 치욕적인 일이오. 조직으로서 우리에게 어울리지 않는 일이지. 하지만 일의 규모가 너무 커져서, 우리는 그 치욕을 감수할 수밖에 없소. 내가 보기에, 지금은 입을 다물 때가 아니오. 자네는 지금 이 일이 얼마나 퍼졌는지를 좀 과소평가하는 것 같은데, 만약 자네들이 그냥 침을 뱉고 넘어가자고 결정한다면 나도 함께 침을 뱉을 준비가 돼 있소, 아직 너무 늦지 않았다면. 나는 동지들이 동지의 명예를 수호하기 위해 끝까지 갈 거라고 확신하고, 그 때문에 내 의견에서 물러나서 재판을 거부할 준비가 되어 있소. 말해 보시오. 원한다면 내가 ○○에게 동지의 의견을 전해주겠소, 그에게 이 편지도 읽어주시오. 동지에게 이렇게 많이 써 보낸 걸 용서하시오. 그리고 분명히 동지는 이 모든 걸 알고 모든 것에 대해 생각했겠지. 그저 내가 바라는 건, 이 절차가 진행되는 동안 그 자리에 있고 싶지 않다는 것뿐이오. 그게 나를 완전히 무너뜨릴 것 같단 말이오. 동지가 할 수 있는 한, 거기서 나를 해방시키기 위해 노력해 주시오. 동지에게 굳은 포옹과 키스를 보내겠네. 동지의 이반. 편지들도 보내주겠소. 답장 주시오. 등기 우편만 보내지 말고.

이 편지는 아제프가 테러 기획에 참여했다는 법적 증거가 되었다.

국무총리 스톨리핀이 질의응답에 답변했다. 연설에서 그는 공식적으로 아제프의 경찰 협력 사실을 인정했다.

아제프와 경찰의 관계로 넘어가겠습니다. 협력자로 아제프가 채택된 것은 1892년이었습니다. 그는 처음에 경찰분과에 제보를 했고, 그 후에는 모스크바에서 비밀경찰 지휘관에게 소속되었습니다. 그 후에는 외국으로 넘어갔고, 다시 경찰분과와 교류했으며, 경찰분과 지도관으로 로푸힌이 임명되었을 때 페테르부르크로 소속을 옮겨 1903년까지 남아 있었습니다. 1905년에는 라츠콥스키 직속이 되었고, 1905년 말에는 일시적으로 요원직을 떠나 페테르부르크 비밀경찰에서 일했습니다. 물론 일시적입니다. 아제프가 의심을 받기 시작했을 때나 대규모의 검거 이후에 아제프는 일시적으로 요원직을 떠나곤 했습니다.

스톨리핀의 의견에 따르면, 아제프 추문은 혁명의 큰 영광을 위해 일어났다. 스톨리핀은 연설을 마치면서 아제프 건의 출처에 대해 언급했다. 이 사건은 바카이, 부르체프, 그리고 전 경찰청장 로푸힌으로부터 비롯되었다. 그는 바카이와 부르체프, 두 사람 모두 과거 이력 때문에 신뢰할 수 없다고 판단했고, 로푸힌에 대해서는 그가 아제프가 테러 행위에 관여한 사실을 전혀 알지 못했다는 점이 사건 자료를 통해 드러난다고 말했다.

이러한 정황에서, 스톨리핀은 앞서 인용된 아제프의 편지가 있었음에도 불구하고, 정부 부처의 활동이나 아제프의 정보원 활동 모두에서 불법적인 요소는 발견되지 않는다고 간주했다.

로푸힌은 내가 이미 말했듯 정부 기밀을 누설한 죄로 체포되었다. 아제프는 체포되지 않았다.

VIII

아제프의 정체가 폭로된 일은 당에, 특히 테러에 커다란 도덕적 타격을 입혔다. 그 폭로는 투쟁조직의 선두에 몇 년이나 밀정이 있었다는 것을 보여주었다. 그러나 이 폭로는 동시에 당을 짓누르고 있던 그 밀정 행위로부터 해방시켜 주었고, 과거의 많은 사건들을 다시 성찰하게 만들었다. 특히 나는 나의 투쟁 활동의 모든 경험을 통해 도달했던 몇 가지 결론들을 다시 분석하지 않을 수 없게 되었다.

만일 투쟁조직의 완전한 무기력 상태에 대한 나의 의견이 옳았고 최근 몇 년간의 모든 테러 시도가 실제로 미리 실패할 운명에 처해 있었다면, 그 무기력의 원인을 나는 상당 부분 잘못 이해하고 있었다는 사실도 인정해야 했다. 또한, 외부 감시의 일부 허점들은 사실상 아제프가 수행했던 경찰의 역할에서 비롯된 것이었다. 두르노보, 스톨리핀, 두바소프는 미리 그들을 대상으로 준비되는 암살에 관해 경고를 받았고, 우리 일의 방식 자체가 그들에게 분명 자세히 알려져 있었다. 동지들이 이해할 수 없는 상황에서 하나하나 체포된 사실 또한 아제프의 밀정 행위로 해명해야 했다.

나는 여전히 기술적인 발명품만이 테러 활동을 다시 효과적으로 만들 유일한 길이라는 기존의 의견을 고수하며, 그럼에도 나는 투쟁조직을 복원하려는 시도의 책임을 내가 지기로 결심했다. 나는 두 가지 이유로 이렇게 결정했다.

첫 번째, 테러의 명예를 위해 아제프 건 이후 테러를 부흥시켜야 한다고 생각했다. 아제프가 중앙 테러를 창조한 것이 아니며 성공적인 테러 활동의 원인은 경찰의 묵인이 아니라는 점을 반드시 증명해야만 했다. 테러의 부흥은 투쟁조직, 그리고 그 속에서 살아 있거나 목숨을 잃은 동지들의 명예를 회복하는 일이었다.

두 번째, 나는 올바른 방향 아래 더욱 확장된 투쟁조직이 과거의 방식을 활용해도 밀정만 존재하지 않는다면 테러라는 목적을 위한 임시방편은 될 수 있다고 판단했다. 순조로운 조건에서 조직 활동은 성공을 거둘 수 있었다.

나는 중앙위원회에 나의 결정을 보고하는 것이 내 의무라고 여겼다. 중앙위원회는 내게 신뢰를 표명하고 다음과 같은 결정을 내렸다.

① 사회혁명당 투쟁조직은 타락했음을 선언한다. ② 사빈코프의 지휘 아래 사회혁명당 당원들로 구성된 투쟁 집단이 새로이 생겨날 경우, 중앙위원회는 (a) 이 집단을 조직적·기술적 문제에 있어서 사회혁명당 투쟁조직과는 완전히 독립된 집단으로 인정하며 (b) 그 활동 대상을 지목하고 (c) 물질적인 측면에서 자금을 보장하며 인력으로 협조하고 (d) 그 과업을 수행하는 경우 사회혁명당 투쟁조직의 명의를 사용하는 것을 허가한다. ③ 이 결의는 투쟁조직이 수행하는 과업의 결과가 나올 때까지, 어떠한 경우에도 1년을 초과하지 않는 범위 내에서 유효하다.

나는 새로운 테러 운동을 준비하기 시작했다.

1909년 8월.

해설
테러리스트의 시대

정보라

보리스 사빈코프는 러시아제국을 무너뜨렸고 소련 제국에 살해당했다. 그는 평생 권력과 투쟁했고 그 어떤 정권에도 고개 숙이지 않았다. 그는 진정한 자유인이었다.

1. 생애

보리스 빅토로비치 사빈코프Борис Викторович Савинков는 1879년 러시아제국 남서부의 도시 하리코프에서 태어났다. 아버지가 바르샤바 군사법원 판사였기 때문에 사빈코프는 바르샤바에서 청소년 시절을 보내고 김나지움을 졸업했다. 그의 아버지 빅토르 사빈코프는 진보적인 정치적 관점 때문에 결국 판사직에서 해고당하고 말년을 정신병원에 갇혀서 보냈다. 어머니 소피야 알렉산드로브나(결혼 전 성은 야로셴코)는 작가였으며 후일 아들들의 혁명 활동을 기록으로 남겼다. 사빈코프의 형 알렉산드르는 사회민주당 당원이었고 시베리아에 유배당해 1904년 유배지에서 스스로 목숨을 끊었다. 사빈코프의 바로 아래 동생인 소피야는 사빈코프와 마찬가지로 사회혁명당 당원이었고, 막내 나데즈다는 소련 정권에 저항하다 총살당했다.

사빈코프는 고등학교 시절에 이미 바르샤바에서 혁명 활동 때문에 체포당한 전적이 있다. 졸업 후에 그는 당시 러시아제국 수도였던 상트페테르부르크로 가 페테르부르크 국립대학에서 법학을 공부했으나 역시 혁명 활동 때문에 체포당하면서 2년 만에 제적당한다. 페테르부르크 국립대학 시절에 알게 되어 함께 혁명 활동을 시작한 친구들이 사빈코프에게 미래의 사회혁명당 동지들이 되었다.

또한 이 시기에 사빈코프는 저명한 작가이자 지식인이었던 글렙 우스펜스키의 딸 베라 글레보브나 우스펜스카야와 결혼한다. 베라 글레보브나는 『테러리스트의 수기』에도 몇 차례 등장하거나 간접적으로 언급된다. 사빈코프는 베라 글레보브나의 이름을 이니셜만 표시해서 숨기거나 아내가 어느 시점에서 어느 나라에 있는지 일부러 자세히 말하지 않고 어물쩍 넘기는 등 아내를 보호하려 노력한 흔적이 역력하다. 베라 글레보브나와 사빈코프 사이에서 출생한 아들 빅토르와 딸 타티야나는 모두 어머니의 성을 썼다. 빅토르 우스펜스키는 1934년 소련에서 정치 사건에 연루되어 34세의 젊은 나이에 총살당했다. 타티야나는 1938년 스탈린의 대숙청 시기에 체포되어 강제노동 수용소에 갇혔다 이후 석방되었으나 2차 세계대전에서 아들을 잃었다.

1900년대 초에 사빈코프는 레닌이 이끄는 노동운동에 참여했으나 체포되어 볼로그다에 유배되었다. 『테러리스트의 수기』는 여기서부터 시작한다. 사빈코프는 유배지에서 도망쳐 스위스로 탈출하고, 그곳에서 사회혁명당에 가입하여 본격적인 투쟁 활동을 시작한다. 본 작품 초반부에 상세히 서술되는 대로 재무장관 플레베, 모스크바 총독이자 당시 러시아 황제 니콜라이 2세의 삼촌이던 세르게이 알렉산드로비치 대공 등 주요 인물 암살 작전을 성공시킨다. 또한 내무장관 두르노보, 모스크바 총독 두바소프 등 암살 계획에 참여한다.

작품 후반부에 폭로되는바 사빈코프와 함께 오랫동안 투쟁조직에서 활동했고 사빈코프가 신뢰하고 의지했던 인물인 아제프는 경찰에 투쟁조직 정보를 넘겨주는 밀고자였다. 1908년 아제프가 배신행위를 폭로당하고 도주하자 사빈코프는 투쟁조직의 지도자가 된다. 그러나 투쟁조직은 이후에 다른 테러 작전을 전혀 성공시키지 못한 채 1911년 해산한다.

사빈코프는 프랑스로 이주하여 그곳에서 동료 테러리스트 레프 질베르베르그의 누이 예브게니야 이바노브나 질베르베르그와 재혼했는데, 프랑스에서 출생한 자녀들은 사빈코프의 성을 사용했다. 러시아에서 사빈코프는 그만큼 위험한 인물이었고, 사빈코프는 가족을 보호하기 위해 최선을 다했던 것으로 보인다.

프랑스에서 사빈코프는 창작에 전념했다. 1913년 소설 『창백한 말*Конь бледный*』이 니스에서 출간되었다. 이 작품은 많은 부분에서 『테러리스트의 수기』에 바탕을 둔 작품이다. 특히 요인 암살, 즉 살인에 중점을 두는 테러 행위를 겉으로는 냉철하게 실행하면서 내면에서 윤리적, 정신적인 갈등을 겪는 주인공의 모습은 사빈코프 자신뿐 아니라 『테러리스트의 수기』에서 그가 상세히 기록한 여러 동지들의 모습과도 겹쳐 보인다.

또한 프랑스에서 사빈코프는 『없었던 일*То, чего не было*』을 출간한다. 이 작품은 1912년부터 1913년에 걸쳐 집필되어 1914년 단행본으로 출간되었다. 『없었던 일』은 소설의 형식을 띠고 있으나 쇠약해지는 투쟁조직 안에서 테러의 윤리적 당위성에 대해 고민하는 테러리스트를 주인공으로 하여 『테러리스트의 수기』 후속편으로 볼 수 있다. 1914년 1차 세계대전이 일어나자 사빈코프는 종군기자로 참전하여 전장의 소식을 여러 언론에 게재했다.

1917년 2월 혁명이 일어나자 사빈코프는 러시아로 돌아와 임시정부에 참여한다. 임시정부는 1917년 2월부터 10월까지 러시아제국 시기의 국가두마와 혁명을 일으킨 '노동자와 군인들의 페트로그라드 위원회' 사이를 중재하는 역할을 했다. 임시정부가 실패하고 공산혁명이 승리하자 사빈코프는 소비에트 공산주의 정권에 저항한다. 소비에트 정권은 '프롤레타리아 독재'를 주장했다. 그러나 실제로 소련 정부는 혁명 지도자 레닌, 그리고 레닌이 사망한 뒤에는 스탈린 등 공산당 최고 지도자에게 모든 권력이 집중되는 구조를 가지고 있었다. 그리고 공산당 최고 지도자를 선출하는 과정은 폐쇄적이고 불투명했으며 평범한 시민들은 투표권을 갖지 못했다. 사빈코프는 이런 권력 집중 구도에 반대했다.

1920년 소련은 폴란드를 침략하고 사빈코프는 폴란드 편에 서서 소련에 맞서 싸운다. 폴란드는 1790년대에 세 차례에 걸친 분할점령을 통해 러시아제국, 오스트리아-헝가리제국, 프러시아(독일)의 식민지로 전락했으나, 1918년 1차 세계대전과 공산혁명으로 제국이 무너지면서 자유를 되찾았다. 소련은 폴란드를 공산화할 목적으로 침략했으나 폴란드-소련 전쟁은 1921년 소련의 패배로 끝난다.

그러나 사빈코프는 공산주의 활동을 했다는 이유로 1921년 폴란드에서 추방당한다. 이후 그는 영국과 이탈리아 등지로 가서 혁명가들을 만나며 앞으로의 방향을 고민한다. 그리고 1923년 『창백한 말』의 후속작 『검은 말 Конь вороной』을 집필한다. 이 작품은 『창백한 말』의 '조지'를 주인공으로 하여 공산혁명 직후 1919

년부터 1921년까지 이어졌던 내전을 배경으로 최전방과 후방 양쪽에서 일어나는 일들을 묘사했다.

1924년 사빈코프는 다시 소련으로 밀입국한다. 소비에트 연방에서 반정부 활동을 하는 혁명가들이 지도자를 원하고 있다는 소식을 들었기 때문이다. 그러나 이는 사빈코프를 체포하기 위한 소련 정부의 비밀작전이었다. 사빈코프는 벨라루스 소비에트 사회주의 공화국 수도 민스크에서 체포되어 군사법원에서 재판을 받고 소비에트 정부에 저항하는 활동을 했다는 죄목을 인정한다. 그러면서 사빈코프는 감옥에서도 마지막으로 여러 단편소설을 집필했다.

사빈코프는 총살형을 선고받았으나 수감 중이던 1925년 스스로 목숨을 끊었다. 최소한 공식적으로는 그렇게 기록되었다.

2. 역사
- 키예프, 모스크바, 페테르부르크

『테러리스트의 수기』에서 '투쟁조직'은 키예프, 모스크바, 페테르부르크의 세 도시를 거점으로 한다는 언급이 나온다. 이 세 도시는 시기 순으로 동슬라브 민족(러시아, 우크라이나, 벨라루스)의 역사를 대표한다.

키예프는 현재 우크라이나 수도 키이우Київ이며 동슬라브 국가와 민족의 기원이다. 이 세 나라를 합쳐서 1500년대까지 '루시Русь'라 칭했다. 988년 블라디미르 대공이 정교를 받아들여 키예프는 루시 전체의 종교, 역사, 문화, 학문의 중심지로 발전했다. 1200년대 초반 몽골 침략 이후 루시의 정치적 주도권은 모스크바로 넘어간다. 1547년에 '이반 뇌제'로 알려진 이반 4세가 스스로 '러시아의 차르'라는 명칭을 사용하면서 모스크바는 루시가 아니라 러시아 왕국의 수도로 발전한다.

그러다 1703년 표트르 1세가 서북쪽 늪지대에 자신의 이름을 딴 페테르부르크('표트르의 도시')를 건설하여 수도로 삼는다. 이때부터 1917년 혁명이 일어날 때까지 페테르부르크는 러시아 '왕국'이 아니라 '제국'의 수도가 된다.『테러리스트의 수기』에서 페테르부르크가 중요한 공간적 배경으로 등장하는 이유가 이 때문이다. 1904-1909년 당시 러시아 황제는 페테르부르크에서 살았으며 황제의 여러 궁전과 황족들이 사용하는 많은 별궁들이 페테르부르크와 그 인근 도시에 있었고 1906년 입헌헌장 발표 후 첫 국가두마도 페테르부르크에서 개최되었다.

페테르부르크는 1914년 1차 세계대전이 일어났을 때 당시 황제 니콜라이 2세의 칙령으로 '페트로그라드'로 이름이 바뀌었다. 공산혁명이 일어났을 때 사빈코프가 참여했던 임시정부가 페테르부르크가 아니라 '페트로그라드 노동자 군인 위원회'를 상대로 중재에 나섰던 이유가 이 때문이다. 1924년부터 1991년 소련 해체까지 페테르부르크(페트로그라드)는 혁명 지도자 블라디미르 레닌의 성을 따서 '레닌그라드'로 또 이름이 바뀌었다. 그러다 1991년 소련 해체 이후 다시 상트페테르부르크로 돌아갔다. 이름이 길어서 러시아 사람들은 그냥 줄여서 '페테르부르크' 혹은 더 줄여서 '피테르'라고 말하기도 한다. 지금도 페테르부르크가 속한 전체 지역 이름은 '레닌그라드 주'이다.

• 절대왕정과 비밀경찰

1703년 페테르부르크 건설과 함께 표트르 1세는 수많은 개혁을 통해 절대왕정을 수립했다.『테러리스트의 수기』에 언급되는 러시아제국의 여러 행정 제도를 수립한 사람도 표트르 1세이다.

또한 황실의 박해와 여기에 대한 저항이 일어나게 된 근본적인 이유도 표트르 1세 시대에 생겨났다.

1906년 2월 입헌헌장 발표 전까지 러시아에는 글로 적힌 법률이 존재하지 않았다. 황제의 말이 곧 법이었다. 그러므로 황제가 바뀔 때마다 법이 바뀌었다. 그리고 러시아에는 1861년까지 농노제가 존재했다. 즉 19세기 후반까지 노예제가 존재하여 지주가 노예를 사고팔 수 있는 법적인 권리가 있었던 것이다. 지배층의 권력이 그만큼 강했고, 평범한 사람들의 인권은 존재하지 않았다는 의미다.

농노와 평민의 현실은 사실 열악하기 짝이 없었다. 귀족은 평민에게 합법적으로 태형이나 고문을 가할 수 있었다. 농노와 평민은 또한 국가가 군사동원을 시행하면 무조건 징집되어 평생 복무해야 했다. 표트르 1세의 1705년도 군사개혁법에 따라 러시아제국에서 평민들은 일정한 지역 안에서 정해진 숫자대로 징집되었다. 다시 말해 현재 러시아나 한국처럼 개인이 성별이나 연령에 따라 징집되는 것이 아니라 지역 안에서 군대에 보낼 사람의 숫자를 채우는 방식이었다. 그래서 농노들이 군복무에 동원되는 경우가 많았다. 군복무 연한은 18세기 초 표트르 1세가 정한 '평생 복무'에서 이후 다른 황제들의 군사개혁을 거치며 조금 줄어들었다. 그러나 러시아제국 시기 내내 평민들은 짧으면 15년에서 길게는 25년간 군복무를 해야 했다.

귀족은 남성만 징집되어 입대하는 즉시 장교가 되었다. 평민 남성들은 평생 사병으로 복무했고 운이 좋으면 부사관 정도의 지위에 오를 수 있었다. 시기에 따라서 농노가 25년의 군복무를 끝낼 때까지 살아남으면 노예의 신분에서 해방되는 경우도 있었다. 자녀들을 노예에서 해방시키기 위해 농노 남성이 스스로 평

해설 - 테러리스트의 시대

생 복무를 택하는 경우도 있었다.

『테러리스트의 수기』에서 혁명가들이 '장교는 죽여도 되지만 사병을 공격해서는 안 된다'(398쪽)고 말하는 이유가 이것이다. 장교는 귀족이고 지배층이지만 일반 사병들은 강제로 군복무에 끌려와 15년, 25년 혹은 평생 고생하는 평민들이었기 때문이다. 또한 오차코프 호나 포템킨 호 봉기처럼 군함에서 수병들이 군함에서 봉기를 일으킨 것도 이런 이유 때문이었다. 해군 수병들도 육군 사병과 마찬가지로 평민이나 농노 출신이었다. 그런데 군함은 그 특성상 한 번 바다에 나가면 다시 항구에 돌아와 식료품 등을 보급받기까지 시간이 오래 걸릴 수 있다. 그럴 때 식량이 떨어지면 귀족인 장교들이 평민인 일반 수병들에게 썩은 음식을 주거나 굶겼고, 그래서 봉기가 일어났던 것이다.

그렇다고 해서 러시아 귀족들이 무한한 자유를 누렸던 것은 아니다. 표트르 1세는 개혁과 여러 제도 수립을 통해 절대왕정을 공고히 하고 귀족들의 권리 또한 철저하게 제한했다. 러시아가 아직 '루시'이고 키예프와 모스크바 등 도시국가 형태로 느슨하게 발전하던 시절에 '두마'라는 이름으로 귀족들이 모여 정치적 협의를 하는 체계가 이미 존재했다. 귀족 두마의 참여 인원은 21명부터 138명까지 시대와 상황에 따라 다양했다. 표트르 1세는 이 제도를 공식화했으나 참여하는 귀족의 숫자를 9명으로 제한했다.

1905년 '피의 일요일' 사건에서 시작된 국가적 혁명 이후 니콜라이 2세가 선거를 실시하고 448명의 국회의원으로 구성된 국가두마를 개최했다. 그런데 황제가 이 국가두마를 해산할 권한을 가지고 있었다. 지금도 러시아연방 의회를 '국가두마'라고 하는데, 러시아 대통령은 의회를 해산할 권한을 가진다. 한국에서는 대통령이 의회를 해산하거나 의회 진행을 방해할 법적인 권한이 없다.

그리고 표트르 1세는 황실에 공식적인 검열부를 설치했다. 검열부는 이론상 러시아제국에서 발간되는 모든 출판물을 검열할 권리를 가졌다. 이전에는 러시아 정교 교회가 검열 권한을 가지고 있었는데, 표트르 1세는 황실에 '신성통치 종무원'을 설치하고 이 종무원 구성원들을 황제가 임명하는 형태로 바꾸었다. 세속권력인 황실이 교회를 지배하게 만든 것이다.

그러면서 표트르 1세는 모든 귀족이 의무교육을 받아야 하는 제도를 만들었다. 또한 대학교에 일정한 비율로 귀족이 아닌 자를 받아들이게 했고, 시험을 통해 공무원을 선발하고 문관(행정공무원)과 무관(군인)을 구분하여 공무원 등급을 설정한 관등제를 실시했다. 그리하여 표트르 1세는 관등제를 통해 귀족이 아닌 사람이 교육을 받고 시험을 통과하여 공무원이 되는, 아주 하급 말단이나마 귀족 신분을 취득할 수 있는 사회계층 이동의 길을 열었다. 신분상승의 열쇠는 바로 교육과 지식이었다.

이렇게 해서 러시아에서는 18세기 이후 교육받은 지식인의 숫자가 대폭 늘어나게 되었다. 그러나 이들은 자유롭게 공부할 수도, 사상과 철학을 마음껏 말할 수도 없었다. 황실에 검열부가 존재했기 때문이다. 러시아의 대문호이자 국민시인 알렉산드르 푸시킨도 검열 때문에 고통받았고, 표도르 도스토옙스키는 대학 시절 사회주의 관련된 책을 읽었다는 이유로 사형까지 선고받았다.

1866년 러시아 경찰국은 '경호분과', 일명 오흐라나Охрана를 설립한다. 혁명가 드미트리 카라코조프(1840-1866)가 당시 황제 알렉산드르 2세 암살을 시도했다 실패한 뒤에 오흐라나가 반정부 활동을 막기 위한 첩보기관의 성격으로 설립되었다. 말하자면 오흐라나는 러시아제국 시대의 KGB였다. 본서에서는 독자들에게 좀 더 직관적인 용어를 사용하여 '비밀경찰'로 번역했다. 오흐라나는 1866년 당시 수도였던 페테르부르크에 가장 먼저 설립되었고 이후 모스크바, 바르샤바, 키예프 등 러시아제국 주요 도시는 물론 프랑스 파리에도 분과를 두고 첩보 활동을 했다. 1917년 공산혁명과 함께 폐지되었다.

황실의 이런 억압에 대한 저항은 물론 존재했다. 1825년 12월 러시아 귀족들은 황실의 절대권력에 대항하여 봉기를 일으킨다. 이들은 1812년 나폴레옹에 맞서 싸우며 프랑스까지 진군했다가 프랑스에서 평민들이 살롱을 열고 문학과 정치를 토론하고 자유롭게 자기 의견을 말하는 모습에 충격을 받았던 젊은 귀족 장교들이었다. 아이러니하게도 이들이 프랑스의 자유로운 모습에 충격을 받고 봉기를 일으켜 저항할 생각까지 하게 된 이유는 바로 표트르 1세의 개혁으로 인해 교육을 받았고 프랑스어를 배웠으며 깊이 있는 비판적 사고를 할 수 있었기 때문이었다. 12월에 봉기를 일으켰다 하여 이들을 '데카브리스트(12월 혁명가)'라고 하는데, 이들의 저항은 무참히 진압당했다. 주동자 5명은 처형당하고 나머지 혁명가들 대부분은 시베리아로 유형을 당했다. 이 1825년 12월 봉기를 러시아 최초의 혁명으로 평가하는 관점도 존재한다.

러시아에서 저항과 혁명을 이끈 지도자들은 대부분 지식인이었다. 19세기 초반에 나타난 이른바 '1세대 지식인'은 귀족계급인 경우가 많았다. 1860년대 이후에는 귀족뿐 아니라 귀족이 아닌 계급 출신으로 교육을 받고 여러 방식으로 정부에 저항하는 '2세대 지식인'들이 출현하게 된다.

이것 또한 기록을 남길 수 있는 권력을 가진 지식인들이 역사를 독점한 결과일지도 모른다. 러시아 평민들도 언제나 현실에 저항했기 때문이다. 사빈코프는 『테러리스트의 수기』에서 러시아제국 황실과 이에 순종하는 권력 집단에서 벗어난 사람들의 이야기를 자세하게 보여준다.

• 탄압과 저항

사빈코프의 고향 하리코프는 현재 우크라이나 동부 도시 하르키우Харків이다. 러시아 국경에 가깝다 보니 2022년 러시아가 우크라이나를 침공한 뒤 전쟁 초기부터 격심한 공격을 견뎌냈던 도시이기도 하다.

사빈코프가 현재의 우크라이나 출신이며 폴란드 바르샤바에서 청소년기를 보냈다는 사실은 학술 문헌에서 중요하게 다루지 않지만 아마도 그의 삶에서는 중요했을 것이다. 우크라이나는 1919년 우크라이나 소비에트 사회주의 공화국이 되면서 처음 '우크라이나'라는 이름을 공식적으로 획득했다. 러시아제국 시대에 우크라이나는 '작은 러시아'로 얕잡아 불렸고 우크라이나어는 좀 특이한 러시아 지역 방언 정도로 취급받았다.

이렇게 경멸의 대상이면서 동시에 영어로 '코사크Cossack'로 알려진 카자크는 두려움의 대상이었다. 카자크는 우크라이나 자유농민을 말한다. 주로 자포리자 지역을 비롯해 드니프로 강 남쪽과 돈 강 유역 등 토지가 비옥하고 기후 좋은 남부 지역에 모여 살았다. 카자크는 말 잘 타고 칼 잘 쓰고 용맹하고 사나운 것으로 유명했다. 카자크들은 1812년 나폴레옹 침공을 막아낸 '대조국전쟁', 16세기부터 19세기까지 수없이 일어난 러시아-튀르크 전쟁 등 러시아 역사의 주요 변곡점에서 국가를 수호하는 역할을 했다.

그리고 이들은 저항했다. 1773년 농민봉기를 일으킨 예멜리얀 푸가초프(1742?-1775)는 돈 강 지역 카자크였다. 그가 봉기를 일으킨 결정적인 이유는 러시아 귀족 장교들이 카자크를 탄압했기 때문이었다. 푸가초프 반란은 후세에 최초의 '농민 전쟁'으로 평가된다. 푸가초프는 봉기를 일으킨 2년 뒤 1775년 붙잡혀 재판을 받고 처형당했으나 그 2년간 농민들의 열화와 같은 성원을 얻으며 황제에 버금가는 명성과 권위를 누렸다. 이후 푸가초프는 푸시킨의 소설 『대위의 딸*Капитáнская дóчка*』(1837)에서 황금 휘장에 둘러싸여 옥좌에 앉은 당당한 모습으로 등장했고 지금까지도 수많은 소설, 영화, 드라마에서 재해석된다.

독특한 모자와 긴 칼, 기병 제복 차림은 카자크 정체성의 표현이자 자유와 용맹의 상징이었다. 그러나 이런 카자크 전통은 러시아제국이 무너지고 소비에트연방이 들어서면서 분열된다. 일부는 우크라이나 독립운동에 나섰고 일부는 소련 붉은 군대에 흡수되었다. 소비에트 시기 '카자크' 정체성은 독특한 전통 복장 차림을 하고 이른바 '전통 춤'을 추는 엔터테인먼트로 변질되었다. 그러나 현재 우크라이나 국가國歌 가사에는 "우리는 카자크의 후예"라는 구절이 들어 있다.

『테러리스트의 수기』에서 사빈코프뿐 아니라 사빈코프의 동료 중에도 당시 차별받았던 인종과 계층의 인물들이 많다. 러시아제국 식민지였던 폴란드 출신의 '야녁' 이반 칼랴예프와 역시 폴란드 출신이며 노동자인 시코르스키, 유대인 혈통인 미하일 고츠, 막시밀리안 슈베이체르, 도라 브릴리안트 등이 그렇다. 이들은 부유한 집안이나 지식인 출신이지만 둘레보프와 보리샨스키는 노동자 출신이다. 농민 출신 혁명가이며 여성 노인인 이바노브스카야는 어느 모로 보나 평범한 할머니의 모습으로 노련한 혁명가 사빈코프마저 감탄할 정도로 능숙하게 정체를 숨긴다. 그리고 『테러리스트의 수기』에서 사빈코프는 이런 동지들의 생애와 성취를 상세하게 애정을 담아 기록한다.

『테러리스트의 수기』에서 실명으로 등장하는 인물들은 집필 당시에 모두 사망했다. 매번 함께 목숨을 걸었던 동지들의 삶과 죽음을 기록하며 사빈코프가 어떤 마음이었을지 상상하기는 쉽지 않다.

『테러리스트의 수기』에서 혁명가들이 원한 사회는 "개인의 불가침권, 완전한 출판의 자유, 대규모 집회와 회합, 모두의 눈앞에서 공개적으로 활동하는 노동자 대표 회의"가 가능한 나라이다. 21세기 한국인의 입장에서 볼 때 너무 소박한 희망이라 마음이 아프다. 그러나 다시 생각해 보면 이런 권리들은 2024년 12월 3일 불법 계엄에서 선포된 포고령에서 전부 부정하고 제한했던 권리들이다. 게다가 21세기인 지금도 "대규모 집회와 회합, 공개적으로 활동하는 노동자 대표 회의"라는 권리는 어느 나라에서나 여전히 침해당할 때가 많다. 혁명은 계속될 수밖에 없다.

번역하면서 러시아제국이 폴란드뿐 아니라 현재의 핀란드, 리투아니아, 라트비아 등 북유럽 국가들까지 일부 점령하여 러시아화했음을 다시 발견하고 놀라지 않을 수 없었다. 소비에트연방은 1940년에 리투아니아와 라트비아를 소련에 병합했다. 당시 소련 지도자 스탈린이 나치의 히틀러와 불가침조약을 맺었기 때문에 히틀러는 1939년 폴란드를 침공하면서 2차 세계대전을 일으켰으나 소련은 1941년까지 2차 세계대전에 휘말리지 않았다. 결국 나치가 침공해 1941년부터 1945년까지 소련은 2차 세계대전을 겪게 되는데, 라트비아 소비에트 사회주의 공화국과 리투아니아 소비에트 사회주의 공화국은 1941년부터 1944년까지 나치의 지배를 받다가 1944년 소련군이 점령하고 이후 1990년에야 독립을 찾았다. 핀란드는 국경지역 도시인 비보르그를 포함하여 국토의 11퍼센트를 러시아에 양도함으로써 소련에 병합되는 것을 피하고 독립을 지킬 수 있었다. 폴란드는 소비에트연방에 병합되지는 않았으나 1948년 소련에 의해 공산화되어 1989년 베를린 장벽이 무너질 때까지 소련의 영향권 아래 있었다. 러시아제국은 무너졌지만 뒤이어 소비에트연방이 새로운 제국으로 등장하여 이전에 지배하던 나라들에 또다시 지배권을 행사한 것이다. 사빈코프가 소비에트 정권에 저항했던 이유를 충분히 이해할 수 있었다.

그리고 공산주의도 소비에트 제국도 무너진 21세기에 러시아는 2014년 3월 우크라이나 '존엄혁명' 직후 크름반도(크'림'은 러시아식 이름이다)를 불법 점령하고 돈바스 지역에서 반란군을 사주하여 돈바스 전쟁을 일으켰다. 2018년 11월에 우크라이나 군함을 나포했고 2022년 2월에 드디어 우크라이나를 침공하기에 이르렀다. 하르키우와 키이우 등 러시아의 침공을 받았거나 2025년 현재 공격받고 있는 도시들이 『테러리스트의 수기』에 언급되는 것을 보면서 소련의 잔재, 나아가 러시아제국의 침략적 잔재는 아직도 사라지지 않았다는 생각을 한다.

3. 번역

번역본과 원본의 가장 큰 차이는 2부 3장의 제목이다. 원본에서는 '아제프 배신의 폭로'였으나 결말을 목차에서 밝혀버리면 독자의 읽는 재미가 떨어진다는 점을 고민하여 편집부와 논의 끝에 '배신의 폭로'로 수정했다.

내가 이 책을 처음 번역한 것은 2008년의 일이다. 당시에는 미국 유학 중이었고 대학원에서 박사논문을 쓰던 시기였으며 도서관에 있던 1991년 모스크바 '슬로보Slovo' 출판사에서 출간된 판본을 사용했다.

17년이나 지나 출간 기회가 찾아와 다시 교정을 보면서 1986년 미국 버몬트에 있는 찰리즈 출판사Chalidze Publications에서 출간한 『테러리스트의 수기Воспоминания террориста』와 1990년 모스크바 정치출판국Политиздат에서 출간된 『보리스 사빈코프 선집Избранное: Воспоминания террориста, Конь бледный, Конь вороной』을 원본으로 삼았다. 그리고 2002년에 모스크바 '자하로프Захаров' 출판사에서 출간된 전자책 『테러리스트의 수기 / 창백한 말 / 검은 말』을 참고했다(구할 수 있는 판본은 다 구해서 비교해 보았다).

1986년 판본 판권지에는 보리스 사빈코프 사망 직후인 1926년 그의 고향 하리코프(당시 이름) '프롤레타리아' 출판사에서 발간한 『테러리스트의 수기』를 원본으로 삼았다고 명시되어 있다. 1990년 판본은 소비에트연방 공산당 중앙위원회 정치국에서 출간했는데 같은 해 모스크바 '노보스티Новости' 출판사에서 발간된 판본을 재출간했으며 이 '노보스티' 출판사 판본은 1909년 판 『테러리스트의 수기』를 원본으로 삼았다고 판권지에 나와 있다. 『테러리스트의 수기』를 1909년에 사빈코프가 집필한 사실은 확실하나 1909년 당시에 정식 출간되었다는 사실은 확인할 수 없었다. 『테러리스트의 수기』가 정식 발표되었다고 확인할 수 있는 첫 공식 기록은 1917-1918년 잡지 『브일로에』에 연재되었다는 사실이다. 2002년도 '자하로프' 출판사판 전자책은 이 판본을 원본으로 사용했다고 밝히고 있다.

이런 판본들에는 몇 가지 문제가 있다. 『테러리스트의 수기』가 1926년에 단행본으로도 출간된 사실은 확실한데, 이 판본은 작가 사후에 그를 죽인 소비에트 정부의 허락을 받아 출간되었다. 그리고 1986년도 판본에 실린 1926년도 원본은 2002년 전자책과 1990년 정치국 판본과 몇 군데 다른 점이 있다. 1909년도 판본이나 1926년도 판본이나 사빈코프가 처음 집필할 당시 손으로 쓴 원고를 기준으로 삼았을 것을 감안하면 숫자 1과 4, 6과 8이 혼동된 것으로 보이는 지점들은 이해가 된다. '레뱌쥐 운하'와 '짐냐야 운하' 등 페테르부르크 지리를 서로 다르게 말하는 부분은 저자가 하리코프 출신이고 책은 러시아와 외국을 오가며 집필했음을 감안하면 저자가 착각했다가 이후에 수정했다고 짐작할 수 있으나 확인할 방법이 없다. 모든 실수는 역자의 실력과 지식이 부족한 탓이나, 본문 자체에서 모순되는 지점은 최대한 확인하고 설명하려 애썼음을 밝혀둔다.

소비에트 시기에는 뛰어난 작가일수록 정권에서 탄압당하는 경우가 많았다. 타자기가 보편적으로 사용되던 시기에도 원고를 일부러 손으로 필사해서 믿을 수 있는 사람들끼리만 돌려보거나 서로 모여서 필사한 원고를 한 사람이 읽고 나머지 사람들은 듣는 모임들이 스탈린 시대 이후 일종의 저항문화로 자리 잡기도 했다. 그래서 필사된 원고, 혹은 낭독하는 것을 듣고 받아쓴 원고가 조금씩 차이를 보이며 여러 가지 판본으로 존재하는 것은 소련 시대 작품에는 흔한 일이다. 물론 이런 작품들을 번역할 때마다 판본과 차이점을 확인하려 애쓰지만 오래된 원고일수록 확인이 어렵다는 점에 대해 독자 여러분의 양해를 구한다.

사빈코프는 지금까지도 러시아에서 잘 알려진 작가가 아니다. 혁명 이후 해외에서 활동했고 소비에트 정부에 저항했기 때문에 소련 시대 70년을 거치며 반쯤은 소련 정부에 의해 의도적으로, 반쯤은 자연스럽게 잊혀버렸다. 알려지지 않은 자료들이 러시아

내 국공립 도서관에 분명히 존재할 것이라 짐작되지만 러시아가 우크라이나 침공을 멈추지 않는 이상 러시아에 직접 찾아가서 확인할 길이 없다.

러시아어가 미숙했던 시기에 내 나름대로는 최선을 다해 번역했다고 생각했으나 매우 미비한 부분이 많다. 꼼꼼하게 보아주시고 이렇게 불온한 책이 세상에 나올 수 있도록 도와주신 편집부에 깊이 감사드린다.

대한민국은 2024년 겨울부터 2025년 봄까지 우리 나름의 혁명을 겪었다. 다행히 우리는 광장 민주주의, 빛의 혁명을 이루어 냈다. 그러나 그 과정은 순탄하지 않았다. 시작은 불법 계엄 선언이었고 법원 폭동이 일어났다. 우리는 극단적 사상을 가진 사람들이 폭력을 사용하는 광경을 목격했고 사회 분열과 여러 충격적인 논란들을 아직도 극복하는 중이다. 이 책은 지나간 20세기 초, 먼 외국의 이야기임을 분명히 밝힌다. 그러나 혁명이란 무엇인지, 체제전복이란 무엇인지, 그리고 새로운 사회를 건설한다는 것이 무엇인지, 그것이 어떠한 과정을 거쳐야 하며 어떤 일들이 "없어야 하고" 일어나서는 안 되는지, 이것은 사빈코프의 시대에서 100년 이상 지난 지금 우리 사회에서도 계속 고민해야 할 질문들일 것이다.

2025년 여름
정보라

작가 연보

보리스 빅토로비치 사빈코프(1879-1925)

1879 1월 31일, 러시아 제국 하리코프(현 우크라이나 하르키우)에서 태어남. 아버지 빅토르 미하일로비치는 바르샤바 군사법원의 판사였으며, 어머니 소피야 알렉산드로브나는 언론인이자 극작가로, 셰빌이라는 필명으로 활동했음(어머니는 1908년 아들에 대한 회상록 『슬픔의 세월*Годы скорби*』을 출간함).

1897 상트페테르부르크 대학교 법학부에 입학.

1898 다양한 사회주의 조직의 일원이 됨.

1899 학생 시위에 참여한 혐의로 대학교에서 제적됨. 이후 독일 베를린과 하이델베르크에서 학업을 이어감.
러시아 작가 글레프 우스펜스키Глеб Успенский의 딸 베라 글레보브나 우스펜스카야Вера Глебовна Успенская와 결혼함.
대학교 제적 후 1903년까지 '소치알리스트(사회주의자)' 및 '노동자 깃발' 당원으로 활동함.

1900 아들 빅토르 보리소비치 우스펜스키(사빈코프)Виктор Борисович Успенский 출생(1934년 레닌그라드에서 키로프 암살 사건에 연루되어 인질로 체포당해 같은 해 12월 29일에 사형 선고를 받고 처형. 어머니의 성을 따른 것으로 추정됨).

| 1901 | 바르샤바에서 체포되어 페테르부르크 수감시설에서 9개월 투옥됨.

| 1902 | 볼로그다로 유배됨. 이곳에서 니콜라이 베르쟈예프Николай Бердяев, 아나톨리 루나차르스키Анатолий Луначарский, 알렉세이 레미조프Алексей Ремизов 등 저명한 러시아 지식인들과 교류함. 특히 레미조프는 이후로도 사빈코프의 원고를 보고 조언을 건네주며 글 선생이 되어주었음.
딸 타티야나 보리소브나 우스펜스카야-보리소바(사빈코프) Татьяна Борисовна Успенская-Борисова 출생.
「망인의 그림자Теням умерших」(1902. 익명으로 출간)라는 단편을 통해 문단에 첫발을 들여놓음. 초기 단편들은 폴란드의 시인이자 소설가 스타니스와프 프시비솁스키Станислав Пшибышевский의 영향을 받았음. 이 시기의 작품들은 혁명가로서의 삶에 대한 회의와 도덕적 갈등을 주제로 함.

| 1903 | 6월 볼로그다 유배지에서 탈출하여 제네바로 망명. 사회혁명당Партия социалистов-революционеров에 가입하고, 그 산하 무장조직인 투쟁조직Боевая организация의 부책임자로 활동.

| 1904 | 7월 15일, 내무장관 뱌체슬라프 플레베Вячеслав Плеве를 암살하는 작전에 참여.

| 1905 | 2월 17일, 모스크바 총독 세르게이 알렉산드로비치 대공 Великий князь Сергей Александрович 암살에 관여. 이후 체포되어 사형을 선고받았으나, 세바스토폴 감옥에서 탈출하여 해외로 망명. 자신이 테러 활동을 하며 직접 관여했던 주요 암살 작전과 혁명 동지들과의 관계를 상세히 서술한 자전적 기록인 『테러리스트의 수기Воспоминания террориста』 집필을 시작함.

| 1906 | 투쟁조직의 책임자로 승진했으나, 조직은 약화되어 실질적인 활동은 감소함. 당 동지의 밀고로 체포된 후 감옥을 탈출하여 파리로 떠남.

| 1907 | 프랑스 파리에서 시인 드미트리 메레시콥스키Дмитрий Мережковский와 그의 부인 지나이다 기피우스Зинаида Гиппиус를 만나 그들의 영향으로 『창백한 말Конь бледный』 집필을 시작함. |

| 1908 | 테러리스트 레프 질베르베르그의 여동생인 예브게니야 이바노브나 질베르베르그Евгения Ивановна Зильберберг와 두 번째 결혼. |

| 1909 | 혁명가의 내면적 갈등과 도덕적 딜레마를 다루며, 니체적 인간상과 종교적 상징을 결합한 자전적 소설 『창백한 말』을 'V. 롭신В. Ропшин'이라는 필명으로 출간. |

| 1912 | 아들 레프 보리소비치 사빈코프Лев Борисович Савинков 출생(시인이자 소설가, 언론인으로 활동했으며, 스페인내전 당시 공화파 군대 대위로 참전했고 제2차 세계대전 중에는 프랑스 레지스탕스에서 활동했음). |

| 1914 | 제1차 세계대전 발발 후 프랑스군에 자원입대. 러시아 모스크바에서 소설 『없었던 일То, чего не было』 출간. |

| 1917 | 2월 혁명 이후 러시아로 귀국하여 임시정부의 제7군 및 남서전선 군사위원으로 임명됨. 7월에는 알렉산드르 케렌스키Александр Керенский의 지명으로 국방 차관으로 임명됨. 8월, 라브르 코르닐로프Лавр Корнилов 장군의 쿠데타 시도에 연루되어 임시정부에서 해임되고, 사회혁명당에서도 제명됨.
1918년까지 러시아 잡지 『빌로에Былое』에 『테러리스트의 수기』를 연재함. |

| 1918 | 반反볼셰비키 지하조직인 '자유와 조국 수호 연맹Союз защиты Родины и Свободы'을 조직하여 야로슬라블, 리빈스크, 무롬 등지에서 반란을 시도했으나 실패. 프랑스로 돌아간 그는 그곳의 여러 러시아 망명 사회 내에서 다양한 직책을 맡았음. |

| 1920-1921 | 폴란드-소련 전쟁 기간 동안 폴란드에서 러시아 포로들을

중심으로 군사조직을 구성하려 시도함. 볼셰비키 정권에 대한 강력한 반대 입장을 표명하며 소련의 폴란드 침공에 반대하는 논조의 신문 『자유를 위하여!*За свободу!*』를 발행함. 그러나 전쟁이 종료되면서 폴란드 당국에 의해 추방됨.

1923   프랑스 파리에서, 백군과 녹색군, 반볼셰비키 지하단체에서 활동하던 시기를 그린 소설 『검은 말*Конь вороной*』 집필.

1924   소련 비밀경찰 OGPU의 '트러스트 작전'에 속아 소련으로 귀국했다가 민스크에서 체포됨. 소련 대법원은 8월 29일 사빈코프에게 사형을 선고했지만 소련의 전러시아 중앙집행위원회Всероссийский Центральный Исполнительный Комитет가 징역 10년형으로 변경함. 소련 레닌그라드와 모스크바에서 동시에 소설 『검은 말』 출간. 모스크바 루뱐카 감옥에서 마지막 작품 『감옥에서*В тюрьме*』 집필.

1925   5월 7일, 루뱐카 감옥에서 사망. 공식적으로는 투신자살로 발표되었으나, 작가 솔제니친의 조사에 따르면 2층에서 누군가 세게 미는 바람에 감옥 안뜰에 떨어져 죽었다고 하는 등, 타살설도 존재함.

1931   프랑스 파리에서 사빈코프의 시집 『시의 책*Книга стихов*』이 사빈코프와 오랜 친분이 있었던 러시아 상징주의 작가 지나이다 기피우스의 편집으로 출간됨.

테러리스트의 수기

초판 인쇄	2025. 8. 22.
초판 발행	2025. 8. 29.
저자	보리스 사빈코프
역자	정보라
편집	강지수
발행인	이재희
출판사	빛소굴
출판 등록	제251002021000011호.(2021. 1. 19.)
팩스	0504-011-3094
전화	070-4900-3094
ISBN	979-11-93635-53-7(04800)
	979-11-93635-25-4(세트)
이메일	bitsogul@gmail.com
주소	경기도 고양시 덕양구 꽃마을로 66 한일미디어타워 1430호
SNS 인스타그램	instagram.com/bitsogul
X(트위터)	x.com/bitsogul
네이버 블로그	blog.naver.com/bitsogul

빛소굴 세계문학전집 목록

1	바질 이야기 소설집	F. 스콧 피츠제럴드 지음 · 이영아 옮김
2	닉 애덤스 이야기 소설집	어니스트 헤밍웨이 지음 · 이영아 옮김
3	방앗간 공격 소설집	에밀 졸라 지음 · 유기환 옮김
4	성 장편소설	프란츠 카프카 지음 · 강두식 옮김
5	도리언 그레이의 초상 장편소설	오스카 와일드 지음 · 이근삼 옮김
6·7	위대한 유산 1·2 장편소설	찰스 디킨스 지음 · 이세순 옮김
8	오만과 편견 장편소설	제인 오스틴 지음 · 김지선 옮김
9	창백한 말 중편소설	보리스 사빈코프 지음 · 정보라 옮김
10	검은 말 중편소설	보리스 사빈코프 지음 · 연진희 옮김
11	테러리스트의 수기 회고록	보리스 사빈코프 지음 · 정보라 옮김